上海出版研究丛书

经典策划

119

上

上海出版研究丛书

公关典案例

119

1

上海市出版协会

◎编　纂

◎策 划

上海市出版协会

上海市出版协会
◎编　纂

上海出版研究丛书

经典策划119

上

JingDianCeHua119

华东师范大学出版社

编委会名单

编委会主任: 徐　炯

编委会成员:

徐　炯　赵昌平　贺圣遂　卢辅圣　翁经义　朱杰人
庄智象　邓　明　周舜培　阮光页　孙　晶　马　加

执行编委:

赵昌平　马　加

标 志 性 出 版 工 程 类

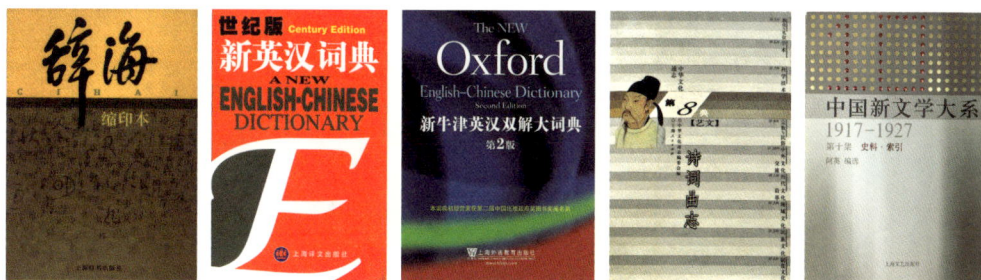

标志性出版工程类

标志性出版工程类

标志性出版工程类

标志性出版工程类

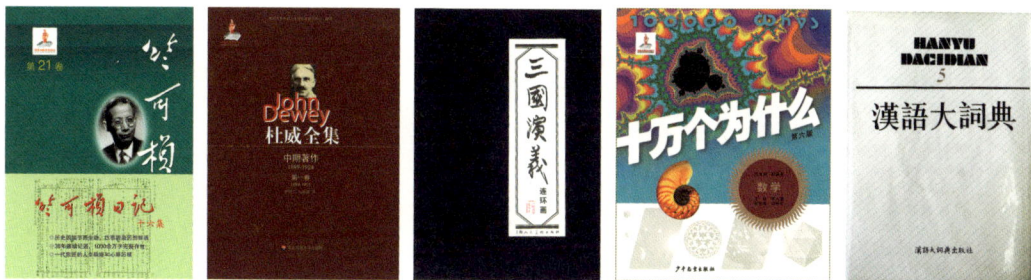

公 众 性 畅 销 书 类

公众性畅销书类

公 众 性 畅 销 书 类

公众性畅销书类

准学术亚畅销书类

准学术亚畅销书类

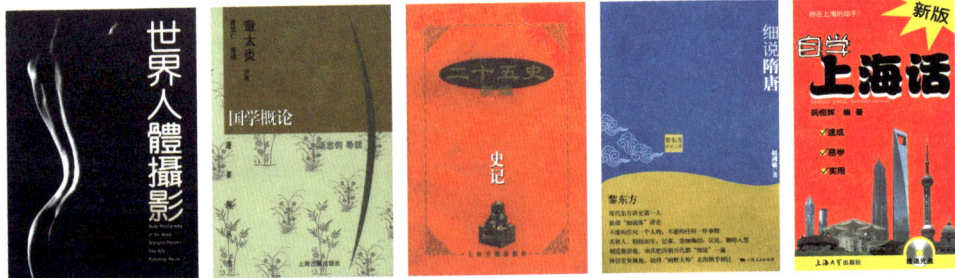

常销图书类

文史类

常 销 图 书 类

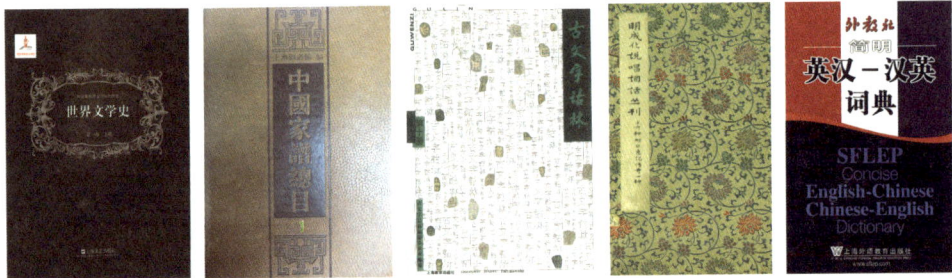

常 销 图 书 类

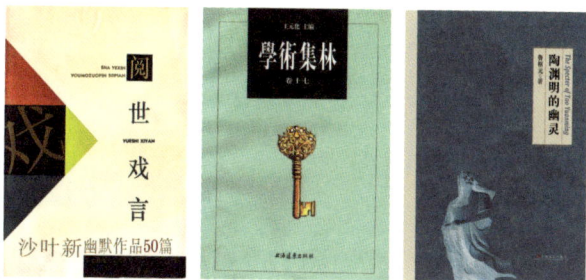

常销图书类

科学类（社会科学与自然科学）

常销图书类

常 销 图 书 类

常销图书类

常 销 图 书 类

艺术与文物类

常销图书类

常 销 图 书 类

少儿类

常销图书类

常 销 图 书 类

教材与产业链类

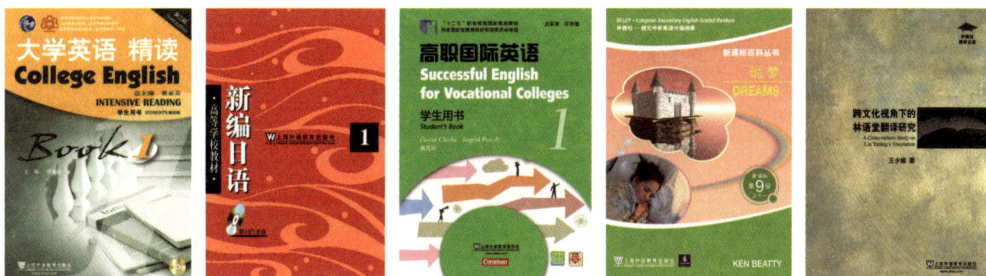

教材与产业链类

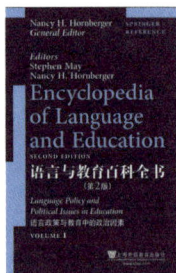

走 出 去 引 进 来 类

总　序

　　上海市出版协会第六届理事会和秘书处,发起并组织撰写《上海出版研究丛书》,由赵昌平理事长领衔,出版界多位前辈、中坚襄助,历经两年努力,业已编成首批三种。这是一项非常有意义的工作。具体来说,意义在于倡导一种理念:出版人和出版单位都要重视总结得失、积累经验,为自己构筑不断进步的台阶;同时倡导一种方法:以撰写案例的形式保证和提升经验总结的质量,把台阶筑得坚实。

　　先说理念。

　　两年多前我才从报业转到"面熟陌生"的出版业,尽管对情况的了解还谈不上深透,但也发现了一些共性的问题。我做报纸时,一再感慨报人和报社有个通病:对于总结得失和积累经验不很重视,甚至很不重视。比如年年做全国"两会"报道,于事前的策划和事中的采写编辑投入大量精力,但基本没有事后——所谓总结,多是潦草应付,无非开个会,大家随便说说,老生常谈为主,即便有人说出三四条有价值的新经验或新教训,旁人当时点头赞同,会后却很快忘记;很少留下记录,留了记录也扔到一边。结果,下一年的策划总是面对一张白纸重头再来。尽管这类重要报道会有若干"富有经验"的人参与,理论上他们能够利用以往的经验、教训,优化这一次的策划、提升这一次的执行,可是如果以往未曾认真总结,经历丰富也未必能"富有经验"。

　　出版人和出版社是不是同样如此? 因为并非"实践出真知",不敢贸然下结论,但至少，以我同时参与新闻类和出版类高级职称评审工作的感受，出版类参评者提交的编辑业务论文的质量，总体上还不如新闻媒体类。不少业绩很不错的出版社编辑，论文却平平。据说是"忙得没时间写"，但正如有一次赵昌平先生正色批评的那样：评职称有几年准备，而论文也就要求提交一两篇，难道真忙得找不出一点时间？

我们做一项工作，总有双重收获，既得到有形成果：一本书、一次营销，等等；又得到无形成果：经验和教训。但我们往往看重前者而忽视后者。对工作中的得失善加总结，是为自己不断上进构筑台阶。事业有成的人，一定如此。

出版单位欲求发展，同样需要构筑这样的台阶。为此就要督促、鼓励员工总结、积累经验，更要把个体经验转化为集体经验：一项工作完成后认真总结、记录并建档，以相宜的形式，比如将它们放到内部网络上，让大家分享，特别是让新人和此前未做过同类工作的员工学习、参考。

我们如今经常说要建设"学习型组织"，但似乎并没有全面、深入地去领悟它的含义，甚至望文生义。"学习型组织"，当以自我总结和分享经验作为关键的学习形式，而不能只是定期不定期地请外人来讲一课。对员工来说，总结得失是自我学习，同事间分享的经验，是最能贴合工作所需的教材。对单位来说，"重视人才"就应营造这样的学习氛围；就应该珍视每个人努力得来的经验，不因不重视总结留存而使得这笔重要财富流失。

再说方法。

由于不重视，我们在总结得失、积累经验的方法上存在问题。《上海出版研究丛书》选用"案例"形式来组织内容，倡导了一种新方法，比较能够保证总结的质量。

说完全不重视"总结"倒也不尽然。某项工作完成之后，若要写出"总结报告"呈交上级部门或者在表彰会上宣读，恐怕就不会敷衍，往往还很用心。这种有特定用途的"总结"，相应地有特定的写作套路，主要特征是"先讲结论后说事"。这若干条"结论"，本应是回顾工作过程之后提炼出来的，但经常是从文件中拿来的、当前格外强调的大原则；在这样的框架中"说事"，一般就将"事实"裁剪成了"事例"，从复杂曲折的工作过程中选取出与"结论"相合的片段。

显然此"总结"非那总结，不能替代，却不时替代。而且这种"总结"的路数影响很大，连不少个人业务论文也套用："结论"从教科书中拿来，每一条之下附加几个自己工作的事例。好像写论文是要再一次证明已经被证明过无数次的正确结论的正确性。

案例写作是另一种路数：先说事再讲结论。说事，要铺陈过程，不省略其中的复杂曲折，不回避自己在事前策划时的误判和执行时的力不从心，也不忽视环境因素和意外因素的作用。结论，从事实引出，是具体的，也是个性的。因为案例详尽地叙述，特别是不作刻意剪裁，所以对于作者有关得失的结论是否允当、是否还有其他正反经验可以提出，读者亦能评判。

利用数字化、网络化技术带来的崭新条件，如今科研论文的发表与传播已开始采用"论文＋实验资料"的新模式。它重新定义了"分享"：更完整的事实呈现，让大家都能分析解读，倒逼论文作者更严谨慎重地提观点、下结论。这种新模式极具启发性，为我们以案例撰写为方法作经验总结设定了更高标准，保证自我表扬和自我批评都更有价值。

以上所述，自然是理想化的，完全做到也难。关键在于，坦诚地剖陈自己的教训或许还不太难，直率指出他人特别是上司在某项工作中的缺失却很不容易。

另外，好的案例应当正确估价并写下"环境因素"的作用。做成一件事，主观努力固然要紧，客观条件有时更为重要。虽然我们平常也说"形势比人强"，但总结经验之时，却不免详述自己个人或团队如何"强"，忽视具体地交待和分析做这件事情时的"形势"如何。这会给读者造成误解。比如出版业，30、20、10 年前的外在发展环境都跟今天不同，如果案例省略了彼时状况的描述，年轻人较难准确理解当年的成功经验。

前几年《纽约时报》网络版设置收费墙取得不小成功，国内报纸摩拳擦掌也来"造墙"，结果纷纷"撞墙"。当然这主要是因为案例读者有意无意的误读。作者似乎无需花费笔墨向媒体专业人士描述《纽约时报》"造墙"成功的基础和底气，让意图仿效者三思而行；但对于普通读者，则有此必要。

还有"意外因素"。阿里巴巴曾经拒绝与一家当时大红大紫的互联网企业合作，而回头去看，这是一个正确决定，对阿里巴巴后来的发展具有关键的正面影响。究其原因，多位分析人士各有说法，引经据典讲得头头是道，可被他们称赞"决策有方"的马云，最终自曝的真正缘由竟然是：对方前来商谈此事的一位高管让他"第一眼就看着不爽"，情绪占了上风。这类内情，不是当事者极难知悉。此事提醒我们，案例可以由外人来写，他们的总结有可能破除"当局者迷"，但也不能一概而论地认为"旁观者清"。

总之，重视总结的质量，才是真正重视总结。如此方能把托举自己不断进步的台阶筑得坚实。

《上海出版研究丛书》首批三种的出版,把分享经验的范围扩展到全市出版界,为上海出版的整体进步构筑了几格重要台阶。市新闻出版局一定会支持市出版协会继续把这件有意义的事做下去,以此推动各家出版社都更加重视总结得失、积累经验,不断提升总结的质量,既把台阶越筑越高,也越筑越好。

上海市新闻出版局局长
徐　炯

《经典策划119》序

本书汇集了上海市出版界优秀的选题策划案例119件,以改革开放以来的项目为主,也录有此前出版且至今尚有强大生命力的品种。所谓"经典",这里只是指绩效佳、影响大,更在策划理念、思路、手段乃至精神气质上具有示范意义者,而并无自拟于经籍,要人奉若圭臬之意。这是首先要说明的。

任何汇录,都不仅是回顾过往,而总是有立足当下,指向未来的意图。本书自然也是如此。要而言之,本书的宗旨是想总结互为因果的两个层面的经验,以供转型期中的上海出版人作参考。

一是理念。转型期的种种变局——企业化、集约化、国际化、数位化、泛市场化(传统市场外,出现了政府购买市场与个人出资市场),急风暴雨般地冲击着中国近现代出版诞生以来业已形成共识的种种理念——职责、担当与内在规律等,更引起了出版人一系列的思想困惑(笔者曾归纳为十大困惑),而一切困惑的核心问题是对于"利润"的认识——文化意识与"利润最大化",社会效益与经济效益是否真的难以两全? 转型发展是否是对传统出版理念的颠覆,在开拓中是否还应当有所坚守? 这些,口头上谁都能作出漂亮的回答,但实际践行中却不能不说是各行其是,问题多多。

二是操作。操作与理念密切相关,有什么样的理念,便有什么样的操作实践;一定的操作实践又反过来影响理念的坚持或者修正。因此,在理念仍摇摆不定之时,解答变局中种种困惑的途径无过于系列化的个案之深入解析。1960—1970年代的优秀个案与2000—2010年代的成功佳例,有什么异同,其间还是否存在某些一以贯之的成分? 如果姑且承认出版存在一些基本规律,那么又如何才能避免固步自封而切实做到适时应变? 转型期的选题策划又究竟表现为什么形态? 这些就是本书由操作而理念,由个案而一般,想要回应的问题。也因此,其取材,时间上,从上世纪中叶起,而下迄2014年;其稿件来源,则包括不同专业、不同规模、不同性质的出版单位三十余家,此外,还拾遗补缺,对单位供稿遗漏而曾在业界引起重大反响的案例作为特约稿录入。

来稿总数有150余篇,经编委会分工审阅,采用了119篇,超过了原定的100例,因此书名改为"经典策划119"。审稿的过程也是学习的过程。从119个反映上海出版重大成就的案例中,我们深化了对以上两个层面问题的认识。笔者将有关学习心得初步整理后,以"变局、困惑与思考"为题,在市委宣传部最近举办的"马克思主义新闻出版观"学习班上,作了两次宣讲,反应居然相当不错,这也增强了我们对于这本书的信心。

跨越半个多世纪的119个案例的引人注目的双效益使我们坚信,无论五大变局如何波谲云诡,然而成功的选题策划,都有着一些共同的规律性的东西。

首先,在理念上,确实存在着一些必须坚守的原则,这就是:当代中国出版事业作为党的意识形态阵地的属性不变;图书作为"文化商品",其使用价值首先体现为文化意识与文化内涵的原理不变;出版专业化的国际趋势不变;出版业以内容为王、质量为上的基本规律不变;出版人的自主创新能力是出版社产品设计与品牌建设乃至国际化交流的核心动力不变。因此,五个不变是在五大变局中执正驭变,汲取正能量而避免负影响,从而固本创新的关键。这些可以说过去是,现在是,将来也同样是小至选题策划,大至选题布局的灵魂所在。

其次,在坚守"灵魂"的同时,选题策划乃至布局的观念与手段,在五大变局的今天已经有所更新、有所发展。对此,多年来,笔者曾有所思考,而这119个案例,更丰富了我的认识。略述如下:

新业态下,选题策划(布局)的实质,是出版人依据出版社之个性,在一定的文化生态、商务规律、技术手段所形成的张力中进行的创造性的智力活动,是出版社品牌建立与维养的最为活跃的动力。

其中,出版的文化生态集中体现于人与人之间的关系,体现于文化决策者、文化生产者、文化接受者三方面的关系中。就一个出版社的具体策划布局而言,文化生产者除策划者本身外,同时隐含着与三类人的关系,这三类人即他所依托的出版单位的人才总和(传统与当下人才结构)、处于市场竞争中的同行(特点与当下动向)、作者(作者队伍与最合适的人选)。

于是具体的策划、布局,就表现为这样一种形态:设计者,必须在以上诸因素中适时应变、审形取势。在纵向上,善于发现国家文化战略、文化政策的动向与读者当下乃至潜在阅读需求的变化(学术动向与阅读趋向),努力寻找到决策者与接受者的契合点;在横向上,善于发现同行中的有关动向,从而立足本社的个性特点,定位选题发掘与开拓的方向乃至具体契入点,并优选相应的最合适的作者,同时合理地创造性地运用一定的商务规律和技术手段,打造富于特色的适时且富有前瞻性的选题,乃至形成一个时期的选题架构。正是在这个意义上,我们认为选题策划是一种可贵的智力投入,而富于创造性的人才更是出版社最宝贵的财富。

119个案例说明,选题策划的这种运作形态,其实在转型期之前就已经存在,而转型,尤其是改企,使之凸现出来,而由自在形态升华为自觉形态,从而使我们对一系列策划观念与操作步骤的认识也有所发展,这主要表现为一种位置、两个关键与四个步骤。

所谓一种位置,是对过去"编辑是作者与读者之间的桥梁",是"为他人作嫁衣裳"等观念的修正,编辑的桥梁作用在以上形态中,已升华为类似设计者,甚至导演的作用,如果说是"作嫁衣",那么也不是机械的裁缝匠,而是富于创造性的服装设计师。对"位置"的认识提升,将有助于我们的职业自尊、自重与自觉,庄智象社长曾以"编辑的自主地位"为之界义,相当确切。

所谓两个关键,其实是两个转化。

一是要从编辑本位转化为读者本位,这一转变要求我们既要适应市场,也要引导市场;反过来也就是说,要想引导,先要适应。二是要从策划选题转化为经营选题,也就是说在市场经济条件下,编辑的策划不能局限于纸上规划,而要不仅运筹帷幄,更能决胜千里。因此,编辑策划的内涵扩展到选题发现直至双效益实现的全过程;一例成功的策划,不仅是编辑、装帧、印订、营销、发行各职能部门相互涵摄协调的推进过程,更与出版社的传统特色、整体规划、人才总和密切相关,一句话,当下业界更多人已认识到了选题策划已呈现为立体化、整体化的形态。

四个步骤是由以上所述自然而然形成的,关于步骤,业内或有表述不尽相同的归纳总结,而究其大要,则可分解为:发现与研判—统筹与优化—执行与修正—运作与监控四部曲。其中最后一部贯穿前三部,尤其与第三部呈交叉进行的形态,从而使整个策划过程如同音调音色相当丰富的协奏曲。

发现是选题策划的胚胎，发现能力是编辑执行力中首先要具备的能力，它基于日常的学养累积与观察能力提升。发现的要髓在于洞察与前瞻，跟风他人的成功品种只是模仿，发现则更强调慧眼独具地发现方兴未艾甚至潜在的市场动向，发现不仅当下需要，更具有未来市场的出版题材。如汪道涵先生在营销于中国大陆还是个陌生概念之时，就发现《营销管理》对于现代化建设中中国企业管理的重大意义；如邵敏先生在《我为歌狂》被他社连续三次退稿时，一眼相中它是又一部《灌篮高手》。发现有时候还需要些"第一个吃螃蟹"的勇气，邵敏便在尼采尚被认为是法西斯主义哲学家的时代，发现《尼采：在世纪的转折点上》的价值所在。需知，当时，他还只是个进社未满一年的出版界菜鸟。

发现伴随着直觉，往往是一种知性认识，所以必须与研判相联系，发现后的深入调研是形成准确的立项判断的前提。研判即是对于前述选题策划形态中各个方面的综合分析与判断，是一种即时性的审形明势。众形相待而成势；研判即是对上述诸方面（形）细致考察后，进行综合，以寻求合力（势）。明势，是选题立项判断的前提。上海书店出版社有关《密勒氏评论报》整理本的四个方向的评估可称研判明势的范例。笔者在宣讲中还举过一个不成功的例子，《中华文明传真》的引入，从发现而言是有眼光的，但对于市场容量的研判出了问题，结果好选题成了大包袱。

同发现与研判相互渗透的是"统筹与优化"。知是行的开始，审形明势后，便进入"取势"——统筹与优化的过程。统筹是"明势"之综合考量的具体化，即具体到实施该选题可备选的各类人选、各种技术、各种策略的考量；优化则是对统筹所考量的诸方面，以适配性为核心，优中选优，形成最佳的设计方案。其中最重要的是在寻找到政策与读者需求切合点的基础上，如何调动本社各方面的优势，以在激烈的同行竞争中"领先一步"或者"提高一层"，以保证市场的"绝对独占性"（多为资源独占型）或"相对独占性"（多为资源非独占而创意、组合领先型）。1997—1998 年间，在自上而下的"学点历史"已成热潮而戏说体充斥荧屏、书市时，上海人民社与上海古籍社分别推出了细说体的《黎东方讲史》系列与简约旧史体的《二十五史新编》，便是统筹优化，推陈出新，寻找到合宜的切入点、表述形态与作者（作者群），从而取得不俗业绩的生动案例。

由此，亦可见，统筹优化原理虽相同，而具体实施则尽可八仙过海，各显神通。应当强调的一点是，发现与研判、统筹与优化，往往不仅仅是单个选题的问题，对于社室领导而言，更是关乎选题布局的结构性的问题。《续修四库全书》这一可入吉尼斯世界纪录的巨型出版工程,在立项之初,有观念上的争议与经济上的压力,然而终于获得巨大成功,不能不归功于两代班子,尤其是李国章社长的发现研判与统筹优化。大、中、小结合,以常规选题支持大型项目,以大型项目反哺常规项目的"蓄水池功能"说,是当时的理念支撑;而在四处要钱,四处缺钱的情况下,"即便举债也要上"的魄力与分兵把口、均衡发展的团队合作,以及滚动投资等结构性预案,是不但续修成功,也同时带动上古社选题块面结构形成的至关重要的统筹优化举措。这个案例很值得一读。

统筹优化是"执行与修正"的开始。执行是对预案的整体性、立体化的切实到位的贯彻;修正则是在执行过程中对预案不足之处的修订。这体现了认识螺旋型上升的规律。上海出版业的标志性工程《辞海》、《新英汉词典》等数十年来都经历了数次耗时数年、与时俱进的修订,而每一次都动员了数百作者、数十编辑,都经过了反复的信息积累与研讨论证,都制定有过细的修订预案。巢峰先生对于历次《辞海》修订的精神与投入,更成为业界共敬的"辞海精神"的楷模,而外教社提供的案例《〈大学英语〉:从一部教材到一个产业链》,更是这种上海精神在转型期传承并与时俱进的范例。从试用本到正式本,到二版,到三版,每一次体现上述策划形态的三五年一周期的修正,不但保证了《大学英语》三十年来市场首位的占有率,更由此延伸出一系列外教版教材教参集群,乃至学术类、读物类、工具书类板块以及版权输出板块;尤其是第三版以先进教育理论为核心,与数字网络新科技相结合的立体化教材群及其立体化服务,更完成了外教社教材的产业链建设,这在转型期尤显得有经典意义,而庄智象社长的有关策划、布局理念,也为我们展示了一个善于执正驭变,尽得变局正能量而避免其负影响的出版经营者的新风范,足以对种种困惑给出生动解答。

运作与监控。狭义的运作主要指营销,广义的运作则与执行修正相伴随,而监控则更贯穿于选题策划四个阶段的全过程。本书119个案例,除个别学术类项目外,几乎都谈到了营销的重要与各自采取的措施。其共同特点是:编辑与发行的密切配合;营销手段与营销品种的"适配性",即实现了个性产品的个性营销;还有日益完善的服务意识与手段。所有成功的营销都有在研发阶段已初步形成的预案,这些在本书中随手可拣得,不再例举。近期的营销更表现出一种趋势,即对于新媒介的成熟运用,如网络、会展,等等。2014年远东社《甲午殇思》之营销即是好例。策划全过程必须有监控,步步为营,步步监控,以保证选题预案与修正案的执行运作到位。这一点应当说是出版人的常识,但常识恰恰因为其日常化而往往被忽视,甚至被架空。转型期普遍存在的选题规划完成率之低下,编校质量之严重滑降,库存之急剧增加,都说明了常识性的监控其实已经常态性地失位，这与市场竞争情境下要求出版物更优质、更个性、更及时存在深刻矛盾，也是企望"利润最大化"，而结果变成"库存最大化"的重要原因之一。实际上，转型期对选题策划各阶段的监控提出了更严苛的要求，而不是相反。而监控的核心，除了坚定的文化意识外，最重要的是出版社各环节的专业化、制度化的程度。各环节之专业化、制度化能形成监控的立体化。各标志性项目均不同程度体现了这一点，而目前在这方面做得最好的还是不能不推外教社，请参阅本书中该社有关案例与本丛书之另一本书《理念、策略与探索——外语出版实务研究》中庄智象社长有关管理方面的数篇文章。记得十多年前有一句很流行的话"向管理要效益"，但十多年来出现的一个严重问题却是管理庸俗化——斤两必计，锱铢必较的小算盘而导致的管理的实际失位，尤其是作为出版社核心工作的选题管理的失位。因此笔者尤其要强调一点，选题的管理监控，既是选题策划成功的铁面判官，更是一社选题架构科学合理的护法之神。

从以上对策划四步骤的解析中，可以进一步体会到选题策划中作为灵魂的文化精神的重要性，为此，对于若干略于具体策划而注重于策划精神层面的稿件，本书也择优采入，并加编者按来作提挈或补苴。一般的精神原则已说得太多，这里想说一点审稿时的直觉感受：一种蓊郁的活力在各类各篇稿件中蓬勃涌动，对于曾陪伴自己在生命途中一路走来的选题与稿件，案例作者们几乎都有一种似同对爱子般的尽心呵护与引以为豪的感情注入，为之不辞辛劳，甚至不惜犯难冒险。由此我也想起自己初入行的1980、1990年代直至新世纪初普遍存在的编辑精神，那时的物质条件无宁说是菲薄的，然而编辑的投入程度有时简直可以用"英雄主义"来形容。这也是那一时期，上海出版策划最富创造力，编校质量也最好的原因吧。因此我尤其想对青年编辑们说一句话：外证不如内省，如果你对手中的选题、稿件有一种发自深表的、对自己的孩子、对自己的眼睛那样的爱护之情，那么你就必具备了文化担当，就必能成为一名优秀的编辑。请读一下上古社《肇域志》、《大麦地岩画》两个案例，你会感到此言不虚。

审处到编成阶段，不意又碰到了一个困难：究竟按什么规则来编排？反复思量的结果，还是得自产品终端市场的启发——依各书的市场形态、市场效应（当然是双效）分类编排。于是119例便分为六大类与若干子类。

上海出版各专业有一批积淀着数代人心血，经过数十年修订而仍保持着强大生命力的大中型，乃至超大型出版工程。她们是上海出版的标志和基石，也是出版业基本规律及其各时期执正驭变的范例。因取《辞海》、《新英汉词典》、《续修四库全书》等25篇编为"**标志性出版工程类**"。

畅销书是市场经济条件下产生的一个新概念(尽管之前就存在),也是任何一家出版社都梦寐以之的追求。上海在上世纪80—90年代曾集中出现过一批畅销书,近数年势头渐减,但仍时有出现。畅销书是否真的是可遇而不可求,畅销书的策划是否也有规律性的东西可循而非策划形态的另类;畅销书是应景的急就章,还是必须具有丰厚的底蕴并花数倍的精力来打造;上海出版要占领畅销书的制高点,应循什么路径?邵敏先生集《尼采:在世纪的转折点上》、《我为歌狂》、《诔词典》这不同时期三书策划经验而成的稿件《编辑策划的三种形态》给出了基于实务的理论性回答,其有关经验,应当说不仅对畅销书打造有指导意义,更是对普遍性的出版规律的创造性的体验与运用,因而也形象地回答了以上各问题。而文景公司的《中国三部曲》、远东社的《甲午殇思》、交大社的《平易近人》则不仅显示了政社类通俗读物已成为畅销书开掘的新天地,更展示了转型期公众类图书运作的新形态,对于编辑策划的正变关系尤富启发。因取同类稿件22篇,而以邵作领头,前述近期三例殿后,编为"**公众性畅销书类**"。

读者中涌动着的提升自身文化品位的欲望催生了又一类新的图书策划,即介于学术类与普及类之间的文化读物。其中大体包含两种形态:一为有较高学术内涵的高品位公众读物,二为经典性的又浅切可诵的学术入门书。二者均有上佳的市场表现。很可惜,上海错过了这一类著作的早期代表作——余秋雨先生的《文化苦旅》,然而亡羊补牢,上海出版人也以自己的智慧创造性地开拓了这一方新疆土,且遍布各专业而各擅胜场,各具心得。随着国民文化素质的提高与国际文化交往的发展,这一类型的图书肯定会有更广阔的发展前景。因取《不朽的大师 永恒的传奇》、《"哲人石"是怎样炼成的》、《〈世界人体摄影〉出版始末》等10文,编为"**准学术亚畅销书类**"。

出版社图书品种的主体是常销图书,常销书的真正常销,其生命周期的延长与优质品种的累积,是出版社的生存之本与品牌保证;再深究一下,锦上添花的亚畅销与畅销书其实也是常销书之优选与提升,背后都有有关出版社与从业人员浑厚的专业素养为背景。常销书与畅销、亚畅销书的关系,其实也正是正与变的关系。可以说常销书的专业性、系列化、块面化的扩容是一个出版社在市场竞争的马拉松长跑中能最后胜出的中坚。常销书策划有共同性,也有专业特殊性,因此分为四个子类:"文史"、"科学"(社会科学与自然科学)、"艺术与文物"、"少儿"。前三个子类的公众性读物,因已特辟"畅销"、"亚畅销"二专类录其精要,故这里所录以各类有双效益的学术性著作作为主。其中"文史"子类收入上海人民版的《中国通史》、《中国断代史系列》，复旦版的《中国文学史》、《中国思想史》，上古版的《中国家谱总目》，上海教育版的《古文字诂林》等13种。"科学"子类收有社会科学，如远东版《当代中国经济改革教程》，上海人民、格致版《营销管理》，复旦版《管理学——原理与方法》等8种；又收有自然科学，如上海科技版《科学大师佳作系列》、科教版《科学编年史》、二军医版《传染病护理学》等9种：合计17种。"艺术与文物"子类内含学林版《中国历代服饰》、辞书版《中国文物精华大辞典》、书画版《中国碑帖名品》丛帖、上大版《原生艺术丛书》、上古版《大麦地岩画》等10种。由专业的特殊性体现策划的一般原理而双效上佳是这三个子类稿件的共同特点。少儿读物，读者对象不同于以上，故单编一子类，从《儿童时代》、《三毛》，到《上下五千年》、《365夜》、《十万个为什么》（其中《十万个为什么》已收入标志性出版工程类），再到"大头儿子"、"马鸣加"、"男生贾里"，构画了上海少儿读物出版的特色鲜明、生生不息的历史轨迹与强大生命力，而秦文君、周晴、陈苏等各位作家兼编审的稿件之理论性阐发，均称深刻。由此，我们满怀信心，上海的少儿出版必将以其丰厚的历史底蕴再铸辉煌。以上四个子类共计51题合为一大类**常销图书类**。

转型也确实对出版业提出了一些过去仅有所表现而当下已成为探讨热点，且于上海出版的新进程举足轻重的问题。为此，本书又特设两个特殊性的门类。

产业链是现代化企业成熟与否的标志。目前，就全国出版业而言尚鲜有相当成熟的单位；而据考察研究，教育类产品是最有可能率先形成产业链的出版门类；因此不妨由此着手进行探讨。这样也可略为弥补这次汇集的稿件中，教材类由于业务特殊性而来稿较少的缺憾。因此以已经初步形成教育类图书产业链的外教社7文（尚可参考收入其他门类的外教社有关文章），编为**教材与产业链类**。

"引进来"是一个半世纪以来始终伴随中国现代化进程的出版业的老课题，然而当下老课题中又出现了一系列新情况、新困惑；"走出去"则是中国现代化进程中提出的新课题，虽然关乎国家文化战略，关乎中华民族在世界之林的话语权，然而，众所周知，当下的情况是有所进展，却远非尽如人意。新老课题的对应，更形成了一个复杂的矛盾体：走出去与引进来的肌质联系是什么？其权重又应是什么形态？历史的与现行的有关理念、策略与手段是否有待检验与改善？对于自主创新能力这一出版社的生命力之源，在面对这一矛盾体时又应如何看待与处理？坦率地讲，这次汇总的稿件虽然已提供了一些好的思考与经验，但要全面回答以上问题，还远远不够，这也反映了对于以上问题的实践尚在起步阶段。尽管如此，我们仍以新闻出版发展公司（原长江对外出版公司)、九久读书人公司,一国企、一民企两个新型的出版公司以及交大社的有关稿件4篇为主来探讨这一问题;另两个有关老社,译文社与外教社在这方面也有很好的经验,前者的《哈扎尔辞典》《寻路中国》的策划始末(均已编入公众性畅销书类),后者的《新牛津英汉双解大词典》策划案例(已编入标志性出版工程类),更提供了对以上问题的综合性与前瞻性的因应之策与理念思考,这些又当与庄智象社长在《理念、策略与探索》一书中有关的整体研讨相参看。此外,文景公司有不少这方面的成功个案,可惜至今尚未能收到所约稿件,这不能不说是个不小的遗憾,希望本书如有机会再版,能够补入此类——**"走出去引进来类"**。

． 任何架构都是一种框框,因此,都不免有顾此失彼之嫌。本书六大类的设计也同样如此,比如:标志性出版工程,其实也都是常销书;常销与亚畅销、亚畅销与畅销的界限也往往难以区割;两个探索性的类别所及品种,也都可以归入其他各类,等等。尽管如此,我们仍认为以上架构,优于沿用既久的依社、依专业的区划办法,因为实质上它包含了当下出版业的种种问题意识,而便于同行们由产品的最终落脚点——市场来考察思索出版社的产品结构与权重,从而起到由阅读个案、借鉴个案到超越个案的作用。

本书由启动到编成,历时已两年。其间得到了市委宣传部、市新闻出版局与本市各出版单位的鼎力支持:出版经费来自部、局的拨款,徐炯局长亲任包含本书的《上海出版研究丛书》的编委会主任,并亲笔撰写了总序,许多社长、总编亲自撰写稿件,对编委会的各种要求也不惮其烦地一一解决;已经离退休的老领导们也提出了诸多实质性意见;承担出版任务的华东师大出版社以阮光页总编领衔的编辑出版小组,更为此书付出了认真而艰辛的劳动。在此,谨代表六届上海版协致以敬忱。到本书正式出版时,已经超期服役的六届版协也应当面临换届了。理事会与秘书处权以此书与丛书的另外两种作为对协会同仁的工作汇报,也恳望新一届的版协领导能将拟议中而未及进行的丛书其他品种,将总结上海出版经验的工作继续下去。这应当是十分有意义的。

赵昌平

2015 年 9 月

标志性出版工程类

经典策划 119

ㅓ

《辞海》是怎样炼成的

《辞海》

上 海 辞 书 出 版 社

　　《辞海》是以字带词,集字典、语文词典和百科词典主要功能于一体,而以百科知识为主的国内唯一的大型综合性词典,是我国的原创性精品文化工程。自 1915 年由著名出版家、辞书编纂家陆费逵动议编纂以来,《辞海》已走过了近百年的路程。这一百年来,《辞海》经历了五次修订,经历了中国近现代历史的变迁,它的足迹几乎与近现代中国的发展同步。

一、《辞海》的编纂历史和历版的特色

　　《辞海》(第一版):开基立业。

　　1915 年,在商务印书馆出版《辞源》的同时,中华书局总经理陆费逵(伯鸿)与他的同仁,曾经担任上海道尹的徐元诰,以及曾经担任原北洋政府教育总长的范源濂等商议决定,编一部超过《辞源》的大辞典。经过再三推敲,他们把这部书定名为"辞海"。陆费逵作为辞海编译所的所长,千方百计物色编纂《辞海》的最佳主持人,这样就找到了舒新城。从 1923 年到 1928 年 4 月,陆向舒相邀 7 次,最终感动了舒新城,答应正式主持《辞海》的编纂工作,并于 1936 年出版了上册,于 1937 年出版了下册。陆费逵 7 次相邀,舒新城 8 年苦功,更有十几位编纂者 21 年默默无闻的辛劳。他们苦心孤诣,建造起一座文化大厦,为中华文明添上一笔难能可贵的财富。《辞海》(第一版)收单

字条目 13 955 个;多字条目中的语词条目 21 724 个,百科条目 50 124 个。总条目数 85 803 个。正文总字数 637 万,版面总字数 676 万。

《辞海》(第一版)依当时世界上最为通行的韦氏大词典的体系,收词范围不仅着眼于历史典籍中的旧词,而且尤其注重当时一些新词的收录,当时发生的重大事件,如"塘沽协定"、"上海事变"、"甲午之战"、"山东问题"等均收入在内,以彰显民族大义和爱国主义。这在当时日本、俄国、德国等列强势力极为嚣张的大时代背景下,是冒着极大政治和经济风险的。当时中华书局内部有人对舒新城的做法持反对意见,主张把《辞海》语词部分改为只收旧词的《国语大词典》,自然科学部分另编成《自然科学辞典》出版,并提出把《辞海》中出现的人名、地名等一概取消,以免日本人找麻烦。舒新城坚决反对。他认为日本出版的词典对"上海事件"之类条目多有颠倒是非之处,"我以立场不同,绝不能将日人的污蔑之词一一抄入,替政府增罪名,替强邻造反证"(《中华书局大事纪要》,第 143 页,中华书局,2002 年 5 月),在当时面临国破家亡的时代背景下表现了中国知识分子的铮铮骨气。

在《辞海》(第一版)里,一大批政治条目收入其中,保持了中国人的立场。如【塘沽协定】条称:"日军自九一八(参阅九一八之役)起,侵占我国辽、吉、热、黑四省后,又陆续向关内进兵,威胁平、津……"【山东问题】条称:"民国四年,欧战初起,日本以对德宣战为名,占领胶州青岛以及胶济路……"这些词条,适应了当时国家民族救亡图存的时代气氛,因此《辞海》一出版,即获得社会各界广泛的赞誉。

同时,由于《辞海》的出版晚于商务印书馆《辞源》,借鉴和吸收了《辞源》的优点,克服了它的缺点,取长补短,后出转精。如:单字的音义分辨较详;词语的解释比较确切;引证完善,并出作者、书名和篇名,便于读者查考;体例比较严整等。因此《辞海》的销量远远超过了《辞源》。

《辞海》(第二版):脱胎换骨,再造重生。

1949 年全国解放后,中国社会制度发生了翻天覆地的变化。从世界范围来看,经过第二次世界大战,变化极大。《辞海》(第一版)已经不能适应读者的需求,而且许多条目还存在着半殖民地半封建社会的烙印,如:称中国共产党为"匪"、"反革命";歧视少数民族,称"傜族"为"猺族",称"僮族"为"獞族";将【九一八之役】条定义为"日本军队在我国东北四省开始行动之战役";【台湾海峡】条中称"日属台湾"。有些条目的定义存在不少问题,如:释"神"为"天神,引发万物也",释"鬼"为"人所归为鬼",如此等等。老《辞海》必须作脱胎换骨的改造。

1957 年 9 月 17 日，毛泽东主席在上海接见具体主持《辞海》编纂的主编舒新城，舒提出修订《辞海》和出版百科全书的建议。毛主席表示极为赞成，并主张先修订《辞海》，请舒新城挂帅。据此，国务院就把修订《辞海》的任务交给上海。遵照国务院的指示，1958 年在上海成立中华书局辞海编辑所（上海辞书出版社前身），舒新城为主任，李俊民为副主任。1959 年成立辞海编辑委员会，舒新城为主任，罗竹风、曹漫之为副主任。1960 年舒新城逝世。1961 年陈望道继任辞海编辑委员会主任、《辞海》主编。经过历时 8 年的编纂，终于 1965 年作为内部出版物，出版了《辞海》（未定稿，即第二版）。《辞海》（第二版）修订原则是按照舒新城对 1936 年版《辞海》的“剃、梳、篦、增”四字修订意见，强调应使“外行看得懂，内行说不错”，“有意识地选择政治上能鼓舞人或生活上有意义的事例作证”。比如，淘汰了一部分不合适的条目，增加了反映马克思主义、毛泽东思想的条目，反映社会主义国家的条目，以体现新时期在政治、经济、文化、人民生活以及其他各方面的新变化；并对旧有条目进行了大规模修订。第二版 16 开，上下两册，1 116 万字。这是中国辞书史上的一个新的里程碑。从总体上说，《辞海》（第二版）文字简练，体例严谨，特别是用马克思主义观点把自 20 世纪 30 年代至 60 年代初的世界风云变化，无论人类社会活动的变化，还是自然界活动的变化，都作了记载和概括。

然而金无足赤，书无完书。《辞海》（第二版）也打上了它那个时代的烙印。例如：那个年代，“毛主席的亲密战友”林彪红极一时，因此，【中国人民解放军】【井冈山会师】等条目违反历史事实，都把林彪名字排在朱德之后、陈毅之前，林彪俨然成为会师的领导人；由于彭德怀受批判，《辞海》（第二版）就删去了【平江起义】【百团大战】等条目，在【八路军】【第一野战军】等条目中也不提彭德怀是副总司令或领导人。再如：由于田汉受到“批评”，连【义勇军进行曲】也干脆不收了；因为陈独秀是右倾机会主义者，在【中国共产党】条目中就不写他是首任党的总书记等。（详见巢峰《忆编纂出版新辞海1979 年版》，《我与上海出版》第 19 页，学林出版社 1999 年 9 月第 1 版）

《辞海》（第三版）：拨乱反正。

1976 年粉碎“四人帮”之后，中华大地终于结束了长达十年的“文化大革命”，《辞海》也迎来了新时代。为了向新中国建国三十周年献礼，1978 年 10 月初，国家出版局向上海市出版局接二连三地传达中宣部紧急指示，要求修订版《辞海》必须在 1979 年国庆前正式出版。屈指一算，从任务下达到正式出版，时间已不到一年，而面前的困难却重重又重重。首先，《辞海》第二任主编陈望道于 1977 年逝世，由谁来做《辞海》

掌门人,组织一支队伍,在这么短的时间内高质量地完成编纂任务?其次,此时还在计划经济时期,许多重大的政治禁区、理论框框还没有突破,如:刘少奇等重大历史冤假错案还没有结论;"无产阶级专政下继续革命"、"阶级斗争"、"路线斗争"怎么写;"文化大革命"怎么写;一些重要人物如陈独秀、瞿秋白、林彪、康生、谢富治等的条目怎么写;国民党以及台湾问题怎么写;孔子、海瑞、李秀成等历史人物怎么写;美帝、苏修怎么写。第三,该版是以《辞海》(未定稿)为蓝本,但未定稿带有明显的"左"的倾向,在修订过程中如何消除这些"左"的倾向?

当时,上海辞书出版社已经在中华书局辞海编辑所的基础上成立,以束纫秋社长为首的社领导急得如热锅里的蚂蚁,夜以继日从速提出方案。上海市委成立了以市委书记王一平为首的辞海编辑出版领导小组,同时决定由夏征农担任主编,并请尚未"解放"的罗竹风出山继续担任副主编,主持常务工作。在编纂原则方面,时任上海辞书出版社副总编辑的巢峰起草了《〈辞海〉处理稿件的几点具体意见》,共8条39款,大胆否定了在《辞海》编纂中存在的"左"的倾向。在编纂队伍方面,巢峰向束纫秋建议:向兄弟出版社借调编辑和校对。束纫秋欣然接受。于是,上海辞书出版社向人民、科技、文艺等出版社商调了几十名编辑和校对人员,夜以继日、通宵达旦地展开编纂工作,终于在1979年7月就见到了《辞海》(第三版)样书。第三版收单字条目14 872个;多字条目中的语文条目22 741个,百科条目68 965个。总条目数106 578个。总字数1 342.8万,册数从两卷本变为三卷本。《辞海》(第三版)的历史意义在于,客观上承担了改革开放初期所需要的思想解放动员的任务,成了改革开放的第一枝报春花。许多词条的注释在当时看来,都是具有突破性的。如:涉及"文革"的一些条目,在处理方法上十分大胆。"文革"所肯定的事物,如破四旧、大串联、一月风暴、夺权、大联合、斗批改、资产阶级知识分子、五七干校等等,一律不收,实质上予以否定。凡"文革"所否定的东西或人物,如四五运动、"走资派"、"反动学术权威"以及许多人物,如瞿秋白、罗瑞卿、邓拓、吴晗、田汉、周信芳、张志新等等,则予以列目,充分肯定。刘少奇因尚未平反,暂且不予列目。涉及台湾词条的释义原则是:"不用'一定要解放台湾'的口号,不用'窃据'、'盘踞'、'尚待解放'等用语,强调祖国统一,反对台独。对台湾的经济、文化和人民生活,尊重事实,不随便使用'残酷剥削'、'民不聊生'、'经济凋敝'等字眼。"相关军事条目的审定方面,《辞海》编辑部请示中央,最后由邓小平同志亲自批示,责成军事科学研究院承担编纂任务。

《辞海》(第三版)由于客观上适应了十一届三中全会后实践是检验真理的唯一标准的大背景,思想解放,释义新颖,受到全社会的广泛关注,获得了巨大成功。到处出现抢购现象,供不应求,甚至出现黑市,书价翻番。此外,这版《辞海》还为今后历版的编纂建立了几个原则:1. 确定十年一修订的制度,从而使《辞海》成为社会科学和自然科学的档案馆。2. 既收单字、普通语词,又收百科词条,比"大百科"收词多若干倍。一书在手,很多条目都能查到。3. 建立了较为稳定的作者和编辑队伍。

《辞海》(第四版):精益求精。

1981 年,辞海编辑委员会确立了《辞海》十年修订一次的制度。《辞海》(第四版)是从 1984 年开始启动的。党的十一届三中全会后,社会主义现代化建设成为我们国家的主要任务。各个方面百废待兴,社会建设取得了长足的进步,人的思想观念进一步解放。因此,《辞海》(第四版)有了很大的提高:

1. 建立了完整的学科体系。社会学、美学、伦理学、政治学、经济法、国际学、固体物理学、环境保护等学科成为独立学科,完善了学科体系,反映了时代的需求和研究水平。

2. 清除了"左"的残余。如【文化大革命】条,定性为"由毛泽东错误发动和领导,被林彪、江青两个反革命集团利用,给党、国家和各族人民带来严重灾难的内乱",已彻底否定之。在人物概括语中不再"戴帽子"、"贴标签"。对有些术语类条目,改为"中性"介绍。

3. 增补条目,准确反映历史事实。如反映抗日战争历史的条目,原来只强调中国共产党领导的战争,第四版增补了国民党正面战场的条目。

4. 订正错误,更新内容,进一步完善了释文。如【专利权】条,原来的释文是:"资本主义国家发明人对其成果享有独占和经营获利的权利。在社会主义国家,专利权属于国家。"这个释义不仅是错误的,而且是自相矛盾的,第四版彻底进行了改写。

5. 检索方式上,在原有的笔画查字表、音序索引、外文索引以及部首查字表之外,增加了四角号码检字索引。

经过了几次修订,《辞海》已经走向成熟。既铸造了中国文化史上的重大精品工程,又形成了出版界有口皆碑的"辞海精神",锻炼出一支以"辞海精神"为灵魂的辞海人队伍。1989 年 3 月,时任上海市委书记的江泽民为《辞海》(1989 年版)题词:"发扬一丝不苟、字斟句酌、作风严谨的'辞海'精神,为提高中华民族的文化素质而努力。"

《辞海》(第五版):与时俱进。

1996 年,《辞海》(第五版)编纂工作正式启动。经过三年多的努力,第五版于 1999 年建国五十周年大庆前夕如期出版。第五版收录单字 19 485 个(含繁体字和异体字),其中 17 674 个列为字头;字头及独立词目 122 835 条;全书篇幅 1 983 万字。第五版一改以前各种版本黑白印刷加线描图的形式,在印刷装帧上有了根本性的改变,面貌为之一新。第五版以彩图本为主体版本,依然由夏征农担任主编,彩图本之外,还有普及本、缩印本;并由江泽民同志题写书名。在内容方面,体现了"与时俱进"的原则:

新的词目:新增词目约 6 000 条,大部分是近十年新出现的词语。既有普通词语,也有百科条目。

新的解释:大量政治、经济、科技、地名等条目,作了新的解释,反映了国际形势、国内经济体制、科学技术等的重大变化。

新的规范:法律、行政、科技等方面出台了许多新的规范,第五版都按照新规范行文。

新的数据:对于人口数、产量、各项经济值以及一切涉及数据的条目,凡有资料变动者均予更新。

新的图片:通过多种途径和渠道,向有关部门征集了 1.6 万余幅彩色照片,彩图本《辞海》是我国大型辞典中之首创。

新的设计:将必须配置的黑白线条图和化学分子结构式加上色块,使本版《辞海》熠熠生辉、图文并茂,在形式上更具现代感。

新的编排形式:将主体版本从原来的按部首编排改为按拼音音序编排。

《辞海》(第六版):继往开来。

进入新世纪后,世界形势和格局发生了很多很大的变化,科学技术也日新月异。特别是经过三十多年的改革开放,我国的综合国力进一步增强,社会呈现出前所未有的活力和动力。《辞海》(第六版)的编纂工作始于 2005 年初。2009 年国庆节前夕,第六版彩图本(五卷本)率先面世。之后,普及本(三卷本)、缩印本(一卷本)、世博珍藏版(一卷本)和典藏版(九卷本)相继推出。2010 年 3 月,又推出以《辞海》(第六版)为主要内容的"《辞海》悦读器"。

《辞海》(第六版)由夏征农、陈至立担任主编。其篇幅较第五版略增,总字数约 2 200 万字,比第五版增加约 10%。总条目近 12.7 万条,其中新增 1 万多条,词条改动幅度超过全书的三分之一,删去条目约 7 000 条。除了新增条目,在原有条目中,也大量援引新的提法，作出新的解释，反映新的情况，执行新的规范，运用新的数据。在增补以前遗漏的词目、音项、义项和释文内容，改正解释、资料、文字、符号等差错，精简不必要的词目和不合适的释文等方面亦着力甚多。《辞海》(第六版)是对时代发展的定格，充分反映了新中国成立六十年，特别是改革开放三十年来的新事物、新成果。

第六版的创新之处有：

1. 增加和充实了中国共产党和社会主义中国指导思想的条目，增补和充实了有关邓小平理论的条目，增收了"三个代表"重要思想及其系列条目，增收了科学发展观及其系列条目，从而使中国特色社会主义理论体条条目形成系列，同时使马克思主义和科学社会主义在中国的发展的条目形成系列。

2. 突破了《辞海》只收古代汉语的成规惯例，增收约 5 000 条常用的近现代汉语和网络用语，使《辞海》更加贴近群众，贴近生活，贴近实际，贴近时代。

3. 增加了大量科学技术条目，反映科学技术的飞速发展。包括航天科学、生物学、医学、纺织学等方面的条目，以及反映我国新的建设成就的标志性工程和建筑条目等。

4. 传统学科推陈出新。在文学、艺术和传播、出版、历史地理等学科的收词和释义上，都体现了新的变化和研究的新成果。

5. 实现了数字化方面的有益探索。第六版除了出版主体版本彩图本(音序)以及普及本、缩印本等纸质版本外，还推出了适应数字化潮流的《辞海》悦读器。

二、《辞海》编纂的特点

从民营出版企业创始，到新中国成立后设立中华书局辞海编辑所，再到成立上海辞书出版社，这 100 年间，最终造就《辞海》这一长盛不衰的图书品牌，还是在建国之后。建国之后《辞海》历版的编纂，均有以下几个特点：

一是编纂工作始终得到中央历代领导的亲切关怀，以及上海市委市政府的高度重视和大力支持。《辞海》是我国重大的文化工程，体现了我国的文化形象，代表了我国的文化软实力。因此，从 1958 年毛泽东主席把《辞海》编纂任务交给上海起，《辞海》的编纂就得到党中央历代领导的亲切关怀，上海市委市政府的重视和支持。毛泽东同志 1957 年采纳舒新城先生的建议，决定修订《辞海》，并把这一任务交给上海；邓小平同志 1974 年对《辞海》的修订作出重要批示；江泽民同志 1989 年为《辞海》题词，提出发扬一丝不苟、字斟句酌、作风严谨的辞海精神,为提高中华民族的文化素质而努力的要求,1998 年为《辞海》题写书名,1999 年接见了《辞海》主编、副主编;胡锦涛同志 2004 年看望了《辞海》主编夏征农同志,勉励做好《辞海》修订工作。2009 年中宣部和新闻出版总署在北京人民大会堂召开《辞海》出版总结表彰大会,中央领导同志在会前亲切接见了《辞海》编纂、出版人员并作了重要讲话,给大家以巨大的鼓舞。上海市委市政府更是给予了直接的支持和帮助。1959—1961 年是新中国的"三年困难时期",每人每月粮食定量供应,油、烟、布、饼干等许多用品都凭票供应,但编写《辞海》的作者在浦江饭店三次集中,每天中、晚饭四菜一汤,另有香烟可供购买。在《辞海》编委会初稿审查会议上,上海市委书记石西民亲自对《辞海》的选词和释义要求作了重要讲话。1978 年编纂《辞海》(第三版)时,上海市委成立了以市委书记王一平为首的辞海编辑出版领导小组,夏征农担任《辞海》主编。《辞海》(第五版)编纂之前,上海市委常委会研究决定给予《辞海》1 000 万元的财政拨款。汪道涵、黄菊等领导对《辞海》的编纂也给予了高度重视,并亲自指示要做好《辞海》编纂工作。

二是拥有两支高水平的、相对稳定的队伍。1936 年版《辞海》(即第一版)受当时客观条件的限制,编纂队伍仅有一支,十七八个人。新中国成立后组建的编纂队伍有两支,一支是作者队伍,一支是编辑出版队伍。作者队伍中,网罗了全国一流的专家、学者,如舒新城、陈望道、赵朴初、张友渔、钱伟长、周予同、裘沛然、苏步青、李国豪、谈家桢、郭绍虞、刘大杰、沈克非、程门雪、周信芳、俞振飞、贺绿汀、丰子恺、蒋孔阳、周谷城、谭其骧、朱物华、冯契、石美鑫、谢希德、费孝通、叶叔华、翁史烈、杨福家,等等,灿若群星,熠熠生辉。此外,中宣部、中组部、外交部、国家民委、国务院侨办、国家宗教事务局、中科院、军事科学院、社会科学院、测绘局等国家有关部门,都组织力量参与编纂《辞海》条目。编辑出版队伍中,有夏征农、石西民、赵超构、李俊民、杭苇、罗竹风、陈落、束纫秋、巢峰、严霜、杨祖希、陈昕、鲍克怡、徐庆凯、杨关林、王芝芬、严庆龙、李伟国与稍后的张晓敏、彭卫国、何元龙,等等,这支队伍在学科专业知识上,包罗比较齐全,从总体上富有辞书编纂经验,其中不乏在某个研究领域颇有造诣的专家。几十年来,这两支队伍保持了相对的稳定性,其间虽然有很多人已经辞世,但是也有新的力量不断地加入进来,充实进来。很多大型的工具书也组建了作者队伍、编辑出版队伍,但绝大多数在出版任务完成后就自动解散了,能像《辞海》这样保持相对稳定的可说是绝无仅有。

三是编纂者具有创新的勇气和智慧。《辞海》(第一版)是有开创性的词典,无论在体例、条目的收列、释义等方面都比以前出版的词典更胜一筹。第二版是对第一版脱胎换骨的改造,规定了各学科收词比例,在注音、字体、体例、插图、编排、版式等方面都作了较大改革,并开始组建了高水平的作者队伍、编辑队伍。第三版更是以"解放思想、实事求是"为原则,成为突破当时思想禁锢的典范。第四版进一步健全了学科体例,进一步肃清了"左"的思想的影响,成为精益求精之作。第五版适应时代的要求,收列新的词目,采用新的解释,执行新的规范,使用新的数据,选用新的图片,改革了编排方式,并出版了图文并茂的彩图版。第六版不仅出版了各种纸质版本,还适应新媒体时代读者的需求,推出了《辞海》悦读器,并且为了纪念2010年上海世博会的召开,发行了世博珍藏版。

四是形成了一种"辞海精神"。1989年3月15日,在《辞海》(第四版)即将问世之际,江泽民同志为《辞海》题词:"发扬一丝不苟、字斟句酌、作风严谨的'辞海'精神,为提高中华民族的文化素质而努力。"他把编纂《辞海》的严谨细致的工作态度和工作作风概括为"辞海精神",并把这一精神与提高中华民族的文化素质密切联系起来,予以肯定和提倡,这对从事《辞海》编纂的人员是很大的鼓舞和鞭策,甚至对整个出版工作都有重大的指导意义。

五是严密的组织工作。《辞海》在编纂过程中形成了一套严密的组织制度,涉及制定编纂方案、编纂体例,组织收词,讨论试写样稿,编写,定稿,编辑加工,校对,印制等工作,甚至对后勤保障也有一套详细的规定。而制定切实可行的编纂方案和编纂手册更是组织工作的重心。舒新城先生在总结1936年版《辞海》的编纂经验教训时说,当年编纂时没有一个通盘计划,各学科极不平衡,以致在出版新版《辞海》时需进行脱胎换骨的改造。后来的几版在编纂时,从制定比较简单的编纂计划到形成一整套较为完善的编纂方案、编纂手册,也经历了几十年的摸索。如《辞海》(第二版)在编纂之前,对百科条目进行了分类,规定了各学科收词的适当比例。第三版编纂前,正值"文革"之后,有很多思想禁锢还没有解除,很多重大条目的撰写遇到难题,在这种情况下,《〈辞海〉处理稿件的几点具体意见》出台,为这版《辞海》的编纂指明了方向。第五版编纂之初,1994年,一整套较为完善的编纂方案形成。之后,第六版和第七版(即将启动)均在此基础上,有较为系统完善的编纂方案和编纂体例。在编纂方案中,确立了《辞海》编纂的方针原则、基本框架、组织架构、编排方式、时间进度、工作流程等,等于是确立了全书的"灵魂"。在编纂手册中,更是对收词范围、收词原则、词目的定名、词目的分级和字数、释文的撰写顺序、图片配置、各种技术规格等作了详细的规定,并且在实际编纂过程中,对每一个步骤的具体实施也有具体要求,使作者和编辑都能做到"有章可循"。

100 年中,《辞海》经历了风风雨雨,百年的历史积淀,百年的文化传承,百年的精心磨砺,《辞海》在读者心目中的地位将会越来越高,其品牌价值和市场影响力也将会越来越大。

（上海辞书出版社供稿，巢峰执笔）

《新英汉词典》：四个版本，一段历史

《新英汉词典》

经典策划
119

上 海 译 文 出 版 社

　　《新英汉词典》的编写始于 1970 年秋，1975 年春由当时的上海人民出版社出版 16 开本，32 开本的第 1 版第 1 刷是在 1976 年 12 月，定价六块钱。1978 年 1 月，上海译文出版社成立，《新英汉词典》版权归入译文，同年 4 月，《新英汉词典》新 1 版印行，此后 10 年，一直有挖补修改重印。到 1985 年 7 月，《新英汉词典》编写组完成词典正文中的释义和例证的 600 多处修改，并另外编写了收词 4 000 多个的《补遗》，这就是《新英汉词典》新 2 版，赫赫有名的"九块八"增补本。

　　知道《新英汉词典》，用过《新英汉词典》的人很多，特别是现如今五六十岁的阿姨爷叔——"文革"之后、改革开放之初经历"外语热"并开眼看世界的那一代人，通常对《新英汉词典》非常有感情。《新英汉词典》第 1 版的前言里引了马克思的话说："外国语是人生斗争的一种武器。"20 世纪 80 年代，人们对外面世界的好奇与渴望使英语学习倏忽一下来到了社会生活的前台，《新英汉词典》出现在了无数人的案头和行囊里。《新英汉词典》40 年逾千万册销量的大部分都积累于那个年代，当年一句"印书如印钞票"虽是戏言，但《新英汉词典》增补本在很长一段时间里，确实扮演了上海译文出版社"现金母牛"的角色。2008 年，《中国图书商报》公布了"改革开放 30 年最具影响力的 300 种书"，《新英汉词典》与《新华字典》、《现代汉语词典》并列，是其中仅有的三种工具书之一。

　　毋庸讳言，《新英汉词典》成为中国工具书出版史上的一部经典作品，是因为它赶上了一个时代，然而其成书却在时代机遇出现的前夜。像它这样编写于"文革"时期却没有随着"文革"进入历史垃圾堆的词典，寥寥无几。复旦大学的陆谷孙教授是当年《新英汉词典》的主要设计者和定稿人之一，他曾写过一篇《"文革"曲线救书记》，讲述了编写《新英汉词典》的故事。编写的故事分两条线：一条线"像一出违反常识的'荒诞剧'"，工宣队的领导，研究如何在例证中容纳毛主席语录，讨论如何保持批判苏修和美帝的大致比例相同；另一条线是编写组成员"救书"心切，以努力提高词典的实用性为己任，主张多收词，收新词，将反映海外政治、经济、文化等方面动态的有用语汇"走私"纳入词典，用五色墨水笔添补被工宣队斥为"死人骨头"的新词语新词义，把书稿勾画得像"打翻墨水瓶"。与此相对应，1975 年《新英汉词典》出版之初，外界的反响也有两种声音：一边评其为"一篇'文化大革命'的政策声明"；另一边如《纽约时报》、《远东经济评论》等也注意到《新英汉词典》收了不少英语新词，"连一些四字母的粗俗词"也没有忽略，"把意第绪语的常用词介绍给了中国知识界"，由此认定这是一部"跟上时代潮流"（with-it）的词典，惊呼"中国已出版了一本以美国最新用语为特色的词典"，说明"在中国观察美国的人就像在美国观察中国的人一样，正密切注视着对象国"。到了今天，当我们谈起《新英汉词典》作为一个出版案例的创意与依据、思路与架构、组织与运作、效果与经验，我们只能说，原初实在是一片混沌中一束朦胧的意识之光，编写人员借《新英汉词典》得以在"文革"时期保有了继续接触外语业务的机会，《新英汉词典》则借着知识分子的"独头攻"具备了辞书应有的工具和实用特性，获得了日后得以勃勃焕发的生命力。一本《新英汉词典》摆在桌上，主要编写人员名单七八十人，分了很多段、许多行，记取的就是那个年月的人与事。葛传椝先生，蒯斯曛先生，林同济先生，孙梁先生，李振麟先生，杨岂深先生，陆谷孙先生，薛诗绮先生……《新英汉词典》编写组汇集的，是当时上海外语界绝大部分的精英人物。编写于"文革"时期的《新英汉词典》，何其之幸！同时，上海译文出版社的几任总编、副总编，如路修、杨立信、吴莹等人，也都是从《新英汉词典》走出来的。

译家黄灿然先生曾写过一篇《我的衣食父母》，发表于 2001 年第五期《读书》杂志，文中提到了他购于 1982 年初春的《新英汉词典》：

> 在学英文的过程中，《新英汉》一直是我的良伴……要学习我模模糊糊希望掌握的英文，还得靠大量阅读课外读物，而阅读课外读物，就得靠英汉词典。《新英汉》由于例句极其丰富详尽，便成为我更重要的老师。而我相

信,它大概也会把我当成重要的学生,因为我每次讨教都很认真,把每个词条的例句慢慢研究一番。……早在翻译帕斯捷尔纳克的过程中,我已意识到《新英汉》的一些缺陷。它收词不足,短语也远远不够应付翻译道路上各种预料不到的障碍,还有就是它的例句,很多是中国化的英文,缺乏时代气息——倒是有太多"文革"时代的气息,尤其是有颇多马列毛著作例句和政治套语,追不上千变万化的资本主义新生事物。

工具书拼的,就是实用性。长处与缺陷,黄灿然先生对《新英汉词典》的评价中肯到位。拓展收词和去除"文革"气息,在《新英汉词典》之后的历次修订中成为一个硬币的两面。陆谷孙先生曾经将 1985 年增补本称作《新英汉词典》"整容"后的版本。所谓"整容",主要就是"更换了政治思想内容明显不妥以及语言上有缺陷的例证"。(见《增补本说明》)同时,增补本也充分考虑了《新英汉词典》正文本身的规模、对象和收词范围,在收词 4 000 多条的《补遗》部分补编了 20 世纪 60 年代以来形成的新词以及另有新义和新的词法功能的旧词。《新英汉词典》增补本拓展收词,还动用了当时尚在编写的《英汉大词典》所积累的一部分第一手资料,例如 break dancing(霹雳舞)、video conference(电视会议)等,都是 20 世纪 80 年代初新潮时髦尖端的东西。

1994 年,《新英汉词典》开始了一次真正意义上的彻底修订。2000 年 12 月,从里到外焕然一新的《新英汉词典》世纪版面世。修订主编吴莹在世纪版《前言》中写道:

> 在本次[世纪版]编写过程中,我们对每一条目、每一义项、每一例证都作了重新查核,一方面保留原版本中正确、有用的内容,另一方面参考 20 世纪 90 年代出版的多种英美语文词典和各类专科词典,纠正原词典中的谬误与疏漏,补充提供有关条目的最新信息,删除生僻废弃的词语和义项……新版词典在例证方面作了较大幅度的替换更新,其中包括去除了数百条当年"为政治而政治"、英语不地道的句子或短语,例证的设置更强调针对性和实用性,例证或帮助读者进一步理解某一释义,或帮助读者掌握该词语的典型用法以便举一反三。

尽量收录 20 世纪 80 年代以来出现的英语新词、新义、新用法,是《新英汉词典》世纪版编写的一项重要工作。Viagra[万艾可(伟哥)],red chip(红筹股),dioxin(二噁英),mad cow disease(疯牛病)、Kosovo(科索沃)、nanometre(纳米),这些新加词几乎是和与之相关的新闻同步出现的。语词专家在不断追赶着时代,校样依然勾画得像"打翻墨水瓶"、"死人骨头"却已是编写组内同仁之间开玩笑时用到的一句戏言,它所代表的新词、新义、新用法进而成为了《新英汉词典》世纪版产品设计的核心。

与词典内容升级换代相对应,词典的装帧也体现出"以人为本"的特征。词典外切口处设计了当时国内工具书罕见的拇指索引,每本词典附加了多功能放大镜,采用了保护视力的米黄色词典纸。

《文汇报》撰文说,《新英汉词典》世纪版是"刻在新世纪上的一道年轮"。上海译文出版社为了庆祝《新英汉词典》世纪版出书,在京沪两地举办了《新英汉词典》"以旧换新"活动,轰动书业界。无数闻讯赶来的读者将几个指定书店围个水泄不通。人们手捧一本本老《新英汉词典》,一边从工作人员手中换取全新的世纪版,一边相互回忆交流当年争购这本词典的场景,而出版社回收来的旧版《新英汉词典》满满当当摆了一屋子。2002年8月12日,第1 000万本《新英汉词典》在南京爱德印刷有限公司下线。

2007年,《新英汉词典》再次进入修订周期。2009年7月,《新英汉词典》第4版出书:16开版本仿皮硬面精装,改"蚂蚁字"为大字印刷,为对便携性要求不高的读者提供视力友善的选择;32开缩印版本设计了暖橘、墨绿两种个性色,书包本设计轻便不累赘,满足年轻学生的便携需求。

由于世纪版在清除历史遗留问题上工作彻底,《新英汉词典》第4版的编写不再为"旧账"所累,努力求新求变,开始尝试补充同义词近义词的辨异、辨用内容。陆谷孙先生在第4版《序》中写道:"记得当年编写第1版时,江希和先生就奔走呼号要辨异,然人时两绌,终未遂愿,即所谓'蹇思不释'也——复杂的问题虽常想到,但未必就能一举解决。"《新英汉词典》一向以兼顾解疑释惑与指导学用两项为主旨,第4版增加600多条辨异说明,也是对近年坊间汗牛充栋的引进版英汉双解学习型词典的正面回应,针对中国英语学习者的特有需要,在系列词共性的基础上就其个性辅以例证展开讨论。

《新英汉词典》第4版的编写工作由复旦大学高永伟博士担纲,监察、记录、判断、积累新词正是高博士的长项之一。在互联网和移动通信飞速发展的时代,越来越多与网络相关的时髦用语以"新词"的面貌出现在人们眼前。《新英汉词典》第4版凸显"潮"特点,在保持权威词典收词新鲜度上下足功夫,还特别将网络与电信常用缩略语收成附录，像"aak"（asleep at keyboard，在电脑旁睡着）、"aslmh"（age，sex，location，music，hobbies；年龄、性别、居住地、音乐、爱好）、"aysos"（are you stupid or something，你是傻的还是怎么的）、"kiss"（keep it simple，stupid；长话短说，傻瓜）、"yyssw"（yeah，yeah，sure，sure-whatever；是是，当然当然，敷衍了事）等类似于中国网络、短信聊天达人们"表"、"酱紫"、"弓虽"的有趣但又常让人不甚理解的缩写都进入了第4版。第4版在新词收入方面体现出的开放心态成为媒体热议的焦点，并在中国辞书编纂界引发了一次有关新词收录标准的讨论。

作为民族品牌的《新英汉词典》已经走过了40年，历史的机遇使它在相当长的时间里成为"独步天下"的英汉类工具书，然而在目前的中国词典市场上，引进版学习型双解词典占据了极大份额，我们必须承认《新英汉词典》的生存空间受到了极大的挤压。坚持做"为中国人量身定做"的词典，帮助中国的英语学习者应对既有广度又有深度的英语阅读和其他学习问题，与引进版词典形成错位竞争，这是《新英汉词典》的未来。

（上海译文出版社供稿，张颖执笔）

一个值得记录的成功出版项目

——以《新牛津英汉双解大词典》为例

《新牛津英汉双解大词典》

上海外语教育出版社

一、概述

2007年1月5日下午3点，《新牛津英汉双解大词典》出版新闻发布会在上海外语教育出版社隆重举行。来自辞书界、外语教育界、出版界等的300多位专家和学者齐聚外教社，共同见证这部全球规模最大的英汉双解词典的问世。上海市人民政府外事办公室主任杨国强，上海外国语大学校长曹德明，上海市新闻出版局副局长楼荣敏，上海市出版工作者协会主席曹培章，英国驻沪总领事馆文化教育领事 Evan Davis，上海世纪出版集团总裁陈昕，上海文艺出版总社社长杨益萍，牛津大学出版社中国有限公司总经理 Simon Li，中国辞书学会副会长周明鉴，中国辞书学会副会长、南京大学双语词典研究中心主任张柏然和中国辞书学会全国双语词典专业委员会主任章宜华等到会祝贺。出席发布会的还有上海各兄弟出版社社长，全国著名外语院校和电子词典出版机构的领导、专家和代表。来自新华社、《光明日报》、中央人民广播电台、《解放日报》、《文汇报》、上海电视台、东方电视台等30多家媒体的记者出席了发布会，并对大词典的出版给予了高度关注。

2001年外教社启动了《新牛津英汉双解大词典》的编译出版工作，组织了上海外国语大学、厦门大学、南京解放军国际关系学院、广东外语外贸大学、洛阳解放军外国语学院等十余所全国著名高等院校和科研机构的近百位专家通力合作,开展了艰苦、严谨、细致、扎实的翻译和审校工作。历时六个寒暑,耗资数百万元,才有了牛津大学出版社授权在中国大陆出版的全球规模最大的英汉双解词典——《新牛津英汉双解大词典》的出版发行。该词典根据《新牛津英语词典》(*The New Oxford Dictionary of English*)第一版(1998 年)和第二版(2003 年)编译而成,收列单词、短语及释义35.5万条,收录科技语 5.2 万条,百科知识条目 1 200 余项,从英国国家语料库(The British National Corpus)精选例证 7 万余条,设置用法说明专栏 500 余处,精选新词新义 5 000 余项,约 600 个词条属在国内首次翻译,工程之浩大可见一斑。翻看这本2 500多页,总字数近 2 000 万的超大型英汉双解词典,可以充分感受到她背后沉甸甸的分量和编译者、审订者以及出版者的倾力付出和辛劳。正如时任上海市新闻出版局副局长的楼荣敏先生在该词典出版新闻发布会上的致辞中所言:"《新牛津英汉双解大词典》的出版不能仅仅看作是一本辞书的出版,她诠释了上海出版人对出版工作的一种良知、一种责任、一种魄力、一种理念。"

辞书编纂出版是外语学科建设的基础性工程,需要巨大的投入,编者和编辑往往一坐就是好几年的冷板凳。将大型英语原版词典编译成英汉双解版在我国更是不多见。专程从海外赶来出席发布会的时任牛津大学出版社中国有限公司区域董事、总经理的 Simon Li 坦言:"《新牛津英汉双解大词典》的出版是牛津大学出版社与上海外语教育出版社合作的里程碑,也是牛津大学出版社从事英汉词典出版以来的一座里程碑。牛津大学出版社之前没有出版过这么大部头的英汉双解词典,今天,外教社做到了,这是一项了不起的成就。"有着五百多年历史的牛津大学出版社在词典出版方面有着悠久传统。该社于 1998 年推出的具有划时代意义的通用型英语词典——《新牛津英语词典》,被誉为自 1884 年《牛津英语词典》(*Oxford English Dictionary*)问世以来最重要的英语词典,它不但将大型多卷本历时性英语词典的严谨、宏大与通用学习型英语词典的简约、通俗融为一体,而且在传承学术研究和语料分析传统的基础上开创了词典编纂的新方法、新理论。全国双语词典专业委员会主任、广东外语外贸大学词典研究中心主任章宜华教授对这一出版工程作了这样的评述:"《新牛津英汉双解大词典》的出版是一项可以载入英汉双解词典编纂史册的重大出版工程,它的出版,不仅为广大外语学习者和工作者带来了福音,更会对语言教学研究及中西文化的交流产生深远影响,促进中西文化的交流和积累。"

《新牛津英汉双解大词典》自 2007 年问世后因其内容权威、信息广博实用、编纂理念先进而得到了海内外业界和读者的高度关注和充分肯定。第一版累计销售纸质词典 2 万余册,电子词典授权收益共计近千万元(牛津大学出版社和外教社共享),并先后获得上海图书奖一等奖、第二届中国出版政府奖图书奖提名奖,取得了令人满意的社会效益和经济效益。在近年辞书市场发生重大变化的环境下,《新牛津英汉双解大词典》第一版能取得这样的业绩实属不易,因而被视为海内外合作出版和新时代辞书出版的典范和经典案例。

2013 年 6 月 2 日上午,《新牛津英汉双解大词典》第二版出版研讨暨新闻发布会在上海外语教育出版社召开,宣布外教社与牛津大学出版社合作编译出版的目前全球规模最大的、最权威的、最可信赖的英汉双解大词典——《新牛津英汉双解大词典》第二版正式出版。外教社在 2007 年出版发行《新牛津英汉双解大词典》第一版后不久,即与牛津大学出版社商讨并着手词典的修订工作。修订工作历时六年,主要根据《新牛津英语词典》英语原版最新版,即 2010 年出版的第三版,对双解版作了几乎同步的大量的更新、增补、本地化修订和全面校订,使译文更准确规范、义项排列更科学合理、体例更科学统一,更符合中国读者的认知特点的需要。《新牛津英汉双解大词典》第二版反映了语言学和语言教学最新研究成果,兼具教学词典与翻译词典的双重特征,融汇语言与百科多方面信息,是能够很好满足英语教学、研究与翻译等多学科需求的新型词典,是英语教师、英语研究人员、翻译工作者和其他相关工作者案头必备的权威工具书。

当今,信息技术的发展以及多种媒介和应用平台的涌现为辞书的研发和更有效、便捷地服务读者提供了更多的发展空间及机遇。近年来,外教社在上海市科委、上海市新闻出版局等政府部门的大力支持和悉心指导下,成功研发了国内首个标准化双语词典编纂系统平台,为外教社辞书编纂出版数字化和语料库建设打下了坚实基础,也为纸质辞书数字化转化和使用作好了铺垫。《新牛津英汉双解大词典》第一版已实现基于国际标准的 XML 数据构建,第二版的数据库建设、网络和支持智能终端上的应用的合作以及商业运行模式的开发也在紧锣密鼓地进行,不久读者就可以看到或得到多种载体呈现的《新牛津英汉双解大词典》。

在《新牛津英汉双解大词典》的授权出版、合作条件谈判、编译、审订、编辑出版、营销推广、版权转让、出版形态探索以及项目管理等方面,都有不少经验和做法值得好好总结、思考和提炼,可供同行参考。

二、授权：柳暗花明

谈起《新牛津英汉双解大词典》的授权编译出版，还有一段鲜为人知的故事。1999年初，牛津大学出版社就刚出版的一套牛津百科系列词典（计划出版80种，已出60余种）和《新牛津英语词典》，以招标的方式在上海寻找合作伙伴，授权在中国合作出版发行这两种工具书。据说，有多家出版社参与这两个项目的投标和竞标。外教社当时正在努力调整图书结构，试图打造多个支柱性产品群，其中一个支柱就是研发双语词典。除了积极组织力量策划、组织队伍编写外，外教社还花力气有选择地引进海外优质出版资源，作为对自主研发产品的有效补充，并尽可能将自己的创造或创新成果融入引进的产品或项目，使其向本土化发展或转化。据此，外教社积极参加投标和竞标，希望能够获取这两个项目的授权。1999年5月，牛津大学出版社经过招标、竞标和各种条件比较，决定将牛津百科系列词典授权上海外语教育出版社在中国大陆出版发行，将《新牛津英语词典》授权上海远东出版社编译成英汉双解版在中国大陆出版发行。说实话，当时得知竞标的结果，外教社的领导既高兴又沮丧——高兴的是，获得了牛津百科系列词典的授权并可根据中国读者的需要挑选出40本或更多先重印出版，而后根据不同主题有选择地进行本土化改编，如此将大大提升外教社在专业辞书出版领域的影响力和市场号召力，同时加快外教社辞书研发的步伐和辞书编辑队伍建设；沮丧的是，外教社渴望能够得到《新牛津英语词典》双语版授权，并借此占据辞书出版的制高点，提升外教社辞书出版的水平，实现超越和跨越式发展，然而愿望落空了。当时外教社虽已有一定的辞书出版理论和实践的积累，但远未形成自己的理念和运作体系，虽策划编写且已出版部分工具书，但无论是产品的质量和数量、产品的效益和规模都有待进一步提升和发展。而牛津大学出版社辞书出版的深厚积淀无疑将大大有助于外教社辞书编纂理念的提升、理论和实践的建设。若能保质、保量、按期完成《新牛津英语词典》双语版的编译和出版发行工作，无疑将极大地提升外教社对大型工具书进行汉化的能力，增强工具书的编辑加工和审订能力、大型项目的管理能力以及推广发行能力，并加快工具书数据库或语料库的建设步伐等。况且，《新牛津英语词典》标识词语"The foremost authority — the most comprehensive coverage of current English"（最权威最大）以及牛津品牌词典的"The world's most trusted dictionaries"（世界上最可信赖的词典）无不在辞书界、出版界和教育界打下了深刻的烙印，对读者和市场有很大的影响力和号召力。

无奈《新牛津英语词典》双语版花落上海远东出版社。无论牛津大学出版社出于何种考虑,或远东社出了何等奇招斩获牛津大学出版社的授权,此时,对外教社而言,已是无可奈何花落去,只能定下心来好好研究和实施牛津百科系列词典的编辑出版和推广发行工作,力争取得最佳社会效益和经济效益,填补中国专科英语词典的出版空白,为相关学科的建设和发展做好服务和支持工作。

上海市新闻出版局和牛津大学出版社非常重视这两个项目的合作。1999年7月,上海市新闻出版局、牛津大学出版社为这两个项目专门举行了授权签字仪式。时任上海市新闻出版局局长孙颙、党委书记钟修身、副局长楼荣敏等局领导和有关处室的负责人,专程从英国飞抵上海出席签字仪式的时任牛津大学出版社社长,上海出版界人士及全国各大有关新闻媒体的记者朋友60余人到场见证了合作出版的签约。孙颙局长、牛津大学出版社社长、上海外语教育出版社社长、上海远东出版社社长分别在签约仪式上发表了热情洋溢的讲话,高度评价了这两个项目的合作意义,表示希望以此为契机,有效提升中国辞书出版的水平,推动和促进中国辞书的编纂出版工作。随后有关媒体对此事进行了高密度的宣传报道,产生了非常积极的影响。此后的数年中,外教社辞书编辑室的同仁们全身心投入牛津百科系列词典的出版工作,先后出版了40种重印版,又从中挑选出了10种进行汉化,以双语形式出版。重印版和双语版均获得了较好的社会效益和经济效益,应该说是一个比较成功的合作项目。

与此同时,上海远东出版社也积极行动起来,在全国物色《新牛津英汉双解大词典》的主译人选,组织编译队伍,制定编译的条例和相关制度,并为主要编译人员准备各种所需的工作条件,甚至为解决主要编译人员的生活问题,不惜重金购置了相当宽敞的住房。总之,为保证编译任务的顺利开展和按质按时完成,远东社不遗余力,提供一切完成编译任务所需要的条件。但不知何故,词典的编译工作迟迟未能全面启动。个中原因,或许是缺少高水平的编译者,尤其是主译人员,也或许是出版社内部对该词典出版后市场前景的看淡或缺乏信心等。

2001年5月初,我同时任上海远东出版社社长的杨泰俊先生等十余人一同前往美国出公差,参加美国书展。记得在去首都机场的路上,杨社长问我能否帮他一个忙。我不知何事,便说:"只要能帮得上的,一定尽力而为。"结果,他问我是否愿意接手《新牛津英汉双解大词典》的编译和出版任务,并告诉我:由于对这个项目社内看法不一,且能积累的编译力量有限等因素,远东社准备放弃这部词典的编译和出版任务。然而若无下家接手,远东社将承担合同违约的责任,导致信誉受损,并在经济上遭受近百万元预付款没收的损失。我一听此事便欣然接受。全面接盘《新牛津英汉双解大词典》的编译和出版任务，这对外教社辞书工具书出版的意义重大。当我询问远东社是否有什么额外要求和条件时，杨社长表示，只要外教社帮助接盘此项目，使远东社免遭合同违约处罚所带来的经济损失即可。考虑到远东社前期已做了一些工作，杨社长本人也为此项目花了不少精力，我承诺："词典出版后，为表示承认其前期所做的工作，外教社愿意向贵社提供一万元人民币的转让佣金。"结果在抵达机场之前，这个项目的转让意向就基本达成了。其余的一些细节问题，我与杨社长在书展期间亦——进行了探讨并取得了一致的意见。可以说，能获得此项目，是这次书展的重大收获之一。书展结束返沪后，外教社便着手《新牛津英汉双解大词典》的编译和出版的接盘工作。此后，便是整整六年时间，一个团队，几十号人，多个部门，全身心投入了此项工作。

三、谈判：好事多磨

外教社接盘《新牛津英汉双解大词典》项目后，便要求远东社将相关的材料，包括合同、编译要求、体例、已定稿的编译样稿等，悉数转移至外教社。在仔细审读合同条款后，外教社觉得，有些条款不甚合理，按照版权贸易的国际惯例，有些权益没有获得，有些条件可以再谈。总之，从专业的要求看，合同的有关条款、条件、权益等在相互尊重、相互信任、互惠互利的基础上，似可再作进一步的沟通、磋商和谈判。首先，合同条款中英汉双解词典的版税按词典定价的 10% 支付，明显不合理。按国际惯例，这是购买重印权或影印权通常支付的版税，而对于英汉双解词典来说显然是高了。因为出版双语版词典所需的翻译费、审校费、编辑费、录入费、排版费、校对费和业务管理费等是一笔巨大的开支。相比审读和稍加编辑后直接重印出版，出版双语版词典，无论是所需费用、环节，还是所付出的精力和劳动都要多得多。更何况在全部内容中，汉语部分至少占到 35%—40%。目前中国市场的图书定价，除了考虑内容的价值外，很大程度上参照了印前成本和纸张、印刷等直接成本。如此计算和平衡，双语版词典的版税应介于影印版和翻译版之间，在 6%—7% 之间较为合理。其次，这么一部超过 2 000 万字的鸿篇巨制，编译、审订、编辑、排版、校对，决非一蹴而就，需花多年时间才能完成，快则三四年，慢则五六年。其间，市场将是一个空白，而此辞书又是教师、学生、科研人员和英语学习者急需或必需的。为满足市场需求，应该将其重印或影印出版权拿下来，先重印出版发行。一来可满足教学、科研、学习之需，填补市场在双语版问世之前的空缺；二则在单语版营销推广之际，读者中需要双语版的用户，尤其是从事翻译工作的人员，便会询问是否将出版双语版，这样便可对双语版日后的面世起到推广作用，让这部分读者翘首以盼。其三，《新牛津英汉双解大词典》是一部大型工具书，语料非常丰富，覆盖面很广，兼具语文和百科词典的功能，释义和例证权威可靠，出版后应该根据不同的需求、不同的读者群体和不同层次的使用者开发相应的衍生产品，尽可能做到资源的科学、合理配置，物尽其用，不至于造成资源放空。当然这其中亦包括了各种出版形态，如电子版、网络版等的版权合作等。鉴于上述的多重考虑，外教社与牛津大学出版社就有关版权条款、授权形式、年限等进行了沟通和谈判，经过多轮的磋商，牛津大学出版社同意授权外教社首先出版单语版，并应允双语版出版后，授权合作出版各种衍生产品，同时明确双语版版权由两社共同持有，保证了知识产权的成果和共享的权利。遗憾的是，双语版的版税，牛津大学出版社坚持不妥协，并声称远东社已与其签约，外教社做的是接盘项目，接盘合同并不是重新签约，无奈，外教社只得接受现实，按远东出版社的有关条款继续履行合同。

在重新审核、梳理《新牛津英汉双解大词典》的合同条款并与牛津大学出版社进行了深入、友好的沟通和谈判，明确了双方的义务和权利后，外教社便按合同界定的内容，积极稳妥地推进此项目的各项工作。首先，审读、编辑出版了单语版《新牛津英语词典》。同时，有条不紊地推进双语版编译、审订、编辑、排版、校对工作。在此期间，外教社与牛津大学出版社，尤其是牛津大学出版社香港分社保持密切的联系，就编译中出现的问题，及时进行沟通、磋商，保证了词典的编译质量和进度。大约在双语版初稿基本完成时，牛津大学出版社提出欲购买该词典汉语版的版权，并要求一次性买断。当然如果条件合适的话，外教社应该非常愿意合作，因为牛津大学出版社将词典的英语版权转让给了外教社，外教社进行了汉化后将汉语版权再转让给牛津大学出版社应该是顺理成章的合作，是互通有无、互惠互利的好事。但出乎意料的是，谈判一开始就陷入了僵局。原因究竟是牛津大学出版社不了解中国国情，对出版此工具书所需费用估计不足，抑或是故意压低价格，让外教社将汉语版权贱卖出去，不得而知。一开始，牛津大学出版社出价25万元人民币购买汉语版权。当时，我一听到这个价格，便说这是开玩笑，怎么可能出这个价格？不要说支付编译费、审订费、排版费和校对出版等费用，就是支付外教社该项目的三位编辑的一年工资都不够，更不用说平衡其他的费用了。之后双方就转让版权价格进行了将近两年的拉锯战。牛津大学出版社报价分别从 25 万元、50 万元、75 万元、90 万元一直加到 100 万元。那是在德国法兰克福书展期间，就此问题谈到 100 万元时，我说，100 万元可以，但不是人民币而是欧元。牛津大学出版社方面坚持这是最后价，声称汉语版权不值 100 万欧元。当时我说那很简单，外教社正在编辑出版一本大型的汉俄词典，我们将该词典的汉语文本给牛津大学出版社，请他们组织队伍编译成汉英双语词典作为《新牛津英汉双解大词典》的交换，这样互不吃亏。结果牛津大学出版社版权经理和编辑部的主任一合计，认为无法完成此项任务，拒绝以这种方式进行交换，并仍然要求外教社以 100 万人民币的价格转让版权。面对牛津大学出版社咄咄逼人的气势，外教社没有退让，而是据理力争。牛津大学出版社甚至提出，外教社如当年 11 月底前不同意转让版权，他们将重新组织人员编译，然后终止与外教社新项目的合作。面对压力和不合理的要求及条款，外教社冷静应对：一方面，反复强调外教社的合作原则"相互尊重，相互信任，互惠互利"，据理力争；另一方面，向学校领导汇报所面对的境况、挑战和压力，希望学校领导支持和理解。同时，做好各种最坏打算，万一出现合作破裂，持有底线思维。经过分析，外教社判断：在此项目问题上，必须坚持原则，守住合作的底线，不能屈服于压力和威胁。若这次退让、屈服或守不住底线，那以后的合作恐更加困难。而且，如果退缩，对方可以随心所欲，不尊重合作方，这样的合作恐行之不远。于是汉语版权的转让谈判陷入了僵局。为此，外教社积极开展工作，与对方继续沟通，晓以利害关系：首先，按目前的状况，牛津大学出版社很难再组织起比外教社更强的编译队伍，因为中国辞书编译的主要力量都不同程度地参与到了此项目中；再者，合作历来是互惠互利的，任何的损失都是双方的，何况在这个项目上外教社没有处置不当，若牛津大学出版社一意孤行，从短期看得不到任何眼前利益，而从长期看更是会失去一个很好的合作伙伴。通过双方近二十年的合作，牛津大学出版社的产品与品牌在中国的影响不断扩大，认知度、认可度不断提升，这一点外教社功不可没。尤其是牛津大学出版社的不少专业图书，若没有外教社的合作，恐亦很难有如此好的业绩和市场影响力、号召力。和则两利，裂则两伤。与沟通同时，外教社并没有放松双语版的编译、审订、编辑、排版、校对等各项工作。我们相信牛津大学出版社会通过综合、全面的考量，作出明智的抉择。在此期间，牛津大学出版社负责此项目的版权经理届临退休，牛津大学出版社重新整合海外业务，将亚太地区业务交由该社纽约分社接手。这一变故为双方打破谈判僵局创造了有利的条件。此后不久，牛津大学出版社纽约分社委托牛津大学出版社香港分社的版权经理与外教社进行沟通，表达了继续合作的愿望,提出双方就此项目继续沟通、磋商和谈判,并提出可以商讨双方认为更合适的合作模式。获此信息,外教社欣然应允继续合作、继续沟通、继续磋商、继续谈判,争取圆满解决分歧。外教社提出按照国际版权合作惯例,以版税方式进行合作或转让的建议。这样既可风险共担、利益共沾,又较之一次性买断更为合理,更能调动双方的积极性,保证项目按质、按量、按时完成,更有利于双方的紧密友好合作。在双方积极友好的洽谈后,外教社分析了在这一项目中各自承担的劳动和作出的贡献,合情合理地提出了转让版权或合作经营的条件,供牛津大学出版社方面参考和讨论。半年之后,恰值北京国际图书博览会举办之际,牛津大学出版社纽约分社的负责人邀约外教社就此项目的版权合作事宜在北京进行磋商。有鉴于此,我事先询问牛津大学出版社香港分社的负责人,牛津社方面是否讨论过前次外教社提出的合作条件与模式。对方回应,已讨论过,以版税分成合作的模式可以接受,但条件还须磋商。外教社表示,之前提出的条件是,全球所有形式的版权转让费,40%归外教社,60%归牛津大学出版社。为体现诚意,外教社愿意降2个百分点,即38%归外教社,其余归牛津大学出版社。结果,香港方面认为还不行,我便提议,再让3个百分点,即35%归外教社,65%归牛津大学出版社。此时,牛津大学出版社香港分社负责人表示可以接受,并提出由他在合同中阐述这一条件。如此,我已了解了牛津大学出版社的谈判底线。谈判当日,牛津大学出版社方面参加谈判的有该社英国总部、纽约分社、香港分社等相关负责人6人,外教社方面有2人:我和对外合作部主任。简短寒暄之后,双方便直奔主题。牛津大学出版社方面强调必须抓紧时间,解决分歧,尽快达成协议,签署合同;而外教社方面则主张以相互尊重、相互信任、互惠互利为合作之基础与原则。牛津大学出版社表示同意外教社的理念与原则,其纽约分社的负责人说:"外教社若不同意原先所谈的条件,完全可以提出自己的条件和要求。"此时我便适时提出"全球所有形式的版权转让收入40%归外教社,60%归牛津大学出版社"。出乎意料的是,此时牛津大学出版社纽约分社的负责人——亚太业务总裁站起来说:"Do you like to make a deal?"我也站了起来说:"Yes, let's shake hands."终于,一场旷日持久的艰难谈判修成了正果。通过这样的经历,外教社上下深深体会到:在业务合作中,碰到棘手的问题,特别是遇到hard negotiator(难对付的谈判对手),更应沉得住气,要有定力,要敢于坚持原则,守住底线,据理力争,将原则性和灵活性有机地结合起来,大事讲原则,小事讲风格、讲友谊、讲合作。这样既能得到对方的尊重和理解,又能化解矛盾和纠纷,达到预期的目的。这一项目的合作和谈判过程,令外教社不少同事深有感触,更有感叹。

四、制作:精益求精

与牛津大学出版社谈妥《新牛津英语词典》单语版和双语版及衍生产品的出版合作条件并签署合同后,外教社便集中精力投入该词典两个版本的编辑出版工作。尤其是辞书事业部的领导和编辑们,认真思考,组织策划,安排落实单语版的审读、修改、编辑出版,按照双语版的编译、审订、编辑、排版、校对等各项工作的目标和要求,梳理每一项任务的操作步骤和监控要求,做到目标明确,任务清晰,步骤程序合理、可靠、有效,监控要求细致到位,以保证单语版和双语版的审读、编译、编辑出版的高质量和高水平。按照合同条款,外教社首先出版该词典的单语版。尽管牛津大学出版社历史悠久,有非常丰富的编辑出版经验和严格的编辑出版管理程序,但外教社仍不敢对单语版的审读和编辑工作掉以轻心。首要的就是按国家有关引进版图书编辑出版的政策和要求,严格把好内容质量关,尤其是政治质量关。于是外教社根据该词典的性质、规模、特点和可能存在的一些问题制定了审读工作条例,明确审读的目标、要求、程序和审读人员的职责,并首先从该词典中挑选出若干字母和词条进行审读,从中找出共性的问题,提出解决问题的建议和工作程序。在此基础上,制定详细的核查表、差错或需修改处的登记表及修改建议等。条例制定完毕后,外教社便在全国物色审读人员,组织审读队伍,同时动员本社的英语编辑参加该项目的审读工作。所有审读人员经过短暂的培训后,便投入了紧张的、严格的逐字逐句的审读工作中。每位审读人员负责审读一定页数,审读完后必须填写核查表并签署姓名。几十名审读人员经过半年多的审读,提出了数百条修改意见和建议。其中有的是语言错误,如拼写错误、语法错误、漏词、多词等;有的是编辑疏漏;有的是排版、印刷差错;有的是内容与我国出版方针、政策、国情相悖,不宜出版。针对这些问题,外教社组织有关编辑逐词、逐条认真审读和核对,并提出相应的修改建议,最后由总编辑们集中终审并逐条推敲、校核。全部定稿后,外教社再将经修订后的词条、例证等交牛津大学出版社审阅,最后决定是否采纳:主要是看语言是否规范、地道。牛津大学出版社收到修改意见稿后,感触颇深:没想到外教社对待工作如此较真,竟然发现和纠正了如此多的问题和差错,提出的修改意见如此的高质量和高水平。结果牛津大学出版社对外教社所提出的修改方案和建议几乎照单全部接受。从某种程度上说,外教社审读、修改后出版的单语版《新牛津英语词典》提升了原版的质量和水平。一方面改正了一些因各种原因所导致的明显的语言差错，另一方面修改了一些不适宜在我国出版的内容和表述。这里说一件真实的事情：当时，牛津大学出版社通过有关图书进出口公司，也向中国出口了数量可观的原版《新牛津英语词典》，有不少读者购买了原版的词典。有一次，我公差在外，突然接到上海市新闻出版局领导的电话，询问外教社是否重印出版了《新牛津英语词典》。听到肯定的回答后，该领导非常着急，要我马上将词典送至新闻出版局。我当时很纳闷：究竟出了什么大事情，这么慌慌张张？ 于是问："究竟出了什么事情？"领导回答："有人向上海市委宣传部写举报信，说你们出版的词典有严重的政治问题。"我听后说："我马上回出版社，能否将举报信传真给我们？ 我想了解到底是什么样的严重政治问题。"下午，我返回办公室，看到了上海远东出版社一位退休的资深编审写给市委宣传部的信。看完信后松了一口气。原来，这位老先生在信中称他购买了原版的《新牛津英语词典》，查阅了我国领导人邓小平的词条，发现有严重的政治问题，此词典现由上海外语教育出版社引进出版，不知该社是否作了修改或处理。看到这里，我便如释重负，原版词典确有此类的政治问题，但我社引进出版时都作了处理。《新牛津英语词典》的 D 词条就是我自己审读的，审读时发现此问题并作了相应的处理。出版局领导拿到外教社引进出版的词典后，对照老先生所讲的问题一一审读，结果发现外教社对上述相关内容全部作了处理，没有所说的政治问题。此后，外教社为此信专门写了一个报告给上海市委宣传部，汇报了外教社是如何组织审读的，如何作修改和处理的，如何编辑出版的，全程如何保证内容质量的等情况，获得了市委宣传部领导的肯定和赞扬。

经过一年的努力，单语版《新牛津英语词典》按合同要求如期出版发行。首印 2 万册，很快便售罄。词典的市场反响热烈，深受读者欢迎和好评，尤其是高校外语教师和科研人员更是对此词典喜爱有加，因为其收词量大、权威性强，特别是收录的新词语、语义加百科条目，使其信息覆盖面等首屈一指。有不少读者致电外教社，说他们在英语教学和工作中，碰到的一些难词和问题几乎都可从这本词典中找到答案。有不少读者询问外教社是否准备出版双语版。当他们获悉外教社已启动双语版的编译工作并有一个具体的出版计划和方案时，更是翘首以盼，希望能早日用上双语版，以更好地进行外语教学和科研工作。单语版的出版发行获得了较好的社会效益和经济效益，为双语版做好了铺垫和营销推广的热身工作；单语版的热销更大大激励了外教社对双语版编译和出版的热情，同时也为双语版的编译、审订、编辑出版等工作奠定了经济基础。单语版达到了较高的质量要求,得到了牛津大学出版社的认可,于是如何保证双语版的编译质量、水准,使其同单语版相比更上一层楼,便成了外教社关注的重点。外教社针对上述问题与有关专业人员进行了充分的商讨,并借鉴外教社之前与剑桥大学出版社合作出版《剑桥国际英语词典》(双语版)的经验与教训,制定了编译原则与要求、工作条例、编译细则、编译人员条件、编译管理制度与程序、审订人员条件、审订要求与程序、编辑加工要求与程序等几十个工作制度与条例,从各个层面保证编译、审订、编辑、排版、校对工作的高效有序。光这些制度条例的文本就有十余万字。当然其中也包括了词典的编译体例和样稿等。制度制定完毕后,便安排几名编辑和审订人员试译样稿,然后根据试译中发现的问题制定相关要求与说明,以避免全面展开编译时无法可依、无章可循。这一切安排妥当后,便开始招收编译人员,报考对象是英语专业研究生、英语教师、翻译人员、英语编辑等。所有报名人员全部参加英语能力水平考试,主要测试英语的认知能力和汉语的表达能力。阅卷、筛选后,便很快组成了一支几十人的编译队伍。接着对参加编译的人员进行培训,虚实结合,既培训对这个项目的认知,编译出版的目的、意义、价值,又培训编译的要求、原则、方法和须注意的问题等,此外,还培训计算机操作的要求和一些要领。培训结束后,试译若干个词条,由外教社特聘的审订专家负责审核编译的质量,达到质量标准便开始正式编译工作,并以此标准作为验收时的质量标准。在整个编译过程中,外教社决心避免重蹈《剑桥国际英语词典》(双语版)的覆辙——在编译该词典的时候,编译者交稿后即发稿酬,结果错译、漏译、乱译的比比皆是,以至到最后审订时只能推倒重来,组织人员逐字逐句重新做。这一次,外教社建立了一项十分有效的工作机制:凡编译完的稿件,须由审订专家审读、验收合格,签署意见后才发放酬金,达不到要求的,必须重来。如此一来,编译者都十分认真,译完后自己先审校一遍,才敢交稿。《新牛津英汉双解大词典》项目实行优质优酬,从程序和机制上保证了编译的质量和水准。当然,中间仍然有若干编译人员因受不了严格的程序和质量要求而退出的。外教社根据审订的要求,从全国高校翻译、出版界中聘请了40—50名审订专家,专门从事此项审订工作,保证了质量和进度。说实话,若没有这批专家的支持和帮助,仅靠外教社一己之力根本无法完成要求甚高的审订任务。他们的敬业精神、专业精神、职业精神,深深打动并激励了外教社的同事们。经过三年多时间的编译和审订,质量基本上达到了预期的目标。其间,外教社一再重申,决不因赶时间、赶进度而牺牲质量。词典基本定稿后,牛津大学出版社提出要抽查编译、审订、编辑质量。经过抽查,牛津大学出版社对质量表示满意。前后六年时间，两千多个日日夜夜，终于完成了这一鸿篇巨制的编译、审订、编辑、排版、校对、出版工作，正如有的专家所言：外教社做了一件 make impossible possbile 的事情。通过该词典项目的运营，外教社充分体会和认识到：做任何事情都必须认真，不认真干不好事；必须努力，不努力难以成功；必须有严格的管理制度，没规矩不成方圆，没有制度难言高效有序。

五、营销：环环相扣

经过上百位编译、审订、编辑、校对人员的通力合作，在各方面的鼎力襄助下，《新牛津英汉双解大词典》终于在 2007 年初问世。这一双语版词典中的扛鼎之作的出版，引起了辞书界、学术界、出版界、外语界和媒体及电子公司的高度关注。为做好这一部倾注了数百人心血的双语版词典的出版发行工作，外教社精心策划组织了一系列的营销、推广活动。

我们首先策划组织了隆重的新闻发布会和首发仪式，邀请辞书界、翻译界、出版界、外语教育界、新闻界、外事部门的领导和境外合作方以及相关的出版社人员等 300余人出席。会上各界代表对出版该词典的价值、意义给予了充分肯定和高度评价，对外教社所做的工作给予了高度赞扬。代表们认为该词典的出版将双语辞书的编纂和出版提升到了一个新的高度，是辞书出版的一项示范性工程，是国际版权合作的成功典范，也是多方合作、协同创新的一个范例。一个小时的新闻发布会暨首发仪式取得了圆满成功，营造了很强的新闻和市场影响力。当天有关媒体及时报道了相关新闻，晚上外教社接到了来自海外的电话，称他们从新闻中获悉了这一喜讯，故致电外教社表示祝贺。第二天，不少手机用户都收到了新闻和短信，获悉了这一双语版词典的出版发行信息。此后的几天中，各大媒体——报纸、期刊、广播、电视、网络等从不同的角度报道了这一出版活动，引起了社会各界和读者的广泛关注，许多读者纷纷要求订购这部词典。同时，外教社有针对性地在一些媒体投放了一定数量的广告，达到了广而告之的目的，有效地促进了销售。

其次，借助新闻报道、媒体宣传、广告投入等的作用，外教社的营销人员展开了积极有效的营销活动，向所有有业务往来的零售网点、实体书店、电商，尤其是校园书店展开广泛的、数量控制的铺货工作，力争达到全面覆盖，取得了非常不错的效果。此外，外教社积极向终端消费者和各高校外语院系、部以及各外语院校推广这部对外语教学、科研和翻译等十分有益的权威工具书。有的院校为教师每人购置一册,有的在资料室、图书馆、研究所等处购储若干册,供借阅或查阅。为满足部分消费者的收藏需求,外教社还专门提供个性化的、有纪念价值的特制版服务:在封面或扉页上烫上或印刻上读者的姓名或相关定制语。通过各种方式的宣传、推广、营销,纸质版取得了很不错的销售业绩。短短一年中,销售逾2万册,首战成功。

纸质版词典的推广销售成功,产生了很大的影响,业内普遍认为,这是一个多方合作共赢的成功的典型案例。诸多电子公司、网络公司都纷纷提出合作意向,想要购买该词典的电子版权,置入其支柱性产品中,以增加产品的内容和使用价值的竞争力。随之,外教社与牛津大学出版社就电子版权转让进行了深度的探讨和合作,制定了电子版权、网络版权转让的基本原则、要求、条件、方法和操作的程序,界定了彼此的权利和义务。双方加强信息沟通,及时协调和解决版权转让中出现的问题和矛盾。外教社先后至少与近十家公司就此版权转让进行了友好、共赢的合作,取得了很好的社会效益和经济效益。

六、经验:弥足珍贵

从《新牛津英汉双解大词典》的版权转让接盘、合同条款梳理和谈判、多种版权形式转让,到编译、审订、编辑、排版、校对、出版、发行、推广营销整个过程,外教社的工作团队感悟颇多。我们深感要使国际版权合作获得成功、实现共赢,就必须熟悉版权业务,具备丰富的版权知识,了解国际版权合作的惯例,更要熟悉和了解市场需求以及出版的过程与实践。无论是合同谈判还是编辑出版操作与管理,都应具备较高的专业水平,这样才能在合作中既坚持原则,相互尊重,相互信任,互惠互利,据理力争,维护自己的权益,又不失适当的灵活性,大事讲原则,小事讲风格、讲合作。在合作项目的运营和管理中,必须合乎专业特性和要求,达到国际合作应有的要求和水平,才能让合作成功,取得双效益俱佳的结果。凭借外教社的专业和专注,《新牛津英汉双解大词典》的成功应属情理之中,但收获之丰硕仍出乎意料。

首先,原版即单语版版权的获得。外教社经过审读、修改后出版发行单语版,获得良好的销售业绩。因影印出版,编辑、排版、校对成本相对原创要少许多,赢利空间相对大一些。单语版销售2万册,所获得的利润基本上可以支付编译和审订费用,同时为双语版的出版发行作好了市场铺垫,满足了一部分高端外语学者、外语教师、外语专业工作者、翻译工作者、研究生等的教学、学习和科研需求。尤其在双语版词典的汉语翻译无法界定英语上下文的语境时，这种大型单语辞书，可以帮助使用者通过英文释义、查证、斟酌后确定词义。单语版的出版发行，其实从某种程度上已揭开了双语版的推广营销序幕。因为英语水平稍低一些的使用者，仅凭英文释义，常无法确定其词义，往往还得借助汉语的拐杖来理解。单语版一出版，就有人打听是否准备出版双语版、何时出版等信息，口口相传，影响不断扩大，更多的使用者翘首以盼。

其次，在单语版使用者口口相传和一系列推广营销活动的支持下，再加上外教社销售人员的辛勤努力工作，以及特制版、个性化服务叠加效应的作用，双语版问世后，因其规模全球最大、最权威、最可信赖等特点大受读者欢迎，首印2万册很快售罄，获得了预期的市场效果。

第三，由于单语版、双语版纸质词典的市场反响热烈，以及词典本身的高品质，不少电子公司纷纷前来洽谈词典电子版权的转让事宜，前后有近十家电子公司与外教社和牛津大学出版社签订了电子版权转让合同。《新牛津英汉双解大词典》第一版，电子版权转让收入近1 000万元人民币。一本工具书有如此丰厚的版权转让收入实属不易，也颇为罕见。

第四，为外教社的词典数据库建设作出了贡献。词典出版后若干年，外教社投标的项目"外教社双语词典编纂系统研究"获得了上海市科委资助项目立项，并得到了200万元人民币的项目资金资助。该项目除了研发一套双语词典编纂系统外，还须相应建立一个60万句对的双语平行语料库。《新牛津英汉双解大词典》的语料对该项目的建设，尤其对双语平行句对语料库的标记和收集起到了积极的至关重要的作用，为课题的顺利完成、资源的再度开发和使用奠定了良好的基础。该项目亦可视作词典的衍生产品，对资源的整合使用起到了样板的作用。

第五，为国际合作和专业化、标准化奠定了基础。《新牛津英汉双解大词典》的出版发行在出版界产生了巨大的影响，尤其在辞书出版界更是被视为合作共赢的成功范例，引起了国际出版界的高度关注。2007年法兰克福书展上，外教社的很多合作伙伴都询问这一词典的出版发行状况，一时传为美谈。此后，英国哈珀柯林斯出版社也提出愿与外教社合作开发词典项目。于是这种规范的、专业化、标准化的项目合作，尤其是双方扬长避短的合作共赢的成功模式，促成了外教社和哈珀柯林斯《汉英大词典》的成功合作。此项目交由外教社审订、编辑出版。值得一提的是，此项目是由外教社提供汉语语料，由哈珀柯林斯出版社负责编译成双语版。所有编译人员均为以英语为母语者,完成编译后由外教社负责组织专家审订,因为汉译英由中国学者来做固然有对汉语理解准确的优势,但其英语表达常常不甚确切、自然和地道,毕竟英语不是他们的母语。外教社期望通过同国外出版社的合作,能够编纂出版一部质量较以往汉英词典更好的双语词典,服务于中国语言和文化走向世界的需要。此外,开发双语辞书的衍生产品,开发中小型的双语词典、专科词典、分类词典,以及资源使用和保护等方面的很多工作还有待我们去思考,去尝试。

总之,通过《新牛津英汉双解大词典》项目的合作、运营,外教社在多个层面收获良多,这部辞书的出版不失为一个值得记录的案例。

（上海外语教育出版社供稿，庄智象执笔）

铸就历史的铜镜
——《中华文化通志》从策划到出版

《中华文化通志》

上海人民出版社

经典策划
119

　　2000 年 9 月,正是新世纪美洲大陆的第一个红枫之季,宾夕法尼亚州的红叶格外绚丽。9 月 29 日,中国驻美国大使李肇星专程前往位于费城的宾夕法尼亚大学,代表中国国家主席江泽民向该校图书馆赠送《中华文化通志》一套共 101 卷,以庆祝该校图书馆成立 250 周年。《中华文化通志》分为序卷和十典百志。该书贯通古今五千年历史,涵盖十大文化领域,阐述详尽,内容丰富,是中华民族历史上第一部系统、全面的文化通志。宾大图书馆是美国大学中历史最悠久的图书馆之一。为了隆重庆祝图书馆成立 250 周年,宾大校长朱迪思·罗丁提出请世界各重要国家的元首赠书,并专门致函江泽民主席,希望江主席向该校赠送一套能够代表中国及其丰富文化传统的书籍。不久,宾大就接到了中国驻美使馆的正式回复,于是,就有了李肇星大使的特殊使命。要细数这套历史巨著与美国大学的渊源,还可以追溯到 1997 年 10 月底 11 月初,江泽民主席应美国总统克林顿邀请访美,其间去了著名的哈佛大学,为师生们作了一场题为"增进相互了解,加强友好合作"的演讲,专门论述了中华文化的伟大传统。后来应《中华文化通志》编委会主任萧克将军的请求,江主席欣然同意将这篇精彩的演讲词中关于中华文化的部分独立成篇,题为"大力弘扬中华民族的优秀历史文化",置于全书序卷之首,作为全书代序。

　　当然,江泽民主席对这部巨著的悉心关怀还远不止这些。1994 年 1 月 18 日,江泽民主席为正在编写中的这部巨著题词:"弘扬中华民族优秀文化传统,加强社会主义精神文明建设。"成书之后的 1998 年 11 月 9 日下午,江泽民主席于紧张的国务活动间隙,在人民大会堂接见了编委会主任萧克将军及部分编委、出版社编辑人员。接见前,在福建厅休息室,我陪同萧克将军代表编委会向江主席汇报这套巨著编撰的基本情况。江主席饶有兴趣地翻阅了《中华文化通志》各卷,询问了有关情况。之后在福建厅接见全体代表时,江泽民主席作了重要讲话。他说:"中华文明源远流长,博大精深,不仅是中华民族的巨大宝库,也是人类社会的宝贵财富;萧克同志戎马一生,年逾九旬,率领大家协同作战,合力攻关,出色地完成了任务。这套书为后代研究中华五千年文化留下了珍贵的成果。"江主席还高度评价了各个领域专家卓有成效的学术工作,"历时八年,做了件很有意义的事情,这套书体现了国家水平,可以传之后世",同时,还特别感谢了出版工作者的辛勤劳动,"他们默默无闻,数年如一日,是无名英雄啊"。

《中华文化通志》从编纂到出版,还得到了众多党和国家领导人的关心,他们中有李瑞环、刘华清、杨尚昆、薄一波、宋任穷、王震、张爱萍、李铁映、谢非、洪学智、叶飞、李德生、王首道、杨得志、陈锡联、周谷城、费孝通、王光英、刘澜涛、钱伟长、程思远等。他们有的亲临会议发表重要讲话,有的挥毫题词表示祝贺。正是这许许多多的关切,护佑并支持着这部巨著的构思、写作、组织和出版。

《中华文化通志》是一面巨大的历史铜镜、一项浩大的文化与出版工程,由萧克将军创意于 1990 年。曾亲历百战的萧克将军对这一文化工程也深感头绪之繁复,他曾十分感叹地说:"《中华文化通志》是一部大型著作,是百人以上的集体创作。这么多专家在一起,气势宏伟,力量巨大。同军队打仗一样,各军、兵种若干部队,必须协同动作,才能发挥力量。主编作为一个方面的指挥官,必须心中有数,按照统一部署,对各志编写工作提出明确要求和严格的质量标准,一本一本抓落实。要做好这件事,主编和作者都需要花大力气。"这部大书的编委会成员,除了我和张国琦、朱金元同志外,均是学界的权威,他们是李学勤、宁可、王尧、刘泽华、孙长江、庞朴、陈美东、刘梦溪、汤一介、姜义华,他们还分别担任十典的主编。但是大家一致认为,没有萧克将军的指挥,这部巨著的完成是没有可能的。从 1992 年 7 月至 1998 年 11 月,编委会在萧克将军的主持下,先后召开了两次作者大会、12 次编委会会议、近百次专题会议,从通过编撰规划、确定框架结构、遴选撰稿人员、拟定编写体例、研定各志提纲、明确撰写要求、强调学术质量、把握编撰进度、部署主审定稿,到落实出版事宜、协调交稿时间、组织重要活动等,无不是在萧克将军的指导下进行的,充分体现了将军高屋建瓴、运筹帷幄、规划有方、指挥若定的才能和智慧。萧克将军的住所,北京西城区一座不起眼的四合院,也成了打好这场文化战役的指挥所。

说起这套书,不能不说复旦大学的姜义华教授,他是这项工程的主要设计师、学术策划人。姜先生具备"通家气象",学术视野广阔,境界高远。在他的运筹中,"通"者之首义为"贯通",书中所述文化各端,于以类相从时,复举其始终,察其源流,明其因革,论其古今。"通"者必须"汇通",文化诸事,无论其为物质形态的、制度形态的,还是观念形态的,都非孤立存在。中华文化是境内古今各民族文化交融激荡的硕果。因此,描绘中华文化,于贯通的同时,还得顾及如此种种交汇的事实。"通"者必然"会通","会"乃"体会"、"领会"、"会心"之意。《中华文化通志》所求之"通",通过作者对中华文化的领悟,与中华民族心灵相体认,与中华文化精神相契合。他还会同其他同辈学者共同规划了十典百志的大格局。十典分别为:历代文化沿革典、地域文化典、民族文化典、制度文化典、教化与礼仪典、学术典、科学技术典、艺文典、宗教与民俗典、中外文化交流典。每典十志。历代文化沿革典十志,按时序排列。地域文化典十志,主要叙述汉民族聚居区域的地域文化,按黄河流域、长江流域、珠江流域排列。民族文化典十志,基本上按语系分类排列。中外文化交流十志,按照中国与周边及世界各大区域分区排列。其余各典所属各志,俱按内容排列。

我与这个项目结缘完全出于一个出版人的文化自觉。1991 年 5 月 10 日,新华社全文转发了萧克将军在中华炎黄文化研究会成立大会上的讲话,在讲话中萧克将军宣布将着手编撰百卷巨著《中华文化通志》。当时我在香港三联书店工作,此事引起了我的重视。1992 年 9 月 8 日,《人民日报》以半版篇幅刊出了含《中华文化通志》十典百志拟目及作者招标要求与办法的《通告》,为《中华文化通志》十典百志在全球征集主笔。这部大书的构架深深地吸引了我的注意,第一感觉,这是近年来最有气势和内涵的大型史学著述项目,职业敏感令我急于向编委会探寻这部大书是否落实出版机构。但是询问的结果是,这部大书只考虑交由内地的出版社出版,令我遗憾不已。

1993 年我奉调回沪,年底出任上海人民出版社社长兼总编辑。上海人民出版社是一家在史学著作出版方面有着深厚积累的出版机构。为继续完善史学著作的出版体系,上任伊始,我就组织有关编辑制定史学出版中、长期规划,按照"中国古代史"、"中国近代史"、"中国现代史"、"世界历史"、"中西比较史学"、"历史理论"(史学史与历史研究)六条线索布局,整合既往出版物,开发新选题,以凸显史学出版物的系统性、建设性与前沿性。此时,我又想起了《中华文化通志》。经第三编辑部主任朱金元同志介绍,我拜会了姜义华教授,通过他与萧克将军的秘书、编委会成员张国琦同志取得了联系。张国琦同志告诉我,编委会曾于1992年10月与上海人民出版社商量过出版事宜,但没有结果,现在已经与中央党校出版社达成出版意向,要变更出版社需要有充分的理由(更具备实力、编辑水准更专业、出版物更优质、更有效益)来向编委会各位专家和作者说明。我带着这个问题回到社里,发动全社讨论如何争取到这部大型著作的出版权。虽然大家都十分认同这部巨著的学术价值与出版价值,但是,当时12卷本《中国通史》和《中国断代史系列》等大型出版工程正在"斜坡上"(都仅出版了一小部分),而且这部巨著的前期投资(需要100万元的预付)和编辑负荷(约30人的专业编辑投入)都是问题。那时,上海人民出版社推行经营责任制不久,编辑部面临的经济指标考核的压力很大,这项4 000万字的大型出版工程要在三年内完成,许多人对于巨大的投资与编辑力量的超常调度产生不少疑问,大多数同志认为"该工程耗费资源巨大",上海人民出版社不具备上马的条件,应该主动"割爱",退出竞争。

那一段时间里,我陷入了沉思之中。我知道对于《中华文化通志》这样意义重大的出版工程,一旦犹豫不决,就可能与其"失之交臂";但是,如果决定争取并承接这项任务,就不只是一个领导人的魄力问题,还要细心运筹,解决好投资、运营、编辑力量、考核等一系列实际问题,才能统一团队意志,说服编委会专家,继而制定可行的实施方案,顺利推进项目。在这个时候,上海人民出版社副社长兼副总编辑郁椿德同志站出来支持我出版《中华文化通志》的意见,认为这将极大地提升上海人民出版社的地位。《中华文化通志》出版准备工作启动。

第一步是预算外争取项目投资的问题。原本希望编委会出面来争取社会投资,但推进并不顺利。编委会确实拿到了不少社会赞助,但都用在了作者的编写组织上,不可能再来补贴出版经费。于是,我发掘在香港工商界的人脉关系,动员酷爱中华文化的企业家余志明先生资助100万元,解决了前期组织工作与稿酬预付的问题。第二步我决定聘请社内16位退休的资深老编辑,与12位在职历史编辑组成《中华文化通志》编辑部,并调整了考核办法(规定该项目编辑与经济指标脱钩,实行新的目标考核办法),以解决人力资源和激励问题。同时,我制定了三审之间高度衔接的工作流程,以确保编校质量。1995年5月4日至5日,《中华文化通志》编委会召开第七次会议,分别听取了中央党校出版社社长叶佐英同志和我关于《中华文化通志》出版准备事宜的汇报,我们的准备工作得到了萧克将军和编委会的肯定和赞许,萧克将军代表编委会决定,《中华文化通志》改交上海人民出版社出版。

1995 年 5 月 28 日,年近九旬的萧克将军亲临上海人民出版社视察,进一步了解《中华文化通志》编辑出版工作筹备情况。我向萧克将军汇报了上海人民出版社历史读物出版的总体情况和布局,详细介绍了为《中华文化通志》的编辑出版所做的一系列筹备工作。萧老频频点头,认为将《中华文化通志》的出版任务交给上海人民出版社是合适的,并将第一批 18 部书稿交付于我。萧克将军拉着我的手反复叮嘱说:《中华文化通志》的核心问题是质量,没有高质量就没有生命力,因此需要有"一字不苟"的精神。将军的嘱托使我深深感到肩上担子的分量。其后,萧克将军还专门写信给中共上海市委书记黄菊同志,请上海市委给上海人民出版社这一工作以大力支持。

百卷本《中华文化通志》的编辑出版工作从拉开大幕到谢幕历时三年半之久。我深深地知道:一方面,这部 4 000 万字的皇皇巨著,通贯五千年,涵盖各领域,卷帙众多、篇什浩繁,牵涉到政治、经济、军事、外交、文化、艺术、科技、教育、民族、宗教、民俗、风情、疆域等方方面面;另一方面,由于是一百多位专家学者参与著述,书稿在学术尺度、文章结构、编写体例与文字风格等方面千差万别、参差不齐,因此如何不负萧克将军嘱咐,确保编辑出版质量是亟待解决的问题。1995 年 7 月 5 日,在编辑工作"战前"动员大会上,我要求参加这部巨著编辑出版工作的同志"都应牢固树立两个意识"。一是精品意识。《中华文化通志》是一部记载源远流长中华文化、记录每一时代文化轨迹的大书。大书无魂、片言不存;精髓所在,流传万代。一些千万言大书片言无存的教训并不鲜见,值得我们引以为鉴。二是政治意识、政策意识。这部巨著涉及面广、政策性强,对此不能有半点疏忽,要有高度的政治敏锐性和把关意识。

在整个编辑出版过程中,我曾先后 8 次主持召开由编辑部全体人员和决审室、美编室、出版校对等部门有关人员参加的编辑工作会议,评价书稿的总体质量,明确严格把关的要求,把握编审排校的进度,协调各个环节的衔接,部署每一阶段的任务。我还近百次召集有关人员,专题研究编辑加工凡例、书稿审读把关、排校力量组织、装帧设计方案、印装部署落实等一系列相关问题。例如,为确保百卷巨著编辑工作的开局质量,使陆续交付给编辑的 100 部书稿有统一的章法可循,我亲自拟定了质量把关的"凡例",明确:1. 凡书稿中有明显错误的文字或明显离题的内容,应予改正或删除;2. 凡书稿中枝蔓过多、水分过多的文字,应作必要删节,但要避免凭个人眼光随意处理;3. 书稿中涉及已有定论的历史人物和事件,必须取非常慎重的态度,凡要改变定论,必须有大量可靠的材料和严格的论证;4. 凡书稿中涉及的政治敏感问题,要严格把握,正确驾驭,谨慎处理,详细报告,万万不可小视,切忌粗枝大叶,随意处理;5. 凡书稿中历史地图和现今地图的绘制和审核，必须严格执行有关规定；6. 凡书稿中涉及某些落后面的内容，文字处理应选择恰当的角度。

编辑出版工作陆续进入审读、发稿、排校、付型阶段后，作为总决审，我亲自审阅了100部书稿的全部初复审意见，处理了大量学术上的疑难问题，审阅了100部书稿中涉及党和国家有关政策及政治敏感问题内容的编辑加工处理文字，凡编辑工作尚未到位的，或退还责任编辑补做，或推倒重来。在签发审读校样时，我逐一审阅了100部校样的编校、通读质量，对校样中的疏漏或不足之处提出了明确的处理意见。在对付型清样所作的最后一次全面检查中，我再次对每部清样的质量作了把关，仔细查阅了每部清样中经检查而夹出的每一张浮签，对确实需要精益求精的文字，或明确批示处理意见，或亲自动手改定。

《中华文化通志》能够高质量地编辑出版，最根本的原因还在于上海人民出版社有一支高素质的编辑队伍，编辑部28位编辑和参与决审的16位编辑均是具有相当学识水平、长期从事学术类图书编辑工作的同志，更加重要的是他们都具有一颗不计得失、默默无闻地为文化建设作贡献的金子般的心。不少书稿交稿时质量较为薄弱，是经过我们的编辑反复退修和加工后才得以完善起来达到出版标准的。这100部书稿中的每一部都经过七审八校，远远超过了三审三校的一般出版流程，编校人员在其中的心血可想而知。在编辑出版工作中我们共编发了几十期工作简报，将编辑工作中发现的问题和处理的情况与编委会和全体作者沟通，得到了萧克将军和编委会的高度重视和赞扬。

《中华文化通志》编辑部主任是朱金元同志，副主任是虞信棠同志，他们都为这部巨著的出版作出了重要的贡献，尤其虞信棠同志更是功不可没。为了确保这部巨著的出版质量，在全部审校工作进入最后阶段后，我决定成立整稿小组，实施印前整稿工作，具体由虞信棠同志负责此事。虞信棠同志夜以继日对100部清样从文字内容到版式规范作了逐页检查，提出了大量极有价值的意见，可圈可点之处比比皆是。经过整稿，有的作了内容的增补，有的作了进一步的文字润色，有的调整了章节标题，有的对学术观点作了仔细的推敲，从而进一步提高了书稿的质量，杜绝了可能疏忽的差错。

《中华文化通志》的装帧设计和印刷制作堪称一流。封面是著名设计师吕敬人的精心之作，就大型图书的设计而言，好像国内还没有哪套书的设计能出其右。而这部巨著的校对、制作、印刷工作则是总监制郁椿德同志组织社内16位同志，本着高度负责的态度用时三年完成的，也做到了一丝不苟。1999年9月，这部巨著以精深的学术质量和完美的出版质量荣获第四届国家图书奖荣誉奖殊荣。

十多年过去了，《中华文化通志》首印的5 000套已经全部售完，经与编委会商量，最近又重印了2 000套。当此之时，翻看当年的编辑工作简报，回想起当年与同志们一起不分昼夜辛勤劳作、悉心审校、严格把关的情景，一份职业满足感、幸福感依然回荡在心头。我常常在想，如果历史真是一面面"铜镜"，我们就是铸就"铜镜"的手艺人。尽管"铜镜"上不曾篆刻上我们的名字，但是我们的手艺将与历史同在。

（上海人民出版社供稿，陈昕执笔）

出版界的世纪工程

——记百卷《中国新文学大系》的编纂工作

《中国新文学大系》

上 海 文 艺 出 版 社

经典策划 119

　　当《中国新文学大系》第一辑至第五辑经过影印补缺,以统一封面、统一标注卷号的 100 卷齐齐整整地呈现在读者面前时,出版者终于可以舒口气说:这卷轶浩繁、工程巨大、编辑历时久长的《中国新文学大系》确实与上海文艺出版社有着不解之缘,是几代出版人经过不懈的辛勤劳作而堂堂正正铸就的镇社之宝!

　　《中国新文学大系》的第一辑(1917—1927)是在 1934 年春夏之际由时任良友图书公司编辑,解放后曾任上海文艺出版社副总编辑的赵家璧先生首先酝酿、倡议的。当时,他的这个精选"五四"以来文学创作的编辑构想一经提出,即得到了前辈作家的一致认可。如:创造社老将郑伯奇当"参谋",为他出谋划策;阿英慷慨提供大量原版藏书;经常跑"内山"等日本书店的施蛰存将自己熟悉的日本以"大系"为名的编选方法提供给了他,由此商定了"中国新文学大系"这个叫得响、传得开、留得下的丛书名;茅盾更是倾心投入,确定十年为断代的分期法;郑振铎提出可让"五四"文学代表人物胡适、周作人等担当分集编选的策略;郁达夫、郭沫若、朱自清、洪深也热心襄助;更重要的是,赵家璧获得了鲁迅先生的鼎力支持,他同意亲自负责《中国新文学大系》小说二集的编选。蔡元培先生撰写的总序中,称赞赵家璧以"大系"形式对"五四"以来第一个十年先作一个总检查的编选方法,称之为"使吾人有以鉴既往而策将来,决不是无聊的消遣"。后因时局动荡,战火频仍,乃至上世纪五六十年代的"左"倾盛行,赵家璧对《中国新文学大系》续编虽有编选三辑的计划,却始终实现不了。

到了 80 年代初,在编选出版了被誉为在文坛率先拨乱反正的小说散文集《重放的鲜花》,广受好评激赏的鼓舞下,上海文艺出版社时任社长、总编辑丁景唐先生提议影印《中国新文学大系》第一辑 10 卷,与此同时,开始着手编选、出版第二辑(1927—1937)的 20 卷;随后,在历任社长孙颙、江曾培的先后主持下,于 90 年代连续编选、出版了第三辑(1937—1949)和第四辑(1949—1976)各 20 卷;到 2008 年,《中国新文学大系》第五辑(1976—2000)30 卷在总编辑郏宗培的主持下,顺利完成。至此,反映 20 世纪中国文学的五辑共 100 卷全部面世。上述出版社领导还分别撰文作序,为《中国新文学大系》鸣锣开道。现在的文坛书界,一说到这套持续不断编选的《中国新文学大系》,肯定会想到这是上海文艺出版社为中国新文学的健康发展推波助澜所作的无量功德。

回顾赵家璧先生当年组织编选《中国新文学大系》的一个难能可贵之处,就是这样一位刚跨出大学校门不久、出版实践还不大精深的编辑,面对上世纪 30 年代的政局文坛——各路纷争激烈,各派繁复杂呈,竟然凭着他的睿智与灵敏、他的交际与虚心,调动了诸多大家名流,在环境恶劣、通信不便甚至白色恐怖之中,硬是编选出版了《中国新文学大系》第一辑 10 卷,这实属不易。设想当时历史的反复、无序状态,当时的不期然而然的种种不利,一个年仅 25 岁的编辑,如果不是胸怀远大、目标纯正、信念笃定、意志坚强的话,要挑起这副重担,简直不敢奢想。

伟大的时代是具有历史感的,新文化运动可以说是我国知识分子的"创世记",是一次伟大的启蒙运动,是新思维、新观念反对专制主义和蒙昧主义的勇敢的叛逆行动。《中国新文学大系》第一辑的编选留存,是出版前辈赵家璧们为读者和研究者解读这一中华民族集体记忆提供的不可多得的文学路径和历史坐标,确实功德无量。

《大系》的分卷主编都是当时文坛的大家。第一辑有鲁迅、茅盾、胡适、郁达夫等;第二辑有周扬、巴金、夏衍、艾青等;第三辑有王瑶、柯灵、臧克家、沙汀等;第四辑有冯牧、王蒙、徐迟、吴祖光等;第五辑有王元化、谢冕、吴泰昌、雷达等。他们对《大系》都给予了极大的关爱与支持。1982 年,为编选《大系》第二辑,丁景唐社长、赵家璧等到北京访问前辈作家,前辈们都认为续编《大系》是一件大事、好事,按周扬的说法,就是"有助于概括和总结我国新文学运动的历史经验,裨益社会主义新时代文学的发展",并且都欣然允诺为《大系》写序。叶圣陶当时年事已高,难以为散文卷作序,但他热情地推荐了吴组缃,吴老欣然应许。柯灵为第三辑散文卷作序,此辑文章系抗日战争和解放战争期间的,他是过来人,大多接触过,但他并没有凭借这点"资本"就动手,而是首先阅读所选的文字,又查阅了当年 60 多种散文集,然后才开始动笔。初稿写成后,他先"冷处理"一段时间,想想不满意,毅然推倒重来,最后终以深沉的历史眼光与当代的审美意识,创作了一篇见解不凡而又情文并茂的序文,赢得海内外的好评。

1995 年 6 月,江曾培社长率领编辑在北京召开《大系》第四辑分卷主编会议。王蒙、袁鹰、邹荻帆、吴祖光等对如何编好《大系》新中国成立以来的部分,提出了很好的意见。陈荒煤当时卧病在床,为自己不能出席会议而抱歉,表示一定要把电影卷编好。在他的病床旁,放着几页电影选目的稿纸,可见他已抱病在推敲选目了。他说,《大系》是反映新文学整体面貌的一个选本,如何以一定的篇幅选准作品,既不漏掉代表这一时期文学主流的优秀之作,同时又兼顾不同的风格流派,是要费一些工夫的。后来,他为电影卷写了一万多字的长序。序文在谈到 1957 年反右派斗争与 1958 年的"拔白旗"运动对电影事业的摧残时,特意提到他的一篇错误文章。他说:"我当时写那文章,当然有时代因素,但终究在当时扩大了'左'倾错误的影响。我又是这个电影卷的主编,这点错误都不承担,不提一下,不自我批评一下,是不好的。"真诚磊落的胸怀,令人感动。

报告文学卷主编徐迟因故也未能出席那次会议,但他对编选工作十分认真。他来信说:"我已从过去武汉出版的《中国报告文学丛刊》中,找到了 1949 年以后的好些作品,开始阅读和考虑作序。以后每半个月给你们一信。"果然,一直到 1996 年报告文学卷定稿时,差不多每半个月都能接到他的一封信,说明他的进度与意见。我们深为这位八十高龄老作家的执着与认真精神感动。为了保证序文的质量,初稿写好后,他复印了多份来征求意见。

由此可见,《大系》既汇集了我国一个世纪新文学的精华,又凝聚着几代优秀作家、编选家和编辑家的精神和心血,它是 20 世纪我国书界最富光彩的图书之一。

如果想对一个国家、一个民族的几乎一个世纪的文学发展有一总体认识的话,那么,综阅这部五辑百卷的巨著近七十位领衔掌门人的或短或长,或学究或潇洒的序与跋,也许能看出一个大致的、变动的,或高昂或压抑,或呼啸前行或低回迟缓的我国上个世纪文学发展的节奏与轮廓。

不知是历史偶然的巧合,还是有意的考验,前四辑所编选的半个多世纪的文学,竟和战争,和多灾多难结缘。第五辑的时代背景则进入了一种相对自由的氛围,这一时期的文学参与者最多,创作的数量最多,作品涉及的题材最丰富,社会影响也最大,可以说是批判的、创造的、借鉴的、多元的、热闹的、盲从的、迷惘的、思路易换的、过渡的、纷繁复杂的,因而也是顽强的、具有相当生命力的,一如过江的蛟龙,勇猛,急速前行……

这段四分之一世纪的当代文学,几乎经历了三次冲击、三次挑战:80年代的政治文化浪潮,90年代的商品经济大潮,直至当下的传媒信息热潮。文学与社会生活同步前行,从外部走向自我,从庙堂走向民间,从遵命走向自主,从"我们"走向"我";文学开始觉醒,开始脱神还俗,回归或迹近真正意义上的文学、人学、个性化、性格化的文学。简言之,中国的当代文学逐步自觉、不自觉地接受了社会现实的、市场经济的严酷检验。

同样,第五辑的编选工作就是在这样的市场经济化变革进程中展开的。我们很有幸地聘请了王蒙、王元化两位大家担当总主编,组成了以京沪两地专家、学者为主的分卷主编班子,上海文艺出版社更是倾老中青编辑、出版之力进行了为期五年多的会战。无论是西子湖畔的杨公堤金溪山庄,还是上海九号线地铁工地旁的肇嘉浜路中科院上海学术活动中心,都曾留下了总主编、分卷主编的身影与工作会议上的坦诚交流。2008年不幸因病去世的王元化先生在其生命的最后时日,还惦念着"这意义相当深远"的第五辑的编选工作,他说:这段时期"是很让人留恋的","意义是相当深远的"。各分卷编选者在尊重以往四辑传统体例的基础上,坚持了选文的文献性、文学性、权威性、客观性、包容性。比如:在文学理论卷和长篇小说卷的选目等方面,编选者几经周折,多方考虑才审定;根据文学样式的发展,此辑增设了微型小说卷和儿童文学卷,使这两大文学样式堂堂正正地进入了文学大系的殿堂;编选者多次研讨,又将原"报告文学卷"更名为"纪实文学卷",专家认为这样的称谓、概念较为宽泛合理;《大系》编委会还采纳了众多专家、读者的建议,将散刊于五辑百卷的序、跋、前言、后记集于一卷,即"史料·索引卷二",便于阅读与研究。第五辑30卷的内容约由1 500位作家的3 000篇(部)作品所组成,真可谓是我国当代文学、新时期文学的精品工程。

据执教于香港岭南大学的许子东教授统计,截至2008年10月,我国大陆已出版的中国现当代文学史著作多达72种。也许现代人对"史"书已不那么感到神圣敬畏而可轻易涉足了,也许出版的门槛已可自由跨入退出了,如果这样估量的话,那么现当代文学史书的品种绝对不止72种。好在有一万个读者读过《红楼梦》,就会有一万个读者心目中的《红楼梦》。那么,这百卷《中国新文学大系》,应该可以作为史稿,为读者提供一个可资阅读、研究、批判甚或增删的平台。中国文学的未来还很远大、很广阔,其愿景无限。

从这个意义上说,百卷《中国新文学大系》的编纂是跨越两个世纪、近八十年的世纪工程,是几代编辑家接力、传承的工程,是中国现当代文学的精品工程,也是一项开放的无穷尽的活力工程。

赵家璧先生曾在1982年11月撰文呼吁:"已经重印了《中国新文学大系》第一辑的'上海文艺',难道不能考虑第二辑、第三辑的编辑计划,列入'骨干工程'立即上马么？我恳切地提出这个建议。"1984年11月他已七十有六,在上海文艺出版社的一次聚会上,他衷心祝愿老同事"一要质量,二要速度",还建议将全部《中国新文学大系》"放在我们面前的桌子上","我再来参加一次规模更大的庆祝会,我再来说几句祝贺的话,那我就不算虚度此生了"。二十多年过去了,我们不仅完成了赵老嘱托的三辑编选出版,而且推进到第五辑,整整100卷。

"王师北定中原日,家祭无忘告乃翁。"

我们可以欣喜地告慰赵老:您当年精心设计的封页前后衬里的麦绥莱勒式的版画装饰,已为五辑百卷所沿袭;您1983年10月所撰写的《话说〈中国新文学大系〉》已作为附录刊于卷末,加之您在第一辑卷首的《前言》,所有这一切的寓意是,前辈的功绩不会因时间的流失而湮灭,定会有始有终,发扬光大——这是"老文艺"的好传统!正如王蒙在总序开篇中所言:"从赵家璧先生于七十多年前在良友图书公司主编出版了第一辑《中国新文学大系》以来,上海文艺出版社自上世纪80年代起,一代一代,前后编了近八十年,上百卷。百卷沧桑,百卷心事,百卷才具,百卷风流。呜呼,不亦盛哉!"

了却了几代上海文艺出版人的一桩心愿,确是令人欣慰,但是我们不敢放松心情,因为后四辑的成功与否,还有待读者方家的检验。"见闻有限,自不免遗珠之憾。……取舍失当,那就即使并非偏心,也一定是缺少眼力,不想来勉强辩解了。"鲁迅先生这段在《中国新文学大系》第一辑《小说二集》导言中所说的话,永远激励我们兢兢业业、如履薄冰地从事《中国新文学大系》的出版、修订、重版和续编工作。

(上海文艺出版社供稿,郑宗培执笔)

盛世修书　继往开来
——回顾《续修四库全书》编辑与出版历程

《续修四库全书》

上海古籍出版社

上海古籍出版社出版的《续修四库全书》，从 1994 年全面启动，到 2002 年全书出齐，历时八年，共收书 5 213 种，全套 1 800 册，每册平均 700 页，上下两栏，按经、史、子、集四部分类，用绿、红、蓝、赭四色装饰封面，精美典雅，气势恢宏。这项浩大的古籍整理出版工程，体现了多方协作、团结奋进的精神，在大型出版项目的选题策划、编辑出版和经营管理等方面，积累了宝贵的经验。

协调共进结硕果

先从选题策划谈起。《四库全书》是清乾隆三十七年（1772）开始编纂的，当时集中了大量人力、财力，组织了各学科领域最有成就的学者。历经十年，这部中国历史上规模最大的百科性质的丛书终于编成，共收古籍 3 462 种，其文献价值与学术史价值均称巨大。然而由于历史原因，清廷在编纂《四库全书》时，寓禁于征，对所谓"悖逆"、"违碍"的书籍，或全部销毁，或部分"删改抽撤"，以维系封建统治的秩序。加上编纂者的某些学术偏见，使不少应该选录的优秀古籍没有入选，有价值的民间文学作品及戏曲、小说都被视为小道，排除在全书之外。这些都需要匡谬补缺。更重要的是，从乾隆中期以后至辛亥革命以前，中国学术界又积累了大量重要的成果，加上散失海外的古籍善本回归本土，考古发掘使竹简帛书重见天日，私藏民间的以稿本形式流传的优秀著作不断现世,因此对这个时期学术文化的发展必须进行新的归纳总结。这是一项继往开来的重要任务。《四库全书》编成之后,数代专家学者和有识之士曾多次倡议续修,然均因时局动荡,无法实现。

我们有条件完成此历史重任,是因为天时、地利、人和三者兼备。从大处看,以1978年党的十一届三中全会为标志,我国迈入了改革开放、快速发展的新时期,这为编纂出版《续修四库全书》创造了最有利的条件。1981年党中央发出"关于整理我国古籍"的指示,国务院随后发出恢复古籍整理出版规划小组的通知,我国古籍整理和出版事业蓬勃发展,取得显著成绩。上世纪90年代中期,社会稳定,经济发展,学术繁荣,已充分具备续修《四库全书》的条件。从编纂出版的情况看,与当年乾隆皇帝编修《四库全书》相比,各有短长。当时是皇帝下诏官修,令行禁止,非常方便;而我们是集合全国古籍研究专家,以民间形式进行编纂和出版工作,相对来说难度大得多。但是也有有利的方面,如今古籍收藏大多集中在国家和地方图书馆,借书相对比较方便,全书采取影印方式,无须一一重抄,技术条件比过去先进得多。从发展历史看,上海古籍出版社已具备编辑和出版《续修四库全书》的能力。我社创办者和长期担任社长职务的李俊民先生与戚铭渠、包敏第等后继领导,以求贤若渴、海纳百川的胸怀,为出版社培养出一大批优秀的编辑出版人才,出版了大量古籍整理和研究著作,在海内外具有广泛的影响。1984年以后,魏同贤社长和钱伯城总编辑继承我社优良传统,大力开拓创新,影印出版文渊阁《四库全书》,编纂出版《古本小说集成》、《敦煌吐鲁番文献集成》等大型出版项目,为我社承担《续修四库全书》编辑出版任务打下了良好基础。

在影印《四库全书》完成之后,魏同贤、钱伯城先生曾召开社内中层干部会议,提出"《四库全书》出版以后怎么办"的问题。经过大家讨论,提出续修《四库全书》的构想,并认真对选题进行论证,但因面临两大难题,未能立即实施。一是编纂班子的组成要有权威性,单靠出版社的力量,是有困难的;二是古籍出版社正处于低谷状态,未能筹集到可观的出版资金。一项大型出版工程之成败,有其偶然性,更有其必然性,可以说是机遇与挑战并存,困难与希望同在。经过数届社领导带领全社职工的不断探索,形成重要的共识:在贯彻党的出版方针的前提下,必须坚持和强化专业意识,既要推陈出新,又要加强独创性,不断开拓与调整选题结构,以适应时代发展和读者的需求。我社的选题结构必须是大中小项目合理配置,以形成良性循环的效应。其中大型项目就像是"蓄水池",需要五年甚至十年以上重大的人力、财力投入,而暂时较少甚至没有产出；然而一旦成功，便如"蓄水池"开闸，不仅可带来超乎投入的经济效益，且会以其重大的学术影响，提升出版社的品牌与地位，这更是一笔巨大的隐形资产。影印《四库全书》之成功，更丰富了这一理念。鉴于上述认识，1994 年 5 月，新一届社领导班子成立，我组织班子进一步统一思想，协调分工。在思想上要统一认识，将当时社内外对《续修四库全书》的各种议论，化为完善项目设计的助力。在运作上，则要形成超大型项目与常规项目的互动机制，即常规项目必须加大发展的力度，以期在维持出版社日常运转的同时，为"蓄水池"注水；"蓄水池"则倒逼常规项目保质增量，并在放水时，为常规项目提供强有力的资金与经验支撑。为此，社领导班子作了合理的分工：我总掌全局，并主持《续修》的编辑与出版工作，李伟国同志（后改为王兴康同志）协助，班子的其他同志则倾力于常规项目的开发。两方面分工不分家，经常会商，互相支持，协同一致。当时我社还面临一个重大的实际困难，上世纪八九十年代，正是我社基建重大发展的时期，古籍印刷厂、西郊厂房、仓库、大量的职工住房都在兴建，处处要钱，而挤压着《续修》的资金投入，社内部分同仁为此担心。我认为即便举债，也要上《续修》，并确保基建与常规项目的开展。我的观点得到班子的一致支持。后来的发展，证明了当时的决策是正确的。《续修》编辑出版的八年，也是我社常规选题高速发展的八年，后来所形成的我社选题的"九个块面"，包括古籍名著集成性整理与出版，大型资料性丛书的出版，学术研究著作与普及传统文化知识读物的更新换代，熔学术性、知识性、鉴赏性于一炉的大中型画册的出版等，便是在当时形成的选题架构。同时，各项基建都如期完成，成为后来本社和老职工们的一笔重要资产。而当"蓄水池"放水时，连同常规选题开拓所取得的经济效益，使所举的那些债务很快就得到清偿。当然，这是后话了，为便于了解当时的实际情况，作此概述，现在"言归正传"。

1994 年 6 月，我获悉宋木文同志（新闻出版署原署长，时任中国出版工作者协会主席）在北京酝酿编纂出版《续修四库全书》的方案，编纂班子已基本落实，深圳市南山区政府在经济发展的同时十分重视文化建设，拟投资此项工程。他们正在选择出版单位。经过社领导班子讨论，在赵昌平（总编辑）、李伟国（副社长兼副总编）、高章采（副社长）等同志的支持下，我即与宋木文同志联系，表示愿意承担出版任务。宋木文同志对出版界的情况十分了解，他认为"上海古籍出版社是一家老社，领导班子团结务实，编辑力量强，有经营管理经验"，当即表示欢迎。于是上海古籍出版社正式承担了这项划时代的文化出版工程的编辑、出版工作。

1994 年 7 月 4—5 日,在北京龙泉宾馆召开了《续修四库全书》编纂出版工作会议,中国出版工作者协会、国家古籍整理出版规划小组办公室、文化部图书馆司、中共深圳市南山区委、上海古籍出版社的主要负责同志出席会议,并邀请北京图书馆(现国家图书馆)、上海图书馆等 5 家大型图书馆的古籍版本专家参加。会议讨论了全书编纂的必要性、学术价值,全书整体面貌与框架,收书范围与编选原则,确定了编纂出版方案。会议认为,全书应包括:1.《四库全书》未收的乾隆以前有学术价值的著述;2.《四库存目》及禁毁书中学术价值较高的著作;3.《四库全书》已收而版本残劣,有善本足可替代者;4.《四库全书》未及收入的乾嘉以来著述之重要者;5.《四库全书》所不收的戏曲、小说,取其有重要文学价值者;6. 新从域外访回之汉籍而合于本书选录条件者;7. 新出土的简帛类古籍而卷帙成编者。在此 7 项之中,第 4 项是全书的重点。会议决定成立工作委员会和编纂委员会,由宋木文同志任工作委员会主任,伍杰同志(曾任中宣部出版局长、干部局长,时任中国版协副主席)任常务副主任。编纂委员会由工委会聘任,主编请德高望重的版本目录学家、上图原馆长顾廷龙先生担任,他一生致力于古籍整理和研究工作,文化底蕴深厚,还担任《中国古籍善本书目》主编,编委会中有不少版本目录学家,同时全国各主要图书馆也参与和支持,因此,由顾老担任主编可以说是众望所归。主持编委会日常工作的是著名学者傅璇琮先生(时任国家古籍整理出版规划小组秘书长、中华书局总编辑),后与顾老一起担任主编,常务副主编由李致忠先生(北京图书馆业务处长、原善本部主任)担任。会议还确定了全书的投资方案,决定由深圳市南山区政府投资三分之二,上海古籍出版社承担全书的出版任务并投资三分之一。同时由上海古籍出版社提出全书的征订工作方案,并积极开展《续修四库全书》的宣传工作。随后,《人民日报》、《光明日报》、《新闻出版报》、《文汇报》、《解放日报》、《新民晚报》等多家报纸刊登了《续修四库全书》开始编纂的消息,续修《四库全书》的工程启动。

1995 年 8 月 24 日,为《续修四库全书》"经部·易类"40 册面世,在人民大会堂举行出版座谈会。与会专家学者从学术文化的继承与发展角度充分肯定了《续修四库全书》的重要意义。"经部·易类"40 册的顺利出版开了好头,为后续工作积累了编纂出版工作经验。从此,《续修四库全书》的编纂出版全面展开,后续编纂出版按照计划顺利进行:1997 年经部 260 册,1999 年 1 月史部 670 册,2000 年初子部 370 册,2002 年 3 月集部 500 册,前后八年时间,完成了全套 1 800 册的编纂出版任务。

2002 年 5 月 9 日,在北京人民大会堂隆重举行《续修四库全书》出版座谈会,并陈列全套 1 800 册的《续修四库全书》,砌成一座厚重高大的"书墙"。中共中央政治局常委、全国政协主席李瑞环同志出席座谈会,盛赞《续修四库全书》的出版是"功在当代,泽及后世"的盛举。他还说:《续修四库全书》和《四库全书》相配套,构筑起一座中华传统文化的大型书库,这是一项了不起的工程,对保存、研究和弘扬中华民族的传统文化,必将产生重大的影响。他希望大家认真总结《续修四库全书》工作的经验,为保护、挖掘、整理文化遗产,为弘扬优秀传统文化作出更大的贡献。

谨慎操作保质量

《续修四库全书》作为一套特大型的古籍影印丛书,既有一般古籍影印图书的共性,也因其特大型、持续时间长的特性,决定了其编纂出版工作十分复杂,难度极大。八年时间,我先后和李伟国、王兴康同志(时已提副社长,后任社长)全力以赴,带领编辑、出版、发行部门的有关人员,以"团结、敬业、开拓、奉献"的精神,克服时间紧迫、任务繁重的困难,不断提高工作效率,以精益求精、谨慎操作、质量第一的工作态度,认真负责地做好《续修四库全书》的编辑出版工作。

为了确保圆满完成编辑和出版任务,我社成立《续修四库全书》编辑室,由资深的编审、年富力强的青年编辑以及有较丰富出版经验的技术编辑组成。《续修四库全书》的编辑出版流程大致包括以下十几个环节:确认选目,核查藏书单位,借书,清点登录,还原复制,编辑初审,拼版,描修,电脑制作,编定辑封、中缝卷序、各册顺序,二审,三审,设计出版格式,制版印刷,装订成册。由于环节较多,各环节之间难免产生矛盾,有时出现埋怨、扯皮、推诿等现象。我们根据《续修四库全书》编辑出版工作的特点和难点,制定了一系列编辑发稿加工的规章条例,有《底本图书的借用和复制工作程序》、《续修四库全书审稿要点》、《分册目录与辑封著录条例》、《拼版制作的步骤和要求》等。这些实用性很强的条例对整套书的编辑出版工作起了规范程序的作用,使整个编辑出版工作有章可循、井然有序,确保全书编辑出版工作的连贯性和一致性,保证了编辑出版质量。

出版社与编委会紧密合作十分重要。上海古籍出版社在编委会有一位副主编、两位编委,他们也直接参加了编选工作。编委会提出选目和版本方案后的各项工作都由出版社来完成,包括核查藏书单位、核对选目和选定底本、借书与还原复制,以及编辑的各个环节。各部类的选目经编委会认证筛选择定,并经众多专家审核后才确定下来,具有学术上的权威性,但由于客观条件的限制,编委会不可能把每种书都征集到北京加以遴选,难免百密一疏。真正能将全部图书放在面前比对审定的,只能是出版社的编辑。影印图书质量的好坏,最关键的是底本的优劣,尽可能寻找好的版本,即内容可靠、刻印精良的版本作底本,是保证全书质量的前提。为了尽可能选择最好、最早、最为完整的底本,必须对稿本、抄本、批校本与刊刻本进行对照比较,慎重抉择,还要对缺卷残页进行配补等,工作量及其难度之大为一般人难以想象。在长达六年半的借书过程中,负责资料收集和底本借阅的水赉佑等同志,奔波于国内各种图书馆、博物馆和私人藏家共 115 处,还联系部分海外图书馆及私人藏书者,查阅图书 15 000 余种,最后选用 5 213 种(不包括附录),用书单位 82 家(不包括国外及私人藏书)。同时,因配补而用的图书达 1 800 种,配补约 12 000 页。在工委会的指导和协调下,编辑室与编委会紧密配合,大家心往一处想,劲往一处使,提高了出版质量,加快了出书进度。

在编辑工作紧张和严密地进行的同时,印刷工作也随之跟上。严格把住印刷装订质量关,对质量未能达标的就推倒重来。在第一批印制"经部·易类"40 册时,发现有些已印订好的书装订太松、书脊过大,封面墨粉片和电化铝易脱落。工委会和出版社研究后决定报废重做,对已经发出去的前 10 册也主动发函收回重装,受到客户的好评。此后在印刷出版的全过程中都严格把好质量关,从而使全书达到精品图书的要求。

市场运作创新例

《续修四库全书》虽经国家古籍整理出版规划小组立项,并由新闻出版署列入国家"八五"重点图书出版规划,但并无资金补贴,所有编纂出版费用均靠自筹。由于这项特大型出版工程编纂出版的时间跨度很大,需要巨额投资,最初预计,完成这套大书需要投资 8 000 万元,经济上面临巨大压力。在确保编纂出版和印制质量的前提下,宣传、征订、发行工作的好坏也直接关系到全书的成败。因此,从这项工程启动开始,上海古籍出版社就提出全书的宣传征订方案,并在媒体刊登大幅广告。1995 年 11 月,我社在香港举办"上海古籍出版社图书展",同时展出刚出版的《续修四库全书》"经部·易类"40 册。我利用这个机会在香港召开记者招待会,推介《续修四库全书》。会后香港《大公报》、《文汇报》等报刊纷纷刊登文章,介绍这套大书,扩大了其在海外的影响。在《续修四库全书》工委会的协调下，上海古籍出版社在通过新华书店系统征订、发行外，还与中国版协、深圳市南山区政府组织专门的发行队伍，分片到全国各地向客户直销。文化部图书馆司还向各省市文化厅和图书馆发文推动征订工作。在编纂出版的全过程，我社都不遗余力地进行宣传、征订，并做好发行工作。随着征订数不断增加，采取滚动式经营的方式，预收款陆续投入编纂出版和印刷制作，大幅度地减少投资压力。全书各项成本支出超过1亿元，由于采取了分段出版、边售边投的模式，实际投资1 050万元（其中深圳市南山区政府出资700万元，上海古籍出版社出资350万元）。全书出齐后即陆续返回投资款。《续修四库全书》成为按照社会主义市场经济的原则进行大型出版项目运作的成功案例。

　　《续修四库全书》出版后取得社会效益与经济效益双丰收，其学术价值和出版质量也为学术界和出版界所肯定，并于2003年荣获第六届国家图书奖荣誉奖和第四届全国古籍图书奖荣誉奖。2013年8月，国家新闻出版广电总局、全国古籍整理出版规划领导小组公布"首届向全国推荐优秀古籍整理图书目录"，从新中国成立以来所出版的25 000种古籍图书中推出第一批91种古籍整理的精品力作，《续修四库全书》列选该目录。这是对这项大型出版工程的组织者和编纂出版者的最大鼓励。正如宋木文同志在《续修四库全书》出版座谈会上说的："亲身参与编纂出版这部巨型丛书，是我们的光荣；生活在有条件出版这部巨型丛书的安宁昌盛的时代，是我们的幸运！"

（上海古籍出版社供稿，李国章执笔）

半个多世纪打造的精品

——《中国古典文学丛书》

《中国古典文学丛书》

上 海 古 籍 出 版 社

《中国古典文学丛书》是上海古籍出版社历时最长、学术含量最高、最能体现本社精品图书特色的一套大型丛书,也是体现新中国古籍整理出版成就的一个标志性项目。2013 年,在国家新闻出版广电总局、全国古籍整理出版规划领导小组向全国推荐的首届优秀古籍整理图书目录中,这套丛书有 75 个品种入选,成为入选子目最多的一套丛书,获得了学术界的高度肯定。

这套丛书中的每一种各有自己的特点,又有共同的特点,而这些共同的特点主要来自出版社及其编辑的创意策划、组稿加工,主要表现为选目的制定、稿件的组约亦即整理者的选择,以及编辑的加工。

一、选目:全而见精

上海古籍出版社向以古典文学典籍的整理出版为重点,经过半个多世纪以来的辛勤耕耘,已成为海内外古典文学典籍出版的重镇。早在上世纪 50 年代,上海古籍出版社的前身——1956 年成立的古典文学出版社和其后组建的中华书局上海编辑所,就出版了不少经过整理的古典文学典籍,其中有钱仲联增补集说校勘的《鲍参军集注》、马其昶校注的《韩昌黎文集校注》、钱仲联系年集释的《韩昌黎诗系年集释》、萧涤非整理的《皮子文薮》、邓广铭编年笺注的《稼轩词编年笺注》、夏承焘笺校的《姜白石词编年笺校》、王佩诤校点的《龚自珍全集》等。这些集子的原作者都是中国古代著名的文学家，其作品流传不衰，堪称中国古典文学的名作；这些集子的整理者又均为当代造诣深厚的学者，其整理方式严谨细致，堪称古籍整理的典范。这种原作及其整理者、整理方式的选择，为日后上海古籍出版社形成自己的出版特色奠定了扎实的基础。

1978 年恢复建制的上海古籍出版社成立伊始，就由第一编辑室（文学室）担纲，推出了《中国古典文学丛书》，其编辑说明指出：

> 我们编辑出版这套《中国古典文学丛书》，就是为了给一般研究工作者、大中学校教师及有关文化工作者提供一套比较系统的中国古典文学基本资料，以便读者分析研究，作为发展和繁荣社会主义新文化的借鉴和参考。
>
> 《中国古典文学丛书》将有选择地出版我国先秦以来较有代表性的优秀文学作品，其中以诗文别集为主；少数著名的总集及影响较大的戏曲、小说也酌量收入。
>
> 《中国古典文学丛书》根据不同情况分别采用前人旧注或集注本，一般均作必要的校勘并加新式标点；有些品种也将采用今人新注的形式。

据此，上海古籍出版社拟定了一个含 200 个品种的丛书书目，几乎网罗了文学史上所有有影响的作家作品。后来，依据对这个书目中各种文集的版本、整理现状的调查，以及开始组约稿件、选择整理者工作以来的进展情况，为集中精力、突出重点，便于工作的有序推进，又将书目调整压缩为尤其重要的 100 种，并开展了广泛的组稿和编辑、出版工作。值此春回大地、百废待兴之机，上海古籍出版社首先重印或修订重版了"文革"前十年古典文学出版社和中华书局上海编辑所出版的近 10 种古典文学典籍整理本，并将其纳入丛书之中；随后出版了朱东润编年校注的《梅尧臣集编年校注》、钱伯城笺校的《袁宏道集笺校》等一批老学者从事多年的整理著作；之后的二十来年间，基本上以每年出版 2—4 种的速度，不断推出丛书的新品种。2009 年夏上海书展期间，丛书出齐 100 种（其中部分为原计划 100 种中没有的品种）。上海古籍出版社召开《中国古典文学丛书》100 种出版座谈会"，听取专家学者的意见，邀请他们为丛书的后续出版出谋划策，决定丛书扩容。扩容的标准和策略是：一是填补空白，尽快重新组约原列入 100 种之内，后来因种种原因延搁的在文学史上有重大影响的作家作品,如洪本健校笺的《欧阳修诗文集校笺》、高克勤点校的《王荆文公诗笺注》、陈振鹏标点并由李学颖校补的《陈维崧集》等;二是丛书中已有原作,后起学人新整理者也予收入,如龚斌校释的《世说新语校释》;三是依据学术研究深入发展的态势,将原来未列入丛书百种而单行出版的重要作家作品的不同的有影响的注释本也予收入,而不仅限一种,这一工作,在此前已有所推进,如杜甫诗原已收入清人杨伦笺注的《杜诗镜诠》为百种之一,扩容后又收入了林继中辑校的《杜诗赵次公先后解辑校》(修订本)、清人钱谦益笺注的《钱注杜诗》,即将出版的当代学者谢思炜新校注的《杜甫集校注》也将列入其中;四是与"三"同样理由,将以前出版的一些未收入丛书而整理质量不错的文集整理本也纳入丛书,如项楚校注的《王梵志诗校注》(增订本)、蒋寅校注的《戴叔伦诗集校注》,严寿澂、黄明、赵昌平笺注的《郑谷诗集笺注》、沈文倬校点的《王令集》、钱伯城校点的《白苏斋类集》和《珂雪斋集》等。尤其是词集,在新增的品种中占了很大的比重。丛书出版的前100种中仅有4种词集。上世纪80年代,上海古籍出版社曾出版《宋词别集丛刊》十余种,偏于中小词家,影响相对不大。为了集约品牌,打造精品,《宋词别集丛刊》中的不少品种经过修订,纳入了《中国古典文学丛书》,如马兴荣等的《山谷词校注》、徐培均的《淮海居士长短句笺注》、邓子勉的《樵歌校注》、曹济平的《芦川词笺注》等;同时更增补了一些名家整理的重要词集,如龙榆生的《东坡乐府笺》、罗忼烈的《清真集笺注》、钱仲联的《后村词笺注》等。截至2014年底,丛书已出版了129种。估计再花5—10年的时间,丛书的规模可扩大至150种。丛书可预期的目标还是达到200种。这次调整起到了一箭双雕的作用,既适时应变,使已成为本社第一品牌的丛书发挥持续效应,又整合了本社有关的分散资源,使之在丛书的品牌效应下产生更大的双效益。

这套丛书从选目上来说,全而见精,勾勒了中国文学史的发展概貌。丛书已出版的129种,以朝代论,大致为唐前15种,唐五代33种,宋29种,元2种,明17种,清33种。本世纪初,上海古籍出版社又启动了《中国近代文学丛书》的编辑出版,作为《中国古典文学丛书》的姐妹篇,以构成更全面的文学别集统系,这可称是又一形式的扩容。截至2014年底已出版了23种,其中多为晚清作家。合而计之,上海古籍出版社整理清代作家作品的数量是最多的,这也与清代作家作品的存世量最多相一致。因此,唐前和元明时期的作家作品应该是今后增入这套丛书选目的重点。以文体论,总集4种,文论2种,札记、小说3种,戏曲5种,词集17种,余均为诗文别集,其中文论、札记、小说和戏曲较少。这是因为选目的重点是放在诗文别集方面,且白话小说的经典《三国演义》、《水浒传》、《西游记》、《红楼梦》等已有多种整理本;此外,上海古籍出版社自本世纪初又启动了《中国古代文学批评要籍丛书》的编辑出版,已出版了《沧浪诗话校笺》、《原诗笺注》等多种,从而形成文学史资料与文论史资料交相辉映的格局,也因此,这套丛书中文论方面的选题不拟增加。再从整理方式来看,有标点、校点、笺校、笺注、校注、集注、集释等。其中笺校、笺注、集注、集释占三分之二,多为今人所撰,也有前人旧注。传世佳注尽量保留,仅作标点,如《文选》唐李善注、《王右丞集笺注》清赵殿成笺注、《杜诗镜铨》清杨伦笺注、《钱注杜诗》清钱谦益笺注、《三家评注李长吉歌诗》清王琦等三家评注、《樊川诗集注》清冯集梧注、《玉溪生诗集笺注》清冯浩笺注、《温飞卿诗集笺注》清曾益等笺注、《苏轼诗集合注》清冯应榴辑注、《山谷诗集注》宋任渊等注。宋以前的诗文集前人无注或简注者,多请当代古典文学名家和史家予以笺注或集注。

二、整理者:专家专业

既然丛书中的每一种作品都可以称得上是中国文学的传世经典,那么整理的目的就在于发掘其价值、彰显其特色,体现当代学者的学术认知高度,为当代读者提供可靠的参助。因此,对整理者的选择非常重要,整理者学术水平的高下直接决定着整理本质量的高下。上海古籍出版社在选择这套丛书的整理者时,首先把目光投向专业研究者,尤其是这个专业中的领军人物甚至是大师级的学者。凭着上海古籍出版社的良好声誉,以及编辑的专业水准和人脉,组约稿件往往能如其所愿。如这套丛书中高亨的《诗经今注》、汤炳正的《楚辞今注》、余嘉锡的《世说新语笺疏》(修订本)、詹锳的《文心雕龙义证》、瞿蜕园的《刘禹锡集笺证》、瞿蜕园和朱金城的《李白集校注》、朱金城的《白居易集笺校》、朱东润的《梅尧臣集编年校注》、邓广铭的《稼轩词编年笺注》(增订本)、夏承焘的《姜白石词编年笺校》、钱伯城的《袁宏道集笺校》、王蘧常的《顾亭林诗集汇注》等。值得一提的是瞿蜕园的《刘禹锡集笺证》的出版。经历"文革"劫火,此书原稿一度不知下落,后来在整理旧档时,发现了此稿的主体部分,一度拟以旧稿与遗佚部分的白文合成一书,然而,总觉遗憾。编辑室遂重新翻检,终于在故纸堆中发现了遗佚部分的初稿,使这部佳作基本上得成全稿。大师和领军人物的这些古籍整理著作都反映了他们的治学成果,有的凝聚了他们毕生的心血,代表了一个时期研究的最高水平,也因此获得了学术界和读者的好评。如:钱仲联先生的《剑南诗稿校注》获1988年全国优秀图书一等奖;詹锳先生的《文心雕龙义证》获1994年首届国家图书奖提名奖和1991年首届全国古籍整理优秀图书一等奖;瞿蜕园先生的《刘禹锡集笺证》、曹融南的《谢宣城集校注》和邵海清校、李梦生笺的《忠雅堂集校笺》分获1991年首届、1992年第二届、1994年第三届全国古籍整理优秀图书一等奖。除了这些大师名家外,整理者中也有不少是学有专长的中青年学者,如《诗品集注》的整理者曹旭、《杜诗赵次公先后解辑校》的整理者林继中,他们从事整理工作是以其博士论文为基础的,可以追溯到将近三十年前他们初读博士研究生时。而今,他们也年近古稀,分别成为海内外著名的《诗品》和杜诗研究专家。

在这套丛书的整理者中,钱仲联先生(1908—2003)是与上海古籍出版社合作时间最久、著述最繁富的一位。在近半个世纪中,钱老在上海古籍出版社出版了十余种著作,收入这套丛书的就有《鲍参军集注》、《韩昌黎诗系年集释》(全二册)、《剑南诗稿校注》(全八册)、《后村词笺注》、《牧斋初学集》(全三册)、《牧斋有学集》(全三册)、《牧斋杂著》(全二册,与前两种又合为《钱牧斋全集》)、《人境庐诗草笺注》(全三册)等,达千余万字。钱先生从青年时代开始从事古典文学研究,在长达七十余年的治学生涯中,以学问广博、勤于著述而享誉学界。他的《人境庐诗草笺注》1936年由上海商务印书馆刊行。建国后分别于1957年、1981年由古典文学出版社、上海古籍出版社新版。他的最后一部古籍整理著作《牧斋杂著》收入《钱牧斋全集》,于2003年9月在他逝世前不久出版。记得书出版后,我与编辑室同仁到苏州大学他的寓所梦苕庵看望他,商谈续订版权事宜,当时的情形还历历在目。不久他就以95岁的高龄辞世。在古籍整理研究方面,以成果丰硕而论,大概只有比钱先生小四岁的王利器先生能与之媲美。

三、编辑:精心专业

这套丛书的出版,也凝聚了出版人的心血和智慧。上海古籍出版社本以拥有不少学者型编辑而闻名于业界。先后担任过这套丛书编辑的不少人,如陈振鹏、周劭、富寿荪、朱金城、李学颖、汪贤度、李国章、曹光甫、赵昌平、史良昭、李梦生等先生,本身就是学识渊博、长于古籍整理的资深编辑,有不少著述问世,并且也参与了这套丛书中一些品种的整理,其中有陈振鹏标点并由李学颖校补的《陈维崧集》、周劭标点的《敬业堂诗集》、富寿荪标校的《范石湖集》、朱金城笺校的《白居易集笺校》、李学颖集评标校的《吴梅村全集》、李学颖和曹光甫标点的《瓯北集》、汪贤度标点的《王子安集注》、李国章校点的《两当轩集》、李梦生标校的《揭傒斯全集》等,而《郑谷诗集笺注》,赵昌平为总其成者。此外,整理"三袁"诗文集的钱伯城、《沧溟先生集》的标校者包敬第、《王荆文公诗笺注》的点校者高克勤等也是上海古籍出版社资深编辑。这些编辑由于本身就是古典文学研究者出身,又长期从事古籍整理稿的审读,熟悉古籍整理规范,所以他们整理古籍往往有驾轻就熟的感觉,他们整理的书稿也中规中矩。由于他们有古籍整理的丰富经验,所以在审稿过程中,本着敬业和奉献的精神,凭借自己渊博的学识,能够发现来稿中存在的问题或不够完善之处,并对来稿进行大量补证,甚至做了大量计在整理者名下的校注工作。尤其值得一提的是陈振鹏先生,他责编《稼轩词编年笺注》一书的工作,得到了作者邓广铭先生的高度肯定。《稼轩词编年笺注》一书凝聚了邓广铭先生毕生的心血。在半个世纪中,此书多次修订,直至1993年由上海古籍出版社出了增订三版,增订本字数逾60万字,篇幅比初版增加了一倍以上。增补部分就包含了编辑陈振鹏先生的成果。从1985年接到邓先生的增补本来稿,到1993年出版,编辑出版工作达八年之久。陈振鹏先生为此做了大量的工作。正如邓先生在题记中所说:"陈先生对于这本《稼轩词编年笺注》的审查工作,严肃认真,一丝不苟。他签贴了数以百计的意见,将全稿寄回,要我参照修改。我翻读之后,觉得他的意见无不确切谛当;他对于原笺原注中的错误,都能指点得切中要害;他所建议添换的新的笺注,也都使本书在质量上得到很大提高。"邓先生在题记中还列举了陈先生的一些珍贵意见。这篇题记充分表现出邓先生这位著名学者虚怀若谷的治学态度和对编辑工作的充分尊重。经陈振鹏先生审阅的书稿还有钱仲联的《剑南诗稿校注》、项楚校注的《王梵志诗校注》等,同样,钱仲联、项楚也在书中向陈振鹏先生表示了感谢。像这样作者和编辑相互切磋,使著作质量得到明显提高的例子,在这套丛书中是不鲜见的,如李学颖先生也是如此。她为钱仲联的《后村词笺注》补漏增完,纠正错注近百条,深得钱仲联的推许,钱先生称赞她是"当代照圆"。她也曾审阅王蘧常的《顾亭林诗集汇注》,王蘧常先生评价她"商榷体例,复审资料,莫不心细如发,目利于刃,真编辑中之巨匠也"。

正是因为有像邓广铭先生这样的治学严谨的学者的参与,有像陈振鹏先生、李学颖先生这样的认真负责的编辑的把关,有上海古籍出版社这样的以弘扬中华优秀文化为己任、始终担起出版人责任的出版社的坚持,才有《中国古典文学丛书》这样的持续半个多世纪的精品的出现。

最后必须提到的是，这套丛书的编纂，对上古社古籍整理的学术规范、队伍建设与经济效益起到了重要作用。丛书的凡例，在实践中屡经修订，而成为本社嗣后众多图书体例的范本。编辑中，坚持签条制度，后审指出前审问题，用签条指导查证修改，从而以老带新，使一编室的队伍光景常新。赵昌平同志曾感叹道："我从陈振鹏、李学颖老师那里学到的知识，是在北大、华师大学不到的。"丛书更以其驰誉境内外的品牌效应，保持了很高的重版率，至今还是本社重版书的主要渊薮。

（上海古籍出版社供稿，高克勤执笔）

"探险"俄罗斯

《敦煌吐鲁番文献集成》

上 海 古 籍 出 版 社

经典策划
119

18、19世纪到20世纪初,是西方国家探险队频繁出入我国西北地区的时代。无数珍贵的历史文献和文物,被明火执仗的或者悄无声息的、官方的或者民间的各国地理、生物、历史、文化(最终归结为政治和军事目的)的"考察团"捆载而去。几乎已经很难统计,一共有多少外国人来中国西部"淘宝",更难以计量,他们运走了多少件中国古代历史珍宝。

沙皇俄国借助于邻近的地理之便,是最早和最多进入中国西域探险的国家。以后来的眼光看,俄国人无论是在新疆、敦煌还是黑水城,每次重大收获以后,都要大张旗鼓地宣传自己的伟大发现,甚至召开国际东方学大会,建立国际机构,鼓动各国之间的掠夺竞赛,来策划更大规模的探险活动。但是,这一切,在动乱的中国几乎没有人知道。当1908年法人伯希和在北京展示他敦煌收获的时候,中国没有"亡羊补牢",而相继由俄国柯兹洛夫探险队在1908年到1909年间掠取了黑水城的大量珍宝,由奥登堡探险队在1909年到1910年掠取了新疆文物,在1914年掠取了敦煌的大量文献写卷和艺术品。

苏联收藏的敦煌、黑水城和新疆文献文物三大宝藏,对于中国人来说,1958年文化部副部长郑振铎先生的访问,可以说是首次全面了解。但是由于郑先生不久后因飞机失事而遇难,宝藏不仅失去了最好的回归机会,也从此湮没无闻。

郑先生于访问期间,连续三天,飞快地翻阅了苏藏的三大中国宝藏。最终仅仅是黑水城出土的《刘知远诸宫调》由苏联政府归还给了北京图书馆,而国内对于这三大宝藏似乎很少有人了解。郑先生在前往布达佩斯之前,分别给徐森玉和何其芳写信,报告了这些令人兴奋的发现。1987年,这两封信件收入郑先生好友刘哲民先生整理影印线装出版的《郑振铎先生书信集》①中。

到80年代,中国敦煌吐鲁番学会成立,敦煌学得到了迅猛的发展,而原始资料的匮乏成为主要的障碍,于是敦煌吐鲁番文献的大规模、集成性出版项目就应运而生。这是在暂时不能做到实物回归之前,以出版形式化身百千的另一种让人兴奋中带有苦涩的回归。1989年,上海古籍出版社首先开始和苏联科学院东方学研究所、苏联科学出版社东方文学部合作,编纂出版《俄藏敦煌文献》,并以此为起点,编纂了以俄藏、法藏等资料为骨干的《敦煌吐鲁番文献集成》。

世界已经发生了巨大的变化,而历史居然是如此的相似。将近100年前外国探险队从中国掠夺了无数珍贵的历史资料,而从90年代起,我们开始到这些国家拍摄并著录、出版这些资料。一方面,面对中国流失海外几近百年的文献文物,是百感交集的民族屈辱和历史反省;另一方面,外国探险队和历年来许多专家所做的精准到位的工作和研究成果,中国原生资料的精湛内容和期待已久的"回归",也毕竟留给我们一种相逢相知的惊喜。从1990年开始的、几乎两年一次的现场工作小组,经历了种种艰难曲折和人身危险,奉献了青春年华。在异国博物馆、图书馆的工作,似乎是经历着一种轮回,也就是90年代中国出版界为追寻流失海外的中国珍宝,在新的历史条件下的海外"探险"。

1. 敦煌西域文献文物编纂出版的目的

出版《敦煌吐鲁番文献集成》的目的,正如当时上海古籍出版社社长魏同贤先生在丛书《策画弁言》中所云:"敦煌学尽管目前已成为一门国际性的显学,可它的诞生和发展却是曲折和缓慢的。我国学者董康、刘复、胡适、王重民、向达、姜亮夫等先后远涉重洋,奔走伦敦、巴黎,拍照片,抄遗书,编目录,写序跋,为敦煌学的发展作出了卓越的贡献……最理想的办法是创造条件使有志于此的学者都能阅读原始文献。不过这在目前的客观物质和主观认识条件下,大概都无法实现。于是,退而求其次,商得各收藏家(单位或个人)的赞同、协助,采取现代影印办法,辑集汇刊,使孤本文献化身千百,让敦煌学家身处书室,即能纵览敦煌吐鲁番文献全貌,既省却奔波旅行之苦,又免却四方求阅之烦,以其宝贵而有限的学术时间,悉心于阅读、分析、推论、判断,从而得出科学的结论,这结果就是从根本上推进了敦煌学的发展。这就是我们辑集出版《敦煌吐鲁番文献集成》的目的。"②

应当说明,在上海古籍出版社之前,有中国社会科学院、敦煌吐鲁番学会、四川人民出版社和英国国家图书馆的成功合作,在我们之后,又有江苏古籍出版社和国家图书馆的合作,有敦煌研究院等单位和甘肃人民出版社的合作,以及浙江省图书馆和浙江教育出版社的合作,形成了《英藏敦煌文献(佛经以外部分)》、《中国国家图书馆藏敦煌遗书》③、《甘肃藏敦煌文献》、《浙藏敦煌文献》争相出版的良好局面,共同推涌起敦煌文献的出版浪潮,很大程度上缓解了专业资料匮乏的局面,结束了由于不能看到高质量照片而产生的误解和争辩,使得研究者能够在更加广泛、更加重要的领域中获得更大的突破。这样的局面,正是王重民等敦煌学先驱们筚路蓝缕、开拓奋进的必然趋势。

2. "出版回归"的策划经过和进行情况

以当时的"苏联藏敦煌文献"为核心的《敦煌吐鲁番文献集成》项目启动,其序幕就充满了戏剧性。上海古籍出版社社长魏同贤和苏联科学院通讯院士李福清为了列宁格勒藏《石头记》开始了接洽商谈;《石头记》项目发生了变化,却意外收获了敦煌项目。面对规模、投资和学术、技术的多重困难,全社组织了编辑、财务、出版技术、销售等专题论证,总共达到 200 多人次;经过多次反复,以其重大的学术价值为主要着眼点,最终确定了以苏联藏品为主体,积极开拓联络国内外其他藏家藏品,编纂一套完整的《集成》。

魏同贤社长无疑表现了高瞻远瞩的学术眼光和魄力。他委托我调查拍摄所需的器材和费用预算。当时苏联处在解体前夕,技术和经济上都有很大的困难。按照拍摄上万件文献的规模,首先考虑的方案是用缩微拍摄机制作。我走访了在上海的柯达公司、富士公司、尼康公司等外商,得到的报价是 16 万美元才能购置便携折叠式缩微机;为了现场必需的拍摄效果检查,需要当场冲洗,就应加上冲洗机和温水设备。我汇报的总价是 52 万美元。魏社长记在笔记本上。我问:"行吗?"他说:"想办法吧。"这样高的代价,尤其在 1990 年时,简直是一个天文数字,但并没有动摇他的决心。第二天,我又去找他,我说:"3 万元人民币就可以了。"他喜出望外。我的依据是:

在"文革"期间,曾经和街坊小朋友跟着电影厂的大哥玩过一段时间的照片。我们买的是0.2元一卷的散装8定拷贝片,感光很慢(较常规胶卷需增加16倍感光),反差超强,要冲洗出中间层次的灰度来,就得采用已经氧化的药水,加长冲洗时间。在封窗封门的临时暗房,用手拖的办法做过无数次以后,甚至不用在红灯下看冲洗程度,只要手摸着胶卷的黏滑度,就可知道是否到火候了。有一次,我们的老佳能相机帘幕坏了,也被我拆开修好了。我仔细考虑了拍摄冲洗的全部过程,认为凭借最原始的手段也能达到目的,如果购买了相机和冲洗罐等专业设备,肯定没有问题,因此提出了3万元的方案。我非常钦佩魏社长面对52万美元投资的镇定和坚定,后来在周绍良先生指点下,买了2台玛米亚中片幅相机、1台尼康135相机,再加上翻拍架、冲洗罐等,还不到3万元就解决了问题。

项目启动的标志,是1989年8月以魏同贤社长、钱伯城总编辑为首,有李国章副总编、李伟国主任参加的上海古籍出版社代表团首次访问列宁格勒,形成了合作编纂、出版的共同意向。1990年10月派遣了李伟国、府宪展和朱天锡印刷厂长的三人试验小组,进行了为期一个月的现场工作。良好的兄弟情谊、毫无商业气息的学术氛围,使得合作充满了蜜月的情调。试验工作在学术和运转两方面都取得了成功,但是在技术上却仅仅换取了一些经验教训。由于感光不足、不匀,并且当时设想以原大比例出版,以致拍摄完成后无法按照重新确定的比例裁切,所以,将近5 000张底片在后期制作中几乎全军覆没。主要收获则是拍摄了反映全部收藏概貌的彩色照片,以及考验了工艺设想,哪怕在执行的时候发生了偏差。1991年2月,以苏联科学出版社东方文学部主任德列尔、列宁格勒东方分所所长彼得罗相、苏联敦煌学专家孟列夫组成的苏方代表团在上海与我社正式签订了出版协议;而1992年的正式工作小组取得了实质性的进展,拍摄了第一到第五册全部"Дx"编号的照片,完整著录了卡片,进而在当年出版了具有决定意义的《俄藏敦煌文献》第一册。

我们赴俄工作小组的计划,是到达的第二天上午就树立起拍摄支架和灯具,下午就开始拍摄,晚上就冲洗和检查。我们不能对俄罗斯贫乏和不确定的市场抱有幻想,不可能再花费时间去寻找购买胶卷和冲洗药粉。因此,在"北京—乌兰巴托—莫斯科"列车上,和所有的"倒爷"一样,我们的车厢里堆满了几乎半吨的材料;在长达六天的旅途中,一路上,特别在到达西伯利亚以前,倒爷们每到一站就卖出许多鞋子、衣服和化妆品,只有我们车厢的东西不见减少。终于有倒爷忍不住问:"快到莫斯科了,你们怎么还不出货? 到莫斯科卖价钱就不行了。"我们都哈哈大笑。

在苏联解体的动荡年月里，俄罗斯留给我们的印象是危险和不确定。工作小组就像暗夜里的空降兵，从飞机上一跃而下的时候，不知道下面黑暗中等候自己的是什么。我们在全社招募工作小组人员，但是响应者寥寥。1996年小组前往的时候，正在"东方铁路大劫案"以后不久，经历了危险和生死的考验。出发前，我对大家说："如果遇到抢劫，首先是保存生命，不要反抗，社里和你们家里都等候着你们平安归来；如果是回来时出事，主要要保护好底片，底片的价值超过所有相机和财物。"而到圣彼得堡以后，小组驻地遭到了假扮俄罗斯警察之匪徒的抢劫，因为有预案准备，平时就将钱财藏在地毯下面，人员和财物都没有很大损失。惊险也成为了我们成长的有兴味的回忆。俄罗斯朋友一脸严肃地说："一般来讲，苏联三个人当中就会有一个人是为克格勃工作的，你们所做的一切都会有人报告。"记得丘古耶夫斯基有一次去日本，被俄罗斯海关没收了全部底片和照片；我们每次完成工作返回时，也都要请东方所开具携带底片的证明，并准备好俄文本合同，随时准备应对。

远东列车窗外绮丽壮阔的风光和前程的处处危机，使我们感受到，每次工作小组的出征和凯旋，都不是去完成一项工作，而是一种探险。紧张和舒缓、高效率的回报快感、发现和收获的惊喜、老朋友的聚会和某些人的侧目，等等，和近百年前坐着马车同样行进在这条路上的俄国探险队也有着某种相似。只是，我们更多的是正义感、使命感和光荣感。我们不是为了皇帝到别国去掠夺，我们为中国原生资料的回归、为中国文化和国际学术在奉献着自己的青春和智慧。

1989年，上海古籍出版社启动抢救出版流失海外的敦煌西域文献文物项目，前后经历了20年之久，从1992年开始出书，到2008年为止，已经出版了俄国、法国、英国从敦煌、新疆、黑水城等地掠取的文献、文物资料图录83巨册，总共发表图版达58 000多幅。如果包括国内各馆藏品的出版物，则总数达到102册，图版约70 700幅。[①]可以说，这是建国以来通过摄影方式发表图版最多的古代写本文献出版项目。

3. 整理出版工作的经验教训

如果说，敦煌文献在上世纪90年代大量出版，需要有风云际会的综合因素；那么，从事敦煌文献的编辑出版，特别是原创性的工作，也需要有综合的条件和准备。"敦煌学"命题正如许多学者认定的那样，只是以一个地域符号为标志的多样的材料群，并不是一种单一的或者纯粹的研究对象。所以要从事此项编辑出版，对其从业者就有多方面的要求。除了可以在出版社范围内选调有专长的编辑参加以外，更重要的是加强对从业人员的培训和锻炼。

1992 年，我社根据敦煌学的特点，以原来的影印编辑室为主体，抽调了熟悉佛学、历史学、文献学、文字学，以及兼具摄影和影印出版知识的编辑，组建了专业的"敦煌西域编辑室"。由于频繁的使用需求，编辑室配备了《大正藏》、《续藏经》、《敦煌宝藏》、《大正藏索引》、《敦煌道经》、唐耕耦的《敦煌社会经济文献真迹释录》、《佛光大辞典》等大型资料和工具书籍。这样完整的配置在当时国内的科研机构也是很少见的。在同国内外的交往中，我们获得了越来越多的资料，比如《法国国家图书馆敦煌文献解题目录》、克恰诺夫和西田龙雄的《俄藏黑水城西夏文文献解题目录》、安德鲁编纂的《斯坦因在亚洲高地新疆甘肃所获文物的解题目录》、英国斯坦因探险照片目录，等等。从筹备开始，就要求大家首先熟悉各种工具书的使用，阅读敦煌学的专著。组织到上海图书馆，邀请顾廷龙馆长指导阅读观摩敦煌经卷，熟悉敦煌文献的书体、墨色、纸质等相关的要素，很快就取得了初步的效果。

和《俄藏敦煌文献》同时开展的《上海博物馆藏敦煌文献》的编制，是出国前的大练兵，学术和技术工作都得到了全面的考验。比如，我们考订出的第一个卷子是上博 27 号，卷尾题"阿恕伽王经卷第十一"，但是《大正藏》中并无此目；当时我们的佛教文献知识极其有限，甚至对于工具书的使用也非常陌生。我们首先通过《佛学大辞典》了解了"阿恕伽王"是"阿育王"的异译，然后核对了《大正藏》中 2042 号《阿育王传七卷》、2043 号《阿育王经十卷》、2044 号《阿育王息坏目因缘经一卷》，终于考出 27 号卷的文字为 2042 号《阿育王传卷第七》的一部分。这种考订水平和办法，现在看来幼稚可笑，但就是这样，我们初步了解了怎样通过主题词寻找经典依据，利用语言特征甄别《大正藏》勘同文献的考订途径。又如，上博附 2 号传世品，题签写"唐写本佛告比丘郁单越经"，以此定名的有"西蠡"、"吴云"、"过云楼主人"、"退楼"、"顾子山"、"王芑孙"、"程瑶田"、"畅甫"等多人，其中程瑶田还是和戴震、段玉裁、王鸣盛齐名的经学大家。但是，正如陈援庵在《中国佛教史籍概论》中所说，乾隆时期学术家对于佛教文献不甚了了，所以《四库全书》"释家类"编纂了无头绪。此卷的传世定题是根据首行定下的名称，是出于历史上对于书法作品定名的行业习惯，不能达到文献学要求的具有充分依据的标准。我们首先查检了《佛学大辞典》中"郁单越"词条，知道了它是小乘部的内容；再检索《大藏经索引·阿含部》，终于确定该卷所录为"佛说长阿含经第四分世记经郁单越品第二"的文字。这个经历现在看来同样幼稚可笑，但却使我们知道了怎样使用工具书,怎样在浩如烟海的佛经中去比定一个敦煌残卷。

我们还在编辑室中讲解《大藏经》的分类结构特点、教判经义特点、文字叙述特点、翻译时代特点等;我们配置了 16 册的《大藏经索引》,但是如果不能判断残卷归属于哪一个部类,就只能每一册都去记录下几十个页码,然后几十上百地到《大正藏》中去翻查。有些编辑是通过这样的死功夫锻炼出来的,但更多的是通过分析理解内容特征来作出比较直接的判断。在《大藏经》光盘盛行以前,我们被逼迫着翻烂了《法宝总目录》《大藏经索引》和《佛藏子目引得》等许多工具书。我们经常说的是:"我辈何才何德,堪当罗振玉、王国维辈大师做的敦煌文献发布工作,岂不战战兢兢,如履薄冰,非百倍努力不可得其什一。"日常比定工作,恰如陈寅恪先生所言:"故比勘异同印证文句之际,常有因一字之羡馀,或一言之缺少,亦须竟置此篇,别寻他品。往往掩卷踌躇,废书叹息。故即此区区检阅之机械工作,虽绝难与昔贤翻译诵读之勤苦精诚相比并,然此中甘苦,如人饮水、冷暖自知,亦有未易为外人道者也。"⑤

4. 对外合作的风风雨雨

俄罗斯著名汉学家,俄罗斯最高社会科学奖奥登堡奖、法国铭文和美文奖获得者孟列夫教授对我说:"我们学习研究中国,是热爱中国;我们的下一代就不一样了,他们是为了和中国做买卖。"年轻时长期生活在哈尔滨的著名汉学家丘古耶夫斯基,走出乌鲁木齐机场的第一句话是:"我回到了祖国。"西夏学专家克平教授幼年住在天津,重返时和昔日邻居抱头痛哭。而克平的母亲生前遇到不顺心的事,总是慨然地说"我们中国不是这样的",而不是"我在中国"怎么样。这些外国专家一辈子研究中国文化,所凝聚的热爱中国的感情,是我们和外国合作的最为深厚的基础。另一方面,我们合作编纂的出版物,也是他们汉学研究的最主要、最重要的成果。所有的汉学家对于中国的研究成果,只有在中国出版了、被中国学术界认可了,才是经受了最终的检验。

合作需要对等、均势、互利,才能够建立良好的关系。外国方面的合作者,是该国最优秀的专家,他们希望对话者也是专家。唯一的办法是扬长补短,显示自身的实力,才会得到尊重和重视。你怕他是个国际著名的学者,他也怕你在中国土生土长,对于汉学和汉学研究的知识更多些。在平时觥筹交错中、谈话中,这些掂量和考试就不动声色地开始了。你通过了考试,他就信任你;通不过,就觉得你不是好的合作伙伴。除了知识,还有个人品质。我们经常能够帮助俄罗斯、法国的专家解决一些问题,提供一些线索,这就使得双方真正取得了平等的地位。比如,一位著名的法国专家对一篇汉文古文无法断句,我们发现是一篇词作,就按照韵脚断了句,并找到了词牌;我们在拍摄著录卡片的过程中,每天都纠正俄方目录中的错误,俄方专家都仔细地记录下来;俄方专家询问为什么敦煌文献中的《阎罗王经》和《大藏经》中的完全不一样,我们告诉他那是另一种同名异书的文献;有人说"圆通殿"里供养的是释迦牟尼,我们告诉她"圆通"是观世音的名号。我们经常在一起讨论中国的禅宗,也讨论普希金;吟诵中国古诗,也同唱俄罗斯歌曲;喝伏特加,做中国菜。从学术研究到生活细节,都互相交流学习,真正成为十分信赖的朋友。

但是,天空并不总是晴朗的。国外的东方学专家不乏披荆斩棘的斗士、以学术为天下公器的有识之士,但也有一些怀抱某种狭隘心理的人,竭力阻挠本来属于中国的敦煌西域文献的公布。他们说"材料全部公布了,我们以后研究什么",所以不断制造理由,阻挠中国专家阅读研究,阻挠工作小组的正常拍摄著录,甚至无视合作协议条款,单方面中断提供资料。1999 年,在是否同意出版 Дх12910—14156 号马洛夫 S. Ye. Malov 于阗收集品的问题上,由于研究所内意见分歧,召开了东方所学术委员会会议。我受克恰诺夫所长的邀请,列席陈述关于保持学术完整性和遵守协议完整出版的理由。我陈述了出版《俄藏敦煌文献》的合同,正如《编辑体例》中第一项所述:"本书收录范围,包括俄罗斯科学院东方学研究所圣彼得堡分所收藏的全部敦煌文献,以及被收录于敦煌文献中的其他文献。"但是被粗暴打断。孟列夫准备了书面发言,支持我的观点,强烈声明"如果不能完整出版,将是俄罗斯科学界的耻辱",然后愤然退出会场,并把他的发言稿交给我。我想,那是让我向中国朋友转达他的态度。那一天,在俄罗斯电影中通常出现的忧郁的灰调天空下,我从东方所出来,没有直接回到冬宫工作现场,而是绕道到古运河边的酒吧,喝了一杯苦苦的咖啡。我只能这样来修复调整自己的心绪。不能把我的愤怒或激动传染给我们的工作小组,不能因此而影响他们紧张的拍摄工作。我切身体会到了我们的先驱者被拒之于西方图书馆之外的悲壮心境,体会到从他们到我们之间几代人薪尽火传的奋斗和艰辛。我唯一感到欣慰的是孟列夫的拔刀相助、行侠仗义与克恰诺夫反复朗读李国章社长传真中"行百里而半九十"时表示的赞同和惋惜。我相信,这才是真正的俄罗斯民族性格。克恰诺夫在会后提出,建议我们出版东方所收藏的藏文文献。我们已经了解到,那是 200 多件同样内容的《无量寿宗要经》,而唯一不同的是抄经人或者供养人已经在萨维斯基的藏文文献目录中公布。我们感谢克恰诺夫的好意，但是，用我们有限的财力、人力做的事情，应当是国内外学术界望眼欲穿的最重要的事情。

5. 具有战略意义的编辑体例

敦煌西域文献的编辑出版，必然需要前期的深度介入。一方面，作为如火如荼发展起来的"显学"，一些热点文献会被重点研究，会有许多的学术成果可以作参考；但是，另一方面，更多的普通文献或者难点文献却未被著录，没有参考资料。如果由图书馆来完成研究和交稿，限于条件，不知猴年马月；如果请第三方专家研究定题，通常会由于和出版社立场、视点、目标的不同，而久拖不决。所以，以出版社编辑为主体的对编纂工作的深度介入，就不可避免了。

5.1 选择出版还是完全出版

在《俄藏敦煌文献》的编例中，首先一句话就是："本书收录范围，包括俄罗斯科学院东方学研究所圣彼得堡分所收藏的全部敦煌文献，以及被收录于敦煌文献中的其他文献。"在《法藏敦煌西域文献》的编例中，也有同样的叙述："本书收录范围，为法国国家图书馆收藏的、由伯希和在甘肃敦煌莫高窟收集的全部文献，以及在新疆库车等地收集的全部文献。"虽然，俄藏敦煌文献中有着为数不少的残片，法藏敦煌西域文献已经有缩微胶卷和《敦煌宝藏》的流通，迫切感有所缓释，但是，回想起中国的学者专家包括王重民先生，到西方去取回敦煌文献的"经"，经历了九九八十一难，也几乎可以用"前仆后继"来形容我们的工作。我们亟待敦煌文献文物能够回归祖国，但是在此尚有时日的时候，我们没有理由放过任何一个残片通过出版回归的机会；另外，出版需要调动大量的人力财力，需要有各种综合条件的配合，机会也许只有一次，也许是稍纵即逝的。如果我们只满足于做一个选本，也许，再想要出版昨天没有重视而放弃的东西，不知要付出多少倍的努力，甚至将会永远失去可能。⑥

关于俄藏敦煌文献，除了 Дх12910 至 Дх14156 号马洛夫 S. Ye. Malov 于阗文献，我们穷尽了其他可能找到的所有写本包括残片；法藏敦煌西域文献中，原先编入伯希和汉文文献的写卷，因为有藏文写经、题记甚至少量批点，被馆方抽出编入伯希和藏文文献序列，因其实际情况是以汉文为主，并且原来就在汉文文献的连续编号中，我们便将其悉数抽回补入。这样做最大可能地保持了资料的完整性和容量，也显示了本次出版区别于业已行世的缩微胶卷和《敦煌宝藏》的提升超越之处。

5.2　只出编号还是列出标题

早在筹备工作阶段,对编辑方案就有两种设想:一是完全按照国际标准做,对每一文献进行考订,比对出文献的原名和在《大藏经》中的位置,其缺点是可能会拉长出版周期;另一种设想是按照文献号编排,不出标题,可以省却大量的学术性工作,即减少学术成分,以求在短期内迅速完成,其缺点是降低了出版物的学术水准。后来,中国社科院历史所张弓先生来信,说日本方面准备在我们的没有标题的书出版以后,由日本专家加上标题后再重新出版一次。⑦我们感到极大的震惊,"置之死地而后生","狭路相逢勇者胜",只有真正按照国际标准和学术规范去做,才不至于辱没这一庄重的使命,出版物才能保持长久的生命力。我们别无选择,只能以自己的力量为基础,保持和发展同学术界的联系,尽量采用最新学术成果,坚持按照国际标准来进行出版。

有一段时间,我们的做法被学术界严厉批评为"闭门造车",希望我们敞开大门开展工作。1994年中国敦煌吐鲁番学会在新疆召开出版会议之后,我们听取了敦煌学界的普遍建议,和国内敦煌学界的合作有了较大的改变。首先是从民族古文字入手,寄送国内通晓藏文、于阗文、回鹘文的专家帮助解读和定题;以后又扩大到各种特殊的文献。许多专家都成为我们的好朋友,为我们提供资料和信息,使我们得以聆听他们的意见、吸纳他们的成果,并为许多专家提供了查阅、复制的方便。

5.3　分类编排还是按序编排

在筹备阶段中,我们就编排方法问题听取了广泛的意见,展开了热烈的讨论甚至激烈的争论。一种意见是主张分类编排,利用现有的学术成果,对相关、相近的材料进行归类、缀合、比对和研究,这当然会十分便利于读者的检索和使用,但是,这样做会有几个难以克服的困难。

首先,分类编排必须在读完所有的文献,哪怕一个可能定名的最小残片被穷尽以后,才可以开始进入编纂,否则必然会不断有经过重新认定的材料要插入到分类序列中去;如果已经完成了正编,就需要不断地补遗、再补遗;如果插入序列是开放的,那么,就要等待最后一个残片研究完成,而这在技术上几乎不可能。

其次,有些类别归属的互相穿插交替重叠,将使一些文献极难归类,即使勉强归入了某一类别，也会因为个别使用者认识的不同而不能取得认同。有时同一编号中，正、反面是不同的内容，有些会包含几十个佛经或咒语的内容，应当分别归入不同的分类，因此不仅无法对写卷进行细微的分别，也人为地割裂了同一写卷中各种内容的联系，主观臆断地将今人的看法强加给历史文献的群体组合，会根本颠倒了材料的客观主体性而"削足适履"，是一种粗暴的改变。并且以当时敦煌目录学发展的水平，还没有已完成的、可令人信服的、科学的、可操作的分类纲目。

再次，这样将会使敦煌出版陷入阵地战中，逐卷逐篇的辨析，逐一归位，然后才开始工作。粗略地计算，从拍摄完成、集齐底片到进入编纂，至少要推迟 10 年才可能开始出版。其后果就是：1. 研究者必须等候相当长的时间才能够接触到这些文献；2. 这些文献（主要是俄藏）在发表之前不能被专家们研究，必然会更限于"闭门造车"的困境；3. 由于长期不能出成果、生效益，无论中外（俄、法）双方，还是出版社内部，都会由于信誉和资金的长期压力，陷入严重的困难以至绝境，造成无可弥补的负面影响。

然而值得庆幸的是，在我们 1990 年试验小组首次赴苏工作的时候，就由于正确的判断，取得了一个决定性的、长远的成功。当时对方的专家已经按照分类的方法重新编排了馆藏，首先开始的是冗长的般若部经典，并且表示，要研究完成一部分再提供一部分，中方只能拍摄苏方已经完成研究的内容。中方小组在李伟国同志的带领下，连夜做了充分的预案，坚决要求按照编号顺序拍摄，争取"竹筒倒豆子"的最佳结果。在孟列夫和丘古耶夫斯基的充分理解下，排除了俄方少数人保守控制的消极影响，在 1992 年正式工作的时候，顺利实现了当年拍摄当年出书的初步成果。如果不是坚持按照顺序拍摄，某些人就会以没有研究好为理由，使这项工作或者一开始就胎死腹中，或者半途夭折。

我们最后采用的做法是，按照原馆藏编号顺序编排。原馆藏编号过于冗长复杂并且尚未被广泛采纳的，即给予新编号，以便于指称；同时括注原编号，便于研究者到馆提阅原卷。在顺序编完正文以后，编制"分类目录"和"索引"、"年表"等附录，以便按照分类查检；分类方式基本采用通行的《大正新修大藏经》类目，但适当调整了一些顺序和归属，以避免《大正藏》"小大（乘）不分"、"显密（教）不分"的缺憾，并且补足了敦煌文献的一些特殊的类目。

6. 充分依靠学术界支持帮助

项目启动的第一步，就是请教国内的敦煌学、文献学专家。我们请教季羡林、饶宗颐、潘重规先生，请他们进行战略评估和指导。请教顾廷龙馆长，熟悉敦煌文献的书法、纸质、装帧等版本学、书志学知识以及鉴定、著录方法。请教包正鹄先生，具体了解苏联收藏情况。请教周绍良、宁可先生，请他们介绍《英藏敦煌文献》的编纂方法和现场拍摄著录方法。周绍良说，就用玛米亚中片幅相机，经得起长时间翻拍的考验。宁可稍微延长拍摄时间，每天的工作也都要完成检查核对，才能进行下一步工作，否则光整理照片就得再花上半年时间。我们就依此形成了"当日清"、"不可逆"的工艺流程。请教吴其昱和张广达先生，遴选最有价值的胡语文献。请教段文杰、樊锦诗院长关于俄藏敦煌艺术品的评估和编纂意见，并聘请他们为学术顾问，结合莫高窟现场校订了奥登堡笔记、照片和著录。请教彭金章教授，比对从莫高窟北区流失的文物。请教荣新江教授，听他详细介绍了各国收藏情况，以及应重点关注的文献，厘定部分胡语文献。请教方广锠先生，了解敦煌佛教文献的概况和分类。请教蒋忠新先生，探讨梵文文献的基本情况。请教晁华山先生，了解犍陀罗石刻艺术。请教东主才让先生，拟定藏文文献的定名。请教贾应逸先生，鉴别吐鲁番文物。我们在博物馆档案卡片上见到"经谢稚柳、施萍婷鉴定"时，还敬畏他们高不可及的权威，但不久以后，他们都成了我们最好、最平易可亲的老师和朋友。

在项目执行过程中，得到中国敦煌吐鲁番学会的指导和帮助，尤其是诤友邓文宽、柴剑虹、赵和平等，在批评我们"闭门造车"倾向的同时，为我们和敦煌学界的联系打开了更大的通道。而郝春文副会长的支持总是使我们如沐春风。回想起来，十多年风风雨雨，有这么多老师和朋友陪伴着走来，我们在学术上从来也没有感到孤立；即使在市场经济大潮冲击之下，学术界始终最理解和最支持我们，并赋予我们无尽的力量，激发我们抗争的勇气。

7. 惊世绝艳的新发现

无论我们的记录做得多么完整，无论我们拍摄的照片多么传真，都不足以满足研究者的需要。某种意义上说，既然出版机会只有一次，我们就有可能是最后见到实物的中国人。因此，不仅要按照预案做好详尽的记录，还要善于观察，高度敏感，去发现重要的信息。尤其在当时巨大的经济压力下，彩色底片只能用于最重要的拍摄；而回国以后，一旦发现最重要的文献没有彩图或者记录不确，将会是永久的遗憾。

在俄罗斯的现场工作，某种时候，我们感觉到是作为中国敦煌学界的先锋部队，不远万里，进行的"无后方作战"。现场的机会和灵感稍纵即逝，如果不能及时把握，也许就永远丧失了，文献之谜也将万劫不复地掩藏了自己的真面貌。譬如，克罗特科夫藏品中的一包残片，就蕴含了重要的信息；而这种信息在拍摄、制版、印刷的复制过程中将丧失殆尽，永远无人知晓。

抓住随机出现的机会捕捉任何有价值的资料，以及保存好直观、细致反映原始文件，甚至具有潜在用途的信息，是我们时刻注意的问题。譬如，在1990年首次试验工作时拍摄了《赤须将军歌》写本，当时是提供什么就如数拍摄，没有原始编号；但是，不料直到1999年8月全部编号拍摄完成，再也没有见过这个写本。幸好我们早期拍下了这个文献，补充在全书的最后部分。又如1990年拍摄了Дx. 221《大乘入藏录》，但是在顺序拍摄到这个编号的时候，发现丢失了其中一折，幸好可以用早期的底片补足。

临近结束的Дx. 17015—17435总共421号，是1907年俄国驻乌鲁木齐总领事科罗特阔夫（Кротков）的收集品。科罗特阔夫自定编号为1—481号（和目前收藏的实际情况不同，很可能是因为缀合以后减少了件数）。这些材料大小不等，小到几个字，大到1.5米左右的长卷，甚至有比较完整的经摺装折页数种。修复后的残片大多以笺条形式，密集简易地拼贴在纸板上；所有的材料被分别夹放在数个大纸夹中。在一件包袱纸上，有科罗特阔夫手书，说是吐鲁番收集品。

在这批文献中，最令人振奋的是，有半数左右是精写底本，即版本学所说的雕版前转印或粘贴到板片上的"上版写本"。和3世纪到11世纪普遍流行但又形形色色的写本佛经相比，这种写本，已经成功地脱离了个性化的书写习惯和习气，追求刻板印刷的通行效果，甚至在书法中体现了版刻的"木味"和"刀味"的要素。这些写本极其精到，稍不留神即会误为刻本：如经拍摄制版印刷，则将完全无法区别。

我们的鉴别依据是：写本的墨色比较匀整，而雕版印本则会因为木板不同部位的不同吸水率，或者刷墨不匀而出现浓淡、轻重不同的痕迹；写本着墨是从笔尖由上而下，借助墨水的重力作用，浸润较透彻，而印本着墨是从字版由下往上吸收，墨色就比较干涩，并常留下拓印痕迹；写本的笔画边缘和中心往往相同，印本则会在笔画周边留下水渍漫衍的痕迹;写本的笔势相对圆润,刻本则由于刻刀的走势,硬角较多,并在笔画、线条交叉处常常会出现刀锋侵入的痕迹。

根据这些特征,我们一一进行了仔细的鉴别,并做好了现场记录。

其次,关于"大朝国庚戌年燕京弘法寺大藏经局印造"的题记,也是一个石破天惊的发现。Дx17433题记云:"清信奉佛弟子\宣差图栾参谋喜藏都通印经三藏(所)\集善利上资\皇化永转法轮普愿众生齐成佛道者\大朝国庚戌(1250)年　月　日\燕京弘法寺大藏经局印造"。题记著录的"燕京弘法寺大藏经局",是一个很有些特殊意味的机构。这样的名称,在大藏经雕造史上可能还是唯一的,具有开创的意义。这个机构的设立,是否意味着《弘法藏》的刊刻?

元代弘法寺印本,历来被认为是对金藏的补刊。有学者怀疑《弘法藏》的独立存在,认为1285—1287年《至元法宝勘同总录》的编定,"可能在当时是打算用来刻造元代官版大藏的,但并未付诸实现。由于曾有过《弘法入藏录》的编辑,导致了《弘法藏》存在之说"。"元世祖首先是把金代遗留下来的《赵城藏》印本有毁损者进行补写,没有编入的典籍书写补入,并且对这一部分还刻了经板流通,没有提到雕造全部《大藏经》的事,足见《弘法藏》的存在并无其事。所谓《弘法藏》,实际上仅是《赵城藏》的元代第二次增订本。"⑧

科罗特阔夫材料的发现,为证实《弘法藏》的刊刻提供了实物证据。现有材料十分明确说明了关于《弘法藏》印制的时间、内容、主持人、地点和专业机构等全部要素,确确凿凿证实了《弘法藏》的存在。并且可以通过相关残片的联缀,从签条、正文、牌记等元件,勾勒出《弘法藏》版本学范畴的完整面貌。

《弘法藏》实物出现的意义,填补了《大藏经》刊刻史的空缺,即在元代《至元录》、《碛砂藏》、《普宁藏》之前,还有另一次大规模的国家的刻经行为;解决了元代刻经起源的重大疑问。⑨

以上对于《弘法藏》发现的介绍,主要说明在俄罗斯现场工作中,尤其应当注意对于原件的识别和记录,以及对学术需求的理解;如果稍稍大意,一不留神,重大的信息资料将会永远不为人知。所以在"新发现"的酣畅淋漓之余,也未免生起一些后怕:是否还有更多、更重要的信息被遗漏了?在让我们重新翻检一遍的概率几乎为零的情况下,一个偶然的疏忽,可能沦为永远的疑问。

回想起1990年到2000年间,我们一群三四十岁的中青年编辑,年复一年地轮流奔赴俄罗斯拍摄著录敦煌、黑水城文献,每次都去国离家100天左右。青年变成了中年,中年变成了老年;苏联变成了俄罗斯,列宁格勒变成了圣彼得堡;"苏藏敦煌文献"变成了"俄藏敦煌文献"。我们依稀记得东方列车驰出国门,面对西伯利亚大森林时,心中涌动的"撞沉吉野"(《甲午海战》中邓世昌语)的豪情壮志。20 年过去,这部被誉为"20 世纪最有价值的图书"已经出版了超过 100 册(一套书的重量大约达到 500 千克!),世界各大图书馆都开设专架庋藏,已然蔚为大观。2004 年开始,在中国敦煌吐鲁番学会的撮合和指导下,西北民族大学、西北第二民族学院(今北方民族大学)的领导表现出了卓越的学术眼光和非凡的勇气,开创了编纂出版流失海外的敦煌、西域民族古文献的新局面。从此,敦煌西域文献的出版,从单一汉文文种走向了西夏文、藏文和其他胡语文种的新领域,从俄罗斯、法国走向了英国、德国和其他国家,从文献编纂进而走向了文物出版,从小范围的单位合作走向了邀集全国各族专家和国际专家的广泛合作。星汉灿烂,洪波涌起。我们已经不再是拥有豪情壮志的年轻人了,就像敦煌学面对的已经不再是抄录材料的时代一样;新的对象、新的范围、新的科研深度,都呼唤着新一代专家、编辑,用新的理念、新的方法和新的奋斗去拓展、实现。

王尧 2005 年欣闻《法藏敦煌藏文文献》即将出版,即热情洋溢地表示祝贺和支持:"海外归来,奉到大札,得悉西北民族大学与你们合作开展《敦煌藏文写卷》的全面搜集、整理、研究、出版的重大工程,素愿得偿,无限欣喜。自上一世纪六十年代起,在先师于道泉(伯深)教授指引下,开始了这项工作的探索,艰辛备尝,成绩不大,因为个人才智不足,环境条件亦颇困难。如今国运昌隆,人和政举,你们趁此良机,大展宏图,谨申祝贺;罗常培教授生前名言:'但求有成,不必成功在我!'以此表达微忱。"

从王尧先生的鼓励信札起,至今又过了多年。这段时间中,我们已经顺利出版了《法藏敦煌藏文文献》7 册,即将开始出版《英藏敦煌藏文文献》。不能说扬帆远航已是"乘长风破万里浪"之势,但走过 100 册的历程,毕竟不是筚路蓝缕的时代了。

我并没有非常崇高的历史使命感,我深知自己的浅陋,难以担当如此的重任,能走多远就走多远吧,还是那句老话:"本人何才何德,得以去继续完成大师们的事业。"但是,在中国敦煌学、西域学兴盛的时代,在各种历史因素的风云际会中,在连续三届领导的支持下,造就了上海古籍出版社敦煌西域编辑室这样一个历史平台,使之成为国内外著名的专业出版群体,它理当继续完成更多的、更为伟大的事业。造就这样一个群体需要综合天时地利人和的诸种因素是多么不容易,要完成全部流失海外的敦煌西域文献文物的出版,更是何等的不容易啊。我偶然地被推上了这个岗位,并坚持到了早期从事者的最后一个、最后的时刻。回望还有无数的任务没有完成,对于学术界，我永远是无尽的歉意，三致意焉而不得安宁。

"廉颇老矣，尚能饭否？"我等再尽绵薄之力，只为继续找回迷失海外的游子——许许多多仍然是那么使人魂牵梦萦的敦煌西域的文献文物。

本文原刊于《中华读书报》2010 年 11 月 3 日 14 版，这次仅作个别的文字修订。

（上海古籍出版社供稿，府宪展执笔）

① 刘哲民编：《郑振铎先生书信集》，上海古籍出版社，1988 年 12 月，492、445 页。

② 魏同贤：《敦煌吐鲁番文献集成策画弁言》，《俄藏敦煌文献》Ⅰ，2 页，上海古籍出版社，1992 年 12 月。

③ 江苏古籍出版社在完成 8 册后停止出版。目前中国国家图书馆重新开始编纂出版《中国国家图书馆藏敦煌遗书》，将出版 150 册。

④ 完成的项目为：《俄藏敦煌文献》1—17 册(全)，《法藏敦煌西域文献》1—34 册(全)，《上海博物馆藏敦煌文献》1—2 册(全)，《上海图书馆藏敦煌吐鲁番文献》1—4 册(全)，《北京大学藏敦煌文献》1—2 册(全)，《天津市艺术博物馆藏敦煌文献》1—7 册(全)，《俄藏敦煌艺术品》1—6 册(全)，《俄藏黑水城文献》1—11 册(包括汉文 1—6 册，西夏文世俗文献计划为 7—13 册)，《英藏黑水城文献》1—4 册，《中国国家图书馆藏西夏文献》5 册(全)，《法藏敦煌藏文文献》1—2 册(计划为 15 册)。上述总数为 94 册，大约发表文献 26 000 多号、文献文物图版 50 000 余幅。

⑤ 陈寅恪：《金明馆丛稿二编》，上海古籍出版社，1980 年 8 月，189 页。

⑥ 因为保管、流通以及一些不可预测的原因，有些编号的文献已经在账册上永远消失了。无论是俄罗斯还是法国，都有不能解释的缺失编号。见李伟国《法藏敦煌西域文献》序言，上海古籍出版社，1994 年；府宪展《俄藏敦煌文献》编辑后记，上海古籍出版社，2000 年 10 月。俄藏附录所收无编号"赤须将军歌"就是在 1990 年拍摄后再未见到的一个重要文献，见府宪展《赤须将军歌初探》，载郝春文主编：《敦煌文献论集：纪念敦煌藏经洞发现 100 周年国际学术研讨会论文集》，辽宁人民出版社，2001 年 5 月，282 页。

⑦ 张弓先生 1991 年元月 7 日致上海古籍出版社冯海荣信件："听说贵社出版时，为抢时间，不拟为文书定名，只发表图版。又有友人自日本来信，说日本学者也在等待此书，一俟得到，便立即组织人力整理定名翻印。如果日本人这样做了，将会使列藏敦煌文献的学术价值提高一个档次；同时也是对中国敦煌学者的无声揶揄和讽刺。"

⑧ 童玮：《二十二种大藏经通检·汉文大藏经简述》，中华书局，1997 年 7 月，13 页。

⑨ 关于《弘法藏》的详细论述，见府宪展《〈俄藏敦煌文献〉克罗特阔夫收集品中的〈弘法藏〉和高昌刻经活动》，载荣新江、李孝聪主编：《中外关系史：新史料与新问题》，科学出版社，2004 年 1 月。发表时省略了详细图表。

关于《肇域志》的整理与出版

《肇域志》

上海古籍出版社

经典策划
119

编者按：这是一篇特约稿。也许因为单本学术类专著策划过程较少"故事性"，经济效益一般也不惊人，所以本书编委会收到的稿件尤少此类；然而学术专著是专业出版社品牌建设的基础，也是上海出版业的特色与亮点，更是市局有关振兴上海出版业各项措施之重心所在。因此，我们向蒋维崧先生特约本稿，目的是彰显一种荣获包括"首届中国出版政府奖"在内诸多大奖的学术专著是怎样炼成的。蒋先生的文章已于述其本末的基础上，很好地抽绎了有关经验心得，故不烦编者赘言；于此，只想提挈几个数字，以见其精诚。《肇域志》的作者顾炎武倾二十余年之心血，方成此帙；整理与出版前后亦历经二十余年，除去中止时段，实际整理与编辑亦耗时十数年，其间国家古籍整理规划小组的主政者三易其人，上海古籍出版社的领导班子已经四茬；整理责任人师生三代，编辑校对人员构成亦有三代；整理责任人、责编、责校均一字不遗漏地通读全稿两三遍；全书出校一万三千五百余条，仅编辑补充他校即达五百余条，其间审稿读样时间将近四年，这才有了这部被周振鹤先生称为"古籍整理的典范之作"的《肇域志》校点本，以及她的双效益。可以说今天上海古籍出版社之所以能获得大量中央与地方政府的项目资助，根底便在于《肇域志》校点本这类高质量，也内涵着上古社出版精神的学术专著；仅仅这一点，便足以回答"在市场经济条件下，为一本书是否值得花费如此浩繁的心力"、"编辑有无责任去提升稿件内容质量"之类的质疑。编者有时与年轻编辑谈起："一个社的品牌建立，往往要历时十数年、数十年；然而将牌子做坍，数种、十数种劣质书便够了。"这也是编者要向蒋先生特约此稿的第二层原因。由于此书在整理研究上的典范性，也由于她的现实警示性，因此虽为单本专著，仍编入"标志性出版工程类"，作为重大学术研究之作的上海标志之一。

一

顾炎武（1613—1682）是明末清初的思想家、大学者。他的《日知录》、《音学五书》、《天下郡国利病书》等久为学界传诵，影响深远。但是他积二十余年精力编纂的全国地理总志《肇域志》却在身后三百多年的漫长岁月中始终未得刊刻流传，而且书稿抄本辗转多人之手，渐有散佚损失。因为顾炎武在《天下郡国利病书》的序言中提到自己"遍览二十一史以及天下志书，一代名公文集，间及章奏文册之类，有得必录，共成四十余帙，一为舆地之记，一为利病之书"，又在康熙元年（1662）致友人的书信中讲到"往来曲折二三万里，所览书又得万余卷，爰成《肇域记》（即《肇域志》）"，故世人得知顾炎武还有一部与《天下郡国利病书》相类的著作《肇域志》。但在清代的技术条件下，稿本的部头既大而复抄本又少，私家藏有者视同拱璧，秘不示人，故真正得阅者极少，遑论研究者了。所以，即使如对顾炎武思想深有研究的当代著名学者赵俪生（1917—2007）先生，也只是闻《肇域志》之名而未见其书。

中国历史地理学界的一代宗师谭其骧（1911—1992）先生深知顾炎武学术见解高超，《肇域志》必然保存今已佚失或不易得见的明代国计民生史料，从中必可窥见顾氏的学术门径与人文关怀，所以多次呼吁整理出版《肇域志》。"文革"之前，复旦大学吴杰先生曾对上海图书馆所藏《肇域志》作过标点整理（未作校勘），但未成全帙。吴先生曾与中华书局上海编辑所（上海古籍出版社的前身）接洽过出版事宜，"文革"爆发后，此事自然就无疾而终。"文革"结束，随着改革开放大业的蓬勃发展，国家对古籍整理出版的投入逐年增大,尤其在李一氓(1903—1990)先生出掌国务院古籍整理出版规划小组(以下简称规划办)后。谭其骧先生多次向一氓先生吁请财政拨款,以资助整理出版《肇域志》。一氓先生早年就读于沪江大学、东吴大学,参加过创造社,文化学养深厚,所著《一氓书缘》反映了他对中国典籍的识见。1982年3月,李老主持的规划办批准了《肇域志》整理工作立项,一次性资助启动资金四万元。以上世纪80年代的物价水平而言,四万元是个非常可观的数字,这使谭先生等十分鼓舞。于是,以谭先生领衔,以复旦大学历史地理研究所王文楚、葛剑雄等研究人员为主体,并吸收《肇域志》抄本云南省藏家云南大学朱惠荣等人参加的整理队伍组建起来了,于1982年5月在上海召开了《肇域志》整理小组第一次工作会议。上海古籍出版社资深编辑郭群一参加了会议讨论。会议决定以上海图书馆藏《肇域志》为底本(简称沪本),以云南省图书馆藏本(简称滇本)、四川省图书馆藏本(简称川本)为参校本,上海和云南分工启动整理工作。

然而,工作正式开展不久后就发现了难题,主要是选用沪本作底本是不妥当的。沪本是清人汪士铎假顾炎武名义,对《肇域志》据己意所作的分类改编,又将原书顾氏的眉批、夹注、旁注插入正文,不尽允当处甚多,失却了顾炎武手稿的原貌,因此是不能用为底本的,只能作为参校本择善备考。川本与滇本属一个系统,但川本漫漶残缺过甚,两相比对,选用滇本为底本比较适宜。另外,上海、云南两地人员对顾氏原文的分段、标点,整理出校的标准、详略、写法等的理解、掌握不尽统一。于是,事隔半年,1982年10月,在昆明又召开了第二次工作会议。

本次工作会议作出的重要决定是:1.改用滇本为工作底本;2.由于《肇域志》是未经顾炎武本人审定的稿本,又经转抄,错谬较多,为了保证整理本的质量,对明显的错失,通过其他相关史籍进行他校;3.调整了上海与云南承担的工作任务,以原稿四十册分配,上海承担二十五册(62.5%),云南承担十五册(37.5%);4.通过了标点分段和校勘体例;5.约定于1983年10月前,双方各完成任务的三分之一,再开会讨论。

这里有必要对作出他校决定的必要性多说几句。因为《肇域志》是未定手稿,不仅各府州县内容多寡悬殊,有的未经考订,尚多纰漏,而且转抄过程中鲁鱼亥豕,不能读通。为了保证质量,不以讹传讹,通过他校订正明显的错失是必不可少的举措。承担主要整理任务的复旦大学历史地理研究所的团队多年专注于中国政区沿革地理、自然人文地理的研究,在绘制《中国历史地图集》的过程中搜罗了大量历代方志的善本、孤本,积累了丰富的资料库,已有能力、有底气对《肇域志》进行他校。以后事情的发展证明了这个决定的正确性。

1983 年 10 月在上海举行了第三次工作会议。本次会议审核了沪滇双方各自完成的三分之一点校稿,发现点校体例仍不够统一,校记写法与详略差别甚大,有的还有错漏,因而再次起草了一份更为明确、详细、附有实例的体例要求,要求双方对完成稿复核修改。中华书局资深编辑张忱石参加了本次会议,并对《肇域志》中大量的抄于天头、页边或正文内的小号字眉批、夹注、旁注提出了处理办法。这本是谭先生深感棘手的问题。张忱石提出写明眉批或夹注、旁注,以六角括号标示,并以小于正文的字体插入文内相应段落。这是张先生以其丰富的编辑经验提炼而出的高明的解决办法,得到了谭先生与其他点校者的一致赞同。这样做既保持了顾炎武的原意,又便于读者阅读理解,版面效果也很好。故王文楚先生在《肇域志》的出版后记中称赞张先生"在整理点校的编排和格式方面提出了切实可行的方案,具有开创之功",确非溢美之辞。本次会议要求沪滇双方于 1984 年底基本完成整理工作。为此,双方都增加了参与人手,沪方增加了胡菊兴、周振鹤等五位,滇方增加了李自强等二位。

1985 年 4 月,在昆明召开了第四次工作会议。张忱石再次参加了会议。会议决定,王文楚负责复旦的二十五册,朱惠荣负责昆明的十五册覆校定稿。同时要求各点校者提供《肇域志》各种本子优劣的具体例证,供谭其骧撰写前言时选择举证。会议决定于 1985 年底完成全部整理工作,向中华书局交稿。

可是,会议决定的任务完成日期的目标没有达到。这有多方面的原因,主要是对整理工作的困难认识不足。尤其是当原稿各本出现舛误而不能读通,不得不依靠他校解决问题时,所耗费的精力大大超出预想。在上世纪 80 年代,中国古文献的数字化刚刚起步,查找书证进行他校时,还只能依仗个人学养记忆,手工逐页逐行翻检。对生活在电子检索已很发达的今天的学者来说,这种艰辛是难以体味的。同时又因为《肇域志》原稿取材的多样复杂,整理过程中随着新情况的不断出现,不得不对前定体例与原则有所补充、调整乃至更改。再加上参加整理工作的都是学校教学、科研的双肩挑人员,都有多重的繁忙工作,而且,人员分处上海、昆明两地,联系不便,等等,这些都对工作全部完成有所影响。相对来说,复旦方面进度比较理想,仅迟一年,即在 1986 年完成了全部二十五册的整理任务,而云南方面,迟至 1994 年 8 月尚有广东部分的二册未能落实点校者而不得不请复旦另外物色作者。所以,当全部工作完成,向出版社交齐稿子,至少已在 1996 年底了。

二

前文提及,"文革"之前,中华书局上海编辑所已与吴杰先生有过标点出版《肇域志》的协议。1982 年 3 月,得知《肇域志》已被规划办批准立项,上海古籍出版社立即响应,表示愿意承担出版任务。1982 年 5 月在上海召开《肇域志》第一次整理工作会议时,主持工作的社领导包敬第不失时机地派出第二编辑室主任郭群一参加会议,参与了初步的整理方案的讨论,表现出上海古籍出版社领导对大型经典项目整理出版的高度敏感性和强烈的追求志趣。虽然后来《肇域志》的整理方案有所更改(即改以滇本为底本),但上海古籍出版社在推动《肇域志》立项及实施方面确有"筚路蓝缕,以启山林"之功。包敬第等前辈又有"咬定青山不放松"的韧劲,多年来不断向规划办李一氓先生陈述《肇域志》整理工作的渊源及本社承担这一任务的愿望与具备的有利条件。考虑到《肇域志》整理的难度,上海古籍出版社与复旦大学历史地理研究所同处一城,沟通便捷,上海古籍出版社又有成熟的编辑队伍与整理大型古籍项目的经验,1986 年 10 月,李一氓先生代表规划办批准,《肇域志》移交上海古籍出版社出版。

1990 年,李一氓先生谢世;1992 年,谭其骧先生谢世。两位对《肇域志》整理出版工作有决定性影响的人物相继离世当然会影响、延缓整理工作的进展。可是更为严峻的是自上世纪 80 年代后期起,书荒已经解除,在那个经济至上、全民经商的年代,传统文化的学术书籍出版陷入了低谷。上海古籍出版社一度受大气候影响而举步维艰。《肇域志》虽已交稿到社,但出版的步伐却无奈地停顿了下来。一部三百多万字的古籍整理稿,没有任何经济补贴支撑,要由上海古籍出版社内一个编辑室独立承担成本核算以及营销盈亏是难度不小的事情。

2000 年,张晓敏出任上海古籍出版社副社长兼副总编,分管二编室(历史)、四编室(敦煌文献)的工作。他是学历史出身的编辑,感觉敏锐,协调能力很强。次年,他在社长王兴康、总编赵昌平的支持下,果断地把《肇域志》四十册原稿从二编室转至四编室,承诺实行政策倾斜,由社里负责盈亏,并安排蒋维崧、郭子建、李震宇担任责任编辑,将已停顿四年的审稿工作重新开展起来,以争取三年内完成出书大业。

蒋维崧、郭子建、李震宇三人作了初步分工。蒋维崧从第一册南直隶部分起步,郭子建从第八册到第十一册山东、辽东部分开始,李震宇从第三十二、三十三册浙江部分入手。原设想郭、李二位完成后再作其他部分审读。始料未及的是郭、李二位后来忙于他事，均无暇顾及，只能由蒋维崧一人包揽到底，实在是骑虎难下、勉为其难的事。由于《肇域志》本身就是顾炎武自称的"未为定稿，仅有长编"，其中缺陷比比皆是，所以编辑工作不仅量大，难度也高。

从 2001 年编辑开始审读，到 2003 年中发稿，责任编辑整整花了两年半时间审稿。2003 年排出校样后又耗时一年余读样，至 2004 年 4 月《肇域志》出版，其间甘苦一言难尽。现略缀数语，缕述于下：

《肇域志》原稿问题丛脞，不必多说。即就复旦与云南两家的整理成果而言，虽说从 1982 年项目启动到 1996 年交稿齐全已历十五个春秋，可谓旷日持久，但两家水平不一，所下功夫大小有异，故整理稿质量参差不齐。编辑审稿过程中遭遇整理者出他校时同样的困难。因明显的舛误，标点句读不知下在何处，便是很费周章的事。有的疏漏当出他校而未校者，编辑则勉力为之补校，全书编辑所补他校亦有五百余条之多。当然，尚有许多编辑受学力所限未能解决的疑难，则统一出签条，留待"总其成"的王文楚先生来社时面商祛疑。据成书后统计，全书共出校勘记一万三千五百余条，引用史书、子书、类书、字书、文集、笔记及明清民国总志、方志数百种，这是对《肇域志》作了一次全面的清理，如同笺证一般。本文不能对此缕述举证，好在装订成册的《肇域志》原稿与校样尚保存在社内，异日或有可能当翻检概括，辑集成文，作为编辑工作甘苦的一夕谈，以备后来者参考。

除了组成精悍编辑力量审稿外，社领导张晓敏还调动其他部门力量全力支持。如委托当时已年过七十仍在效力的、经验十分丰富的、有副高级职称的前任校对科长林虞生先生任责任校对。林老先生私塾读经出身，学问杂博，从 1956 年上海古籍出版社的前身古典文学出版社成立伊始就加盟本社，一生阅稿无数，纠正各书编辑失察者无数，全社上下有口皆碑，享有崇高的威望。林老先生担起责任校对重任，相当于增加了一道保证质量的铁闸。他对原稿的多处质疑均受到王文楚先生的重视与推敲。林老先生对全书标点、校勘、目录、索引乃至版式、封面、插图、装帧、字体、字号等都提出了很好的意见，促成了《肇域志》整理本内容与形式的统一，器度恢宏的出版。

责任编辑蒋维崧曾对王、林二先生戏言：三百多万字的《肇域志》整理本出版，化身千百能为学界利用是一大幸事。由于是资料长编，今后不知有几人能从头至尾一字不遗地通读。而我们三人（王、蒋、林）各自都将全帙读了两三遍，此亦是可以引为自豪之事也。

三

最后,本文拟从出版者的角度出发,综述《肇域志》从策划到编辑成书的心得,或许对后人能有所启发。

1. 锲而不舍,不懈追求意义重大的大型选题

如前所述,"文革"前,中华书局上海编辑所已有整理《肇域志》的规划,并已开始了部分工作。1982 年 3 月规划办立项后在上海召开第一次整理工作会议时,上海古籍出版社即委派资深编辑郭群一参加了会议讨论,不失时机地掌握了最新的动态信息。当规划办属意由中华书局出版时,尤其是当中华书局编辑已深度参与了工作时,上海古籍出版社仍不放弃努力,多次向规划办李老申述,并强调本社承担任务的有利条件。精诚所至,金石为开,最终获得规划办李老的批准,于 1986 年同意改由上海古籍出版社出版。我们作为《肇域志》的责任编辑,在该书出版完成后取得两个效益又获得诸多大奖荣誉时,不能不对上海古籍出版社领导的敏锐决策与不懈追求表示由衷的敬意。事实证明,这一完全合乎程序的出版机构转移的决策是正确的,上海古籍出版社不负李老和规划办的厚望与信任,很好地完成了出版任务。

大项目出影响,出品牌,出队伍,出人才,出效益。《肇域志》出版后,屡获地方上各种奖项,尤其难得的是,2007 年,经专家严格评审,《肇域志》荣获首届中国出版政府奖。由此延伸,上海古籍出版社又策划编辑出版了《顾炎武全集》,《肇域志》的整理出版为成功编纂《顾炎武全集》扫除了最大的拦路虎。2014 年,《顾炎武全集》又获得第三届中国出版政府奖。经几年销售,《肇域志》已完全追回了投资并有盈余,达到了两个效益并举的效果。我们的编辑队伍也在大型项目的实践中得到了锻炼,积累了经验,增长了底气。

2. 实施大型项目的难度预判与应对预案

大型项目从立项、实施到最后完成、产出,当然有相当的时间跨度,各种不可预见的因子会影响、干预项目的进展。这就必须有预判,作者与编辑两支队伍都必须有梯队意识。以《肇域志》为例,1982 年项目启动时,原设想是以沪本为底本的,实践了约半年,发现不妥,方改以滇本为底本。这就是实践出真知,也是一种不可预料的意外

曲折。从整理人员来讲，工作开始的 1982 年，领衔的谭先生已年过七十，尽管仍很健旺，也并未想到以后会有那么多年的波折，但是他仍极富远见地对当时刚年过五十的王文楚先生委以重任，决定由王先生负责复旦二十五册的覆校定稿（直到最后，连云南的十五册也是王先生审定的）。这个委任极其得当，真可谓慧眼识英才。谭先生去世后的多年里，是王文楚先生仍在不断审核覆校并与出版社联络。自 2001 年起的三年寒暑假中，王先生前后四次，每次一个月，到上海古籍出版社工作，解决了许多疑难问题，真可谓居功第一，无出其右者。从出版社立场来讲，紧紧抓住水平高又肯实干的作者，全力与其配合，这是大项目成功的必要条件。另外，项目启动时，谭先生即请当年还是博士生的葛剑雄担任《肇域志》整理工作的学术秘书（葛先生也承担了第四册苏州府、第九册莱州府的点校工作），始终掌握上海、云南两地的工作进展动态，参与中枢协调，这也体现了谭先生的深谋远虑。当二十年后的 2002 年，《肇域志》为山九仞，有待最后冲刺发稿时，葛剑雄已是复旦史地所所长，就是他以谭先生遗留项目的名义，特批王文楚先生去上海古籍出版社工作的假期，有力地推动了《肇域志》的高质量发稿。

3. 完成大项目的必要牺牲准备

大项目拍板后，作为接盘方的出版社应信守承诺，不为市场形势变化左右，组织队伍，克服困难，在约定的期限内将项目进行到底。出版界不成功的或失败的大项目不乏其例，悄无声息者、不受市场待见者有之，中途下马、壮士断腕者亦有之。当然其中各有原因，不可一概而论，尤其不能以成败论英雄。事后诸葛亮易当，而当事者所处的境况难以体味。但我们今天总结经验教训不能不直面问题。以《肇域志》为例，也是有教训可吸取的。要是没有当年张晓敏的果断决策与组织，难道就让《肇域志》整理稿再沉睡几年吗？真正有价值的大型项目，尤其是资料原典，必然为学界瞩目而必备，虽不是畅销书，但一定是长销书。从长远看，做到质量上乘是不会亏本的。赵昌平先生有句名言：成功的大型项目是个蓄水池，引入水源自然需要不菲的成本，一时的效益也不可能十分明显，但从长远看，将会源源不断获益。管理者应当努力分解经济困难，合理摊薄成本，信守承诺，按期出版，即使亏损，也得实施。这关系到出版社的信誉，并非小事。长期坚持，就会收获品牌效应。另外，上文也提到，大项目锻炼了编辑队伍，这也是投资的智力回报。在计算项目效益时，不可忽视这方面的回报。

王文楚先生曾对责编讲，他一生就做了两件事，一件是随从谭其骧先生编纂了《中国历史地图集》，另一件事就是主持了《肇域志》的整理工作。这当然是极而言之的话。王先生在中华书局和上海人民出版社分别出版过个人的历史地理论文集，有很好的学术口碑。另外他还整理出版了《元丰九域志》与《太平寰宇记》，尤其后者，是含校勘记亦有三百万字的北宋地理总志。责编曾问他，整理《太平寰宇记》与《肇域志》何者更难，工作更繁重、艰巨。他说无疑是《肇域志》。顾炎武编撰《肇域志》费"二十余年之苦心"，整理出版此书亦历经二十余年的艰辛曲折，冥冥之中，岂是天意乎！

也是谭其骧先生的高足并参与了《肇域志》整理工作的周振鹤先生说：《肇域志》不能算顾炎武一生学术的代表作，但是《肇域志》的整理本却是古籍整理的典范。这是十分精辟允当的评价，即以此作为本文的结语。

（上海古籍出版社供稿，蒋维崧执笔）

《密勒氏评论报》整理本的选题评估

《密勒氏评论报》整理本

上 海 书 店 出 版 社

经典策划 119

　　20 世纪 80 年代,上海书店出版社(以下简称书店社)整理出版了《申报》(1872—1949,精装 8 开,共 400 册)。《申报》是中国近代最具影响力的报纸之一,被誉为中国近现代国际国内政治、军事、经济、文化和社会生活各方面的一座百科全书式的史料宝库。不久,书店社又整理出版了《新华日报》(1938—1947,精装 8 开,共 18 册)。抗日战争爆发后,作为国共第二次合作的产物,《新华日报》是中共夺取政权前在国统区公开发行的大型机关报,在中国新闻史上占有重要地位,其政治主张、新闻视角、报道重点等具有极其珍贵的新闻史、抗战史的研究价值。到了 90 年代,书店社与江苏古籍出版社携手合作,整理出版了《中央日报》(1928—1949,精装 8 开,共 60 册)。《中央日报》在大陆出版时间长达 22 年,是民国时期最重要的官方报纸。

　　进入 21 世纪,书店社在近现代史料的搜集、出版方面,开始把目光转向外文报刊。两个效益兼顾,以社会效益为先,以学术价值为重,是出版社在选题开发、评估、立项中最为注重的。首先关注的是英文版《密勒氏评论报》(以下简称《密报》)。由于办报者的政治立场、新闻理念、资金来源等方面的不同,对于同一历史事件、同一历史人物的报道,在视角的选择、事件的叙述、详略的取舍、观点的表述,甚至新闻标题的制作等多个方面,会呈现出不一样的形态。这些对我们今天研究中国近现代史的各个方面,对照查阅多种资料,得以去粗取精、去伪存真,实在是不可或缺的重要文献。

　　出版是一项系统性工程,选题评估是这一系统工程的基础,起着关键作用。评估的充分与否，评估的深度与广度，直接影响后续的各项出版工作。

以图书选题评估的科学性、实践性、决策方法等为主要论题的论文、专著，不下数百篇（种）。论者多把对选题的社会效益和经济效益的可行性分析作为评判标准，主要包括：1. 对选题的思想导向、学术价值判断、在同类书中的地位或普及的必要性和迫切性等社会效益的可行性分析；2. 对市场预测、期基印数、发行对象、通路与渠道、成本核算、重印的可能性等出版后经济效益的可行性分析。①

对于单册图书，或体量不大的套书，这些评估指标也许足够了。然而对于大型丛书，它的成书规模往往上百册，定价高达数万元，甚至数十万元，它的目标市场以著名高校图书馆、高端学术机构为主，因而期基印数必然有限，对评估过程的审慎与严谨、全面与周密必将提出更高的要求。以《密报》为例，它出版后的体量为精装8开，共122册，总定价10万元（初编98册，8万元；续编24册，2万元）。

显而易见，大型出版项目具有"投入高、周期长、市场小、风险大"的天然属性。这四个属性可以分为两组，"投入高、市场小"是客观存在的，"周期长、风险大"则是主观可控的。正视"投入高、市场小"这一现实，规避"周期长、风险大"的潜在弊端，正是有效评估必须完成并给出正确判断的一项重要工作。对此，书店社组建了由一名社领导、四名编辑组成的项目组，编制了一份可操作的四维度评估方案。

一、调研性评估：了解《密报》的内容特点

出版工作的严谨性决定了一个选题在正式列选之前，对该选题的主要内容、出版价值、读者对象等，需进行充分了解、深入调研。在调研阶段，项目组花了大量时间查阅相关资料，走访近代史专家、新闻史学者，考察《密报》原刊的馆藏情况等。

2010年8月，书店社出版了约翰·鲍威尔（J. B. Powell）的回忆录《我在中国二十五年》。鲍威尔在回忆录中写道："1917年2月的一天，我搭乘的一艘小货船，缓缓地靠上了上海虹口码头。"下船后，鲍威尔径直前往礼查饭店（今上海外白渡桥北堍浦江饭店旧址）。"我这次东方之行，是受美国密苏里大学一位毕业生，在远东地区负有盛名的记者托马斯·密勒电邀，到上海帮助他创办报纸。大概是命中注定吧，我要在这地球上政局最动荡的地区呆上25年，来从事报业生涯。"从那一天起，鲍威尔与中国、与《密报》紧紧相连。②

经过一个阶段的调研，编辑团队对《密报》有了一个基本了解。

1. 创刊—转让(1917.6—1918.12)。1917年6月,由美国《纽约先驱论坛报》驻远东记者托马斯·密勒(T. F. Millard)以他的姓氏命名的《密勒氏评论报》在上海正式创刊。这是一份全英文周刊,逢星期六出版,8开本,每期约50页。"让远东局势的发展,使本国明了;同时让西方的发展,使东方明了"为办刊宗旨,辟有"社论"、"特稿"、"一周要闻"、"中国名人录"等栏目,主要面向在华外籍人士,部分运销美国。

2. 接任—查封(1918.12—1941.12)。1918年12月,美国密苏里大学新闻学院毕业的青年记者约翰·鲍威尔接任主编,1922年收购《密报》产权,成为发行人。1941年12月太平洋战争爆发,日本侵略者占领上海,鲍威尔被日军羁押,《密报》被日军查封。这一阶段是《密报》最为重要,也是史料价值最为丰富的时期。

3. 复刊—终刊(1945.10—1953.6)。抗战胜利后,1945年10月,《密报》在上海复刊,由鲍威尔的儿子小鲍威尔(J. W. Powell)继任主编和发行人。新中国成立后继续出版,直到1953年6月,因为众所周知的国际环境,华盛顿当局限制与新中国的贸易,加上国民党封锁海岸线,缺少了纸张供应和发行渠道,《密报》断绝了经济来源,被迫终刊。

鲍威尔在中国二十五年,经历了军阀混战、十年内战、抗日战争等重要时期。1931年之前,鲍威尔曾支持国民党的政治主张,九一八事变后,他看到了蒋介石"攘外必先安内",也看到了中国人民身陷灾难的现实,于是转变立场,揭露日本帝国主义罪行和报道中国人民的抗战事业。一二·九运动爆发后,鲍威尔亲赴北平采访,开辟"北平学生运动前线"专栏进行跟踪报道。从1935年12月到1936年6月,刊登了二十多篇文章报道爱国学生对抗战的正义诉求。与此同时,鲍威尔还在1938年出版了《中国的抗战——日本侵华大事记》一书,刊发了大量珍贵照片,其中包括反映日军侵略中国、残暴杀害无辜平民,展示中国人民抗战活动等的照片。"为这划时代的大战,逐日记下一些重要的事实。"

对日军侵华的无情揭露,伴随而来的是遭受日军的残酷迫害。1941年12月太平洋战争爆发后,日军占领上海,《密报》被日军查封,鲍威尔也被日军指控犯有"间谍罪"投入监狱,在苏州河北岸臭名昭著的大桥监狱及江湾监狱遭受非人待遇,终致双脚残废。

1945年10月,随着世界反法西斯战争和中国抗日战争的全面胜利,《密报》在沪复刊。因鲍威尔已经病残,由他的儿子小鲍威尔继任主编和发行人。此时,《密报》的立场是支持一个"自由民主、繁荣与统一的中国";同时,对国民党的贪腐进行谴责,被美国商界视为国统区内敢于直率批评的"一家独立出版物"。1949年5月上海解放后,《密报》继续出版,成为仍在中国大陆出版的唯一美商媒体。新中国建国初期,在中外信息基本隔绝的状态下,《密报》成为传播有关中国最新消息的一个重要途径,向海外读者讲述了"在这块古老土地上正在进行的新文明建设中所发生的有趣的和重要的事情",同时又义无反顾地揭露美军在朝鲜战场施用细菌武器等罪行。这一时期《密报》所留下的文字,对于当代史的研究尤为珍贵。

二、价值性评估:考察《密报》的文献价值

《密报》报道、刊载的文章,之所以具有文献价值,一是在上海孤岛时期《密报》拥有得天独厚的政治优势和外报的特殊待遇,二是西方记者恪守"尊重事实"。他们不愿道听途说,不愿成为新闻的搬运工,尽可能亲临现场,获取第一手消息。这与西方新闻学的专业训练有关,也与"密苏里新闻帮"一贯崇尚"拿出证据,眼见为实"的新闻理念有关。

鲍威尔初晤首任主编密勒时曾问道:"新办的刊物内容怎样?"密勒回答说:"我们喜欢登什么,就登什么。"因此《密报》在创办之初就倾向自由,追求真相。"密苏里新闻帮"的这一传统,从密勒、鲍威尔到斯诺,一脉相承,尤其在孤岛时期体现得淋漓尽致。可以将《密报》对几个历史事件的报道与同时期其他媒体的报道相比较,来看《密报》的新闻特点和史料价值。

1. 报道九一八事变。1931年九一八事变发生后,《申报》9月20日以"国内要电"方式,在第三版用大号字刊发"日军大举侵略东省 沈阳辽阳长春安东营口等处均被侵占"、"日军无端寻衅 自行炸毁南满路 捏称系我国所为"等二十二条电讯。其中两条为:

> [北平]十八夜十时,日本满铁守备队无端寻衅,突将沈阳站皇姑屯站中间之满铁铁道一部分炸断,开始军事行动。(十九日专电)
> [南京]外部情报司科长范汉生语:日人宣传冲突原因,系因中国军希图破坏南满路,以个人观察此说绝不可信。盖中国军队向极和平,南满路沿线,日军防备严密,中国军队断不致有无故希图破坏之理。(十九日专电)

同日《申报》还在四版刊发六条新闻，八版"国内要电二"刊发三条，十版"国内要电三"刊发九条，十一版"国内要电四"刊发十九条，除了北平、南京外，还有来自沈阳、哈尔滨、天津等地的专电，大多属于政府部门或机构的通稿。从新闻报道的及时、准确、全面等来考察，《申报》无疑是一流的。

　　《密报》却有它的鲜明特点。以鲍威尔为首的新闻团队，在报道九一八事变时，采用了现场感极强的新闻特写。事变发生后，鲍威尔和一群外国记者立即奔赴东北，进行现场采访。鲍威尔曾在《我在中国二十五年》中回忆："从沈阳沦陷开始，我一直负责采访东北的战事新闻"，"我们这些外国记者已经找到充足的证据，证明到底都发生了什么事"。

　　当时，日军总部的新闻官岛本用略带牛津重音的英语宣称："这儿曾发生一件意外——穿着张学良元帅的正式军装的中国军队，在沈阳郊外，将日军铁路炸坏了一段，日军被迫采取行动……"随即，岛本装模作样带大家去柳条沟现场，鲍威尔一眼看出那是"伪造的"。鲍威尔返回上海后，很快在《密报》揭露真相，他写道：

　　　　日军控制的南满铁路边那几具中国士兵尸体下面，竟没有一点血迹，显然是日军故意从别处弄来的；据目击者证实，有数千化装的日本士兵预先混进城内，控制战略要地，他们穿便服、背步枪、戴臂章，其中有许多人得意地到日商照相馆里拍照片留念，无意中暴露了形迹，这表明所谓柳条湖爆炸是日军为找借口攻占沈阳而秘密策划的。

　　报道刊出后，日军慌忙搜查了在沈阳的日商照相馆，慌忙没收相关照片，但已经晚了，照片一经公开已无法掩盖其罪恶行径了。《密报》还先后发表《东北是怎样变成日本殖民地的》《日本在华北的筑路计划》等系列文章，谴责日本的侵华阴谋。从中可以看到，《密报》在报道事变发生时，除了深入前线，亲历现场，采访目击证人，采访日军新闻官，给读者以强烈的"现场感"外，还采用"深度报道"的写作手法，让读者了解事件的来龙去脉。

　　2. 报道延安。1936年10月红军在会宁胜利会师，标志着中国共产党完成了北上抗日的战略部署，建立了陕北革命根据地。这一时期，对延安的正面的报道，以《密报》最为客观。史量才1934年11月遇害后，《申报》虽仍为一份有影响力的民营报纸，但国民党加大了对它的控制力度，因而少了一份史量才掌舵时期《申报》那种"人有人格，报有报格"的浩然正气与特立独行的勇气。

《密报》则为我们保留了一份珍贵史料。1936年6月中旬，经宋庆龄和中共地下党组织的帮助，美国进步记者埃德加·斯诺前往陕北，进行历时三个月的采访。斯诺返回北平后，于同年11月5日把自己与毛泽东谈话的全文和对革命根据地的综述寄给《密报》。鲍威尔接到文稿后，很快在11月14日、21日两期给予全文发表，标题为"与共产党领袖毛泽东的会见"，第一次向世界介绍毛泽东的身世和谈话，第一次刊发斯诺拍摄的毛泽东在窑洞前头戴红军八角帽的照片。这幀延安时期毛泽东的著名肖像照，一经发表即成经典。

尤其为人熟知的是，斯诺访问延安的第二年，即写出长篇纪实报道《红星照耀中国》(Red Star over China，又译《西行漫记》)，由胡愈之等人翻译的《西行漫记》于1938年出版后广为流传，至今仍被视为一部红色经典而一再重版。在当时，很多青年学生就是读了《西行漫记》受到鼓舞，纷纷投奔延安的。

3. 报道上海解放。《密报》对上海解放这一历史时点的报道，是当时各大纸媒所绝无仅有的，因而也更具特色与精彩。《密报》以一以贯之的生动写实报道风格，与我们日后见到的上海解放时的影像资料互为佐证。

1949年5月25日清晨，天空还飘着小雨，人们清晨醒来，发现上海解放了。

像那些早有预料的事一样，这一切都是静悄悄的，一点也不让人惊讶。前一天国民党军队就全部撤出城外了，福州路上的警察局也人去楼空。人民解放军蜂拥入城，像长期演习过的一样，用最井然有序的方式接管了街道建筑和行政大楼。街道上都是士兵：一贯如迷宫一样的上海居然没有拥堵，成群看客躲在街角或路旁观看着。

士兵们非常疲倦，坐靠在路边，继而睡在那里。第一天傍晚，下起了雨，大部分没有分到帐篷的士兵就浸湿在雨里，但是他们拒绝人们送上的任何干衣服、食物、茶，甚至热水，因为他们不能从人民手里拿一针一线。人们不禁"批评"这些士兵们太严于律己、对自己太苛刻了。

解放军进城，年轻人显得最为欢欣鼓舞：

他们在街上扭着秧歌，唱着赞歌，召开大会，向人们解释解放的意义，教他们唱歌,这些都为已是红旗招展的街道增添了更多的节日气氛。

这些注重细节描写、注重环境烘托、镜头感和画面感兼备的特写,看得出是受过专业新闻写作训练的记者的手笔。刚解放的那些日子,上海人为没有碰到任何的抢劫骚乱而留下了深刻的印象。之前,人们还出于恐惧,纷纷将商店和办公楼大门紧闭。很快,人民解放军进城了。这些解放军士兵的严守纪律与礼貌举止,成为上海人民在南京路、在市中心亲眼见证的一道风景。

三、实务性评估:规划《密报》的出版方案

《密报》民国时期前后出版二十八年,新中国初期出版四年。在上海图书馆、上海社会科学院图书馆的大力支持下,项目组把《密报》的全部出版卷数、期数、开本,以及原刊的收藏情况摸清楚了,并决定分"初编"和"续编"先后出版。

《密报》初编(创刊至停刊):1917 年 6 月 9 日—1941 年 12 月 6 日,第 1 卷第 1 期—第 99 卷第 1 期,周刊,共 1 278 期,原刊藏上海图书馆徐家汇藏书楼。《密报》续编(复刊至终刊):1945 年 10 月 20 日—1950 年 8 月 5 日,第 99 卷第 2 期—第 118 卷第 10 期,周刊,共 251 期;1950 年 9 月—1953 年 6 月,第 119 卷第 1 期—第 124 卷第 6 期,月刊,共 34 期。原刊藏上海社会科学院图书馆特藏部。

实务性评估,主要解决怎么做的问题。评估实际操作流程中可能遇到的问题及其解决方案;评估延伸产品的开发,提升产品增值服务的可能性。

在这一评估阶段,书店社策划了两个子方案,并在日后付诸实施。一是酝酿成立一个由多方参与,能对出版工作起到一定指导作用的"《密报》(整理)编委会"。建议一经提出,首先获得了上图历史文献中心主任黄显功先生的赞同,并得到时任上海市哲学社科规划办主任的荣跃民先生的支持,以《密报》整理出版为契机,成立了"上海近代外文文献丛刊编辑委员会"。二是为了提升《密报》的文献价值及使用的方便性,书店社借助上海社科院历史所的学术研究力量,约请他们编撰一部《〈密勒氏评论报〉研究卷》,采用单独书号,单独定价,适当增加印数,让即便没有订购全套《密报》的高校图书馆和学术机构也能通过该书一窥《密报》精彩而丰富的内容。《〈密勒氏评论报〉研究卷》包括《密报》总目索引(中英文对照)、十篇不同角度的解读性论文、《密报》主要栏目原文摘译等三大部分,以方便读者进一步了解、走进这一文献宝库。

事后证明,这两个方案的实施,对于《密报》整理本的按时出版、影响的扩大、使用价值的提升起到了积极作用。

从 2010 年起,编辑工作进入了案头阶段。《密报》整理本保留原刊尺寸、原编页码,保留全部彩色插图,以存历史原貌。经过三年的劳作,初编分订 98 册,2013 年 7 月面世。时隔一年,续编分订 24 册,2014 年 12 月面世。《密报》是上海第一次正式出版的外文文献,对于彰显近代外文报刊的历史风貌,展示上海近代新闻出版事业的成果,推动上海地方文化的建设和发展有着重要的价值和意义。

四、商业性评估:研判《密报》的市场预期

规避风险与市场最大化,本是商业性出版的一体两面。找到合适的销售商与销售通路,做到市场最大化,自然也就规避了商业风险。为此,书店社一面在各类图书馆配会上积极推介,一面积极引入中国图书进出口上海公司为项目的参与方和海外市场的独家承销方,两家立足双赢,共同拓展市场。中图上海公司率先在一年一度的北美东亚图书馆馆长年会上进行了有效的宣传推广,取得了首批订单。凭借专业销售团队,凭借对海外图书市场的精准研判,中图上海公司首先把目标市场锁定在亚洲华语地区、北美常春藤联盟东亚图书馆。

《密报》出版后,中图上海公司总经理刘志华介绍说,公司首次尝试与书店社探索"出版—出口"打通上下游的合作模式,推介活动在海外,尤其在北美市场反响强烈,对于中国出版走出去,展示中国文化软实力意义重大,实现了预期效果。

从推出"初编"到"续编"面市,前后一年半时间,《密报》的发行收获了第一波成功。如今书店社继续采用按需印刷技术,为首批来不及预订的客户提供定制服务,市场预测仍有相当的潜在销量。

评估的过程,本质上是对选题进行多维度分析、论证,最终导向决策的过程。所谓"四维度评估",在出版实践中,并非机械地、刻板地按四个方面逐一进行,它的思维特征和过程是综合性的、融合推进的。同时,评估也包含了对选题列选后出版作业流程的合理规划,以及对市场营销的科学判断。

《密报》初编被列入"上海出版,上图首发"系列。2013 年 7 月 12 日,在上海图书馆举行《密报》初编出版座谈会。散发着油墨幽香的《密报》初编(1917—1941)在会议

室齐刷刷列成一排,金色布纹 PVC 面料,中英文书名黑漆熨烫,正文 80 克浅米黄双胶纸,全套圆脊精装,文献的稀缺性和珍贵性,从精致的装帧工艺里散发出来,令出席座谈会的学者称赞不已。学者们在发言中指出,《密报》报道了近代中国各方面的情况,对中国近代史、新闻传播史、远东国际关系史等社科领域的学术研究,将产生积极的推动作用。

全套《密报》的整理出版,让我们深入了解以鲍威尔为代表、以《密报》为阵地的一群西方进步记者秉持"揭露真相,报道事实"的新闻伦理和职业操守,让我们感受到这群记者在我国民族解放运动时期、新中国建设初期,以及抗美援朝战争中的正义者和传播者的身影。《密报》出版长达三十二年,总计 1 563 期的报纸本身,更是一座有待学者不断开掘的史料宝库。

（上海书店出版社供稿,唐晓云执笔）

---

① 古碧干. 试论选题论证的科学化[J]. 暨南学报(哲学社会科学版),1996(2).
② 约翰·鲍威尔. 我在中国二十五年[M]. 邢建榕,薛明扬,徐跃,译. 上海:上海书店出版社,2010.

浅析《历代朱子著述珍本丛刊》成功的原因

《历代朱子著述珍本丛刊》

华 东 师 范 大 学 出 版 社

经典策划
119

《历代朱子著述珍本丛刊》是华东师范大学出版社 2010—2014 年间策划出版的大型古籍影印丛书，旨在汇集和展示高仿真影印的朱子著述历代各色珍稀版本，下设《朱子著述宋刻集成》和《元明刻本朱子著述集成》两种子丛书。自出版以来，海内外藏书机构、科研单位甚或私人纷纷购置，取得了较好的销售业绩；嘉惠学林之余，媒体也多有推许，产生了巨大的社会影响。本文将浅析《历代朱子著述珍本丛刊》成功的八个原因。

一、明确的图书定位

鉴于影印古籍高仿存真的性质，《历代朱子著述珍本丛刊》在策划伊始即确定以朱子学研究者、古籍版本学与古代图书出版文化史研究者、普通古籍爱好者与收藏者为假想读者，以如下三点为图书定位：

1. 中国古代学术大师朱熹著作的大全集

《朱子著述宋刻集成》、《元明刻本朱子著述集成》共收录朱熹著述、编纂、注释、选汇等古籍三十九种，比朱子学文献整理的权威版本《朱子全书》、《朱子全书外编》更齐备。

2. 国内外各大图书馆国宝级文物的大巡礼

《朱子著述宋刻集成》、《元明刻本朱子著述集成》囊括日本国会图书馆、台湾汉学研究中心、中国国家图书馆、上海图书馆等关于朱熹著述的海内外孤本，其中如宋刻《仪礼经传通解》、元刻《小学大全》、明刻《四书或问》等更属首度披露。

3. 宋、元、明三朝古籍善本原汁原味的大荟萃

《朱子著述宋刻集成》、《元明刻本朱子著述集成》以现代数码技术，原貌原式对古籍进行高仿复原，又采用宣纸印刷、线装、函套的传统形式手工精制，完美呈现各式线装古籍的本真面貌。

二、精优的价值判断

朱子是驰名中外、惠泽古今的文化巨人。其建构的集成式思想体系博大精深，不仅在儒学发展史上具有划时代意义，而且对其后长达七百余年的中国思想、学术、社会、政治，乃至东亚国家，都产生了深刻、巨大、恒久的影响。"朱子学"的学术范畴不仅涵盖《易》、《诗》、《礼》、《四书》等传统经学领域，还涉及史学、文学、政治学、教育学、社会学、文献学等诸多学科，是一座内容广阔、内涵精深的传统思想宝库，一份极富开掘意义和传承价值的文化遗产。

作为其思想载体的朱子著述，内容广博，堪称前无古人；沾丐无穷，可谓后无来者，俯仰百代，孔子以来，一人而已。具体而言，朱子毕生自撰的著作二十六种，编辑的著作十九种，合计约有二千五百万字。朱子著作于其生前即大量刊布，庆元易簀后更以空前之规模和速度被复制、重新组合，甚至被仿冒而刻印问世。自宋而清，这些数量宏富的版本，各自的系统不一，源流异常复杂。摸清朱子著述的版本源流、刊刻时间以及文本异同，选择其中各时代最重要的版本，尤其是宋元明时代留存的各种朱子著述范本、珍本、孤本，予以原貌影印，对于研究朱子学术思想以及传统文化，有着极为重要的意义。

有宋一代，朱子主要著作均已付梓行世。然世事沧桑，年代迁移，时至今日，朱子著述之宋代刻本多寥若晨星，典重非常；即如某些书贾盗仿之本，因其所处时代的特殊性，亦备受关注。作为国家级文物，这些宋本向为各图书馆什袭而藏，一般研究者与读者难以问津。2010 年，在朱子诞辰八百八十周年之际，华东师范大学出版社约请

全国知名古籍整理专家,历时数载,来往各地,认真普查研访,求精求全,在现存朱子著述的宋代刻本中遴选代表性善本,悉数收罗,使用现代数码技术,原貌原式予以高仿复原,是为《朱子著述宋刻集成》。其书共十一种、三十七函、二百八十六册。国之瑰宝,重现于世,极富学术、艺术与收藏价值。

朱子著述之元代诸刻,写、雕、印皆得与宋椠埒美;且因前版沦佚,每为后世诸本之源,文献、校勘、艺术价值并重。朱子著述之明代诸刻,有宋元旧本已亡而赖之独存者;有明人复制所见古本而保存珍稀文献者;有明人据其学术理念与对朱学思想之理解分类纂订、蕴含独特编辑理念者:俱为研究朱子思想及著作编纂流传历史之珍贵典籍。作为国家级文物,元、明诸本向为各图书馆什袭以藏,一般研究者与读者难以问津。鉴于宋椠之后,由源及流,继续整理裒辑元、明时代朱子诸作各色刻本,自为因循之务,华东师范大学出版社遂赓绍前作,继有《元明刻本朱子著述集成》之举,复访各馆玮宝,高仿印制出版,深阁之珍得以面诸公众。历时四载而成。其书共二十八种、三十函、二百四十册。此次纂辑,元、明两代朱子著述之重要刻本庶几包举无遗。

《历代朱子著述珍本丛刊》的三十九种古籍俱为稀世之珍,字大悦目,行格疏朗,受人宝重;又因其每为明、清诸本所参效,文献、校勘价值不言而喻。《朱子著述宋刻集成》《元明刻本朱子著述集成》选工择料,以优宣、线装的传统形式手工精制,荟萃朱子著述元、明刻本之最善版本,原貌原式,布于公众,可谓出版史与文化史上重大事件;昔时瑰宝得以系统复原,对于朱子学研究者、古籍版本学与古代图书出版文化史研究者、普通古籍爱好者与收藏者等都具有深远意义。二书出版后的热销正是最好的证明。

三、允备的专家队伍

由于朱子著述版本异常复杂,又散在全国各地,部分著述甚至需要普查研究日本以及韩国收藏情况,所以为了编纂《历代朱子著述珍本丛刊》这样一套代表当今版本学研究与古籍影印最高水平的重要著述,必须依赖在古籍版本以及朱子学术思想方面素有研究的著名学者,在分工的基础进行全面学术合作。具体体现如下:

由十二位全国知名的古籍整理专家以及图书馆专业学者共同分担编纂,如上海图书馆的陈先行,复旦大学图书馆的吴格,华东师范大学古籍研究所的朱杰人、严佐之、刘永翔,台湾"中研院"中国文哲研究所的林庆彰等。本书的编纂,还得到当今国学泰斗饶宗颐以及余英时的关心和鼓励,两位先生在编纂大方向以及疑难问题的解决上均有很多切实的指导意见,余先生并惠允为《朱子著述宋刻集成》、《元明刻本朱子著述集成》题写书名。

四、共襄的盛举

《历代朱子著述珍本丛刊》这样的大型古籍影印丛书,出版规模之大,制作工艺之特殊,出版社投入之多,使其成本极高,风险很大,特别需要慎重而充分的资金筹备。经过认真准备,2009年8月,华东师范大学出版社《朱子著述宋刻集成》申报国家出版基金资助项目获得批准。2010年8月,华东师范大学出版社《元明刻本朱子著述集成》再次入选基金。在《朱子著述宋刻集成》、《元明刻本朱子著述集成》项目实施过程中,我社严格按照国家出版基金办公室的各项规定,严格实行项目负责及相应管理制度,配备优秀资源,确保二书按时出版、质量优秀。事实上,《朱子著述宋刻集成》、《元明刻本朱子著述集成》在其后的结项验收中都获得了高分通过。

五、严明的定目、加工、印制过程

华东师范大学出版社对《历代朱子著述珍本丛刊》非常重视,将其列为重大项目,从前期选目、调研,到中期编辑、审阅,到后期装帧、印制,都力争达到社里最好水准。朱杰人董事长亲自担任主编,王焰社长亲自担任项目总负责人,统筹整个项目的实施。

1. 成立编辑委员会

为保证《历代朱子著述珍本丛刊》的学术质量,华东师范大学出版社专门成立了由朱杰人、严佐之、刘永翔、陈先行、吴格、林庆彰等组成的编辑委员会,做到每种古籍都有专家负责选目、调研,项目编辑则专聘中国古典文献学专业博士担任。

2. 建立审稿沟通机制

华东师范大学出版社先后召开三次专家研讨会议,对于《历代朱子著述珍本丛刊》选目、制作体例、前言文字等逐一讨论。《朱子著述宋刻集成》加工历时年余,《元明刻本朱子著述集成》加工过程历时四年之久，项目编辑与各专家的通信达数十封，提出的许多建议被采纳，纠正了古籍专业工具书的讹误，得到了编委会各专家的肯定。加工编辑二书的过程，不仅锻炼了编辑的啃硬骨头的能力，也提高了编辑古籍整理的业务水平。

3. 建立调度会制度

调度会制度是华东师范大学出版社确保出版进度的一项重要措施，是我社对图书生产流程的总协调。调度会每月召开一次，由总编办牵头，相关社领导和社项目部、印务管理部、财务管理部、编校中心、营销中心负责人出席。《历代朱子著述珍本丛刊》的整个出版流程由调度会全程监控。为了协调进度，调度会编制了专项时间进度表，将总体进度表分阶段细化，要求各相关部门执行。每阶段之间预留数天"缓冲期"，用于处理疑难问题或突发事件。

4. 建立审稿检查制度

在编审过程中，华东师范大学出版社组织力量对《历代朱子著述珍本丛刊》书稿进行了严格的检查，主要包括：

（1）逐页、逐行甚至逐字比勘古籍照片原图和书稿样，检查书稿样页面文字、框线、印章、批注等是否存在讹、脱、衍、倒、坏，并对全部页面顺序进行复核。

（2）检查出版前言等辅文文字是否正确。

（3）检查函套、封面、书根、收藏证书等文字和格式是否正确、匹配。

（4）复核印制成品是否与版样一致。

5. 保证装帧设计和印制质量

华东师范大学出版社不仅在《历代朱子著述珍本丛刊》稿图质量上严把质量关，而且在图书装帧与印制上同样坚持高标准。在封面装帧设计环节，我社先后邀请多位古籍印务专家提出设计方案，从中甄选，力求达到设计风格古朴庄重的要求。印制期间，主编、项目编辑和印务人员多次赴富阳华宝斋古籍书社、萧山古籍印务厂一线协调处理有关印制事宜，确保按工艺流程进行印制和装订。为保证最佳的仿真质量，出版社甚至不惜申请延期结项。

六、鲜异的特点

经过以上各方面的努力,《历代朱子著述珍本丛刊》形成了有别于其他影印古籍的几个特点,做到了"人无我有,人有我优":

1. 《朱子著述宋刻集成》、《元明刻本朱子著述集成》所录各本俱为稀世之珍,字大悦目,行格疏朗,受人宝重。如占《元明刻本朱子著述集成》一半数量的十四种古籍是硕果仅存的海内孤本,其中除三种为《中华再造善本》所收,十一种俱为新收。其中,如明弘治十七年韩重刻本《四书或问》,明天顺、成化间黄瑜刻本《伊洛渊源录》等,即使整理《朱子全书》之专家也未手检目寓。另外,为给学界多提供一种借鉴版本,《元明刻本朱子著述集成》非常注意与《中华再造善本》避重,如元延祐五年勤有堂刻本《书集传辑录纂注》,《元明刻本朱子著述集成》选择了中国国家图书馆所藏另外一种批注本。

2. 个别原系残本在《历代朱子著述珍本丛刊》的整理影印中合为全璧,形成新善本。如明弘治四年南监刻本《朱子语略》,今存三部,分藏中科院图书馆、温州市图书馆和台湾汉学研究中心,此次整理,收入品相最佳且有圈注的中科院本,所阙页面分别补以其他二馆藏本。

3. 又因元明刻本每为明、清诸籍所参效,文献、校勘价值不言而喻。如《阴符经注》、《周易参同契考异》等宋刻俱佚,仅存于元至正元年日新书堂刻本《朱子成书》中,后世刻本亦从此出。

4. 作为《朱子著述宋刻集成》的续集,《元明刻本朱子著述集成》在收录范围上与前者密切配合,不重复占用资源。如《宋刻》收入闽刻本《晦庵先生朱文公文集》,也是传世各文集的祖本,相应地,《元明刻》选择收入了颇有特色的《晦庵先生朱文公诗集》。

5. 结合收入了若干有鲜明时代特征的朱子著述。如元明时代朱子学大兴,出现很多学者注解、汇编朱子文献的著述,《元明刻本朱子著述集成》择取其中最详尽精善的代表作,易学用董真卿《周易经传集程朱解附录纂注》,尚书学用董鼎、邹季友《书集传辑录纂注》等。

此外,在专家委员会讨论、调研过程中,陆续发现了很多既往权威文献工具书(《中国古籍善本书目》、《中国古籍总目》)的讹误,撰写了若干相关文章,客观上也促进了朱子学文献整理与研究的深入开展。

七、创新的营销思路

　　华东师范大学出版社充分认识到,营销对《历代朱子著述珍本丛刊》这种销售周期较长的古籍影印丛书而言非常重要,此类图书的购置和使用局限于特定人群,必须借助跨媒介、分阶段和借势的宣传推广来获取有效关注,扩大营销渠道。如《朱子著述宋刻集成》成书于朱子诞辰八百八十周年的 2010 年,在人民大会堂和清华大学国学研究院举行的"朱子学国际学术研讨会暨朱子诞辰 880 周年纪念会"中,该书作为亮点而大放异彩,获得了电视、网络和多家平面媒体的广泛关注,并引发了相关学者、藏书家的持续热议。《元明刻本朱子著述集成》在 2014 年竣事后,完璧的《历代朱子著述珍本丛刊》除各式传统的营销方法外,还着重于微博、微信等新媒介的宣传,图书展销会的互动以及相关书评、研究文章的撰著等,效果颇佳。

八、良好的售后互动

　　2014 年 8 月 15 日,在上海书展"《元明刻本朱子著述集成》新书展示会暨专家论坛"上,图书馆学、文献学、学术思想史等领域的几位专家与读者进行了良好互动,除了回答读者有关朱子学文献和古籍善本等问题外,对《历代朱子著述珍本丛刊》也作出了中肯评价。

　　国家文物鉴定委员会委员、上海图书馆研究员陈先行指出,以版本、目录学而论,清代康熙年间即刊有较为完备的朱子学丛书——《朱子遗书》。但其中朱熹的代表著述仍有缺失,如《小学》和《仪礼经传通解》。另外,《遗书》本统一了行款,从版本上无法体现校订成果,古本原貌也荡然无存。为匡正前贤之失,《朱子著述宋刻集成》、《元明刻本朱子著述集成》仿真、影印出版,理应视之为一个完整的系列;且因其补益性和集成性,两部丛书对朱子学术研究有着正本清源的重要作用。

　　回顾历史,教育部全国高等院校古籍整理研究工作委员会委员、华东师范大学终身教授严佐之认为,朱子学说的播布具有思想和物质的双重路径。而作为朱子学文献整理与研究著作的出版重镇,华东师范大学出版社在朱子学的学术传承与大众传播方面作出了巨大贡献。事实上,《朱子著述宋刻集成》、《元明刻本朱子著述集成》中许多的古籍珍本,以往连朱子学专家也很难获见。

复旦大学中文系教授傅杰则站在不同角度,向大家介绍《朱子著述宋刻集成》、《元明刻本朱子著述集成》出版过程中参与者所经历的一些轶事以及业内其他一些同行对此书价值的肯定,指出二书必可传世。

（华东师范大学出版社供稿，吕振宇执笔）

在创新中出特色的教育辞书

——从《教育大辞典》到《中国教育大百科全书》

《教育大辞典》、《中国教育大百科全书》

上海教育出版社

在中国教育界,《教育大辞典》和《中国教育大百科全书》(以下简称《教育大百科》)是汇聚和普及教育学科知识的两部扛鼎之作。《教育大辞典》是新中国第一部大型权威的教育辞典,《教育大百科》是中国教育发展史上第一部大型的教育百科全书。它们都诞生于教育蓬勃发展的时代,凝聚了古今中外教育发展和研究的丰硕成果。《教育大辞典》收词量大,释文凝练精要;《教育大百科》条目钩沉探微,阐释精深。两者组成了完整的姊妹篇,相得益彰,相映生辉。《教育大百科》在选词立目、条目设计和检索体系上所凸显的编纂特色与创新,更是提升了教育辞书编纂这项知识工程的学术含量和理论价值。

一、应时代潮流而生的教育辞书

策划大型专科辞书,需要把准社会发展的脉搏,并对学科研究状况、读者阅读需求以及工具书出版有整体的了解和判断。

《教育大辞典》酝酿于 20 世纪 80 年代。那时,"十年动乱"结束不久,发展科技和教育被作为推动经济发展和建设现代化强国的先导摆在了中国发展战略的首位,教育界由此迸发出火一样的智慧和实践激情,大家一心想着多做事、做大事。自 1928 年中华书局出版《中国教育辞典》和 1930 年商务印书馆出版《教育大辞书》之后的半个多世纪中,偌大的中国却没有一部权威的大型教育辞典。像哲学、历史、经济、文学、法学等哲学社会科学的重要学科,都有大辞典问世,唯独教育学科尚待补缺。于是,上海教育出版社与中国教育学会的老一辈教育家共同策划,决定编纂出版新中国第一部《教育大辞典》。选题甫一提出,即被列为"七五"期间国家教育科研重大项目和1988—2000年全国辞书编写出版重点项目。消息一出,整个教育界为之震动和兴奋,编纂队伍集结了全国千余名专家学者,这在我国教育史上可谓前无古人。经历6个寒暑的精心编纂,《教育大辞典》12卷分卷本于1992年出齐。之后,在广泛听取读者意见,吸收教育发展新成果的基础上,本着"再创造,高质量"的要求,对分卷本进行修订,作增、删、并、改,又经过6年的反复打磨,于1998年终成《教育大辞典》增订合编本。它以2.3万个词条、700余万字的规模,涵盖教育科学的方方面面,成为20世纪教育辞典的集大成者。

进入21世纪,教育在国家发展中的战略地位日益凸显,受到全社会的高度重视。党中央制定了教育优先发展战略,将教育作为民族振兴、社会进步的基石。《教育大辞典》出版后的十多年是我国社会主义现代化建设最关键的时期,也是教育事业发展最快最好的时期,各级各类教育成就卓著,教育信息化和国际化程度提高,教育体制机制改革不断深化,教育科学研究日益繁荣。但同时,教育改革步履维艰,人们对教育的敏感、期望和关注已使教育成为社会发展和稳定的焦点问题之一。在此背景下,上海教育出版社在制定"十五"出版规划时,以高屋建瓴的眼光,提出筹划组织出版《教育大百科》的设想,一方面弥补《教育大辞典》释文较简略之不足,另一方面旨在总结改革开放三十多年,尤其是20世纪90年代至21世纪初这十多年中外教育的实践创新、制度创新和理论创新的成果,帮助人们全面深刻地了解教育的本质、世界教育发展态势以及中国教育发展的现状和面临的挑战,从而共同推动教育改革的深入。

同时,编纂教育大百科全书,是国家教育发展和教育科研水平的一个标志。综观世界各国,俄罗斯、美国、瑞典、日本等国家都编有教育大百科全书。编纂我们自己的教育大百科全书,是让世界了解中国教育,让中国的教育事业和教育科学走向世界的重要举措。1985年版的《中国大百科全书》设有教育卷,但仅180万字,收录的学科有局限,且今天看来内容已较陈旧;2005年版《中国大百科全书》没有出学科分卷,且其中教育学科的内容缩减了三分之二,难以满足教育工作者的专业要求。编纂一部代表中国教育事业最高水平的大型教育百科全书,向世界发出中国教育的声音,无疑具有历史性的意义和价值。选题上报后,即被上海世纪出版集团和原新闻出版总署列为"十五"规划重点图书。

上海教育出版社将这一构想同《教育大辞典》主编、著名教育学家顾明远作了交流，大家一拍即合，决定继续由顾明远教授担任《教育大百科》主编，组织编撰队伍。由于选题具有的重大意义和价值，《教育大百科》被列为教育部"十五"重大项目，后又被原新闻出版总署列入首批国家出版基金项目和"十二五"国家重点图书出版规划项目。从 2001 年到 2012 年，在顾明远教授的主持下，600 余位教育专家学者汇集到这一项目中，聚精会神进行了历时 12 年的潜心编纂。

二、学科体系完整，选条立目体现鲜明的时代气息和问题意识

对专科工具书来讲，只有具备一个比较完整的学科框架，拿得出一份科学严谨的分类词目表，才称得上是成熟的，才能步入大型专科工具书的殿堂。《教育大辞典》的整体设计是将全书分为教育科学、各级各类教育、中国教育史、外国教育史四大部分共 28 个分支学科，其中再分为 172 个类别及 123 个子目，共 2.3 万条词目，分类明细，涵盖了古今中外教育的方方面面。辞典体系设计的过程实质上是对教育学科的理论范畴和客观事实进行的一次科学的分析和整理，也是对教育学各分支学科的理论体系和理论范畴、概念的一次大检阅，这本身已不仅是在编纂辞书，而且成为一种科学研究。专家们在框架搭建和选词立目上科学严谨，倾注心血，突出了《教育大辞典》"大、齐、新"（规模大、收词全、释文丰富）的特点，构筑了教育学科的科学体系。

《教育大百科》同样以教育学科体系为框架，更着重于学科的基本理论阐释。全书共 1 100 余条条目，涵盖教育学原理、教育哲学、教育法学、教育发展战略、教育政策学、教育经济学、教育社会学、教育心理学、课程论、教学论、教育技术学、教育研究方法、教育统计测量与评价、教育管理学、其他教育分支学科、幼儿教育、特殊教育、高等教育、职业教育、成人教育、民族教育、港澳台教育、中国教育史、外国教育史、比较教育等二十多个教育学分支学科和领域，覆盖了教育学科完整的知识谱系，选条立目具有鲜明的时代气息。全书以开放和自信的姿态，将中国教育融入世界教育体系，充分吸收了国际上先进的教育理念和经验。在外国教育史和比较教育部分，以专条介绍各国教育制度和国际教育思潮。在教育理论部分，不仅有传统教育学科的内容，而且收录了一批形成于 20 世纪末 21 世纪初的新兴教育学科领域条目，如"教育生物学"、"教育生态学"、"教育人口学"、"教育交往理论"等，教育法学、教育政策学、教育发展

战略等都是首次以独立的学科和研究领域的面貌呈现,展现由教育学科研究领域的不断分化和交叉、教育研究和实践的深入带来的教育学科群日益丰富的局面,反映了教育学科的不断发展和学科建设水平的提升。

《教育大百科》选条立目中的问题意识则凸显了辞书编纂中的创新意识。当今的教育研究乃至人文社会科学研究日益重视和强调问题意识。所谓"问题",是由教育发展和教育理论阐释中的困境激发的,在一定的学科逻辑、学术理路和严谨的方法观照下加以探究,属于"学者之问"。这些问题即成为教育研究的课题或教育改革的方向。而以问题意识来选条立目,是专业性百科全书学术性和时代性的一种体现。专业性百科全书的选条不同于词典,它选择的是知识主题而不是词。对知识主题的选择一方面基于学科体系,另一方面是运用问题意识,选择典型的、重要的理论问题与现实问题设立条目并予以深入阐释,它们或是有关学科的支柱内容,或是学科发展的前沿问题,或为实践提供理论支持,知识含量丰富,具有较大的检索价值。选条中的这种问题意识赋予了一部专业性百科全书一种独特的学术气息——既富有"象牙塔"特点,又"接地气",理论研究结合现实世界。《教育大百科》在这方面作出了积极探索。在整个编纂过程中,解决中国教育的问题始终是核心议题。它的重要特色就是以教育学科的主要论题和教育领域改革发展的主要问题为立目原则,一系列教育论题条目回应了社会变革对教育研究提出的课题。在将体现问题意识的知识主题条目化的过程中,《教育大百科》遵循百科全书条目化的基本原则,即准确、通用、客观、简要、名词性等,但也不拘泥于规矩,不少条目采用由数个标引词组成的词组形式,如"教育与人的发展"、"可持续发展教育"、"人力资源强国"、"教育国际化和本土化"、"教育公平的法律保障机制"、"教育影响人口质量的机制"等,有的则以命题立目来突出问题意识,如"教育适度超前发展"、"教育均衡发展"、"教育优先发展"等。命题立目的条名似乎不是"标准"的百科全书条目,但这些条目反映的是一个历史时期中已获得科学而权威阐释的教育焦点问题,有较高的检索率;并且,在实际应用中,这些表述已经定型化,难以用一般的标引方式转变为"标准"的百科条目。这就像"心无本体"、"吾心即是宇宙"等中国古代哲学用语,本身也是命题,但其说法已经凝固,仍可作为百科全书的条目。在《教育大百科》的此类条目设计中,条目名称服从条目主题,直接而鲜明地将全书的编纂宗旨传递给读者,即服务中国的教育改革和发展,通过精深透彻的阐述为教育决策提供充分的理论依据和坚实的学理支撑。《教育大百科》编纂中的这种问题意识体现了教育研究和辞书编纂中超越既有状态的创新精神。

三、综合性的条目设计彰显专业性百科全书的专与深

《教育大百科》在每个教育学分支学科和研究领域中，都有一系列以学科中的重要论题或概览性的综述设立的条目。比如：教育分支学科中的"教育与人的发展"、"古希腊三哲与教育"、"中外教育立法"、"西方教育管理制度"、"近现代经济学家教育经济思想"、"20世纪中后期课程改革与发展"、"外国特殊教育"等；中国教育史、外国教育史和比较教育中反映特定历史时期教育的不同方面、人物教育思想和实践、国别教育制度等的条目，如"中国古代教育"、"鸦片战争时期教育"、"中国近代教育学术团体"、"中世纪教会教育"、"赫尔巴特学派"、"近代西方特殊教育"、"第二次世界大战后教育重建"、"英国教育制度"等。设计此类条目是从专业性百科全书的学术性出发，力图从知识整合的角度，系统展现某一知识主题的总体样貌，并进行深入诠释。以"第二次世界大战后教育重建"为例，"二战"是各国尤其是"二战"参战国教育发展中一个极为重要的历史事件，条目详细介绍了"二战"后英、美、法、德、日、苏等国家以及国际组织对教育进行的全面恢复和深刻改革，并阐述了教育重建的意义以及移植他国模式与立足本国的关系。而如果把这些内容分散在各国教育发展史的条目中，则难以整体反映"二战"对世界教育发展的影响。对知识主题的横向拓展和纵深挖掘，正是专业性百科全书综合性立条的优势所在。全书中，此类综合性条目要占到约50%。由《教育大百科》的框架和条目设计可见，《教育大百科》不是简单的对教育知识的汇集，它的编纂过程是一个研究的过程，是基于教育学科和中国教育发展的整体，对教育研究的一次高度综合和升华。

四、突出中国教育的历史与特色

《教育大百科》在突出中国教育的传统与特色上不惜笔墨。首先，全书全景反映了中国教育的悠久历史和传统，弘扬中华民族优秀的教育思想。中国教育史部分的条目纵横数千年中国教育的发展，厘清传承关系，明示传统文化对中国教育形成和发展的深刻影响。其次，注重本土教育问题和教育研究的原创性，一大批成熟的立足国情的原创性教育研究成果得以充分展现。在教育社会学、教育技术学、教学论、课程论、教育心理学、教育经济学、教育研究方法等许多学科研究的条目中，都能看到已获

得国际学术界认可的中国教育研究者的学术研究成果，体现了我国教育研究者的学术创新。第三，以服务教育强国战略为宗旨，着眼于中国教育改革和发展的重点与要点。相关条目从多角度总结了我国教育发展的经验教训，深入解析了中国教育方针、《国家中长期教育改革和发展规划纲要（2010—2020 年）》的精神和内涵，系统阐述了构建中国特色社会主义现代教育体系的理论和实践。比如，针对目前较突出的教育公平和教育质量问题，"教育公正"、"教育质量"、"素质教育"、"教育均衡发展"、"中国教育方针"等条目的深入剖析，为教育改革提供了理论依据。第四，民族教育和港澳台教育的内容在全书中占有一定篇幅，阐明我国民族教育的政策和法律制度，介绍民族教育特色，详述香港、澳门和台湾教育体制。

五、周密的检索体系和附录为使用者提供最大便捷

《教育大百科》有着迄今为止百科全书中最强大的精准检索功能，能实现全方位检索。"分类条目表"以分支学科为框架，体现教育学科概貌。"条目笔画索引"以及正文条目按汉语拼音音序排列，照顾到大多数读者的检索习惯。"条目外文索引"为熟悉外文的读者提供了又一种检索途径，除纯中国内容的条目外，一般条目的标题都附有外文。

最具亮点的是"内容索引"。在专业性百科全书中，内容索引网罗了全部条目和释文中隐含的主题基本要素，它所揭示的百科全书内容的详尽程度，要超过按音序或学科分类编排条目的目录所能达到的程度，是比目录更强大的进入主题的工具，能提供对某个主题全面而丰富的信息。《教育大百科》共 700 万字，很多是综合性条目，仅靠 1 100 多个条头作为检索点显然大大不足。按照国际上学术书籍的编纂规范，《教育大百科》将隐含在释文中的术语、概念、学说、学派、论题、制度、历史沿革、法律法规、文献名、书刊名、人名、机构名、事件等 7 000 余个知识点和资料单元提取出来，编制了内容索引，并且内容索引的款目在对应页码的释文中都予以标识，这种做法在国内外尚属少见，它为读者提供了便捷而精准的检索。同时，内容索引的标引也是一部工具书的碎片化过程，这为《教育大百科》的数字化作好了准备。

《教育大百科》的两份附录具有很强的资料性。"中外教育大事年表"选收了有史料记载开始到 2012 年间中国和世界教育史上发生的 3 600 余件大事件，对了解人类教育历史起到提纲挈领的作用。"外国人名译名对照表"收录了与教育有关的 3 300

余个外国人物的姓、名和生卒年的完整信息，并提供中外文双向对照，所有资料均来源于国内外大型权威的工具书和官方网站，是迄今国内教育工具书中人名资料最齐最新的，对教育科研起到了很好的学术规范作用。全书还专门制作了一张索引检索光盘，内容包括上述几大检索系统和"外国人名译名对照表"，方便读者通过计算机快捷地检索到所需信息。

从《教育大辞典》到《教育大百科》，上海教育出版社以 24 年的不懈努力和坚持，完成了我国教育科学发展史上两项标志性的知识工程。它们受到教育界和全社会的广泛关注与赞誉，《教育大辞典》荣获第七届中国图书奖、第四届国家图书奖提名奖等，《教育大百科》荣获第三届中国出版政府奖图书奖提名奖，入选第四届"三个一百"原创图书出版工程，获上海图书奖（2012—2013）一等奖等。而对出版人来讲，工具书的出版并不等于完工，它恰恰是修订与完善的开始，坚守教育辞书的出版高地并加以充分开发和利用，无疑是我们的不二选择。

（上海教育出版社供稿，袁彬执笔）

大型党史图集的创意、编辑、出版

——《中国共产党 90 年图集》及党史图志系列的策划案例

《中国共产党 90 年图集》、《中国共产党历史图志》等

上 海 人 民 出 版 社

经典策划
119

上海人民出版社历来是党的理论宣传和意识形态阵地,政治性位居我社基本属性首位。在马克思主义基本理论建设、中国特色社会主义理论体系建设及思想道德建设等方面发挥主阵地作用,承担党和国家思想文化建设任务,组织出版重大题材、高质量高水平的政治读物,发出权威声音,起到引领作用,这是由党社定位所决定的。

在党建读物的出版方面,上海人民出版社一直走在全国的前列,在这方面特别值得一说的是《中国共产党 90 年图集》、《中国共产党历史图志》等大型党史图集的编纂和出版。《中国共产党 90 年图集》是上海人民出版社向中国共产党诞辰 90 周年献礼之作,于 2011 年 6 月党的九十华诞之前隆重出版,获得了社会各界高度评价。而《中国共产党历史图志》经过多年精心修订、反复增删,也于 2014 年隆重上市。回顾这些重大题材图书的编辑出版过程,挖掘深埋在这一部部大书字里行间的幕后故事,我们仍然感到心情激荡。本文着重介绍我社"十二五"规划中率先出版的《中国共产党 90 年图集》,它的编纂成书不仅申明了党社的立场和职责——坚守党的宣传舆论阵地、生产出无愧于时代和人民的文化精品,而且彰显出老一辈出版人的宝贵精神,他们一丝不苟的从业使命和兢兢业业的优良品德,在一代又一代编辑中薪火相传。

每逢建党、建军、建国等重大纪念日,我社都会策划重大献礼图书出版工程,这已成为上海人民出版社的光荣传统。自 1991 年隆重推出《中国共产党 70 年图集》(以下

简称《70 年图集》）以来,我社陆续出版了众多重大题材党史图集,如《中国人民解放军70 年图集》、《中华人民共和国 50 年图集》等。每一个品种都得到国家级的表彰和奖励。这类全面反映中国共产党历史,既有学术含量又通俗生动,以图为主以文为辅的出版项目,已经形成了我社的系列经典品牌,也为此后此类题材的策划出版打下了坚实的基础,开拓了一片广阔天地。

光阴荏苒,二十年弹指一挥间。"十二五"规划期间,正逢党的 90 岁生日,为了向中国共产党诞辰 90 周年献礼,并将我社的优秀出版品牌继续延伸下去,《中国共产党90 年图集》（以下简称《90 年图集》）的出版工作被提上了日程。

《90 年图集》项目正式立项后,集团和社领导都十分重视。然而,当年主持和参与《70 年图集》出版的一批老领导、老编辑大多已退休或离社。从 2010 年 8 月开始,集团总裁陈昕即多次听取我社领导的汇报,商讨项目操作的可行性和落实的具体措施,并在我社的老编辑中征求意见,物色合适的编辑人选,组织骨干力量投入书稿的出版工作之中。他强调:"《中国共产党 70 年图集》毕竟是图集系列最初的尝试,编纂过程比较匆忙,我们也缺乏经验;如今,在纪念中国共产党成立 90 周年之际,我们要把过去这段历史重新梳理一遍。"社里先后三次召开会议,作项目启动的动员,反复论证项目的可行性和操作方案。

9 月 2 日,市委决定,成立一个以市委常委、市委宣传部部长杨振武为主任,市委宣传部副部长潘世伟、裘新,世纪出版集团总裁陈昕为副主任的编委会,全力抓好《90年图集》的出版进度和质量。编委会的委员由宣传部、出版局、世纪出版集团和我社的领导组成。

在丁荣生社长的主持下,我社迅速组织陆宗寅（该同志是参加《70 年图集》编辑工作中唯一还在编辑岗位上的）等几位同志起草了编辑《90 年图集》的实施计划,经反复讨论和修改,报市委宣传部和集团批示后,立即致函中国国家博物馆,商讨合作事宜。

中国国家博物馆对编写出版《90 年图集》十分重视,双方一拍即合。国家博物馆馆长吕章申亲自担任编纂委员会主任委员、主编,并延请曾参与《70 年图集》的退休专家担任顾问,调拨中青年骨干组成了一支新的编写队伍。鉴于时间紧迫,先由出版社老编辑带队,做好《90 年图集》的前期编纂工作,再交国博专家修改补充并定稿。

此时,距离党的九十华诞只有短短半年,要完成这样浩繁的工程,只有兢兢业业、全力以赴。我们深知,如果说将要出版的《90 年图集》是一座宏伟瑰丽的宫殿,那么我们就是为人们登堂入室铺路修梯的建筑工人,我们先要为这座殿堂寻找到合适的材料,搭建出大致的框架,然后等着专家们来修葺和装饰。我们很快就调整好状态,全身心投入图集的资料收集和准备中。在老编辑的指导下,我们找来了一大批相关的图书资料,整理出了当年编辑《70年图集》所用的材料,备齐了最新发表的党史资料,在短短一周的时间内就完成了准备工作。

2010年冬天,上海的第一场雪落下的时候,我们已经在浦东川沙郊区的小旅店中"与世隔绝"、足不出户苦苦鏖战了半个多月。我们相互砥砺、共同讨论,对每一个章节的每一个条目、每一张图片、每一句说明文字,都将最新出版的《中国共产党历史》第二卷(1949—1978)与早期的《中国共产党简史》进行细心比对、甄别和琢磨,以求迅速准确地领会中央精神。为此,我们常常为了一个貌似很小的问题而产生意见上的分歧,也常常因为讨论的时间太长耽误了整体的进展而不得不通宵达旦、夜以继日地追赶进度。所幸的是,我们终于如期搭建起了这座宫殿的框架——做好了所有图片剪贴和文字编排的工作,初步整理好了可以交给中国国家博物馆的专家修订补充的初稿。在这半个多月的时间里,我们写干了23根圆珠笔芯,用掉了36管胶水,剪掉了12包B4复印纸,贴完了1800多个浮签,小旅店的房间里满地都是裁剪后丢弃的纸边纸屑,看着这狼藉不堪的战场,我们的心中满是喜悦……

作了一番仔细的校对和复核后,我们便将初稿提交给编委会进行初审。集团领导先阅读了部分稿件,肯定了初稿的质量,并召集编辑团队,布置下一步的工作;随后,初稿的复制件寄往中国国家博物馆,请专家们审阅。

2011年1月初,由集团领导带队,我社领导、《90年图集》编辑组一行拜访了中共中央党史研究室、中共中央文献研究室、中共中央党校、中国国家博物馆、中国军事博物馆的相关负责人,就《90年图集》的出版进行了详细交流。王为松总编辑带领编辑团队与国博具体负责《90年图集》的藏品二部的专家,就图集大纲、筛选原则及一系列具体问题进行了逐一讨论。经过前期一个多月苦战的青年编辑对《90年图集》初稿内容早已了然于胸,在讨论中充分展示了高度的政治责任感、政治敏感性和严谨细致的工作作风,获得国博专家的肯定,他们赞扬我社青年编辑在考虑细节问题时"具有很强的大局意识",对编辑提出的疑问和意见表示欢迎和感谢,并且慷慨地给了我们大量的重要文献资料和意见支持。这让我们进一步增强了编好《90年图集》的信心。

3月初,国博专家完成了对《90年图集》初稿的修改和增删。我们的编辑团队面对的是更艰巨的挑战。计划中,《90年图集》应该在5月底之前推出。短短的两个月中,要将这一部体量巨大、头绪繁杂的图集编制完成,除了平心静气全力投入外,别无他途。从 3 月初开始,编辑团队成员便轮番赶赴排版公司,采取"车轮战"的方式,夜以继日地在排版车间工作。3 月下旬,完成初校样,编委会审查通过后,送交党研室审读。4 月底,再根据党研室的意见修改完善。5 月,书稿经过技术加工,整理誊清,按原计划送交印刷厂付型。

从 3 月到 5 月这段冲刺的时间里,所有参与图集工作的领导和编辑,没有间断过一天工作,不是埋头于书稿的反复审读和修改,就是奔波于北京和上海之间,不断征求中央有关部门和国博专家的意见。好几个周末,大家都在社里度过,一直工作到深夜,在单位附近最便宜的小旅店里随便睡个囫囵觉,第二天一早又回到社里赶进度。从集团领导到社领导一直高度关心项目的进展情况,陈昕总裁、丁荣生社长在周日专程来社里,一页一页地审读稿件,主持讨论,严把质量关,勉励大家奋力攻坚。陈昕同志对我们的要求是:"90 年辉煌的历史是中国共产党领导人民群众的革命实践。《中国共产党 90 年图集》既要反映在共产党领导下中国人民经过 90 年奋斗所取得的可歌可泣的辉煌成就和事迹,又要能如实记录在探索中国特色社会主义道路过程中的艰难与曲折;既要反映领袖们在推动党的发展和共和国建设中的重大决策,更要充分表现人民群众创造伟大历史的过程。"丁荣生社长则反复叮嘱编辑团队,要处理好党的历史上探索和曲折的关系、共和国几个不同重要历史阶段的关系、领袖和群众的关系、党史和国史之间的关系、政治发展与经济社会全面进步的关系、历史的纵向贯通和横向展开之间的关系,等等。陆宗寅同志心事最重,早上五点多就把大家从床上拉起来,让大家"怨声载道"的同时也深受感染与激励。为了保证图集的图片质量,我们还邀请装帧设计专家宁成春先生专程从北京赶到排版车间,连续四天四夜在第一线,对每一幅图片的色调、版式等作审查指导……

在领导的关怀和支持下,在老编辑手把手的指导下,我们对选题立项、作者走访、初稿整理、审稿加工、排版校对、整体设计、纸张选择、印刷装订乃至最后的宣传环节,均严格要求、精益求精,保证了该项目按时高质量完成,使其成为一部立意高、内容实、制作精的大型党史图集,成为向中国共产党成立 90 周年献礼的重要作品。

中共上海市委常委、市委宣传部部长杨振武在本书的出版座谈会上指出:"《中国共产党 90 年图集》是上海开展党史宣传工作的重大工程,是一部具有历史价值和现实意义的权威党史著作,是一部融思想性、资料性、可读性为一体的党员干部学习党史的好教材。"党史工作者也称赞这部图集以历史照片、文物图片和精准的文字说明，全方位、多角度地展示了党为人民求解放、谋幸福的坚定信念和心怀百姓、情系民生的始终如一的情怀，形象而又鲜明地勾勒了中国共产党创建、成长、壮大的发展历程，对于广大干部群众进一步深入了解和正确认识党的历史，提高运用党的理论、知识、经验做好实际工作的本领，持续推动学习型党组织建设，从党的历史中汲取开拓前进的智慧和力量，具有重要意义。而对于参与本书编纂的青年编辑而言，《90 年图集》的意义还不止于此——作为新时期宣传党史的一部巨制，它将成为许多人成长中、生命中重要的转折点，使青年编辑得以在重大项目的攻坚克难中继承、开拓、求实、创新，完成锻炼队伍、接过并高擎大旗的使命。

图集完成后，如何进一步出版好有关党史、军史、国史的图书，是我们面临的新课题。经过认真思考，陈昕同志和时任中央党史研究室副主任的李君如同志策划了一种新的二元结构的编辑体例，分别邀请中央党史研究室、军事科学院、中国人民革命军事博物馆、中国国家博物馆编辑出版《中国共产党历史图志》、《中国人民解放军历史图志》和《中华人民共和国历史图志》。这套图志的编写分为二元。一元是简要记叙中国共产党、中国人民解放军和中华人民共和国的发展历程，对其中涉及的重要内容配置图片，图随文走。另一元是"见证与文献"，采用类似纪事本末体的方式编排，对党史、军史、国史中的重大事件、重要人物、重要文献、重要文物，列条目予以介绍和评述，并以图片佐证。"见证与文献"部分还附有同时段的大事年表。我们力图通过这种图文并茂的编辑方式，系统而简明地介绍我们党、军队、国家的光辉历程；同时又以当事人的回忆或文献档案、图片等权威史料将历史中的精彩华章展示出来，以便广大读者深入了解和学习。无论是从史料占有的丰富性或图片素质的优异性着眼，还是就叙述评价的权威性、严肃性抑或系统编排的完整性而言，党史图志系列都是出类拔萃的，因而均被列入国家重大图书出版规划，并获得了"五个一工程"图书奖和国家图书奖，为上海人民出版社赢得了荣誉。

上海人民出版社走过了六十多年的历程，与共和国一道成长壮大，与时俱进。几代出版人用心血和汗水，书写了载入史册的不朽篇章，为读者奉献了众多优秀的重大题材出版物，《中国共产党 90 年图集》和党史图志系列只是其中的几个缩影。老一辈出版人凭着对党和人民的热爱、对理想信念的执着、对出版事业的追求，以坚强的意志，强烈的事业心、责任感和坚忍不拔的奋斗精神，始终致力于优秀出版物的编纂，给后来人留下深刻的教益。在他们的引领和栽培下，我们年轻一代一定会再接再厉，继承衣钵，做好重大题材，履行党社职责，将上海人民出版社的优良传统很好地发扬下去。

（上海人民出版社供稿，熊捷据毛志辉《在继承中开拓——从〈70年〉到〈90年〉的编辑出版历程》改编）

《中国书画全书》编后记

《中国书画全书》

上 海 书 画 出 版 社

上世纪 80 年代末,现代化的诉求逐渐感染书画艺术思维,而那个绵延数千年,曾经占据广袤的空间,曾经发放迷人的光彩,曾经营造伟大的民族艺术精神和人文气象的中华自足思维体系,则以日趋模糊的传统面目,离我们渐渐远去。为了提防传统文脉斩焉中断,提升人们衔接传统与当下的能力,有必要对传统书画理论思维作一次全面深入的调查和梳理,并达成适当的物化形态以嘉惠后人。这就是我们着手编纂《中国书画全书》的初衷。

实际上,自从人们意识到书画的人生价值与艺术价值以来,就开始了这部大书的编纂工作。从工匠到文人,从官修到私撰,从专著到通论,从实录到玄谈,从创言到敷衍,从零散到类聚,林林总总,纷纷扬扬,随着时间的加厚而不断增大其容量。也许我们的古人早已懂得,只有通过文字的网结,才能让那些嫁身于纸绢和头脑的过眼烟云留下痕迹,才能使这些痕迹连成历史与文化的缆绳,才能用这种缆绳来牵引一个悠久民族的审美精灵。但是,是非、雅俗、弃取的变幻无常,在更甚于兵燹蠹鱼的或然性意义上点窜着这批思想成果的质和量。人们代复一代充实进新的成果,同时也不断对传统成果进行各取所需的扬弃改造,或裁大为小,或衍简为繁,或增删其篇目,或阙易其姓名。这部大书于是乎成了一个深不见底的海洋,在变幻莫测的时代风云中载舟覆舟、喜怒无常,对之作任何简单的概括和裁割,都会损害其丰富的生命节律。

像清代御制《佩文斋书画谱》那样广收约取、槌骨沥髓的方法,显然不适合我们对

《中国书画全书》的编纂。大刀阔斧的手术，尽管可以按照人的意志浓缩一个生命体，却会使之丧失天然的活力。像民国《美术丛书》那样宽泛不羁、触类而长的方法，同样不适合我们编纂《中国书画全书》。无边无垠的篇牍，势必使编者和读者的敏感神经疲于奔命、不知所终。历史把我们推到了不容苟且的位置上，要求我们对正在逝去的文言世界作出揭示史实真姿的努力，建立一个全面反映传统书画思维同时又便利于现代人使用的文献资料库。它既要以深沉锐利的历史眼光，纬天经地，探幽发微，从繁缛浩瀚的书画典籍中梳理出各个方位、各种层次的代表著作，使之形成连贯的序列；又要用缜密周详的爬梳功夫，钩沉辑佚，剔垢磨光，从星罗棋布的旁邻典籍中搜求到与书画相涉相关的文献资料，使之趋于有效的集合；而且，所有这一切，还应当在充分保持历史面目的前提下，纳入一种相对完整的、系统的，工具性与学术性相结合，并浓缩于有限载体上的现代或准现代化的方法之中。

不言而喻，这是一项面临着诸多难题的浩大工程。

首当其冲的困难，当然是访求图书。中华民族乃发明造纸与印刷术的历史骄子，但遗憾得很，这个为写书和印书创造好了一切条件的民族，却没有足够的能力来保存这些书，没有足够的气度来使用这些书。书画古籍作为一个并不显要的门类，其收藏流传更是处于散乱无序和自生自灭的状态。虽然通过多种途径的努力，并得到海内外许多藏家的帮助，仍然难以填平从存目到存书的巨大差距，而且即便千辛万苦追访到了某种存书，又有可能因为韫椟藏珠而失之交臂。至于对版本的精益求精，更如大海捞针，若非特别机缘，往往百无所成。

紧接着的麻烦，是定夺取舍。由于"好事者而为之"的特点，中国古代允称书画专著者虽不很多，却跟随着大批反复纂录历代书画史论的文字。倘若广收博取，量的堆积并无大助于质的提高；倘若苛求割爱，在时空变迁中发生着微妙损益的以述为作的历史发展轨迹又将无从寻觅。与此同时，更为大量的是博学余暇游手于斯的非专业性著作，以及附着于其他门类著作中的相关片段，广而求之，则卷帙成灾，茫无际涯，置而不用，则怀宝迷邦，玉石同沉。何况岁月侵蚀，烟尘漫漶，人事迁移，闻见异佚，加上臆断疑义和窜改历史者又从中制造了更多的雾障，以致真谬杂处、讹舛纷陈。如何在不破坏原生态的前提下，去伪存真，去芜取精，准确、全面而又系统地将各具价值的历史资料纳于有序的统一体中，确是颇费踌躇的。

第三个问题，涉及编纂体例。属于书画类的专门著作，应该完整地收纳，对于量大而分散的旁涉书画者，则只需辑录相关片段，用统一的体例是无法兼顾的。而专注于修养机制内在超越方式的文化取向,又往往宏阔迂深、波谲云诡,合道、理、法为一体,融文、史、哲于一炉,使得任何着眼于学科分类的努力尽皆失去意义。剩下的办法是按成书时间编排,但如此一来,又将抱残守拙,与当代所能达到的信息处理能力无缘。信息的有效性在于有序,茫茫书海,若不能贯以相应的经纬纲目,则无异于徒手捕鱼,始终跳不出原始作业的圈子。

还有一个难题,就是标点。从文言世界到白话世界,人们已经习惯了在新式标点规定下的阅读方法,为了发挥更广远的作用,以影印或不加点校的重排方式出版,显然不合时宜。但新式标点毕竟是受惠于西方文化的现代产物,以之追加文言,固然有助于当代人的理解,却不得不付出强通悟为穿凿、变活意为死意的沉重代价。许多经由著名学者悉心点校的古籍,总是可以找到不少差失,正是因为古人并没有用现代标点的逻辑化头脑去思维,方枘圆凿,难以措巧。

如此等等,不一而足。唯一的选择,只能是在种种两难所交叉的中间地带确立一个彼此兼顾的立足点。经过反复思考论证,我们终于把这项大工程分解成了形式上分殊独立而内涵上联锁互补的三部曲:第一部仍名"中国书画全书",用完整收录的方式汇编历史上已单独成书的史、论、法、鉴等书画专著;第二部另名为"中国书画文献综录",以文摘汇编的方式搜集散见于其他书籍和存世书画作品中有关书画的文字资料;第三部则在前两部的基础上根据现代学术研究的要求而编制多功能的分类索引,名之曰"中国书画文献索引"。所有入编文字,均用旧式断句,以便人皆能读,且又少犯"执者失之"的错误。对于底本欠佳者,尽量以其他版本互为校勘。发现原书错误,则小心求证,附加按语,而严格保持正文原貌,不加妄改。每种书前均附有题记,扼要说明作者和版本情况。

《全书》和《综录》之间,有个亦此亦彼的交叉地带。根据体例,倘若未曾独立成书,则虽系名篇,也只能辑入《综录》。但事实上,越是早期的书画论著,越是容易为后代的丛辑反复录存,因此,除了像颜之推《杂艺篇》、陈介祺《习字诀》、顾霭古《笔法》、钱泳《书学》等少数名篇之外,一般都能随着相关丛辑收入《全书》。为了查检之便,拟于《全书》末册另列篇目索引,这是关于第一种情况的处理办法。第二种情况,某些书被一般古籍目录归为书画类著作,其实书画内容并不占主要篇幅,如赵希鹄《洞天清录》、项元汴《蕉窗九录》、安世凤《墨林快事》、张文沐《定川草堂文集小品》等,为节约篇幅计,《全书》不收,而汇辑其相关篇章入《综录》。当然,此类书中也会有某些条目为他书所辑录并随之进入《全书》,如李之仪《姑溪居士题跋》、曹昭《格古要论》等,则视其被辑录的条目多寡，而决定是否在《综录》中以更完整的面目重出。第三种情况，同一作者有相类似的著作，如董其昌的《画旨》与《画禅室随笔》，彼此重复部分甚多，因而酌选最具代表性者入《全书》，倘若余下之书有相异条目，则辑入《综录》以见其全。第四种情况是伪托的著作。只要时代较早，又有价值，或者虽然价值不大，但亦自成气候，均收入《全书》；而另一些时代较晚，又多采前人之说敷衍成书者，如《唐六如居士画谱》等，则留待《综录》中采撷其为别本所无的零星章句。最后一类，带有图谱性质的著作，选择其文字自成章节且富独立价值者入《全书》，如李衎《竹谱详录》、吴太素《松斋梅谱》、王概《芥子园画传》等，其余则由《综录》作选编。

在许多专家学者以及社会有关各界的通力合作下，经过近十年的努力，《中国书画全书》终于出版发行了。尽管从整个工程来说只是铺设了最基础的部分，其内外价值的正常发挥还有待于《综录》和《索引》的连锁作用，但可以肯定，它毕竟以前所未有的规模，对整个文言时代的书画论著作了一次总结性的梳理。这是中国书画艺术实现其现代化转型之前对自身传统充满深情的回顾，这是文言书画论著独特而悠久的人文气象经过时空浓缩的展现，这是民族艺术精神以其种属生命的力量嵌入我们心理结构的见证，这是我们挟带着生命意识的历史渊薮走向现代的依据，这也是历史与时代赋予我们这一代人责无旁贷地为后代子孙、为未来世界留下有效连结点的光荣使命。其意义，决非仅仅表现为为历史研究工作增加便利条件而已。

由于时间和水平所限，更由于目前社会上对于文物资料的公用程度未能完全跨越旧式藩篱，《中国书画全书》还存在着不少遗憾。尤其是某些交臂失之的善本、秘本，比如佚名《书学会》、金阶《翰墨会记》、周之士《游鹤堂墨薮》、曾协钧《壬戌消夏记》、卞永誉《式古堂朱墨书画记》等的缺失，给本书的完善化造成了明显的损失。另外，出于减轻读者负担的考虑，在最后的成书印制阶段，又把《佩文斋书画谱》这一类篇幅过于庞大的集录性著作给删除了。当时的想法是《全书》精简，尚有《综录》可纳。殊不知《全书》只是整个大工程中易于成功的部分，《综录》则要比其涉猎范围更广，投放人力更多，花费时间更长，而且具有更为严酷的学术性难度。如今距离《全书》的出版又过去了十多年，《综录》的工作仍进展甚微，不成气候，看来多半要夭折了。所幸的是第三部曲《索引》中针对《全书》的部分接踵于《全书》的出版而配套完成，使《全书》成为便利现代人使用的有序信息库，或可聊补一些遗憾。

值得顺便一提的是《全书》的独特印刷方式。为了尽可能少损失入选各版本的历史信息，不仅需要繁体字排印，而且对俗体字、异体字、通假字、避讳字之类不作改易，这就很难适应当时已经兴起的电子排版技术。经过多方测试之后,我们最终是依托一家专门为这部书新建繁体字铅印车间的印刷厂,通过大量手工刻字的充实而成就版型的。鉴于卷帙浩瀚、工序繁重,又尝试简省打纸型的环节,直接用活字排版上机印刷,从而很可能不期而然地成为历史上最后一部活字印刷图书。

（上海书画出版社供稿，卢辅圣执笔）

十年树木成绿荫

——《中华本草》编辑出版纪实

《中华本草》

上海科学技术出版社

在中国数字里,"九"是一个最高数,所谓"天地之至数,始于一,终于九焉"。"九"隐喻着吉祥与神圣,象征着事物圆满,终成大器。我们的叙述就从那满含"九"的岁月说起。

1999年9月上旬的一天,一辆白色依维柯徐徐驶出瑞金二路450号大门,车上装载着20箱刚刚从印厂下线的《中华本草》,车内弥漫着一股浓郁的油墨清香。这是一部上海科学技术出版社运送国庆献礼图书的专车,由一位社领导和两位责任编辑亲自护送,星夜兼程驶往北京。

9月10日,秋阳灿烂,将京城的建筑和树木染成一片金黄。上午10时,《中华本草》出版座谈会在北京人民大会堂隆重举行,在会议大厅的入口处陈列着数套用红绸衬托的《中华本草》全书,印有龙纹图案的紫红色封面庄重大气,赵朴初先生题签的"中华本草"四个金字,在灯光下熠熠生辉。来自全国各地的中医药界专家、出版工作者和各大媒体记者欢聚一堂,见证了这部皇皇巨著的问世。全国人大常委会副委员长何鲁丽、全国政协副主席阿沛·阿旺晋美等国家领导人,以及中宣部、卫生部、科技部、国家新闻出版署、国家中医药管理局等各部委领导出席了座谈会。

《中华本草》是中国历史上第六次由政府组织编纂的"官修本草",这部凝结着数百位中医药界专家、学者和出版工作者十年心血的30卷本巨著,于国庆前夕正式出版,作为卫生部的献礼项目和上海出版界的一份厚礼,献给了共和国五十华诞。它的出版，填补了《本草纲目》问世400年来本草文献系统整理研究的历史空白，成为我国本草学发展史上又一座新的里程碑。

盛世修本草

编纂《中华本草》是我国中医药界多年的夙愿。常言道："盛世修本草。"在中国历史上，凡取得重大学术成就的"官修本草"都是在政治安定、国家昌盛、学术繁荣的时期编纂完成的。公元7世纪，唐政府组织编纂了《新修本草》（亦称《唐本草》），即世界上第一部国家药典；随后，两宋时期的几部"官修本草"如《开宝本草》、《嘉祐本草》、《证类本草》等相继问世；明代也曾由国家编修《本草品汇精要》（存于内府，未刊行）。但在此后的漫长历史时期里，再没有"官修本草"颁行。

进入20世纪80年代，随着我国改革开放的进一步深入和社会主义现代化建设不断取得成就，中医药事业也得到了快速、健康的发展，本草学的各分支学科取得了丰硕的研究成果，亟待整理和总结。因此，编纂一部集两千年中国传统药学之大成的本草巨著，是弘扬民族优秀文化、促进人类健康事业发展的需要，也是历史赋予当代中医药工作者的光荣使命。

1984年，中医药界的六位人大代表和政协委员提出由国家组织修订中华新本草的提案。此提案受到了国家领导人的高度重视，卫生部衔命组织有关单位积极筹备编写工作。1986年国家中医管理局成立，立即将《中华本草》编纂工作列为局重大科研项目，并组织全国的专家、学者对这一重大课题进行协作攻关。

经过5年的筹划和准备，1989年5月在古城扬州召开《中华本草》编委会第一次会议，这标志着这项举世瞩目的宏伟工程正式启动。国家中医药管理局成立了《中华本草》编纂委员会，局领导亲自挂帅。编纂委员会下设中药品种、栽培、药材、化学、药理、炮制、文献与临床、制剂、本草史及药性理论十个专业编委会，分别挂靠中国中医研究院、中国医学科学院、中国药科大学、北京中医药大学、上海中医药大学、成都中医药大学、南京中医药大学等单位；编纂委员会办公室和常务总编审组设在南京中医药大学；《中华本草》的总编、总审定、副总编及各专业编委会正副主任委员均由国内中医药界的一流专家和学术带头人担任。

在随后进行的出版社遴选中，竞争异常激烈。其中既有中央级专业社，又有地方强社，可谓强手云集。最后，上海科学技术出版社凭借着在医药出版领域的品牌优势和综合实力，以不要国家任何出版补贴等优先条件在众多出版社中胜出，一举拿下总卷数为 34 卷、总字数达 3 500 万的《中华本草》这一分量厚重的项目。回想当年，社领导高瞻远瞩、果断决策的胆魄，令人感佩至深！

十年磨一剑

《中华本草》收载药物近 9 000 种，每一个药物条目下分设 23 个子项目，所涉学科众多，任何一位专家都不可能单独编写出一个完整而合乎要求的条目。故编委会最后确定的编纂模式是：各专业编委会分头撰写子项目，搞药物化学的写化学成分，搞药理的写药理，各个子项目经初审修改合格后，送交南京编委会办公室进行组装和总审。《中华本草》参编人员有 500 多人，分布于全国 60 余所医药院校和科研院所。这部巨著的完成，就像中国商飞公司的国产大飞机总装制造一样，在全国各地生产"零部件"，最后送到南京进行"整机"组装合成。这种由面到点，全方位、多兵种协同作战的编纂组织模式，既可以说是一种创举，但同时也给后期组装、总审和编辑工作带来许许多多想象不到的困难和事先没有预料到的技术问题。如药物品种混乱，内容张冠李戴；初稿文献检索不到位，最新研究内容阙如；子项目与子项目衔接困难；大量的索引等。

《中华本草》的编纂和出版从开编之日起就注定是一场艰苦卓绝的战役。面对这样一项任务重、周期长、投入大、要求高的大型文化工程，出版社十分重视。为了打造好这块"国字号"品牌，确保出版任务的圆满完成，社领导抽调专门力量成立《中华本草》编辑部，给予人力、物力和财力上的支持。一场旷日持久的大战就此拉开帷幕。

为了确保在规定的时间节点内完成《中华本草》的出版任务，编辑部汲取了社里以往组织大型出版项目的成功经验和教训，在战术上关口前移，提前进入角色。开编前，编辑部与编委会办公室一起研究制定《中华本草》全书的总体框架和卷目整合，拟定药物条目特大、大、中、小四级样稿体例，起草和审定编撰工作手册等一系列技术文件。开编后，一方面，根据《中华本草》的编撰内容，制定编辑审稿加工细则，如大量的人名和书名的统一表述、医药名词术语和法定计量单位的规范使用、参考文献的正确格式等；另一方面，责任编辑定期赴南京，与专家们一起对送交的"零部件"和已经合成的稿件进行逐批调阅，发现问题便通过编委会办公室及时反馈给有关专业编委会，避免重复出错。由于编前工作做得细致扎实，同时在组装总审阶段加强"田间管理"，故最后交到出版社的稿件就比较成熟,大大缩短了交稿后的出版周期。

　　参与《中华本草》这样一类代表国家级水平的大型文化工程建设,是许多编辑一生中难以遇到的,这足以让人引以为豪,但"青灯黄卷"苦行僧般的十年磨炼,对任何一位参与者来说,都是一次严峻的意志和毅力的考验。编辑一旦投身其中,施工是长期的,竣工是遥远的。虽然编前工作在一定程度上能体现编辑的创意,但是当编写的框架和体例确定以后,编辑所能做的就是熟悉它、适应它,一切都得根据"模板"的要求来进行审稿和加工,不能擅自主张,随意创新。每天机械地重复劳动,经年累月,看不到成果,工作非常枯燥乏味,这对思维活跃的年轻编辑来说尤其苦恼。更考验人的是,做这样一部大书,在很长的一段时期里只有投入而没有产出,当然,暂时也不会有经济效益,故《中华本草》编辑部被社里冠以"吃皇粮部门"的雅号。虽然部门编辑年年翻番地超额完成发稿任务,加班加点更是常事,部门主任白天在单位忙于审稿和处理杂事,下班回家继续伏案审稿,几乎天天挑灯夜战到凌晨,但他们年终所拿的奖金比其他图书编辑部要少得多。在这种情况下,作为一名编辑,他追求的是什么? 如果追求的是经济利益,那肯定坚持不到终点。唯有那些志存高远、有文化追求的编辑,才会甘于寂寞,默默奉献,始终保持一种平和的心态,在《中华本草》这片学术绿洲里耕耘不辍。

　　《中华本草》量大面广,内容十分丰富。其收载的文献,时间跨度大,上至先秦,下至 20 世纪末;收载的内容门类多,植物、动物、矿物、化学、药理、生药、炮制、制剂、临床、中医文献等多种学科无不涉及;文稿中又夹杂英、俄、日、德、法、拉丁等多种文字。如果编辑静不下心来仔细审读,是难以发现稿件中存在的许多隐性问题的。为了确保全书的质量,责任编辑在长期的审稿中,始终坚持一丝不苟的严谨作风,从不轻易放过任何一个疑点,千方百计寻找参考书进行求证,或向专家咨询,尽管费时费力,但心里感到踏实。实在找不到答案的,就将有关问题记下来,寄给编委会办公室解疑。几年下来,编委会办公室的同志惊异地发现,编辑部提请专家解疑的书面材料竟达五六十万字,不少问题提得非常专业,专家也为之惊叹。很多专家感叹地说:"将《中华本草》交给上海科学技术出版社出版,实在是明智之举!"

　　到了 1998 年,《中华本草》进入最后的冲刺阶段。为了确保全书的编校和出版质量,社里组织编辑、设计、校对、出版等各路精兵强将进行立体会战,使几千万字的原稿、校样和清样在相对集中的时间内有序地流转。编辑人手紧,就组织已退休的老编辑重返"战场";有些内容学科跨度大,中医编辑难以胜任的,就邀请社里有关编辑部的资深编辑和社外专家进行"会诊";清样出来后,另专聘社外相关学科专家、教授担任"四审"。此外,社内的设计、校对和印制人员也常常献计献策,完善各道工序的职责。由于各个环节层层严格把关,保证了《中华本草》的编校和印制质量。社里凡参与这项文化工程建设的人心里都清楚,《中华本草》是一部代表国家级水平的传世之作,今后若要再组织修订,可能要等上几十年。因此让这部巨著少留遗憾,已成为大家共同的心愿。

光荣与梦想

经过全体编纂人员和出版工作者的奋力拼搏,《中华本草》全书终于在国庆 50 周年前夕正式出版。"十年磨一剑",磨出了一部旷世之作。新华社、中央电视台、中央人民广播电台、《人民日报》、《光明日报》等各大媒体对此进行了广泛的宣传报道,对其学术价值和出版意义给予了高度评价:《中华本草》是当代"李时珍"集体智慧的结晶,它的出版必将对中医药事业和人类健康事业的发展产生积极而深远的影响,功在当代,利泽千秋!

《中华本草》出版后,屡获殊荣。基于上海科学技术出版社在全书编辑出版工作中的出色表现,市委宣传部给予通令嘉奖。1999 年 12 月 14 日,在"上海市文艺、理论、出版优秀作品表彰大会"上,社长和责任编辑作为获奖代表受到市领导的亲切会见。2000 年,《中华本草》荣获上海市优秀图书特等奖;2001 年又先后获得第十届全国优秀科技图书一等奖和第五届国家图书奖荣誉奖。《中华本草》在取得显著的社会效益的同时,也创造了可观的经济效益。全书和精选本经数次重印,累计毛利达 510余万元。

然而,《中华本草》的编辑团队并没有陶醉于荣誉和成绩中,在整编进入医学编辑部后,他们又踏上了新的征程。根据出版社医学产品线的战略布局和目标,以《中华本草》为基石,力争将上海科学技术出版社打造成海内外公认的中药学科领域最权威的内容提供商。在随后的 10 年里,这支铁军发扬连续作战的精神,攻城拔寨,战果辉煌。

2005 年 12 月,《中华本草》藏药卷、蒙药卷、维吾尔药卷和傣药卷 4 个民族药卷全部出齐,给《中华本草》整体工程画上了圆满的句号。

2009 年 4 月,《中药大辞典》(第二版)出版,让这部经典的工具书重新焕发生机。

2011年荣获第二届中国出版政府奖图书奖。

2009年9月,国家出版基金项目《中华海洋本草》(6卷)出版,作为《中华本草》的姊妹篇,向共和国六十华诞献礼。2010年荣获上海图书奖特等奖,2011年入选"三个一百"原创出版工程项目。

2011年1月,国家出版基金项目《中药天然产物大全》(12卷)出版,被学界誉为现代版《本草纲目》。2012年荣获上海图书奖一等奖。

2011年10月,上海市经信委数字出版信息化专项资金项目"SKY数据库——生物医药资源的标准数据库"通过专家验收。出版社依托《中华本草》、《中华海洋本草》、《中药大辞典》、《中药天然产物大全》等优质内容资源,建立了国内第一个权威的中药及其天然产物的行业标准数据库,并在"SKY数据库"的基础上,逐步构建"医学数字出版集成服务平台"。

岁月悠悠,经历了书业市场的战火洗礼,如今的上海科学技术出版社医学编辑团队更显年轻,更具朝气,他们肩负着集团赋予的神圣使命,砥砺前行,用青春和智慧续写上海出版人的光荣与梦想。

(上海科学技术出版社供稿,应小雄执笔)

《中药大辞典》的出版情缘

《中药大辞典》

上 海 科 学 技 术 出 版 社

也许是机缘巧合,我在近 40 年的编辑生涯中,与《中药大辞典》的出版结下了不解之缘。

1976 年,我成了医学编辑室的一名新兵。正逢《中药大辞典》第一版编辑加工工作紧张之时,全室的同志除了去"干校"劳动的以外,都投入了此项浩大的工程中,我也成了这个集体中的一员。

2013 年,当我离开编辑岗位时,《中药大辞典》第二版缩印本正式发稿,标志着《中药大辞典》第二版的出版工作即将完成。

2014 年 6 月,终于迎来了散发着油墨香味的《中药大辞典》第二版缩印本样书。看着书柜里陈放的《中药大辞典》、《中药大辞典》(日文版)、《中药大辞典》(韩文版)、《中药大辞典》(香港中文繁体字版)、《中药大辞典》(台湾中文繁体字版)、《中药大辞典》缩印本、《中药大辞典》(第二版)、《中药大辞典》第二版缩印本,我不由心潮澎湃,与作者和同志们一起严谨认真、一丝不苟、夜以继日的工作场景又一一浮现在眼前。

耕耘二十年　辉煌三十年

《中药大辞典》虽于 1977 年正式出版,但是开始酝酿和策划该书的编写与出版却是南京中医学院的教授们在 1958 年提出的。大家都知道,在我国历史上有不少医药学家，根据自身的辨药、采药、制药、用药经验修订医药文献。从载药 365 种、总结先秦至后汉本草成就的《神农本草经》，到南北朝陶弘景的《本草经集注》、《名医别录》，从第一部由政府主持编修、颁布的药典性著作——唐代的《新修本草》，到宋代修撰的《开宝本草》、《嘉祐本草》，再到载药 1 892 种、代表历代本草著作最高水平的《本草纲目》，每一部著作都包含了当时本草领域最新的中药理论和实践经验。然而《本草纲目》成书已经是 400 多年前的事了，近代以来，尤其是中华人民共和国成立以来，中医药事业有了长足发展，中药的化学成分、药理作用、新品种的开发和临床应用研究均取得了一定成果，亟待总结整理。编写《中药大辞典》是一件利国利民、非常有意义的事情，所以，此计划一提出就得到了各方领导的大力支持。

正当初稿编写工作有条不紊地进行时，"文化大革命"开始了，编写工作陷入停顿。当时写的草稿，把三个书橱都放满了。《中药大辞典》还能不能面世，大家心里都没底。1972 年，全国兴起了"中草药运动"，《中药大辞典》的编写工作也得以重新启动。先此，1967 年，南京中医学院与南京医学院合并为"江苏新医学院"（1967—1976），编写组又增添了南京医学院的药理、药化、临床方面的专家教授，编写力量大大加强。

为了追回被浪费掉的时间，编写组的同志每天都提前到办公室，晚上加班几小时更是习以为常，晚上 11 点，办公室里仍然是灯火通明；星期天工作，寒暑假也照常上班；没人叫苦叫累，也没人计较名利，大家对工作充满了热情。

为了确保全面、准确地反映出历史研究概况和最新的研究成果，编写组制定了严格的编写要求。例如，收集资料要全面、准确，要做到"条条追根，字字落实"；有时为了确定一个药名的出处，就要查阅多个图书馆的藏书，花费一个多星期的时间；为核实"临床报道"案例的真实性，还经常需要同该报道的作者联系，求证该案例的真伪；为了收集中药标本，编写人员的足迹几乎遍布全国各地，描绘了一张又一张形态图……

编辑工作也一反常态，不是等稿件完成后再加工，而是在编写工作一开始便提前介入，对体例、格式、编写细则制定等都提出了宝贵意见，在样稿时就严格把关，发现问题随时纠正。为了减少稿件往来邮寄的时间，我社有不少编辑索性长期驻扎在江苏新医学院，住的是学生宿舍，吃的是公共大食堂。那时空调还是罕见之物，炎热的夏天，为了防止稿件被吹散，有了扇子或风扇也不敢用，只能用毛巾不停地擦汗；冬天只能泡一杯热茶，暖暖快被冻僵的手。为了解决文稿中的疑问，由于手头图书资料有限,很多编辑还常常跑东跑西借阅图书,帮助作者共同解疑。工作虽然很艰苦,但没人提出出差补贴、调休假期等要求,只有一个想法:甘愿为他人做嫁衣!

经过 20 年的辛勤耕耘,年轻的同志变成了中年骨干,壮年的专家成了"古稀"学者,这部系统总结中医传统用药经验、基本反映 1949 年新中国成立以来中药科研成果的图文并茂的巨著终于诞生,填补了我国现代中药大型工具书的空白。全书共 1 007 万字,收药 5 767 味,分装为三册(上册、下册、附编)。

值得欣慰的是,《中药大辞典》第一次印刷 12 万套很快就销售一空。此后,又多次加印。后又出版了缩印本,价格更加低廉,更为广大群众欢迎。尤其是在上个世纪七八十年代,这部书成了榜上有名的畅销书,供不应求。一直到 2008 年,还在不断地重印,至今仍广为应用,累计发行总量已超 130 余万册。由于其畅销,在有些地方甚至出现了"盗版"。

《中药大辞典》第一版出版后,蜚声海内外,成为 20 世纪七八十年代中医药及相关领域研究人员最重要的参考书目之一,被誉为当代中医药学术经典之作。曾被数千种图书及学术论文引用,并被翻译成日文版、韩文版在海外发行,同时有香港中文繁体字版和台湾中文繁体字版出版,在华人地区广为传播。1978 年荣获"全国科学大会奖",1995 年获国家新闻出版署辞书类一等奖。

走进新时代　再铸新辉煌

现代社会,科学发展日新月异,新理论、新知识、新技术、新方法层出不穷。中药学的发展亦是如此,尤其是 1977 年以来,其发展速度比以往任何时候都快。在中药资源研究方面,"八五"期间,从科技部攻关项目"全国中药资源普查"了解到:药用植物品种已达 1 万余种,尚不包括动物药、矿物药;在中药品种考证方面,有许多品种经过翔实的考证有了新的突破;在中药物质基础和作用机制研究方面,不仅国内成果很多,而且几乎所有在国际上有影响的生物学期刊、医药期刊都有关于中药化学成分和药理研究的报道;在中药临床应用研究方面,古今常用中药的应用范围不断扩大,老药新药的资料不断涌现。随着人类疾病谱的变化,出现了一些新的药物研究热点,如刺五加、明党参、槐耳等。对某些药物的毒副作用也有了比较清晰的认识,如关木通、广防己的肾毒性等。对于某些稀缺药材,专家们在具有近缘关系的药用动植物中寻找替代品的工作也取得了很大进展。《中药大辞典》所收载的都是 1975 年以前的科研成果，已经跟不上时代的需要，将上述研究成果充实到《中药大辞典》中去，使之更好地发挥对中医药临床、教学、科研、开发的指导作用，已经是迫在眉睫的任务。

1988年，我即向南京中医学院领导提出了编纂《中药大辞典》第二版的计划。然而有两个因素阻碍了计划的实施。一是《中药大辞典》第一版的版权所有者是"江苏新医学院"，现在已重新拆分为南京医学院与南京中医学院两所高校，版权如何归属？二是原来编写组的一些专家教授已经退休，中年骨干则担负着繁重的教学和科研任务，如何有时间？

经过查阅《中药大辞典》的历史档案，询问了很多当事人，并咨询了法律方面的专家，终于厘清了版权归属。我又逐一拜访了原编写组的专家教授，他们的热情都很高。然而，1989年5月在古城扬州召开了《中华本草》编委会第一次会议，国家中医药管理局成立了《中华本草》编纂委员会，编纂委员会办公室和常务总编审组设在南京中医学院；上海科学技术出版社则光荣地承担了该书的出版任务。为此，《中药大辞典》第二版的编纂工作再次被推迟。

1999年9月《中华本草》顺利出版，《中药大辞典》第二版的编纂工作被提上了议事日程。编纂《中药大辞典》第二版是一项非常大的系统工程，得到了国家中医药管理局的重视，被列为局级科研项目。2000年南京中医药大学专门成立了《中药大辞典》（第二版）编委会，抽调了学校相关专业的专家和骨干进行编纂工作。一些"耄耋"之年的老专家也主动请缨，要为编纂工作校对把关。修订工作于20世纪80年代末即已酝酿，编纂工作于2001年正式开始。

编纂要求全书内容在保持《中药大辞典》原版编写特色的基础上，尽量体现出先进性和科学性。将原版三分之一的冷僻药替换为当前的研究热点药，根据《中华人民共和国药典》《新编中药志》调整有关常用药主流品种和次要品种；在药材鉴定技术方面反映显微鉴别、理化鉴别的内容；在成分和药理研究方面，广泛收集原书出版以来新发现的活性成分、有效成分及药理研究的新方法、新成果；在临床研究方面，着重挖掘老药新用的研究成果、新品种的临床成果。总而言之，通过本次修订，进一步保持和发扬《中药大辞典》第一版内容丰富、资料可靠、简明实用、应用广泛的特色；同时绳愆纠谬，淘汰陈旧资料，补充新方法、新成果，使之内容更准确，更具有科学性、先进性、实用性、权威性。

编纂工作热火朝天，很多老师都是教学、编书双肩挑，每天工作时间达十五六个小时；有的教授在去国外讲学期间也抓紧分分秒秒收集最新的研究资料；有的女教师为了不耽误工作，"狠心"将孩子托给公婆照看；有的教授更是放弃了难得一次的疗养机会，坚守在岗位上……编辑工作亦是紧锣密鼓，与编纂工作同时进行。作者写出一批，我们就审稿加工一批，及时发现问题，及时反馈，及时调整，及时修改。时间紧，任务重，已经分不清上下班时间，很多同志都是单位里放着部分稿件，家里也放着部分稿件，除了吃饭睡觉，全都扑在了编写、审稿上……由于参编的人多，又增加一批新手参加编写，所以书稿写成后不统一之处甚多，比如化学成分中同一成分译名不一致、索引中名称与正文中名称不一样、引用古籍中一些孤僻字缺漏、药名汉语拼音不规范、部分辞目编写次序颠倒、外文单词拼写错误等，工作量非常大。辞书的编辑是来不得半点虚假的，为了确保全书的质量，我们的编辑在长期的审稿中，始终坚持一丝不苟的严谨作风，从不轻易放过任何一个疑点，千方百计寻找参考书进行求证，实在找不到答案的，就将有关问题记下来，寄给编委会办公室解疑。在《中药大辞典》第二版的加工过程中，我们提请编委会解疑的书面材料竟有 20 余万字。

功夫不负有心人，2006 年《中药大辞典》第二版终于胜利出版。全书共 1 423 万字，收录植物药、动物药、矿物药共 6 008 味，与第一版一样，分装为上册、下册、附编三册，上、下册为正文部分，附编为索引部分。《中药大辞典》第二版出版后，继续了第一版畅销的辉煌，得到了业内专家的一致好评，2011 年荣获第二届中国出版政府奖图书奖。2014 年 6 月，更适用于广大群众的《中药大辞典》第二版缩印本面市。

《中药大辞典》凝聚了几代中医药专家和医学编辑的辛勤劳动和智慧，虽然他们有的已经作古，有的已经退休，但他们严谨认真、一丝不苟、不为名利的治学精神和兢兢业业的敬业态度，永远值得我们学习，在此向他们表示深深的敬意！如今，年轻的编辑团队更肩负着复兴中华的神圣使命，他们将砥砺前行，用青春和智慧续写上海出版人的光荣与梦想。

（上海科学技术出版社供稿，虞厚安执笔）

再现汉文化在东亚文化史上的辉煌

——复旦版"域外汉文文献"系列出版侧记

"域外汉文文献"系列

复旦大学出版社

编者按：在没有任何政府资助的情况下，依然立项，而且是"竞争"着去立项，结果不仅获取了市级及国家级的出版资助，而且市场效应上佳。这是复旦版"域外汉文文献"系列这一大型项目最值得关注的"看点"。

胆略，自然是复旦出版人，尤其是时任社长贺圣遂先生在竞争此项目时胜出的重要因素，然而支撑这种胆略的更有识见与执行力。舍此，胆略便会变质为莽撞。以文化担当为内核的胆略、识见、执行力，可以说是运作大型项目三位一体的必备要素。

出版人文化层面上的识见，包含两个方面的洞察力：对受众动向（在这里体现为专业学术动向）的洞察与对国家文化战略动向的洞察。这两种动向，尤其在大型项目中，经常是交织在一起的。出版人作为文化生产者之一，在判断大型项目的立项是否可行时，首先考虑的便是文化决策者与文化产品接受者之契合程度，同时再兼顾文化生产者中另外两者,即作者与出版同行的动态。贺社长的厉害,首先就在于他在古籍整理研究上的素养经验与对于国家大事乃至国际政治文化格局的热心关注,所以他识见高超地敏感地抓住了专业学术动向与国家大政的契合点,具备了没有资助也要上的胆略。由此也可以说,识见更来自学养,不仅是书本知识的,而且兼有帅才型的经营者的学养。

执行力包括很多方面,而最重要的是决断能力与组织能力。我读《史记》常感慨于其中多次出现的一句话"天予不取,必受其咎",这说的就是决断能力在面临大事时的重要。透露一点小秘密,文章中所说的当时对这个项目感兴趣的不止复旦一家,这不止一家,就有我时任总编的上海古籍出版社。就识见而言,对这批文献我与贺社长的看法完全一致,论与主要作者的交往,我也不输于老贺,更何况,在大型项目运作上,上古社更曾有当时在全国首屈一指的成功经验,但由于种种原因,就在我们延宕未定之际,贺社长却"该出手时就出手",富于胆略地作出决断,夺得了这个项目的专有出版权。组织能力是决断成功贯彻的重要保证,而社内社外专业队伍的建设,相应的人力财力的投入,一以贯之的服务精神,这三方面的综合运用程度,决定着组织能力的高下。读一读本文,我们不能不叹服,复旦出版人特别是贺社长综合运用这三方面能力的拔萃出众。上古社与复旦社兄弟友好,但也有竞争,而在几个重大项目,如葛兆光教授的《中国思想史》,章培恒教授、骆玉明教授的《中国文学史》等的竞争中,即使有的上古已占得先机,最终还是花落复旦。贺社长说这是上古老大哥的礼让。然而,坦率地说,其实是在敢于投入与悉心服务上,上古已落于下风而不得不顺水推舟。

如果说识见与学养是胆略的必备前提,那么以决断能力与组织能力为主的执行力就是胆略的坚实后盾。经常有同行谈起如何立项以争取政府出版基金资助,我想,复旦社这个案例应对业界有所启发。

2014年6月,外交部礼宾司致电复旦大学出版社,请后者为其寄送该社2012年出版的36册本《琉球王国汉文文献集成》,以备作国礼赠送外方。这使得这套大型学术文献丛书得以跨越国门,为中外文化交流增添了新色彩。事实上,作为复旦社"域外汉文文献"整理系列项目中的一种,《琉球王国汉文文献集成》不是最早的——自2010年起,复旦社已先后出版了《越南汉文燕行文献集成》(2010年,25册)、《韩国汉文燕行文献选编》(2011年,30册)、《朝鲜通信使文献选编》(2015年,5册)。而2014

年有关部门特别委托、国家社科基金正式立项、由贺圣遂担任项目首席专家的重大项目——"琉球王国汉文文献续编及其应用研究"的最终成果,也由复旦社承担出版任务。

这些大型文献的出版,不仅在中外文化交流中起到了应有的作用,在学术研究中也发挥了不容小觑的影响。丛书出版后,国内高校、图书馆等机构陆续将其置为馆藏必备书,而欧美的诸多研究机构亦纷纷订购。尤为重要的是,丛书已成为文史研究、东亚文化交流研究乃至国际关系研究的基础性文献,发挥了越来越大的作用——短短几年间,仅以《越南汉文燕行文献集成》为基础的学术论文就已多达数十篇,其中不乏葛兆光、王振忠、陈正宏、张京华这样的名家名作,而借助这一大型文献撰写的硕博论文亦不在少数。此外,更有青年学者通过使用上述文献,先后出版了《行观中国——日本使节眼中的明代社会》《同文书史:从韩国汉文文献看近世中国》等专著。系列丛书的出版,也得到裘锡圭、周振鹤、夫马进、王德威、邢义田、张隆溪、李焯然、王汎森等境内外知名学者的赞誉,瑞典斯德哥尔摩大学的著名汉学家罗多弼更是认为,这些图书在未来二十年都将是嘉惠中外学术的必备文献。可以预见,将会有更多的学人加入这一行列中,相关的研究成果还会陆续面世。可以说,一个以复旦版"域外汉文文献"系列为依托的研究群体正在逐步形成,她对中国当代学术的贡献亦值得期待。

从出版专业的视角看,"域外汉文文献"系列项目中的每一种,都属于前期成本投入很大、后期经济回报有一定风险的大型出版项目。据贺圣遂(复旦大学出版社有限公司顾问,原复旦社董事长、总编辑)、孙晶(复旦大学出版社有限公司总编辑)等人介绍,开始运作《越南汉文燕行文献集成》时,并未得到相关基金的资助。面对这样有风险的大项目,哪怕只有一个,熟悉中外出版运作规律的专业人士一般都不会轻易拍板。而复旦社不仅漂漂亮亮地完成了第一个项目,而且在几年的时间里,陆续推进了五个项目,形成颇具特色和规模的出版系列,这不能不令人感到好奇——其底气何在? 当初是如何下定决心的? 立项后又是如何运作这些看上去受众面不宽甚至还有些"曲高和寡"的大型丛书,并取得令人羡慕的成绩的呢?

一

追根溯源,可谓说来话长——对贺圣遂而言,推动"域外汉文文献"系列的出版,其实源自多年前的一个夙愿。20世纪80年代，他供职于复旦大学古籍所，在著名文史学家章培恒先生指导下开展学术研究。因教学、科研的需要，他与章培恒教授、骆玉明教授等人先后翻译了吉川幸次郎《中国诗史》、前野直彬《中国文学史》等日本汉学名家的论著，是为接触日本汉学之始。当时，他就深为日本汉学家精湛的中国学修养折服。尤其是吉川幸次郎这位日本汉学大家，竟然在本国学生面前始终将中国称为"敝国"，而将日本称为"贵国"。这让贺圣遂感到意外，同时也很好奇——究竟是什么样的魅力，能够让一位异国学人对中华文化产生如此热爱之情？1992年，贺圣遂带着这个疑问赴日本爱知大学访学，这使他对日本汉学研究有了更为清晰的认识，而其视野也更为宏阔了——一年中，除了常规的交流学习，他还访问了日本多家著名研究机构、多所知名大学，阅读了大量当代和古代日本学人的相关著述。他由此发现日本历史上还有堪称辉煌的汉字书写和汉文化研究的不凡时代，可谓名家辈出，星光熠熠。与吉川幸次郎虽热爱中华文化却仍以日文书写为主不同，历史上的前辈日本学人不仅热爱中华文明，而且用汉字撰写论著，江户时代的诸多政学两界名流，如山鹿素行、伊藤仁斋、荻生徂徕、中江藤树、熊泽蕃三、新井白石、大盐平八郎等，莫不如此。贺圣遂又了解到，朝鲜半岛亦早自西汉时期就开始受到中国儒家文化的深远影响，后世涌现出安珦、李穑、郑梦周、金宗直、赵光祖、奇高峰、李栗谷等知名学者，也都谙熟中华文化，以汉字著述；而越南的情况亦与此相似。可以说，在相当长的历史时期内，汉字和中华文化使东亚诸国、地区（至少在精英阶层内）形成了一个知识共同体，他们共享知识，并由政治交往而促成文化交流。

自日本回国，贺圣遂调入复旦社工作，多年前的夙愿始终萦绕于心，总想着找合适的机会做出几个有影响的出版项目，将这一东亚汉文化的辉煌时代展现给国人。本世纪初，贺圣遂接任复旦社社长后，将这一想法告诉谙熟日、韩文字，对东亚学术和文化有较深研究的复旦大学中文系教授邵毅平，得到后者的积极响应，双方约定由后者撰写一部《东亚文化史》——十五年过去了，邵毅平教授的著作虽已完成大半，但离全书杀青尚有一段时日。"岁月催人老，没想到邵毅平教授在这一课题上花了这么多的气力和工夫，他是一个做事认真的人，可以期待邵教授的著作完成问世后，嘉惠有关的学术研究，成为复旦社的又一出版贡献和亮点。但是作为出版人，十五年的时光却悄悄溜走了。"贺圣遂不禁感慨！

2006年，这个让贺圣遂魂牵梦绕的出版梦想的实现契机终于来了。这一年，贺圣遂的老朋友、著名文史学家葛兆光教授从清华大学调入复旦大学，筹建文史研究院。

在组建研究院的同时,葛教授提出了一系列的研究计划。其中,"从周边看中国"大型研究项目与贺圣遂"东亚文化出版项目"的构想不谋而合——葛教授的研究项目也是着眼于汉字书写时代的东亚周边国家与中国交往及其相互间交往的历史。依照葛教授的计划,为使研究顺利开展,前提性、基础性的工作就是整理出版一批周边国家历史上的汉文文献。由此,多年的夙愿有了实现的机会——当贺圣遂了解到葛兆光教授的这一研究计划后,于第一时间向后者表达了合作意愿,并诚恳地向葛教授承诺,复旦社不会过多考虑市场效应和经济回报,为了重现这段汉字文化在东亚不同国家与地区相互交往中的光辉历史,复旦社会尽一切努力将这一项目做好。据说,当初对这一项目感兴趣的不止复旦社一家,其他出版社后来考虑到市场空间及经济回报等因素,综合考量后知难而退打消了念头,机缘留给了复旦社!

二

对于学术课题,研究者看重的往往是其学术价值和学术影响力;对于出版项目,出版者除了以上考虑之外,更多地思考的是其文化意义和传承价值。作为在国内出版界有较大影响力的原创性学术出版机构,复旦社曾经出版过历史地理学家葛剑雄教授主编的《中国人口史》,章培恒先生、骆玉明教授主编的《中国文学史》,著名文史学家葛兆光教授所著的《中国思想史》,宋代文学学会会长王水照教授主持编纂的大型文献《历代文话》,古典文献学专家、唐代文学学会会长陈尚君教授历时十一年精心辑纂的《旧五代史新辑会证》等优秀学术著作和大型古籍整理项目,在此类图书的出版方面已积累了足够的经验,在文史哲编辑领域,有一支学力深厚、业务精良的编辑队伍。如果说复旦社领导的文化眼光是使其下决心着手此项目的主观动因的话,那么其自身的专业知识素养和编辑队伍的完备则是促使其执着前行的客观基础。

从内容上看,文化产品要在市场上谋得一席之地,引发目标市场的关注,必须具备一定的差异性,也就是能够填补市场空白。而"域外汉文文献"系列中的每一个项目都具有此种独特性,尤其《越南汉文燕行文献集成》和《琉球王国汉文文献集成》,不仅具有独特性,更是首次大规模面世,对于海内外的研究者而言,其价值不言而喻。越南汉文燕行文献,"是指历史上越南官方使节北使中国,或民间人士来华旅行而撰述的相关汉文记录,其主要形式为燕行记、北使诗文集和使程图"。"《越南汉文燕行文献集成》收录的,主要是越南陈朝、后黎朝、西山朝和阮朝出使中国的燕行使者的著述。"恰如该书中方编委陈正宏教授所言,这些著述的作者均是越南国内极一时之选的著名文臣,如冯克宽、阮宗窐、黎贵惇、阮攸、潘辉注、李文馥、阮文超、裴文禩、阮述等,不仅汉文修养甚高,对中国历史文化也十分熟悉。他们在中国境内所撰述编绘的有关中国的文字或图像,比中国本土同时期的记录更为细致、直白而不加修饰,成为今天我们追溯往昔生活细节与真相的重要的参考文献。越南使臣自南及北,不仅对沿途中国的地形地貌、各地风土人情均有详细描绘,而且将道光帝人到中年即牙齿全部脱落之类中国臣子绝不敢妄言的宫廷秘辛诉诸笔端。总而言之,《越南汉文燕行文献集成》从一个特殊的侧面,系统地展示了公元 1314 年至 1884 年这五百多年间中越两国友好交往的历史,同时也通过"异域之眼",直观地呈现了元明清时期中国的感性样态,至于文献所呈现的"中国风貌",有些我们可以拿来与中国士大夫的记述相对照,但更多地是一种补充和丰富。恰如著名历史地理学家周振鹤教授所言:"越南使者穿越整个南北中国,看到的东西非常丰富,越南燕行录文献虽少,内容却极其广泛。能够第一次把越南的汉文文献出版,这本身就是一个很大的成绩。"出版《琉球王国汉文文献集成》不仅具有文化传播意义,从某种程度上而言,还具有某种文化遗产抢救的色彩。历史上的琉球王国,"主要是指从 1429 年尚巴志建立统一政权起,到 1879 年被日本吞并为止,在日本九州和中国台湾之间的琉球群岛上存续了 450 年的一个统一王国"。琉球王国有语言而无文字,后受中国、日本的影响,学会使用汉字和假名文字。作为官方文字,汉字在琉球王国具有特殊的地位,不仅政府文书用汉字书写,精英阶层的著述也都以汉字书写,因此,在四个多世纪的历史中,琉球王国曾留存下大量的汉文文献。日本吞并琉球王国后,为了弱化琉球文化中的中国色彩,破坏了许多汉文文献。二战时期,因战争原因,又有大量文献遭遇灭顶之灾。可以说,《琉球王国汉文文献集成》的出版,不仅是琉球王国汉文文献的首次大规模整理出版,还为世人"打捞"出了一个曾在东亚文明中占有一席之地的古代王国的大体面貌。此外,此书的出版,对于琉球王国汉文文献的传承、传播亦功莫大焉。

虽然韩国政府及学术界一直将其汉文文献视作国家级的历史遗产,持续不断地发掘、整理和出版,但是在中国,相关的系统化的整理和出版尚不多见。《韩国汉文燕行文献选编》和《朝鲜通信使文献选编》两种汉文文献的系统整理出版,亦是嘉惠学林之举。在谈及《越南汉文燕行文献集成》时,葛兆光教授曾言:"汉文就像早期欧洲的拉丁文一样连缀起一种文化,这个区域确实曾经有过一个共同教养和共享传统的时代。"无论对于越南、朝鲜王国,还是对于日本、琉球王国,汉文都曾经是其精神生活和文化传播、传承中不可缺少的重要环节。

从文献整理的角度看,"域外汉文文献"系列图书并非简单的影印,其中诸多整理工作渗透着中外专家学者的心血,是中外学界协同推进、合作的成果,这也是该系列图书最终赢得广泛赞誉的一个重要原因。《越南汉文燕行文献集成》系复旦大学古籍所陈正宏教授最先提出,由文史研究院首任院长葛兆光教授领衔主持,由中文系教授、时任文史研究院副院长的汪涌豪负责具体运作并协调中、越双方学者共同完成,可以说是复旦大学与越南汉喃研究院精诚合作的结晶。越南汉喃研究院提供了丛书所收大部分文献的清晰扫描件,并搜辑了部分作者的传记资料。复旦大学方面则负责文献的真伪考订、编年排次、提要撰写和影印出版,为此多次派员赴越南,核对相关文献原书,查验扫描文件。前期工作完成后,复旦大学文史研究院和复旦大学古籍所的研究人员根据所收文献撰写了提要。《韩国汉文燕行文献选编》则由复旦大学文史研究院与韩国成均馆大学东亚学术院合作完成。首先,文献的选取是中韩学者经过细致商讨后共同议定的,在考虑文献的代表性和史料性的同时,更注重所收文献对中国历史研究的实际价值。选定文献及版本后,经韩方研究者协助,中方学者着手高精度的文件原件扫描。接着,请韩方学者遴选本国相关研究领域的专家学者为每一种文献撰写韩文解题,就文献版本、作者生平、出使背景以及记载内容等作概要性的阐述。然后,由复旦大学方面负责翻译成中文,并组织中国学者对解题进行补充修订,其核心的工作是添加关于该文献对于中国历史研究的参考价值的评述。最终的解题则是在综合中韩双方学人研究成果的基础上形成的。《琉球王国汉文文献集成》的模式亦与上述两书相似,只不过合作的原书收藏机构更多,涉及中国、日本、美国等多国,其中有属于琉球王国故地的琉球大学附属图书馆、冲绳县立图书馆、冲绳县立博物馆、冲绳县立美术馆、那霸市历史博物馆,有日本的法政大学冲绳文化研究所、国会图书馆、公文书馆、东京大学史料编纂所、京都大学大学院文学研究科、大阪大学附属图书馆、鹿儿岛大学附属图书馆、东京都立中央图书馆、天理大学附属天理图书馆、早稻田大学图书馆、庆应义塾图书馆、关西大学图书馆,还有美国的夏威夷大学马诺亚分校图书馆和中国的复旦大学图书馆等机构。正是这种上穷碧落下黄泉,天南地北找文献的精益求精的精神,使《琉球王国汉文文献集成》能够囊括这一领域最为罕见的珍稀文献,使许多"沉睡"的琉球王国汉文文献"重见天日",走向更广阔的学术天地和社会空间。

从出版方面看,复旦社的专业水准保证了上述诸书能够以精良面貌付梓面世。

从选题策划的角度看,贺圣遂先生出身古典文献学本行,先前已有深厚的学术积累,再加上曾长期在章培恒等前辈名家身边学习工作,耳濡目染,学术眼光超出一般,后又游学东瀛,见识亦广,而出于个人志趣与广交朋友的热心性格,他在学界的人脉关系可谓广泛深厚,这使得上述项目进展极为顺利。自二十多年前跻身出版业后,贺圣遂先生始终心系学术出版,觉得大学出版之所以堪称"大学"出版,恰恰在于其能够借助大学之丰富学术资源,汇集中外一流学者,为当代及后世之文化传承与学术繁盛,孜孜矻矻,聚沙成塔。"域外汉文文献"系列的出版经过,无疑是其数十年一以贯之的出版理念之最佳体现。在图书出版的整合营销方面,复旦社现任总编辑孙晶博士(时任常务副总编辑)不仅是贺圣遂最为得力的助手,亦是可独当一面的干才。在复旦社的诸多图书编辑出版及新书学术发布等活动中,她以干练的作风、圆熟的媒体沟通能力,和贺圣遂一起打了一个又一个的漂亮仗,使得复旦社的学术出版在基础工作扎实的情况下亦为学界和社会所熟知。而在最为重要的编辑环节,因为复旦社拥有一批学养深厚的专家型编辑,所以能使每一个重大项目都高水平地出版。以上述汉文文献的责任编辑韩结根编审为例,他出身复旦大学古籍所,系章培恒先生亲自指导的博士,对古籍图书的编辑加工游刃有余。恰如复旦大学中文系教授傅杰所言,《琉球王国汉文文献集成》的"策划陈正宏教授是古典文献研究专家,一向以学识广博、作风细密为同行所推崇;而责任编辑韩结根编审既是古典文献专家,也是《越南汉文燕行文献集成》与《韩国汉文燕行文献选编》的责任编辑,有深厚的学养与丰富的经验。由他们协调与把关,经过中日两国学术界与出版界不懈的共同努力,我相信本书不仅可以成为足以取信于读者的名著,也可以成为足以传诸久远的历史与文化研究的要籍"。诚哉斯言,一部古籍名著的成功出版,不仅需要作者、策划者的独到眼光,也需要有专业精深的编辑。

与《琉球王国汉文文献集成》和责编韩结根相关的一件趣事是:在该书的编辑过程中,贺圣遂注意到,书中有不少珍稀文献涉及钓鱼岛归属问题,他觉得如果能够据此并参考其他文献,撰写一本面向青少年的有关钓鱼岛问题的历史读物,将具有很高的社会价值——而这也是当代出版人和知识分子应有的家国情怀。于是他建议韩结根在编辑《琉球王国汉文文献集成》之余,利用这些第一手资料,撰写一本全面可靠、通俗生动的钓鱼岛历史读本,为中外青少年了解和认识钓鱼岛这一中国神圣领土的前生今世提供一个权威文本。经过扎实的文献梳理和深入研究,韩结根不仅完成了这本书的写作,还撰写了数篇学术论文刊发于《复旦学报》等学术期刊。而最终以"钓鱼岛历史真相"之名出版的此书,也入选"新闻出版广电总局 2015 年向青少年推荐百种图书",并由海豚出版社推出了英、日等多种文字版本,在海外发行。

尤其值得一提的是,在上述古籍项目出版的过程中,复旦社是非常重视信息传播工作的。自《越南汉文燕行文献集成》始,每一套图书出版后,复旦社都会邀请相关专业领域的中外知名学者举办新书发布会,并邀请新华社、《人民日报》等权威媒体对相关活动和有关学者进行全方位的采访报道。《越南汉文燕行文献集成》出版后,复旦社与复旦大学文史研究院、越南汉喃研究院于 2010 年 6 月 18 日共同举办了新书发布会,会上多位知名专家对此书出版给予了高度评价。例如,中国历史地理研究专家周振鹤教授认为:史料是历史的生命。研究历史,先是史料,后是方法。没有史料,只有方法是没有用的。与此前已经出版过的朝鲜燕行录相比,本丛书有两个非常突出的特点。第一,选本都是稿本,其文献价值比刻本更珍贵。不但对历史研究起到拾遗补缺的作用,而且从中可以换一种眼光看中国。第二,越南燕行录优于朝鲜燕行录的地方在于,朝鲜燕行录的路程很短,相对而言,越南燕行录的路程要长得多。越南使者穿越整个南北中国,看到的东西非常丰富,越南燕行录文献虽少,内容却极其广泛。能够第一次把越南的汉文文献出版,这本身就是一个很大的成绩。著名历史地理学家王振忠教授也认为:本丛书汇集了非常稀见的珍贵的资料,与朝鲜燕行文献不同,越南燕行文献里有彩色的路程图,这对于研究者很重要。作为出版业内名家,著名文史专家、时任上海古籍出版社总编辑的赵昌平则认为:一个出版社要成为有影响力的出版社,一定要有一些大手笔。从学术出版上看,大项目不是大而无当的东西,而是主持者站在学术前沿,花气力发掘的真正有学术价值的重要选题。这就要求出版社相关人员既有学术眼光和编辑能力,又有很强的运营能力。《越南汉文燕行文献集成》无疑体现了复旦社及其主事者的学术眼光、编辑能力和运营能力。这些专家学者的评价,在媒体和学术界广泛传播,无疑进一步提升了图书的知名度和影响力。因恰逢中越建交六十周年暨首个中越友好年,复旦社与复旦大学文史研究院、越南汉喃研究院又于当年 6 月下旬在越南河内举办了新书发布会。该新书发布会受到了中越双方的高度重视,越南汉喃研究院相关人员与越南社会科学院的两位副院长与会,而中国方面除了学术机构的学者外,中国驻越南使馆也派官员出席。河内以及胡志明市的《西贡解放日报》等多家越南权威媒体对活动的举办给予了报道和积极评价。《韩国汉文燕行文献选编》、《琉球王国汉文文献集成》出版后,复旦社和复旦大学文史研究院也邀请韩、日学者共同举办大型学术发布活动。对于《琉球王国汉文文献集成》,

著名历史地理学家葛剑雄认为，此书"最值得称道的是，编者与中国、日本、美国，特别是琉球王国故地的冲绳，各图书馆、博物馆、档案馆等相关机构通力合作，迄今最完整地收集了存世的琉球版汉籍和琉球人汉文著作，也包括一些以往鲜为人知的资料，并且全部按原书影印，为研究和了解琉球历史、文化和相关的东亚史及中、琉、日关系史提供了便利"。南京大学域外汉籍研究所所长张伯伟则认为，此书"全面而系统地展现了《历代宝案》以外的琉球汉文文献的基本面貌，对于思想、历史、文学、教育乃至天文、医学的研究具有重要价值，汉文化在东亚地区的传播和影响，东亚汉文化圈内部的异同和特征，近代历史错综复杂的变迁和曲折，也因此而能够得到更有理据、更趋客观的理解和认识"。应该说，发布会等一系列活动和相关研究领域知名学者的充分肯定、权威媒体的全面报道，使得上述图书的出版一次又一次成为当年学术界、出版界的热门话题，社会影响力早已超出学术圈和出版圈，不仅为图书营销带来了极大便利，也使得复旦社学术出版的品牌知名度得到了大大提升。

复旦版"域外汉文文献"系列的成功，亦是多方合力、共同推进的结果。在复旦版"域外汉文文献"系列开始筹划出版的时候，出版社的主持者凭借自己对文化的热爱，在没有任何社会资助的情况下，毅然决定上马此项目。而当工作逐步展开后，国家新闻出版总署（现国家新闻出版广电总局）设立的国家出版基金以及上海市政府设立的上海文化基金（上海市新闻出版专项资金）都对此项目给予了大力扶持，为后续项目的开展提供了难得的保障。复旦大学也对复旦社和复旦大学文史研究院的这种密切持久的合作给予了充分肯定，主管文科科研和出版社的副校长林尚立曾多次在不同场合对这种学术研究与学术出版紧密结合的模式表示支持，并鼓励两家单位要继续加强合作，共同努力，为复旦大学乃至中国学术的进步做出新的成绩，打造复旦学术和中国学术的新的影响力。

三

作为文化产业的重要组成部分，出版业是身兼文化与产业两重身份的。与其他行业只要顺应产业发展规律即有可能大获成功不同的是，文化产业不仅仅要顺应产业发展规律，更要重视自身与生俱来的"文化基因"。文化产业如果没有了"文化基因"，其获得长远发展的宏愿无疑将会变成空中楼阁。法国著名思想家布尔迪厄认为：当今社会的资本形态大致可以分成三种——经济资本、文化资本、社会资本，三者存在于不同场域,但是在一定条件下又是可以相互转化的。具体而言,文化资本又有三种不同的表现形态,分别是具体的形态、客观的形态和体制的形态。其中,文化产品即文化资本的客观形态。

对于出版业而言,首先要有文化资本,这是每一家出版社的立社之本、发展之源。然而,文化资本的培育并非一朝一夕之功,它需要年复一年的缓慢积累,只有达到了一定的程度,它才有更多的机会转化为经济资本,从而为出版社的产业发展提供动力。此外,一家出版社只有拥有了这种与众不同的文化资本,才可能逐步获得"实际的或潜在的、与对某种持久网络的占有密切相关的资源",进而拥有"赢得各种各样声誉的'凭证'"——社会资本。简单地讲,一家出版社只有拥有了文化资本和社会资本,其日常出版活动转化为经济资本的机会才会更多,才会更加顺利,其产业发展也才更加顺理成章。

从复旦版"域外汉文文献"系列的出版过程可以看出,复旦社在运作此系列项目的时候,始终将文化目的放在首位,而这也成为日后项目成功的关键。从宏观上讲,当时国家正在大力推动"中国出版走出去"、"中华文化走出去",贺圣遂认识到,总结中国汉字文化与文明在历史上成功传播的经验,对于中华文化和中国出版走出去具有非常现实的指导意义。众所周知,汉字文明不仅在东亚文明的发展中起着不可或缺的重要作用,而且在整个人类文明的发展过程中亦是至关重要的组成部分。出版"域外汉文文献"系列图书,一方面,可以总结古代中华文化走出去的经验,为当代中华文化走出去提供镜鉴;另一方面,也可以钩沉汉字文化在东亚诸国(地区)文明形成过程中所起到的重要作用,彰显东亚诸国(地区)吸收中华文明发展本国(地区)文明的探索与努力,保存和留住汉字文化在东亚文明形成与发展历程中的历史记忆,使全世界更为全面深入地了解中华文化,为当代中国更好地融入世界文明作贡献。其实,除了上述项目,贺圣遂、孙晶等人意识到,日本、韩国、越南国内尚有很多本国精英人士以汉文撰写的名作,这些作品或许不像已出版的"域外汉文文献"一样,与中国有直接的联系,但是其内容却大多与中国古代的思想、观念和制度密切相关,这些作品对于人们理解以上诸国的思想文化以及中华文化的间接影响,也是不可多得的文献。据悉,复旦社此前已筹划并在进一步推进与日本庆应义塾大学、斯道文库等合作,推出一套"日本汉籍荟萃",这将是复旦版"域外汉文文献"系列的一个新的增长点。从微观上看,立足文化传承和传播筹划大型出版项目是中外出版业成功的良方之一。德国苏尔坎普出版社的"彩虹计划",英国企鹅出版社的"平装本"文学作品,美国兰登书屋的《现代文库》，日本岩波书店的《岩波文库》，莫不如此。应该说，经过多年的持续努力，复旦社形成了学术出版的特色，对于有些项目，哪怕一时难以看到经济效益，复旦出版人依然抱持为文化积累作贡献的勇气，勇于担当。当然，除了将学术出版作为"发展战略"的"宏观设计"之外，在"战术"上，复旦社亦保持非常务实的出版作风。从上述"域外汉文文献"的编辑出版过程看，在图书内容上，与中外合作者（作者方）密切合作，使图书内容精致而独特；在装帧设计上，力求使每一套书都典雅大方，极富典藏价值；在价格方面，则充分考虑目标市场的承受力，不以内容独特而漫天开价。图书出版后，复旦社又投入了相当规模的营销力量，面向海内外大学、图书馆等机构开展精细化的"一对一"专项营销活动。正是"战略"与"战术"的相互推动，使复旦版"域外汉文文献"系列图书取得了不俗的业绩，而这种思路也使复旦社在学术出版的道路上一路走来，精彩不断！

　　复旦社出版"域外汉文文献"系列图书的过程，就是一个有效利用此前所积累的文化资本和社会资本积极开展学术出版活动的范例。连续五个项目的顺利实施，无疑又进一步增加了复旦社的文化资本和社会资本，为其未来的发展奠定了基础。事实上，正如贺圣遂和孙晶所言，五个项目不仅没有像当初出版同行所担心的那样不能赢利，反而凭借着出版者的精心运作，使得文化资本和社会资本顺利地转化为经济资本——项目不但为复旦社带来了极大的学术声誉，其经济回报亦甚为可观！

（复旦大学出版社供稿，姜华执笔）

梦想诺贝尔大奖，与莫言合作十余年

——从莫言获得诺贝尔文学奖谈起

《莫言作品系列》

上海文艺出版社

作家莫言获得2012年诺贝尔文学奖，对于中国文学和纸质图书出版来说，无疑是一件值得自豪和庆贺的大喜事。因为，很多年来，诺贝尔文学奖一直是让中国文学界最为纠结的一块心病，仿佛得不到诺贝尔奖，中国文学就拿不到走向世界的通行证，就没有资格与西方文学平起平坐似的。莫言获奖，彻底解除了这块心病，在打破这项世界级文学大奖的神秘感的同时，也极大地提升了中国原创文学的自信心。而对于我们的纸质图书出版来说，莫言获奖不仅带动了文学图书市场的爆炸性销售，也有力推动了包括造纸、印刷、物流、销售等环节在内的"文化产业链"——或者说"文化产业族群"——的高速运转。到目前为止，仅仅我们上海文艺出版社出版的十六卷《莫言作品系列》就已经造货近两亿元码洋，而市场的需求仍在继续。在这个过程中，作为唯一一家"独自拥有莫言全部小说作品出版权的体制内出版社"，上海文艺出版社的社会影响也是水涨船高，攀上了一个新的高峰。

的确，随着莫言获得诺贝尔文学奖，上海文艺出版社不仅与有荣焉，而且因手中拥有十六卷《莫言作品系列》版权，名副其实地成为中国原创文学出版高地中最闪亮的品牌之一。毫无疑问，这样的成绩绝不是猝然造成的，而是我们多年来坚持与莫言、与许多实力派作家合作的结果，是我们敬重有益的精神文化、坚守有价值的理想和文学信念的结果。

上海文艺出版社与莫言合作的历史可以追溯到上个世纪80年代中期。1985年

《小说界》第五期刊登了他的短篇小说《石磨》,这可以说是上海文艺出版社与作家莫言合作的序曲和开端。上海文艺出版社与莫言再续前缘、重新开始合作,是在1997年我进入《小说界》编辑部工作以后。那时,莫言已经出版了《红高粱家族》、《天堂蒜薹之歌》、《十三步》、《丰乳肥臀》、《酒国》等重要作品,在文坛上已是相当有名气的大作家。出于对文学的喜好,我当时读过莫言已经发表的大部分作品,发自内心地推崇他在《酒国》中所作的艺术上的大胆实验,钦佩他在《天堂蒜薹之歌》里所表现的作家的良知和无畏的勇气。所以,在约莫言为《小说界》杂志撰稿的同时,我也开始思考在图书出版方面怎么展开与他的合作。在当时的出版环境下,上来就去约莫言的新长篇作品是不现实的。因此,经过慎重思考和判断,我决定从编辑出版他的短篇小说系列入手,慢慢打开与他合作的新局面。这样,2000年上半年,由我责编的《莫言精短小说系列》出版了,这套书共三本——《老枪·宝刀》、《苍蝇·门牙》和《初恋·神嫖》,收入了莫言当时已有的全部重要短篇作品。在我看来,莫言的短篇小说具有很高的艺术价值,而且毫不夸张地讲,我们完全可将这些短篇小说与契诃夫、莫泊桑等外国著名短篇小说大师们的作品媲美。

今天回过头去看,《莫言精短小说系列》三本书的出版确实成了我们与莫言展开成规模出版合作的开端。2004年,在这套系列印刷两次并销售殆尽后,我又与莫言联系,建议把他的所有短篇小说,包括他刚出道时的短篇作品,全部汇集起来,以《莫言短篇小说全集》的形式出版,目的是让喜欢他的读者和评论家能够系统地看到他在短篇小说创作上的全貌。于是,就有了2005年上海文艺出版社出版的《莫言短篇小说全集》——《白狗秋千架》和《与大师约会》。与这两本短篇小说集同时出版的还有莫言的代表性作品《红高粱家族》和长篇小说《食草家族》。这四种书组成了上海文艺版的第一批《莫言作品系列》。

那时候,我们所出版的莫言作品虽然都是他的旧作或短篇小说汇编,但我们始终认为优秀的作品是经得起时间考验的,值得不断向读者推荐。基于我们对20世纪世界文学发展脉络与动态的了解和认识,在与当代外国优秀作家的作品相比较时,我们从来不觉得中国当代一流作家的作品质量真的逊色。相反,在我们看来,从上个世纪90年代以来,莫言、贾平凹、王安忆、阎连科、余华、格非等好几位实力派作家的作品,不仅用真正属于汉语文学的方式,充满力量地写出了历史、现实以及人性中丰沛的荒诞,甚至也以他们非凡的敏感,预言式地写出了比他们的作品晚到的荒诞现实。在这些中国作家中,莫言又是最为突出的一位,因为不仅他的作品在当时已经达到了世界级的水平,他笔下的"高密东北乡"文学王国也已经牢牢在世界文学版图中奠定了自己的位置。所以,我们当时就感觉,也梦想着莫言有朝一日会获得诺贝尔文学奖,梦想着当莫言真的获得这项殊荣时我们作为文艺出版社能够有他的作品储备,作为文学出版人能够与有荣焉。

正是因为有这样的认识和梦想,我们与莫言的关系变得越来越密切和深入。经过一段时间酝酿,由我策划并担任主要责任编辑的《莫言获奖长篇小说系列》在2008年正式出炉。这套书收入了莫言获得过海内外各种重要文学奖项的五部长篇小说——《红高粱家族》《酒国》《檀香刑》《四十一炮》和《生死疲劳》,此为上海文艺版的第二批《莫言作品系列》。紧随这套书,我们很快又把莫言其他四部未曾获得任何文学奖项的长篇小说汇编在一起,以《莫言长篇小说系列》的形式出版。至此,我们等于把莫言的几乎所有长篇小说旧作争取到了上海文艺出版社。当时,我们的想法是,即便我们可能永远无缘出版莫言的长篇新作,但把莫言的全部旧作不断出版也是值得去做的工作。然而,日久见真情,信念有回报。我们的真诚,我们对优秀文学的信念,我们对纯文学的坚守,不仅加固了我们与莫言的友谊,而且赢得了丰厚的收获。2009年,莫言把他酝酿十年、笔耕四载的新长篇小说《蛙》交给我编辑出版;2010年,他又把全部中篇小说作品分三卷交给我们;2011年,在《蛙》获得茅盾文学奖之后,他更是爽快无比地把全部小说作品(十六卷)的出版权交给了我们。

诺贝尔文学奖评委会在发布莫言获奖消息时,提到的莫言五部长篇小说中有三部——《檀香刑》《生死疲劳》和《蛙》——是他在21世纪的第一个十年中创作出版的,而这段时间也正是我们上海文艺出版社与他密切合作的时间。在《檀香刑》这部作品里,莫言有意识地把自己的文学创作大踏步地撒向了中国民间,特别是融入了中国民间说唱艺术的精髓,把小说演变成诉诸声音,可以用耳朵阅读的神品妙构。在我看来,这是莫言对近代以来大面积影响中国文学的西方中产阶级知识分子写作的有力抵制;虽然在这部十足本土化的小说里不乏魔幻现实主义的描写,但这就是我们真实的民间,这就是我们真实的现实。长篇小说《生死疲劳》则堪称莫言在艺术上向中国古典章回体小说和民间叙事的伟大传统致敬的巨制,关于生命的六道轮回的想象支撑起这座气势宏大的文学建筑;这部小说充分杂糅了民间想象与传统说书的精气,用气势如虹的文笔写出了半个世纪中国历史的残酷与荒诞,再现了农民的苦难和乡村社会的变迁。而在《蛙》中,莫言在把人物放在计划生育大历史背景中的同时,更是将笔触深入到了中国知识分子卑微、尴尬、纠结、矛盾的灵魂世界,某种程度上也可以说是莫言对自己作了一次灵魂剖析;在反省历史和现实时,莫言的态度就是他人有罪,自己也有罪,作家应该勇于写灵魂深处最痛的地方。在编辑出版《蛙》的过程中,我深切地感到莫言距离诺贝尔文学奖已经不远了,只要不出意外,莫言凭着包括《蛙》在内的创作实力征服瑞典学院的那些诺贝尔文学奖评委是早晚的事情。因为,毫无疑问,他的这些作品都是具有沉甸甸的分量的,放到世界文学大背景中去看也都是属于高质量的。也正是因为有这样的感觉和对莫言这样的实力派作家有着长期的认知,当他终于获得诺贝尔文学奖的时候,我们才并没有过分地觉得吃惊,因为在我们看来那不过是水到渠成的事情。

毋庸置疑,在与莫言长达十几年的合作过程中,上海的文化氛围起了至关重要的作用。上海市政府长期以来对发展上海文化的高度重视,上海文艺出版集团和上海世纪出版集团对我们出版社与莫言等实力派作家长期合作的帮助和支持,都为我们与莫言的合作提供了优良的环境和平台。2008 年,我们推出《莫言获奖长篇小说系列》时,邀请莫言参加了上海书展上的一系列活动。上海书展有序的活动组织和上海读者的热情,让莫言对上海产生了很强的认同感,并由衷地认为“上海是世界上最具文化感召力的城市,上海书展是作家重要的舞台”。也是从那时开始,莫言成了出席上海书展次数最多的著名实力派作家之一,曾经多次担任上海书展的嘉宾,与上海结下了持久的充满信赖的深厚友谊。

在一篇写上海文艺出版社的文章里,莫言写道:“作家与出版社的关系,说到底还是与出版社里人的关系。人好社才好。”我想,在这“人好”两字的背后既蕴含着作家对上海文艺出版人坚守文学信念的认同,也蕴含着他对我们在各个方面敬重作家、爱护作家的做事原则的认同,因为我们绝不会像唯利是图的商人那样只知道功利主义地利用作家。我们坚信,只要拥有作家的这种认同,即使纸质出版的环境日益艰难,我们也不会失去信心和希望,我们的工作才会不断取得真正的硕果。

(上海文艺出版社供稿,曹元勇执笔)

把学术出版当百年工程来做

——"大飞机出版工程"的起飞与翱翔

"大飞机出版工程"

经典策划
119

上 海 交 通 大 学 出 版 社

　　"大飞机出版工程"这个项目至今已经运营了 5 年,获得了 4 次国家出版基金资助,出版了 50 多本高端学术图书,在出版界和学术界均产生了一定的影响。作为"大飞机出版工程"的主要策划与负责人,回首这套图书成长的每一个关键时刻,感恩之心、感动之情油然而生:正是国家发展大飞机的决策和中国商用飞机有限责任公司落户上海造就了大飞机图书启动的天时地利;正是母体学校的优势资源凝聚了一批优秀的专家学者,和编辑一起造就了大飞机图书运作的蓬勃发展!

一、出版与国家专项齐飞

　　飞机作为 20 世纪重大的科技成果之一,是人类科技创新能力与工业化生产形式相结合的产物,也是现代科学技术的集大成者。大型飞机的研制承载着中国几代航空人的梦想。2007 年 2 月,国务院批准了大型飞机研制正式立项;2008 年 5 月,承载大飞机研制梦想的中国商用飞机有限责任公司在上海成立。

　　大型飞机覆盖了机械、电子、材料、冶金、仪器仪表、化工等几乎所有工业门类,集成了数学、空气动力学、材料学、人机工程学、自动控制学等多门学科,是一个复杂的科技创新系统。大飞机研制因其产业链长、辐射面宽、对国家综合实力带动性强,在国民经济发展和科学技术进步中也将发挥重要作用。

然而,需要面对的现实是:我国大型飞机研制面临理论、技术和工程等方面的严峻挑战,迫切需要引入、借鉴国外的优秀出版物和数据资料,同时需要总结、巩固我国自主航空事业的经验和成果。

历史上,出版与科技事业互为推动的例子很多。新中国第一位飞机设计宗师——徐舜寿同志在领导研制中国第一架喷气式歼击教练机——歼教 1 时,亲自撰写了《飞机性能捷算法》,及时编译了第一部《英汉航空工程名词字典》,翻译出版了《飞机构造学》《飞机强度学》,从理论上保证了我国的飞机研制工作。

美国堪萨斯大学赛义德·法罗基教授撰写的《飞机推进》(*Aircraft Propulsion*)一书,对推进系统基础问题和最新发动机技术进行了精炼的阐述,将经验认识上升到了指导设计的高度,培养了一大批航空科技人才。

现在,大飞机研制已经启动,时代又对出版人提出了呼唤和要求:需要出版界投身其中,编著一套以"大飞机"为主题的丛书,借以服务、推动大型飞机研制项目的进展。

我社韩建民社长有一个理念:出版是大学科研和教学之外的第三种力量。近年来,他带领全社积极践行"把出版融入社会,为社会发展、科技进步服务"。大飞机重大科技项目的立项,让他敏锐地察觉到一个学术出版机遇的到来。

那么,这么一套与我国重大科技专项——大飞机研制紧密相关的高端学术图书取什么名呢? 我们希望它具有先锋的品质,犹如大飞机制造在科技界的绝对前沿性;我们也希望它给人浑厚恒久的感觉,犹如飞行必须传递给人的那种安全感。

最后,还是韩建民社长对图书与社会的关系感觉敏锐、把握精准,他说,就叫"出版工程"吧! 要把这套图书的出版当成百年工程来做,要让它伴随着我们中国大飞机的研制过程一起起飞、翱翔!

二、出版依托学术资源深厚的母体院校

上海交通大学有着航空教育的优良传统,早在 1935 年就在原机械工程系内设立了航空门,培养了我国第一位军机总设计师黄志千和第一位民机总设计师马凤山,培养了以我国航天事业奠基人钱学森为代表的 6 位"两弹一星"元勋,是我国航空科研教育的先驱和基地。

上海交大有着国内一流的材料学、物理学、机械学、航天学以及电子信息学等专

业。上海交大也是最早与中国商飞公司开展合作的院校，从一开始就为国家大飞机事业投入了智慧和心血。

上海交大原党委书记王宗光女士对这个项目倾注了巨大心血，她用她的战略眼光、宽阔胸襟为"大飞机出版工程"牵线搭桥，出谋划策：她请来了著名飞机设计专家、两院院士顾诵芬担任出版工程的总主编；她最早给出版工程提出做"国内一流学术图书"的要求和定位。

上海交大航空航天研究院的刘洪教授成了出版社不领薪水的员工：他花大量的时间与责编一起作调研、写材料，亲自策划第一批图书，圈定第一批作者以及出版方向，等等。

当然，这套图书的最终实施已经完全走出了交大，是全国，甚至全球范围的组稿。北京航空航天大学陈懋章院士承担"发动机系列"的主编工作；中航工业沈阳飞机设计研究所李明院士承担"民机飞行控制系列"的主编工作；上海交大林忠钦院士担任"民机材料及先进制造工艺系列"主编。每个系列需经来回磋商，确定十来个书目的规模。主编不但要负责寻找最合适的人来承担每本书的编撰工作，还要多次开会组织作者讨论大纲及最后定稿。

三、专家与编辑共筑质量长城

质量是图书源远流长的生命线。这套图书的撰写、审校和编辑，无不让我们感受到专家学者和文字编辑们对"大飞机出版工程"的推动。

2010年，大飞机图书的其中一本——《飞机气动弹性力学及载荷导论》出版了。异于其他图书的是，该书扉页上印着这么几行字：谨以此书中文版纪念著名空气动力学家、中国科学院崔尔杰院士！

崔尔杰院士是这本书的审校专家。为了把好质量关，崔院士对照原著，逐字逐句审校67万字的书稿，留下长达14页的质疑手稿，提出了70多个问题。可是，他在该书即将付印之际与世长辞。

对于出版人来说，我们就是要做好每一本大飞机图书的出版。张天蔚总编非常重视图书的编辑质量，他组织了一支有着丰富科技编辑经验又极其认真的文编队伍。

为了保证《运输类飞机的空气动力设计》一书的图稿质量，徐文洁编辑多次去上海图书馆查询相关的航空期刊，以对照核查。在编辑《运输类飞机合格审定飞行试验指南》时，美国联邦航空局运输类飞机合格审定飞行试验指南（AC25）从7B版升级至7C版。本着对读者负责的态度，此书稿虽然已经三审完毕，但责任编辑蒋可玉老师还是坚持完全推倒，重新编译。

每本书的编辑审稿记录都长达数十页，每个专业术语都经过反复的学术检索查询，并聆听多个专家的意见方可确定。一般的图书是三审三校，而我们的大飞机图书却至少经历了四审六校。

时任新闻出版总署副署长的邬书林对该套图书寄予厚望，他一再强调图书的原创性与学术质量，他说：你们这套书要是能被国外著名学术出版机构认同，才算质量过关。

2012年8月29日，上海交通大学出版社与爱思唯尔出版集团在北京国际书展开幕式当天举行"大飞机出版工程"版权输出签约仪式，一次性输出"大飞机出版工程"5种图书的英文版权。邬书林很高兴地来到现场祝贺，他说：我可是推掉了其他好几个仪式到你们这里来的。

如今，50多本的已出版图书中，已有9本涉及航空计算、发动机、飞行控制等领域的图书输出到了爱思唯尔出版集团和施普林格出版集团，还有更多图书的版权输出正在洽谈之中。

四、积极探索高端学术专业图书出版的可行之路

如此大规模、如此重要的图书项目，对项目负责人的组织协调能力也无疑提出了很高的要求，要"盯得住作者的进度"、"关心作者的感受"、"跟得住作者的变化"。正是这种执着和认真，被社领导赞为"丁关根"。有时我们也会被专家学者戏谑为"女巫"，"女巫"们一出场，学者们就乖乖地跟着编辑的意图走，写稿、改稿、交稿，忙得不亦乐乎。

当然，如此规模、如此高端的图书项目，要保证持续良性的运转，作为项目负责人更重要的是要善于思考、善于总结，摸索出一条可行的高端学术图书出版之路。

图书启动之初即大飞机专项启动之初，面临新形势下理论、技术和工程等方面的严峻挑战，迫切需要引入、借鉴国外的优秀出版物和数据资料。因此，大飞机图书一期共出版图书11种，其中9种是引进的国际上的航空经典著作，如荷兰原福克飞机公司总设计师撰写的《运输类飞机的空气动力设计》（*Aerodynamic Design of*

Transport Aircraft)。在这个过程中,既为大飞机专项的研制提供了国外视野,也摸索出高端学术图书的启动之路——引进。

大飞机研制不仅需要国外技术的支持,还需要系统总结整理我国 50 多年来航空科学技术的重要成果及宝贵经验。因此,大飞机二期图书 11 种,其中 9 本是原创,只有 2 本是译著。这样就总结了我国自己在航空方面的科研成果,也摸索了原创图书的创作出版周期,实现了高端学术图书的持续之路——原创。

大飞机研制涉及 77 个学科方向,要服务好各个方向的专业人才,这关乎大飞机图书如何深化发展。在社领导和资深出版专家的指点下,我们明确了这套书应该着眼于如何做深做透,如何与一期、二期形成点面结合,进行系列化。

2011 年,国内首架支线飞机 ARJ21 - 700 正处于适航取证的关键时期,首架国产大飞机 C919 已基本完成外形设计,也已向局方申请适航认证,适航理念急需深入人心。因此,根据丛书启动的宗旨,契合大飞机研制的需要,系列化首先选择了"适航"这个主题,共规划了 10 本图书,以服务于大飞机设计制造等各个环节的适航认证。

从"适航系列"开始,大飞机图书围绕其研制进展进行系列化规划,每期一个主题,如四期"航空发动机"、五期"飞行控制技术"、六期"先进制造工艺"等。

随着大飞机图书的发展壮大,丛书的出版就像一个磁场,凝聚了越来越多的专家学者,推出了越来越多高品质的图书,逐步引起了爱思唯尔、施普林格等国际著名出版集团的关注,相继向我们抛来了橄榄枝,希望与我们合作出版英文版图书。其中爱思唯尔于 2012 年通过严格的同行评审一次性向我们购买了 5 本图书的英文版权,高度认可了大飞机图书的学术品质。国际合作出版之门就此打开,成就了大飞机图书出版的又一高地——国际化平台,既为国内的专家学者开辟了新的学术沟通交流的天地,也为我国航空技术的国际话语权的提升尽了绵薄之力。

在高端学术图书纵深发展之际,我们也深感单线产品发展的局限,因此,也积极进行全方位发展这一出版板块的探索,以满足专家学者多层次的需求。一方面,围绕高端学术专著,针对行业需求,还开发了培训教材、论文集、工具书(包括词典和手册)等,逐渐形成了一个多元互动的大飞机纸质图书出版基地。另一方面,在纸质图书出版的基础上,积极创建大飞机期刊和开发大飞机信息数据库,建立一个融图书、期刊、数据库为一体的大飞机信息出版基地,旨在推动"大飞机出版工程"的立体化发展,构建一个全方位的大飞机信息平台,顺应出版大势。

"大飞机出版工程"发展至今,经历了引进—原创—系列化—国际化—立体化五个发展阶段,取得了一些小小的成果,积累了一些可分享的经验,但我们也还在成长的路上。立体化发展的路还很长,需要继续探索,期待"大飞机出版工程"结出更多硕果,真正成为源远流长的百年出版工程。

当前,引人注目的国产民机 ARJ21－700 全球适航成功,以"大飞机出版工程"为代表的学术出版百年工程也已经启航,愿它跟 C919 一起,早日在蓝天上飞翔!

（上海交通大学出版社供稿，刘佩英、钱方针执笔）

肩负历史重托，打造精品工程

——"东京审判出版工程"出版历程

"东京审判出版工程"

上 海 交 通 大 学 出 版 社

经典策划
119

　　"东京审判出版工程"是上海交通大学出版社经典出版工程之一，项目运行两年以来，获得两次国家出版基金资助。工程一期出版图书《远东国际军事法庭庭审记录》与《远东国际军事法庭庭审记录索引、附录》共83卷，工程二期出版图书《远东国际军事法庭证据文献集成》与《远东国际军事法庭证据文献集成索引、附录》共53卷。其中《远东国际军事法庭庭审记录》获第十三届上海图书奖特等奖，书籍首发及相关研讨会在上海书展、巴黎书展等国内外书展中屡屡产生轰动效应。中央电视台综合频道《晚间新闻》，中文国际频道《中国新闻》，新闻频道《朝闻天下》、《新闻直播间》等栏目，以及《人民日报》、《文汇报》、人民网、新华网、东方网等国内主要媒体持续对项目作重点宣传报道，在出版界、学术界乃至社会各界引起极热烈的反响，并且持续激荡回响。作为"东京审判出版工程"的选题策划及项目负责人，回首两年的出版之路，成绩的取得使人欣喜，过程的艰辛令人感慨，未来的展望催人奋进。有国家领导人的重要批示、出版社领导的高瞻远瞩和出版社同仁的共同努力，依托交大东京审判研究中心的优秀研究成果与兄弟单位国家图书馆、国家图书馆出版社的优质史料资源，"东京审判出版工程"着实是一项功在当代、利在千秋的出版事业。

一、历史使命，催生出版工程

由德日分别在西方和东方挑起的第二次世界大战，不仅是 20 世纪规模最大的战争，也是人类有史以来规模最大的战争。这场战争本身与战争暴行对人类生命财产造成的损害和破坏，给中国人民带来了有史以来最深重的由外族侵略造成的伤害。其所影响的并不只是过去战争阴霾下的万千大众，直到今天，惨无人道的屠杀与无情的侵略带给中华民族的伤害仍然持续着。日本侵华战争是中国血红色的历史，它应该永远被记住。

第二次世界大战结束以后，为惩处战争罪犯，重建战后世界秩序，伸张正义与维护世界和平，中、美、苏等 11 个同盟国依据《波茨坦公告》，在日本东京设立远东国际军事法庭，对日本甲级战犯进行审判（俗称东京审判）。东京审判作为二战后重大的历史事件，决定了日本战后的政治走向，影响了整个东亚的历史进程，是战后日本和远东国际关系新格局的起点。今天，当我们重新审视东京审判，单以"正义的审判"的"大义"作为立足点，已不足以真正掌握话语权。我们无论是要有所坚持，还是要发出有说服力的"中国的声音"，对审判和由审判引起的争议的深入研究都是先决条件。而 60 多年来，国内对东京审判的研究较为薄弱。我们对东京审判研究的滞后有许多原因，其中最重要的原因是，迄今为止中国还没有出版东京审判的基本文献。基础性文献资料，亟待学术界和出版界来弥补。

面对学术界、出版界在东京审判基础性文献资料方面的巨大空白，我社韩建民社长敏锐地察觉到一个学术出版机遇的到来，他的"把出版融入社会，为社会发展、科技进步服务"的出版理念可谓为这个项目指明了方向。也是在韩建民社长的决定下，东京审判项目以"出版工程"的形式迅速立项，同时专门联合在海内外有较大影响、专业出版影印文献的全国百佳图书出版单位——国家图书馆出版社，共同参与到项目的出版工作中。正如韩建民社长在多次会议中指出的："'东京审判出版工程'不仅是一个出版项目，参与其中的学者、编辑，都是在做一项彰显民族大义的伟大事业。"在这种强烈的历史使命感与社会责任感的催生下，"东京审判出版工程"应运而生。

二、多方护航,保驾项目运转

早在 2011 年 5 月 3 日,上海交通大学就成立了东京审判研究中心,这一中心是迄今为止国内外唯一一家专门从事东京审判研究和整理、翻译东京审判有关文献及论著的学术机构,中心具有目前国内该研究领域最优秀的学术力量。中心在筹备阶段和正式成立后,对东京审判相关文献和论著作了广泛调查,核实了东京审判文献的收藏、出版情况。中心主任程兆奇及中心名誉主任、东京审判中国检察官向哲浚之子向隆万多次赴国内、国外研究机构与文献藏馆,进行史料的调查和研读。8 月,策划并启动"远东国际军事法庭庭审记录"项目。至 2012 年 5 月底,专家对国家图书馆缩微胶片普查结束,对于其中缺少部分,由国家图书馆负责从海外收集完整的东京审判庭审相关史料的缩微胶片。

在资料与学者两者兼备,只欠东风的大好形势下,"东京审判出版工程"又得到了来自中央领导的亲自批示与教育部的大力支持。中央领导的重要批示体现了对历史档案资料收集工作的高度重视。领导在批示中指出,研究东京审判的历史档案具有战略意义,并且希望对这些珍贵史料进行系统研究,为我所用。时任新闻出版总署副署长的邬书林在《远东国际军事法庭庭审记录》编纂出版启动仪式上也指出:"传承文明、记录历史是出版的基本功能,《远东国际军事法庭庭审记录》编纂出版充分体现了这一功能。"无论是学界还是出版界,都有责任对这段历史进行全面深入的研究,让更多人了解东京审判。

在国家领导人和有关部门的关心支持下,上海交通大学出版社充分认识到"东京审判出版工程"的重要性,在项目策划之初就高度重视,将该项目列为出版社重大项目,在组织领导、人员调配、出版保障等方面予以大力支持。

至此,"东京审判出版工程"承载着民族历史的深厚嘱托,倾注着国家领导人的殷切期望,汇聚着研究学者、出版人的精诚智慧,启程远航。

三、群策群力,深耕项目资源

"出版物重在质量,没有质量的繁荣就是虚假的繁荣。"时任新闻出版总署副署长的邬书林曾在项目启动之初寄语,希望承担出版工作的上海交通大学出版社和国家图书馆出版社认真做好这部书的编著、出版、宣传和发行工作,力求资料完整、质量上乘、引证索引规范,把丛书打造成一部影响深远的学术精品力作。经过连续两年的申请国家出版基金的项目运作与书籍出版,我们深切地体会到,面对卷帙浩繁的珍贵史料,只有将专家与编辑的智慧共同集合,付出十二万分的认真与努力,才能不愧对这些无价史料记载的那段血泪历史。

2013 年国家出版基金项目《远东国际军事法庭庭审记录》是研究东京审判最核心的文献。其记录长达 5 万页左右,文字达 2 000 万,出示法庭证据 4 336 件,判决书长达 1 213 页。中心主任程兆奇教授主持编纂的《远东国际军事法庭庭审记录索引、附录》,由全文人名索引、法庭证据索引、出庭人名索引、事件索引组成。其中全文人名索引首次对近 50 000 页的庭审记录中所涉及的全部人物进行了系统梳理;法庭证据索引则首次对 4 000 多条法庭证据名进行了翻译,为中、英、日三语索引;出庭人名索引对于主要出庭人物一一进行了身份标示,使读者初步了解庭审相关重要人物,方便进一步检索;事件索引则对庭审过程中所涉及的重要历史事件进行甄选。而 2014 年国家出版基金项目《远东国际军事法庭证据文献集成》则将东京审判全部证据资料中已被法庭认可采纳的总计 3 915 号证据完整再现,日文部分共约 30 000 余页,按法庭证据的编号顺序排列。同期编纂出版的《远东国际军事法庭证据文献集成索引、附录》由人名索引、地名索引、事件名索引、文献名索引、其他名词索引等组成,并附有中英、中日词语对照表,三卷共近 3 000 页,词条共近 50 000 条。

索引的编纂制作是一项枯燥而又极需要耐心的繁重工作,更不消说在如此浩繁的史料中找寻词条并且将之准确归类。加之年代久远,诸多资料模糊、字迹不清,对专家而言,相较撰写普通书籍难度更甚。连续两年的艰辛工作,编辑同专家一道战酷暑、斗严寒。每年先期依靠高校日语、英语专业的青年学生在海量文献中进行基础性词条选择工作,在中心主任程兆奇教授的主持下,中心专家向隆万、石鼎、陈丽娜、赵玉蕙、陈爱国等夜以继日地对词条及对应页码进行分类、核查。

同时,我社编辑也在东京审判项目运作中探索出了一种新的编辑模式。由于索引制作的特殊性,编辑需要与作者同期,甚至先期就投入书稿的编纂过程中。文献体量巨大、索引牵一发而动全身的性质使得内容分类、词条归类、版式设计等编辑工作必须与作者同时进行。"工程"图书出版过程中,召开相关工作会议不计其数,产生纸质校样万余页,由责编反复审读与打磨。我社韩建民社长多次提出交大社应多出"学者型编辑",这在东京审判项目中体现得尤为明显。项目组的编辑跟随项目成长,对东京审判史料的熟悉程度若不能称为烂熟于心，也足可以为业内专精。辛勤的撰写与编辑工作终于结出了硕果，《远东国际军事法庭庭审记录》喜获第十三届上海图书奖特等奖。

在高效率、高质量完成国家出版基金项目的同时，"东京审判出版工程"项目组编辑也群策群力，在基础史料中深耕细作，开拓出一系列优秀图书选题，系统策划出版东京审判主题图书。《东京审判研究丛书》《东京审判译著》《远东国际军事法庭庭审记录·中国部分》等系列书籍一经推出，均在学术界、出版界引起巨大反响。策划编辑秉承着"原创、引进两条腿走路"原则，一方面将东京审判研究领先国家，如日、美、德等的优秀学术作品引进版权，由一流学者翻译出版以飨读者；另一方面扎根东京审判研究中心，挖掘学者潜力，推出凝结中国学界智力精华的原创学术精品。春生夏长，秋收冬藏，东京审判项目收获的荣誉与成果实实在在回报了编辑们辛勤的努力。《东京审判研究丛书》已出版十余种。其中，《东京审判文集》英文版权输出给剑桥大学出版社，还入选了经典中国出版工程和剑桥中国文库；《东京审判译著》系列入选国家"十二五"重点图书规划项目，《东京审判：被忘却的纽伦堡》《纽伦堡与东京审判之后》等译著在巴黎书展、法兰克福书展举办了首发仪式及相关研讨，活动备受关注。

立足于推进学术图书纸质出版向纵深发展，我们积极探索东京审判史料全方位出版模式。面对浩瀚史料，如何利用高科技、现代化手段将之立体化展现，突破翻阅、查找不便之瓶颈，更加利于学者研究使用，这些问题促使我们进行更深入的思考与研究。因此，"东京审判数据库"项目应运而生。该项目企望通过数字化手段较完整地保存珍贵的东京审判相关图、文、声、像文献资料，从而建设一个集学术性、权威性、适用性、安全性于一体的东京审判基础文献数据库，为国内外研究者提供真实、全面的资料和功能强大的数据库平台。目前，数据库一期作业已近完成，这对于推动"东京审判出版工程"的立体化发展，构建一个全方位的东京审判信息平台，顺应出版大势而言，无疑是如虎添翼。

"东京审判出版工程"从诞生时间来说，仿佛是一个逐渐成长、成熟的少年；而从其承载的历史含义、民族嘱托而言，又似乎是一位饱经风霜的长者。这就促使我们必须饱含热情，又踏实认真地对待这项世纪工程。工程运作以来，取得的成绩，获得的经验，都是我们致力于基础性史料挖掘的结果，而我们也在东京审判学术专业出版的过程中成长。未来的路还很长，而肩头的担子也很重，我们定当以"东京审判出版工程"的运作为契机,进一步加强对相关史料的收集、整理与研究,把这部记载重要历史事件的文献整理好、出版好,为更好地保存历史记忆、弘扬爱国主义精神、维护世界和平作出应有的贡献。

（上海交通大学出版社供稿，金迪、姜津津执笔）

科学魂，爱国心，求是情

——记《竺可桢全集》的出版历程

《竺可桢全集》

上 海 科 技 教 育 出 版 社

《竺可桢全集》可说是学术界与出版界自发合作的结果。上海科技教育出版社自2004年开始分卷出版《竺可桢全集》，于2013年出齐了全部24卷，整个出版过程历时10年，但若从这一选题的策划阶段谈起，则要追溯到2000年。

创意与依据

竺可桢（1890—1974）是中国现代气象学、地理学的一代宗师，一位卓越的科学家，在气象学与气象事业、地理学与自然资源考察、科学史、科学普及、科研管理和诸多科学文化领域皆有杰出贡献。他又是一位伟大的教育家，开办了我国第一个地学系，特别是在浙江大学掌校13年的艰苦过程中，他的教育思想和办学精神对中国的教育事业发展影响甚大，至今仍然有现实意义。他当时的科教救国思想，是值得后人学习、继承和弘扬的宝贵精神财富。

竺可桢的爱国情怀和求是精神，对人口、资源、环境问题的高瞻远瞩，对西部开发问题的殷切关注，对科学精神的不懈倡导以及其深切的人文关怀，都是值得珍视的精神遗产。竺可桢的著述和各类文字非常丰富。据不完全统计，他的学术论文、科普作品等多达600万字以上。日记虽有散失，但保留下来的总量仍有1 300多万字。

出版界早就有人打算为竺可桢出集子，也作过收集文章的准备。1977年4月，中国科学院决定编辑《竺可桢文集》,此书于 1979 年 3 月由科学出版社出版,选收论文 79 篇,约 70 万字。受当时历史条件的限制,许多文章未能入选。后来还有科学普及出版社的《竺可桢科普创作选集》(1981)、百花文艺出版社的《看风云舒卷》(1998) 和浙江文艺出版社的《竺可桢文录》(1999) 等,都是根据不同的需要编选的本子,文字量不大。日记方面,1980 年代人民出版社和科学出版社先后出版了总共五卷本的《竺可桢日记》,约 300 万字,只占原本字数的四分之一。

为了全面反映竺可桢的学术成就和人文精神,2000 年 3 月,在纪念竺可桢诞辰 110 周年前后,叶笃正、黄秉维、施雅风、陈述彭等十多位院士提议增补《竺可桢文集》,得到中国科学院的支持。在一年的收集整理过程中,大家深感有出版全集之必要。2000 年 11 月,时任上海科技教育出版社版权部主任的卞毓麟赴京参加"2000 年中国国际科普论坛"时,从中国科学院樊洪业先生处了解到编纂《竺可桢全集》的设想,遂与时任我社副总编的潘涛商量,向时任社长的翁经义提出出版该书的选题建议。在他们的倡议和直接努力下,《竺可桢全集》被确定为我社的重大选题。

2001 年 3 月 1 日,《竺可桢全集》编辑委员会在北京成立,宣告了这一国内迄今为止最大的科学家著作出版工程正式启动。编委会主任由时任中科院院长的路甬祥担任。翁经义社长在启动会上汇报了编辑出版《竺可桢全集》的思路、方案,以及一定要把它出齐、出好的决心,到会的专家、领导用热烈的掌声表达了对出版社的支持和鼓励。

曾经有人对于我们费大力气出版《竺可桢全集》感到费解,卞毓麟老师遂作了这样的解释:《竺可桢全集》是科技和教育领域——其实远不只是科技和教育领域——的《鲁迅全集》,竺老长达半个多世纪的学术成就和社会地位,使其《全集》的价值在某种意义上决不亚于《鲁迅全集》;有如《鲁迅全集》不只是"德先生"的写照那样,《竺可桢全集》也决不只是"赛先生"的画像,它们都是了解近现代中国的不可替代的极珍贵的材料。

编纂和出版《竺可桢全集》(以下简称《全集》),是对社会责任感和历史责任感的追求。

思路与架构

按照最初的设想,《全集》拟出版 20 卷,但编委在逐年整理的过程中发现,竺可桢日记的规模大大超过原初的估计,且竺可桢的著述在编纂过程中陆续有新篇被发掘出来,所以编辑出版方针根据实际情况作了调整,《全集》最后扩充为24卷,收录了迄今可见的竺可桢文稿约2 000万字。

内容编排上,《全集》分为两大部分:一是各类文稿和信函等,二是日记。其中,第1—4卷收录作者已刊和未刊的中文著述,包括学术论文、大学讲义、科普文章、演讲词、工作报告、思想自传、信函、题词、序跋、诗作等;第5卷为外文著述;第6—21卷为1936—1974年的日记;第22—24卷为补编,是编者在2004年之后陆续搜集得来的新增文献,作为前5卷文集的"补遗"。各卷均附珍贵历史照片。

编排体例上,在《全集》的前5卷以及作为补编的第22—24卷,无论何种学科、体裁的文稿,一律按时间先后排序。这不仅是因为存在着无法严格区分学科领域和体裁类别的困难,更多的考虑还是想给读者提供一种历史考察的方便,无论什么学科或体裁的哪一篇,都是竺可桢在20世纪中国历史中留下的连续足迹中的一个印记。《全集》主编樊洪业先生认为,竺老的信函、文章都有紧密的关联,按照时间先后排序,不分学科文稿类型,有助于人们循着历史的脉络、按照真实的历史情况去了解竺老。

《全集》的编纂遵循两大宗旨:一是求全。凡能找到的竺可桢的文字资料尽量收入,有学术文章、科普文章、演讲词、信函、批示、题跋,以及思想检查、入党申请书,还有履历表、身体情况报告等,真实地再现那个时代的竺可桢。收集工作的量特别大,参与人员先后查阅了19家竺老生前工作过的单位及相关单位的档案室。此外还有竺老亲属、学生的帮助,像他早年在东南大学讲学的气象学、地学教材,就是早年的学生捐赠出来的。二是存真。力求如实展现竺可桢的人生道路和社会文化变迁的历史进程,为后世提供具有独特价值的珍贵史料。《全集》所收文献纵亘1916—1974年,计59年,历经中国现当代史之各个重要发展阶段,不仅所记述史实弥足珍贵,其文章写作样式、编辑出版规范、社会流行语言、术语译名演变等,也都真实地反映着不同时代的文化样态和流变趋势,具有特殊的史料价值。为此,编委和出版社在这一点上思想高度统一,力求如实保存文本原貌,未完全按现有通行的编辑出版规范作加工处理。当编辑规范与保存文本原貌发生冲突时,宁肯牺牲现行的编辑规范。如主编樊洪业先生所说:"我们的编者不是在给竺老改作文,而是要抱着对待一件文物的态度来整理《全集》,不是整旧如新,而是要整旧如旧,保持历史的原貌。"出于同样的原因,对作者文章中表述的学术观点和论据,有后世学者提出较大争议和较系统考订者,本书亦未予逐一注释和论列。编者的主要工作是广泛收集遗存文稿,考订其发表的时间和背景，选择适合入选文本，辨读文本内容，酌情予以必要的点校、考证和注释，对不同文本作参校订正。

这两大宗旨对作为《全集》主体的日记来说尤为重要。《全集》不但具有极高的学术价值，而且具有极其珍贵的史料价值，作为《全集》主体的日记，其史料的价值更为巨大。竺可桢的早期日记虽有散失，但保留下来的总量仍然超过 1 300 万字，对我国近百年来社会、科技、教育、文化的发展都有如实的记录，是难得的研究素材和文化遗产。1980 年代，人民出版社与科学出版社先后出版了五卷节选本《竺可桢日记》，从事 20 世纪中国史研究和知识分子研究的学者已从中发现了许多有价值的史料。但节选本总计约 300 万字，尚不及日记原本总字数的四分之一，尤其是，主要受当时思想和历史时代的局限，对竺可桢日记史学价值的认识和利用不够充分，致使大量有价值的内容未得入选，节选本中大量的省略号，成为许多学者的一大憾事。作为此次《全集》主体部分的《竺可桢日记》，则在编纂工作启动之初即决定将竺可桢日记的全貌公诸于世，收录竺可桢保存至今的 1936—1974 年共 38 年的足本日记，以满足那些希望看到足本竺可桢日记的学者"望眼欲穿"多年的夙愿。此外，不但"求全"，还要"存真"。竺可桢日记在竺可桢生前从未示人，在很大程度上属于私人史料性质的文字，加上竺可桢的知识面非常广博，日记的内容涉及各个领域，且经历了 38 年的历史变迁，不同时代人们使用的语言文字的变化在日记中均有明显的体现，从科学的符号、公式和概念用语，到日常生活所用的名词、称谓等，都在随着时代的变迁而不断变化，这些便需要编辑用心甄别，不能轻易按现行的标准作编辑加工。

组织与运作

《全集》的编辑委员会成员皆为深有造诣的科学家和学者，其中十余位是两院院士，文稿编纂组成员有近 30 位，学术力量雄厚。我社为确保这一重大出版工程的顺利完成，由时任副总编的潘涛担任项目组组长，选调了十几位编辑从事这项工作，并请资深编审和相关专家进行审稿，层层把关。编者和出版社通力合作，在历时 10 年的出版过程中建立了良好的协作关系，演绎了一段出版佳话。

人员安排合理，编辑出版工作细致认真，充分保证了《全集》的编纂质量和出版质量，受到读者的高度认可。

效果与经验

竺可桢受到无数学人的尊敬和怀念,全面收录他平生著述的《全集》自 2004 年出版以来,即引起了学界的广泛关注,收到了良好的社会效益,得到了众多专家学者和各界人士的广泛好评,且不乏追随《全集》出版步伐而逐册收入囊中的忠实读者。此外,《全集》中包含的深刻思想、珍贵资料已经催生了一批学术文章和著作,这些著述从诸多角度显示出《全集》作为珍贵历史资料所特有的学术价值,说明利用《全集》开展学术研究将在未来大有可为。可以说,24 卷《全集》出齐,虽然对出版者来说意味着一项工程的结束,但是对于广大读者来说,则意味着一座宝藏的大门正在徐徐打开,有待识者去尽情发掘。

回顾《全集》的策划出版历程,值得总结的经验有这么几个方面:

一是出版者坚持打造精品出版工程的信心与努力。虽然在《全集》出版期间,出版社历经了三任社长,但他们出好《全集》的决心始终未变,项目组能够始终潜心做好这个项目。

二是编者和出版者相互信任,通力合作。从编纂工作启动之初,编者和出版者就开始了有效合作,从竺可桢遗存文稿的搜集到稿件的编辑加工和审读诸环节,双方都反复沟通和协调,在思想上和行动上均保持高度一致,力保书稿质量。在传统的三审三校基础上,出版社还常常根据具体情况增加审次和校次。每年书稿付印前,主编组成员必定会到出版社对清样作最后的通审定稿。

三是编辑不断学习,不断积累。《全集》所含文献历史跨度长,涉及人物多,内容极其丰富,需要编辑不断与时俱进,根据每一卷的实际情况调整编辑细则。总的来说,编辑出版的过程也是一个不断学习、不断积累的过程,其中的一些经验,也是在编辑工作深入到一定程度后才有所体会的。

（上海科技教育出版社供稿，王世平执笔）

谈大型学术类翻译项目《杜威全集》的运作实践

《杜威全集》

华 东 师 范 大 学 出 版 社

约翰·杜威(1859—1952)是美国思想史上最具影响力的学者,被公认为 20 世纪西方最伟大的思想家之一,对中国的思想界和教育界也曾产生过深远的影响。1991年,由美国南伊利诺伊大学出版社编纂的 38 卷本《杜威全集》英文版问世。2004 年,华东师范大学出版社购得该图书版权,和复旦大学杜威与美国哲学研究中心合作,开始了《杜威全集》中文版的翻译出版工作;2015 年,这套图书历经万种艰辛,终于全部面世。当敲下这行字的时候,作为一个以该项目为入行机缘的编辑,以及本丛书的项目编辑之一,我真切地体验到了五味杂陈、百感交集……感谢 8 个月前拟就的这个标题,它把编辑的感情束缚在理性的范围内,驱使我系统地反思《杜威全集》中文版翻译出版的全过程,客观地总结这一大型项目运作实践中一些有普遍意义的经验教训,与同仁共勉。

杜威一生出版了 40 多部著作,在 140 多种刊物上发表过 700 多篇论文。1961年,美国南伊利诺伊大学杜威研究中心决定牵头编辑《杜威全集》(以下简称《全集》),由时任杜威研究中心主任的乔·安·博伊兹顿教授担任主编。这一决定得到了美国哲学界的赞许和响应,不少教授和专家加入到这项繁重的工作中,分别参与文稿的收集、校勘、整理和编辑等工作;对杜威理论最有研究的权威专家,则按各自特长分别为各卷撰写了导言。1967 年,早期著作第一卷问世;1990 年,晚期著作第十七卷问世;1991 年,索引卷问世。至此,38 卷得以全部完成,前后花了整整 30 年时间。中文版

《全集》除了这38卷外，还将2012年南伊利诺伊大学出版社整理出版的新发现的杜威手稿——《非现代哲学与现代哲学》作为补遗卷收入，所以共39卷，总字数超过1 700万。这是改革开放以来我国学者对单个哲学家的著作最大规模的整体翻译。

　　一般来说，翻译类套书的出版有三方面的共性问题需要特别考虑。第一，主编和译者如何选择；第二，译者队伍如何管理；第三，各卷译稿在体例和相关内容方面如何统一和融通。《全集》这样的"巨无霸"项目，其运作过程虽然复杂，但也离不开这三个普遍问题。由于篇幅所限，我将主要围绕这三个问题，介绍一下这套图书的运作实践，并就其特殊之处，谈一下困难所在。

主编与译者的选择：专家级主编＋专业型译者

　　首先，学术类图书不同于大众读物，因其专业性强，必须依靠该学科领域的领军人物来担纲主编，并由主编物色专业领域外语出色、文笔流畅、责任心强的译者。主编的选择是选题成功与否的第一步。《全集》的主编刘放桐教授，是我国现代西方哲学研究领域的代表人物，也是美国实用主义和杜威哲学研究的专家。2004年，由刘放桐教授领衔，复旦大学成立了杜威与美国哲学研究中心（以下简称杜威中心）。这对于《全集》的翻译，无疑是一个重大的利好消息。因此，我社领导几乎在杜威中心成立的同时，便与刘放桐教授就翻译《全集》达成了共识，邀请他担任主编，并由杜威中心负责组稿。

　　由于《全集》篇幅极为浩大，内容涉及古典和现代哲学、美国和国际政治、社会、法律、历史、教育、各种形态的文化、艺术、道德、逻辑、心理、宗教、科学技术等广泛的学术和现实生活领域，加上杜威的文风有时相当古奥，所以，准确、规范、流畅地将其翻译成中文，是一项非常困难的工作，单靠一两个单位的力量显然无法完成。在主编刘放桐教授的召集下，我国哲学、教育学、心理学界的专业带头人参与进来，成立了一个阵容强大的编委会。除复旦大学哲学学院的不少学者之外，来自北京大学、清华大学、中国人民大学、北京师范大学、南京大学、浙江大学、武汉大学、华东师范大学和上海社会科学院等高校和科研机构的在杜威和实用主义研究领域有深厚学养的知名学者和专家也参与到翻译工作中来。这些译者在该领域有较大的影响力，对杜威及其著作有长期的研究，专业功底扎实，知识结构合理，并有丰富的翻译经验。

译者队伍管理:建立沟通平台＋密集催稿

译者落实以后,如何对其进行管理,敦促其按时交出合乎出版要求的稿件,是项目能否成功运作的关键。《全集》有庞大的译者队伍。一方面,有些译者因自身参与了其他项目或课题,分身乏术,邀请一两位合作者共同翻译会减轻各自的负担;另一方面,由于学术类稿件字数较多,均在40万字以上,且涉及术语专业性强,翻译难度大,两位以上译者共译互校更能保证稿件的质量。鉴于此,编委会和出版社都赞同两到三位译者合作翻译一部书稿,并由一人统稿。经统计,《全集》总共有署名译者80余位。对于项目编辑来说,如何与这么多的译者进行有效的沟通,是一个充满挑战的问题。

2005—2007年两年间,在逐一落实了各卷译者之后,我社为了推动翻译工作顺利进行,制定了《全集》的《编辑出版工作说明》、《翻译规范说明》、《译校工作流转单》、《译校和一审工作说明》等文件,不定期召开各种翻译工作会和联络会,建立网上讨论小组,编制工作简报,为译者之间沟通和探讨翻译与学术问题提供良好的平台和渠道。从最初在《全集》翻译工作的规范要求、翻译风格、表达方式、体例设置等方面统一认识,形成可行性方案,到在翻译过程中交流遇到的各种问题,包括学术术语、人名地名的译法以及如何保持杜威语言风格,再到统一进度、约定交稿时间,等等,我们都对翻译工作实时进行推动和完善。

在落实译者到交稿的整个过程中,本项目遇到了一些困难,主要表现在四个方面。

第一,译者的翻译进度差异很大,水平也并非整齐划一。在立项之初,我们曾计划一次性推出《全集》,后来在运作中发现,这种想法过于理想主义。2007年1月,《全集》收到第一份译稿——早期著作第一卷,而一直到2010年4月,早期著作5卷译稿才全部到齐,与此同时,中期著作才到稿4卷,晚期著作到稿1卷。在这些稿件中,大多数译法严谨、文笔较为流畅,但也有部分稿件质量不过关,需退译者改订,一般改后仍不尽如人意,需要译校者花费很大心力。这时,出版社所购此书的5年版权即将到期。在这种情况下,我们只能根据交稿情况,变换策略,按早期著作、中期著作、晚期著作分批次出版《全集》。

第二,译者因为自身这样那样的原因,临时退出该项目。在《全集》运作中,出现过四次这样的情况。两次是领衔译者因承担项目过多,分身乏术,无法按时完成;一次是领衔译者收到初稿已经过去数年,但一直无暇统稿和审定。对于这两种情况,我们都及时向编委会汇报,从现有的译者中物色合适的参与进来。最让人痛心的是另外一种情况,晚期第二卷原由副主编汪堂家领衔翻译,2013年底汪老师身患不治之症,仍然心念此事,在病榻前把翻译任务交代给他的同事——复旦大学青年教师张奇峰,并为其推荐了合作者。汪老师作为《全集》的常务副主编,为组稿、催稿、审稿、工作会议等方方面面奔走,殚精竭虑。如今,每每回想起他的音容,总是唏嘘不已。

第三,译者交稿以后,因质量不合格而退稿,需要另觅译者。这种情况比较少。毕竟译者耗费了大量劳动,只要稿件还有一线起死回生的希望,我们一般都不会退稿,而是选择退修。唯有一个例外。其中有一卷,译者在美国一所大学任职,从事学生事务管理,组稿编辑考虑到他的英语不错,对美国教育史比较了解,对杜威教育思想也有研究的兴趣,认为他可以胜任翻译工作。但是,我们后来发现,杜威作为一个哲学家,其教育思想与哲学理论是密切结合的,该译者由于缺少哲学专业背景,交来的稿件问题甚多。我们请了一位资深的哲学专业编辑为这一卷作译校。译校者对照原文,对译稿校订了一部分以后,提出退稿的建议。我们把这一情况提交编委会裁定,得到的回复是:译者的翻译没有建立在理解的基础上,对杜威语境中基本词汇的含义把握不准,没有达到基本的"信",因此,本卷必须退稿和更换译者。这一波折提醒我们:在学术类图书译者的选择方面,一定要对专业性有足够的重视;仅仅外语水平高,是远远不够的。

第四,译者无底线拖延,交稿无确定日期。现在的高校教师,科研和教学压力很大,负责的课题之多,非行外人所能想象,因此,催稿就成了编辑非常重要的一项日常工作。我们制定了进程表,在签订合同的前两三年,每三个月左右与译者联系一次,尤其会在寒暑假前提醒译者充分利用长假,并详细记录译者的进度和预计交稿时间。正常情况下,经过这样密集的催稿,译者都能在两年左右交出译稿。如果有不可避免的特殊而重要的任务临时插入,我们要求译者及时告知出版社,另行约定交稿日期,并尽量减少这类延期的次数。然而,现实永远比文字所能记录和表达的要丰富许多。在项目运行的过程中,我们碰到了很多导致译者一再推迟交稿的情况,由于篇幅所限,就不在这里一一罗列了。只举一个小例子:某年暑假过后,一位译者这样告诉我为何要再次推迟交稿:"暑假里完成了给其他出版社的一部书稿,今年再不拿出来,合同就要过期了。"

稿件质量把关：多道审稿程序＋注重融通性的编辑原则

2006年底，译者开始陆续交稿。为保证翻译质量，出版社和编委会商定，译者交稿后，需经过多道审稿程序把关：先由主编刘放桐教授进行预审。预审合格后，由出版社聘请专人对照原文进行译校，时间在半年左右。之后，书稿进入出版社进行三审三校。完成审稿的稿件，对于发现的问题，退回译者逐一解决和予以确认。另外，为了确保译文质量，要求各卷的翻译团队内部人员形成互相交换审校的机制。

译稿经过预审和译校环节后，正式进入出版流程。首先，在出版社层面上，为了将本项目打造成学术精品，我社制定了一套科学的机制来保证其质量。我社作为全国百佳图书出版单位、全国先进高校出版社，具有丰富的运作大项目的经验。社领导对《全集》这一项目非常重视，将其列为"一把手工程"，由社长亲自负责，统一协调，分拨骨干力量组成分工明确的团队；同时，以由我社总编办牵头，相关社领导和编辑、发行、营销、编校、印务负责人出席的调度会为平台，对审稿、校对、质检、装帧、印制实行全程管理，为项目的顺利完成保驾护航。其次，从编辑层面来说，由于本丛书规模巨大，又是翻译项目，如何对关键术语的译法进行统一，是一个异常繁重的任务。虽然在翻译阶段，我们通过召开阶段性翻译工作会议、建立译者联络平台等手段，对引文、人名地名、报纸杂志和出版机构以及一些术语的译法作了约定，但如前文所述，因为杜威著述涉猎的范围极广，而学术翻译又与译者本人对文本的理解密切相关，所以，必须依靠审读编辑在稿件加工环节进行细致的核对和统一。除了由我社审读室安排优秀的审读编辑参与审稿以外，本套丛书的一个特点是两位项目编辑深度参与书稿的审读，并负责稿件体例和名词术语译法的统一。在本项目的编辑加工方面，我们一边实践一边总结经验，最终形成了几个原则。

第一，《全集》的翻译完全以精装英文版为翻译底本，翻译者必须严格遵循原书的篇章体例结构，在翻译过程中不得擅自作任何的更动与增减。审读者以此为审稿原则。翻译严格遵守学术著作规范，在译本中标明边码，准确完整地收录并翻译单卷索引及全集索引，便于读者更好地利用索引检索关键词；按照统一体例翻译注释，保留校勘表、参考文献等研究性资料。

第二，对于现有经典版本的修订以尽可能符合时代的阅读特征为原则。中国学者研究和翻译杜威论著由来已久，在《全集》翻译出版以前，已有傅统先译《经验与自然》和《确定性的寻求》、王承绪译《民主主义与教育》等版本广为流传,这些版本成为一代代中国学者研究杜威思想的必读经典。不同时代文风会有变化,学术规范会有变革,不同领域、不同时代的学者对原著的理解也有所不同,出于上述考虑,我们在请相关领域的专家进行论证以后,对现有版本或修订,或重译。在修订译稿方面,以《经验与自然》为例,出版社在征得傅统先后人同意的前提下,请修订者在语言文字、人名译名、体例规范等方面作了修改,编辑加工也重点围绕这些方面,使译著符合时代的阅读特征,以最大限度地保持译著的生命力。

第三,最重要的一个原则是在《全集》的融通性方面做到六个统一:导言引文与正文内容统一,论战文章的相关引文与关键术语统一,附录与正文统一,索引关键词与正文统一,各卷互引内容统一,各卷间体例、关键术语、重要人名和著作名统一。这个原则乍看上去没有什么特别之处,操作起来却非常艰难。比如,杜威一生中与同时代的学者有很多论战,《全集》不但收录了杜威的文章,也把论战对手的相关文章收于附录中,以方便研究者查阅。译者在翻译的时候,出于这样那样的原因,往往容易忽视附录内容与正文相关文章的关系,因而需要编辑对此特别关注。这既是经验,也是教训。在早期阶段的摸索中,编辑对频频出现这种“鸡同鸭讲”的情况非常苦恼,为改此类差错耗费心力。后来,我们总结了这一经验教训,主动提醒译者:在碰到论战性文章时,一定要对照起来翻译,相互融通。

又如,对哲学、心理、逻辑、道德、教育理论与实践、政治和文化等的关注,贯穿了杜威整个学术生涯,他在早期、中期和晚期著作中均对这些领域有重要的著述,且经常会援引自己以前的作品,如何保持相关内容的融通,也是一个难题。经过谨慎实践和征求专家意见,我们最后遵循的原则是:按照早中晚三部分的划分,未出版的译文引用已出版的译文,要求译者参照已出版内容来翻译相关篇章;对于同时出版的译文,比如中期著作第九卷引用中期著作第一卷的内容,则由编辑进行核对和统一,并返译者确认。例如:中期著作第五卷收录了杜威的《伦理学》一书,史蒂文森在导言中引用了杜威早期著作中的多篇论文,其中有一句译者原译为“放逐神学也就是放逐伦理学”,引用的是早期第一卷中《伦理学和物理学》一文的内容,对照已出版的第一卷,编辑将它改为“驱逐神学,就是驱逐伦理学”。这是最简单的情况:句式简单,上下文没有深度关联,只需对照已出版的改正即可。如果关键术语不统一,修改会涉及上下文乃至全书,极易出错。对于这种情况,我们会先和译者沟通,征得译者同意后再作修改;或者作注说明不一致之处。

英文版《全集》在引文统一方面做得非常细致，这也为中文版的融通提供了便利。一般来说，英文版在提到或引用杜威某著作时，都会对其在全集中的位置作注说明；中文版编辑在核对著作名称或引文时，只要查找相对应作品的边码，就可以很方便地找到。但也有例外。比如，晚期著作第三卷《附录》中收录了霍尔的论文——《"意义"在杜威〈经验与自然〉中的一些含义讨论》，其中大量引用了杜威著作《经验与自然》的内容，并标明了引文在该书中的页码。我们在与收录了《经验与自然》的晚期著作第一卷的相应页码核对时，发现根本找不到霍尔提到的引文。这在之前的核对中从来没有遇到过，究竟问题出在哪里呢？根据经验，我们突然想到，有可能是作者引用的版本与《全集》收录的版本不同。根据这个猜测，我们核查了第一卷的其他内容，发现和收录于《全集》的许多其他著作一样，《经验与自然》也有一个本版与其他版本的页码对照表——《第一版页码对照表》。从霍尔文章发表的时间可推测出他所用的是第一版或第二版，而根据第一卷的《文本说明》可知这两个版本的页码是完全一致的。所以，我们的处理方法是：对照《第一版页码对照表》，将霍尔论文标注的引文页码转化为《全集》收录版本的页码。比如，霍尔的第一个引用"而'一个被直接享受的事物在其自身之上加上意义……'（第167页）"，根据对照表，应该在晚期第一卷的第133页，我们在这一页上找到了相对应的引文"一个直接享受的事物加上了意义……"，并对照原文对两者进行了统一。然后，在第一次出现此类问题的引文后作注，说明其在《全集》中的具体出处。

十余年风雨兼程，一路走来，《全集》的出版得到了各方的倾力支持。首先，是学术界在智识上的慷慨助力。著名翻译家严复曾经这样感叹："一名之立，旬月踟蹰。"翻译是件苦差事，学术图书翻译难度尤其大。杜威用晦涩语言曲折表达出的真知灼见，需要时间来仔细琢磨，才能译出流畅贴切的中文，而这是一个异常艰苦的过程，我们的编委会成员和译者老师为之付出的努力超乎想象。另外，《全集》中期著作和晚期著作均得到国家出版基金的大力扶持，这有效减轻了我社在经济方面的负担，推动我们在社会效益高、市场回报低的严肃学术著作出版方向上阔步向前。

十余年长途跋涉，《全集》的出版历程见证了华东师范大学出版社为传播优秀学术成果、推动社会文化积累倾心倾力、勇往直前的社会责任感和文化担当。在《全集》的漫漫出版路上，从选题立项、版权谈判、组稿、催稿、稿件译校、审读、校对和质检，到装帧设计、印刷、装订成册，再到最终投入市场，凝聚着无数出版人的努力和心血。

正是因为有了这些力量的集结,《杜威全集》早期著作(5卷)和中期著作(15卷)分别在 2010 年 10 月和 2012 年 12 月实现出版,晚期著作及补遗部分(19卷)也在 2015 年完成出版任务。《全集》分批次出版以来,受到社会各界的广泛关注和高度评价。其中,中期著作获得 2014 年上海市优秀图书一等奖,并在国家出版基金结项验收中获得高分,得到国家出版基金办公室的通报表扬。

(华东师范大学出版社供稿,朱华华执笔)

上海连环画重生记

长篇连环画《三国演义》等

上海人民美术出版社

上海是中国现代连环画的发源地,上海人民美术出版社自1952年建社以来,出版了大量的优秀连环画作品,成为新中国连环画创作、出版的重镇,对中国连环画的发展起到不可替代的作用。

然而,上世纪80年代后期,连环画出版逐渐衰退,上海人民美术出版社也难逃此运。据数据资料显示,自1997年至1998年间,上海人民美术出版社除了个别合作项目外,全社自身已经没有一种连环画图书出版和印制发行。1999年,全社亏损达400万元,跌入发展的低谷。

进入21世纪后,上海人民美术出版社在新的领导班子的带领下,十多年来积极探索,努力奋斗,连环画出版走过了一条从逐步复苏到全面发展和繁荣之路。据北京开卷信息技术有限公司调查数据显示,2011年以来,上海人民美术出版社出版的连环画在全国连环画类图书市场中的销量连年增长。至2014年,上美版连环画实体店码洋占有率达60%,网店码洋占有率为40%,动销品种达800余种。可以说,上海人民美术出版社的连环画在当今全国连环画图书市场中的地位举足轻重,有着占据绝对优势的市场销售能力,重新焕发出生机。上海人民美术出版社也步入稳步发展新时期,连环画的振兴繁荣带动了全社图书出版工作的顺利开展,各项经营工作进入良性快速运行轨道。

回顾上海人民美术出版社连环画出版的复兴之路,深感在现代出版竞争激烈的大环境中,出版人切不可随波逐流,消极看待短期的出版衰退现象,而应高度注重中国优秀文化的传播方式和传播手段的可持续性,把新时期人民大众多元的阅读需求和最适合的阅读载体结合起来。上海连环画在 21 世纪的重生就是一个可借鉴的案例。

一、连环画是适合中国大众阅读的文本

连环画衰退时曾引发人们的种种悲观看法,认为连环画已经过时了,被新媒体和动漫替代了。为解决"连环画到底还能不能发展"这一关键问题,我社在 2002 年作了大量的基础性调研和分析。调研的结果让我们坚定了在 21 世纪重新出版、开发连环画的信心。

首先,客观上,我们看到,连环画在上世纪 80 年代的迅速衰退虽然属于不正常的出版现象,但其中也有出版机构单纯追求利润,粗制滥造的原因。在新中国成立后的数十年间,当代中国老中青画家们几乎都参与和从事过连环画的创作,绘制出一批批脍炙人口、耳熟能详的经典作品,令人久久传诵;同时也成就、培养了众多优秀的连环画家。一本本"小人书"占据了中国几代人的阅读生活,可谓中国图书阅读史上的奇观,连环画也逐步成为新中国不可或缺的一个重要画种。因此,我们清醒地认识到,优秀连环画的艺术魅力是支撑连环画发展的关键。

其次,对于连环画几十年来的阅读习惯和记忆已经深深地根植于几代中国大众的心底,这也可能是连环画得以重生振兴的最重要的基础,现在需要我们出版人用自己的努力重新点燃大众的阅读热情。至于动漫兴起对连环画的影响,的确是很大也是必然的,但我们也应看到两者共存发展的可能性:动漫是典型的新时期快餐文化的代表,它追求的是快速阅读,夸张刺激是它的艺术特色;而连环画强调的是慢阅读和精阅读,写实和细致逼真是它的艺术风格。两者完全可以错位竞争,形成共存共荣的出版格局。

二、大众产品精品化的转变

振兴连环画的第一步很关键,就是要把连环画作为大众通俗读物的艺术魅力提升和提炼出来。上世纪,由于受印制条件的限制,连环画印制质量低下,与画家们的

原作风貌有相当大的差距。如果到了 21 世纪连环画还只是简单印制,不加以整理和加工的话,恐怕很难得到当代读者的认同。于是,复兴连环画出版之始,我们便把整理连环画原作和重新编辑加工放在连环画出版工作的首位,要把大众眼里的"小人书"做成可以登堂入室的时代精品,为今天的读者提供最为精美的精神食粮。自那时开始,上海人民美术出版社的出版工作便形成一条铁律,连环画制作要求和标准与其他艺术类画册制作要求和标准一样严格:一定要比对原作,重新修图修版;必须使用优质的纸品和印材,精心印制。力求把每一本连环画都当作艺术精品来打造。当然,当时的出版界很少有人能理解我们的这种做法,认为对于连环画这类图书,没有必要这样大动干戈。然而,事实证明,恰恰是我社这一举措,使连环画的面貌大为改观。当整理出版的连环画以崭新的艺术风貌重新出现于读者的视野中时,大家为之一振:"原来连环画可以表现得这么美……"正是这一决定性的转变,从根本上改变了先前大家对连环画的认识。从此,上海人民美术出版社的连环画振兴事业走上了大众产品精品化之路。

三、抓牢品牌产品,带动系列产品

建社以来,上海人民美术出版社积累了丰厚的连环画版权资源,"该从何处入手"是我们首先要考虑的大事。出版社要在现代出版的新环境中成长,不仅仅要出书,更重要的是把出好书与出版社的品牌建设、塑造牢牢连接在一起。只有做好这种粘接的出版工作,才会有出版社的长远发展。在中国几代读者中,提到上海人民美术出版社,大家几乎都会想到连环画《三国演义》(60 册)这一中国连环画的长篇巨著。这种联想就是出版社品牌能力的体现,就是把经典作品和出版社品牌粘接记忆的结果。于是我社决定集中力量,组织优秀编辑,以团队的力量重新整理长篇连环画《三国演义》,并以此为抓手,力求把经典作品和出版社品牌重塑结合在一起,产生轰动效应。经过一段时期的认真准备,精心策划和制作的《三国演义》收藏本和《三国演义》蓝皮书(大众阅读版)分别在 2002 年和 2003 年底出版,一下子点燃了广大读者的阅读激情,两个版本的图书全都供不应求,很长一段时间内都稳居热销图书榜。另外,我们又从优秀连环画家获奖作品入手,利用最新印制技术重新修版修图,以最好的印材充分展示画家个性化的艺术特色,再现了连环画过去从未彰显过的艺术魅力。贺友直绘的《山乡巨变》,顾炳鑫绘的《渡江侦察记》,赵宏本、钱笑呆绘的《孙悟空三打白骨精》……经我社重新整理,陆续出版。这些作品的问世使经典作品的风貌更添光彩,成为广大连环画爱好者和读者竞相收藏的对象。为保证图书质量,我们对此类作品实行限量印刷,一时间上海人民美术出版社的连环画洛阳纸贵,网络上甚至出现了这些连环画溢价出售的现象,上海人民美术出版社的品牌影响力得以大大提升。至此,通过连续几年的努力,我社振兴连环画的出版工作打开了一个良好的局面。

理想的开端,让我们坚定了振兴、发展连环画的信心。为此,我们精心制定了我社连环画的长期发展规划。在这个整体规划中有两个基本目标,即走"精品收藏"出版之路,走"精品阅读"出版之路,目的是把新时期读者群体细分,让经典连环画以不同文本形式满足不同年龄、不同背景的读者的多元需求,把发展连环画之路走得更加宽阔。

在具体实施过程中,我们制定年度选题计划,按部就班地进行。把最适合阅读的历史题材、文学题材、红色题材连环画集中整合,形成各类系列题材的套书、丛书,逐年推出;同时,以优秀画家的优秀作品为主线,以最好的书籍设计形态打造精美的收藏文本,把连环画作品推到大众收藏的热潮里。每年均有几十种作品整理出版,使图书市场始终对上海人美版的连环画保持一定关注度。

由于有整体规划,又有科学具体的实施安排,我社连环画出版从 2005 年到 2014 年得到了快速、稳定的发展,出版规模不断扩大,图书品种不断增加,形成了初版、再版平衡循环的发展大格局。近十多年来,上海人美社打造的品牌系列连环画被读者冠以"大精"、"小精"、"蓝皮书"、"红皮书"等称谓,其中满含喜爱之情。这些系列产品也成为广大读者认识、喜欢和热爱上海人美版其他类别图书的媒介。至此,上海人美社在这十多年所作的努力终于使出版社品牌得到了再次提升。

四、强化宣传引导,坚持不懈办好"小书摊"

对于连环画能够重新振兴,我们还有一条重要经验不得不说,就是重视宣传推广,强化阅读引导。经过上世纪的短期衰退,在连环画沉寂的那段时间里,大众对其阅读的关注度明显下降,我们也因此失掉了部分适龄读者。连环画重新问世,一定要拉回读者。因此,宣传推广、引导阅读的工作必须加强。

连环画在民国时期就盛行租赁阅读,多数底层平民就是靠着低廉的租赁费用读到了连环画。那时,上海的大街小巷,到处都能看到"小书摊"的身影。到了新中国时期,这一传统租赁阅读形式被保留下来并得以推广,在全国各地都能看到相同或者相差不大的"小书摊",颇方便大众阅读连环画。

现代出版业的宣传推广能力大大发展,我社也在连环画推广活动中尝试过不少新的方法和手段,但总觉得特色不明显,反响一般。怎样才能真正唤起读者的阅读热情呢? 我们瞄准了令广大读者备感亲切的"小书摊"。2007 年上海书展,我社第一次在展位上摆上特别定制的矮脚板凳、排满连环画的小书架,"小书摊"开张了。"小书摊"专供读者免费阅读,并且每人阅读超过 15 分钟即送一本连环画。一时间,上海人美社展位成为当届上海书展的亮点。"小书摊"前摩肩接踵,阅读情景想象不到的火爆。同时,"小书摊"也引起多家媒体的注意,成为记者主动关注和采访的热点。结果,此次上海书展,上海人美社连环画销售跃入书展各参展单位图书销售前三名,收获了意外惊喜。

以此为契机,我社发行部、市场部进一步把"小书摊"和推广讲座、名家签名售书、媒体跟踪报道等活动结合起来,形成固定模式,并以视频和宣传手册等手段向全国介绍推广。至此,每年发行部、市场部都会设定推广计划和时间表,利用节假日和书展活动进行连环画阅读推广。从 2007 年至今,这一特色鲜明的推广活动走遍全国各地,不仅出现在各大全国性、地域性的书展上,各地书店更是"小书摊"活动的场地。"小书摊"为广大连环画读者带来了记忆的温暖、阅读的快乐,受到全国读者的极大欢迎。连环画重新回到读者的案头,重新确立"最适合中国人阅读的文本"的称号,我社的"小书摊"功不可没。

五、积极探索连环画创新之路

众所周知,新中国连环画的成长是和新中国领袖的直接关怀与引导分不开的。值得追忆的是,2009 年上海书展期间,时任上海市委书记的习近平同志亲临我社连环画展位视察和指导工作,我社员工深受鼓舞,深切认识到"小人书"真真不"小"。从连环画发展的历程看,连环画本身就与党和国家的发展密不可分,一直以自己强大的传播能力和内容的易于阅读性为党和国家事业的发展作出独有的奉献。我社在连环画出版工作中,也始终坚持将之作为服务于党的中心工作的大事来抓,积极策划构建社会主义核心价值观的选题,紧抓主题出版工作,推出各种连环画套书、丛书。近几年来,我社分别新绘新版了《时代雷锋颂》《我们的中国梦》《我们的价值观》等,对推动学习中央精神起到很好的宣传作用。2011年,我社与中国人民美术出版社等合作出版的《庆祝中国共产党成立90周年百种红色经典连环画》受到中宣部的嘉奖并获国家出版基金资助,其中我社的连环画占到近三分之二强。

为了更好地推动连环画发展,我社还坚持做好连环画理论整理及民国文献连环画的出版,以完善连环画体系,先后有多个项目列入国家"十一五"、"十二五"图书规划。从2010年至今,我社已整理出版民国时期连环画43种64册,初步厘清了中国连环画发展的历史渊源,具有重要的史料价值和参考价值。我社出版的《新中国连环画图史》廓清了连环画发展的轨迹,填补了连环画研究的空白。该专著于2011年6月出版后,先后多次获国家级大奖。

当然,连环画的继续发展同其他优秀传统文化一样,也碰到了创作人才队伍建设困难这个带有普遍性的问题。该问题一定要在国家、社会、企业三方的共同努力下才能得到解决。

希望连环画为中国大众服务的艺术之路越走越宽阔。

(上海人民美术出版社供稿,李新执笔)

《十万个为什么》：传奇与现实

《十万个为什么》
少年儿童出版社

《十万个为什么》是少年儿童出版社在 20 世纪 60 年代初编辑出版的一套青少年科普读物。50 余年来,这套书先后出版了 6 个版本,始终以科学严谨的知识、贴近生活的内容和通俗浅显的文字吸引着读者,引导无数青少年走上了科学探索的道路。据统计,从 1961 年到 2011 年,不同版本的《十万个为什么》共出版发行了 1 000 多万套,累计超过 1 亿册,成为几代父母为孩子购书的首选。

1998 年,《十万个为什么》荣获国家科技进步二等奖,这是该奖项自设立以来第一次授予一套科普图书。建国 50 周年前夕,这套书被千千万万的读者推选出来,成为"感动共和国的 50 本书"中的一种。2008 年,《十万个为什么》(新世纪版)又被授予首届中国出版政府奖图书奖这一出版领域的最高荣誉。

在我国,至今还没有一套科普读物能像《十万个为什么》那样经得起如此长时间的检验,并产生了如此巨大的社会影响。用中科院资深院士池志强的话说,"它差不多是所有中青年科学家的启蒙读物"。正因为如此,《十万个为什么》被赞誉为我国青少年科普事业的一个传奇、一个不可复制的经典。

一、一个传奇的诞生

一般来说,每段传奇都会有一个非同凡响的开端。《十万个为什么》的缘起则显得有些平凡，它源自对"大跃进"那段特殊历史时期的出版工作的反思。用时任少年儿童出版社第三编辑室主任的王国忠的话说："这一段出版工作，一天出几本书，讲速度，比数量，干劲十足地粗制滥造，却忘了、抛弃了图书的生命在于质量这个最简单的道理。"直到1959年秋，头脑冷静下来，回顾前一段徒劳无益的出版状况，才认识到书籍出版要充分注意稳定性、系统性、知识性，"质量第一"才是正道。

第三编辑室是少年儿童出版社专门负责知识读物编辑出版工作的编辑室。几位年轻的编辑在王国忠的带领下，经过充分酝酿讨论，决定"为高小初中的孩子编写一套自然科学'百科'式的回答各种知识的书"。这套书不仅知识内容要丰富，形式要有特色，还要让少年儿童喜欢看。这样，编辑工作的方向就明确了。

确定了大致方向后，为了给这套书取个漂亮的书名，三编室的编辑们颇费了一番心思。有段时间，他们整天围着编辑室里的一块小黑板争论不休，上面写的粉笔字也不断更换："你知道吗"、"知识的海洋"、"科学趣味问题"……这些都是备选书名，大家有空就讨论，对几十个题目轮番琢磨。最后，受苏联科普作家伊林的一本小册子《十万个为什么》的启发，大家不约而同地选中了这个书名。

选题确定了，按照正常的程序，编辑们就开始组织作者写稿。上海一所师范大学的7位老师接下了这个任务，开始按着自己的想法写作。时间花了近一年且不说，交来的近6万字的稿件更让编辑们头疼不已。所选的问题都是顺着教科书上的知识提出的，内容也是教科书上内容的延伸，就连解答问题用的语言也是教科书式的。唯一的选择就是推倒重来。三编室的编辑们在此后的工作中提醒自己：要想编好这套书，就得走新路，创造一些新的工作方法，突破教科书和课堂教学的框框。

此时，三编室的编辑们无论如何也不会想到：这一小小的挫折，正是他们亲手打造的一个传奇的试金石。

二、经典始于创新

第一次组稿失败，三编室的编辑们不得不坐下来整理思路，重新确定编辑方向。经过讨论，一个比较突出的问题浮上了台面：老师们所提出的问题过于枯燥，勾不起孩子们的兴趣！在一次讨论中，年轻编辑洪祖年"向孩子们征集问题"的提议得到了大家的热烈响应。1960年下半年，编辑们利用各自的联系渠道，发动上海市几十所中小学、少年宫、少年科技指导站的孩子们提问题，收回的调查问卷有六七千份，问题更是充满童趣：先有鸡还是先有蛋？人是不是猴子变的？冰棍为什么会冒白烟？……让孩子们问自己感兴趣的问题，才能保证阅读的兴趣。

除了向孩子们征集问题，编辑们尽量在各自负责的学科专业领域收集问题。当然，更多的"为什么"则来自相关领域的科学工作者。通过编辑们的努力，在各方面力量的支持下，最后为编写中的丛书收集到了一万多个题目。然后，尽量从"为什么"的角度进行取舍，选择有趣味、有意义的自然科学基础学科的问题，并进行分类，初选出2 000多个问题。

有了问题，就可以开始组稿了，但是，找作者比找问题更麻烦。科学工作者大多明白科学道理，可稿子写得枯燥乏味；那些文笔生动的作家，大多又不懂科学知识。这真让编辑们犯了难。于是，王国忠提出了几条具体的建议："要请到最著名的科学家为这套书写稿，哪怕一个人写一个题也好。""要广泛物色社会上的行家，谁手中握着知识的钥匙，就请谁写。""为了使文章写得通俗、活泼、生动，适宜少年儿童看，每个编辑自己先动手写几篇样稿。要知道梨子的滋味，自己先尝一尝。"作为一名资深科普作家，王国忠自己带头，先写出了几篇样稿。编辑们受到启发，也开始写了起来。这些作品后来以"山边石"（三编室的谐音）的笔名，收在《十万个为什么》中。

有了组稿方向，又有了可供参照的样稿，编辑们终于可以大展身手了。曹燕芳这位三编室里唯一的理工科背景的大学生，这时挑起了大梁，承担了物理、化学、数学等几个分册的编辑任务。恰巧此时她手头还编辑着另外一本书——《碳的一家》，作者叶永烈是个刚上大二的北大学生，但写出的文字活泼生动，把枯燥的化学元素"碳"介绍得头头是道。曹燕芳突然冒出个念头：能不能请这位素未谋面的年轻人写几个"为什么"试试？这一试就一发不可收拾，叶永烈一个人就为化学分册写了上百个条目。紧接着，天文气象、生理卫生等分册也找上门来。最后，这位最年轻的作者总共写了300多个"为什么"，成为第一版《十万个为什么》中写作条目最多的人。

除叶永烈外，编辑们还约请了共计200多位作者参与撰稿。其中以科学家、科技工作者居多，但也有不少从事实际工作的干部、工人。经过半年多时间的审稿、加工，共有100多位作者的稿件被选用。尤其值得一提的是，大量的稿件花费了编辑们大量的心血。王国忠回忆说："当时对编辑的苛刻要求是：每篇回答都应是生动、活泼又有知识性的小品文。几百位作者写的文章，在风格、写法、思路、质量上不可能是一致的。有的作者写的稿件，内容好，但文字平淡、枯燥。这工作要编辑来做，也确实做成功了。当然，作者为一篇几百字的文章数易其稿，写上几千字，这是质量的基础。但编辑改稿,核对数据的准确性,为弄清一个实际问题而奔波访问考察,作文字上的提炼、推敲,所付出的劳动也是不可忽视的。"

三、半个世纪的历程

经过编辑们的不懈努力,1961 年 4 月,包括物理、化学、天文气象、农业、生理卫生5 个分册的《十万个为什么》终于与广大读者见面了。大大出乎出版社和编辑们预料的是,这套书的出版竟然很快在全国范围内引起了轰动,雪片似的感谢信和建议书从各地涌来。应广大读者的要求,出版社又在 1962 年陆续推出了地质矿物、动物和数学 3 个分册。至此,第一版《十万个为什么》8 个分册全部出齐,共收入 1 484 个问题,达 100 万字。

图书出版后,全国各地的报刊纷纷刊登评论文章。《解放日报》除多次发表出版消息及书评外,还专门发表社论《培养孩子爱科学》;上海的《新民晚报》更是连篇累牍地报道图书背后的故事;《人民日报》、《光明日报》、《文汇报》、《中国青年报》等都发表了评论文章。在 1964 年召开的全国共青团省市委书记会议上,团中央送给每位与会同志一套《十万个为什么》。此后,全国的团支部都行动起来,组织团员青年一起阅读和讨论。

不到两年,第一版《十万个为什么》就印了 580 多万册,还出版了朝鲜文、维吾尔文、哈萨克文、蒙古文等兄弟民族文字的版本,盲文出版社出版了盲文版。此外,有 19个省的人民出版社租型印刷了 260 多万册。

为了进一步提高这套书的质量,编辑室在听取各方面意见的基础上,于 1964 年开始修订、编辑第二版。第二版对第一版的分册进行了调整,共出版 14 个分册,到1966 年 2 月全部出齐。第二版修订的最大特点,是邀请了更多的科学工作者与科普作家参与,许多著名科学家,如李四光、竺可桢、华罗庚、茅以升、钱崇澍、苏步青等,都参与了写稿或审稿工作。

甚至在"文化大革命"期间,《十万个为什么》还推出了打上深刻时代烙印的第三版,为那个"书荒"的时代送上了难得的精神食粮。

1980 年,出版社应广大读者的迫切要求,在第二版的基础上进行修订,增加了一些新科学、新技术的条目,仍按照 14 个分册出版。10 年后,10 个分册的"续编本"又陆续推出,与前面的 14 个分册合在一起,至此,共计 24 个分册的第四版全部出齐。

时光荏苒,1999 年,为了迎接新世纪的到来,《十万个为什么》的第五个版本——新世纪版与读者见面了。在新世纪版发行的第一天,上海书城人头攒动,等待购买《十万个为什么》的队伍竟达数里之长。与前几个版本相比,新世纪版《十万个为什么》有三分之二的内容被"刷新",新增了环境科学、材料科学、信息科学等最前沿的科学知识。

进入 21 世纪以来,科学技术的发展日新月异,尤其在网络通信、低碳环保、基因工程、航空航天、新能源、新材料等领域,研究进展更是一日千里,已从根本上改变了人们的生活与工作方式。而诞生于 20 世纪 90 年代的新世纪版《十万个为什么》,在知识内容上已经无法满足读者的需要,形式上更是落后于当前少儿图书出版的潮流。社会各界要求少年儿童出版社编辑出版第六版《十万个为什么》的呼声也日益高涨。

经历了半个世纪历程的《十万个为什么》,正面临着问世以来的最大一次革新。

四、全新理念打造全新科普知识体系

2011 年 3 月,第六版《十万个为什么》的编辑出版工作启动。少儿社专门成立了第六版《十万个为什么》项目组,由社长亲自挂帅,抽调精兵开始了新的征程。

少儿社在总结前五版的成功经验并广泛征求各方面意见的基础上,综合考虑时代的发展和青少年读者的实际需要,将全书分为三大板块共 18 个分册,构建了一个全新的科普知识体系。基础板块包括数学、物理、化学、天文、地球、生命,是传统六大基础学科;专题板块包括动物、植物、古生物、医学、建筑与交通、电子与信息,是由基础学科衍生出来的重点传统学科;热点板块包括大脑与认知、海洋、能源与环境、航天与航空、武器与国防、灾难与防护,则是近些年发展特别迅速,引起社会广泛关注的热点领域。

另外,第六版《十万个为什么》在形式上要适应当代青少年的阅读需求。与国际上同类图书的最新出版潮流接轨,第六版《十万个为什么》首次推出彩色图文版,用 7 800 余幅精美的彩色图片向读者展示当代前沿科技的无穷魅力。内容上具有鲜明的时代特色,从基础、前沿、关键、战略四个方面来组织问题和编写稿件,重点关注科技发展的前沿和当代青少年关心的热点问题。与第一版一样,书中的大量"为什么"是通过各种形式向全国少年儿童征集来的,力求将当前孩子们最关心、最爱问的问题介绍给他们。同时,第六版《十万个为什么》更加注重思考过程,提倡科学精神,引导创造探索,关注科学与人文、科学与社会的关系,通过"微问题"、"微博士"、"实验场"、"科学人"、"关键词"等小栏目激发青少年的好奇心和探究心理。

五、最优秀的科学家打造最优秀的科普作品

大科学家和著名科普作家的参与,是《十万个为什么》内容质量的最可靠保证。因此,在第六版的编辑过程中,项目组首先坚持的核心原则就是:请中国最优秀的科学家和科普作家,来为代表着中国未来和希望的青少年撰写最权威、最优秀的原创科普精品。

考虑到第六版《十万个为什么》的出版对于推进我国科普工作的重大意义,第十一届全国人大常委会副委员长、第十二届全国政协副主席、中国科学技术协会主席韩启德院士亲自担任总主编,中国科学院和中国工程院共 115 位两院院士应邀担任编委,组成阵容强大的编委会,其中绝大多数院士编委都参与了条目审定和审稿等工作。20 余位院士在百忙之中还担任了各分卷的主编,具体负责组织相关分卷的编纂工作;40 余位院士亲自撰稿。这么多院士级大科学家具体参与到一套科普图书的编纂工作中来,在我国科普史上是空前的。

与此同时,考虑到科普图书的可读性问题,少儿社也力争把各个学科老、中、青三代最优秀的科学家和科普作家邀请到作者队伍中来。中国科学院老科学家科普演讲团中,约有三分之一的老科学家愿意参加编写工作;作为科普新锐的"科学松鼠会",也有一半以上的会员报名参与第六版《十万个为什么》的撰写工作。据统计,来自世界各地、各个学科的 780 余位最优秀的科学家和科普作家参与了第六版《十万个为什么》的编写工作。阵容强大的编委会和作者队伍,为第六版《十万个为什么》的科学性、前沿性、权威性和可读性提供了最可靠的保证。

从 2011 年 10 月起,在分册主编和编委的主持参与下,各分册的编纂研讨会陆续召开。在近两年的时间里,第六版《十万个为什么》项目组总共召开了 150 余场不同形式、不同规模的编纂研讨会,参与讨论的专家学者超过 1 800 人次,绝大多数研讨会都有院士级主编、编委参加。通过一系列的研讨会,专家们就各分册的框架结构、问题设置和内容写法迅速达成共识,为编纂工作的顺利开展奠定了坚实基础。大家的目标只有一个,就是为中国当代的少年儿童编写出一套适应时代发展的最权威、最优秀的原创科普精品。

2013 年 8 月 13 日,第六版《十万个为什么》出版座谈会在上海锦江小礼堂隆重举行,标志着整个项目的胜利完成。来自全国各地的院士代表、专家学者共 240 余人济济一堂,见证了这套新时代经典少儿科普读物的诞生。市委书记韩正等与会领导对第六版《十万个为什么》的编纂工作给予了高度评价,表示希望通过这套图书的出版发行,进一步引导广大青少年弘扬科学精神,掌握科学知识,学会科学方法,了解科学进展,发现科学问题,提升科学素养。

六、新起点:全媒体科普产业链已见雏形

进入 21 世纪以来,科学技术的发展日新月异,各类科学热点层出不穷,《十万个为什么》单以图书的形式、平均 10 年再版一次的节奏,已很难适应广大读者的迫切需要。因此,在第六版《十万个为什么》编纂工作启动之初,少儿社就规划了同步推出《十万个为什么》杂志的设想。这一规划得到了韩启德总主编的充分肯定和大力支持。他还明确指示,要以《十万个为什么》图书和杂志为核心,充分考虑数字时代文化产业发展的特点,择机推出相应的网络、游戏和动漫产品,努力打造一条以"十万个为什么"为主题的科普产业链。

就图书来说,除了已经出版的精装本、平装本和校园经典版以外,正在规划中的系列产品还包括儿童版、人文版以及其他科学专题版,力争在几年时间内,打造一个由上百个品种构成的《十万个为什么》产品群,从根本上确立这一不可动摇的科普图书品牌。

2014 年 8 月,经国家新闻出版广电总局批准,少儿社的科普期刊《少年科学》正式更名为"十万个为什么",受到了广大读者的热烈欢迎,发行量迅速攀升。《十万个为什么》这一传统的图书品牌,第一次以全新的媒体形式出现在读者面前。

在数字出版领域,项目组在项目启动之初就建立了《十万个为什么》的微博和博客,并在实际运行中发展成编辑、读者和作者交流的重要平台。另外,在《十万个为什么》主干产品推出以后,立刻启动了相应数字产品的规划与设计,目标是建立一个以"十万个为什么"为品牌的开放而多元的青少年科普知识互动社区平台。2014 年 12 月,网络版"十万个为什么"正式上线,这一平台可以在各种固定及移动终端上运行,从而为整个青少年科普知识互动社区的建设奠定了最坚实的基础。

与此同时,作为第六版《十万个为什么》衍生产品的移动互联产品、动漫产品和游

戏产品的开发也已列入议事日程。随着这些工作的深入开展，一条以"十万个为什么"为主题的全媒体科普产业链已初见雏形。

第六版《十万个为什么》，以全新的问题、全新的体系、全新的内容、全新的样式，以及数字时代全新的技术手段，再现了《十万个为什么》每一版都曾有的辉煌，掀起了中国科普出版和科学普及的又一个新高潮。我们相信，这一由少儿社几代出版人精心培育的科普之花，在新的历史时期一定能绽放得更加精彩。

（少年儿童出版社供稿，洪星范执笔）

《汉语大词典》（第二版）策划与组织工作浅说

《汉语大词典》（第二版）

上 海 辞 书 出 版 社

编者按：《汉语大词典》是上海出版届的一项标志性工程，由汉语大词典出版社于上世纪 80 年代初版。由于人事乃至机构的重大变动，而第二版修订工作于 2012 年方才开始，已距初版时近三十年，现"编纂处"人员对于当时的情况已不甚了解，因此我们这次未能征集到有关本书初版策划的有关稿件，这是十分遗憾的。好在目前第二版修订工作已在紧张有序地展开，而汪惠民先生这篇文章，对于大型工具书修订的组织与体例的拟定，提出了足资参考的意见，也体现了上海出版人对于经典产品精心维养，以与时俱进地提升其内在质量的可贵努力。因此，我们仍将本文收入"标志性出版工程类"中，也希望熟悉本书初版策划的同志，见到本书后，能赐文介绍，如本书有机会重版，将予补入，以飨读者。

《汉语大词典》是一部大型的、历时性汉语语文词典。正文 12 卷,共收词目约 375 000 条,5 000 万字,插图 2 253 幅,另有《附录·索引》1 卷。自出版以来,被公认是一部不可替代的特大型汉语语文工具书,是中国文化建设的一项伟大工程。该词典出版后,曾荣获首届国家图书奖、上海哲学社会科学研究成果特等奖。1989 年,被联合国教科文组织定为世界权威工具书。然而,词典的生命在于修订。《汉语大词典》(第二版)[以下简称《汉大》(二版)]编纂出版工作于 2012 年 12 月 20 日正式宣布启动,并由汉语大词典编纂处和上海辞书出版社共同承担。当前,全面工作已经铺开。

本文拟从修订资料的来源、修订资料的处理、组织与协调工作三个方面,介绍《汉大》(二版)编纂出版前期工作的概貌,以期为业界同仁提供大型辞书乃至图书修订项目策划、管理和运营的经验。

一、修订资料的来源

这是大型辞书修订项目首先要解决的问题。在这方面没有充分的准备,修订工作便犹如沙地建塔,基础不稳。《汉大》(二版)的修订一开始就非常重视资料准备工作,主要着力的方向如下:

1. 搜集整理相关的专著和论文

对于大型辞书而言,修订工作其实在前一版次面世之日起就可算正式展开。《汉语大词典》规模巨大,从 1986 年 11 月第一卷出版,直到 1993 年 11 月第十二卷出齐,历时 8 年。8 年之中,业界学界对已出各册意见不断,可以说,当时坚持完成全书出版,主编和全体编纂人员是顶住了极大的舆论压力的。

本轮修订的首要任务,就是搜集、积累和甄别学界多年来对《汉语大词典》及其中词条的辨证、商榷等意见和建议。自 2005 年以来,汉语大词典编纂处开始这项工作,搜集公开发表的著作近百种、学术论文 13 000 余篇,并按照原书体例汇编整理成为《汉语大词典订补》(上海辞书出版社,2010 年),为整个修订工作打下了坚实的基础。修订工作正式启动前,汉语大词典编纂处已经通读全书,并根据整理的意见和建议,对《汉语大词典》(第一版)[以下简称《汉大》(一版)]存在的问题作了归类整理。

2. 补充新的文献资料和研究成果

大型辞书要坚持与时俱进,必须不断关注和吸收学界最新的研究成果。由于历史原因,《汉大》(一版)在某些学术资料的积累方面比较欠缺,如我国的出土文献研究、中古汉语研究、近代汉语研究、汉译佛典语言研究等。目前,这些方面的研究都取得了长足的进步,《汉大》(二版)准备尽量吸收,甚至作为整个修订版的亮点。

其他如大型文献总集的整理、断代语言词典及专书词典的编纂出版、大型数据库语料库的研制等,都有益于《汉大》(二版)编纂修订工作的推进,应当被列入考虑使用的范围。

3. 贯彻新的语言文字规范的原则

相对于一般大型图书的修订,大型语文辞书在修订时要对新颁布的各类语言文字规范进行梳理。考虑到国家颁布的语言文字规范的局限性(一般多针对现代汉语和现代语言生活),我们需要在《汉大》(二版)和语言文字规范之间找到一个平衡点。这一过程不可回避,不能马虎。为此,我们专门拟定了《关于〈通用规范汉字表〉和字头繁异体等的处理意见》。

通过对所有修订资料的评估,我们认为,不能撇开《汉大》(一版)另起炉灶大张旗鼓,也不能在其基础上小修小补,而要进行"内涵式中修"——修订释义约 10 000 余处,补收的新条目以及补充书证的条目约 10 万余条。预计全书修订量将超过 30%。

二、修订资料的处理

面对海量的修订资料,我们并非笼统照搬,而要参照《汉大》(一版)具体做两方面的工作。

一是分别确定资料的用途。具体而言,学界公开发表的论著和论文,主要用于对《汉大》(一版)相应词条的修改(包括作为删除的依据);出土文献语料、中古汉语语料、汉译佛典语料、近代汉语语料等,则主要用于对《汉大》(一版)的补充。当然,根据辞书学的基本理论,某些词条考虑删除,如结构松散、过于浅显的词和词组,语文辞书中不宜收录的一些过于专业化、过于冷僻的现代百科条目等。

二是确定资料的使用方式。修订的资料如何融入《汉大》内容之中,每一块面都应有相应的处理细则。如:对于条目内容的修改,需要进一步细分——字形审订、字音审订、义项的分合、条目的相关处理、各种专项检查等,并分别制定相应的处理方案;对于可以成批增补进去的语料,我们和负责专家商量制定处理方案。

以上种种处理原则和方案,由汉语大词典编辑室整理汇总,形成《修订方案》、《编纂手册》的征求意见稿,在全国范围内召开学术讨论会,听取学界专家意见,并加以修正、调整,形成定稿,作为指导性、规范性文件,在整个修订过程中贯彻执行。

同时,《汉大》(二版)为弥补书成众手可能存在的不足,必须采取措施,其中特别重视计算机技术的介入。一是要人机结合,抽取专科词目,并分门别类,请各学科专家审改;二是可以普查出原书的某些问题,如必须审订的项目或需统一的条目,提供专人处理。

三、组织与协调工作

巢峰同志曾对大型辞书编纂出版工作有精辟的总结:"三分编写,七分组织。"《汉大》(一版)的编纂出版工作前后历时 18 年,当局以行政命令调动了华东五省一市的 1 000 多位专家学者参加。而今在新的历史条件下,大型辞书编纂出版工作中的组织与协调问题仍然值得重视,需要不断探索。《汉大》(二版)的主要做法如下:

1. 落实好业务领导班子

《汉大》(二版)编纂修订工作要有一个务实的业务领导班子。首先根据编纂《汉大》(一版)的机制,调整充实《汉大》(二版)学术顾问委员会、工作委员会、编辑委员会。工作委员会主要关注修订工作与社会各界的联系,学术顾问委员会、编辑委员会关注修订与学术问题。上海世纪出版集团和汉语大词典编纂处、上海辞书出版社的主要领导负责修订工作的全局性、方向性指导。由编纂处、出版社共同组建汉语大词典联合办公室。联合办公室受集团、出版社、编纂处共同领导,负责《汉语大词典》修订的具体业务工作,包括对《修订方案》、《编纂手册》的修改和定稿,与主编、副主编、编委及各分册主编、编写者的联系,对各分册修订工作的统筹、协调,掌握各分册修订的进度和质量,随时提出修订工作中存在的问题等。

2. 组织好编委、审稿人员与分册主编

编纂处和出版社共同努力抓好资料准备工作,确保编纂处在修订中更多地吸收

专家意见和专家研究成果。

由《汉大》(二版)的编委组成编委会,原则上每年春秋两季召开会议,就编纂出版工作中的重大问题、学术问题等进行讨论。学术意见的交流、一般事项的发布则通过工作简报进行。

编委及编委外有扎实功底的语言学专家、汉语大词典编纂处编辑和上海辞书出版社编辑、外聘编辑组成审稿队伍。先由汉语大词典编纂处负责审改修订工作,再由上海辞书出版社负责出版前的三审。

为保证质量与进度,《汉大》(二版)共 25 册,每一册拟由一位或数位专家担任主编,具体负责审稿。分册主编应对整个分册质量全面负责。分册主编将选择有水平、有精力、有时间承担这项工作者。各分册主编名单由汉语大词典联合办公室提名,报汉语大词典编委会,经主编、副主编同意后确定。

3. 设计好工作流程图

《汉大》(二版)编纂修订工作千头万绪,要使这些工作得到科学、合理的安排,有条不紊地展开,必须设计好工作流程图。工作流程图包括拿出修订稿直至排印出版整个过程的各个环节。工作流程图后要有附注,包括每个环节的质量要求与时间要求,以及相关责任人或单位。工作流程图经由实践检验后不断完善和补充,但在改动时必须慎重。

与一般图书的修订不同,大型辞书的修订,往往具有修订内容块面多、学术含量高、体量规模大、修订周期长的特点,而且涉及的人员和部门之多更非一般图书可比。因此,对学术意见的鉴定和采纳更要谨慎,要充分考虑系统性处理的难度和方法。项目的协调和推进更需要指挥有力、配合紧密,并在长时间内坚持和贯彻。上海辞书出版社以《辞海》立社,长于大型图书出版项目的策划与实施,在这些方面的经验确实可供借鉴。

(上海辞书出版社供稿,汪惠民执笔)

圣

公众性畅销书类

经典策划119

编辑策划的三种形态——从具体案例看策划主体的分层介入

《学习的革命》：一本书的奇迹

《五角丛书》并不是『便宜』两个字能概括的——大众出版物如何为读者着想

对《唐诗鉴赏辞典》出版的思考与分析

中国：我们共同的名字——《话说中国》图文本成功的启示

老树春深更著花——《唐诗三百首》出版10年

一场无情的博弈——记无标底竞标《品三国》出版权

我『逼』赵忠祥写书——记《岁月随想》的出版历程

《繁花》炼成记

《我们小时候》丛书诞生记

怎样令《哈扎尔辞典》『起死回生』

《寻路中国》策划回顾

中国五金手册中的『圣经』——《实用五金手册》的五十年

腹有诗书气自华——《家庭医学全书》如何成为中国最有影响力的图书

阅读提升品位——《鉴赏与品味系列》丛书出版策划经验分享

五浪上升——以《黄金游戏》为例，浅谈畅销书运作

那些简单的小事——《上海迎世博市民读本》策划编辑手记

一朵因磨难而愈发绚烂绽放的木槿花——《朴槿惠日记》策划

《一课一练》：与记忆之美有关

从张维为《中国三部曲》成功策划看通俗理论读物的出版经验

《甲午殇思》策划始末

主题出版之神来之笔——复盘《平易近人——习近平的语言力量》

编辑策划的三种形态

——从具体案例看策划主体的分层介入

《尼采:在世纪的转折点上》、《我为歌狂》、《诙词典》

世纪文睿公司

经典策划
119

按语

书稿的千姿百态要求编辑素质的匹配,这种匹配从编辑主体角度而言是根据作品的不同形态而分作不同层次介入的。

其一,作品浑然天成,作者的主体智慧和知识背景奠定了作品质量。此时编辑的功能在于发现,即能否在第一时间先于他人或者力排众议,独具慧眼,发现其内在的价值,最终被时间所证实和被读者所接受。

其二,作品具有较好基础。其成功来自编辑"发现"之后与作者的"合谋",即经过"编辑"这个门槛使作品或在内容或在形式或在营销上得以提升,进而产生放大效应。

其三,作品尚无或较弱,但蕴含着潜在的热点。编辑的功能在于如何从此出发,通过内容开掘,调动各种市场元素介入选题开发和创作,无中生有地开辟出新的蓝海。

这三个类型的项目要求的编辑介入程度的深浅和要素是不一样的。下面,笔者将根据实践分类,从诸多图书策划案例中撷取其中三个,试作一些简要的叙述和分析。

发现的眼睛：志趣是第一资源
——《尼采：在世纪的转折点上》编辑手记

好的作品如何被发现？当然靠编辑的眼光。编辑的眼光如何形成？当然靠积累——学养的积累、经验的积累，还有观察力、思考力和举一反三能力的积累。作为一个缺乏经验、缺乏各种积累的新人，有没有"发现"好作品的可能？我的回答是肯定的。因为你的生命历程也是一种积累，其中你的志趣是你跨入这个行业的第一笔财富，是一个新编辑的基石。你可以从此出发。

举个实例。1986年3月，我刚刚进入编辑行业才一年，第一次上北京出差，去居住在劲松小区地下室的周国平先生宿舍拜访。当时他是中国社科院哲学所的助理研究员，也是我大学同学阿良的老友。阿良介绍他是个才子，让我有时间去串门。

上世纪80年代中叶是中国继"五四"以后较宽松和开放的年代，也是充满朝气和乐观向上气息的年代。那个时候，最初的外国文学热潮刚刚涌过，人文社科领域虽然还有禁区栅栏，但各种思潮已经暗流涌动，欲罢不能。比如存在主义通过萨特的戏剧开始流入中国（我和我的同学就看过《肮脏的手》并且彻夜讨论，还为《书林》杂志写过短文）；无意识理论也通过《梦的解析》在年轻人圈里迅速蔓延。但系统的著作尚未在国内出版，年轻人乃至整个学界都处于饥渴状态。作为年轻队伍中的一员，我对这些思潮和命题虽然一知半解，但对其新鲜度和群体的饥渴是感同身受的，也就是说，来自底层知识层的躁动和我对此的兴趣及了解已经让我具备了一定的"眼界"。就是在这样的背景下，我与正在研究尼采的周国平先生邂逅"相识"了。

当时他已经写完了《尼采：在世纪的转折点上》一书，这也是他独立写就的处女作。但是由于尼采在官方的定论中一直是被作为法西斯思想家来对待的，所以这几乎就是一个禁区，书稿辗转了几家出版社都不被接受，甚至有的出版社的终审意见差不多写成了一篇批判文章。但也正是这些出版社和"检察官"的"不取"和"遗漏"，才让我和这部难得的佳作"一见钟情"，既促成了一颗明珠的发光，又促成了我，一个新人的快速成长。

在劲松地下室的周国平宿舍中，我看到了他刚刚被退回的手稿。一页页绿色格子的稿纸里端正地记录着作者的心血，上面还有鲜红醒目的前出版社用毛笔涂改和删节的痕迹。看着作者的心血和如此敏感的选题，我答应试一试，但当时更多地还是出于礼节性的。以我一个刚刚入道的"新兵"（而且是在那个还崇尚论资排辈的特定年代里）要争取一部被多家出版社领导枪毙的书稿，谈何容易？我完全没有把握。

那时北京与上海间的列车夜发朝至。告别后，我就直接登上了列车，然后看稿。

谁知道，这一看就一发而不可收，卧铺的夜灯亮了一宿。我通宵未眠地在列车上一口气看完了整部书稿，血液沸腾。这是一部内容全新、思想敏锐、感受独特、表述完美的精品之作。如果说表达是剑，思想是气，那么，作者周国平的思考与尼采的天才思想、冷静的学理分析和激情四溢的表述水乳交融地剑气合一了。这正是我众里寻他千百度的作品，这对一个刚刚入道的新手而言是多么令人兴奋和鼓舞的事情啊！

虽然能否出版的问题依然像一座大山般矗立在出版的进程上，但我的精神状态显然已经大不一样，我下决心使出浑身解数来促成此书的出版。

先是清晨下车后就直奔办公室，第一时间找到了当时我的室主任马嵩山先生。他是离休干部，共青团出身，虽然不太了解哲学理论却对新鲜事物有着较强的敏感性。其实，内行之长往往也是其短，容易被自己的常识（也是禁锢）所拘，反过来也一样，只要找到相关的说服点，外行的视角往往倒有可能超越局限。我决定试试三寸之舌。

既然障碍在于意识形态的政治标签，那么化解也就要有针对性地消解"法西斯思想家"这一症结。为此，在那个列车上的未眠之夜，除了激情之外，我还需要冷静理智地做好功课，找到说服决策者的理由并争取其同盟。首先，这本书的意义之一正是拨乱反正，与大环境契合。这本书在揭示尼采对现代哲学开启意义的同时，也划清了哲学家思想本身和法西斯领袖对这一思想自行理解后（难免歪曲）运用的界限，纠正了传统评价中过于政治化的误解和翻译语词所造成的理解偏差（如"权力意志"一词容易使人联想到政治权力，因此作者翻译为"强力意志"以示区别而突出尼采鼓吹生命力健全强盛的本意和从古希腊酒神精神导引过来的资源）。同时，我又拿出汝信（时任中国社科院副院长）的序言详细说明这本书在学术上的价值和意识形态上的分寸。最后，还表明对一些词语和说法作者仍然愿意修改的态度。最终感染和说服了马嵩山先生，决心一起来承担可能有的风险并且一起去说服终审，促成出版。为此，我俩都详细地撰写了审稿意见，集中而有针对性地回答了可能遭遇的种种问题和应对理由。最终，哲学专业背景的终审唐继无先生支持了我们的意见。

志趣决定态度，态度决定结果。态度之所以能够决定结果，是因为有仔细的准备和不懈的努力。该书在作者交稿两个星期后一口气通过初审、复审和三审，这对于当时尚处于菜鸟阶段的年轻编辑来说是不可思议的。不仅如此,该书还在排版和印刷条件尚处于铅与火的年代里于 3 个月后出版,被周国平先生视作奇迹。他在第一版的扉页上给我书写了这样的题词:

奇迹。

我寻找一位编辑,却找到了一位朋友。

我也不仅找到了一位优秀的作者,并且从此进入中国学术圈,结识了一批中坚力量,同时也找到了一位给人启迪的好朋友。

《尼采:在世纪的转折点上》当年获得了中国首届"金钥匙"奖。我也成了所有获奖者中唯一获得双奖的编辑(另外一本俞吾金先生的《思考与超越》也是一部哲学读物处女作,他当时刚刚硕士毕业,任复旦哲学系助教),而且是最年轻的编辑(编龄一年半)。《尼采:在世纪的转折点上》后来被北大人所著的《第三代人》一书称为"80 年代的启蒙书"。的确,它后来所引领的尼采热,与存在主义和精神分析一起,成为上世纪 80 年代学术思潮的显学,并且先后有过三个版本(2006 年出版了它的第三个版本),连续印刷数十次(仅第三版就印刷了 7 次)而至今依然畅销不衰。

这个案例给人的体会首先是编辑之识(发现)的重要性,能够识人所未识,能够从自己的资源——自己的兴趣、自己的学养、自己所经历所思考所感悟的最熟悉的领域中形成自己"发现的眼睛"。

其次,如何将"己识"化为"共识",即让自己的见解表述呈现为被他人(尤其是决策者)接受的观点和理由,这一步尤其重要。这需要做冷静且既有针对性又有说服力的工作。

再次,工作热情的感染力与谈话方式和技巧对决策者同等重要,前者是后者的动力,后者是前者的实施。

《尼采:在世纪的转折点上》是我独立申报和编辑的第一本书,也是相对于当时现实显得"离经叛道"的读物,但也正因为此,它给我带来了很大的荣誉、稿源和正面激励(乔治·奥威尔《动物庄园》的大陆首个中译本就是其译者看到《尼采:在世纪的转折点上》一书后循声而来,从而促成其在两年后的涉险诞生的),也使我得到较快成长。在以后的三十多年编辑生涯中,我一直记住这一点并且勉励年轻编辑从自己最熟悉、最有热情、最具兴趣的领域(而不局限于自己的专业)出发开掘选题,也鼓励其敢于向领导不熟悉的领域发难或者为被否定的选题抗辩,坚持自己有理有节的陈述。为此,也曾经培育出了一大批我不熟悉却因为予以尝试而结出硕果的畅销书群(如产自"我型我秀"年轻歌手的成长故事),给年轻人带来了自我实现的喜悦。

总之,谁也不是一块飞地,只要你用心,哪怕只调动你兴趣的这一点资源,被遗漏的珍珠还是可能被你的慧眼发现的。

厚积薄发:市场运作的游戏之作

——《我为歌狂》中的整体策划意识和细节设计

这是一本自己撞上来的书,在被四家出版社婉拒后与我们遭遇。这在商业气息如此浓烈的今天似乎显得不可思议。可这样一本超级畅销青春读本,15 年前却就是因其"四不像"而并不被人看好,甚至已经畅销了还让人觉得莫名其妙。就像韩寒的《三重门》在上海文艺出版社搁置多月后依然没有催产,而在作家出版社袁敏的慧眼下却成为 80 后一代登上文学舞台的标识一样,《我为歌狂》这个既不像经典的少儿文学(与之相比读者群年龄偏大)又称不上纯文学小说(与之相比读者群又显幼稚)的文本,因为其无法归入当时人们的类别意识而显得处境尴尬。于是,机会就在这尴尬中消失,也被有准备的头脑抓起。

本世纪初的出版界还没有市场概念,也没有营销意识。虽然彼时的中国在家用电器领域已经呈现了白热化的竞争,但那硝烟似乎与出版业无关,编辑还是整天埋首于成堆的稿子中,出版社按部就班,一切慢慢来。

那段时间,千年虫的危机刚刚退去。我已经从人文领域转入通俗读物领域多年,一直期待着可以在市场上燃一把狼烟,冲一冲沉闷的、与正在进入市场化的中国大趋势明显不合拍的出版业。

《我为歌狂》的出现不仅使我找到了一个合适的标的,而且其题材的丰富性正好可以使我试一试自己对市场的理解,可以通过市场营销的手段测试一下市场的边界究竟在哪里。

试一试?是的,"知之者不如好之者,好之者不如乐之者"。我就是抱着这样一种乐在其中的游戏心态进入策划之道的。

我总以为编辑工作的一个极大的乐趣和特性是几乎所有的人生积累都可以在无

意中化作工作的灵感来源或者开发的资源。《我为歌狂》可谓鲜明的一例。

2000年，有些东西呈现出非常奇怪的状态：一方面中学生为之如痴如醉，另一方面成年人却完全不知道或虽然知道却又百思不得其解。一个是动画片《灌篮高手》，它使得申城体育商店的篮球脱销；另外一个是漫画，动漫迷对漫画的痴狂致使动漫展成了这一代人盛大的节日。对这种现象，我有过观察、分析和总结。其实，这就是偶像剧模式在中国的雏形。《我为歌狂》不就是灌篮高手在音乐题材上的还魂吗？勤奋加才华横溢的楚天歌和孤傲酷毙了的叶峰，不就是樱木花道和流川枫的翻版？乖巧好学的从容和时尚聪明的麦云洁，甚至搞笑出怪的盖世爱和花痴得缺心眼的柴丽丽都具备了现在偶像剧的要素。这些畅销元素，正因为主流文化的暂未认同（即便如著名书人徐冲先生在图书畅销后与我交流时仍然不得其解）而被忽视甚至遭打压，但也正因为此，如果你能认识到读者群的内在需要所造成的涌动潜流，那么，你的工作就是为这股潜流扒开一个宣泄的缺口，那滔天巨浪的壮观景象就是预期中的了。

《我为歌狂》给了你一把铁锹。你有没有一锹下去就见水的方向感和气力？

这里既需要有来自战略思考的整体策划布局和进入方向，也需要有方向确定后细节设计构成和实施的保障。

《我为歌狂》的策划思考是整体的，同时构成这整体的细节设计和运用又是不厌其烦、不嫌其精甚至无所不用其极的。下面作一些简要回顾：

1. 整体设计

整体策划的概念在我的理念中包含这样三个层次：如何将潜在的变成现实的，将现实的变成畅销的，将畅销的变成长远的。因此，我们在读者对象定位、小说内容特色、形式表现特点、设计细节的针对性、影视互动条件、宣传话题以及分阶段实施步骤等方面一体化地进行了设计。这里既包括各种细节要素的设计，也包括所有细节的综合呈现，更重要的是还需要在一本书的策划初始阶段就考虑到畅销后的后续衔接，即这些设计不仅要考虑如何使书畅销，而且还要在尚未经过市场检验前，就开始考虑畅销之后怎么办，开始整体性考虑成为畅销书后该有哪些后续手段使畅销周期延长，促畅销为常销。即使在今天回看，这该有多大的自信作为基础啊！

谋定而后动。

为此，我们与作者协商，为故事设计了一个开放性结尾，并由此引导和暗伏了两个结果：既可以为本书畅销之后的续集作一个铺垫而留出空白，又可以发起征文向读者征集结尾而为聚集读者人气提供题材。事实证明，这一点极为成功也特别具有长远眼光。尤其是在书中向读者征集结尾这一招，由于读者阅读文本和征文信息的同一性（刊在同一本书上），是事后无法补做和其他媒体无法取代的。征文集子《永远的Open》在征稿过程中不仅吸引了许许多多中学生读者参与（收到投稿信成千上万，甚至有的家长因为孩子热衷于投稿而放弃考试前的复习而来办公室告状，也有患白血病的读者在生命的最后阶段也要完成这特殊的作文），为作者的续集作了成功的铺垫，而且结集出版后本身就成为一本畅销书而先后销售了 30 万册。当然，因为它的成功铺垫所引起的市场期待，《我为歌狂》的正版续集《爱上爱情》一开始就以 60 万册的首印量引爆市场，并一版再版，再次推动《我为歌狂》第二波畅销高潮。设想一下，如果没有上述先期的整体设计，《我为歌狂》即使畅销也不可能持续畅销（25 次重印，超过 100 万册）而占据开卷畅销榜 28 个月之久，更没有可能培育出一个总计 10 个品种、总销售量超过 300 万册的畅销书集群，从而成为经典案例。

2. 漫画

如前所述，漫画是一种青少年普遍喜闻乐见的形式，但在 2000 年时，它还是作为一种玩物丧志的东西被主流所排斥。但青少年中的热情却有增无减。正因为看到这一形式在青少年中的热度，所以从一开始介入此书，我就明确要把这一形式带入小说，这在今天几乎成为青春读本范例的表现形式在当时可谓首创。一本 280 页的小说，漫画就占了差不多 60 个页面，超过了 20%。这种"不伦不类"果然成了吸引读者的利器之一。《我为歌狂》在内容和表现形式上的别具一格，使它在小说世界里的销量独占鳌头，而同时却因其另类而令成人世界看不懂了。

3. 文案

既然是打造一部全新的青春文本，文案如何体现青春特点，如何杜绝间离效果而凸现亲和力，不能不心思用足。遣词造句，句型提炼，都煞费苦心。如封底文案设计的六个主角的一句话形象概括就几易其稿，有一句概括三好生、乖乖女从容转变的句子，在"别再叫我 good girl，别再叫我四眼妹"之后，就由"一个新的从容诞生了"至"崭新从容诞生了"，再至最后定稿"崭新从容 come on"，显然那种夹带英文的语句更加能够体现中学生群体的特征。这样的例子在书中比比皆是。我们追求的是每一句文字表达都要造成读者"这是我们自己的语言"的认同，而不是"这不是我们的书"的逃离。

4. 装帧

封面是最直观的呈现。我们采用了故事主角"Open"乐队的两组集体组合画面，加以大小和正反颠倒的配置增加动感，又用银色压底，防止过于绚烂的色彩容易造成画面流俗的可能，再采用当时比较少用的 UV 和凹凸工艺，使得一本通俗的青春文本尽可能精致而又时髦炫目，显出与众不同，契合中学生这一特定年龄群体自我意识开始觉醒的审美特点。

5. 偶像符号

这算是一个杜撰的创新。了解到中学生常常对喜爱的明星有档案关注心理，我们决定投其所好，根据书中主人公叶峰、楚天歌等的特点，仿造明星档案模式，从身高、血型、星座、性格、爱好等反推建立起一组档案信息，赢得了中学生读者的共鸣。

6. 集换卡

这是当时流行在青少年中的一种兴趣爱好。许多商家已经利用这一形式在膨化食品上进行促销。我们有没有可能加以应用？答案是肯定的。正好有商家愿意开发集换卡项目，我们立即与之合作，在书的后勒口上刊登商家的集换卡海报，换得对方免费提供 20 万张集换卡的支持，最后在每本书中都赠送一张。事后证明，这是最有效的一张促销王牌。记得暑期上市，学生因翻找自己喜欢的卡片而使得码堆的图书每一刻钟就需要营业员重新整理一遍，让上海书城叫苦不迭，最后不得不由出版社专门派出维护人员。但是，日均 700 本，周末更是翻倍的销售量又让书店笑不合口了。

7. 奖品

之所以提这个话题是想说明，即使这么一个细小的东西，只要用心设计，也可以提升读者的关注度从而促进销售。

如前所述，征文的一个必要部分是评奖，而奖品的吸引力通常也是决定读者参与度的一个重要因素。一般思路更多地会集中到奖品的物质价值上，但当时一方面是策划时畅销尚未成为现实而仅仅只是在设计阶段，因此预算不可能很高，这一思路并不现实；另一方面，从创意角度讲，这一思路也缺乏独特性而流于俗套。那么，有没有可能寻找到一条既开支较小又有吸引力和独特性的途径呢？一次回家路上的灵光一现让我找到了一个办法：将获奖征文的结尾续接到原作的开放性结尾后，如此，对获奖者来说,这一部《我为歌狂》就是他(她)与原作者一起创作的,而且独此一家。还有什么比这样的参与和分享更有荣誉感呢?而荣誉感不就是更高的价值吗?

当然,还需要提一下的是,之所以有此灵感是我了解到当时的上海刚刚引进了POD项目。这使得这一想法有了技术支撑(结果每个获奖者的奖品成本只有20元左右),否则,在传统印刷范围内是不可能诞生这样的灵感的,而且即便有了灵感也会受制于成本因素而无法实施。这再次证明了任何东西都有可能成为编辑创意的资源和有准备的头脑对于创意实施的重要凭借。

8. 媒体动员

作为整体设计的重要一环,除了图书内容、表现方式、外观体现以及细节展示外,媒体动员无疑也是重要的环节。为此,我们将该书的宣传根据特色划分为青春文本(针对韩寒作品和《花季雨季》的比照,提出更为现代和时尚的本书特色)、动漫文本(音乐版的《灌篮高手》)和完全文本(比只播放一半的动画片更加完整)三个阶段,区别性地宣传重点,从而延长宣传的长度,并且注意话题和不同样式(如新闻、讨论、书评、活动)在宣传中的运用。如先后将上海书城发生的窃书现象作为话题及时在《新民晚报》上加以报道,既教育学生不能行"牵羊之道",又暗度陈仓地推动了社会关注,引起图书的持续热销。

9. 衍生借力

即使在今天,这个概念在操作领域因为其难度较大还远未普及,在15年前则更是革命性的。有幸的是,我们在当年已经有了一次成功的实践。

除了上述集换卡在《我为歌狂》宣传方面的资源互换运作,我们还说动美影厂组织胡彦斌等歌手和胡歌等上戏学生做活动,促成衍生品商家在麦当劳的连锁店播放动画片、图书和集换卡的VCR,在同一消费群体中取得了聚合和放大效应。同时,我们还将VCR复制后通过发行中心输送到各个省市有投影或屏幕的书店,借助它们的播出平台和力量再次将资讯进行放大。不仅如此,我们还在上海书城第一次制作了与真人等高的叶峰木质人像作为站台促销者,并根据良好的效果(许多读者纷纷与偶像合影),参考照相店的易拉宝形式,较早地制作了一批图书易拉宝广告投放门店。事实再次证明这一创意起到了热核效应,以至于易拉宝一时供不应求(当时许多城市根本没有易拉宝的制作商,所以需要上海制作后供应),产生了一个150元的易拉宝居然可以翻倍炒卖到 300 元的盛况,真正起到了纸贵效应。

整体策划中这样的细节设计不胜枚举,如集换卡的位置(显眼)和安全(免窃)就是一个看似矛盾却又牵动整体的细节。最后我们采取贴塑的技术手段,取得了良好的效应,相反,童趣出版的同名漫画书虽也借鉴了赠送集换卡的形式,却由于采用了纸袋形式而遭遇大量图书未售因撕而被毁的状况。但仅仅从上述 9 例就可窥见一些如今司空见惯甚至泛滥的促销手段(漫画、附赠礼物、易拉宝),在 15 年前是因为其创意的运用和开发而引爆市场。因此只要用心,创意的潜力几乎是没有止境的,而来自整体策划中的创意所形成的细节合力对读者和市场的影响无疑是巨大而可期的。我们也许无法知道市场的边界,但我们可以知道这边界的半径是可以通过我们的努力去扩大的。

转眼已经 15 年过去,由《我为歌狂》引起的青春读物已经成为图书市场的一个门类。中国图书市场的商业运作也早已经甚嚣尘上。但回顾这一切,谁又能够知道起于青萍之末的竟然是一份经过充分积累而又周密谋划的游戏心态——设计和创造的乐趣,人的自我意志借助特定对象实现预期的乐趣?

无中生有:编辑成色的试金石
——从《诙词典》的创意和编辑细节谈起

如果说一般图书的形成更多的是依靠作者的智慧的话,那么,《诙词典》一书则堪称集体智慧或者编辑创意先导的一个成功范例。

那是 2009 年年末,彼时,周立波的海派清口在上海已经颇有人气。在这个跟风赶热闹的年代,想把一个热点弄成一本书的想法绝不会是创意,也不会限于一个人。事实上,周立波出名后就接到好几个捷足先登的出版社的约稿,包括名噪一时的民营高手。但他们几乎是清一色地希望拿到周立波演出的段子脚本,然后配一些舞台照片来借势赶一波浪潮。

这样的思路毫无新意,却是最多人愿意做的。剪刀加糨糊,这年头不缺的就是这两样。

好在周立波和他的经纪人还是有自己的追求的,他们不满足于这样简单机械的抄录,他们想寻求一个可以提升自己品质的出版人。

于是,我们就这样相见了。那是 2009 年 12 月。

接到这个命题,当时我的第一感觉是:周立波人气正处上升期,这是一笔可以利用的资源,但是如何利用则需要斟酌,照搬舞台的文字辑录肯定不是好办法。"如果照搬舞台,你们尽可以找别人,也会有人愿意做,但我们不做;如果另起炉灶,我们可以一起试试。"当时回答得很坚决,有点牛,其实除了创意阙如难以体现编辑价值外,我们还是有市场依据的:第一,海派清口是一个靠语言、表演等要素吸引观众的演出,本身是动态的,而动态的吸引力永远高于静态,那么在已经有了高一级形态的艺术样式后,如何让静态的图书仍然具有吸引力? 第二,海派清口主要表述过去了的上海,靠的是上海方言,这里既有地域文化群体的集体怀旧心理,也有上海话这样一种载体所体现的上海情结,甚至还有一种说不清道不白但是可以感觉到的对渐渐失去的文化优越感的不甘和某种试图回归的共鸣,对此又该怎么表现? 如果不解决这两个问题,作为图书是没有价值的,作为市场也是可疑的。

先看戏再说。那是周五晚上,我带了编辑小丁(事先了解了她对海派文化有浓厚的兴趣,我始终认为兴趣也是编辑创意和做好一件事情的出发点),同时感觉到未来的这本书无论怎么编辑,作为主人公的周立波,幽默是其核心,也应该是其表现形式,于是特意也邀请了我多年的老朋友漫画家赵为群(事后证明这是非常正确的一个选择,让相关符合这本书气质的人在第一时间介入和合作),在美琪剧院体验了笑声爆棚的剧场效果,以及背后所隐藏着的海派怀旧和不甘情结。因此我坚定了如下判断:这个题材(其时还没有找到书的形式,只是一个题材)好好做是有着巨大市场潜力的。但如何算好好做? 怎样找到介入点? 尤其是对这样一类极为通俗的内容又如何加以提升? 会不会是一个好高骛远无解的追求?

卸妆后,一起到锦江饭店吃夜宵,顺便开始聊话题,竟然是从看上去"浑身不搭界"的彼此背景聊起的,说到了我在上世纪 80 年代中叶所编辑的尼采书籍如何引起了社会热潮,说到因为尼采热而使得赵为群这位漫画家产生了画尼采的冲动而促使我们相识。这样的海阔天空却引起了周立波的兴趣,他说他对哲学也有兴趣,于是一路更加无轨电车开去,彼此似乎都趣味盎然而将原先主题抛诸脑后了。

"几十年下来,中国人的思维往往丢失了中庸而常常表现出非白即黑的极端。因此作品不是讴歌就是批判。"话题在延续,突然,一个灵感一闪:"是啊,生活中更多的状态不就是处于黑和白中间的灰色地带吗? 海派清口的受欢迎是不是恰好抛弃了这两极而更多表现的是中间灰色地带的内容？无所谓正确谬误、崇高渺小、英雄罪犯和光明黑暗，但一件件都是与大众生活贴切的悲喜事儿。我们不也应该表现甚至倡导这样的理念吗？"随着我对海派清口的理论"拔高"，一个思路被在座的各位认可：我们要做的就是提升海派清口的文化含量，而不能哈哈一笑过后使其成为过眼烟云。这件事有难度但却让我们兴致陡增，都是愿意迎接挑战的人，于是讨论自然而然集中到这个点上。随着对海派清口内容的进一步清理和思考，大家觉得还是应该从最外在显性但同时又是最核心内里的文化呈现——语言入手。一个滑稽戏演员的演出内容竟然在这样"深刻"的讨论中慢慢成型了。考虑到随着上海经济的发展和影响力的重新恢复，随着大量新移民的增加，上海方言和词汇以及其中蕴含的海派文化与市民心理，不仅具有对本土民众的怀旧亲切感，也是让新上海人熟悉这个城市的一个窗口。"那就编一本上海话的词典吧，以词典的方式来结构串联起海派清口的段子。"随着我的提议的再次被肯定，书名也水落石出："就叫'灰词典'如何？专门收集那些生活中有趣却无所谓褒贬的词语，来表现生动的现实生活。"不久，周立波当时的经纪人周谊在上了一趟洗手间后又跳出了一个更好的名字：诙词典。诙既是"诙谐"之义，也延续了"言灰"的深层立意。于是一致通过，一个无中生有的创意诞生了。当晚彼此畅谈至凌晨而无倦意。

第二天是周六，趁热打铁，我一口气列出了口语世界的沪语词语几十个，词典构架初步搭建成型。但这本书与词典其实没有什么内在关系，而只是在形式上借助了词典的词目、注音、释义和范例等形式，骨子里仍然是一本幽默的通俗读物（化为正说、谐解和闲话）。因此，我们采用了上海菜名内含的特殊意义来作为分门别类的依据，如用"红烧甩水"来组织那些词尾一致的单词（如寿头、花头、户头、浪头、冲头、额角头、勒陌生头……），用"芝士火锅"来组织那些洋泾浜中外交织的单词（如盎三、门槛精、推板、瘪三、粢饭糕、奥特曼……），为的就是好玩和生活化，为的是可以将海派清口里的那些有趣的段子在"范例"中填充进去。也就是说，原有的海派清口的段子此刻已经全部消解为基本素材，被化整为零又有机地整合进了词典中。

这样一本书的格局自然整齐了，似乎也有了某种品质的提升，但是难度随之又增加了，因为现成的周立波的段子明显不足。要构建这样一本"词典"，差不多还需要新创作百分之八十的内容，等于从头来过。尤其是释义部分，除了正解还得有紧扣"诙"字的"谐解"，这一点只能全部靠创作，必须现编新编内容才能与之匹配。而这样的内容的创作还必须是"周立波式"的。怎么办？干！我们就是要做一本既与众不同，又有独属于自身气质的内容和形式的书,我们与周和经纪人达成了共识。于是,就有了与周频繁的头脑风暴。有一个阶段,我带着小丁(她带着笔记本电脑)一周几次地往锦江饭店周立波的住处跑,经典的场景是这样的:我根据词条负责一条条地与周立波讨论、头脑风暴,有感觉时就一起瞎七搭八一番,没有感觉时就跳过下次再议。小丁在一边速记,顺便哈哈大笑,回家后再整理与固化。第二天与周确认并且继续新一轮头脑风暴。周立波那个时候重视这件事,常常殚精竭虑后会任性地将脑袋埋进沙发一角而许久不钻出来,或者趴在地上做出各种痛苦状地表演一番逗笑。"以一种非常虔诚的姿态,试图将煤球洗干净"(谐解"寿头"),"以妇女的身份,演绎着少女的情怀;以更年期的年龄,挥洒着青春期的风采"(谐解"发嗲"),这类促狭的话语就是在这样的场景中诞生的。

在我们的"淫威逼迫"和参与下,词条就这样一条条地缓慢却有效地完成着。该到配图的时候了,可是,周立波现有的图像资料几乎没有任何用处,因为无法有机地整合进去,而且影像质量较差。在这个时候,漫画家的创造显然是让这本书的理念和视觉效果提升的关键。"周立波在清口里调侃了别人,那么在这本书里我们能不能也调侃一下周立波呢?"赵为群的这个想法一下子让我极为兴奋:这才是我要的效果,这才是这本书成为与众不同的书的关键所在。一个以调侃别人为职业甚至出名的人在自己的书里被人调侃,该是何等的好玩? 它不仅体现了真正的幽默精神,也是图书市场绝无仅有的创意,更是我们在这一类通俗化的读物中想要体现的文化理念(我们最初讨论的哲学思维?)。所幸的是,周立波较之一般艺人的确有其不同之处,他没有落入自己的书就是评功摆好的俗套,而是也意识到其中所含的趣味和真正的幽默所在,于是有了一组组写真和漫画相结合的有趣画面(如喝着可乐的真实版周立波的吸管从其头顶化成了淋浴器的花洒,浇在了漫画版正在洗澡的周立波身上;又如真实版周立波见到漫画版的自己与人"亲热"而羞愧地捂住自己的眼睛,同时又不甘心地悄悄睁开一只眼睛窥视),与文字相得益彰。为此,为群还调动了他的资源,在朋友所设的为林志玲拍广告的摄影棚里,专门为了独创的构思而让周立波去拍了一组命题写真。这恐怕也是至今为止周立波最生动的一组写真照片。

最后,小丁在这样积极创造的氛围中也脑洞大开,为《诙词典》创作了一个令人喷饭的"上海话四级水平测试题目"的附录,使得全书统一而又丰富多样和轻松好玩。

这本书在短短的两个月内出版了(时点往往是畅销书引爆的关键)。由于策划到位,内容和形式新鲜有趣,加上配套的营销宣传和恰好的时点(周新一轮清口的上演周期），其市场反馈超出了我们的预料。初版 5 万册在一周内即告售罄，以后在一个月内连续加印 3 次，印数很快超过 20 万册并且持续增长。至今依然在重印，重印达到了 14 次。一本通俗好玩的浅阅读文本的生命周期得以延续，编辑赋予其中的文化含量、新鲜创意和细节掌控是决定性的要素。编辑不仅使得这样一本书的样态从无到有，并且始终保持了对内容和形式最优（最契合）的追求。

纵观《诙词典》的编辑过程，以下几点体会是可以分享的：

第一，任何一个选题，有没有创意不仅是能否提升一本书的关键所在，也是衡量一个编辑水平高低的试金石。给作者带来新的附加值的提升，这是编辑职业的核心竞争力，也是每个编辑经过积累后的必需，更是体验工作快感和自我实现的途径。

第二，做好一个选题，需要有综合的统筹能力，即能够组织起契合这本书的相关力量，调动集体的智慧（尤其是作者的积极参与），最大化、最优化地实施之。其中包括相关人员的志趣、能力、分工协作和时间分配。

第三，细节永远是落实创意的保障，不然就与空谈无异。

《诙词典》出版后半年，又有《诙新闻》的诞生，这又是一个故事，但其中创造的乐趣是完全一致的。

后记

综上所述，对于不同的作品形态，编辑的介入方式和程度是不同的。这既对这一职业提出了较高的综合要求，同时也要求准确区别，千万不能混淆。诸如对第一类作品的过度介入和对第三类作品的无能为力都是编辑的大忌。

注：《尼采：在世纪的转折点上》、《我为歌狂》、《诙词典》由上海人民出版社出版。

（世纪文睿公司供稿，邵敏执笔）

《学习的革命》，一本书的奇迹

《学习的革命》

上 海 三 联 书 店 有 限 公 司

经典系列 119

《学习的革命》是新西兰著名播音员、资深记者、节目主持人戈登·德莱顿和荷兰教育学博士珍妮特·沃斯合著的一本关于如何高效学习以面向未来的书。作者彻底颠覆了以往的学习理念，强调应该学会"怎样学"，从而在最短的时间内获得最大效益和最佳结果。该书一出版，就受到各界好评，被翻译成 11 种语言在不同国家和地区畅销，被誉为"90 年代最重要的书籍之一"，"创造新教育、挑战旧教育的宣言书"。经东方编译所推荐，上海三联书店于 1997 年 8 月引进翻译出版了《学习的革命》一书，中文版由中科院院士、时任复旦大学校长的谢希德作序推荐。中文版上市后即畅销，不到一年连续印刷 9 次，发行 20 余万册。

科利华是一家专门从事教育软件开发的企业，1991 年推出第一套教育软件，正处于企业发展的上升期。1998 年，在一次科利华的内部发展会议期间，与会的华南师范大学桑新民教授向科利华总裁宋朝弟推荐《学习的革命》，宋读后大加赞赏，随即将该书列为公司员工的必读书。也是从这时起，科利华开始考虑结合推广《学习的革命》的理念发展自身产业。

1998 年 6 月，宋朝弟决定全力以赴，向全社会推广《学习的革命》一书，同时组建"学习的革命"研究中心。6 月 24 日，上海三联书店与科利华公司达成共同推广《学习的革命》的协议。出版社当时的考虑是借助科利华的巨大财力把该书做大，而科利华则有着更多的想法。

7月27日—8月1日,科利华按照《学习的革命》中"超级营地"的模式组织的培训基地"CSC超级营地"在北京开营。科利华从"CSC超级联赛"20万名参赛中学生中选拔出16名特等奖获得者,组成"CSC赴美夏令营",到美国过一个暑假,希望通过新教育观的实践,为教育改革提供有益的探索。"CSC超级营地"取得了令人惊喜的成绩,也产生了巨大的社会影响。

11月1日,《学习的革命》的作者戈登·德莱顿应邀来华为"学习的革命"研究中心作演讲,随后接受了中央电视台《读书时间》栏目的采访。11月2—3日,《中国青年报》的《冰点》栏目用两个整版的篇幅,连续发表长篇报道《梦想与激情》、《敏感与体验》,深入报道这一创新的教育实验,引发社会各界的强烈反响。

随着《学习的革命》一书的价值被广为认可,推广方决定趁热打铁。12月8日,中央电视台A特时段播出由谢晋导演执导的《学习的革命》广告片,片中谢导说:"读这本书,可以帮助我们改变孩子的一生!"

12月9日,科利华举行新闻发布会,会上宣布《学习的革命》的销售目标是1 000万册,当时有150余家媒体的记者出席了发布会。同日,"学习的革命"网站开通。为实现销售目标,科利华采用了23种发行方式,包括大型主题展览会、书店、书商、学校、机场、车站、地铁、超市以及网络、热线寻呼、电视直销等。据估计,整个推广过程中,在央视、凤凰卫视等主流媒体上投入的广告费约达5 000余万元,其中投入央视的广告费就达1 500万元。为一本书投入如此巨大的宣传资金,这在国内出版界、广告业界可以说是史无前例的。

12月12日,"学习的革命"大型主题展览在京、沪、穗等30个城市拉开序幕,全国人大副委员长卢嘉锡为展览题名:学习的革命。同日,《学习的革命》(修订版)开始发行。截至13日零时,《学习的革命》一天发行251 402册。到12月22日,《学习的革命》全国销量达1 054 263册,11天销量破百万册。至1999年3月下旬,《学习的革命》销量突破500万册。

《学习的革命》最后虽未达到预期销售1 000万册的目标,但一本走市场的书在3个月内实现了500万册的销量,这在中国图书出版发行史上堪称奇迹。更为重要的是,《学习的革命》提供了一个成功的营销案例,改变了中国图书的营销思想和理念,为后来不断涌现的成功营销的图书提供了一个榜样,同时也为出版社借用社会企业力量推广产品提供了一个双赢范例。在上海三联书店获得巨大影响力和收益的同时,科利华也一跃成为国内最知名的企业之一。它于1999年4月16日以1.34亿元持有阿城钢铁28％的股份,成为第一大股东,实现借壳上市,可以说是通过一本书创造了企业跳跃式发展的奇迹。

（上海三联书店有限公司供稿,黄韬执笔）

《五角丛书》并不是"便宜"两个字能概括的

——大众出版物如何为读者着想

《五角丛书》

上海文艺出版社

说起上世纪 80 年代出版的《五角丛书》,我忘不了两个人:一个是出版人的前辈赵家璧先生;一个是改革开放中涌现的出版新人,上海三联书店的原总编辑戴俊同志。

1985 年,上海文艺出版社成立了新一届领导班子,孙颙任社长,江曾培任总编辑,郝铭鉴和我等人任副职。当时,社领导设计了两套丛书——《文艺探索书系》和《五角丛书》。按照社里分工,这两套书分别由郝铭鉴和我负责。

我接到这一任务,就想起了出版人的前辈赵家璧先生。

听说上世纪 30 年代初,在上海曾出现过红极一时的《一角丛书》。这套《一角丛书》,是一位刚走出大学校门的大学生赵家璧设计主持的。为此,我特意前往山阴路上的大陆新村,就在鲁迅故居的后面一幢楼里,推开了赵家璧老先生家的门。

赵家璧先生很慈祥,毫无架子,把我引到书橱旁,如数家珍似的向我介绍起来:64 开,64 页;一万五六千字,定价一角,所以叫"一角丛书"。它涉及门类繁多,包括政治、经济、地理、小说、散文、音乐、艺术、诗歌、传记、社会科学、自然科学等。

赵家璧先生拿出一本又一本的《一角丛书》,一面一面翻给我看,重复最多的一句话至今还记忆犹新:"这套丛书,关键是既有价值,又很便宜。"

回来后,我想得很多,翻开当年的笔记,只见写着三点想法。一、形式上可借鉴模仿。把不同内容的书聚集到一个牌子下,容易引起读者关注。二、发行方式上值得探索。图书出版节奏上的无序性会影响进入市场，而丛书出版一定要学习期刊的节奏，这种节奏不仅出版人要掌握，更要使读者也能把握，如出版，拟三个月出版一辑 10 种。三、关键是要落实"既有价值，又很便宜"的编辑宗旨。没价值的书，再便宜也没有用。这套书看来不仅要靠作者写，更要靠编辑去编。

显然，出版《五角丛书》，我一个人是不行的。找谁呢？

当时文艺社的"总编办"来了位复员军人，名叫戴俊。他话语不多，但是个做事一丝不苟的人。我背后一打听，知道他在部队里就是一个写手，于是，就和他谈起编辑《五角丛书》的事。他很谦虚地说："我不是编辑，能行吗？"

我说："凭我感觉，能行。"

于是，我把戴俊从"总编办"挖了出来。严格讲，他不是我的助手，而是我的搭档。我很幸运，只要我把想法说出来，他总能超乎我意料地去实现。比如，我审读完一部 20 多万字的稿件后，对他说："稿件里有闪光点，但就是水分太多，《五角丛书》最多七到八万字，现在这样装不下。你能否站在读者的角度去缩写？然后，我去征求作者意见。"

如作者不同意，戴俊的改写等于是白写。没想到几天后，戴俊竟然改写好了。稿件不但我看了说好，连原作者也不得不说："不错。可惜字数少了，稿费少了。"我说："稿费不一定会少，因为印数多了。"

但印数是否真的多了呢？我把《五角丛书》期刊式的发行理念与戴俊一说，他全明白，并提议：每出一辑，做一张征订海报，把看点、读点、兴奋点全说清楚。

记得 1986 年 7 月 22 日上海电视台播出一条新闻：上海南京路新华书店内人头攒动，书柜前贴着大字海报："《五角丛书》第一辑十种发行专柜"。热情的读者们争着往书柜前挤，营业员忙不迭地收钱。捧在人们手里的这套书，每一本只要区区 0.5 元钱，精薄小巧，便于携带。尽管篇幅不大，但信息量丰富，雅俗共赏，物美价廉，通俗而不粗俗。

《五角丛书》总共出版了 150 多种，平均每种印数在 100 万册以上。我们参与改写的每一部稿件，事先都征得作者同意，事后也得到作者的认可。由于印数大、影响力大，稿费也不少，所以作者也很乐意。

最近，有记者采访时又提到当年的《五角丛书》，该记者是针对目前图书定价太高来和我对话的。我不同意把《五角丛书》仅仅和低定价链接在一起。它也绝不是简单、粗糙、快餐式的出版物，而是将某一类全新的文化信息，根据读者的需求加以浓缩。我对记者说："许多书稿，在作者的认可下，都是从 10 万甚至 20 万字中精编出来的。尽管只有 96 面，但没有水分，含金量高，所以至今仍有不少读者保存着这套小书。大众出版物为读者着想，既价格便宜，又内容充实，在今天中国的图书市场，仍然呼唤这样的出版精神。如人生能够重来，也许我仍然想编一套内容新、没水分、价格低、容易读的丛书，我深信，中国的读者需要这样的书，中国的图书市场需要这一类作品。"

（上海故事会文化传媒有限公司供稿，何承伟执笔）

对《唐诗鉴赏辞典》出版的思考与分析

《唐诗鉴赏辞典》

上 海 辞 书 出 版 社

《唐诗鉴赏辞典》是国内文学类鉴赏辞典的发轫之作,它的出版,是中国出版史上的一个创举。它首创的融文学赏析读物和工具书于一体的编写体例,已成为中国文学鉴赏辞典的固有模式,具有范式的作用。

全国图书市场销售分类排行榜上,在古典文学这一类,总是能见到上海辞书出版社的以《唐诗鉴赏辞典》、《宋词鉴赏辞典》为代表的《中国文学鉴赏辞典大系》的身影,这一现象已经持续了很多年。要知道《唐诗鉴赏辞典》是一部已问世 30 年的老书,如此旺盛的生命力,在图书市场上是不多见的。可以说《唐诗鉴赏辞典》作为辞书社的标志性出版物,确立了"鉴赏辞典"这个品牌。在这个品牌下,已经形成了 16 个品种、19 卷的《中国文学鉴赏辞典大系》,洋洋洒洒,数千万字的规模,涵盖自先秦以迄当代的各体裁文学名篇。如果把它们看成一个班集体,《唐诗鉴赏辞典》无疑是领头羊,它有力地带动了这个系列的繁荣,使它们走进了千家万户。据不完全统计,整个《大系》至今销售 500 万册以上。这一出版业绩的取得来之不易,其中的艰辛自不待言,走过的道路和其中的经验值得总结。特别是在当前国家大力弘扬传统文化,促进文化大发展大繁荣的背景下,对这一出版现象进行深入的思考和分析,对我们如何开发选题,共同促进文化、出版的健康发展,都有积极的意义。

一、《唐诗鉴赏辞典》是怎样一部书

《唐诗鉴赏辞典》初版于 1983 年,经过多次修订、数十次重印,累计印数超过 300 万册,其中重大的修订有两次,现在每年销量稳定在 7 万册左右。可以说,它是全国销量最大的文学鉴赏辞典。

上世纪 80 年代初,正是我们国家劫后重生、百废待兴的时候,被"文革"破坏的出版业也慢慢地恢复生机。书荒已经持续了太长的时间,人们的求知欲望正井喷而出,一些中外文学名著逐渐开禁,人们排队抢购是当时独有的情景。《唐诗鉴赏辞典》就是在这一背景下诞生的,可以说是生逢其时,首印 30 万册,一炮走红。

《唐诗鉴赏辞典》选题的酝酿早在上世纪 70 年代末。本书责任编辑汤高才先生在 2005 年所写的《编辑手记》里说:"二十多年前的某一天(手记写于 2005 年),我在图书馆看到一本日文小册子,名为《中国诗歌鉴赏辞典》,其实只选了百来篇中国古诗,作些词句解释和分析。显然是供爱好中国诗的日本人学习用的。但它的书名对我很有启发。我想:中国是一个诗的国度,前人给我们留下了多少脍炙人口的诗篇,连外国人都喜爱,我们自己更应该珍惜啊!作为上海辞书出版社古典文学编辑,我暗暗下决心,先从最负盛名的唐诗开始,认认真真编一部《唐诗鉴赏辞典》。"

那时候出版社每年出书品种很少,当年辞书社月出一书,已经是很快的速度了。上一个选题都需反复论证。当时上马编纂《唐诗鉴赏辞典》并不是一帆风顺的——《唐诗鉴赏辞典》在很多人眼里不是一本传统意义上正宗的辞书,上海辞书出版社作为专业的辞书出版社,在这一点上是颇为严格的。大家知道,鉴赏和辞典在传统观念里是不相容的概念,鉴赏是审美的过程,具有主观性,辞典反映的是确定的、客观的知识。在一些人看来,《唐诗鉴赏辞典》是另类,既打破了辞书体例,又漠视辞书特质,是以名乱实,不同意列选。当时束纫秋先生在辞书出版社担任社长,赵超构(林放)先生也在这里任副社长,是他们二位的拍板平息了争议。当时汤高才先生也广泛征求学界的意见,专程"去北京走访林庚、周汝昌、吴小如、陈贻焮等名家"。"此时,党的十一届三中全会刚开过不久,政治空气开始活跃。这些先生们听到我要编《唐诗鉴赏辞典》,都极口赞许,他们说,如何正确对待文学遗产是个问题,过去搞得太'左'了。谈起唐诗,即便杜甫的诗,也只谈思想,忌谈艺术,这是不对的,艺术是诗歌的生命。他们鼓励我,编《唐诗鉴赏辞典》,就要用艺术鉴赏的眼光来评判作品。他们表示,愿意亲自动手写好鉴赏文章。"

关于《唐诗鉴赏辞典》的争论今天早已烟消云散,回过头来看,编辑图书要有创新的勇气。循规蹈矩是别人都想得到的思路,要敢于别出心裁。《唐诗鉴赏辞典》是国内第一次把文学鉴赏与辞典结合起来,具有首创的意义。章培恒先生在《创造性和高质量——〈中国文学鉴赏辞典大系〉的成功经验》一文中说:"上海辞书出版社的《唐诗鉴赏辞典》一出版,就引起了读书界的巨大轰动,接着又引致了出版界竞出各类鉴赏辞典的热潮。而上海辞书社也以此为滥觞,陆续出版了关于各个时期、各种体裁的一系列文学作品鉴赏辞典,终于成就《中国文学鉴赏辞典大系》。到了今天,鉴赏辞典热销的时代早已过去,但上海辞书出版社所出各种鉴赏辞典仍然一再重版重印,成了长销书,这一大系也成为其品牌书之一。这不但是上海辞书出版社的成功记录,其中更蕴含着对出版事业具有普遍性的宝贵经验。以《唐诗鉴赏辞典》来说,其获得成功的根本原因就在于创造性和高质量,而这正是一切优秀出版物的生命力所在。在此书之前,中国从来没有鉴赏辞典之名;在一般观念中,鉴赏性的东西是不能成为辞典的。所以,虽然此书一出版就受到了读者的热烈欢迎,但仍有人在刊物上发表文章加以批评,说是鉴赏辞典这一名称就不通。这也从反面证明了编纂鉴赏辞典的设想本身就体现了无畏的创新精神,深具挑战性。"

二、高质量的内容成就了《唐诗鉴赏辞典》长久的生命力

近十多年来,图书市场形势日益严峻,突出的表现是出书品种越来越多,单品种印量越来越少。甚至一些出版社的初版书往往只有少数品种能赚钱,大部分图书印量小、成本高,都在盈亏平衡点周围摆动。虽然图书市场并不缺乏明星图书,超级畅销书也屡见不鲜,但做编辑的都知道,超级畅销书需要很多先天的条件,是可遇而不可求的。大多数畅销书都是短命的,彩云易散,琉璃易碎。严格地说,《唐诗鉴赏辞典》是畅销书,但它更是长销书。

把畅销书做成长销书,充满挑战。这里面的关键当然是内容。如果说鉴赏辞典这个概念本身有创新的话,《唐诗鉴赏辞典》最大的创新主要体现在全书的内容上。从上世纪 50 年代开始,文艺批评和作品的指导原则就是政治标准第一。有时候,特别是到了"文革"时,政治标准成了唯一的标准,而政治标准又被限制得极窄,以至于古代文学中能受到肯定的作品越来越少,对它们所作的阐释又是一些干巴巴的政治

套话，不堪卒读。

即使一些作者认识到这一标准的荒谬，有心跳出时代的羁绊，也难逃"如来佛"的手掌。钱钟书的《宋诗选注》就是一个例子。在此书的香港版前言中，钱钟书写道："它当初不够趋时，但终免不了也付出趋时的代价——过时，只能作为那个时期学术风气的一种文献了。假如文献算得时代风貌和作者思想的镜子，那么这本书比不上现在的清澈明亮的玻璃镜，只仿佛古代模糊黯淡的铜镜……它既没有鲜明地反映当时学术界的正确指导思想，也不爽朗地显露我个人在诗歌里的衷心嗜好。"我们知道《宋诗选注》编纂于1958年前面的几年，那是30年里难得的宽松期，即使如此，它的出版仍然受到公开的批判。

在这种情况下，古代文学这片园地里是怎样的荒芜，就是可以想象的了。"文革"结束后的最初几年，由于积重难返，这一局面并未得到根本的扭转。章培恒说："《唐诗鉴赏辞典》却毅然冲破束缚，提出了一大批优秀唐诗，在'左'的破坏下也不得不加以承认的名篇固然包含在内，更多的却是以前被漠视甚或否定的富于特色之作；为鉴赏所写的解析，又多从艺术成就着眼，吸收传统诗论之长而具创意，文笔也力求优美。较之以前那些八股气十足的评介文章，真令人有茅塞顿开、耳目一新之感。也正因此，它不但受到无数读者的自发欢迎，而且对当时的中国古代文学研究界也是一种强力的冲击和促进。"(《创造性和高质量——〈中国文学鉴赏辞典大系〉的成功经验》)

三、高水平的作者是图书生命力的最好保障

一种图书有了好的构想，还只是万里长征的第一步。实现这些构想的是作者，作者是图书生命力的最好保障。对于一本涉及很多作者的大型图书来说，找到合适的作者是很大的工程。唐诗存传下来的超过五万首，历代各种选本很多，现在做这么一本《唐诗鉴赏辞典》，规模不能小，要把那些名篇统统收进来。通过反复斟酌，参考各种选本，并广泛征求各方面意见，确定收诗1 000首左右（最终收了1 100多首）。1 000多首诗，加上千余篇鉴赏文字，这个规模就很大了，不是一般的唐诗赏析之类的书可比的了。在确定鉴赏文字的体例时，考虑到不能采用一般辞典的体例——一首诗的妙处绝不是几十字、百把字的条目能解释清楚的，决定采用"一首诗一篇鉴赏文章"的基本体式。

接下来就是组稿了。一般的约稿往往是由编辑开一批题目,约请某某先生撰稿。鉴于古典文学界现状,学者们的研究各有分工,各人学养、爱好也不一样,命题作文不行。为了保证鉴赏文章质量,采用"自报选题"的方式:写你最为欣赏的诗,写你最有体会的诗,请你尽量拿出自己的绝招来。这样做,当然需要和作者反复沟通,会增加不少的工作量,但责任编辑汤高才不避烦难。那时候联系可不像现在这么方便,都是通过书信联系。举个例子,周啸天先生是我们的作者,最近我们在整理档案时发现,汤先生和他联系的信件就有 30 多封。

汤先生向我们介绍说,因为作者人数众多,对鉴赏文字的形式、写法、字数等,必须搞一个样稿,使大家有格式可循,也可使全书有一个大体统一的体式。此时北大吴小如教授寄来了几篇赏析文,其中一篇是谈李白《早发白帝城》一诗的,写得不错,按我们的体例要求改一改,即可用作样稿。此诗写作背景是"李白此时因永王璘案,流放夜郎,取道四川赴贬地。行至白帝城,忽闻赦书,惊喜交加,旋即放舟东下江陵"。这段背景吴先生没有写到文章中去,只在文章后面用了一个"注"作说明。汤先生把这段注文改为在赏析文中交代,有利于分析诗情。没想到这一改吴先生并不赞同,他在一家报纸上写文章批评。汤先生给他写信说明原委,求得理解,以后依旧保持友谊与联系。

常言道"诗无达诂",当一篇篇鉴赏文稿堆叠在编辑面前时,如何审核、取舍常常是一道难题,也是关系到书稿质量的最重要的一环。有一位颇有名的学者寄来一叠文稿,是关于李商隐诗的。李商隐《锦瑟》一诗历来注释不一,莫衷一是,或以为是悼亡之作,或以为是爱国之篇,但以为是悼亡诗者最多。他说李商隐《锦瑟》写的是一本书,是题写自己的诗集。诗人感叹华年已逝,毕生只剩下篇什了。这位先生还来信告诉汤先生:他的这批文稿送钱钟书先生看过,经他认可才寄给汤先生的,稿纸上还有钱先生的铅笔字迹呢。应该说这一说法也有一定根据,晚唐诗人司空图引过戴叔伦的一段话:"诗家之景,如蓝田日暖,良玉生烟,可望而不可置于眉睫之前也。"(《与极浦书》)这与颈联在文字上几乎一模一样。陆机《文赋》里有一联名句:"石韫玉而生辉,水怀珠而山媚。"尽管如此,当时汤先生反复思考,认为上面这位先生的分析虽然很有新意,但难以令人信服,决定将上述文稿退还给他,可见当时的谨慎和小心。后来终于请到了周汝昌先生来主笔。果然,他这篇鉴赏文章写得很出色。

《唐诗鉴赏辞典》共收唐代 190 多位诗人的诗作,鉴赏文作者超过 150 位。《唐诗鉴赏辞典》作者阵容强大，由于历史的原因，有条件集中诸多博学鸿儒，可谓代表了文学鉴赏最高水准。如萧涤非、程千帆、钱仲联、俞平伯、施蛰存、马茂元、袁行霈等，都是唐诗或者古代文学研究领域的佼佼者，他们的精雕细琢、字斟句酌，使赏析文字变成一篇篇优美的文章，与优美的唐诗珠联璧合，相得益彰。后来的《宋词鉴赏辞典》、《元曲鉴赏辞典》、《古文鉴赏辞典》、《宋诗鉴赏辞典》等都力求做到了作者阵容的强大。这一点也只有在当时这一特定时期有机会做到，是其他同类图书无法匹敌的。

《唐诗鉴赏辞典》的成功是各种综合因素的结果，其长久不衰的生命力首先得益于本书的对象——唐诗，它具有最为广大的读者群。平常我们说，中国是诗的国度，唐诗就是最显著的代表，这是中国文学乃至中国文化的传统里最精华的东西，是凝结到中国人血液里的东西，所以备受关注。其次，鉴赏本身也是很重要的。鉴赏实际上是一项基本能力、基本素质，需要培育。文学鉴赏力是文学素养的基础性能力，是审美经验、诗性智慧的集中表达。历史上，读书人是不缺乏这种能力和智慧的，我们看到，中国传统的诗话、词话、文论都着重于具体的作品的鉴赏与评判，可以说这是传统诗话、词话、文论的特色。"往往无意中三言两语，说出了精辟的见解，益人神智。"（钱钟书语）由于传统的断裂，也由于西方话语的冲击，面对博大精深的唐诗，我们很多人都失去了欣赏的眼力、会心的能力，很多普通读者面对经典的文学作品，变得麻木，患上了"失语症"。《唐诗鉴赏辞典》的出版，在很大程度上满足了读者的审美需求。

1983 年推出《唐诗鉴赏辞典》是你无我有，但很快跟风模仿的东西就出来了。很多出版社都推出了《唐诗鉴赏辞典》，甚至赶在我们之前推出了《宋词鉴赏辞典》，从而形成了上世纪 80 年代末的所谓"鉴赏热"。在这个时候，一种书，即使是优秀的也很容易被淹没掉。这时候我们的应对办法是做到你无我有，你有我全，你有我精。近 30 年来，《中国文学鉴赏辞典大系》共出了 16 种、19 卷，可以说我们做到了横向到边、纵向到底，时间上覆盖了先秦到现代，文体包括诗、词、曲、文、小说等。《中国文学鉴赏辞典大系》有上千位的作者，对于每位作者我们都认真选择，使作者队伍基本囊括了各领域第一流的文学研究者。对于每篇鉴赏文字，我们都反复斟酌，很多时候几易其稿，不仅见解要站得住，同时文笔要美，我们甚至将其当一篇散文来要求。

一部好书有说不完的细节，哪个环节、哪个局部没做到位，都没法成就以《唐诗鉴赏辞典》为代表的文学鉴赏系列图书的成功。还有一点放在最后说一下，但可能是最重要的，像这么一部大型丛书几十年的长盛不衰，依靠的是整个社的重视。没有领导的亲手抓，它成不了；没有营销部门的不遗余力的推广，它成不了；没有出版部门美编的一丝不苟、兢兢业业，它也成不了。

（上海辞书出版社供稿，刘小明执笔）

老树春深更著花

——《唐诗三百首》图文本成功的启示

《唐诗三百首》图文本

上 海 古 籍 出 版 社

经典策划
119

我们上海古籍出版社 1999 年 6 月推出的《唐诗三百首》图文本,以全新的创意策划对传统的诗词注评方式作了大胆的革新,其独特的版面设计和图文结合的形式,既保留了浓厚的古典韵味,又符合现代人的阅读习惯,因此赢得了广大读者的青睐,在图书市场上引发了一阵古典诗词图文本出版热。该书初版 1 万册半个月内一销而光,重印 2 万册一个月内又销完。出版一年半中就连续 9 次印刷,共 25 万册。继《唐诗三百首》图文本后,又推出同样样式的《唐宋词三百首》图文本、《元曲三百首》图文本、《宋诗三百首》图文本和《古诗三百首》图文本,也获得了很大的成功,印数均在 5 万册以上。由这五本书构成的"图文本诗词曲三百首系列",累计印数已达 60 万册,码洋 1 500 万元。此外,这一系列的图书的版权还为香港万里机构出版有限公司购买,印行了中文繁体字本,在海外的销售也取得了不错的成绩。在图书市场持久低迷的情况下,这一系列图书能创出此佳绩是相当不错的。其成功的原因就在于策划编辑图书时,在立足市场、注重创新的前提下,始终坚持高品位的文化追求,强调图书的文化品位。

《唐诗三百首》作为中国古代一本最具影响力的唐诗选本,一直为广大读者所喜爱,因此也是国内出版社争相出版的一个热门选题。上海古籍出版社作为一家以出版古籍整理及其研究著作为主的专业出版社,早在 1980 年就出版了由古典文学专家金性尧先生注释、讲评的《唐诗三百首新注》,10 年间创下了销售 200 万册的佳绩。然而,进入 90 年代以后,由于受到国内同类出版物不断出版的冲击,特别是一些非古籍类读物出版专业的出版社推出大量质次价廉的同类出版物,我社的同类出版物的销量连年下降,《唐诗三百首新注》也不例外,年销量竟不到 1 万册。

面临这样的形势,上海古籍出版社的领导和编辑寻求对策,对图书市场和读者需求作了认真分析。中国的古典诗歌内涵丰富深刻,艺术成就很高,具有永恒的魅力。这一艺术瑰宝千百年来为人们所喜爱,有一代接一代的读者。因此古典诗歌读物的内容是永远不会过时的,关键在于表现形式,永恒的题材也要有适应时代变化的表现形式。好的内容还需好的形式来表现,即俗话所说的"好马还要好鞍配"。当时充斥在全国图书市场上的《唐诗三百首》读本,除了新编的《唐诗三百首》少儿读本是彩绘本外,其他均是黑白排印本,表现形式均是唐诗原文+注释+题解或欣赏、评讲。要在图书市场上抢得先机,就必须有独异众本的创新。我社首先想到了做《唐诗三百首》插图本或画册,请当代画家为唐诗配图,或从历代画家的画作中选取诗意图。但做画册投入的成本太大,作为一本普通的读物,书的定价不宜太高。正在我们犹豫不决的时候,上海辞书出版社在 1997 年推出了《诗与画·唐诗三百首》画册,16 开本,定价 160 元,首印 5 千册居然一销而空。该社采用的是请当代画家配图的形式,以大投入获得大产出,取得了成功。他们的成功经验给了我们触动,同时又逼迫我们另辟蹊径。正在这时,学林出版社出版了我社编辑盖国梁同志编著的《节趣》一书。该书用电脑将图文混排,用普通胶版纸印刷,在形式上很有创意,且定价低廉,易为当时的普通读者接受。这本书给了我们启示,于是,我们便与盖国梁同志共商,觉得借鉴《节趣》的形式,选用明人《唐诗画谱》等古代版画,出一本带古朴雅致配图的《唐诗三百首》,会在图文本崇贵尚彩的风气中异军突起,取得不错的效果,而盖国梁也自然成为此选题的总体策划与责任编辑。

在策划编辑《唐诗三百首》图文本的过程中,大家集思广益,提出了许多好的想法,认为即使是普及读物,也要把它做成精品。为了充分体现古籍出版社的专业优势,我们还是按照我社古籍选注本读物的一贯做法,采取精当的注释、简练的点评等方式,重点选用了古代诗评家的评语及诗作的背景说明,极大地丰富了诗歌的阐释,有助于读者对作品的理解。尤其是盖国梁同志,作为一个有着 20 余年编辑工作经验的中年编辑,很有创新的想法,特别注重形式的作用。在编辑工作中,他在版式方面提出了很好的想法,例如将每一行诗中的注释置于该行诗下,而不是放于篇末,便于读者理解诗意。同时,美术编辑也发挥了很大的创造性,所配的图与诗文有机结合成一个整体，取得了诗情画意、诗画评合一的艺术效果。

正因为在创意、编辑方面做了大量的工作，这一图文本在图书市场上独树一帜，既不同于一般的浅近的注释本，又不同于价格高昂的画册；由于采用了注释、点评等方式，又配以大量精美的图画，因此既可阅读、欣赏，又可收藏，达到了我们设想中的普及读物之精品的定位，受到广大读者的喜爱。香港万里机构的老总说："我们之所以购买你们这本书的版权，是因为你们在同类书中最具创意，提供的内容最丰富。"

《唐诗三百首》图文本的成功，给了我们这样的启示：

一、必须始终坚持创新意识，切忌盲目跟风。只有坚持做到"人无我有，人有我优"，才能形成出版社的特色，树立品牌。跟风、模仿可能获利于一时，但永远不能占得先机。图书市场上那些模仿《唐诗三百首》图文本的图书，粗看其版式、插图与我社的差别不大，但实际上在诗与图意境的配合、诗的注释理解方面与我社的有明显的高下之别，真正的爱书人士是不会去买那些劣品的，因此这些书的印数没有一本在 2 万册以上。

二、必须重视图书的文化品位。正因为上海古籍出版社的编辑具有深厚的古典文学素养，所以才能想到选用古代版画来配唐诗，选用古人评语来阐释唐诗，从而使诗画评合一，达到珠联璧合的艺术效果。这一想法看似偶得之见，实际上非一朝一夕之功，是长期积累的结果。

三、必须重视形式的作用。在相同的题材竞争的情况下，形式就成了决定性的因素。由于图书的商品属性，形式给读者以第一冲击力，所以要大力重视图书形式的作用，包括图书的内在形式和外在形式，即图书内容的表达方式和图书的装帧设计、版式安排等。

四、必须始终明确图书的定位。首先是图书的读者定位，由此而衍生出图书的包装定位、价格定位。《唐诗三百首》图文本的读者定位是广大的古诗爱好者，因此在内容和形式上力争做到雅俗共赏，既可收藏，又可阅读、欣赏，在定价上做到薄利多销，定价适中。11 个印张 80 克胶版纸印刷，25 元一册的定价略高于浅近的唐诗注释本，远低于唐诗画册，因此取得了良好的销售成绩。

《唐诗三百首》图文本的成功，在全国图书市场上引发了一阵古典诗词图文本出版热，图书市场上的模仿之作层出不穷。我社以这本书为龙头，推出了"图文本诗词曲三百首系列"和"图文本四大小说系列"等，取得了良好的社会效益和经济效益。总结经验,最后还是归结为两句话:编辑要始终坚持高品位的文化追求,要强调图书的文化品位。

（上海古籍出版社供稿，高克勤执笔）

中国：我们共同的名字

——《话说中国》出版 10 年

《话说中国》

上海文艺出版社

《话说中国》从 1997 年启动，到最后一卷如期出版，用了 8 个年头。从 2005 年 16 卷整套销售至今，其总码洋超过 2 个亿，又用了 10 个年头。近年来，还能年平均销售 5 000 套之多，去年还被中宣部列入 100 种向青少年推荐的图书之一。

《话说中国》出版 10 年，我们陆续收到来自海内外的许多读者来信。其中赞美者有之，评议者有之，提问者有之，争鸣者亦有之，可说是仁者见仁，智者见智。我想综合各方的意见，一并回复，也借此作为对《话说中国》出版 10 周年的纪念。

一、是什么力量支撑你们花这么长的时间去编一部面向大众的中国历史文化大书？

中国有编史、修史、讲史的文化传统。从孔子、左丘明、司马迁一直到今天的一大批史学家，他们持续不断地以一种不辜负民族的坚韧精神，将自己感悟到的一切记录在一本又一本的史册上。

历史丰富和凝聚了民族的智慧、伦理、情感和意志，对民族素质的提高、文化心理结构的塑造具有特殊的不可替代的价值。一个不了解历史的民族是没有希望的民族。

将史学家的研究成果大众化，将优秀的历史文化通过我们的出版物回赠给人民，让更多的人从中获取知识和力量,让天底下更多的中华儿女为自己的祖国拥有的历史而骄傲,这就是我们出版这套书的真正的心愿。正是这种精神力量、文化追求,支撑着我和我的同事们克服了种种困难,潜心编辑,在史学专家和广大读者中间架起一座沟通的桥梁;同时,也使我们的人生与祖国的出版工作紧紧地连在了一起,使我们心甘情愿将自己的年华贡献给这个事业。我们很清楚,一个普普通通的编辑,不会有显赫的社会地位,但却可以拥有穿越时空的翰墨芬芳,拥有寄托心灵的文化殿堂。

出版是影响力经济。它对社会影响力的贡献,远远超过对社会经济力的贡献。否则,哪有"书比人长寿"这句话呢? 坚持 8 年编好一套书,正是体现了我和我的团队对这种影响力的追求。记得书出版后,央视《焦点访谈》记者问我:"你当初启动时,想到过今天吗?"我说:"没有。"上《焦点访谈》不是我的目标,为读者编一套好书才是我的目标。因为我深信这套书的价值。

当然,出版的影响力一旦形成,其经济效益也就会伴随而来。

二、在这漫长的编辑过程中,碰到的最大困难是什么?

新中国成立以后,我们也出了不少普及性的历史读物,但总体上来说,对现在读者的影响力不是很大。历史读物展现的是过去的事,而读者又处于今天现代的生活中,如何将历史知识与现代人沟通,是大众历史读物出版的难点,也是我们在漫长的编辑过程中苦苦探索的聚焦点。

与国际上同类作品相比,我们的历史读物也存在着相当大的差距。在世界出版史上,中国曾领先于其他国家,但近代以来,我们落后了。改革开放的大环境给了我们充分展示"后发优势"的机遇,我们可以在很短的时间内把先行者的经验学到手。事实证明,只要我们努力了,只要我们心中有了读者,我们一样可以后来者居上,创造出代表中国水平的有世界影响的出版物。在漫长的编辑过程中,最花心血的就在于此,最成功的亮点也在于此。记得 2003 年的 8 月,《话说中国》还没有面世,美国《读者文摘》看了样稿,就提出购买版权。书出版后就引起了国内读者的关注,上海书展期间,不少人买了书后,花上大笔邮资把书寄给远在海外的亲人,许多青少年读者用自己积攒起来的压岁钱购买这套大书,《话说中国》成为该届书展销售量最高、最吸引人的一个亮点。尤其令人欣慰的是,《话说中国》在台湾也成了畅销书。

三、与其他同类书相比,《话说中国》最重要的创新点在哪里?

经过 10 年的市场检验,我认为《话说中国》具有以下四大特点。

特点一:《话说中国》成为大众历史读物的精品。

中国史学会会长、教育部历史学教学指导委员会主任、国家社科基金中国史学科组组长李文海评价说:《话说中国》这套书很不错。全书的编辑意图很明确,就是要把中国的历史比较准确地,但又非常生动地表达出来。而且其形式上很讲究、很精美,是一个精品。所以《话说中国》出现了这么一个现象,群众喜欢看,对于专家学者来讲,也是一个参考资料。在两方面都有它的作用,很了不起。

特点二:《话说中国》吸纳了最新的历史信息。

我们在编辑过程中不但要有现代意识,还要有科学意识;不但要参考已有的史料,还要及时收集新的信息。2003 年春,陕西眉县杨家村出土了窖藏西周青铜器,其中一个四足附耳盘上的铭文达 370 多字,追述了文王至厉王 12 代周天子的业绩等,是新中国成立以来出土的铭文最长的西周青铜重器。我们在编辑《话说中国》时,就及时地把这条信息补充了进去,纠正了以前的一条不正确的判断,此举得到了西周史专家、美国匹兹堡大学客座教授许倬云的高度评价。

特点三:《话说中国》立体化地展现了历史。

以往的普及型的历史书,讲得最多的是朝代更替的政治史。在中国历史中,帝王将相、朝代更替确实是一个重要的方面,但中国五千年历史仅仅讲这些是远远不够的,它还应该涉及自然科学、文化艺术等各个方面,甚至普通百姓的衣食住行。《话说中国》正是突破了传统历史读物注重叙述王朝兴衰的框架,以全方位、多侧面来反映整个中国历史的真实全貌,以世界眼光、一流专家学者的史识来探寻中国历史的发展脉络与规律,以密集的信息弥补故事叙述中知识点不足的局限。有细节的历史才是最丰富、最真实的历史。

特点四:《话说中国》创造了全新的表述方式。

为使广大的读者能够轻松走进历史大门,全书正文 15 卷共 4 500 余面的篇章,读者可以从其中的任何一个页面读起,带着游历绚烂的历史文化的愉悦心境来看这套书。《话说中国》的全新表述方式还表现在书中所附的《清明上河图》、《兰亭序》、《韩熙载夜宴图》等著名书画巨作的精心印制和完美点评上。我们不仅根据原图精心制作，再现其风采，还邀请了相关的学者专家对它们作了精湛的评说，使读者不但能近距离观赏原作之风貌，而且还可以真正看懂国宝之精髓。

四、《说话中国》主体部分为什么采用"说故事"的方式？它是不是降低了这套书的权威性？

"说故事"的方式，是我们在权衡许多种方法之后最终选定的。因为故事有通俗、生动、形象和简洁的特点，运用得妙，其实并不降低一本书的学术价值。张荫麟是20世纪上半叶著名史学家，可惜天不假年，只活了38岁，然而一本《中国史纲》却足以让他名垂不朽。此书是张先生的代表作，完成于抗战前夕，1940年首次出版。张荫麟在谈到这本书的写作时，即说"融会前人研究结果和作者玩索所得，以说故事的方式出之"。70多年过去了，这本以故事说历史的书依然不失其学术价值，受到海内外专家的推崇和珍视，几十年来重印了许多次。所以说，"说故事"并不等于没有学术性、权威性，关键是要把故事中的人说好、说活。记住了一个故事，也就记住了一段历史；而记住故事中的一个人，也就记住了这一段历史的魂。因此，在我看来，用通俗的故事说明高深的道理，更是难能可贵。

五、从整体上来看，《话说中国》所呈现的内容并不是一个作者写的，如何认识这种编辑方式和出版方式？

《话说中国》中的故事作品，肯定是作者写的。但几乎所有的图片及文字说明，许许多多的附文、表格，包括历史地图及地图的解读，都是由编辑或其他人创意方案和撰写文字的。比如，《清明上河图》的使用权，我们是通过北京故宫博物院获取的，《清明上河图》的文字解读，是我用了3个多月的时间，通过学习，一条一条撰写的。

《话说中国》的出版，使我想到一个问题：图书出版有两种完全不同性质的工作方式。

一种是书的内容完全依靠作者，编辑只是做一些技术加工和出版规范化的工作。这种工作方式，考验编辑的是对内容的选择能力、判断能力和对市场运作的转化能力。许许多多学者的专业著作、大作家的著作都采用这种工作方式。

但出版者们是否发现，学者并不完全等同于图书的作者。学者研究的是学问，不是研究图书对他的学问的呈现方式，只有编辑才需要研究这种特殊传媒的呈现方式。所以，一些重大的出版项目往往是社会相关的内容专业和编辑专业的有机结合。在这里，编辑不仅是一种判断和选择，编辑更是一种创造。

于是，图书出版中另一种工作方式出现了：出版者经过整体策划，从不同的作者那里，通过市场运作方式，采集购买到所需要的文字、图片以及音频和视频的资料，进行加工整合与提升。尤其是在出版面向大众的专业出版物时，这种工作方式更为可取。国际一流的出版机构，都拥有这样的看家作品。在这一类图书中，编辑的创造和劳动是不应该被埋没的。正如书出版后，出版界有人问我说："这套书集中了你从事编辑出版工作几十年的能量与智慧，你说是吗？"

这一次，我自信地点头承认了。

由于编辑参与了创作，这些图书中的作者只能获取相应的稿费，不可能领取所有的版税。所以，出版社的出版利润相对也显得更为丰厚。然而，出版社又应该如何对待付出艰辛劳动的编辑呢？

这种制度和政策不落实，这类超常的图书今后就很难再出现。

这是《话说中国》在出版改革中给我们提出的课题。

六、面对《话说中国》这部书稿，你最想与读者探讨的是哪一个话题？

编完这套书，我像是重读了一遍中国史，也想到了一句话：我们每个人都生活在某一个历史阶段当中，是历史选择了人，而不是人选择历史。面对乱世，我们应具有一种崛起奋斗的精神，去战胜挫折，摆脱困境；面对盛世，我们应珍惜生活，趁势而上，为自己的幸福，也为中华民族的长盛不衰而奉献我们每一个人的力量。

伟人邓小平同志的一句话始终感动着我们："我是中国人民的儿子，我深深地爱着我的祖国和人民。"编辑《话说中国》，更加激发了我们爱祖国、爱人民的感情，使我们深深地感到，这是一件有意义的工作，我们愿意继续做下去。《话说中国》出版10年了，应该站在今天的角度，运用今天的技术，对《话说中国》重新修订一次。期望有所突破，有所创新，有所开拓，有所进步。

我想，今天的中国人民更需要像《话说中国》这样的书。他们越来越注重对文史哲为主体的中国文化的感受，越来越认识到"历史是一个民族的记忆，一个丧失了记忆的民族是不会有前途的"这一命题的真谛，越来越相信读一点历史会使人生发积极进取、潜移默化的变化,会使人感悟到中华民族精神的精髓,会使人永远记住:中国,是每一个中华儿女的共同名字。

　　相信《话说中国》能为中华民族的文化建设作出一点贡献。

(上海故事会文化传媒有限公司供稿,何承伟执笔)

一场无情的博弈

——记无标底竞标《品三国》出版权

《品三国》

上海文艺出版社

2004 年成立集团式出版组织机构后,最大的变化是文化出版社和音乐出版社从上海文艺出版社裂变出去了,《故事会》、《咬文嚼字》、《上海壹周》也脱离了文艺社。裂变后的文艺社成了亏损单位,开始实行内部独立核算的首个棘手问题,就是如何尽快扭亏为盈。

三个出版社在一块儿的时候,人数有 240 多人。裂变以后,一些发行、后勤、行政部门也相继划拨出去了,裂变后的文艺社只有 60 个人。行政编制简单了,将近 80% 是编辑人员。

毛泽东说过,穷则思变,要干,要革命。文艺社如何变,如何革命呢? 社领导想到了要深度挖掘出版社资源,找准作者,找准选题,做几本、十几本热书,甚至畅销书出来破文艺社的"困局"。这就有了跟余华谈合作的意向。早在 2001 年底总编辑郏宗培出席在北京召开的全国作家代表大会时,就与余华讲好了编选他的作品书系的事。那时候,他似乎处于创作低潮,一些人认为他写不出东西了,已经开始淡忘他了,除了《活着》,其他似乎没有什么市场了。那个时候,他的一些散文在各地的图书版权也大多到期了,可以收编了。过了近半年,他已经选好书目,一共 12 本,连封面的几个专版颜色都让他夫人选好了。2005 年在广西桂林举办的全国书展开幕的那天,《余华作品系列》首发,引起了不小的轰动。签名售书是在广场上进行的,那天是雨天,还有一百多个人在排队等候。于是他有了信心,有了以后两年连续推出的《兄弟》上、下两部印数上百万册的奇迹。我们出版社也有了信心，连续出版了一些上海文艺版的受市场欢迎的好书，使得 2005 年文艺社一下子减亏 80%，超额完成了集团下达的指标。

给文艺社注入生机的，还有一个作者，就是易中天。中国的经济发展到 2006 年、2007 年，国力增强了，老百姓口袋里有点钱了，民族自信心也高涨起来，民族历史文化热开始兴起来了。于是出现了专讲中华民族历史文明的央视《百家讲坛》。《百家讲坛》其实已经开办了好几年，高潮不兴，直到易中天讲汉代风云人物后，反响开始强烈了。易中天是个草根出身的大学教授，授课的水平自然不在话下，有思想、有个人见解且语言生动，肢体语言也很丰富，引起了观众的好感。

文艺社与易中天的接触，始于上世纪 80 年代初期。1987 年，文艺社出版了他的第一本论著，之后出版了他的七部著作，其中四本书，即《品人录》《读城记》《中国的男人与女人》《闲话中国人》，是他与时俱进的产物，内容、文风比较时尚，市场反应自然也属上乘。2006 年 4 月，《百家讲坛》开始播放他的《品三国》之时，文艺社领导将他请到上海，在一个双休日里做了两件事，一是对重新包装的《品读中国书系》在上海书城进行签名售书，第二天又请他到上海图书馆"上图讲座"开讲了一次，两个活动都人满为患。两件事一起轰动了，出版社的目的达到了：试一试他的市场感召力，为竞标《品三国》作试水。

《品三国》的图书版权归易中天与中央电视台所有，当时无标底竞标的是《品三国》的上部。参加竞标需要支付 10 万元的预付金，也就是事先要有一张支票抵押在央视那里，一旦竞标过程中违规，10 万元就打水漂，若没有违规也没有中标，那 10 万元如数返还。

竞标小组由央视《百家讲坛》栏目组、国际电视总公司和易中天三方组成，北京公证处也参与其中。一开始说有二三十家单位参与竞标，到最后进场参与的只有 13 家，说明有单位胆怯退出了，其中中国铁道出版社和中国民主法制出版社是两家合在一起竞拍。当时央视《百家讲坛》工作人员打电话问参与竞拍的其他社："有两家出版社并在一起竞拍你们同意吗？"为什么不同意呢？两家在一起只会互相掣肘，搞得不好还会吵架。总之，央视、易中天他们心中都没底，不知道竞标到最后将以怎样的结果收场，只希望不要失败。

对文艺社来说，需要作出判断的是：第一，竞标的起印数；第二，竞标的版税；第三，三年的保底数。社领导在将近一个月的时间内研究这三个数据，运用统筹、类比、排除法反复配对。因为是机密，这些数据及想法丝毫不能泄露，一经透露出去，后果真是不堪设想。所以即便是在自己出版社内，也不能泄露半点信息。

赴京前一天中午,社领导郏宗培去集团找杨益萍社长,午餐时,杨社长敬郏宗培一小杯"水井坊"为他壮行,郏宗培说这杯酒抵 20 万元,就口头预支 20 万元吧,但一定会还的。郏宗培是太想赢得这个竞标了。2006 年 5 月 22 日,郏宗培在竞拍这天的清晨坐了头班飞机飞往北京,下飞机后即坐机场大巴低调地进入北京市区。当时他想:如果不中标就当天晚上直接返沪,连旅馆费都省了。郏宗培到北京机场时已接近中午了,午饭也没来得及吃,就直奔竞标会场——央视梅地亚,进去的时候已经差不多到了规定的报到时间期限——下午一点半了。

竞标的十多家出版社坐在会场中间,两边都是媒体,会场里一片紧张状态。人家都是填好竞标书进场的,文艺社为了保险,为了以最低代价,最稳妥地取得竞标成功,要填的起印数、版税、三年保底数都是空着,需现场填写。根据议程安排,到最后现场有 15 分钟的时间可以用来填写数据。文艺社准备的一张纸条上一共有 9 个数据,每三个数据一组,比如说起印数 50 万、55 万、60 万,版税 12%、13%、14%,三年保底数 10 万、15 万、20 万,诸如此类的三组数据。到底填哪个数据,到临写时决断。在每个数据的填写空当都敲了一个公章,怕填错或填了又想改动,盖章是为了说明填的数字或者改动过的数字是确认的,不是作弊。最后梅地亚会场的屏幕上播放出各单位竞标的数据,文艺社最终以 55 万的起印数、14% 的版税、20 万的三年保底数一举竞标成功。会场上一片骚动,人们纷纷回头看坐在会场后座上的文艺社,前面传来"疯了疯了"的惊讶声。郏宗培很镇定,暗自得意,心想肯定会赢。郏宗培被叫上台后,马上就当众签了约,举杯庆贺。接着他讲了三句话:"第一,感谢易中天。有的人说我们都没有看过易中天的稿子,怎么可以如此盲目参与竞标,且标底还这么高。我想说的是,我们跟易中天的接触已经有 22 年了,我们对他的作品一直关注着,《品三国》已播出的每集都看。所以感谢易中天能把《品三国》交给我们出版。第二,感谢中央电视台。央视台是出版业外的单位,他们举办这次竞标,实际上是给出版改革的一份推力。第三,感谢文艺出版集团。我能够到这里来参与竞标是集团对我的信任,文艺出版社在做畅销书方面有一点心得,我们想发挥得更好一些,对得起读者。我今天竞标的结果如何,请大家耐心等待,三个月之后见分晓。"

当天晚上,央视国际电视总公司领导请吃饭,还感谢文艺社对他们的支持。至此,央视、易中天、文艺社三家已捆绑在一起了,只能赢,不能输!央视为防止盗版、盗印,明确书后附赠的光盘要由他们来制作,我们要以每张 0.95 元的价格向他们买入。其实如果制作 55 万张光盘,制作成本一定会下降,但这是小钱,郏宗培不计较,要跟他们商量的是能不能把光盘去掉，因为附着光盘的发行会遇到问题，如果书里的光盘被人拿走，那这本书就卖不了了，而且运输过程中也会遇到光盘重叠破裂的问题，总之有种种不利因素。央视认为这些问题是存在的，但是已没有办法了，他们说："因为竞标条件中已经提到有光盘，现在突然去掉，人家会以为我们有猫腻，不公平。"回到社里，大家戏称"标王归来"，但集团里也有一些非议。

竞标是在 5 月 22 日，《品三国》的全国同日发行是在 7 月 22 日，当中一个月时间留给易中天撰稿，因为当时他的书稿还没有写完。到 6 月下旬拿到书稿后十天编辑，十天排校、印制，怕人家盗版，文艺社谋划了分别由七个印刷、装订厂家进行分段印制。发行计划的运筹也随即进行，最远的东北、西北、西南提前七天发货，近的一两天前发货，全国书店全面铺开。全社各方都很配合。在此期间，我们与媒体紧密联络，哪里有伪书了，哪里在散布不实信息了，都要发布一条条新闻予以澄清，客观上将书炒热，效果很理想。争取在两个月里让《品三国》面世，是因为要赶 8 月初的上海书展。我们的营销策略是东西南北连轴转：北京首发，成都次发，广州加力，再杀回上海书展，一周跑一两个地方签售。当时一个月的征订量就超过了 75 万册。本来三年要完成的任务，现在一个月就完成了，成绩出奇的好。这让我们全社上下群情激奋。

因为文艺社当时仍处于低谷，缺少长销、热销产品，余华的《兄弟》上部也只是刚刚开始成功营销的一本书，我们需要更多的好书来帮助出版社复兴。在这种情况下，只能另辟蹊径，需要急功近利，需要做几本畅销书来突破困局。因此，在此之前社领导专门为《品三国》竞标开过两次中层以上的干部会议，摊明情况，分析矛盾，使大家统一思想，齐心协力，争取这次竞标成功，大家也非常支持社领导的"志在必得"。社领导一直在考虑，至少做到多少册可以取一个共赢的点，还以出租车司机赚钱的模式予以考量，一定要用我们能够承担的尽可能低的代价，取得最大的利益，但有一个前提，就是一定要中标。如果没有中标，失去了一次极好的博弈机会，会后悔一辈子。

不少人问，为什么起印数定在 55 万呢？社领导的回答是，竞标的胶着点很可能在四五十万，如果做 50 万是会有人想到的，包括 50.1 万、50.2 万，到 51 万，别人都可能想到这个数。那就要跳过别人的思路，索性增加 10％，用 55 万的起印数甩开人家，这是志在必得，一定要竞标成功的决心导致的思路。事实证明，有单位开出了 52 万册的起印数字。

定 14％的版税，是因为预计 2％—4％要给中央电视台，作者的版税就是 10％—12％，那么定在 14％比较合理。55 万印数，加三年保底数 20 万，加起来就是 75 万册。

《中国图书商报》的记者写了一篇报道说，易中天《品三国》无底价竞标，上海文艺出版社以55万首印数和14％的版税竞标成功时，不少人替他们捏了一把汗。这一举措对目前并不景气的出版业而言，不啻疯狂之举，不过，距离成功也只有一步之遥。一向小心谨慎、不喜冒头的上海人拔得头筹，让很多同行大吃了一惊，认为这无异于一场冒险，市场和盗版两大风险会让上海文艺出版社的前景吉凶难测，充满变数。

所以，这就叫博弈，一次难得的市场搏杀。实践证明，一个月的征订数就到了75万，这是大多数的业内人没有想到的，也让文艺社放下了心。《品三国》上册，连同翌年出版的下册，发行至今已超500万册了，成为长销品种和输出海外版权的热门品种。

竞标这件事开行业的风气之先，但行业里也有人说此举破坏了行规，把数字标得那么大，75万册，14％的版税，以后其他人怎么做，绝大多数的出版社没法做到这样。现在回过头来看，必须承认是有点打破出版的常规，是环境所迫，是试验性的。这件事的成功，是天时、地利、人和的结果。机会是给有准备的人的，机会是稍纵即逝的。所以，畅销书是可遇不可求的，超级畅销书的做法是很难复制的。有了良机不言弃，没有机会也别强求。一个出版社的成功是需要定力的，要明白自己是什么，自己需要什么，自己的根本在哪里。培养、巩固一支人才队伍，尽可能地多出一些双效益的、长销的图书，才是至关重要的。

这些年来，上海文艺出版社牢牢把握以人民为中心的出版导向，坚持传统，求索创新，打造原创文学出版高地，先后有一批优秀图书荣获"五个一工程"奖、中国出版政府奖、茅盾文学奖等国家级重要奖项，并被评为全国百佳图书出版单位，确立了在全国文艺专业出版社中的领先地位。

总的来说，中国这个社会的文化业是在起伏着向前运动的过程中，它有时不是以一个正常的文化需求的形态来表现的。年轻人有时对一些文化、通信产品的需求欲望有点畸形爆发，而现在的出版环境很扭曲，不符合一般的经济规律，如果要求每一个编辑脑中都有这样一个概念——出版的每一本书都要即时赚钱，那么不能直接赚钱的多年期的书怎么办呢？比如文艺社的《中国新文学大系》五辑百卷本、《海上文学百家文库》这样一百二十多卷的系列丛书，如果没有补贴，简直难以做成。在与互联网、多媒体、数字出版、民营出版共舞的当下，出版的业态还是需要不断地因势利导，适时予以有力调整的。

（上海文艺出版社供稿，郑宗培执笔）

我"逼"赵忠祥写书

——记《岁月随想》的出版历程

《岁月随想》

上海人民出版社

经典策划 119

赵忠祥的《岁月随想》是 1995 年底出版的,离现在已有近二十年了。但一谈到名人写书,人们总会说起这本书,也有不少同行说我是请名人写书的始作俑者。其实,名人写书早已有之,只是影响较大、引起后来的一股名人写书风的,则非它莫属。那么,我是怎么组到这部书稿的,赵忠祥又是如何创作的,在图书发行方面我们作了哪些努力? 不少同事、朋友以及不相识的同行都曾问过我。于是,我写下了以下文字。

柳暗花明

对于为什么我能组到这部书稿,我只能以"缘"来解释。用老赵的话来说,是机缘巧合。

我向赵忠祥约稿是在 1995 年 3 月。应该说,那次去北京组稿,我目的非常明确,就是请名人写自传,而且这些传主必须是某一领域数一数二的人物。因此,约稿的对象也非常明确,在我的笔记本上记着季羡林、于是之、英若诚、赵忠祥、李默然等名家的资料。之所以选定赵忠祥,我是这样分析的:首先,主持人在我国是公众注目的角色,观众非常希望对主持人有进一步的了解。其次,是赵忠祥的"名人效应"。他是中央电视台的元老级人物,曾被全国观众评为最受欢迎的电视节目主持人,并荣获了国家大奖"星光奖"。他主持的许多栏目如《正大综艺》、《人与自然》、《动物世界》以及近年来的春节晚会等,是观众所喜爱的,作为主持人的赵忠祥一定有许多故事和自己独到的心得。第三,我曾看过赵忠祥已发表的文章,略知他的文化功底,知道他有能力完成这部书稿。基于这些认知,我认定,如果赵忠祥的自传出版,一定能取得相当的社会效益和经济效益。

但是,到了北京,几天跑下来,结果让我大失所望:于是之先生生病住院;与英壮、英达两次见面,答复是不行;而赵忠祥则根本联系不上。当时,正值全国"两会"期间,赵忠祥是全国政协委员,我到中央电视台找不到他,托朋友联系也不见踪影。正当我"山重水复疑无路"时,"又一村"出现了。这里要感谢上海《解放日报》驻京办事处的李文祺主任,是他告诉了我赵忠祥开会时所住宾馆的电话。这样,一根电话线当了"红娘"。我把电话直接打到老赵所在的新闻出版组的讨论会场。"您是赵忠祥老师吗? 我是上海人民出版社的编辑陈军。""您好,有什么事?""我要向您约稿,我是否可以拜访您一次?""现在我正在开会,是否等到政协会议闭幕以后,我们再联系?"他把他的寻呼号码告诉了我。于是,在 3 月 15 日上午,我们在梅地亚宾馆大堂见了面,在咖啡厅谈了近两个小时,我谈组稿意图、初步设想,老赵谈他的看法和工作情况。于是,他答应给我们写稿,并送我《荧屏群星》一本,书中有他写的一篇题为"昨夜星辰昨夜风"的文章。在这本书的扉页上他写道:"愿以这篇小文作为我们合作的开端。送陈军。"我们的合作就这样开始了。

读者诸君一定会问:事情就这么简单? 据老赵后来告诉我,这是因为当时他正处在一种渴望创作的冲动之中。这个冲动的起因之一,是和老赵同在中央电视台国际部的姜丰小姐。姜丰也是我的作者。1993 年,她和她的复旦辩友荣获"首届国际大专辩论会"冠军,从新加坡载誉归来以后,共同为我社写了一本《狮城舌战启示录》,主编是我的好友王沪宁、俞吾金两位教授。后来,我还陪姜丰、蒋昌建等去南京、苏州等地签名售书。老赵说,去年初,姜丰送给他一本《温柔尘缘》,并题字要他留念与指正。这使他受到一次冲击与震动。他说:"像姜丰一样年轻的作者我见过,比她出书多的同龄人也见过,文采与学识超过她的同龄人也并非凤毛麟角。姜丰和我在同一办公室,低头不见抬头见,一位小姑娘天天上班而已,但她能出书并已发行,这使我自愧弗如,颇感汗颜。"尤其是姜丰的那句"您为什么不写本书呢",对老赵触动更大。于是,他产生了动笔的念头。这时,正好我打去电话约稿。老天爷! 如果早知姜丰与老赵在同一办公室,而且有师生之谊,我就不会有"山重水复疑无路"的经历。然而,去得早不如去得巧。

但是，事情并非如此顺利。据老赵说，随即他就后悔了，因为此后一段时间他工作特别忙。仅我所知，这期间，除了主持《人与自然》这计划内的工作外，他去过芬兰，又到俄罗斯、波兰拍摄"二战"战场的专题片，还担任了大型系列电视片《大京九》的主持人……这期间，我的任务是"催"。只要老赵在国内，我几乎是每隔十天半月就是一个电话，还以"我什么时候到北京看稿子"来"逼"他。一诺千金，在外部的压力和内心责任感的驱动下，老赵开始了他的创作。在出差的路上，在飞机上，在旅店中，老赵总喜欢与世无争地一个人坐在一小块地方进入他创作的大天地。如描写第二次世界大战战场的《正气悲歌》，创作开始于莫斯科，完成于华沙；《半师半友书画缘》写于空中8小时飞行中；《那也是我生命中的一段时光》写于波兰古城；《风雨蝉鸣故人情》写于革命圣地井冈山……

开采"金矿"

写作是一件很艰苦的事，特别是对于写第一本书的作者来说。老赵说，他长期勤于动口而疏于动笔，写作不是他的强项。因此，他曾尝试过用口述的方法创作他的作品。于是，出现了下面的精彩画面。

在《大京九》的拍摄现场——铁道部实验厂的列车演播室，午间休息时，老赵请《大京九》摄制组的一位编辑帮忙打开录音机，以口述的方式，进行他的创作。面对旋转的录音机，老赵谈天、谈地，谈过去和未来，谈广播、谈电视，谈《红与黑》、谈《南唐二主词》，谈中外名著、唐诗宋词，谈家庭、朋友，谈他的播音和主持人生涯。其间，热情的观众多次进入演播室要求老赵签名、合影，录音机也就多次关上、打开、再关上、再打开……

在井冈山，在茨坪的井冈山宾馆里，半夜时分，伴着井冈山特有的蝉鸣，老赵喝着浓茶，对着录音机，又开始了他的"创作"。遇到灵感突发时，他会激动得在地毯上踱来踱去。

就这样，在车上、路上、住宿地、拍摄空暇，老赵争分夺秒地讲，录音机不停地录，总共录下了16盘磁带。经过中央电视台数位退休老编辑的整理，声音变成了文字，厚厚一叠稿子，有十万多字。

1995年8月中旬，我第二次上北京。在《解放日报》驻京办事处的小房间里，我把这十万多字的稿件看了整整三天。在看稿件时，既着急又兴奋。着急的是，就是因为老赵口述时毫无中心、漫无边际地谈天说地，这十万多字、两百多页的稿件，可以说没有一页能直接变成铅字；兴奋的是，它犹如一座含金量十分丰富的金矿，只要深入开采，便可提炼出大量的纯金。为了共同的目标，我和老赵又相聚在梅地亚宾馆大堂，一边喝可乐，一边梳理这十万多字稿件的脉络。经过反复的交流、商讨，为全书构建了框架。全书分三个部分：岁月篇、随感集、谈艺录。"岁月篇"，主要叙述他三十多年的生活、工作经历；"随感集"，主要记录他对生活的独特感悟；"谈艺录"，则记述他对新闻播音、节目主持的独到见解。后两部分都有一些现成的稿件或已发表过的文章，最困难的，也最重要的是第一部分，这部分须占整本书的二分之一强。为此，我们着重商讨了"岁月篇"的结构与内容。

经过对十万多字录音稿的梳理，我们拟出了近十篇文章的题目，如：根据老赵采访拍摄过清洁工人、武警战士、医务人员和曾深入精神病院采访的经历，拟就了"把镜头对准平凡人"的题目。现在这篇文章就是《岁月随想》中的《柳暗花明又一村——从播音员到主持人的转轨》。根据老赵长期目睹几乎所有艺术界大师的演出风采，以及与他们交往的经历，拟出了"耳濡目染学大师"的题目。根据老赵采访过许多国内外政界要人、名人的经历，拟出了"名人采访录"的题目。以上两方面的内容，现在都反映在《荧屏小天地 人生大舞台——我所认识的伟人、名人、普通人》中。根据老赵解说过《动物世界》，主持过《正大综艺》和正在主持《人与自然》的情况，拟出了"我与《动物世界》"、"我与《正大综艺》"、"我与《人与自然》"这三个题目。现在在《岁月随想》中，前两个题目只是变为副题，加了富有诗意的正题；第三个题目，文章也已写就，正题为"保护我们的家园"，只是考虑到整本书的篇幅和这个栏目当时还创办不久，老赵才把它删去了。另外，对其他数篇文章商讨了补充修改的方案。

"逼"老赵写稿

10月3日，为《岁月随想》，我第三次上北京。原打算粗略看一下书稿，与老赵共同解决一些疑问，便携稿返沪。但看完书稿后，我不得不改变主意。原因是"岁月篇"的分量太轻，8月份拟定的几篇文章有的内容太单薄，有的一字未写。于是，我与老赵"摊牌"说，我不马上走了，你什么时候写好，我什么时候编辑处理完毕，再回上海。我还自作主张地和他分工：我编辑处理已写好的书稿，老赵赶写他未写好的文章，两人相互督促，齐头并进。一句话，逼得老赵非把稿子写出来不可。

一天上午,老赵兴冲冲地来到我住的北京水利局招待所。一进门,他就说:"陈军,我写了一段,念给你听听,看看行不行。"听老赵念自己写的稿子,是一种享受,比在电视上听他解说还要动人。我曾多次享受过这种待遇。

　　"半个世纪以来,全世界有那么多人,用各种语言形容、描绘过毛泽东,还用得着我再描述吗?何况,我只在离他很远的地方见过他不多的几次。在毛泽东生前,我见到他本人时,最近的距离也有十几米。但在屏幕上,我几乎总不离左右地侍候他,在他身前,也在他身后。因此,我有我的视角。"

　　"尽管我并不是毛主席身边的工作人员,但却总像一直在他身边工作。十多年来,在屏幕前我离得他那样近,看着他黑发转苍,红光消失,逐渐衰老。在他晚年接见外宾的那段日子,我更觉得是日夜陪伴,朝夕为他服务……"

　　我一边听,一边叫好,有时甚至情不自禁地用手拍打床沿。当老赵念完最后一句,我马上就说:"就这样写,用你特有的视角,写出你特有的经历,写出你的感悟,写出你的激情。"随后,老赵讲了这篇文章的构思和内容。

　　五天以后,标题为"荧屏小天地　人生大舞台"的厚厚一叠稿件,摆在了我的写字桌上。短短五天,三万多字,白天还要工作,其间还出差去广州主持万人《黄河大合唱》。我惊讶于老赵的速度,钦佩他的干劲。据老赵夫人张美珠说,这段时间,老赵每天从晚上10点之后一直写到第二天凌晨两三点。他的写作姿势也很特别,他不像别人那样在写字台上写,而是坐在客厅的三人沙发上,弯着腰,在一张圆凳子上写他的大作。四五个钟头下来,我真担心他那腾空的手是否吃得消。他的这一姿势,让我想到了有时我俩坐在他家的客厅里,或在梅地亚宾馆大堂,平平静静地聊天,一对一地诉说。

　　创作的闸门一打开,文思泉涌,一发而不可收。用老赵的话来说,"上了瘾"。"每当夜深人静,回首往事,我就进入一种无怨无悔的亲切与欣慰的心情之中,我仿佛自言自语,给自己讲故事,也像是对我的友人,对我的同龄人诉说衷肠。"老赵的写作速度快得惊人,我初步计算了一下,在10月份,他共写了十万多字。其间,除了计划内的主持《人与自然》外,他还三次出差,去香港,到安庆,飞广州。

　　这期间,我们配合得非常默契,头一天晚上老赵写稿,第二天我就编辑处理,接着请人电脑打字。老赵写稿,都源自自己的记忆,引用别人的话或读过的书中的句子,也都凭记忆;而且,引用古今中外名人诗词、点评中外名著很多,看着看着,文章中就忽地出现一段诗或两句词。一方面,我佩服他的惊人的记忆力;另一方面,出于编辑的职责,我必须认真地核对引文。多亏了老赵的好友,今天跑北京图书馆,明天跑北京大学,甚至把亲朋好友家的藏书都借来了。最多的时候,我房间的另一张床上,堆放了三十多本书。我真羡慕老赵的人缘,在北京期间,有四五位朋友帮过我的忙。

书名虽叫"岁月随想",但老赵的写作态度是非常认真的。老赵多次说:"我是受党的教育长大的。我有着对国家和时代的责任感与热情,我不愿意去扭曲自己的观点。"对名人著书写自己的经历及隐私问题,老赵认为,写任何东西都不能随心所欲,不能我想怎样就怎样,更不能仗着你有名,出版社能出你的书,就想夸谁就夸谁,想骂谁就骂谁,打击别人,抬高自己,这是一种没有责任感的表现。他说,每个人都有隐私,一定意义上的隐私如果涉及别人,就不能因为你的勇敢或为了表现自己而去损害别人的利益。在写作过程中,当涉及别人的事情、朋友的内容时,他总是反复认真核实,或打电话把自己的文章读给对方听,或叫我或委托别人向有关方面调查,有时长途电话一打就是个把小时。

这里还有一个小插曲。有人看了那篇反映老赵为职称而"战斗"的《解铃"不"须系铃人——义气与职称》以后,曾好心地劝他把它删去,认为这会有损老赵的形象:一位大名人,为了一个职称,竟有如此曲折的故事。但老赵认为,他只是一个普普通通的知识分子,也有着普通人的甜酸苦辣。评职称是每个知识分子都会遇到的事,他也不例外,必须把这一面真实地告诉读者。老赵的看法是对的。书出版以后,据我了解的有限信息,此文是被转载次数最多的文章之一。许多读者认为,从中读到了一个真实的赵忠祥。

总之,这部书稿成文于几个月之内,但,赵忠祥的"故事"与创作冲动,产生在几年之中,故而,提笔文思如泉涌就自然而然了。另外,读者读到他的书都会有这样的感觉:仿佛在静夜,在灯下,听这位"老朋友"的娓娓诉说……他的行文功力在于他的口述基础,于是看到他的文字,你一定会有熟悉、亲切之感,他平时就这么讲的。

营销出新招

10月底,我带着编辑处理好的稿件回到上海。书稿送印刷厂了,我的压力却更大了。《岁月随想》能否受到读者的欢迎,它能销售多少册?虽然赵忠祥在稿酬上并没有对我提出什么要求,他甚至还问我:"会亏本吗?要不要我先垫点钱给你们出版社?"但作为责任编辑的我,必须对作者负责,对出版社负责。这迫使我在宣传上动脑筋,在营销上出新招。归纳起来有三招。这三招,在当时来看,招招有新意,有的还有点"奇"。

第一招,引入竞争机制。按照1990年代中期的常规,新书一般由出版社自行发行。这次我们打破惯例,改换门庭,除本社发行科外,还找了几家发行单位。这是引入竞争机制的一次尝试。新华书店上海发行所以包销10万册的标的争得总包销权。为了达到这一目标,我们又打破常规,把宣传放在出书之前。出版社和上海发行所带着数本校样,利用"1996年春季全国图书交易会"在郑州召开的机会,邀请各地发行界的有关领导和业务员举行"《岁月随想》发行研讨会"。赵忠祥到会作了精彩的发言,并当场承诺:只要要货达到一定数量,他就安排时间去当地签名售书。发行研讨会气氛热烈,效果奇佳,当场就订出10万多册。

为了兑现承诺,在1996年,赵忠祥忙里偷闲,利用双休日赴各地签名售书。上海、北京、天津、哈尔滨、长春、青岛、济南、石家庄、郑州、武汉、南京、扬州、常州、福州、厦门、泉州、广州、昆明、长沙、深圳、海口、呼和浩特等几十个城市留下了他匆匆的足迹,最多一次签了2 000多本。

第二招,与民营书店紧密合作。在当时,民营书店被称为"二渠道",形象不佳,很少有名家、名人去签名售书。我们打破偏见,主动与民营书店沟通。在1996年初北京图书交易会期间,还和几家民营书店一起召开"《岁月随想》发行茶话会"。赵忠祥到会,感谢民营书商对《岁月随想》的厚爱,共商去民营书店签名售书的问题。就这样,赵忠祥在昆明的经济书店、福建的晓风书屋、北京的五四书店等近十家"二渠道"签售,扩大了《岁月随想》的影响。

第三招,展开立体式、全方位宣传。以往新书宣传一般只借助平面媒体,而《岁月随想》的宣传则在电视台、广播电台、报纸等各种媒体全方位展开。以宣传签名售书为例,我们有"四步曲"。第一步,我比赵忠祥提前两天到达目的地,先开新闻发布会或记者招待会,通过报纸等纸质媒体宣传《岁月随想》的内容、赵忠祥写书的经过,以及在其他地方签名售书的趣闻,并将签售的地点、时间发布出去。第二步,在赵忠祥到达的当天举行记者见面会,充分利用赵忠祥在新闻界同仁中的人缘,展开电视台、广播电台、报纸等媒体的全方位宣传。第三步,签名售书当天,又邀请电视台等各媒体作现场报道。第四步,我比老赵晚走一天,进一步做好《岁月随想》的宣传报道工作,并帮助解决图书销售中的问题。另外,由于赵忠祥的人缘,在一些地方签售时,杨澜、殷秀梅等名人还前来助阵,进一步扩大了图书的影响。

在作者、出版社、书店、媒体等的共同努力下,《岁月随想》销售了 108 万册,名列当年全国十大畅销书排行榜之首。对此我感到欣慰。

（上海人民出版社供稿，陈军执笔）

《繁花》炼成记

《繁花》

上 海 文 艺 出 版 社

经典策划
119

缘起

初识金宇澄是在 2006 年 10 月，当时我编辑了上海女作家唐颖的两部小说集《红颜——我的上海》和《瞬间之旅——我的东南亚》，文艺社在凤阳路的老洋房举行了这两本书的派对，金宇澄受唐颖邀请而来。这是我第一次见到金宇澄。2007 年 6 月唐颖的另一部长篇小说《初夜》也由我编辑出版，在尔东强的田子坊泰康路艺术中心也举行了这个作品的派对，金宇澄又受邀而来。这两次活动给他留下了比较深刻的印象。

在和老金相识的同时，我社也一直在物色一个能够为上海、上海文学代言的作家，以及一部真正体现上海在中国的文学作品。为此目的，我社坚持和一批上海作家长期合作，出版了一系列作品，如王安忆的《桃之夭夭》、孙颙的《漂移者》、程乃珊的《金融家》、陈丹燕的《鱼和她的自行车》等。因为我们很清楚，在莫言获得 2012 年诺贝尔文学奖以后，中国作家对于农村的描写已经达到极致；作家今后比拼的将是城市生活的经验和表达，而怎样书写上海将是上海作家无法回避的重大课题。而我冥冥中觉得，打造中国城市文学的力作，描写上海是捷径，是正面强突，上海作家是实现这个目标的首选。

随着中央对于城镇化建设的大力推进，以及沪语在长时间的受压抑之后因周立波"海派清口"在 2010 年的突然爆发而兴起，一种关于城市文化、方言写作的暗流也在涌动，而金宇澄的《繁花》恰好生逢其时。

2012 年 7 月的一天，北京作家蒋一谈来沪商量他和我社合作的事宜，晚上我们约在打浦桥的"上海壹号"吃饭。席间蒋一谈突然说起金宇澄和他的《繁花》。蒋一谈说他看了初稿后非常佩服，并提议把金宇澄请来共进晚餐，我慨然应允。于是在 2007 年后我和金宇澄第三次见面，而这次见面为后面的合作埋下了伏笔。现在回想起来，老金这次会面是有备而来的，筵席之间相谈甚欢，散席时老金拿出部分《繁花》的打印稿给我们；这是我和《繁花》的第一次接触，不过老实说，因为老金只提供了一小部分打印稿，所以并没有引起我足够的重视。又过了一阵，有天晚上，陈征社长打来电话说《收获》的钟红明向他推荐金宇澄的《繁花》，嘱我和钟红明联系一下，因为前面已经和金有了接洽，所以我并不意外，但我还是立刻和钟红明打了电话，后来事实证明这个电话打得恰到好处。

钟红明是我的复旦师姐，又是《收获》的副主编，阅稿无数，具有非常丰富的编辑经验和对文学作品鉴赏的独到眼光。她在电话中向我详述《繁花》的种种好处，说到激动处她非常兴奋，这引起我的警觉，我感觉到我可能会错过一个佳作。

我几乎立刻就给老金打了电话，盯着老金马上把全稿发我一看。

我把《繁花》全部打印出来，只花了两天时间就读完了。我的第一印象，这是一部特点鲜明，和当下的小说完全不一样的关于城市文学的长篇，而且可读性极强，当时我不敢确定这个作品肯定会畅销，但它肯定会受小众读者欢迎。另外，金宇澄说的一个细节给我留下了深刻印象，他说《繁花》这部书稿，《收获》的校对讲了，以后书出来一定要老金送他一本。很快我社即与老金签约，文艺社没有错过这部好作品。

现在回想一下，我觉得自己是在正确的时候作出了正确的选择和判断。这里确实有一些编辑经验可以总结。

凡事预则立，不预则废。正是由于文艺社的预见和尝试，长期以来在上海作家、城市文学的出版方面舍得下本钱，屡试不爽，这份执着才终于结出了硕果。

其次，我感觉平时我们做的许多工作，看起来平淡无奇，其实很多作者是看在眼里，记在心里的。我给唐颖编的两本书，以及为她做的两个新书派对的宣传，是老金对我社工作的第一印象，而且印象不错。老金那天携稿前来赴约，其实已经说明当时他心有所属了。

此外，在整个稿件决断的过程中善于听取各方意见，并立即付诸行动。蒋一谈、钟红明，这两人都是圈内好手，一般情况下绝不会看走眼的。在听取两位专家的意见后，还不作数，编辑还需要亲自审稿。别人说得花好桃好，眼见为实才是最重要的。金宇澄在《繁花》之前停笔多年，一直当编辑，按照一般规律，他重新再写要能够写出来几乎不可能，所以一开始我是比较怀疑的，直至看了稿子我才下定决心拿下。《繁花》给我的启示是，永远不要看轻或者低估任何作者，任何主观臆测或者根据以往经验下的判断，都可能会犯错。作为编辑，我们不唯利是图，但是我们要做到唯"稿"是图。

《繁花》的制作和营销

金宇澄对自己的文字几乎有一种洁癖，差不多每一次交给我稿件，上面都密密麻麻地做了修改的标记，他自述对《繁花》始终有抑制不住的修改的冲动，欲罢不能。当然，对这些修改我也是择善而从。因为老金的严谨和认真，所以我的编辑加工倒还是比较轻松的。

《繁花》的主要工作在设计制作上。《繁花》之为"繁花"，姹紫嫣红，已经很热闹了，所以在封面装帧设计上我们就要反向而行，力求简洁、朴素、大气，但又要不失庄重典雅，为此我们选择了一种淡蓝底色、有触摸感的艺术纸来作封面用纸，书名的字体选择了类似古体字构架的样式，并采取烫黑的工艺予以烘托，以形成一种繁与简、静与闹的对比效果。

鉴于《繁花》的字数有35万，我们选择用16开的大开本，排版上也追求一种疏朗有致的效果。另外，因为《繁花》的字数比较多，而且老金在叙述上基本是采用某某说某某说的一路逗号的形式，我觉得在章节之间适当插入一些插图，可以供读者在阅读中稍作停顿，有透气感，于是我就想到了老金在《收获》发表作品时收入的四幅插图。这些插图是钟红明建议老金画的，只画了几幅。我当即让老金发我一看。这些插图画得非常好，尽管老金画画纯属业余爱好，但我注意到他的线条、细节画得都很精确到位，具有老金个人化记忆的时代烙印。如果拿来放到书中，绝对是文字与插画相映成趣、相得益彰。于是我提议老金在现有几幅的基础上再多画一些，最好能画个二十幅，可以分散到各个章节。当时，老金的画画兴致甚高，没过多少时间就全部画完，也就是现在成书中的样子。这些插图既有城市的地理，也有城市的记忆，承载了丰富的时代变迁的信息，完全是用感性具象的方式和小说的文字互补，成为书的重要组成部分。

另外我们还给《繁花》设计了腰封,因为封面设计简约,所以一些必要的信息需要通过腰封表达。由于需要承载一定的信息量,腰封设计得比较宽。我们把《繁花》得奖的情况择其要者作了罗列,另外腰封上的文字有时要"妖"一些,所以我选取了别人点评《繁华》的一句话——"一万个好故事争先恐后冲向终点",以引起读者兴趣。

《繁花》首先刊发在 2012 年 9 月出版的《收获》增刊春夏卷,我从老金这里拿到稿子也几乎在同时。按照以前的做法,《收获》发表了,我社一般就紧跟着出书。但我觉得急匆匆赶着出版并不好,首先编校质量无法保证,其次《收获》发表对单行本出版有很好的广告效应,应该让这个效应有个充分发酵期,而且老金多次向我表达还要精益求精修改的愿望。这样排版读样修改,基本到 2012 年 12 月付印前准备工作已经完成,我的想法是 2013 年 1 月《繁花》参加北京订货会。但是到了 12 月底,我觉得 1 月份赶出来正好碰上春节、春运,如果这时新书上市势必会受到影响,反而会打乱图书发行的节奏。最后我说服老金,《繁花》笃笃定定地印,2013 年 3 月春运结束后上市。

应该说,也是天遂人愿,机缘巧合,苍天不负有心人。等到书上市,《繁花》已经大热,各路捷报频传,先是名列 2012 年中国小说协会的长篇小说排行榜榜首,继而又获得 2013 年度的华语文学传媒大奖,加上文艺发行中心的同事们新年后上班铆足了劲,很快就把《繁花》发完。不久就开始了连续的重版。

《繁花》上市前我对它的销量有一个预判,即首印 1 万册肯定能卖完,如果宣传上配合得当,最终卖出个两三万册也有可能。但一上来媒体就对《繁花》表现出空前的热情,其中《南方周末》分别在 2013 年 3 月 28 日和 4 月 25 日连续大幅报道介绍,对金宇澄进行专访,并组织有关的评论。这在《南方周末》的采写历史上是绝无仅有的。《新京报》4 月 13 日以《弄堂里开出的文学"繁花"》的专题详细介绍了《繁花》的创作、出版情况。其他如《新闻晨报》、《文汇报》、《解放日报》、《上海壹周》等主流媒体也分别从各自不同的角度对本书予以重点推介。到 2013 年 6 月《繁花》已经第 5 次印刷,印数已经达到 5 万册。这时我意识到可能低估了《繁花》的能量,需要重新调整对它的印数的判断。根据经验,只要这个书上了 5 万,就必然会到 8 万,过了 8 万必能到 15 万,15 万以后直冲 20 万,因为这中间有不断增加的读者在帮你作口耳相传,这种一传十、十传百的效应是不断扩散放大的,绝不可小视。

我社宣传人员几乎调动了社里所有的宣传资源和平台,人物专访、报刊连载、上海书展签售、研讨会、电视台访谈等手段全部用上。我作为责编也推波助澜,把《繁花》研讨会上的专家发言，择其精彩精要的片断140字，再配上专家的现场照片，每天在我社的官方微博和我个人的微博上发布一条，这样连续的微博宣传持续一个月以上。我注意到有的微博的阅读量达上万次，很多读者在网络上和我社互动交流，效果非常好。

与此同时，《繁花》继续斩获各类大奖，比较有影响的有施耐庵文学奖、首届搜狐鲁迅文化奖等。这些奖项的获得，又反过来促进了《繁花》持续的热销。从2014年1月到5月，《繁花》几乎每月印刷一次，每次以3万到5万的印量节节攀升，借助央视2014年4月23日世界读书日颁奖盛典的超级广告，印量一举突破20万册。

结语

总结《繁花》的整个运作过程，我们很好地做到了以下几点。

1. 有规划、有意识地在关于上海、关于城市文学的选题上，研究对策，分析作家，提前布局，持续投入，坚持不懈，时刻准备着努力开掘这方面的优质选题。

2. 对选题判断准确，编辑装帧设计制作恰当，上市时机选择合适，对市场的预估也比较精准，而且能够进行适时调整。

3. 当机遇出现时能够抓住机会，趁势而上。好风凭借力，送我上青天。借助读者的好评、社会的关注、媒体的聚焦，把事情尽量做好做透。

4. 踏踏实实走好每一步，一步一个脚印，走一步看一步，审慎分析，理性判断，从容应对，对节奏的把握张弛有度，该缓时缓，该加速时则衔枚疾进，绝不错失战机。

《繁花》自2013年3月出版至今，大约一年多，我社已经第14次印刷，平装本、精装本累计印数已经达到24万册，一部文学作品能够取得如此业绩，十分不易；而且《繁花》出版后，社会反响极好，2014年4月《繁花》荣获由中宣部新闻出版局、中央电视台、中国图书评论学会联合推出的首届中国好书奖，2014年9月《繁花》获得中宣部第十三届精神文明建设"五个一"文艺类图书优秀作品奖，2015年8月《繁花》获得第九届茅盾文学奖。一本书如此集中地获得各方的认可和表彰，这在我社近年来也是少见的。这充分地说明只要我们编辑出版了一部好作品，就一定会受到社会的关注以及广大读者的欢迎，而这更增强了我们编好书、出好书的信心和决心。

（上海文艺出版社供稿，郑理执笔）

《我们小时候》丛书诞生记

《我们小时候》丛书

上 海 九 久 读 书 人 文 化 实 业 有 限 公 司

缘起

"我们小时候……"长辈对孩子如是说。

每个人都有小时候,"童年的记忆非常遥远却又非常清晰",朱自清父亲的背影、鲁迅童年的伙伴闰土、冰心的那盏小橘灯……这些形象因久远而模糊,但是永不磨灭。我们就此认识了一位位作家,走进他们的世界,学着从生活平淡的细节中捕捉永恒的瞬间。儿时用心灵观察、体验到的一切可以受用一生;而无数个"小时候"集合在一起,就是一代人的成长记录、一代人的时代影像。

今天的小读者们,需要靠父辈们的叙述了解他们的过去。然而目前已出版的童书中,几乎没有成系列的、主题清晰的、文质兼美的品种。

因此,上海九久读书人文化实业有限公司(以下简称99读书人)携手明天出版社策划出版了《我们小时候》丛书,希望少年人读过这套书后可以对父辈说:"我知道,你们小时候……"也希望,父母们翻看这套书时可以重温自己的童年,唤醒记忆深处残存的儿时梦想。

诞生

《我们小时候》丛书的策划及主编是 99 读书人的副总编陈丰女士。谈及这套书最初的策划想法时，她说："我在法国菲利普·毕基埃出版社（Editions Philippe Picquier）担任中国文学丛书策划期间有幸结识了王安忆、阎连科、毕飞宇、迟子建、苏童等一批中国当代著名作家，出版了他们作品的法语版。我发现他们的散文随笔中经常触及童年记忆，我一直希望把这些大作家的童年记忆汇集起来，呈现给年轻读者。于是萌发了做一套《我们小时候》丛书的想法。"

确定了这套书的策划主题和编撰方向后，陈丰女士邀请了王安忆、苏童、迟子建、张梅溪、毕飞宇五位作家；为了拉近与小读者的距离，提高彼此的熟悉度，编辑李殷又邀请到知名儿童文学作家郁雨君和大家分享自己的童年成长经历。陈丰女士回忆道："约稿时，大作家们积极响应，说是 99 读书人给了我这个平台，使得这套书得以问世。特别要提出的是，我说服了此前轻易不发表非虚构作品的毕飞宇，他专门为这套书撰写了他的童年回忆《苏北少年"堂吉诃德"》。"

第一辑邀请的作家阵容十分强大，而且他们年纪不同，童年生活的地域不同，写作风格更是各有韵味。最后，第一辑包括王安忆的《放大的时间》、苏童的《自行车之歌》、迟子建的《会唱歌的火炉》、张梅溪的《林中小屋》、郁雨君的《当时实在年纪小》，毕飞宇更是写出了自己的第一部非虚构作品《苏北少年"堂吉诃德"》。

陈丰女士说："这套书，我们的策划想法一直是既适合孩子读，也适合大人读。这些小读者应该是大孩子了，12 岁以上，是已经可以有一些想法的孩子。所以，我们绝对不能装嫩，每本书，都以一个大作家跟小读者交心的姿态来讲。"

除了写作的语调，作家们也和陈丰女士达成了另一个共识，那就是"真实"——提供一个真实的童年范本。

在这两个主导理念下，作家们关于童年的文字，以不同主题为线索。比如毕飞宇在书中分别以"衣食住行"、"玩过的东西"、"我和动物们"、"手艺人"、"大地"、"童年情境"、"几个人"为小主题，记录下兴化少年的成长片段；迟子建也以"蚊烟中的往事"、"灯祭"、"采山的人们"、"撕日历的日子"来分别记叙童年东北的村庄与森林、风土人情、小时候爱吃的东西与难忘的事情……作家们没有美化自己的童年，没有渲染贫困，而是从童年记忆中汲取养分，把童年时的心灵感受诉诸笔端。

因为这样动人而真实、优美的文字，翻开这套书，如同翻看一张张珍贵的童年老照片。老照片已经泛黄，或者折了角，每一张照片讲述一个故事，折射一个时代。在他们对童年生活的回忆文字中，也能清晰地看到"小时候"的回忆和经验对他们日后写作的影响。

考虑到这套书主要是为小读者策划的，作家们也和陈丰女士有着更多的沟通。毕飞宇写完《苏北少年"堂吉诃德"》后曾说："我写这本书的时候，一直和陈丰保持联系。她希望我写这本书跟以往的写作有一个区别，就是'脑子里面有孩子'。围绕这个要求，我们有过很多讨论，比如写作语调……最后的成稿在篇幅上，基本上每篇文章我都没有超过一万字。如果是用一万字以上的篇幅，很可能在逻辑性、说理性方面会增强，但是趣味性会降低。我们知道小孩子的注意力在 15 分钟以下，篇幅短的原因，是我希望每一篇文章最好能够在 15 分钟之内被孩子读完。"大作家们的心里，始终有着孩子。

文字到位后，考虑到整本书的视觉呈现与趣味性，《我们小时候》编辑团队特别为每本书配了 20 幅左右的插画。其中有新生代的插画家，陈丰女士更邀请到著名画家、北京画院院长王明明先生为王安忆《放大的时间》配图，而张梅溪的先生黄永玉大师则为《林中小屋》插图。

王明明先生被誉为"神童"画家。师从李苦禅的王明明，童年时以儿童画多次获得国际大奖。"一次与北京画院院长王明明、王安忆等一起吃饭，他送给我一本上世纪 50 年代末的他的童年画作集，其中许多画面与王安忆描写的童年情景相吻合，我当即提出用他的图给王安忆的文配图，他说随便用。所以这一本插图有特殊意义。"陈丰女士谈及王明明与《放大的时间》"结缘"的故事时如是说。如果说王安忆的文字细腻绵密地再现了那一个时代的童年回忆，那么王明明先生的画作则为这些回忆配上了或有趣，或美好，或令人思索的生动画面。王明明先生也说："'偶遇'王安忆的这本童年回忆《放大的时间》，发现一南一北两人的记忆中竟有那么多的暗合，则又是另一种缘分了。"画作童趣十足，文与画相得益彰，让人看后会心一笑。

而策划《林中小屋》的经历则更为难得。陈丰女士说："翻译家周克希先生跟我提过，著名画家黄永玉的夫人张梅溪女士年轻时曾写过一本《绿色的回忆》，黄永玉先生插图。这本书是他童年时代的读物，他一直珍藏着，觉得非常有意思，即使在今天读来也不过时。我拿到这本纸页已经发黄的小书，请黄永玉先生增添插图，取名'林中小屋'，收入这套丛书。"《林中小屋》是黄永玉夫妻俩唯一一本合作作品，极其珍贵。

"量身定制"的作品中有木刻，有绘画：林中小屋、森林火车、猎人与伐木工、捡蘑菇的孩子、黑熊大肥猪……无一不带着勃勃生气，大朴大雅，神韵盎然。

考虑到小读者的需求，最终图书开本选择了 32 开，精致易拿；内页用纸挑选了轻型纸，彩色插页为纯质纸，轻便护眼；考虑到校园馆配采购的定价要求，选择了简装，特别采用套装封套设计。丛书的插画充满童趣，六位大作家变身为课堂上的小朋友，"池塘边的榕树上，知了在声声叫着夏天"的童年情境十分清新。

推广及营销

《我们小时候》丛书有一个"桥梁"定位：希望这套书是连接大作家和小读者的桥梁，是连接"彼童年"和"此童年"的桥梁，是连接儿童和文学的桥梁。

陈丰女士带领编辑团队和营销团队经过多次讨论，为这套书找到了以下亮点：

1. 一个时代的童年"老照片"

"我们小时候……"长辈对孩子如是说。接下去，他们会说他们小时候没有什么，他们小时候不敢怎样，他们小时候还能看见什么，他们小时候梦想什么……翻开这套书，如同翻看一张张珍贵的童年老照片。老照片已经泛黄，或者折了角，每一张照片讲述一个故事，折射一个时代。

2. 一份大作家写给小读者的儿时回忆

王安忆、迟子建、毕飞宇、苏童、张梅溪、郁雨君……作家们从童年记忆中汲取养分，把童年时的心灵感受诉诸笔端。

3. 一套最适合家长与孩子共读的名家美文

我们希望，父母们翻看这套书时可以重温自己的童年，唤醒记忆深处残存的儿时梦想。

4. 每部作品都有独特韵味，读来令人手不释卷

王安忆《放大的时间》——弄堂里的童年回忆，蕴藏了未来的上海史诗。

苏童《自行车之歌》——小时候遥远又清晰的记忆碎片，造就"香椿树街"系列的

有声有色。

迟子建《会唱歌的火炉》——文字如诗如画，充满灵性。

张梅溪《林中小屋》——生动再现城市孩子难以找寻的大兴安岭山野童趣，走进森林动物世界。

郁雨君《当时实在年纪小》——辫子姐姐的第一本童年回忆，有着轻快、亲切的点点滴滴。

毕飞宇《苏北少年"堂吉诃德"》——毕飞宇第一本记叙类非虚构作品。苏北少年在无垠的田野上守望，大地的气息一路伴随他的写作生涯。

5. 名家珍贵插画，值得收藏

6. 特别适合作为孩子语文课外阅读、作文写作范本的名家美文

在综合了读者需求和亮点介绍后，99读书人为这套书设计了一系列宣传内容。

图书出版前，99读书人已经利用微博和网站做了两次《我们小时候》的预热活动，通过老物件、老场景、小时候的老玩具和游戏等具有代表性的图片，配以相应的文案，勾起各年龄段读者对童年的回忆。同时，99读书人也做了几个相关的图书视频文件，包括有趣的童年老照片集锦、《典雅版·〈我们小时候〉丛书介绍》以及对毕飞宇老师的一段创作采访，并请专业播音员为每本书录制了一段朗诵音频。

图书上市后，99读书人在上海为这套书召开了新书发布会，郁雨君作为作家代表到场。结合新书发布会新闻的第一轮媒体密集发稿，选择了大众媒体、图书行业内媒体、教育类媒体等三个方向——可以说，让每个人都感同身受的丛书主题和强大的作家阵容，第一时间得到了各界媒体的重点关注和宣传。《文汇报》、《新京报》、《北京青年报》、《东方早报》、《浙江日报》、《深圳晚报》、《扬子晚报》、《成都商报》等主要大众媒体，《出版商务周报》、《中国出版传媒商报》、《中华读书报》、《新华书目报》、《出版人》等业内主要媒体，《中国教育报》、《学生导报》、《当代学生》、《好儿童》等教育类媒体的数十篇大版面的报道，迅速聚焦。

接下去的宣传活动，分为三个重点：

首先，媒体宣传持续不断。

网络部分利用微博、微信等进行试读分享、童年照片征集、有奖赠书等，保持这套

丛书在网络上的曝光度与关注度；在平媒上，一般以书摘、专题、采访的形式，争取到较大版面的深度报道。

其次，走进校园。

考虑到这套书的小读者群体，99读书人设计了一系列走进校园的宣传活动，包括作家郁雨君在校园的巡回讲座、结合校园"读书节"的主题活动等。

99读书人还特别设计了一个"我们小时候"主题画展——将30幅《我们小时候》丛书的珍贵插画作品，与丛书中的美文段落相结合，做成精致的画框，在学校巡回展出。视频和音频文件在校园主题展中起到了不错的宣传作用。在学生观展、读书后，鼓励学生创作观展心得或回忆自己小时候的小作品（可以是200—500字以内的短文，或绘画），优秀作品的作者将得到《我们小时候》作家们的亲笔签名明信片。巡回活动有展示，有互动，有奖励，同学们的参与热情都比较高。

此外，99读书人还和学生媒体及上海教育报刊总社合作。这套丛书的高品质、"我们小时候"的主题得到一致认同。这套丛书最终成为2014年第十五届"沪、港、澳、新、马"五地华人中小学生阅读报告大赛小学组的指定书目，"我们小时候"则成为大赛的创作主题。在专家们的学校巡回作文指导课中，这套书成为讲解范例，深入推广到每个小读者。

第三，毕飞宇巡回宣传。

毕飞宇因为其第一部非虚构作品《苏北少年"堂吉诃德"》的出版而获得媒体和社会的广泛关注。因此，99读书人为毕飞宇及其新书设计了重点城市的巡回宣传活动，分别在上海、北京（首都图书馆对谈活动）、南京、杭州（"浙江人文大讲堂"活动）、武汉等地做了系列活动。在上海的宣传期恰逢第一届上海国际童书展，作为给孩子写作的著名成人作家，毕飞宇和他的这本新书成为国内外媒体的报道热点。

截止到2014年7月，《我们小时候》丛书创造了不俗的销售成绩；也被选入上海、深圳、山东等地的市教委推荐书单，拥有良好的美誉度。其中，《苏北少年"堂吉诃德"》荣获2013年度中国童书榜"年度最佳童书"等多个奖项，还被列入江苏省暑期全阅读推荐书单。

2014年第34届巴黎图书沙龙，《苏北少年"堂吉诃德"》法文版权由菲利普·毕基埃出版社获得，毕飞宇作为书展特邀嘉宾出席了签约仪式。这本书的法语版已经在翻译中，将为法国的大读者和小读者带去一位中国作家的童年回忆。

目前，《我们小时候》第二辑正在策划编辑中。阎连科、张炜、周国平、方方等著名作家欣然讲述自己的童年点滴。《我们小时候》将作为一个常青的、开放的丛书系列，成为99读书人的重点童书产品之一。我们相信，精湛的文本胜过图片，因为你可以知道照片背后的故事。

童年印象，吉光片羽，隽永而清新。

注：《我们小时候》第一辑由明天出版社出版。

（上海九久读书人文化实业有限公司供稿，陈丰执笔）

怎样令《哈扎尔辞典》"起死回生"

《哈扎尔辞典》

上海译文出版社

我是在《外国文艺》杂志上第一次读到《哈扎尔辞典》的,那还是在 1994 年我刚进入译文社工作后不久。记得当初的阅读感受非常强烈,我似乎被一股强大的力量拽进了外星球,书中的许多描写简直匪夷所思,阅读的体验惊心动魄。我非常惊讶,从未听说过帕维奇这个人,他居然能写出如此有想象力的小说,它不亚于我之前读过的任何小说,比如爱伦·坡的短篇小说、马尔克斯的《百年孤独》、博尔赫斯的《小径交叉的花园》和《沙之书》……

后来我进入文学室工作,可以开始做书了。我做了不少自己喜欢的书,比如戈蒂耶的《回忆波德莱尔》,比如尤金尼德斯的《中性》……距离我第一次读《哈扎尔辞典》已经过去了近二十年,这时候,我又问自己最喜欢的书是哪一本,答案还是《哈扎尔辞典》。可是,自 1999 年译文社的初版起,《哈扎尔辞典》已经有十几年没有重版过了,这期间,《百年孤独》、《生命中不能承受之轻》、《挪威的森林》在中国都已再版无数次,成了百万册级别的畅销书,而丝毫不逊于它们的《哈扎尔辞典》却还是籍籍无名,这不能不说是非常遗憾的。我跟同样喜爱此书的友人聊起这个话题,他们说,既然你这么喜欢,为什么不重新做一下?

2011 年,我打听了《哈扎尔辞典》的版权,得知此书原先的代理商法国贝尔芳德不再代理它的版权,至于如今谁代理,他们也不清楚。几经周折,我终于通过网络找到了线索。那时帕维奇已经去世,他的夫人雅斯明娜为他在网上建了一个主页。我给帕维奇夫人去信,获悉还没有其他出版社对《哈扎尔辞典》表示感兴趣,我很顺利地买到了版权。

尽管版权得到了解决,我心中仍是惴惴不安的,担心自己能否把它打造成《百年孤独》那样的大畅销书。因为和我国古典名著《红楼梦》一样,《哈扎尔辞典》也是一本一言难尽、难以言说甚至不可言说的小说,加之国内对巴尔干地区的文化少有介绍,一般读者会觉得此书看不懂,任何对它的解读与评论也都只能涉及一个层面,推广起来难度颇大。这一难题后来是社长韩卫东帮我解决的,他说你观察一下人民社《芬尼根守灵夜》的推广手法,那同样也是一本晦涩难懂的纯文学"天书",你可以学习他们的经验。我从中受到了启发,后来给《哈扎尔辞典》设计了"挑战你的智力极限"、"邀读者来勘破阴阳本玄机"的宣传语。

《哈扎尔辞典》本身具备众多优势,比如它强大的译者阵容——南山、戴骢、石枕川,他们是国内翻译界的三位圣手。戴骢先生和石枕川先生译笔优美,素有"南戴北石"之称,南山先生不但精通法国文学,还曾参与第一版的引进、修订与翻译工作。

从南山那里我了解到第一版的出版情况,《哈扎尔辞典》是以一种令人意想不到的方式被引进中国并对中国文学界产生影响的:1996年底,北大学者张颐武在《为您服务报》上撰文指控韩少功的新作《马桥辞典》:"无论形式或内容都很像,而且是完全照搬《哈扎尔辞典》。"另一位评论家王干也在该报上说:"《马桥词典》模仿一位外国作家,虽然惟妙惟肖,终归不入流品。"不甘受辱的韩少功选择起诉张王二人和相关媒体。"马桥事件"成为"文革"结束后中国大陆最为轰动的文坛公案之一。笔仗打得不可开交之时,《哈扎尔辞典》其实仍未在中国完整亮相,仅在1994年的《外国文艺》杂志上刊登过节译版。由于这场官司,南山、戴骢、石枕川三人合译的全书终于由上海译文出版社出版了。直到1999年3月,法院才作出判决,裁定韩少功胜诉。此前史铁生、汪曾祺、迟子建和余华等作家曾公开呼吁,由作协机构聘请专家组成《马桥词典》评审委员会,就韩少功是否"抄袭"、"剽窃"、"完全照搬"作出鉴定似乎更为合理,也能为日后的类似公案立一个范例。《文艺报》一位记者写了一本《文人的断桥》专记此案,此案号称1996年中国文坛第一案。

南山给我出了很好的主意,鉴于张颐武与此书的特殊渊源,作再版宣传时不妨请他担任嘉宾,请他客观介绍一下《哈扎尔辞典》当初在中国的流传历史,但宣传要把握分寸,切忌恶意炒作。在以后的推广活动中,我们严格遵循了这条原则。

网络的力量不容小觑

《哈扎尔辞典》1999年初版时，阳本首印一万册，阴本首印一千册，首印基本销完。阳本后来又加印一万，加印的销售并不理想，销不完的书后来化作了纸浆。如今分析一下原因，可能是此书的题材、内容、阴阳本的形式、超链接的跳跃式读法在当时过于前卫。我想如今已是互联网时代了，随着数字化阅读、多媒体的出现，随着读者智力水平的提高，情况肯定会有所改变，这次再版，尤其要重视网络推广，吸引更多网民的眼球。

后来事实也证明了，写于1984年，却被誉为"21世纪第一部小说"的《哈扎尔辞典》，确实与互联网非常有缘。通过孔夫子旧书网和微博，我了解到有南山和戴骢签名的第一版阴本《哈扎尔辞典》目前价格高达一千二百元。我发现网络上有一批《哈扎尔辞典》的忠实粉丝，通过网络，我向他们发布了《哈扎尔辞典》再版的消息。通过微博，我鼓励哈扎尔迷们提出宝贵建议，参与书籍的制作过程，成书后请他们参与展示与传播。我每天花大量时间看微博、发微博，盯着博友、哈扎尔迷们的反馈，主动与他们交流，及时与哈扎尔迷们互动。

"哈扎尔团队"的精诚合作

《哈扎尔辞典》的成功，同样也离不开译文社那一支高素质的"哈扎尔团队"。此次再版，充分发挥了市场部、美编室、发行中心、出版科的各项优势，营销宣传、编辑制作、装帧设计过程中的每个细节都没有被忽略。

正式出版之前，译文文学编辑室和市场部共同制定了详尽、全方位的宣传计划，宣传周期长达一年，宣传效果至今仍在持续发酵。在大家的共同努力下，一本被人称为"天书"、"神书"的后现代主义纯文学实验作品，在短短九个月内实现了阳本连印五次，以及四万册的销量。2013年10月出版的阴本还未正式上市，已被网店包销一半印数，其中的一千册限量毛边本不到一周就被销售一空，一个半月内就被完全发光。阴阳本相加，《哈扎尔辞典》是译文社2013年度码洋和实洋最高的一本新书。无论其探究一个民族兴亡的内容，还是其特殊的辞典结构的写作形式，已经对中国的知识界、学术界、文化界产生了意义深远的影响，引起了历史、考古领域的专家学者们的广泛关注和兴趣。尤其值得惊叹的是,在纯文学市场举步维艰的今天,通过合理的市场运作,《哈扎尔辞典》中译本达到了一般畅销书都难以达到的影响力和市场回报,成为译文社近年来双效益俱佳的典范案例,在外国文学出版界催生了引人瞩目的"哈扎尔现象"。

阴阳本的装帧与营销

《哈扎尔辞典》历来分阴阳两种版本出版,但两种版本差异极小,不同处只有一段,或曰神秘的十七行(中文版是十一行)。知道秘密的人很多,却很少有人公开泄密,因为这样做无疑会破坏读者参与和发现的乐趣。这一切都使得《哈扎尔辞典》越发显得神奇。下面着重谈一下阴阳本的装帧与营销。

1999版《哈扎尔辞典》阴阳本的装帧风格基本是一致的。在设计2013版阳本的时候,我和美编柴昊洲遇到了一个问题:可利用的现成元素极其有限。考虑再三,我们两个人都认为,既然老版本的封面深得人心,那么新版阳本设计的出发点就是要利用原有元素,但字体、颜色、亮度、内封这些环节的效果要有所增强,以体现工艺上的改进。在设计封面的时候,书名我们采用了北魏楷体,追求一种苍劲雄浑、头角峥嵘的历史感,封面力图打造出一种立体浮雕的效果,内封上的六芒星、月亮、十字星三教符号都烫了金,整体给人以辞典书那种庄重而神秘的感觉。

等到做阴本了,我们觉得再重复过去肯定是不妥的,要给读者一个再次买书的理由。研究过国外的各种版本后,我们觉得最有意思的封面是俄罗斯版那个希腊人体星宫图,克诺普夫版的红蓝宝石也很好玩。其实帕维奇给了出版方和编辑很大的自由,《哈扎尔辞典》本身就是本形式好玩的书,而国内最近很流行收集珍藏本图书,我们认为阴本不妨这么跟上这种大趋势:突出女性化的特点,封面用烫了金箔银箔的伊斯兰花草图案,以体现伊斯兰璀璨的民族文化风格;带函套,露出实物红宝石竹节烫金圆脊;前后配有拜占庭风格图案的环衬;正文前附《哈扎尔辞典》人物关系简略图拉页;再附上斯基拉师爷刀谱彩色增强图页以及阴本《鹦鹉图》藏书票等。

如此精心的设计,收到了良好的效果,读者的反馈出乎意料的好。

亚马逊网购阴本的书友未央给出了以下评语:阴本真正符合易中天那句评语"书自颜如玉",不能更精致;绝对物超所值,不能更美的一本书;很庆幸自己收藏到了。

哈扎尔迷蔡逸枫也曾发出这样的感叹:"和我拥有的几个外国版《哈扎尔辞典》

（英、美、俄、德、法）相比，这个版本不仅毫不逊色，而且比这些版本——即使是我曾对责编提到的'白富美'，即 1988 年美国 knopf 版——都要精美、出彩。这本书在装帧上终于配得上内容的美丽和精彩，这都与责编和译文社无所保留的付出有关。"

京东网金牌购书会员 aittur 这样说："本书运用了所有可以用到的装帧技术，几乎代表了国内装帧的最高水平。"

质量如此高的阴本的网络营销也是一个非常重要的环节。阴本还没有上市，我们就已经在微博上先后上传了阴本各个部件的设计草图，网友的反应出乎我们的意料，多数人都给予了肯定、赞美和支持，还有一些读者对不够完美的地方提出了意见和修改方案。这又让我明白了一个道理：做书必须经常与读者沟通，了解他们的需求和喜好，在一本书还没正式诞生前，就要去引起他们的关注，书出版以后，还要继续获得他们的反馈，与读者建立一种长期、良好的关系。高素质的读者本身就有着绝妙的创意，有读者提出把《哈扎尔辞典》做成网络版，还有读者提出把《哈扎尔辞典》做成电子游戏。在如今这个时代，读者对图书的形式有多元的需求，我们应当尽量去满足他们，生产出令他们满意的图书，乃至图书的衍生产品来。

（上海译文出版社供稿，龚容执笔）

《寻路中国》策划回顾

《寻路中国》

上海译文出版社

经典策划
119

2011 年 1 月，上海译文出版社推出了美国《纽约客》前驻北京记者何伟（Peter Hessler）的新作《寻路中国》。出版至今，该书获得了媒体和读书界的不断好评，荣获 2011 年度"新浪好书榜年度十大好书第一名"、"深圳读书月年度十大好书第一名"、"第七届文津图书奖年度十大好书"等殊荣，受到柴静、梁文道、史景迁等诸多文化名人的热情推荐，市场反响也不错，重印十数次，总印量超过 20 万册。

作为《寻路中国》一书的责编，我回忆了该书从策划到宣传发行中的几个关键点。我觉得，如果缺了其中的任何一个，这本书的出版命运很可能就会大不一样。

一

2009 年底，我从版权代理那里获知《纽约客》前驻京记者、《纽约时报》畅销书作家何伟的新书出版预告。多年前我曾读过他的纪实中国三部曲之一《江城》，印象深刻。这次，据说他准备通过自驾游的方式，讲述中国在新世纪的第一个十年中，由经济发展所带动的社会和私人生活的变革，听上去很好玩、很特别。

巧的是，年初我刚做完一本获普利策奖的大书——写 9·11 事件的《巨塔杀机》，销量和口碑都还不错，因此对非虚构类作品特别留意和关注。非虚构写作在美国相当成熟，这种介于文学和社会调查之间的写作方式，追求在呈现客观和扎实的细节的同时,将事实讲述得更加生动、好看。由于写法动人,内容又切合现实的热点话题,非虚构作品往往会有不错的市场反响。何伟的这本新书,至少目前看起来,符合我理想的非虚构作品,具备了畅销潜力。于是,我第一时间联系了代理。

二

熟悉引进版图书操作的朋友可能都知道,这几年,随着"版权争夺战"的升级,版税预付金的数额也水涨船高。对于一本国外的畅销书,或是一个畅销作家的新作,预付几万甚至几十万美金的情况越来越多。

对于何伟的这本新书,我报了一个很一般的数字过去。一周后,代理来信了,说作者只问了一个问题:中文版会不会对内容作删减? 若删减,具体是哪些?

何伟笔下的中国,跟一般主流叙事中的中国不太一样,出现一些让人尴尬的内容其实并不意外。但我想我有点明白他的意思:这次合作与否,预付金不是最重要的问题,对作品和作者的尊重才是关键。

于是,我要了样稿,花一周时间读完。读完后我松了一口气,又有点高兴。毫不意外,书里有需要删改的地方,但很少,几乎不影响作品的完整度。同时,作为纪实中国三部曲的最后一本,何伟没有让人失望,它打动了我,而我对于那些打动自己的作品,总是有异乎寻常的信心。

随后,我给代理发去了删改说明,同时也给作者写了封信。因为我知道何伟对我们的审查制度心存疑虑,同时,也不确定自己的书会在中国读者那里得到什么样的反应。信很简短,我强调了两点:一、我喜欢他写的中国;二、我希望更多的城市青年能够读到他笔下的中国。

两个星期后,代理回信,作者同意授权了。

三

2011 年 1 月,《寻路中国》上市前,我跟市场部的同事讨论读者定位和营销计划。

跟我最初的设想一样,这本书的核心读者群定位为大学生和具有大学文化程度的城市青年,更准确点说,是 70 后、80 后的城市青年。这本书的理想读者,需要有一点幽默感、一点社会阅历,并且不再迷恋宏大叙事。同时,《纽约客》与何伟在国内媒体圈拥有不少铁杆粉丝,这也是我们前期宣传可以借力的一大优势。

自译文社开通新浪微博以来,微博营销成为我们在线营销的一个重要手段。微博上的资讯及时性强,社区和交友特点使得微博的传播比起一般的大众媒体传播具有更多口耳相传的口碑效应,效果和影响力非常突出。自 2 月起,有关《寻路中国》的各种消息和段子在我们的官方微博密集出现,引起了大量网友的热议和转发。随着此书在新浪读书、豆瓣的持续上榜,FT 中文网的专题报道,以及央视主持人柴静在博客上的长文推荐,我们的在线推广达到了一个高潮。

3 月中旬,何伟来到上海,这是他自 2008 年奥运会之后第一次来到中国。这次,他应国际文学节的邀请参加在上海、北京等地的活动。我们见缝插针,分别在京沪两地争取到了一点时间,邀请何伟在书店演讲并签售新书。虽然时间很紧,但由于媒体和读者的热情,活动的人气和反响都出乎意料的好。当天,我们适时利用微博做了"现场直播",同时,也顺利完成了数家重量级媒体的作者专访。在媒体选择上,除了影响力之外,我们也考虑了媒体受众同该书目标读者群之间的契合度。

从 3 月下旬开始,有关《寻路中国》以及何伟的专题报道,在一些年轻人关注度比较高的媒体,如《南方周末》、《南方人物周刊》、《东方早报》、《新京报》、《城市画报》等陆续刊出。几乎每周都有一篇相关的重磅专访、特稿或书评发布,而且转载率相当高。有趣的是,《寻路中国》的热销和热读甚至成为当年度文化界的一种现象,不少媒体以此为契机,结合国内的新闻写作与文学创作现状,讨论非虚构写作在当下的意义。

四

3 月下旬,《寻路中国》缺货了。

对于第一次重印,出版社一般比较谨慎,主要以首印的实际销售数字为依据。不过《寻路中国》的销售情况比较有意思:整个 2 月,网店卖得很火,但实体店表现平平。这种网店飞速增长导致两头挂的局面,当时是比较少见的,我们也是第一次碰到。

经过跟发行人员的反复讨论,虽然手头的销售数字一般,但还是觉得应立即加印。理由是:1.照目前的销售速度,网店即将售罄,面临缺货。2.3 月下旬及整个 4 月、5 月,此书的媒体曝光率会呈现井喷之势。3.我们看好此书的市场潜力,有信心,未来还有比较大的增长空间。

后来的事实证明，我们的判断是正确的。在第二次印刷还未完成之际，几大主要电商已经全部售罄，一时的缺货甚至造成该书被禁的传言。到 4 月初，《寻路中国》在上海的季风，北京的三联、万圣等书店上榜，其他地区的实体店的销量也开始有起色。4 月，该书又接连重印了 2 次，并且在 5 月初完成了第 5 次印刷。整个市场的销售势头强劲，呈现往上走的趋势，达到甚至超出了我们之前对销量的预判。

在大众图书市场竞争激烈的今天，一本畅销书的成败，往往在其上市的头 3 个月内即见分晓。在我看来，作为一个编辑，能否在这段关键期做好跟市场、发行部门的配合联动，避免书上市了宣传没跟进，或是宣传到位了而书买不到的局面，无疑也是决定成败的一个重要细节。

（上海译文出版社供稿，张吉人执笔）

中国五金手册中的"圣经"

——《实用五金手册》的五十年

《实用五金手册》

上海科学技术出版社

　　2015 年元旦刚过,上海科学技术出版社的编辑、校对们,刚结束了前一年的工作,就捧起了《实用五金手册》(以下简称《手册》)第八版的校样,编辑心中希望能在新年的第一季度就出版《手册》第八版。这本一百多万字的"小册子",凝聚了上海科学技术出版社几代员工和前后两代主编的心血,它从 1959 年的初版到现在,畅销中国五十多年,销售突破 620 万册,毫无疑问地成为中国最畅销的五金手册。

　　我于 1997 年走进上海科学技术出版社,在 2004 年有幸接手了这个社里最重要的拳头产品,有机会向《手册》前几任编辑学习了出版策划的宝贵经验;同时,我也遇到了《手册》前任老主编过世导致第八版面临夭折的困境。借《经典策划 119》征稿之际,我把自己对这本《手册》的所知所思与所为写出来,与广大同行朋友交流学习。

　　作为《手册》现任的责任编辑,我首先为大家梳理一下它的出版历史与荣耀。

　　新中国建国几年来,五金商品在当时的经济建设、工程机械乃至日常生活中应用极为广泛。其品种规格繁多、性能用途各异,部分产品历久弥新,而有的产品则更新换代频繁,国家和行业部门对五金类产品的标准也不断进行更新修订。用户在选用以及销售者在指导消费时,常常需要查阅众多资料,甚为不便。由此,我们上海科学技术出版社于 1959 年 5 月,根据我国有关标准和上海五金采购供应站提供的产品样本、资料,编写、出版了《手册》第一版。该书对当时市场上常见的五金商品(包括金属材料、机械配件、工具和建筑五金四个大类)的品种、规格、性能、用途以及有关基本资料，一一给予科学的、系统的简明介绍，全书约 34.3 万字，以大 64 开本形式出版。该书出版后，立即受到从事五金商品销售、采购、生产、设计、咨询、科研等方面工作的读者和五金商品用户们的欢迎，并被列为常备工具书。

随着我国经济建设的发展、科学技术的进步，有关五金商品的标准和资料不断更新，我社本着对读者负责的精神，决定适时修订这本手册，并自第二版起，委托祝燮权先生作为主编具体负责此项修订工作。在近半个世纪的修订再版过程中，出版社的历任责编和祝先生一起，坚持以广大读者的视角，遵循原出版意图，保持和发扬固有特色，于 1967 年 6 月出版了《手册》第二版，全书约 49.2 万字，于 1980 年 2 月出版了《手册》第三版，全书约 70.3 万字。进入 1990 年代，《手册》的修订步伐加快：1991 年 2 月出版了《手册》第四版，全书约 96.4 万字；1995 年 12 月出版了《手册》第五版，全书约 107.6 万字；2000 年 3 月出版了《手册》第六版，全书约 112.7 万字；2006 年底出版了《手册》第七版，全书约 117 万字。

《手册》第四版曾于 1991 年 12 月被中国书刊业发行协会评为第一批"全国优秀畅销书(实用技术类)"；《手册》第六版又于 2002 年 12 月在全国优秀畅销书评选中名列科技类第五名，获得"全国十佳畅销书"殊荣。

《手册》历经了半个世纪，长销不衰。下面我尝试从图书策划的角度来探讨它的成功秘诀。

1. 找准市场定位

图书的市场定位很重要。市场定位是否恰当，将直接决定产品的销售表现。《手册》自初版起就确定了"小、通、民"的定位，"小"即小型，"通"即通用，"民"即民用。这样的定位为编写内容的取舍提供了基本的依据，避免了从纷繁的五金产品中取材时迷失方向，同时也使该书拥有了大量而确定的读者。准确、恰当的市场定位保证了持续的市场需求，这也是《手册》长久生命力的根本来源。

2. 重视修订重版

以前出版界的大多数再版，是按前一版出版后几年为一个周期进行的。但是，改革开放以来，我国各类(包括五金类)国家标准的制定和修订工作有了很大发展，按固定周期组织改版的老方法已不适合新的形势,这就要求像《手册》这样的工具书加快修订节奏,在国家标准有 30% 以上的内容更新后就着手修订工作。只有这样,才能对读者负责,才能赢得读者的长期信赖。《手册》之所以能始终处于市场领先位置,很重要的一点就是及时根据最新的国家标准组织作者进行修订和重版,保证内容上不断推陈出新。例如,有关六角头螺栓尺寸规格的国家标准,我国于 1986 年发布了新的标准,代替 1976 年的旧标准,但是某出版社 1992 年出版的一本五金手册仍然沿用旧标准,这就是对读者不负责任的表现。过时的、落后的内容不仅没有用处,而且可能坑害读者,给读者带来不必要的麻烦和损失。

通过本文之前所梳理的《手册》的修订历史,我们可以看到它走过的轨迹;但是我们从这些数据上看不到的,是每次修订的力度。例如,第六版与第五版相比,虽然总体篇幅增加不多,但是实际修订量达到了 48.5%,其中有 24.5% 是全新的内容。有力的修订保证了图书中相关知识的及时更新,提高了图书的参考价值,从而使图书赢得了更多的读者。

3. 开发系列品牌

《手册》是上海科学技术出版社的重要品牌之一,也是国内实用技术类图书的成功典范之一。如何利用好这个品牌,充分发挥其品牌优势,一直是《手册》相关编辑和领导思考的问题。2000 年前后,编辑部终于实现了把《手册》一书发展成一套《五金类实用手册大系》丛书的设想,应该说这是在图书品牌开发方面的一次大胆探索。

《五金类实用手册大系》出版数据如下:

书名	出版年月	累计印数(万册)
《实用五金手册》	1959 年 6 月(第一版) 2006 年 12 月(第七版)	621.9[①]
《实用金属材料手册》	1993 年 10 月(第一版) 2000 年 4 月(第二版) 2008 年 9 月(第三版)	16.3
《实用紧固件手册》	1998 年 12 月(第一版) 2004 年 5 月(第二版) 2012 年 7 月(第三版)	5.59
《实用工具手册》	2000 年 8 月	2.52

书名	出版年月	累计印数（万册）
《实用滚动轴承手册》	2002 年 4 月（第一版） 2010 年 1 月（第二版）	1.85
《实用泵手册》	2004 年 10 月	0.87
《实用管件与阀门手册》	2005 年 11 月	0.87

《手册》的前任责编告诉我，开发这套丛书的想法来自读者：经常有读者来电反映，《手册》非常好，但他们仍感不足，因为有时他们所需的一些数据难以从中查到。编辑部分析后认为，这主要是受限于该书的定位和篇幅，并且这样的问题无法通过《手册》本身得以解决。这就启发我们开发分册，在"小、通、民"的基础上追求内容更全面、更详细、更专业，以满足更广泛读者的需求。

我接手此套丛书后，继续在品牌开发方面进行一系列尝试：统一丛书各品种的封面，从装帧设计上突出整体性，使读者一看到某本书的封面就联想到《手册》的良好品质；在每本图书正文后对丛书中其他品种进行介绍；设置封底导读，告诉读者相关数据可以到相关品种的图书中查阅等。

实践证明，我们的这些探索和尝试是基本成功的，这不仅表现在丛书中其他图书借助《手册》的品牌优势成为了新的长销书，实现了经济效益和社会效益新的结合，而且表现在它们形成的整体效应进一步促进了《手册》的发行。各品种图书是丛书的有机组成部分，不可分割，互相促进销售。

4. 做好桥梁工作

有人把编辑比作读者和作者的桥梁。读者想看什么书，作者能写什么书，读者对图书有关内容的疑问等，都需要编辑去了解、安排、解决。

我继任《手册》的责编后，在工作中经常遇到读者反映书中相关数据与实际情况出入较大，导致生产、贸易某方的经济亏损的情况。经过调查，我了解到这主要是因为制定国标时候的生产水平同现在的生产水平有相当差距。于是，我建议作者在重版时这样处理：首先充分尊重国家标准的权威性，仍用国家标准上的数据；但是，在旁边加注说明作者对该数据的理解，并建议生产、贸易的验收双方应根据实际情况协商解决。在第七版出版前，我拟了一份声明，对上述情形进行解释，发给有需要的读者，希望大家能够在尊重国家标准的基础上，根据实际情况灵活掌握；祝愿生产、贸易双方合作圆满；感谢广大读者对《手册》的信任。这样，本来气势汹汹的读者，由于我和作者及时解决了问题，都觉得很满意。我也很骄傲于自己稳固了《手册》和我们出版社在广大读者心目中的优秀形象。

《手册》的发行量曾高达一年 80 万册，在 20 世纪 90 年代后半期五金题材的工具书雨后春笋般陆续出版的时候，我们的这本《手册》仍能保持着 80% 左右的市场份额；然而，再辉煌的荣耀也只能代表过去，尚未出炉的《手册》第八版，在修订工作伊始，就遭遇了前所未有的困难。

《手册》第七版出版以来的 8 年，受到读者阅读方式变化和网络出版物的冲击，纸质出版物的发行量普遍受到影响，《手册》的年销售量逐年锐减，从一年 6 万册，一直下降到一年 3 万册、2 万册，甚至只有 1 万册。从产品的生命周期理论来看，当某产品市场情况在一个高位趋于持续平缓的成熟期过后，最终逃脱不了地要进入衰退期。图书也是一样，进入衰退期后，发行量逐渐下降，仓储成本和资金占用成本增加，利润越来越微薄，直到无利可图，停止重版。所以，我一再思考：要不要再版，值不值得再版？

衰退期的到来不可避免。然而，图书具有一些特殊性，既可以把不同的修订版本看作同一产品，又可以把新版本看作新产品。《手册》第七版的衰退期将要或者已经到来，但是也许我们可以通过修订使新版本代替旧版本，延长《手册》的生命周期！调研后发现，虽然《手册》的销量下降得厉害，但是同类书的市场总量还是有一定空间的，这说明广大读者对五金类手册是有需求的。所以，新版可以做，也应该做，但我们的新版要在定价、版面、内容、营销等各个方面有所突破。

然而，当我与老主编祝先生提出再版要求后不久，祝老就不幸过世了。

在做《手册》第七版的时候，我们编辑部就开始着手寻找适合的作者，以防在发生这类事情的时候无法应对。但是出于各方面的原因，这个工作一直没能真正落实。好在，祝老先生自己对这本《手册》有了安排。最后，我们出版社和其他作者根据祝先生的意愿，请该手册作者中最年轻的谢羽先生担任《手册》新主编。

新主编带来了新气象。我和作者团队在出版社、作者单位，甚至在咖啡馆、影剧院门口广场，主要就内容取舍进行了多次的交流。2014 年底，终于迎来了第八版的初校样！

与《手册》第七版相比,新版中经过修订的内容约占全书的 58% 左右,可以说是《手册》有史以来最大力度的一次修订:全书约有 38% 的内容是依照新标准进行修订的;约 2% 的内容是出于实际需要而新增加的;对书中约 18% 的内容,根据新的资料进行充实、删减或改正其中的不妥、错误之处。在这 58% 的变化中,一项重大的变化是顺应了广大读者基础知识水平提高的现状,删除了第一版以来长期保持的通用资料(常用字母及符号、常用计量单位及其换算、常用公式及数值)。如此,使《手册》重点突出,为必须增加的新内容留出了空间,同时控制了成本。在页码的编排方式上,第八版也进行了改善,将原来按章编排的页码改为一编到底,同时添加书眉以展示内容所在的章节,这样既方便读者查阅,又保持了全书的系统性。

期待《手册》第八版能够继续前七版的荣耀。

最后,以我在《手册》第七版的封底添加的"本书特点"作为结束语,相信从这些特点中,大家可以体会到《手册》几代责任编辑们的策划理念。

- 真正实用

  精选国家标准、行业标准以及产品资料中最常用、最实用的内容编进手册,而不照搬照抄国家标准,既精简了篇幅,又保证手册真正的实用性。

- 信息量大

  表格、数据通过精心编排,信息容量比同类手册大 30%—40%,保证读者以便宜的价格买到更为丰富、优质的内容。

- 常用常新

  自 1959 年首版以来,已第 7 次修订再版,作者依据新的国家标准、行业标准以及五金商品生产厂和科研单位的新资料不断予以修订、增补、充实、完善,保证手册的常用常新。

- 方便携带

  采用 64 开小开本,厚度适中,方便随身携带。

- 配备姐妹工具书,便于延伸查阅

  手册姐妹篇:《实用金属材料手册》《实用紧固件手册》《实用工具手册》《实用滚动轴承手册》等,针对本手册中金属材料、紧固件、工具、滚动轴承等重点内容进行展开、扩充,便于读者延伸查阅。

(上海科学技术出版社供稿,陈晏平执笔)

---

① 621.9万册为第一版至第七版的累计印数,第八版仍在销售过程中,暂不统计。

腹有诗书气自华

——《家庭医学全书》如何成为中国最有影响力的图书

《家庭医学全书》

上 海 科 学 技 术 出 版 社

经典策划
119

　　"让每一对夫妇都和谐美满;每一个婴幼儿都茁壮聪慧;每一个男女青年都健康生活;每一个中年人都精力充沛;每一个老年人都常葆青春,享受长寿。"

　　这是 1982 年出版的《家庭医学全书》前言中的一段文字,是 169 位医学大家聚集在一起创作这本中国家庭经典好书的初衷,是上海科学技术出版社医学编辑部 30 多年来出版医学科普图书的美好愿望,也是这本巨著得到不断传承与发展的动力。

缘起:知识分子对时代需求的回应

　　1970 年代末的上海,瑞金二路最南端的 450 号是上海科学技术出版社的所在地。这是我国南方科技出版的重镇,其医学出版在国内举足轻重,那时的中国医学出版格局是"北有人民卫生,南有上海科技"。这里有一大批具有深厚医学、人文素养的编辑,出版了许多优秀的医学著作。在这些图书中,有一本《医学卫生普及全书》,出版于 1960 年代。这是一本用来向非医务人员及初级医务人员普及医学知识的图书。一位中南海保健医生将这本书带到了毛泽东主席身边,毛泽东主席看后大加称赞,并指示可在该书的基础上出版《医学百科全书》。但是"文革"十年中,许多事情被无限期地延搁了,构想中的《医学百科全书》也是如此,直到 1970 年代末。

　　1970 年代末,改革开放后,当普通百姓把眼光从政治上移开而更多投注于日常家庭生活与身体健康时,上海科学技术出版社的医学编辑们发现,百姓的医学健康知识非常贫乏,亟需对百姓进行医学科学普及教育。那时电视尚未普及,图书无疑是传播健康知识的最好工具。但"文革"后的医学出版业已是满目疮痍,供普通百姓阅读、学习的医学科普图书更是少之又少。于是,编辑想到了那本为初级医务人员准备的《医学卫生普及全书》,考虑以它为蓝本,组织编写一本为普通百姓准备的医学科普读物。

在这些编辑中,有一位史伊凡编审。史编审是我国药理学奠基人张绍昌先生的夫人。1940年国难深重时,张绍昌、史伊凡夫妇放弃美国哈佛大学的教职回到祖国。张绍昌教授后执教于上海第一医学院,而夫人史伊凡则在上海科学技术出版社担任医学编辑。这是一个医学世家,同时,像许多知识分子一样,这是一对有社会责任感的夫妇。编辑部把组织编写一部医学科普图书的重任托付给那时已年届六十的史编审。

在距瑞金二路450号大约3千米的地方,是我国最著名的医学院——上海第一医学院。这里是我国现代医学的发祥地之一,医学大家云集,产生了许多医学泰斗。上海科学技术出版社与上海第一医学院素来关系密切,编辑与教授之间的关系常常兼具编辑与作者、师生、同学、朋友等多重关系,许多编辑本身即毕业于这所著名学府。物以类聚,人以群分,"上科技"和"上医"人在气质上有那么一些相似:有着知识分子的责任感与担当,有着东部沿海城市人的开放眼光,还有着上海人的严谨、细致与温和。

当史编审找到上海第一医学院谈起编辑部的设想时,双方一拍即合,决定集上医各专业力量,为普通百姓编写一本优秀的医学科普"全书"。在时任教务长的金问涛教授的组织下,"上海第一医学院《家庭医学全书》编委会"成立了,金问涛教授担任编委会主任编委,我国外科泰斗孟承伟教授和心血管泰斗诸骏仁教授担任编委会副主任编委,编委会的20位成员均为赫赫有名的各专业"牛人"。在那个时代,"家"这个概念刚刚从"国"的遮蔽下显露出来,家庭生活在社会生活中有了其应有的地位。编委会与编辑部一致认为:家庭是社会的基本单位,健康知识的传播应当以家庭为单位,以一家一户的需求为准;同时,要为群众提供一本"全书",即"凡医学领域中包含的各科内容,不论中医和西医、预防和医疗、医疗体育和药物,群众可能感兴趣的,本书基本上都能查到"。因此,将这本书的书名定为"家庭医学全书"。编委会与编辑部确定了这本书编写的四个原则,即全、精、新、普。所谓"全",是指内容齐全,凡属医学范畴的内容,无论何科,均可在本书中查到;所谓"精",指的是选材精到,文字精炼,易查易用;所谓"新",是指本书与时俱进,符合医学发展的趋势,符合时代的需求;所谓"普",则指文字通俗而实用,价格亦平易近人,家庭普及性强。

经过 169 位作者和数位编辑的辛勤工作,1982 年春天,《家庭医学全书》问世了。这是一本 32 开的精装书,像一本厚厚的字典。布纹封面上烫着金色的书名,前后环衬是浅绿色的,底纹是描述各种家庭生活情景的版画,透着浓浓的"家庭"味道。这是一本为中国家庭"定制"的科普图书,框架的设立、内容的选择、行文配图都以家庭需求为立足点。考虑到普通中国家庭的经济状况,《家庭医学全书》采用了小 5 号字,并加大了每个版面的容量,结合"精"的编写原则,这本 1 100 多页、140 余万字的图书涵盖了家庭生活所需的医学保健知识的方方面面,是一本真正的医学百科全书,而定价仅为 5.5 元,能为普通家庭接受。该书的作者名单中有 169 个名字,30 年后,这些名字大都如雷贯耳,在中国医学界熠熠发光。

《家庭医学全书》是新中国第一本为普通百姓编写的医学百科全书,出版后受到了中国家庭的普遍欢迎,每数月就重印一次,30 余年来销售百万余册。30 年后的2010 年代,当《家庭医学全书》第四版在网络书店上销售时,读者书评中经常出现的描述就是"在妈妈的书架上有一本老版本的,一直是我们家庭的保健医生"这样的话语,透露着中国家庭对这本书的情感。

历练:30 余年中的传承与发展

《家庭医学全书》面世后的中国社会生活发生着快速而深刻的变化。物质逐渐丰富,技术不断发展,生活方式不断改变,价值观也在不断变化。随着生活条件、生活方式、关注重点的变化,家庭对医学健康知识的需求也在变化。

这是一个飞速发展的年代。编写出版《家庭医学全书》的两个单位,上海科学技术出版社和上海第一医学院,都发生了许多变化。上海科学技术出版社经历了 1980、1990 年代的蓬勃发展之后,由原来的事业身份变成了企业身份,回归了出版业在商业社会中的应有角色。2000 年代初,全国出版业进行改革,上海科学技术出版社又成为上海世纪出版集团的一个成员。上海第一医学院在 1980 年代中期更名为"上海第一医科大学",在 2000 年代初则并入复旦大学,改称"复旦大学上海医学院"。

在这样的变化中,《家庭医学全书》坚持着"变"与"不变"。1989 年《家庭医学全书》修订后出版了第二版,2000 年、2012 年分别推出了第三版和第四版,基本上是每十年更新一次。在这三次修订中，对板块设置进行了调整，吐故纳新，使本书的内容适合变化的家庭生活和知识需求；更新内容，保持新鲜度，以体现医学科学和实践的发展；装帧设计不断创新，在保持其权威感的同时，也增加其亲和力。另外，随着人们阅读、购买习惯的变化，《家庭医学全书》的销售和推广方式也在不断变化，从以往的"酒香不怕巷子深"，到通过地面店和网店的立体销售渠道，以及书展、电视、纸媒、电子媒体等传播渠道进行多维度的推广。2011年，出版社考虑到我国农村人口的特殊需求，与《家庭医学全书》编委会一起，为农村家庭量身打造了《家庭医学全书（农村版）》，受到了农村家庭的普遍欢迎，短短几年里已经重印了十余次。

然而，更多的是"不变"：权威的作者群不变，编写主体一直是上医专家群，由医学院的负责人承担起组织专家编写的重担，每次修订，参与编写的作者均有近200位，他们均为医学院及各附属医院的学科带头人及业务骨干，这些专家学者以一个集体的名称亮相于封面——"《家庭医学全书》编委会"；精良的编辑队伍不变，四版《家庭医学全书》的编辑都是编辑部的骨干，在稿件的编辑加工及出版各环节上精益求精，花费精力无数；全、精、新、普的"四项基本原则"不变；严谨、质朴的风格不变，近十余年来各色各样、良莠不齐的医学保健图书大行其道，以夺人眼球的观念、剪贴拼凑的内容、眼花缭乱的形式充斥于医学保健图书市场，而《家庭医学全书》始终保持内容严谨、语言精炼的风格，不哗众取宠，像一位老朋友那样可靠、值得信赖，甚至连它的外形也特意保持了延续性，内文采用了紧凑而清晰的排版方式，外部装帧保留了蓝色和红色的基调。

"不变"是一种坚持，"变"也是一种坚持。《家庭医学全书》带着它不变的核心在变化的世界中推陈出新，不断适应与开拓。

腹有诗书气自华：经典背后的作者与编辑群体

30多年间，《家庭医学全书》载誉无数：多次获得"全国优秀畅销书奖"、"受农村读者欢迎的图书"等奖项，2012年获得上海市科技进步奖二等奖，2009年被《中国图书商报》评选为"新中国60年中国最具影响力的300本书"之一。而100多万册的销量更是其深受读者喜爱的最直接的表现。

2013年的上海书展上，上海展览馆东厢房的会议厅挤满了观众。这里正在进行上海医学院《家庭医学全书》编委会的捐书仪式及公益健康讲座。复旦大学副校长、

《家庭医学全书》编委会主任编委冯晓源教授代表本书第四版的 178 位作者,将稿费换作图书,捐赠给上海的社区书屋,将医学健康知识送到千家万户。而我国著名健康教育家、复旦大学中山医院的老院长杨秉辉教授,为现场观众进行了一场别开生面的健康知识讲座。

杨秉辉教授参加了《家庭医学全书》第一至第四版的编写,对这本书感情至深。参加第一版编写时他还是年富力强的主治医师,如今已年届古稀。这位健康教育家致力于向民众传播健康知识,提高民众医学素养,进而提高国民健康水平,进行过 600 余场讲座,撰写过近 1 000 篇医学科普文章,常年进社区进行免费健康讲座,2014 年获得"上海科普杰出人物奖"。

在 21 世纪的商业社会,对医生来说,撰写科普图书既无名也无利,相反要耗费繁忙工作之余的大量时间。尤其是编写像《家庭医学全书》这样的大型图书,更是费时费力。《家庭医学全书》得以传承与发展,依靠的是它背后的那群"上医人"。从杨秉辉教授身上我们看到了"上医人"的特征:有知识分子的社会关怀与责任担当,有对医学事业的热爱,有深厚的专业造诣,有严谨质朴而不事声张的性格。正是因为有这样一个群体,才有了这部传世佳作。

而《家庭医学全书》的背后还有另一群人,这是一群乐于"为人作嫁衣"的编辑。上海科学技术出版社医学编辑部的编辑们,虽不像作者那样名声在外,却是一群医学素养高、严谨踏实、眼光开阔、关心社会的笔耕者。1970 年代末,编辑们敏锐地感受到社会的变化和需求,产生了集上海医学院集体力量编写一部医学科普全书的创造性想法;而想法的实施,则依靠于编辑们大规模的组织协调工作和无数细致的编辑工作。老编辑离开,新编辑加入,而对社会的关心、开拓的风格、严谨踏实的作风却代代相传。在《家庭医学全书》之后,编辑部又开拓了系列家庭健康图书及其他优秀医学科普图书,提高了中国家庭的医学素养,推广了健康生活方式。

《家庭医学全书》能够成为我国医学科普图书的经典,成为"最有影响力的书",不是因为策划、写作和编辑的"技术"与"技巧",而是因为它的内涵和气质。对一个人来说,腹有诗书气自华;而对一本书来说,何尝不是如此?书如其人,有大师才有传世之作。《家庭医学全书》没有花哨的形式和词藻,却字字可信赖,就像它身后的作者与编辑一样。

（上海科学技术出版社供稿,韩绍伟执笔）

阅读提升品位
——《鉴赏与品味系列》丛书出版策划经验分享

《鉴赏与品味系列》丛书

上 海 科 学 技 术 出 版 社

经典策划 119

随着生活水平的提高,人们愈来愈注重生活的质量,愈来愈讲究生活的精致和高品位。随着国际化的趋势,代表西方文化的一些日常生活用品也渐入平常百姓家,如红葡萄酒、香水、咖啡、威士忌等,而国内介绍这类商品知识和文化的读物较少。上海科学技术出版社针对这些时尚产品的消费者,与香港万里机构出版有限公司合作,引进英国 Quarto 出版有限公司英文版权的出版项目——《鉴赏与品味系列》丛书,立足于挖掘这些时尚产品的文化内涵,以小百科手册的形式,简明扼要地介绍这类商品的知识,又以精美的彩图给读者以直观的印象,以提高人们的鉴赏水平和文化品位。

从 1999 年至 2005 年,该丛书已出版 16 种(包括《香水鉴赏手册》、《咖啡鉴赏手册》、《红葡萄酒鉴赏手册》、《白葡萄酒鉴赏手册》、《茶鉴赏手册》、《干邑鉴赏手册》、《威士忌鉴赏手册》、《香槟鉴赏手册》、《啤酒鉴赏手册》、《干酪鉴赏手册》、《巧克力鉴赏手册》、《雪茄鉴赏手册》、《墨水笔鉴赏手册》、《香料鉴赏手册》、《名画鉴赏手册》、《钢琴鉴赏手册》)。

一、内容独具特色

这套丛书介绍了这些时尚产品最早是如何被发现、发明和传播的,以及它们的产地、类别、等级、加工、使用器具等,这里面既有广泛的科学技术的内容,又涉及人类文明和社会风俗的许多有趣的掌故。这套丛书的作者们均为国外该行业内的资深人士，如：《红葡萄酒鉴赏手册》的作者 Michael Edwards 是位广受欢迎的葡萄酒杂志记者，是法国公认的葡萄酒权威；《干邑鉴赏手册》的作者 Conal R. Gregory 是葡萄酒和干邑专家，任教于著名的坦特玛利烹饪学校，有多部著作，对酒文化贡献甚巨，屡获国际大奖。

因此，这套丛书融权威性、知识性和趣味性于一体，内容涵盖历史与文化，为读者打开了咖啡、香水、葡萄酒、啤酒、雪茄、干酪、墨水笔、名画、钢琴等的丰富多彩和令人兴奋的世界，并为他们提供在实际生活中进行鉴赏与品味的可操作性指导。

例如《红葡萄酒鉴赏手册》，作为红葡萄酒这种高雅饮品的综合指南，它不仅让读者了解了红葡萄酒酿造的复杂过程，还讲述了顶级红葡萄酒的生产过程，以及"地域"的重要性。书中囊括了所有重要的葡萄酒品种，从欧洲旧款的波尔多酒到"新世界"的卡本妮酒均一览无遗。此书中心部分是对世界著名红葡萄酒的描述和介绍，包括显赫的拉菲特·罗施尔德酒、西班牙的家庭经营的穆加酒和南非哈密顿·罗素葡萄园的非凡的出品。每一篇介绍都有专业试酒点评，以及作者就款型及年份而提出的个人意见，为读者带来品酒的无尽情趣。

《咖啡鉴赏手册》则是一本咖啡爱好人士必备的鉴赏工具书，其内容涵盖与咖啡有关的各个方面，例如咖啡的历史、咖啡豆的选购与冲调，以及如何选择新鲜的烘烤阿拉伯咖啡豆，并成功冲泡一杯合自己口味的咖啡等。此书重点之一，是对世界各个咖啡生产地区及其出产的咖啡作精要的介绍，还有专家对各地出产咖啡的品评，以简明的列表形式，按咖啡豆的颗粒大小、酸度及均衡度等给予评分。此书另一重点是介绍各种特色咖啡的专业冲调方法，包括卡普契诺咖啡、Espresso 咖啡及土耳其咖啡等，并对冲调和品尝咖啡的壶具及茶具也作了详细的介绍。

《香水鉴赏手册》里面最令人兴奋的部分就是香水分类详介，介绍了主要的香水公司及其因之出名的豪华产品（附彩图），回顾了这些公司的历史和它们杰出的香水品种。该书用详细的资料和图表为香水公司勾勒出了一个大概的轮廓，每款香水的前调、中调和尾调都描述得很清晰，为使用香水和对香水感兴趣的人士提供了最基本的资料。

《茶鉴赏手册》内容涵盖了茶的起源、茶叶的生产和贮存、茶具、茶的冲泡和鉴赏，以及世界产茶国家的名录，并介绍了 70 多种茶叶的基本特性，如风味、香味、颜色及冲泡提示和饮用建议，融权威性、知识性和趣味性于一体，对茶鉴赏家来说是一本不可多得的工具书。

二、编辑加工细致

《鉴赏与品味系列》丛书(16 分册)英文原版于 1995 年出版,香港万里机构引进其中文版权,于 1998 年 8 月出版了中文繁体字版。随后,香港万里机构与我社合作出版该书的中文简体字版,我社负责审稿、编辑加工以及图书出版后的发行。

万里出版的中文繁体字版翻译质量一般,有十多人参与翻译,有些地方译文不确切、词不达意,且名词、术语,包括人名、地名译得极不规范,如同一名称出现数种译法等。上海科学技术出版社有着严谨扎实的传统,我们根据该丛书书稿的实际情况,在出版中文简体字版时,在中文繁体字版的基础上,根据英文原版,由我社的专业编辑重新进行了翻译和仔细校对,终成此稿。

我们在审稿和编辑加工过程中主要做了以下工作:

1. 原稿和译稿在政治性方面注意得不够。例如:在介绍咖啡产地时,将"台湾"这一地区和其他诸多国家包括中国并行列出,这显然不妥,故将其内容并入"中国"部分;介绍中国时,其中国地图有错漏,遗漏了台湾岛,"长江"画得不全,拼写也不准确,故指出其应修改之处,并附上标准地图,请制作方修改;世界地图中,中国地图的形状与实际出入较大。为此,编辑部多次致信上海市测绘管理办公室,进行严格的送审和修改,严格把关地图质量,确保该套丛书政治上没有问题。

2. 中文繁体字版中的一些错译、漏译和翻译不确切之处,以及一些英文的拼写错误等问题在重译稿中还有存留,在编辑加工中均进行了增补或修改。

3. 中文繁体字版中名词、术语,尤其是人名、地名的翻译不规范、不统一的问题,在重译后未能得到解决,故编辑加工过程中在这方面做了较多工作,参阅了《世界人名翻译大词典》《世界地名录》《世界地名译名手册》《外国地名译名手册》《世界地图集》等多部工具书,力求做到译名准确、规范和全书统一。

4. 英文原稿中因较多地使用了被动语态,许多句子隐去了真正的主语,故译成中文后应酌情加上主语,但译稿此方面做得不够,相当多的句子缺少主语,造成语意不连贯,甚至给人以非常突兀之感。此类情况在全稿中较普遍,均根据上下文作了修改和润饰。

该套丛书经重新翻译和校改后,质量大为改观,原先的译文不确切之处大多得到了修改和完善,多处整段文字被重译,行文也简洁流畅了许多。细致的编辑加工也为该套丛书的畅销、长销打下了坚实的基础。

三、装帧制作精美

装帧制作精美是《鉴赏与品味系列》丛书的一大特色。当时编辑部就这套丛书的装帧形式和印制,多次与香港万里机构进行沟通、协商,最终商定每种书均选用小巧的长 32 开,精装,采用哑光铜版纸全彩印制,并由印刷质量口碑很好的深圳中华商务联合印刷有限公司承印,保证了每本书优良的印制质量。

四、销售情况良好

丛书出版后反响热烈,受到广大读者喜爱,十分畅销,共重印 103 次约 50 万册,其中《红葡萄酒鉴赏手册》13 次,《咖啡鉴赏手册》12 次。该系列丛书也为我们上海科学技术出版社在收藏鉴赏这个门类上打开了一扇明窗。

五、开发延伸系列

由于《鉴赏与品味系列》丛书获得了较大的成功,上海科学技术出版社针对收藏鉴赏这个读者群体,开发了延伸系列优秀图书,包括《鉴赏与品味系列》的兄弟系列《鉴赏宝典》(共 20 分册)、《大师谈收藏系列》(共 5 分册)、《投资收藏手册系列》(共 5 分册)、《收藏鉴赏系列》(共 9 分册)、《中国当代玉雕代表人物》(共 6 分册)、《葡萄酒品鉴系列》(共 8 分册),在市场上均销售良好,让上海科学技术出版社在收藏鉴赏这个出版门类中更加具有竞争力。

《鉴赏与品味系列》丛书文字简洁、图片精美、内容丰富、生动风趣,读起来令人赏心悦目,满足了广大爱好生活的人士对高质量、高品位图书的需求。

(上海科学技术出版社供稿,陈立执笔)

五浪上升

——以《黄金游戏》为例，浅谈畅销书运作

《黄金游戏》

上 海 财 经 大 学 出 版 社

一、一本证券投资类畅销书的策划缘起

2007年12月，在瑟瑟寒风中，我一人悄然登上飞往武汉的飞机。一个酝酿已久的计划，在飞机穿越云层的那一刹那，变得扑朔迷离。

这样的心境，使我想起两千多年前，荆轲在"风萧萧兮易水寒"的筑歌声中，喝完杯中的最后一滴酒，瞻望燕赵大地时的怅然……

这次飞行，只为面见一位在网上认识的博客作者——占豪。2006年开启的证券市场大牛市，在各路资金的推动下一路飙升。所谓"天下熙熙，皆为利来"，各类投资者，特别是散户，也纷纷入市，成为市场中一个最为庞大的群体。与此同时，出于对市场研判的需要，证券博客等"自媒体"的点击率也不断攀升，成为网上的阅读热点。

新的投资者迫切需要提高对市场的认知，特别是在操作层面，投资者对技术分析的需求构成了一个潜在的出版物市场。如果将证券博客排行榜上点击率高企的知名作者转化为纸媒的作者，以图书的形式，为投资者提供系统性的投资方法，无疑将会受到市场的欢迎。借助新媒体的传播优势，发挥纸质图书阅读便利、可全景式地完整呈现内容的特点，实现新媒体与传统出版的"无缝对接"，这一理念，为我插上了飞往武汉的"隐形的翅膀"。

但唐朝诗人崔颢在武昌留下的那一首《黄鹤楼》,却让飞翔的翅膀隐隐有些沉重——"昔人已乘黄鹤去,此地空余黄鹤楼。黄鹤一去不复返,白云千载空悠悠……"

二、理想很丰满,现实很骨感

当天的傍晚,在饭店自助餐厅的僻静的一角,我和占豪及他的妻子兼经纪人"厨娘"围坐在一起。

在我简单地说明来意后,占豪不免感慨地说:"证券投资类图书,鱼龙混杂,其中内容拼凑、误人子弟的,不在少数。我希望,能够根据自己十余年证券投资的经验和教训,认认真真地为投资者写一本书。"

"你能为一本书大冷天又大老远地跑来武汉,我真是很感动。""厨娘"快人快语,直接点题,"可是,你知道吗? 除了你,还有八九家也都在找我们出书。我现在正琢磨选哪一家呢。"

理想很丰满,现实很骨感。

我知道,决定是瞬间完成的,而说服的过程可能颇费周折。在市场经济下,利益最大化是理性的经济人合理并且当然的选择。

三、旁敲侧击

"我见过不少书商,开出的版税非常诱人。"我想,直奔主题可能是最有效的信息传递方式,"一般来说,他们都会向作者提交一个累进制的版税,譬如,1万册以内版税8%,1万册以上版税20%。"

"你说的有点谱。"占豪笑着点点头。

"可是,书商作为一个在经济学上归入'私人部门'的营利者,有其自身利益最大化的动机。如果书商告诉你,这本书的发行一直没有超过1万册,那么,20%的累进版税对作者方而言,就是一个美丽的空中楼阁。"为了便于理解,我用一种极端的方式,来说明书商提供的累进制版税可能存在的陷阱。"而我们出版社,作为国有的独资企业,不存在这方面的动机和操作空间。"

占豪和"厨娘"相视一笑。我知道,在这一笑中,若干书商作为竞争者,已经被排除在选项之外了。我喝了一口杯中的咖啡,奶咖淡淡的香味,在鼻尖若隐若现。

四、图穷匕见

"你说的有道理,但是,找我们出书的,也不全是书商,正规的出版社也在和我们约稿。我们本省最大的一家出版集团的副总,一直在联系我。""厨娘"用调羹不紧不慢地轻轻搅动她杯中的咖啡。

这时我仿佛听见,荆轲在秦王案上徐徐展开燕督亢地图时,大殿外飞檐下传来的风铃声……

我想是该拿出我的想法的时候了,尽管不是明晃晃的匕首。

我对于计划中的占豪的图书,是准备作为一个品牌进行运作。

首先,占豪作为新媒体上的知名作者,拥有较高的知名度。占豪博客中的技术分析篇章,为图书提供了内容基础;而占豪博客的高点击率,为图书后续的出版和营销奠定了良好的市场基础。

其次,书名应便于口碑的传播,主书名不宜超过四个字,每分册以副书名作为区分。

第三,作为品牌的运作,应当体现持续性,其出版物是一个系列,而非单本书。以证券市场上升期的股价走势为例,呈现出的是波浪起伏的特性,股价通过一浪一浪的推动,达到逐浪走高的目的。世间的万物,总有其共性的规律。典型的股价上涨,就是人们耳熟能详的、派生于艾略特波浪理论(Elliott Wave Theory)的"五浪上升"模式(见图,艾略特波浪理论提出,上升周期的股价波动以5个浪型的形式展开,其中第1、3、5浪是上升浪,第2浪和第4浪是回撤调整浪)。回撤调整浪在图书的出版中实际上并不存在,只是在系列化图书的策划和出版过程中,可以借助"五浪上升"的模型——第一本书未尽的内容,可以提示将在第二本书中展开;第二本书阐述的机理,可以指出在第一本书中已有详解……每一本书(每一浪)之间由于其内在的关联度而构成一个完整的整体,从而达到相互拉动、推升销量的目的。根据五浪逐波推动的要求,一个系列的图书不应一起推出,而应当逐步推向市场。这一时间的间隔,既要便于市场逐步消化,也不能相隔太久,以至于市场热度冷却。当系列的第一本图书的市场份额逐渐饱和时,再接着推出第二本图书……大致而言,每本

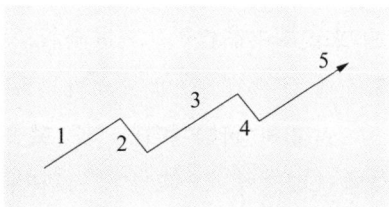

书的时间间隔在 6—10 个月。

第四，通过对市场上投资类图书的调研，可以发现，当时绝大多数此类的图书均是黑白印刷，极个别是彩色印刷。由于证券投资类图书的插图较多，采用黑白单色印刷显得单调沉闷，而彩色印刷则成本过大，势必导致图书定价高企，不利于市场的销售。为了与图书市场上大多数同类产品形成差异，同时，为了控制图书的印刷成本，采用双色印刷是比较合适的选择。

第五，为显得挺拔、大气，图书以 787 mm×1 092 mm 偏瘦长型的开本为佳。

第六，图书的装帧设计应匠心独运。系列图书封面应保持统一，在局部的细节上则有所差异。当前比较流行的磨砂、凹凸、UV 等工艺，可以加以适当运用，以提升图书的装帧品质。在版式的设计和字体的运用上，单页书眉为黑白，"第×章"为黑色舒体，略压具体章名，章名采用由深至浅的渐变字体，从而凸现立体感；双页书眉的书名为红色，配轮廓感较强的小插图。

第七，上海财经大学出版社作为财经类的专业出版机构，拥有丰富的财经图书出版经验，在证券投资类图书出版领域已经树立了较好的品牌。

占豪和"厨娘"相视一笑。"你说的正合我们的意。""厨娘"抿了一口杯中的咖啡，"那么，接下来，我们来谈谈具体的版税和进度……"

当我送走占豪、"厨娘"的时候，屋外已是华灯初上，霓虹斑斓。

荆轲倒在了秦王的剑下。回过神来的殿下武士，呐喊着一拥而上，刀光剑影中，将刺客剁成了肉泥。燕督亢地图散落一地。

我很庆幸，独自一人漫步在武汉喧嚣的街头，车水马龙间，听见人声鼎沸。长江，穿城而过，奔流向海……

五、浮出水面，黄金游戏！

第二天清晨，睡眼蒙眬中，电话里传来"厨娘"清脆的声音："昨晚回去，我和占豪，还有我们仔仔，商量了半宿，就以'黄金游戏'作为主书名。黄金自古就承载了财富、价值、品质、恒久等诸多特性；而'游戏'则告诉读者，不要在追求财富的过程中迷失自我，要始终以一种轻松、超然的心态看待财富。另外，占豪的博客也改用'黄金游戏'作为标题，这样虚拟的网络世界就与实体的图书结合起来，起到'虚'、'实'相互支撑的作用。你说的'五浪上升'很有启发，我们这个系列就暂定出 5 本。"

我望着窗外，散去晨曦的天空渐渐变得清晰、湛蓝……

六、狂飙突进，五浪上升！

2008 年 6 月，《黄金游戏（一）——从 A 股获利》出版，并在前 6 个月以每月加印一次的速度推向市场，累计销售 17 万册！

2009 年 2 月，《黄金游戏（二）——熊市能赚钱》出版，累计销售 15 万册！

2009 年 9 月，《黄金游戏（三）——交易靠自己》出版，累计销售 12 万册！

2010 年 6 月，《黄金游戏（四）——看透阴阳线》出版，累计销售 10 万册！

2011 年 3 月，《黄金游戏（五）——智慧赢财富》出版，累计销售 7 万册！

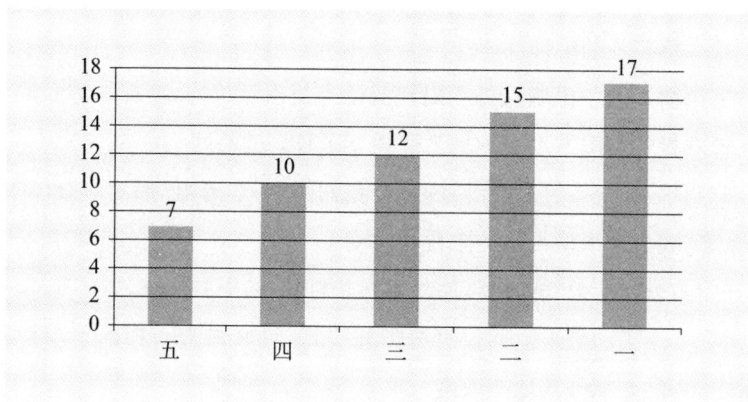

从上面的示意图中可以看到，通过《黄金游戏》一至五册的推出，反复拉动市场需求，我社达到了依托后一本书推动前一本书，逐浪推进，提升销量的目的。

七、群芳斗艳：一种可以复制的成功模式

《黄金游戏》的出版，倚重的是证券市场投资者规模不断扩大这一市场环境，以满足投资人对于技术分析的需求为出版导向，通过作者的网络空间，最大化品牌效应；借助于"五浪上升"的波浪推动模式，通过系列图书的内容，构成环环相扣的整体，在空间上最大化市场份额；通过系列图书的不断推出，形成市场口碑，从而保持市场对该系列图书的持续关注度，在时间上最大化市场存续期。

"一花独放不是春,百花齐放春满园。"《黄金游戏》系列图书的成功,最大的价值在于其模式的可复制性。采用同样出版策略的证券投资类图书——我策划的《短线点金(之一)——揭开市场的底牌》,在不到一个月的时间内重印了 3 次,当月销量就超过 15 000 册,累计销售 17 万册;《短线点金(之二)——破解股价的运行轨迹》累计销售 14 万册;《短线点金(之三)——道破股价涨跌之玄机》累计销售 12 万册;《短线点金(之四)——股市实战中的 17 招技巧》累计销售 10 万册! 此外,《五线开花①——稳操股市胜券的密码》、《五线开花②——股票最佳买卖点》、《五线开花③——倚天剑与屠龙刀》、《五线开花④——神奇的密码线》、《五线开花⑤——K 线其实不简单》,以及《金融交易学——一个证券投资者的至深感悟(第一卷)》、《金融交易学——一个证券投资者的至深感悟(第二卷)》、《操盘手(壹)——筹码分布操盘实战》、《操盘手(贰)——量价分析操盘实战》、《操盘手(叁)——散户斗庄的 16 个细节》、《操盘手(肆)——用均线抓到大行情》等,也通过这一模式,取得了不俗的销售业绩。

　　文化创意具有独特、原创的内在属性;而文化创意要形成产业,则必然要寻找一种可复制的模式,从而形成流水线生产的规模。

　　畅销书的系列化,是图书生产的一种可复制模式。这种聚焦市场需求、提炼图书品牌、凸显装帧设计的可复制模式,在文艺类图书《藏地密码》、考试类图书《五年高考三年模拟》、教辅类图书《一课一练》等规模化系列中,都可以寻觅到具有共性的一般性规律。

　　这种可复制模式,更早地可从迪士尼公司系列动画剧《米老鼠与唐老鸭》、米高梅公司系列动画剧《猫和老鼠》中窥见一斑。迪士尼公司则进一步地以此为基础,形成更具持续盈利能力的迪士尼乐园,在 20 世纪,将文化创意的可复制性和规模化诠释到一个全新的高度。这一高度在 21 世纪,在新媒体的环境下,被赋予了"平台化"的概念。风靡一时的《魔兽世界》游戏就是其中的代表;而马云的阿里巴巴则借助淘宝这个平台,逐步成长为世界第四大互联网公司,虽然阿里巴巴并不属于文化产业的范畴,但从创意的角度看,其将"平台化"概念发挥到了极致。

八、华丽转身:从"五浪上升"到"平台化"

　　证券投资类图书所传递的信息,主要拘囿于技术分析及其应用领域。通过"五浪上升"模式的出版,《黄金游戏》系列亦暂告一个段落。而作为一个具有一定社会影响力的作者,如何保持其出版的生命周期,是出版人时刻关心的话题。这其中既涉及内容的转型,也须考虑在新媒体环境下品牌的持续维护。好在占豪敏锐地洞察到继微博之后,微信作为新的社交媒体的崛起,并在其发轫之初,抓住时政类分析这个切入点,以平实的文字和百姓视角精心耕耘,传递中国声音,获得了大量的好评,荣获新媒体排行榜"2014 新媒体最佳表现大奖"和"自媒体十大微信公众号"的称号,并被国务院国资委新闻中心评选为"2014 年度最受中国企业关注的自媒体账号"。依托自媒体平台,占豪的时政类图书蓄势待发,即将继《黄金游戏》之后,形成一个新的品牌。

我们拭目以待!

(上海财经大学出版社供稿,黄磊执笔)

那些简单的小事

——《上海迎世博市民读本》策划编辑手记

《上海迎世博市民读本》

上海教育出版社

作为编辑，一直很羡慕老一代的出版人。在那个传播手段相对单一的年代，人们对内容的渴求、对信息的需要，给了出版人广阔的市场；那个风起云涌的时代，给了出版人展示才华的舞台。带着淡淡墨香的图书，传递着那些最伟大的思想，温暖着一代代人的心灵。

满怀对书的热爱，却与数字时代不期而遇。技术的进步带来了信息传递方式的转变。是否如同某个预言家所说，我们会成为最后一代出版人，如同曾经的电话接线员一样？满怀着对这份职业的热爱而来，却一天天面对着整个行业凋敝的悲哀。身在市场，我们面临的不仅是同行的竞争，更有来自碎片化阅读和自媒体的裹挟。资深的编辑，就好比身怀绝技的剑客，越来越读不懂对手的路数。

幸运的是，世博会的主办权花落上海，客流、资金流、商品流，这场经济领域的奥林匹克，给了所有行业向世界学习的机会，也给了所有人展示才华的舞台。参与其中，我一天天认识到：作为出版人，媒介并不重要，重要的是媒介背后所传达的思想和观念；信息传达的方式并不重要，重要的是这些信息经过了编辑人员的甄选和加工，值得分享、传播与珍藏。

他山之石——北京奥运带来的灵感

随着世博的临近，有关世博题材的图书一天天多了起来，在书店摆满了整整一个专柜。究竟什么样的图书会成为最后的赢家呢？

最初，从自身熟悉的教材领域出发，针对世博会对上海语言环境的要求，我们开发了帮助市民进行英语和普通话学习的《英语 100 句》、《普通话 100 句》，开本小到近似口袋书。看的哥随身带着《英语 100 句》，听街坊的老奶奶说起了带着宁波乡音的普通话，成就感顿生。

2008 年，北京成功举办了奥运会。我们不仅看比赛，也看奥运时期出版的那些图书。不断地学习、比较之后，我发现举办世博会、奥运会这样的世界型活动，主办方往往会关心两件事。一是知晓率。外部的知晓率有助于吸引广大游客的到来，而市民的知晓率能使活动得到理解和支持。二是市民的文明素养。北京不仅把奥运会当作一件体育盛事，更把它当成了一次提升市民素质和城市竞争力的机会。所以，北京奥运会期间，销量较大的图书，除了各种奥运冠军的传记、关于奥运项目和奥运历史的书籍，还有礼仪类图书。

与奥运在中国的家喻户晓不同，国人对于世博会还比较陌生。故而与奥运知识图书热点较为分散相比，读者对于世博会的那些基本的常识应该还是好奇的。

而可预期的大流量的游客，对于市民的文明素养是一个巨大的挑战。中国传统的文明素养一直很强调"熟人社会"中的道德规范，但规范"陌生人社会"的"第六伦"，却一直是我们道德教育的"短板"。因此，我们试着做了一个把世博知识和文明素养提升结合起来的策划案，得到了上海世博局和上海市文明办的认可，于是有了这本《上海迎世博市民读本》的诞生。

小书大制作——精耕细作的艰辛

一趟趟往《上海世博》杂志跑，一次次路过还是一片工地的世博园，透过火热的工地，透过文字的描述和设计图纸，那些场馆的样子渐渐在书稿上鲜活起来。

而本来以为很简单的文明素养部分，却进行得不太顺利。从小故事的形式，到关于家庭美德、职业道德、社会公德的论述，数易其稿，却依然觉得不合适。终于，在一次头脑风暴之后，决定不要这么复杂，不要做大文章，要像"七不规范"那样好记且朗朗上口才行。

在现代社会，公共生活领域不断扩大，人们的相互交往日益频繁，社会公德在维护公众利益、公共秩序，保持社会稳定方面的作用更加突出，成为公民个人道德修养和社会文明程度的重要表现。在公共场所与陌生人打交道时，更需要个人的自我约束。有鉴于此，我们有针对性地选取了 46 个需要注意的场景，并提出了相应的行为规范。如针对乘坐地铁或商场的自动扶梯，书中是这样写的：

乘坐扶梯靠右站

乘坐自动扶梯时应靠右侧站立，为有急事赶路的人空出左侧通道。

应主动照顾同行的老人与小孩踏上扶梯，避免摔跤。

如须从左面急行通过扶梯时，应确保安全并向给自己让路的人致谢。

文字定稿后，凭着多年时政类图书编辑工作带来的敏感，办公室的同事都有些即将创造纪录的憧憬，也带着些许诚惶诚恐，大家都记不清读了多少遍书稿。

后期制作中，特别感谢几位专家没有嫌弃黑白打印、看上去实在没有分量、部分内容甚至有些像顺口溜的书稿，怀着严肃而认真的态度为本书添彩增色。

书中的漫画都出自天呈的手笔。当我们要来电话贸然联系，怯生生说出不近人情的截稿时间的时候，画家略一迟疑便欣然应允，交稿时还说："时间太紧了，否则还可以再仔细想想……"

书中的"礼仪素养篇"系周中之教授审稿。文字虽是简单，但周老师一字一句认真推敲，找出当时上海最需提高的文明规范……

书中的"世博知识篇"的终审是中科院院士郑时龄先生。送书稿过去的时候，看着满墙自己看不懂的专业书籍突然有些心虚，而郑先生却没嫌书小，还在我们的书稿上做了许多小标签，写满了他对世博历史上某些事件的考证，也有的是对文字和标点用法的建议。

内容永恒——改变世界的力量

《上海迎世博市民读本》开本很小，这本"小书"，给了我们太多惊喜。从首印的 5 万册开始，销量扶摇直上，最后，定格在 160 万册。

后来，我们把这本书的电子版放在网上供免费阅读，并开放了一个在线测试。通过测试的，竟然有 600 多万人次。

世博会已经过去好几年了。当我走过上海一天比一天干净整洁的街道，看见地铁自动扶梯自觉地"左行右立"的人流,看见银行终于也有了"一米线"的时候,会有一点自豪:那本简简单单的小绿书,也许为上海市民素养的提高作了些微的贡献。

据说,英国威斯敏斯特教堂的一块石碑上有这样一段话:"当我年轻的时候,我的想象力从没有受到过限制,我梦想改变这个世界。当我成熟以后,我发现我不能改变这个世界,我将目光缩短了些,决定只改变我的国家。当我进入暮年后,我发现我不能改变我的国家,我的最后愿望仅仅是改变一下我的家庭。但是,这也不可能。当我躺在床上,行将就木时,我突然意识到:如果一开始我仅仅去改变我自己,然后作为一个榜样,我可能改变我的家庭;在家人的帮助和鼓励下,我可能为国家做一些事情。然后谁知道呢? 我甚至可能改变这个世界。"我想,这本书的出版,应该算是能改变社会一点点的小事吧。人类文明的大厦,有着鸿篇巨制,也有着这样微不足道的一砖一瓦,编辑在更多的时候,只是那个添了一块砖瓦的人。

（上海教育出版社供稿，刘芳执笔）

一朵因磨难而愈发绚烂绽放的木槿花

——《朴槿惠日记》策划

《朴槿惠日记》

上海译文出版社

2012年12月,朴槿惠当选为韩国第十八任总统,成为韩国历史上首位女总统,瞬间聚焦了全世界的目光。朴槿惠经历坎坷,年幼时父母双双遇刺身亡,至今未婚,亦无子女,曾隐居近二十年,但最终为了国家和国民的福祉,重新回到政治舞台。她曾经有名言:"我没有父母,没有丈夫,没有子女,国家是我唯一希望服务的对象!"因此,她被世人誉为"嫁给国家的女人"。

为了让国内读者更深层次地了解这位坚强的女性,上海译文出版社一直密切关注与朴槿惠总统相关的书籍。日记是人内心最真实的写照,只有通过日记,才能够最真实地了解一个人。韩文版《朴槿惠日记》于2012年9月出版,以朴槿惠本人亲笔的手书文稿为底本,由权威研究团队——朴槿惠研究会精细解读,收录了朴槿惠从青年时代起各个时期的日记,并配以时代背景。其中包括其母亲,韩国前第一夫人遇害,其父亲,韩国前总统朴正熙遇害,以及亲信背叛等重要事件,还有其本人遇袭的经历和感受。此外还收录了朴槿惠重新出山,步入政坛的经历及对其推崇的政治理念的阐述,还有其单身至今的缘由、恋爱观和感情经历等。"一个嫁给国家的女人,一朵因磨难而愈发绚烂绽放的木槿花",这恐怕是对朴槿惠最好的总结,而这本日记,可以看作一首将悲伤和痛苦升华为坚强、平和、乐观哲学的人生交响曲。这本书给读者提供了不同的视角去了解朴槿惠,它记录的不仅仅是人物的心理轨迹,更从哲学的角度展现了朴槿惠在神圣的使命感面前追求生命价值和人生意义的不平凡,使读者在触摸朴槿惠心灵的同时，审视、思考自己的人生，体味生活的价值。这本日记完全可以看作一本自我启蒙书，或一本人生指南。

另外，由于是朴槿惠本人的日记，这本书很少提及朴槿惠步入政坛以后的经历，也没有提及她本人在政坛上创造的丰功伟绩，倒是更详细地描绘了朴槿惠作为普通女性的一面，详细地介绍了她的内心世界以及她对自己的人生、对国家未来的想法。虽然没有提及朴槿惠在政界叱咤风云的壮举，但是这本书却从介绍一个普通女性的角度反衬出了朴槿惠非凡的人生和刚正不阿的品性。这种类型的书非常符合读者的阅读趣味。

朴槿惠深受中国传统文化的熏陶。在她的日记中，不乏《论语》、《孟子》等中国古代典籍中人生观、世界观的影子。"要把自己置于他人的立场上去审视，这就是仁。"这是她对孔子"仁"的理解；"修身养性"，是她始终践行的人生真谛，而"中庸则是修身养性之顶峰"。在日记中，朴槿惠谈道："审视自己，如果自己觉得没有什么缺陷和愧疚，那么就意味着自己已经践行了中庸之道。善行本身包含着喜悦和回报。如果一个人觉得只有别人的赏识、别人的称赞和上级授予的勋章才是喜悦，那么我们只能说他是一个不懂善行真谛的人。"

综合考量后，上海译文出版社决定引进这本《朴槿惠日记》的中文版权。通过韩国版权代理公司驻中国办事处联系到韩文版权，2013 年 1 月开始报价、洽谈此书版权。在联系版权引进期间，一直多方寻找译者，力求在最短的时间内完成此书的翻译工作，并达到"信、达、雅"的翻译标准。这本日记时间跨度很大，而且对于很多事件只是写了感想，并没有对事件本身进行描述。为了使读者更容易理解，在编辑过程中加了许多注释。例如，有篇日记是《深感"世态炎凉"的插桥湖一行》，日记中朴槿惠并没有写出来，其实这是一个对她有特殊意义的地方，因为 1979 年 10 月 26 日的插桥湖纪念塔揭幕仪式是其父亲朴正熙最后一次公开亮相，当晚，朴正熙被部下刺杀。加上注释后，读者就更容易理解为什么朴槿惠来到这里会百感交集了。

2013 年 6 月，在各方的共同努力下，中文简体字版《朴槿惠日记》面世。正值朴槿惠总统访华前夕，上海译文出版社《朴槿惠日记》首发式在韩国驻上海文化院举行。上海世纪出版集团总裁陈昕，韩国驻上海总领事具相灿、副总领事李康国，复旦大学韩国问题研究中心主任石源华等出席了首发式。新书首发式吸引了新华社、韩国 KBS 等中韩双方近四十家媒体的广泛关注。

《朴槿惠日记》投放市场后得到了读者的一致好评，短短半年内紧急加印五次。

许多读者读完后感慨良多。有位读者这样说:"仔细研究了朴槿惠的经历,真的是很棒很厉害的女性。被她日记里的一句话震撼到了:'痛苦是人类的属性,它能证明人还活着。'刚强、坚持、隐忍,不知道是否有柔情,尽管自己不立志于成为这样的铁娘子,但还是从心里油然生起敬佩,看来自己遇到的大事小事、曾经以为的困难或许真的是浮云。"还有读者表示,读了这本书"得到了很多直面生活的勇气"。

这种朴实而又充满哲理的话语在书中还有很多。1974 年 8 月,朴槿惠的母亲,韩国前第一夫人陆英修女士遇刺身亡;1979 年 10 月,朴槿惠的父亲,韩国前总统朴正熙遭部下枪击身亡。面对重重磨难,朴槿惠在日记中写道:"如果把通往幸福之路用驾车来比喻的话,那么只有及时地调换档位,才能确保路途中不会出现差错。真正的幸福生活并不是万事顺意的,而是不管遇到什么困难,都能坚强地挺过去并重新站起来,在逆境中成长,使之成为转祸为福的契机,让自己得到更好的发展。"正是这种乐观的处世哲学,造就了朴槿惠冲破命运的桎梏、创造历史的勇气和能力。

由于想尽快让读者读到这本韩国首位女总统的"心灵鸡汤",《朴槿惠日记》一书的一大遗憾是没能来得及配上图片。为了弥补这一缺憾,上海译文出版社决定再推出《朴槿惠日记(精装版)》,精装版在延续平装本一贯的特色之外,精选了朴槿惠珍贵照片二十余幅,尤其专注于朴槿惠少女时代的珍贵影像资料,如罕见的朴槿惠与其父母的合影,展现了她不平凡的成长历程,紧密契合日记内容。

(上海译文出版社供稿,陈一新执笔)

《一课一练》：与记忆之美有关

《一课一练》

华 东 师 范 大 学 出 版 社

经典策划 119

一本书抑或一套书，若经常能让人想起儿时记忆和城市记忆之美，那么对于参与这本书或这套书的人来说，将是一件极大的幸事。出版为什么？出版就与塑造记忆有关。

《一课一练》已有 20 多年的历史了。
在上一版的封面上印有——

上海市著名商标
上海市品牌教辅
改革开放 30 年最具影响力的 300 本书之一
一课一练游学网被评为上海市教育类"优秀网站"
这是这个系列图书的品牌、影响力，所取得的荣誉……

在这一版的封面上印着——

陪伴上海学生 20 多年的品牌教辅
以课后作业为核心

以提高能力为目标

助您迈进理想学校

这是出版人的不懈努力与追求

如果要描绘《一课一练》的发展历程,讲讲《一课一练》的故事,那么有说不尽的话、道不尽的事。

从《一课一练》到《华东师大版一课一练》

《一课一练》项目启动于上世纪 90 年代初。在此之前,不少编辑在办公室"等米下锅",很少外出组稿。高校出版社基本上就是按照国家规定的出书范围出书,主要为高校的教学科研服务,出版社对编辑的考核基于编辑工作量。随着市场经济的到来,出版社对编辑有了经济指标的考核,为了提高效率,有"编印发一条龙"的做法。我们出版社的一位编辑提出了"编印发一条龙"做项目的想法,恰好当时出版社成立了一个名为"大华工贸"的公司,由他来负责,就做了这套《一课一练》。《一课一练》一开始不在我们出版社出版,在当时的管理体制下,项目的操作反而简单。

虽然草创时期的《一课一练》就像断码产品,只有 3—9 年级的语数外三个学科 21 个品种。但她就像沙漠里的甘霖,切实满足了当时的读者的需求,很快在市场上声名鹊起。

《一课一练》问世后的迅速走红,引来了市场上跟风的同类产品的不断涌现。1997 年前,仅上海一地,书名叫"一课一练"的产品就有十多种,鱼龙混杂,给读者的选用造成了麻烦。1996 年,《一课一练》项目的编印发收回出版社操作。考虑到当时"一课一练"和"华东师大出版社"已经进入上海读者的意识深处,成为"概念化"、"标签化"的东西,于是在 1997 年,出版社将《一课一练》更名,成为《华东师大版一课一练》(为叙述方便,下文仍简称《一课一练》)。

《一课一练》是一套课后练习丛书,在教学环节中,她是必需的。习题与习题之间留空,供学生作答。在现在看来,这是很平常的事情,但在当时却是一大创新。以前的教辅书,我们出版社有《复习资料》、《解题途径》,都是讲解类的。上海有一套《自学丛书》很有影响,也是讲解类的。练习类的书,比如习题集,是不留空的,学生根据需要选择来做。教师给学生布置的课后练习,或是从教材的练习中选择,或是写在黑板上让学生抄题目，或是教师刻蜡纸印试卷。在这个过程中，教师选择合适的题目需要查阅不少相关的资料，这也是一件很辛苦的事情。无疑，像《一课一练》这样的图书，对教师和学生来说，方便了很多，大大提高了教与学的效率。

上世纪 90 年代中期，上海在试点的基础上实施一期课改。由于课改是按照年级来推进的，所以有的年级用上海教材，有的年级用统编教材。即使是上海教材，各个学科也有不同的版本，如语文有 H 版和 S 版，物理有上科版和上教版等。《一课一练》根据实际需要，配齐了各种版本。到 1999 年时，《一课一练》已成为从小学一年级到高三的全科教辅。紧接着，根据"教材是分上下学期的"这一事实，决定除了初三和高三年级保留全一册形式外，其余全部拆分为上下册。这一举动带动了整个春季上海教辅图书的销售，由此《一课一练》进入了历史上的"全盛期"。

用做学术书的精神做教辅图书

随着品牌影响力的逐步提升，《一课一练》得到了越来越多的读者的认可。有人评价《一课一练》："教师不用不放心，家长不买不放心，学生不做不放心。"这在某种程度上提升了《一课一练》等教辅图书在读者心中的地位，背后折射的更是读者对《一课一练》的教育价值的认可。2008 年，在上海教育博览会关于青少年素养培养的论坛上，我们提出了《一课一练》承担着四个方面的责任：减轻学生负担、提高学生学习兴趣、影响学生处事态度、传播科学知识。的确，我们出版的《一课一练》具有很大的影响力，也曾出现过一个误导的例子。一位高中数学老师在上课时讲到"翻两番"。前一个"翻"是动词，后一个"番"是量词。老师不假思索地解释，"翻两番"就是原来的 4 倍。有一位同学说，有"翻两翻"，前后两个都是动词，就是原来的 3 倍。老师不解，找到这位同学，这位同学说这是初中老师特别强调的。高中老师特别认真，还要了初中老师的电话，与他交流。初中老师说，《一课一练》是这么说的。"翻两翻"的问题是值得商榷的。这个例子说明，《一课一练》会对学生产生很大的影响，提醒我们要特别注意所传播的知识是否科学、严谨。《一课一练》的读者多数是未成年人，他们对有些事物缺少判断能力，我们必须把正确的东西教给他们。

2009 年，我们组织召开了"《一课一练》教育价值"研讨会，邀请一些教育专家、一线教师、家长和学生参加，试图通过研讨提高认识、改进工作，更好地为基础教育服务。

就减轻学生负担而言,《一课一练》常常因为知名度高而被一些人视作反"减负"的靶子,这实在太冤。在与作者的交流中,我们要求:为了掌握某一内容,用 5 道题能够解决的就不编 6 道题,用 10 道题可以的就不用 11 道题。学生是有差异的,我们的训练系统以中上水平的学生为基准,适合大多数学生,而不是全部。为此,每课的练习分三部分:基础题、提高题、拓展题。"基础题"主要是巩固课堂所学,以复习课本知识为主;"提高题"主要是综合几个知识点的练习,难度有所上升;"拓展题"是难题,适用于少数能力较强的学生。我们建议,《一课一练》的内容要便于学生根据自己的水平来选择,如果功课较多,能力较强的学生只做后面的题目,一般的学生先做前面的题目。这样做的目的是希望提高《一课一练》训练的有效性,起到减轻学生课业负担的作用。作为编辑,确实可以利用手中的一点"小权",为减轻学生的负担尽一份责任。希望通过作者、编辑的共同努力,真正实现《一课一练》的教育价值。

我们曾提出"学术教辅"的理念,"学术教辅"的主要特征表现在先进性、原创性、科学性、规范性、教学性、实用性六个方面,这些都涉及图书的品质。就编辑而言,最重要的工作是把握好科学性和规范性,而对读者影响最大的是科学性。

"你们的要求,比我编教材的要求还高"

这是一位编写者在组稿会上对我们提的"意见",在某种程度上折射出我们对质量的重视。

在教辅读物市场中,同质竞争、粗制滥造是极为普遍的现象。读者对此虽深恶痛绝,却徒叹奈何。如果能辨别出图书的编校质量,他们绝对会选择差错少的图书。读者对《一课一练》的认同,与我们的编校质量高是分不开的。我们在编辑出版过程中狠抓编校质量,每本教辅图书中的题目都要做三遍,即作者、编辑和质检人员各做一遍。在付印前,委托资深中小学教师或资深编辑进行质量检查,改正后付印,检查结果与编辑考核挂钩。

从某种意义上来说,对教辅图书的科学性的要求比学术著作更高。学术著作有对问题的探讨,有不成熟的结论;再者,学术著作的读者有较好的鉴别能力,比较容易发现一些明显的差错。而中小学教辅图书讲述的内容基本上是成熟的,读者对象多数是未成年人,我们必须将正确的结论告诉读者,用正确的观点引导读者,这是教育出版的任务。

除了审读环节之外,组稿环节和读者反馈对图书的质量也很重要。目前,担任《一课一练》组稿编辑的有:数学学科徐慧平,英语学科郭红,语文学科徐红瑾、庄玉辉,化学学科应向阳,物理学科赵俊丽。他们均为硕士研究生学历,具有扎实的学科专业知识和丰富的编辑经验,为本套书的高质量保驾护航。《一课一练》的组稿(修订)会议有好几十位专家、教师参加,很有气势。通常,我们会提供一份书面的《编写(修订)说明》,阐述总体的编写要求和图书中存在的问题,再由学科编辑详细叙述本学科的编写要求,希望作者(主编)提供具体的实施方案、目录、样稿等,并对其作认真的审查、及时的反馈。有位作者是某教材的副主编,一次,他对我们说:"你们的要求,比我编教材的要求还高。"看来,我们的"认真"在一部分作者中已形成一种共识。图书出版后,我们会主动寻找使用过该书的教师,了解使用后的反馈情况。出版社部分员工的子女也在使用我们的《一课一练》,我们也尽可能多地收集使用后的反馈信息。我们还建立"友情读者",开展"以旧换新"等活动,从多个角度获得反馈信息。我们认真对待每一封读者来信,对读者提出的差错做好记录,在重印的时候加以更正,想尽一切办法避免差错再现。

只有在出版的各个环节重视图书的质量,才能真正做到让使用者放心。

服务好读者是最好的营销

《一课一练》曾经在上海地铁车厢里、公交车车身上做宣传广告,这在上世纪末是一大创举。

广告是一种营销策略,但《一课一练》的营销更多的是服务好读者。

1997年社里的选题策划向专业化发展,为此专门成立了教辅策划项目组。为了确保质量,出版社发动全体编辑参与《一课一练》的审读工作;为了保证进度,物色强有力的项目统筹人,还定期出简报,取名为"两套书"(还有一套重点书)。这是我们出版社项目管理、项目编辑的雏形。

2001年,我们在《一课一练》图书中明确告知读者,使用《一课一练》者可以在期中考试前参加由《一课一练》的作者进行的一对一现场辅导,地点有在大学校园内的,也有在人民公园内的。辅导、咨询的场面很是热闹,也有个别家长是冲着请家教来的,他们非常希望能请到《一课一练》的作者来做家教。我们当时的口号是"《一课一练》也有售后服务了"。

为了做好售后服务，我们还做过一段时间的答疑。读者在使用《一课一练》的时候如碰到难题，可以写信、写电子邮件来询问，我们作相应的回答。问得最多的倒不是学生，而是个别给学生辅导的老师，他们担心不能把最好的解答告诉学生，希望拥有一题多解，这件事情有点"奇葩"。

配合《一课一练》的使用，2005 年，我们专门建立了"一课一练游学网"，把原本以文字呈现的学科习题融入角色扮演的卡通故事情景中，学生可通过不同种类的小游戏完成答题。为做到让学生有兴趣参与，网站特别研发了对战竞技平台，学生可以一对一或多对多地进行答题比赛。该平台不仅可以体现学生个体的学习水平，也能展现同学间的团队合作精神。在比赛及游戏学习的基础上，我们还为学生提供专业的学业评估报告，学生可从中了解到自身的学习情况。此外，网站人气极高的"伊玛竣乐园"板块为学生提供论坛交流平台，供学生交流学习、生活中的故事等。乐园中的近百种智力游戏，让学生在学习之余能够开动脑筋，激发想象力。

"一课一练游学网"为国内首创，当年点击率为同类教育网站之首。教育行政部门对这一网站都给予高度评价，网站还被评为上海市优秀教育网站。

从 2013 年秋季开始，针对《一课一练》图书中的部分难题，我们请名师录制微视频，扫描二维码即可观看解题过程，"网上一课一练课堂"也已上线。

版权输出，提升了国人的教育自信，让中国的数学教育走出国门

2015 年 2 月 9 日是让人兴奋的日子。这一天，我社与英国著名的哈珀柯林斯出版社签订合作协议，将《一课一练》数学科共 23 册的版权出售给对方，取名为"上海数学·一课一练"。此事件提升了国人的教育自信，标志着中国的数学教育走出了国门。

《一课一练》数学科为学生学习教材知识提供了由浅入深、由易到难、有序有趣的练习题。这些练习题是上海一线数学教师的教学经验的总结，体现了中国数学教育"教师示范、学生模仿、课后练习"这种高效率的、接地气的实际操作技能。使用《一课一练》的学生都能获得一步一步的提高，最终具备扎实的数学基本知识和基本技能。

以往，这种高效率的实际操作技能并未引起人们的关注。近年，上海学生两次参加国际 PISA 测试，成绩显著，这使得英国教育界对上海的课堂教学方式产生了浓厚的兴趣。英国教育部与上海市教委进一步合作，互派中小学数学教师，分享教学

经验。

政府间的合作止于课堂，而民间的合作延伸到了课后。

2014年7月，我社派专业编辑和版贸人员参加了在英国举办的国际数学教材发展与研究大会，借机推介了我们的《一课一练》，引用国内数学教育专家张奠宙教授的"创新要探究，打基础要练"的观点，告诉英国的出版社，《一课一练》就是供上海的学生课后打基础训练用的。而在英国当地，一些数学教育专家也从专业的角度评价了《一课一练》的价值。之后，经过多次洽谈，我们与哈珀柯林斯出版社达成合作意向并最终签约，出售《一课一练》的纸质和数字版权。

2015年10月5日，我们出版社参加了哈珀柯林斯出版社举行的《上海数学·一课一练》的首发式，这一上海的品牌教辅于2015年秋季进入英国的学校。

《一课一练》走出国门，启示我们的教育工作者不可妄自菲薄，要在吸收国外优秀经验的基础上，总结自己的成功经验，并将其提升为理论形态，在平等的基础上与世界各国同行进行交流，从而让中国的教育走向世界。

一套书、一座城市、一个商标

《一课一练》的销售是纯市场的行为，不少时候是通过代理商来实现的。有一段时间，印刷厂是半夜送货的，代理商听到这个消息后，半夜自行前来提货。为了拿到更多的图书，代理商时常因争抢而引发混乱，为此还出动了110。在新华书店的销售榜单上，《一课一练》曾多年位居教辅第一，销量是第二名的好几倍，曾出现过个别品种的年销量超过全上海这一届的学生数的现象。这也从某个侧面验证了在上海曾经流传的一种说法——没有一位教师不知道《一课一练》，很难找到一位学生没有使用过《一课一练》。

我们曾经请使用过《一课一练》的社内员工子女来做广告，他们的确伴随着《一课一练》成长，也是《一课一练》的受益者。后来，七位都考上了知名大学，其中多数成为国内外名校的研究生。

在每年的上海书展上，经常会看到这样一幕：使用过《一课一练》的家长带着孩子购买《一课一练》。父母会对孩子自豪地说："这套书爸爸（妈妈）小时候做过。"

很多从国外归来的上海学子，在回忆自己儿时的经历时，《一课一练》会不时地从他们的潜意识里蹦出。

这是这套有着 20 多年历史的丛书给上海这座城市留下的痕迹,《一课一练》已经成为很多上海市民的集体记忆。

10 多年前,我们还专门为《一课一练》设计了商标,得到了商标局的批准。由于图书的业绩显著,销售量大,"一课一练"于 2009 年成为"上海市著名商标",目前已三次获得这个称号。

权威媒体评选了 300 种改革开放 30 年以来最有影响力的图书,之后又评选了600 种新中国成立 60 年以来最有影响力的图书,其中教辅图书只有两种,一种就是《一课一练》。

……

与《一课一练》相关的重要事件大多发生在 10 多年前,那时的《一课一练》意气风发、独领风骚:她一直被模仿,却从未被超越;她几乎做到了上海学生人手一册;她曾遭到哄抢和囤积……

如今的《一课一练》另有一种淡定的从容之美:她依然是上海市场的"第一教辅";她依然被很多人追逐着,甚至被羡慕嫉妒恨着;她不仅改变着国人对教辅图书的认知——一套教辅图书竟然能将版权输出到英国,而且促进人们对学习理论的深入研究。

《一课一练》承担的责任是不简单的。作为与《一课一练》关系最密切的我们,在承载着这份荣耀的同时,更担当着使《一课一练》壮心不已的重任。

(华东师范大学出版社供稿,倪明、赵俊丽、舒刊执笔)

从张维为《中国三部曲》成功策划
看通俗理论读物的出版经验

《中国三部曲》

世纪文景公司

《中国三部曲》的市场反映和社会反响

张维为教授撰写的通俗理论读物《中国三部曲》(《中国震撼:一个文明型国家的崛起》、《中国触动:百国视野下的观察与思考》、《中国超越:一个"文明型国家"的光荣与梦想》),由上海世纪出版集团于 2011 年 1 月出版第一本,至 2014 年 8 月出版总结篇的第三本,历时 4 年,取得了《中国震撼》发行 92 万册、《中国触动》发行 30 万册、《中国超越》发行 25 万册的成绩,《中国三部曲》精装套装的发行量也达 1.5 万册。同时,《中国三部曲》获得了非常大的社会影响力。2011 年,《中国震撼》掀起全民对通俗理论读物的阅读热潮,习近平总书记推荐世界银行行长佐利克阅读该书。2012 年,《中国触动》上市,获湖北省委书记李鸿忠等各地领导的推荐。2014 年 8 月,《中国超越》一上市即获得中央相关领导和部门的重视,并再次引起《人民日报》、《光明日报》、《环球时报》、《红旗文稿》等主流媒体的重视,均发表大篇幅选摘以及作者文章。《中国三部曲》面世以来,获奖无数:《中国震撼》获第十二届上海图书奖一等奖,入选新闻出版总署全民阅读办 2011 年度大众喜爱的 50 种书(文化类)、2011 年上海书展暨"书香中国"上海周"最有影响力十大新书"、2011 年南国书香节"最受关注人文社科类图书",入选中宣部、新闻出版总署第四届优秀通俗理论读物推荐书目,被评为最受中央国家机关干部欢迎的 10 本书之一。《中国触动》为十八大主题出版重点图书,入选《光明日报》2012 年度光明书榜十大图书、河北省阅读办 2012 年第十二批推荐书目、新闻出版总署全民阅读办 2012 年度大众喜爱的 50 种书(文化类)。

《中国三部曲》的策划出版经验

1. 策划缘起与经验

本系列由上海世纪出版集团总裁陈昕同志组稿、策划,缘起于 2009 年 10 月上海世纪出版集团在德国法兰克福书展上主办的"中国经济 30 年"的研讨会。会议期间,陈昕同志与参会嘉宾张维为教授进行了交流,张教授近年来一直在思考中国经验,陆续发表过关于中国经济发展以及国际比较的文章。近些年来,随着中国经济的发展,中国在国际上的地位日益提高,关于"中国模式"的讨论也逐渐成为国际学界、媒体界的热点。陈昕同志敏锐地捕捉到这个热点,认为张维为教授既有着独一无二、丰富的海内外第一手资料,又有一个相对完善的分析框架,因此建议他将自己的观点写成书稿,在国内出版。经过与作者的多次商榷、讨论,陈昕同志与作者确认了这本新著的出版计划。这就是第一本《中国震撼》的出版由来。

《中国震撼》于 2011 年出版之后,获得了市场的热烈反响,同时,也取得了良好的社会效应。出版社了解到作者几年前在新华出版社出版过一本《中国触动全球》,系作者走访百国的游历手记,当时,该书的反响不是很大。考虑到该书的特点,以及因为《中国震撼》的成功出版,作者张维为也有了越来越高的知晓度,出版社决定修订再版《中国触动》,并微调内容,修改书名,从系列书的角度来打造一系列的通俗理论读物。同时,跟作者约第三部书稿的写作计划,希望作者从"文明型国家"概念出发,对中国话语、中国模式的文明性分析有更深入的论述。这样,顺理成章形成了《中国三部曲》。

《中国震撼》的成功出版,体现出通俗理论读物真正地走向市场。按照传统出版的方式,通俗理论读物的策划出版往往自上而下,理论的阐述多,现实的关怀少,往往是单线性的、灌输式的。而此次上海世纪出版集团对《中国震撼》的策划思路,不完全同于传统出版对政治理论类图书的策划思路。本书从选题策划开始,就把握住了当下中国的热点问题和社会思潮。

有了对当下热点的把握以及好的内容,接下来摆在出版者面前的问题就是:如何把这些内容打造成一本既有高度又受普通读者欢迎的图书？这部书稿主题立意高，内容切入热点，文字流畅好读，但是，通俗理论读物往往叫好不叫座，如何把这本书的特点突显出来，使之在大众市场上既叫好又叫座，这着实需要出版者对这本书的出版操作进行全新的思考和实践。

2. 出版营销经验

（1）项目组工作方式，重点项目单独立项，重点突破

上海世纪出版集团旗下世纪文景公司有过很多畅销书营销推广的经验，在非小说类图书市场中，也曾有过《他改变了中国——江泽民传》的成功推广案例。世纪文景公司在收到张维为教授《中国震撼》的书稿之后，对这本书实施"项目管理制"，一书为一个项目，由项目小组负责从编辑到营销的全程管理，以"营销于编辑初期介入"、"执行之中项目协作"、"发行与编辑良性互动"为原则，强调编辑、媒体营销、渠道营销相结合的立体出版模式。这种立体的模式，不仅使本书的编辑效率大大提高，而且使营销的效果落地，更实现了媒体影响与渠道反馈有机互动、相互促进，使本书不仅取得了很好的市场销售业绩，同时也获得了良好的媒体效应和读者影响力。在历时 4 年的整个系列的出版周期里，项目组不仅坚持观点的正确性与理论分析的高度，更是以问题为导向，努力为读者释疑解惑。

（2）以单本成功为契机，以作者为核心，打造成功系列

《中国三部曲》系列图书，最初只是一本《中国震撼》。经过市场的尝试之后，第一本获得成功，出版社跟进分析内容特点、市场的反响、读者的反馈，认为应该以成功的单本为契机，打造并突出作者，一方面挖掘作者已有的作品、文章，另一方面约写更新、读者更关注、市场更需要、从内容体系来说更深入的书稿。同时，明确将三本图书作为一个系列推出，尤其突出作者写作的特点与"全球视野比较"、"文明型国家"的独特概念，并冠以"中国三部曲"的强势概念，作为宣传的亮点。由此营销理念出发，一是在出版节奏上有明确的时间节点，不宜将出版周期拉得太长，4 年以内出版三本书；另外就是在书名的选择上，统一以"'中国'＋动词"为名，既简短有力，又符合"中国三部曲"的定位。由此，成功打造了系列书的出版。

（3）注重海外版权走出去，扩大通俗理论读物的国际影响力

在《中国震撼》于国内市场热销的同时，世纪文景公司还关注本书延伸版权输出和海外推广的工作。在国内市场的成功推广之后，世纪文景公司取得作者的认可和

信任,获得了《中国三部曲》一系列延伸版权的代理权。2011年7月1日,《中国震撼》的中文繁体字版由世纪文景公司和香港世纪出版公司出版,在香港和台湾地区发行,并于香港书展期间举行了新书发布会和作者的演讲活动。《中国触动》的中文繁体字版权被授予香港中华书局出版社,该书于2015年7月正式出版,在香港和台湾地区发行。《中国震撼》、《中国超越》的英文版权被授予新加坡双世出版公司,《中国震撼》英文版于2012年4月出版,并在英国伦敦书展期间举行新书发布会和主题论坛活动,《中国超越》英文版于2015年5月出版,并在美国书展期间举行新书发布会和主题论坛活动。《中国震撼》日文版、韩文版已经出版。以《中国震撼》为脚本改编的政论纪录片也于党的十八大前夕在央视播出。

注:《中国三部曲》系列图书由上海人民出版社出版。

(世纪文景公司供稿,蔡欣执笔)

《甲午殇思》策划始末

《甲午殇思》

上海远东出版社

《甲午殇思》的出版，要从一篇文章说起。

2014年3月3日，我在《参考消息》上看到了一篇国防大学战略研究所所长金一南将军撰写的文章——《从一场战争看一支军队》。看到这篇文章后，我直觉般地感到《参考消息》将连续刊发同类的文章，是个大动作，这组重头文章至少应有十余篇，应该是中央纪念和反思甲午惨败历史教训有关部署的体现。非常兴奋，因为我两年前的预判——"甲午战争120周年时会引发社会各界大反思"看来即将应验。

甲午战争对中国的影响太深刻了。我们分析，近年来中日对一系列历史问题的分歧比较严重，社会各界对于甲午战争120周年的关注度会非常高。在国人回归硬汉情结的潮流下，社会需要一本能对甲午战争进行立体解剖，拓宽阅读者视野，激发青少年读者爱国主义情怀和阳刚之气，引领阅读思潮的好书。

所以，看到《参考消息》上的这篇文章后，我立即打电话给《参考消息》的副总编辑陶德言同志询问情况，第三天我就站在参考消息报社的门口了。

后来发生的事情证明了我的预感是正确的。在金一南将军的文章面世之后，《参考消息》又连续刊发了29篇报道，力度之大前所未有。后来得知，这正是新华社解放军分社与参考消息报社早于2013年下半年就开始策划的"军事名家的甲午殇思"大型系列报道。金一南将军的文章发表后得到了习近平总书记的多次批示、关注与表扬，政治局常委刘云山同志批示"可以汇集出版并向社会推荐"。中宣部新闻局"新闻阅评小组"认为"甲午殇思"专栏文章振聋发聩,国殇如剑直指人心,"这些真知灼见既能帮助人们梳理历史情绪,也能帮助人们增强时代担当"。总政治部宣传部"军事新闻阅评小组"则认为系列文章站在时代与全局的高度,对甲午战争进行了客观冷静的反思,科学揭示失败的原因,深刻总结血的教训,激励国人知耻而后勇,"是一组值得反复研读的好文章"。

我本以为自己的反应不可谓不快,然而,让我没想到的是,同样有着快速反应的出版人着实不少,之后又有13家出版社的负责人找上门去洽谈合作出版事宜,我也只是早了几天而已。

客观地说,在14家出版社中远东社并不占优势。所幸,提早两年的预判与资料准备,让我们对甲午战争以及相关图书的出版意义有了更充分的思考。远东社递交的出版合作方案,没有过多涉及要发行多少万册,要支付专家们多少稿费等一般作者会关注的商业条件。我们当时就是觉得,作为出版人,这个时候应该跟随在将军们身后,一起为国家、民族反思历史贡献力量。

最终,新华社解放军分社与参考消息报社选择了远东社:"我们选择与徐忠良合作吧,他是同道。"

《甲午殇思》能编辑成书并公开出版,源于整个社会对"甲午"话题的关注与反思,得益于新华社解放军分社与参考消息报社高瞻远瞩的超前策划,更要感谢专家学者们振聋发聩的陈词。作者中既有长期从事军事学术研究的专家、学者,也有军队的中高级领导干部,还有基层部队的一线指挥员,其研究领域各不相同,反思重点也较为多样——宏观处从国家制度到军队建设,从文化力对比到海防思路分析,微观处从战略设置到战术执行,从国际法运用对比到谍报战后果,不仅让人开卷即有收获,同时对国家建设和军队建设也具有极强的现实意义。可以说,远东社出版的《甲午殇思》,是站在了巨人的肩膀上,而我们仅是做了出版人应该做的事情——用心编辑、出版有学术价值与社会价值的图书,回馈社会。

2014年5月初,经过严格的审定与修正,《甲午殇思》正式出版。成书将《参考消息》刊发的其中27篇5000字删节版文章都恢复成万字的完整版,又新增3篇文章,辅之以珍贵的历史和文物图片。

2014年6月3日,《甲午殇思》在中国人民解放军国防大学隆重首发,中宣部副部长兼文化部部长蔡武、国防大学政委刘亚洲上将等200多位领导、将军和专家出席,引发国际国内各界高度关注。

2014 年 7 月 25 日是中日甲午战争爆发 120 周年纪念日。"殇思·镜鉴———甲午战争 120 周年研讨会"于 24 日上午在中国国家图书馆总馆隆重举行。全国政协原副主席李金华,中国政策科学研究会国家安全政策委员会主任、中国人民武装警察部队司令员巴忠倓中将,军事科学院原副院长糜振玉中将,全国人大内务司法委员会副主任委员李慎明少将等 150 多名社会各界人士及海内外学术名家参加了研讨会,以广阔的视野在深入的背景中审视了甲午战争对当今中国的警示意义。

此后,为继续推动全社会深入反思甲午战争,上海远东出版社和参考消息报社、新华社解放军分社合作在上海图书馆举办第一个纪念甲午战争 120 周年展览。展览以图文形式展开了《参考消息》刊登的"军事名家的甲午殇思"和"学术名家的甲午镜鉴"两组大型专题报道的内容,来自 6 个国家的 60 位军、地专家学者的精彩观点和上海远东出版社收藏的甲午战后日本出版的关于战争的版画、文字史料相结合(其中不少史料是首次与读者见面),受到各界读者的热烈欢迎。2015 年 3 月,展览又在浙江省图书馆隆重举行,随后又进入了杭州市民政局与军休中心,为在杭州退养的解放军团以上干部展出。迄今为止,展览已经在上海图书馆、上海浦东新区图书馆、浙江省图书馆、安徽省图书馆、辽宁省图书馆与大连图书馆、抚顺图书馆等 25 个地区以上公共图书馆,以及上海交通大学图书馆、同济大学图书馆、上海师范大学图书馆、上海海洋大学图书馆、上海海事大学图书馆等 8 家大学图书馆成功举办,有超过 100 万人观看了展览,反响热烈,有力地扩大了远东社的品牌影响力,促进了《甲午殇思》的市场销售。

展览期间,发生了许多值得书写的故事,限于篇幅,在此仅举一例。辽宁省图书馆接受"甲午殇思"的展览后,居然直接拨款给 18 家地区以上公共图书馆,让各地图书馆自己喷绘远东社提供的电子展板内容,同一天在全省铺开,此举赢得了巨大反响。这么大的力度,远远超出了我们和参考消息报社、新华社解放军分社领导的预料。

此外,在《甲午殇思》制作过程中发生的几件事情,也让我们真切感受到来自社会各界的支持。如一位北京出租车司机师傅在送我到首都机场途中,听到我和北京大学的同学通电话说正在编辑刘亚洲上将等撰写的《甲午殇思》,竟说:"老哥,您出版这本书,特别解气,我高兴。"坚持不收出租车费。我说:"车费必须给的,如果您要支持我们出版这部《甲午殇思》,那么您就等书出版后,买我三本书吧。"司机师傅表示,三本不够,得五本。虽然我不能确定这位司机师傅后来是不是真买了五本《甲午殇思》,但他的话语给了我们巨大的鼓舞,因为这是来自社会基层的声音!还有一位承制《甲午殇思》纪念帆布袋的温州企业家，在看到帆布袋设计稿后，二话不说，每个袋子直降一元钱，以示对我们出版社的支持。当我向他表示感谢时，他轻轻地摇摇手说："不值一提，我只是做了自己应该做的事情。"后来的数据统计显示，互联网上的点击率持续攀升，各类信息转载、跟帖数超过 4 000 万条，各类载体受众超过 5 亿人次。

随后，《甲午殇思》获得了中宣部、国家新闻出版广电总局、中央电视台、《人民日报》、《光明日报》、新华社、《解放日报》、中国出版工作者协会等多家重量级机构和媒体评选的十余项奖项，如"2014 年度中国影响力图书"、"2014 年度社科类中华优秀出版物"、"2014 中国好书"、"上海世纪图书奖"等，并荣登纸质媒体、网络媒体各类推荐榜单和畅销榜单。到 2015 年 8 月，已累计重印达 14 次，总印数逾 20 万册，总码洋超过 1 400 万。

《甲午殇思》的热销为远东社赢得了荣誉，引发了一批与《甲午殇思》类似的军事历史类图书，如《甲午镜鉴》、《一战百年与中国大变局》、《谢晋元抗日日记抄》、《延安情》、《世界反法西斯战争 70 年警示录》等。这也让我们意识到，如果我们能将近现代中国从屈辱到重新崛起的历史，将国家民族的伟大复兴和"两个一百年"目标的实现结合在一起，将其确定为远东社今后的一个出版方向与特色，一定会给远东社带来质的飞跃。因为走进甲午，是为了走出甲午。《甲午殇思》的热销，从根本上来说，反映了当代中国人民希望从历史中汲取教训，重铸"国家魂"、"民族魂"，以实现民族复兴的中国梦之现实愿景。

（上海远东出版社供稿，徐忠良执笔）

主题出版之神来之笔
——复盘《平易近人——习近平的语言力量》

《平易近人——习近平的语言力量》

上 海 交 通 大 学 出 版 社

经典策划
119

为了给广大党员干部群众学习领会习近平总书记系列重要讲话提供一个愿意看、读得懂、记得住的读本,2014年初,我们本着服务党和国家大局的初衷,充分考虑读者因素,策划了通俗理论读物《平易近人——习近平的语言力量》。本书自2014年11月24日出版以来,发行近30万册,产生了很好的社会反响,受到业内专家的高度认可,各大媒体对其进行了集中、重点报道。在版权输出方面也表现不俗,目前,已经成功输出了英文、日文、韩文版权,另有泰文、中文繁体字版权也在积极商谈之中。可以说,本书真正实现了社会效益与经济效益的双效统一!

一、内化于心的办社理念:文理兼通,重点突破

我社近几年依托上海交通大学的优秀学术资源,把学科优势和学术优势转化为出版优势,初步形成了"大飞机出版工程"、"船舶与海洋出版工程"、"光物理研究前沿系列"和"能源与环境出版工程"等叫得响的专业模块。这类图书站在学科的前沿,质量优异,树立了我社在高端学术领域的良好形象。但是高科技图书受众面窄,对社会的整体影响力有限。而文科类图书易于通俗化,好似流水,在社会的流传度高。为了提升我社的社会影响力,扩大读者范围,我社根据出版社母体上海交通大学已发展为一所综合性大学的特点,确立了"文理兼通"的办社理念。一方面,我们继续做大做强

原有的强势板块——理工类图书;另一方面,积极开拓人文社科类图书选题。

在这个理念的指导下,全社编辑锐意进取,出版了《走近钱学森》、《叶永烈看世界系列》、《博物学文化系列》、《人体使用手册》、《江晓原科幻电影指南》、《一个人与这个时代》等影响广泛的图书,局面一下子打开了。《中国新闻出版报》曾撰文评价我社的人文图书:"理工社绽放人文之花。"

对于文科类图书的出版工作,我社不求全面开花,而要求定点突破:找到适合我社情况的某一个或某几个板块、主题,挖深做大,成为某些领域的最佳出版机构。例如,抗战类的出版题材有很多,我们根据交大社的作者资源和史料资源,紧紧抓住"东京审判"这一主题,深入挖掘,做深做透,出版了一系列东京审判的原始资料以及研究成果,在业界树立了品牌形象,取得了很好的社会效益。

在这个理念的指导下,《平易近人——习近平的语言力量》应运而生。

二、研究出版动向,关注社会热点,瞄准主题出版

自 2003 年新闻出版总署实施主题出版工程始,十多年来,各出版机构在政府部门的推动与引导下,围绕国家大局,在唱响时代主旋律、弘扬社会正能量、解读时事大政策、展示社会新成就等方面,策划出版了一系列主题出版物,引起了广泛的社会反响。有些主题出版选题不仅内容上叫得响,还有惊艳的市场表现,甚至成为畅销书,带动了整个图书市场的销售。如《习近平谈治国理政》、《解放战争》、《甲午殇思》、《理论热点面对面》等,不仅成为一个重要的图书门类,更展示了畅销书打造的一个新的动向——政社类通俗读物只要设计得好、表述得好,就可能成为新的阅读热点与畅销书类型。而在这个领域,并没有特别突出的市场先行者,每个出版机构都有机会。于是,我们下决心,在这里找突破口!

2014 年,国家新闻出版广电总局发布了当年主题出版的重点,如党的十八届三中全会精神、学习习近平总书记重要讲话精神、培育和践行社会主义核心价值观、庆祝新中国成立 65 周年等主题。我们紧紧围绕这些主题出版方向,对当年的社会热点进行了调研。

习近平上任以来,在各个领域提出了很多新的观点,有很多新的举措,体现了他一心为民的真挚情怀,得到了广大百姓的交口称赞。习总书记的一言一行是各大媒体、街头巷尾热议的话题。

我们认为：学习习近平总书记重要讲话精神既是 2014 年党中央、全社会最大的热点，又符合 2014 年主题出版的大方向，是值得深入探讨的选题方向。并且，主题出版与社会热点紧密联系，本身就蕴含着潜在的巨大的读者群，政府也非常支持，如果在内容选题、写作方式上多作创新，这个主题将会大放异彩。

三、独辟蹊径，创新选题和写作思路

但是，学习习近平系列重要讲话精神的图书已经出版了很多，我们如何在这么多图书中脱颖而出？

我们首先对已经出版的有关图书作了梳理，找出已经出版的图书的一些特点：偏学术，就理论讲理论，适合理论工作者、研究人员工作与学习之用；全书逻辑体系偏向教科书式，比较呆板；阐述的语言比较枯燥，容易使读者产生距离感。普通读者对这样的图书根本提不起兴趣。

我们决定创新我们的选题思路，避开抽象晦涩的理论讲解，避开空洞说教，避开学术论文范儿，避开教科书式的宣讲。我们既要做到内容上有所创新，又要做到形式上有所创新。

习总书记上任以来，他别具特色的语言风格给了老百姓深刻的印象，如他用"老虎、苍蝇一起打"来形容反腐，用"治大国如烹小鲜"来形容治国，用"没有比人更高的山，没有比脚更长的路"来谈坚持改革的重要性。

俗话说：语言是一个人精神的外现。这些民间俗语、形象比喻、诗文引用，既朴实无华，又深刻透彻，习总书记信手拈来，运用得恰到好处，深入浅出地表达出了他的治国理政思想，让老百姓听来亲切、易懂。这些鲜活、富有个性的语言，不就是我们辛苦寻找的切入点吗？

从富有特色的语言入手，从语言、文化起源讲起，最后落脚于习总书记讲话的深刻含义上，这个写作思路在市场上已经出版的图书中难觅踪迹。加大信息量，多引用古今中外的例证，这样的写作方式既充满了人文气息，拉近了和读者的距离，又不乏思想深度和理论高度。

沿着这样的思路，我们策划了一个鲜活且不落俗套的书名，设计了清晰活泼的章节标题。"接地气"的表述方式让读者能顺着作者的思路，越读越有味。

整本书，都能看到我们创新的痕迹……

四、编写一体,改革编辑工作方式

我们有一个理念:"编辑要走在作者前面!"实际上就是要求编辑主动策划,赢得先机,把控全局。

从确定书名、主题,到搜集资料及分类,再到确定分篇原则、确定样稿的写作思路和写作风格、确定全书架构及文章的排序方式,甚至到确定每个小标题的风格,编辑都很好地贯彻了这一理念。

如,本书70个词条的选择与整理,都是编辑做的工作!编辑用了几天时间搜集了十八大以来习总书记的所有讲话,提炼出其中有特色的语言表述,再在这些表述中提炼出可进一步创作的词条,对这些词条进行分类。

编辑不仅给作者提供这些词条,还把这些词条的出处、原文等材料都核查准确。这样做,既让编辑自己通晓了图书内容,与作者沟通时胸有成竹,又节省了作者写作的时间,加快了项目进程。

本书从策划直至最后出版,编辑始终和作者保持着密切的沟通,对编辑与作者的合作方式进行了全新尝试,真正做到了"编写一体",提高了出版效率,很好地贯彻了出版社的意志,确保了本书以读者为中心的写作初衷。在本书的出版过程中,编辑也切实提高了自己的策划能力、内容把控能力、与作者沟通能力。

五、作者的选择是一门学问

摆在我们面前的,还有一个问题:选择合适的作者!

首先,我们需要一个权威学者来为全书把脉,确保本书的每一句阐释都精彩到位。中央马克思主义理论研究和建设工程首席专家、上海交通大学马克思主义学院特聘教授陈锡喜很赞同我们这个选题,他虽然非常繁忙,仍然接受了我们的邀请,担任本书的主编。

本书作者团队的另一个特点是年轻、学科互补。

丁晓萍老师毕业于北京大学中文系,现为上海交通大学人文学院副院长。丁老师负责撰写本书的"诗文引用篇"。她有扎实的文学功底,文笔优美,能让读者在古典漫游中感受到习总书记的语言力量。

汪雨申老师系上海交通大学人文学院党总支副书记,是全国大学优秀思政教师。黄庆桥老师亦多次获评上海交通大学优秀思政教师、青年优秀教师。他们有扎实的理论功底、丰富的教学经验,非常了解青年读者的心理,所写的"形象比喻篇"和"俗文俚语篇"将大道理化于无形之中,读起来轻松愉快。

六、全社协作,完成重点项目的运作

本书在选题之初,即被定为社内重点项目,得到了社领导的高度重视,由社领导亲自任协调组组长,调动社内外全部力量来推动项目进展。本书成立了编辑组、宣传组、出版印刷组、会务组、营销组,每一组都由副社长、副总编亲自负责,确保将每一个环节做深、做细、做透。

编辑团队的工作前面已有叙述,不再重复。

宣传组在书稿付印前就开始酝酿宣传计划,调动一切媒体资源,火力全开。他们的任务是在尽可能多的场合增加本书的曝光度。本书由此登上了《人民日报》、《光明日报》、《解放日报》、《文汇报》、《中国教育报》、《中国新闻出版报》等重要媒体的头版,也亮相中央电视台、北京电视台、东方卫视等重要电视媒体,更登上了各大新书榜、好书榜……

出版印刷组负责选择性价比最高的纸张、印制质量最好的厂家,并要保证短时间内大批量印刷,跟上市场的节奏。

会务组精心协调,圆满完成本书分别在上海、北京两地举办的高规格会议,造成了较大的社会影响。

营销组在选题之初就和编辑保持密切的沟通,根据书稿进程,提前布局营销工作。线上、线下齐头并进,纸质、数字同时进行。书稿付印前,几笔大的订单已经提交到我社。

一个大项目的运作绝不是某一个人可以独力完成的,需要项目组共同的价值追求,需要全社上下的合力,需要创新精神,需要勇气与决断。《平易近人——习近平的语言力量》犹如神来之笔,这样的好书好选题可遇而不可求。但是,只要我们保持一颗追求卓越的心,这一辈子,总是可以做几本好书的。

(上海交通大学出版社供稿,刘佩英、吴雪梅执笔)

准学术亚畅销书类

曲

不朽的大师　永恒的传奇

——复旦版《中国科技的基石——叶企孙和科学大师们》出版札记

《中国科技的基石——叶企孙和科学大师们》

复 旦 大 学 出 版 社

他是中国杰出的科学家、教育家,曾任清华大学理学院院长、西南联大理学院院长,并长期担任清华大学负责人。他培养了杨振宁、李政道、王淦昌、赵九章、钱学森、王竹溪、钱三强、程开甲、彭桓武、王大珩、钱伟长、秦馨菱、戴振铎、朱光亚等一大批杰出院士和"两弹一星"功臣及现代科学各学科的学术带头人,直接或间接培养的两院院士和外国科学院院士达 300 余人。

他就是叶企孙,中国现代科技的主要奠基人之一。

2008 年,恰逢叶企孙先生诞辰 110 周年,复旦社再版了虞昊、黄延复著《中国科技的基石——叶企孙和科学大师们》。10 年前的 1998 年 3 月,时任复旦社副总编辑的龚少明主动联络作者开始了本书第一版的组稿。经历了两年多的反复沟通、协商、退改、编辑整合,该书于 2000 年 9 月正式出版。该书出版后,广受好评,著名教育家、科学家顾毓琇老人认为"此书可以传世",美国工程科学院院士戴振铎认为此书"对今后祖国科技的发展与伦理道德的教育一定有很大影响",中国科学院院士彭桓武评价此书"洋洋巨著,忙忙粗读一遍,甚感内容丰富"……

精品从磨砺中来,《中国科技的基石——叶企孙和科学大师们》的出版,见证了编辑和出版者的眼光、识见和功力……

一

　　1998 年初,叶企孙先生诞辰 100 周年。龚少明正在物色叶企孙传记的作者。龚少明毕业于复旦大学物理系,此时在复旦社供职已十多年。学物理出身的他,曾受教于叶企孙的学生周同庆院士,对叶先生的成就和人生较为熟悉,他深知叶企孙在中国当代科学发展史上的地位和巨大作用。有感于叶企孙先生逝世 21 年来,其科学成就和教育思想一直没得到足够重视,寻找合适的作者写一部能够彰显叶企孙先生个人成就和风采的传记,就成为他一直萦绕于心的事。

　　一次偶然的机会,龚少明在 1998 年 3 月 13 日的《中国民航报》上读到一篇长文——《万古云霄一羽毛——为叶企孙教授诞辰一百周年而作》。该文从早年成就(测定普朗克常数)、办学经历、政治思想以及晚年生涯等几个方面对叶企孙先生的一生志业作了较为全面的论述。几天后,龚少明就与《中国民航报》编辑部取得了联系,得知该文作者黄延复为清华大学校史研究室专家,1950 年代毕业于清华大学,对清华校史极为熟悉。他随后便与黄延复取得了联系,表达了复旦社希望请他撰写一部叶企孙传的想法。

　　在给黄延复的信中,龚少明明确提出请作者在家庭背景、成长历程、治学经验、学术成就、工作业绩和特殊经历等几个层面描述叶企孙先生辉煌的一生。作者在接到信函后,向编辑提出,想要这六个方面都有涉及,尤其是治学经验、学术成就、工作业绩等,如果没有物理学的学科背景,恐怕很难做好。恰好此前不久,清华大学物理系的虞昊教授曾出版《一代师表叶企孙》,对叶先生的生平和专业研究成就他都有深切的认识。于是,黄延复便邀请虞昊共同撰写这部叶企孙传。随后,龚少明分别给两人打电话,希望两位作者分工协作、相互配合:虞昊从物理学研究及教学角度侧重写叶企孙先生的学术成就、工作业绩和特殊经历;黄延复则侧重于写叶企孙先生的家庭背景、成长历程及治学经验;并由黄延复出面邀请清华大学校史研究室的田彩凤帮助整理叶企孙大事年表。在选题报告中,龚少明对作者背景以及本书结构作了清晰简练的勾勒:

　　　两位作者都是清华大学 50 年代初期的毕业生,长期从事清华大学档案

　　和校史研究工作,对中国科技的发祥地清华大学同中国科技发展的关系作

过长期跟踪研究。在撰写本书的过程中得到叶企孙的侄子叶铭汉院士和杨振宁、李政道、顾毓琇、钱伟长、朱光亚、王大珩、周光召等一大批中国科技精英的支持。作者们曾发表过很多与西南联大、清华大学校史有关的人物专访、专论等,是老一辈科技精英和海外华裔科学家的老朋友。

　　本书分为三部分内容:第一部分重点介绍叶企孙的生平……第二部分评说叶企孙的教育思想……第三部分是叶企孙年谱。

通过这样的介绍,出版社获悉编辑发现了一个极具价值的选题,并找到了最合适的作者。

二

　　经过一年多的艰辛努力,1999 年 10 月,两位作者将合作完成的《叶企孙传》交给了龚少明。

　　浏览书稿后,龚少明感觉书稿与当初的设想相去甚远。书稿成了两个独立的部分:黄延复撰写的"上部"侧重史料,而且撰写过程中选用了叶企孙在西南联大、解放初期以及后期的很多日记,虽然日记有史料价值,但过多罗列和使用日记降低了书稿的可读性;虞昊撰写的"下部"侧重评论,但与"上部"有大量重复,在同一历史事件的叙述等方面也多有矛盾。此外,由于两位作者分头撰写,沟通不够,各自撰写部分的篇幅"大大膨胀",字数达到 80 多万字,远远超出了编辑当初的设想。

　　在约请两位作者合作修改书稿却无明显改进的情况下,征得作者同意,龚少明决定亲自对书稿做一次"外科手术",将两部分书稿"糅合"到一起。

　　"糅合"的过程极为艰辛。龚少明在通读原稿的基础上,将上、下两部分书稿打乱次序,重新组合,最终形成"青少年时代的科教兴国梦"、"中国近代物理学的奠基人之一"、"从特种研究所到国防现代化事业"、"中国现代科技的主要奠基人"、"叶企孙的教育思想"、"抗战期间——西南联大"、"复员、过渡时期的 20 年"、"叶企孙的政治态度"、"狂衅覆灭,岂复可言"九章。对其中许多章节的内容,龚少明都根据需要作了完善,如:本书第一章原为九节,经修改后,加上第十节"科学精神",总结了叶企孙是如何在科学精神的导引下一步步实现他的科教兴国梦的;第三章原为六节,编辑处理后加上"在国防现代化里程上受到的支持"、"信息科学与国防现代化"两节,使第三章内容更为充实。类似的"大手术"多达数十处，使本书最终的逻辑结构较为合理，前后内容也较为顺畅一致。

考虑到读者的阅读需要，编辑以为 80 多万字的书稿过于"庞大"，经两位作者同意作了大幅度的删减。在删改的过程中，编辑既照顾到书稿的完整性和统一性，又兼顾到两部分内容的均衡，不至于因内容删改伤害任何一位作者的感情。尤其值得一提的是，并不是整章整节地删除，而是根据需要采取了"抽取式"删除的方法。这不仅要求编辑对书稿内容和所涉专业有较为全面的把握，同时又要有较高的编辑技巧。龚少明在删改书稿时有两个原则：一是服务于本书"科教兴国"主题的内容原则上不删；二是有重大历史文献价值的资料一定保留。而游离于主题的内容则是"抽取式"删除的重点。经过大幅度的"瘦身"工作，书稿从 80 多万字缩减到 50 万字以内。后来限于篇幅，根据编辑的建议，叶企孙年表也删掉了。

作为蜚声中外的物理学大师和著名教育家，叶企孙先生一生社会活动广泛，与科学界和教育界的许多知名人士交往密切，留下了大量珍贵的照片。在进行书稿编辑的过程中，编辑函告两位作者，请他们提供反映叶企孙先生成长经历及社会活动的照片。为此，作者虞昊积极与叶企孙先生的侄子叶铭汉联络，获得了大量珍贵照片。作为"图像证史"的重要手段，这些珍贵照片与文字内容相得益彰，大大丰富了本书内容，也直观形象地展示了叶企孙先生的风采。

在书名的选取上，编辑也是思量再三。本书原拟书名为"叶企孙传"，作者完成书稿后，发现篇幅很大，史料繁复，拟改为"评传"、"传与评"、"大传"、"详传"。编辑审稿后以为：本书不仅详细描绘了叶企孙先生的一生，同时也以丰富的史料勾画了吴有训、周培源、梅贻琦、翁文灏、顾毓琇、赵忠尧、萨本栋、李书华、竺可桢、饶毓泰、吴大猷、黄子卿、熊庆来、杨武之、严济慈等一批留学回国的科技界、教育界元老的事迹。经与作者协商后，最终定名为《中国科技的基石——叶企孙和科学大师们》。

三

《中国科技的基石——叶企孙和科学大师们》于 2000 年 9 月出版后，受到社会的广泛关注。《中华读书报》、《科学时报》、《中国科技史料》等多家媒体作了报道。叶企孙先生的家属、生前好友及学生纷纷致信复旦社，对此书的出版给予了高度评价。彭桓武、戴振铎、叶润田等人在充分肯定本书价值的同时，也对个别史实提供了新证据。

在此后 8 年左右的时间里,编辑龚少明与作者书信往来数十封,在信中作者补充提供了很多新的史料,为本书的修订再版奠定了基础。

2007 年 5 月,作者之一虞昊教授致信我本人,告诉我 8 年过去了,本书依然在读者中有较大影响。信中说:

> 向您们汇报一点我所了解到的情况,它反映出贵社的这件出版工作的影响,也就是对科教事业作出的贡献。
>
> 1. 著名华裔学者顾毓琇老于 2000 年 11 月 30 评价此书曰:"此书可以传世。"
> 2. 首位荣获 H. Hertz 金奖的华裔学者、美国工程科学院院士戴振铎于 2000 年 12 月评价此书:"对今后祖国科技的发展与伦理道德的教育一定有很大影响。"
> 3. 台湾新竹市清华大学校友会理事长、著名作家陈健邦于 2001 年底出版的一本获得李远哲、顾毓琇等名家好评的著作《挑灯人海外》内有多处评价此书,如 309 页:"过去一年中,在我所阅读过的大陆书刊中,有三本我认为是最有价值的:其一是,虞昊、黄延复著作之《中国科技的基石——叶企孙和科学大师们》;其二是……分别对科学教育、学术文化、社会经济现象,做了深入探讨,展现了大陆学人之思想能力,其用心和作品水准远在台湾(地区)一般之上,使我对中国的前途较乐观。"
> 4. 2001 年清华大学为纪念建校 90 周年,摄制几部电视片介绍办学的成就,其中一部片子描述清华在"两弹一星"高技术方面的贡献,请清华工程物理系原主任讲述筹办清华工程物理系的经过。片子完成后,编剧(《人民日报》记者部副主任钱江)和导演读完刚出版的《中国科技的基石——叶企孙和科学大师们》后发现该电视片有些地方与史实不符,决定重拍,并由一集扩大为 10 集,更名为《我愿以身许国——两弹一星元勋的故事》。第一集专门介绍叶企孙,其后 9 集分别介绍 23 位"两弹一星功勋奖章"荣获者,基本上遵循此书,钱江在写出第一集剧本时还让我审改。2002 年清华校庆时,10 集电视片试映,请"两弹一星"功臣们及其家属审阅,反响很好。
> 5. 今年上海电视台纪实频道《大师》栏目的编导阅读了此书后才获悉叶企孙的为人、贡献均超过他们已播映的各著名大师,可称得上一些报刊所说

的"大师的大师",立即与我联系,准备来京摄制介绍叶企孙。现在经过一段时间的努力,已于五一节时完成了外摄工作,不日将隆重播映。

此外还有一些个例,如泉州五中教师郑元禄,他受此书鼓舞,退休后努力克服残疾,奋力工作,今已在泉州成为有点名气的科学撰稿人(附上他给我的一封来信)。清华电机系一名全国优秀博士论文作者雷银照读到此书后爱不释手,多次向我称赞此书……在清华完成博士后,先后被中科院和北京航空航天大学争聘,今已成为北航主力博士生导师、科研主力之一了。最近清华大学力学系一名获大奖的优秀博士后赵红平因读到此书,收获极大,竟一下子买了好多本送人,认为是对青年人的最佳礼品,可让更多学生受益成良材。

我收信后随即回信虞昊教授,告诉他我们会进一步完善本书,争取在叶企孙先生诞辰 110 周年之际推出新版:

正如您所言,这本书出版后在海内外引起极大关注。根据我们掌握的资料,本书出版后,除您提及的顾毓琇、戴振铎两位先生,李政道院士、王淦昌院士、彭桓武院士、钱伟长院士等多位物理学界知名专家都给予较高评价;《科学时报》、《中华读书报》、《文汇读书周报》、《物理》、《物理与工程》、《现代物理知识》、《物理实验》、《人物》等多家媒体对该书的出版作了报道并给予较高评价。您提及的台湾作家陈健邦更是在其《中微子的探索——挑灯人海外》中三次提及本书,在《重振辉煌的呼唤——评〈中国科技的基石〉》一文中,作者认为,本书的出版"对中国科技发展的重要历程提供了回顾"。

《中国科技的基石——叶企孙和科学大师们》引起如此反响,是叶企孙先生一生奉献祖国科技事业的生动事迹感动了读者,也是您与黄延复先生的生花妙笔使读者在感情上产生了共鸣。本书初版时,由于时间仓促,在编校方面存在不尽如人意之处。为满足广大读者的需要,我们计划重印此书,依据您的建议,精编精校,消除初版疏漏,为读者奉献一个全新的精良的新版本。同时我们也会拓宽发行渠道,使更多的读者能够读到此书。

2008 年本书再版时,龚少明对书稿又作了进一步的编辑、加工和完善。第一版中收录了叶企孙先生在"文革"艰难处境中被迫写下的大量"交代"资料。新版修订时，龚少明考虑到，在那风雨如磐、人格扭曲的年代，所谓的"交代"大部分都不是当事人内心的真实表现，具体到叶先生本人，"文革"中他身心备受摧残，精神几近失常，这些"交代"不仅不能反映他真实的精神状态，对于我们弘扬叶先生的科学成就、教育思想和后人正确认识叶先生的历史功绩也没有丝毫帮助。因此，龚少明在保留叶先生受迫害基本过程的前提下，遂将详细的"交代"材料删去，增添了赵九章等老一代知识分子在"文革"中的不幸遭遇和部分当事人的回忆文章，这样读者可以从更广阔的历史总体背景下了解这段令人不堪回首的历史。

　　从 1998 年组稿开始，到 2008 年本书再版，10 年的时间过去了。回首往事，不禁感慨系之。我觉得，"发现力"是编辑的重要能力之一：通过它，我们可以发现好的选题，进而为选题找到最合适的作者；通过它，我们还可以发现书稿的"可取"与"不可取"之处，通过编辑加工，创造出优胜于原稿的"成品"。在本书的编辑过程中，我们深深体会到与作者沟通的重要作用，通过与作者的数十封通信，编辑与作者之间不断就文稿内容达成共识，编辑获得了更多的资料依据，这些书信也为本书的"诞生"提供了宝贵的档案文献。可以说，书信的价值远远超越了单纯的"电话"沟通。此外，有些重要作者的来信，其本身就是非常有传播价值的文献，对图书的宣传推广有重要意义。本书编辑过程中的书信沟通即是最好的证明。2007 年 6 月 15 日，《文汇读书周报》刊发了虞昊教授与我的通信，引起读者的关注；2008 年 10 月，《中国科技的基石——叶企孙和科学大师们》(第二版)正式出版，依然受到读者欢迎……

（复旦大学出版社供稿，贺圣遂执笔）

《彩图科技百科全书》策划创意

——营造创新文化的一个科普努力

《彩图科技百科全书》

上 海 科 学 技 术 出 版 社 、 上 海 科 技 教 育 出 版 社

建设创新型国家,需要有良好的创新文化氛围。营造创新文化环境,科普书刊能够发挥自身的重要作用。《彩图科技百科全书》就是为营造创新文化环境作出的一个科普努力。

这套由《科学》杂志编辑部策划,由上海科学技术出版社和上海科技教育出版社联合出版的科普类百科全书,从策划立项到出版发行,历时逾十年。全书以彩色精装铜版纸印制,共五卷,含576个条目、6 000多个知识点、约3 000幅图,为读者描画了当代科学技术的概貌轮廓。

科普书刊的任务是做好传播普及科学的工作,促进广大公众了解科学,树立科学观念,提高科学素养。科学的本质是向未知世界探索求真,求真每前进一步都需要创新。经过人类千百年来的探索求真,当代科学已经成为一个完整的知识体系,其中每一个知识点都是通过创新得来的。介绍好科学的求真本质和整体面貌,是有利于营造创新文化氛围的。这应该是科普书刊下功夫的两个基本方面。正是对这两个方面的追求,引发了编纂《彩图科技百科全书》的构思。

一、策划创意源于"从整个根本入手"的科学传播理念和实践

《彩图科技百科全书》的策划创意,与《科学》杂志长期以来传播科学的理念和实

践是有密切关系的。

《科学》是在 20 世纪初多数国人尚待科学启蒙的年代,由一批后来成为中国第一代科学家的爱国留学生创办的。这批爱国青年在留学生活中通过中西方文化的比较认识到:科学是"研究天然与人为现象所得结果之总和",是"西方文化之泉源";"可以教人求得有系统之真知识的方法,叫做科学精神";介绍科学"不从整个根本入手,譬如路见奇花,撷其枝叶而遗其根株,欲求此花之发荣滋长、继续不已,不可得也"。正是基于对科学本身和科学传播的这种深刻认识,他们于 1915 年办起了《科学》杂志,在中国开始了"从整个根本入手"传播科学的事业。[①]

办刊五六年之后,为了促进更多国人了解科学,他们联络同道合作翻译了一部"能使坚冷无生气之智识对于吾人举生趣味"的英文版著作 *The Outline of Science*,冠名"科学大纲",由商务印书馆出版。这是一套百科概览性质的四卷本科普著作,在当时享有取材精新、叙述明了、图画精美、例证众多的声誉。更可贵的是,该书所"传述科学之方法",能使"读者不但了然于科学之进步,且将奋起其自行研究之心",有利于读者汲取新知,更新知识结构,树立科学观念。[②]从而,在当时科学教育还很薄弱的中国,起到了很好的科学传播和启蒙作用。

在中国的改革开放年代,《科学》的办刊环境已与国人亟待科学启蒙的年代不可同日而语。但是,当代公众对于科学和技术的了解、理解与时代的要求仍然存在明显差距。其一,科学技术发展迅猛,不少人在离开学校多年后,了解的科学知识相对陈旧;其二,学校教育存在着学科间缺乏沟通、科学教育与人文教育脱节的问题,不少人对当代科学缺少总体概貌的了解与把握;其三,由于应试教育的弊病,学习的工夫多耗于片段知识的记忆和题海练习上,而科学的真谛,其本质和文化内涵,恰恰不是"徒事记忆模仿者"[③]所能学到的。一个人的科学文化素养与其已有知识的结构有关。如果知识结构不合理,则很难随时代的进步提高自己的科学文化素养,上述问题的存在妨碍了公民科学素养的提高。

在对现代科学技术的总体轮廓有概貌了解的基础上,达到对当代科学和技术的本质有所认识,有利于形成合理的知识结构——这是现代公民科学文化素养的一个不可缺少的组成部分。针对上述问题,科普书刊应该在科学的本质内涵和整体概貌两个方面的普及上作出自己的努力。

《科学》的新一代编者,也在办刊实践中遇到了上述问题,从而更认识到"从整个根本入手"传播普及科学的重要性:做好"整个"(即科学的整体面貌)和"根本"(即科学的求真本质)两方面的普及，公众对科学的整体概貌和探索求真精神越了解，便越愿意探求新知，越能理解科学，越能树立全面的科学观，越能具备良好的科学素养。基于这些认识，并受到《科学》前辈编者成功译介《科学大纲》的启发，《科学》编辑部在编委会的帮助与支持下，形成了策划一套中国版新编《科学大纲》的思路，遂提出了《彩图科技百科全书》的编纂设计。

二、编纂工作在于"整个"与"根本"两方面的科普实现

要"从整个根本入手"编好这部《彩图科技百科全书》，让它发挥出百科概览式的科普效果，需要做到以下三点：一是展现科学认识世界的整体性和探索性，即综合性好；二是所表达的内容让设定的读者(受过基础教育的公众)容易理解接受，即感染力强；三是对现代科学技术内容的表达准确，即可信度高。这是该书包括总体设计、编撰组织、体例规范、构思撰写、审稿修改、加工校对、排版制作等在内的全部编纂工作的三个努力目标。也就是说，编纂工作在"整个"与"根本"两方面作出的全部科普努力，是希望在综合性、感染力和可信度三方面求得好的效果。

为了便于描绘科学对世界探索认知的整体面貌，该书不取传统的学科分类方式，而选择宇宙、地球、生命、人与智能、器与技术五条线，把自然对象和人造对象串联编织起来，形成了五组图文并茂的现代科学技术概貌画面。全书五卷，前四卷分别描述当代科学对物质世界、地球系统、生命系统和人类自身的已有认识及相关技术成果，第五卷则展示人类创造发明的技术历程。

为了便于公众理解，各卷条目的选取不从抽象的理论概念出发，而以比较直观的人类探知的客观对象(自然对象或人造对象)列条。每个条目对其所指的对象，力求进行沟通科学各分支、沟通科学与技术、沟通科学与社会的综合性介绍，尽量体现科学认知的探索性，对重要的理论概念也注意进行必要的介绍和解释。每个条目在版面上占一个和合面，即每个条目的图文内容全编排在一眼可及的两整面上，便于读者阅读。在内容的科普表达上，既让文说话，也让图说话，两者彼此呼应，图文并茂。这里的"文"即释文，"图"称"示图"，因为，在该书中示意图片具有相对独立的表达功能。每个条目和合面的右下角列有相关的参见条，每卷末编有附录和索引，为读者提供查阅的便利。

示图是该书的半边天，为了让图说话，不仅要求它正确表达科学内容，还要考虑

表现形式的美观,并且要以读者能够理解、便于接受的方式展开。这样,示图便不能取抽象单调原理图的形式,也不能取装饰性图例的形式,而是要体现现代科学看待世界的眼光,展示科学发现与技术发明的历史进程,含有必要的科学知识示意和社会人文气息。

构思制作这样的示图,需要有科(学)艺(术)双修的专家,而编辑部和出版社没有这样的专家,也缺乏这方面的工作基础。这样,示图的构思制作便成了实现上述科普目标的一个大难点。难点的克服是从编辑部自身摆脱"文理分家"、"科(学)艺(术)不通"带来的困境开始的。而造成这一困境的原因恰恰又是编辑部提出编纂这部书的原因之一。这也表明,要做好一项科普工作,常常要从改变自身开始,从自身通过学习求得知识和能力的更新开始!

解决的办法是科学编辑与美术编辑合作,彼此取长补短。科学编辑在专家作者的帮助和指导下,尽量吃透条目主要知识点所表达的内容,找到合适的表现科学内容的构图素材,然后与美术编辑讨论构图;美术编辑在与科学编辑交流构思示图的过程中,尽量领会待做示图的科学内涵,然后进行再构思和制作。这一过程既是互相合作的学习过程,也是一个共同提高的创新过程。全书五卷中所有主要知识点的彩色示意图(即主题图)就是这样产生的。

在示图的构思与制作上,还注意形象地反映人类科学发现、技术发明的创新历程。例如,第五卷以系列图的形式,表现技术自古至今的发展历程、技术对文化传承方式和交通运输方式的影响、现代社会的技术成果和技术设计方法,以及技术的发展与环境的关系等,既给出随着社会的发展,技术成果的表现形式之变迁,又试图给读者一个正确看待人类技术发明成果的社会视角。从而,向读者形象地展现了技术发展的历程和现况。该卷还借鉴古籍《天工开物》中插图的表现手法,以中国传统的绘画风格表现中国古代的技术成果,颇具中国特色。

为了使所有的科普努力在一个可靠的科学内容基础上去实现,编辑部约请了350位专家学者参加撰稿工作。这些来自全国高等学校、科研院所等科研教学第一线的各学科领域专家,依据对所述对象的深入了解,撰写条目释文,从源头上保障了内容的科学性。同时,编辑部聘请了各主要学科领域的知名学者(含8位中科院院士)组成全书编委会,指导全书的编纂工作;还组织了分卷编委会,指导各卷的撰稿工作,并承担各卷的审稿工作,检查初稿及稿件经科普性的改写加工后的内容科学性。

经过这些努力,在全书五卷的近 600 个条目中,约 3 000 幅示图与释文交织成

6 000个知识点，试图让读者触摸到整个科学技术的轮廓（而不只是段枝片叶），捕捉到科学技术看待天地万物的眼光（观点和方法），感受到自然界的演化、人类认识和创造能力的进步。这是编纂该书的初衷，也是编纂工作全部科普努力的落脚点。

三、初版问世呼唤中国版"当代公众科学素养的基本知识构成"

在这部由《科学》杂志催生的彩图百科全书终于完成之际，《科学》杂志也迎来了她的90岁生日。在纪念《科学》杂志90周年的学术研讨会上，有关专家回顾了这套百科概览性工具书从策划、组织、编纂直至完成的整个过程，指出这也是《科学》杂志新一代编者实践以人为本，以提高公众科学素质为目标的科学传播理念，不断学习、创新和提高的过程。

这些年来，市场上所能见到的各类精美的彩图百科类图书基本上都是引进版的。编纂出版一部中国原创的《彩图科技百科全书》既耗时费力，又难以在短期内获得大的经济效益。在这样的情形下，两家出版社仍作出决策，投入大量人力和财力进行编纂，并且申报成为"九五"和"十五"国家重点图书出版规划项目来予以重点支持，为的就是要编出一部反映中国科学家对现代科学技术知识体系的最新认识的新《科学大纲》，使这部新《科学大纲》既能成为今天的读者更新知识结构、提高科学素养的一部可读可查的工具书，又能为大中学校正在进行的课程和教材改革提供有参考价值的素材。

要保证所选的近600个条目中的6 000个知识点是构成现代科学技术知识体系的基础，能勾勒现代科学技术轮廓，而且有助于广大公众获得合理的知识结构，就需要知道当代中国公众科学素养的基本知识构成。若能有这样一个知识构成作标准，来确定这部百科全书的基本知识点，便能让它更好地服务于提高公众科学素养的目标。为此，编辑部参考了美国面向21世纪人才培养的跨世纪计划——"2061计划"的《科学内容标准》和《技术内容标准》，也了解了国内全民科学素质行动计划的内容和基础教育的课程标准等，试图得到一个当代公众科学素养的最低限量知识构成。虽然这是一项需要由科学界、教育界等各方面的专家作专门系统研究的庞大项目，单靠一部书的编纂力量是难以胜任的，但是编辑部按照这一思路，参考相关的内容标准和课程标准，与各卷的编委共同商讨，形成了各卷的知识点提纲，检查了各卷初稿条目中的知识点，并从是否易为读者理解接受的角度作了取舍。尽管如此，毕竟缺少一项专门的系统研究来作坚实的基础。所以,《彩图科技百科全书》初版的问世实际上是在抛砖引玉,是对中国版"当代公众科学素养的基本知识构成"的一声叩门呼唤!

(上海科学技术出版社供稿,段韬执笔)

---

① 此段中的引文依次见:《科学救国之梦——任鸿隽文存》,上海科技教育出版社 2002 年版,第 683、61、683 页。

② 此句中的引文见:《科学救国之梦——任鸿隽文存》,上海科技教育出版社 2002 年版,第 293 页。

③ 此处引文见:《科学救国之梦——任鸿隽文存》,上海科技教育出版社 2002 年版,第 67 页。

《嫦娥书系》诞生记

《嫦娥书系》

上 海 科 技 教 育 出 版 社

科学与时代背景

月球探测是人类迈向浩瀚宇宙的第一步。在这一领域,苏联早年曾一度领先,但 1969 年美国的阿波罗计划率先实现了载人登月。20 世纪 90 年代,日本和欧洲相继加入新一轮的月球探测,并各有成就。在 20 世纪与 21 世纪之交,探索月球,开发月球资源,建立月球基地,成为世界航天活动的必然趋势和竞争热点。

在发展人造地球卫星和实施载人航天工程之后,适时开展以月球探测为主的深空探测乃是我国科学技术发展和航天活动的必然选择,也是航天事业有所创新的重大举措。2004 年初,中央批准月球探测一期工程,绕月探测工程立项实施。

中国的月球探测计划被正式命名为"嫦娥工程",它的实施的确是机遇与挑战并存。而以实施"嫦娥工程"为契机和核心,及时出版相应的精品科普图书,向社会公众宣传航天和天文知识,介绍我国探月计划的相关情况,宣传我国取得的重要成就,弘扬科学探索精神,激励人们,特别是青年人奋发图强,为科教兴国进取不息,同样也是一项机遇与挑战并存的重要任务。

酝酿中的《嫦娥书系》

2002 年 10 月，"中国天文学会成立 80 周年庆祝大会"在南京召开。我在会间闻知中国探月计划开始提上议事日程，深感应该赶紧组织编著、出版一套有关探月的科普读物，遂向翁经义社长提出此议。翁社长随即表示原则上赞同，具体做法可进一步探讨。

我们确定了丛书名"嫦娥书系"。这既体现了书系的核心是"嫦娥工程"，又有中国传统文化色彩。2003 年 8 月 15 日，我首次拜访"嫦娥工程"的首席科学家欧阳自远院士，向他介绍了编撰、出版《嫦娥书系》的意向。欧阳院士认为，此事确实很有必要，应该认真出好这套书。

2003 年 11 月 11 日，《嫦娥书系》选题概况形成书面材料，呈送欧阳院士并邹永廖、李春来二位教授。当时明确定位该书系为中级科普读物，一套 7 卷，每卷版面字数约 18 万—22 万，总字数约 140 万。11 月 13 日，翁经义社长带队前往国家天文台拜访欧阳院士和有关专家，并基本达成意向：2003 年底前确定主编、撰稿人和编委会成员；2004 年底之前，各卷陆续交稿；2005 年 10 月出书。但日后的实践表明，当初对进度的估计是过于乐观了。

此后，随着对书系的认识不断深化，方案也在逐步调整。2004 年是"嫦娥一期工程"的启动年，也是《嫦娥书系》真正的启动年。这年 7 月，各方再次会商，确定《嫦娥书系》由原拟的 7 卷改为 6 卷，每册约 15 万—18 万字，总字数约 100 万，共含彩图约 150 幅，黑白图约 300 幅。各卷书名和主要内容如下：

《太空逐鹿》（最终定为《逐鹿太空——航天技术的崛起与今日态势》），介绍各国航天史话与现状，阐述我国探月的宏观背景；

《蟾宫胜景》（最终定为《蟾宫览胜——人类认识的月球世界》），介绍人类已掌握的月球知识，阐述探月的目标；

《新的长征》（最终定为《神箭凌霄——长征系列火箭的发展历程》），介绍火箭的种类与功能，展现"长征号"系列火箭的风采，阐述我国探月的运载工具；

《华夏之星》（最终定为《翱翔九天——从人造卫星到月球探测器》），介绍各类航天器、一系列的"中华牌"卫星，阐述"嫦娥工程"探月设备的载体；

《当代嫦娥》（最终定为《嫦娥奔月——中国的探月方略及其实施》），介绍我国探

月计划主要内容,阐述"嫦娥工程"的科学目标和相关技术;

《开发月球》(最终定为《超越广寒——月球开发的迷人前景》),介绍对航天事业的科学预见、我国探月的远景设想以及月球开发的未来前景。

欧阳自远在大家的恳请下,同意担任《嫦娥书系》主编,并表示一定切实尽到责任。他不仅组织、指导作者们完成了撰写任务,而且亲自审阅了全部书稿。会上还确定由邹永廖担任《嫦娥书系》副主编,配合欧阳院士工作,出版社方面也应主编的要求配备一名副主编,后来决定由我担任。

构建作者队伍

2005 年是"嫦娥一期工程"的"攻坚年",也是《嫦娥书系》的攻坚年。《嫦娥书系》攻坚的目标,是进一步落实作者队伍和明确交稿时间。

这 6 卷由谁来写? 经过一番努力,最终落实的各卷作者都是很恰当的人选。

《逐鹿太空》卷作者李必光 1960 年毕业于北京大学地球物理系,系上海航天局高级工程师。曾参与我国防空导弹和运载火箭的研制。20 年来发表有关航天和宇宙探测的科学小品约 400 篇,参与编写出版图书 10 册。获"全国先进科普工作者"称号。

《蟾宫览胜》卷作者王世杰 1992 年获理学博士学位,系中国科学院地球化学研究所研究员、副所长。长期从事天体化学、比较行星学领域的基础研究。任《地球与环境》副主编。已发表学术论文 270 余篇,主编及参与编写学术和科普著作 6 部。

《神箭凌霄》卷作者陈闽慷 1995 年毕业于北京航空航天大学运载火箭及导弹总体设计专业,2000 年获工学硕士学位,系中国运载火箭技术研究院总体设计部运载火箭总体设计室副主任、高级工程师、长征三号甲系列运载火箭总体主任设计师。

《翔翔九天》卷作者张熇 1993 年毕业于北京航空航天大学空间飞行器总体设计专业,1996 年获工学硕士学位,系中国空间技术研究院总体部空间科学与深空探测总体室主任。主要从事月球探测器的总体方案设计、工程研制以及深空探测器总体技术领域的研究。

《嫦娥奔月》卷作者邹永廖 1987 年毕业于中山大学,1990 年获理学硕士学位,系中国科学院探月工程应用系统总体部办公室主任、绕月探测工程地面应用系统副总指挥。主要从事天体化学、月球科学的研究工作。已发表学术论文 50 余篇、合作专著和科普图书共 9 部。

《超越广寒》卷作者王家骥 1970 年毕业于南京大学天文系。中国科学院上海天文台博士研究生导师。发表学术论文 60 余篇、科普文章约 70 篇,出版科普图书多部。

由此可见,多数作者是"嫦娥工程"相关领域的骨干专家,他们科学基础坚实,亲身体验真切,文字表述清晰。他们在繁忙紧张的工程任务中,怀着强烈的责任感,努力撰写书稿,确是非常感人的。

关键的一年

2006 年是"嫦娥一期工程"的决战年,也是《嫦娥书系》的决战年。但是,问题却一个接一个地出现了。

首先是随着"嫦娥工程"的进展,身处工程第一线的几位作者越来越忙了。毕竟,他们的首要目标是完成自己所承担的科学和工程任务。然而,对于一个出版社来说,出书却是最基本的任务。因此,必须强化同主编和作者的联系。

2006 年 1 月 10 日,翁经义社长和我赴京与欧阳主编、邹永廖副主编等再商书系进度问题。王世杰已率先交稿,但关于月球起源理论的叙述偏深,他同意尽快修改。邹永廖和张熇则分别要到 2006 年 6 月底和 7 月底方可望完稿。

另一方面,李必光和王家骥两位作者按计划在 2006 年 4—5 月间相继交稿了。

陈闽慷于 2006 年 5 月交来的书稿字数明显太少,许多地方未能细说。兼之其他一些原因,他已无法在短时间内完稿了。对出版社来说,这实在是非常棘手的事情。

欧阳主编向龙乐豪院士求助了。龙乐豪时任中国运载火箭系列总设计师、中国月球探测工程副总设计师。他不仅为陈闽慷排解了一些具体困难,而且还推荐了一位可以完稿的老专家茹家欣先生。

茹家欣 1964 年毕业于哈尔滨军事工程学院,40 年来从事多种型号战略导弹和运载火箭的研制和发射。茹先生"救场如救火",立即接手写作任务。《神箭凌霄》能以完美的面貌呈现在读者面前,茹先生功不可没。

年轻的陈闽慷几次提出,作品署名方面茹老师应在前。但是,茹老师谢绝了。欧阳主编和我商定:陈闽慷仍作为第一作者,这样既尊重合同,又成全了茹老师扶持年轻人的一段佳话,岂不两全其美?

接下来,2006 年第四季度,一向很忙的张熇临产了。她确实尽了力,但《翱翔九天》的书稿尚未定型。孩子出生了，大家向她祝贺，但未完成的书稿令人心焦。

再说王世杰的《蟾宫览胜》，有些科学内容比较复杂，屡经修改，正副主编仍觉颇有改善余地。后来，主编和作者本人都向我表示：能不能找到一位既有良好的专业背景，又有科普写作经验的高手，将原稿的艰涩之处统一改写一遍，以提高可读性？

幸运的是，我40多年前在南京大学天文系求学时的老师宣焕灿先生，在天文知识、科普创作和翻译，乃至编辑工作等几方面都是高手。出版社请宣老师出山，得到他的大力支持。《蟾宫览胜》原由5人分头撰写，经宣老师增改并对全书仔细统稿，效果显而易见。为此，欧阳主编、原来的几位作者以及出版社都对宣老师表示由衷的感谢。

邹永廖在"嫦娥工程"中的职责，在很大程度上是做方方面面的协调工作，这极其耗费时间。因此，他写书的时间变得相当有限。他的口头禅是："只要再有几天的时间，我就可以写完了，但就是老也挤不出这几天的时间来。"

到了2006年12月31日下午，要放假了，欧阳院士对邹永廖说："元旦这几天我们一起找一个地方去住几天。我要写一点东西，你就接着写你的书。任务完成了再回家。"就这样，几天过后，《嫦娥奔月》的书稿又进了一步。

日夜奋战

2007年，时间越来越紧迫了。《嫦娥书系》仍然力求内容充实、论述系统、图文并茂、通俗易懂。这不但对作者是很高的要求，而且对文字编辑和美术编辑也都是一种考验。

书系最终决定改为全彩印，为此必须增补大批质量较高的彩图彩照。文字方面，有些内容在好几卷中都可能涉及，诸如冷战时期美苏两国的月球争霸，在6卷之间必须统一协调，而在书稿未齐的情况下这就比较难办。插图也会有类似的情况。随着"嫦娥一号"探月卫星发射日期的临近，留给出版社的时间越来越有限了。

春节过后，张焘产假尚未结束，便在家里接着写《翱翔九天》了。"嫦娥一号"的发射时间虽然被推迟到了下半年，我们也不敢松一口气。《嫦娥奔月》和《翱翔九天》这两卷交稿很晚，必须日以继夜地"连轴转"才有可能不窝工。2007年8月中旬，我提着几本校样最后一次赴京，尽可能同张焘和邹永廖当面把遗留问题消灭干净。

进入9月份，离"嫦娥一号"上天的日子已经不远了，几位作者频频去发射基地出差。我干脆蓄须明志：等书印出来之后再剃须。《嫦娥书系》付梓前夕，欧阳自远最终在《主编的话》中写道："《嫦娥书系》无论在事件的描述上还是在人物的刻画上，都力求真实而丰满地再现当代'嫦娥'科技工作者为发展我国航天事业而奋斗、拼搏、奉献的精神和事迹，书中还援引了他们用智慧和汗水凝练的研究成果、学术观点和图片资料……书系在写作过程中还得到了他们的指导、帮助、支持与关心"，为此特"代表编辑委员会和全体作者对他们表示衷心的感谢和深深的敬意"。

2007年10月17日，在"嫦娥一号"探月卫星发射前一个星期，《嫦娥书系》终于与读者见面了。它先后两次共印刷7 200套，全部售罄。

社会反响

《嫦娥书系》出版后，新华网等10余家媒体迅速报道或刊载书评，科技界人士纷纷予以佳评。例如，叶叔华院士评价："《嫦娥书系》是一线专家和出版社密切合作，配合重大科技项目，创作出版相关科普读物的一次成功的尝试，其经验值得认真总结。"

中国科学院空间中心姜景山院士评价《嫦娥书系》："像我国探月工程这样具有里程碑意义的科研项目，没有科普宣传，公众就不知道它的意义和价值所在，就不知道科技内涵是什么。所以，从这个角度看，这套丛书非常有意义，总的框架设计和策划很好，语言也通俗易懂，老百姓基本都能看明白。"

中国天文学会理事长赵刚评价《嫦娥书系》："通过朴实而准确的语言，借图文并茂的形式，系统地概述了世界空间探测的历史和现状，描绘了人类探测月球的历程和收获，完整而清晰地介绍了我国嫦娥工程的设计和实施过程，也畅想了人类探索月球的美好愿望和勃勃雄心，是一套很值得推荐的中国空间科普佳作。"

中国科普作家协会副理事长王直华评价："阅读《嫦娥书系》……不仅欣赏到它的细节美，而且感受到它的宏观美、整体美；不仅欣赏到它的内质美，而且读出了它的外在美。就在这细节与整体的观照中，我们也获得了道德的体验，欣赏到科学家与编辑的职业道德美感，感受到他们的事业、人格魅力。"

曾有媒体问我："您是怎样做成这么一套好书的？"我想，除了来自方方面面的大力支持外，或许我本人的一些有利条件正好都用上了。书的内容与我的专业——天文学相当接近，我本人曾从事天文科研30余年，对科技界比较熟悉，我从事科普创作30来年，又担任科普编辑多年，所以机遇一旦来临就比较容易抓住。

《嫦娥书系》的主要荣誉：

获第二届中国出版政府奖提名奖（新闻出版总署，2010 年）

获第二届中华优秀出版物（图书）奖（中国出版工作者协会，2008 年）

入选第二届"三个一百"原创出版工程（新闻出版总署，2008 年）

获上海市科技进步奖二等奖（上海市人民政府，2008 年）

获 2005.11—2007.10 上海图书奖一等奖（上海市新闻出版局、上海市出版工作者协会，2008 年）

（上海科技教育出版社供稿，卞毓麟执笔）

"哲人石"是怎样炼成的

《哲人石丛书》

上 海 科 技 教 育 出 版 社

经典策划
119

立足当代科学前沿　彰显当代科技名家
绍介当代科学思想　激扬科技创新精神

"当代科普名著系列"

"当代科技名家传记系列"

"当代科学思潮系列"

"科学史与科学文化系列"

在今天的科普界和科技界,但凡爱读书的人,恐怕没有不知道《哲人石丛书》的。自1998年底以来,《哲人石丛书》在科学与人文之间架设桥梁,已然形成四大系列100余个品种,在社会上产生了广泛的影响。

理念与宗旨

说起《哲人石丛书》的"前世",不能不追溯到1997年。当时上海科技教育出版社的社长吴智仁和总编辑翁经义深知国内外科普水准的差距,想做一套留得下去的科普好书,先不图是否赚钱。

《哲人石丛书》启动时，最早的策划人卞毓麟和潘涛都还未进科教社。随后，吴智仁调任上海科技出版社社长，科教社由翁经义任社长兼总编。翁经义多次到北京出差，找两位策划人一起商讨谋划，《哲人石丛书》便是在他的直接主持下策划成功的。但翁经义不愿在书上留名，大家也尊重他的意愿和感情。不过从史实的立场看，这终究是一种缺憾。

1997年是《哲人石丛书》前期策划的关键性一年。那一年，翁经义来到北京，同卞毓麟和潘涛当面商讨这套丛书的选题不下八九次。丛书的设想受到许多专家的关注，也得到了李元、林自新、郭正谊、李大光、刘华杰、田松等诸方友人的支持。

最初这套丛书曾暂名"世界科普名著"。受《辞海》中"哲人石"条目的启发，潘涛灵机一动，提议干脆就叫"哲人石丛书"。"哲人石"是中世纪人们想象中有点铁成金之功，收祛病延年之效的"魔石"。《哲人石丛书》是针对读者渴求时代感强、感染力深的科普精品而策划引进的。这套书以"哲人石"冠名，既象征着科学技术对人类社会的推动作用，也隐喻着科普图书对科学文化的促进效应，从而赋予丛书更多的人文内涵。于是，"哲人石丛书"这个名称立即获得了吴、翁两位的认可。

丛书最初设计为三个系列："当代科普名著系列"、"当代科技名家传记系列"和"当代科学思潮系列"，几年后又增加了"科学史与科学文化系列"。

《哲人石丛书》有明确的读者定位：大学在校学生、中学和大学教师、科研人员。以后的事实证明，实体书店繁荣之时，《哲人石丛书》销售情况最好的书店都在大学旁边，如复旦大学的鹿鸣书店、北大的风入松书店；再有就是人文氛围浓厚的书店，如季风书园、先锋书店等。而购买《哲人石丛书》的最热情的群体就是在校大学生。

1998年底，《确定性的终结——时间、混沌与新自然法则》、《PCR传奇——一个生物技术的故事》、《虚实世界——计算机仿真如何改变科学的疆域》、《完美的对称——富勒烯的意外发现》、《超越时空——通过平行宇宙、时间卷曲和第十维度的科学之旅》——《哲人石丛书》首批5种图书问世，因其选题新颖、译笔谨严、印制精美，迅即受到科普界和广大读者的关注。

运作与坚持

自不待言，追求完美的"双效"（社会效益和经济效益），是出版人永远的"梦"。出版，作为一种产业，就经济效益而言，要追求"利润最大化"。至于社会效益，其出发点在于社会责任感，相对于"利润最大化"而言，这也许可以称为"责任最大化"。《哲人石丛书》究竟能否取得良好的"双效"，说实在的，当初谁也不敢打包票。科教社推出这种属于文化事业"基本建设"类型的出版物，一方面是出于对社会责任感的追求，一方面也是对历史责任感的追求。

《哲人石丛书》的胜出，在于坚持和品质。出版社对这套丛书的质量要求之严在国内出版界也属罕见。选名家之作，请专家翻译，由具备相关科学背景的编辑制作，特邀行家审读，这使得《哲人石丛书》的图书编校质量令人刮目相看。

可以用两个字对"哲人石团队"的甘苦作一个贴切的概括——"用心"：从理念宗旨，到每一种书的列选；从约请译者，到编辑加工；从校对审读，到付印出版。凡此种种，唯有多用心，方能少出错。所谓"千里之行，始于足下"，真是说起来容易做起来难，但这 100 余块"哲人之石"就是这么点点滴滴积累起来的。如果要说什么"经验"的话，那么"用心"二字就是最主要的经验。

2000 年，人类基因组草图绘制完成，《人之书——人类基因组计划透视》、《生物技术世纪——用基因重塑世界》可满足人们对基因技术的好奇心；2002 年，诺贝尔经济学奖得主纳什的传记电影《美丽心灵》获奥斯卡最佳影片奖，《美丽心灵——纳什传》一书更能加深人们对这位数学奇才的了解；2009 年，在甲型 H1N1 流感在世界各地传播着恐慌之际，《大流感——最致命瘟疫的史诗》成为人们获得有关流感的科学和历史知识的首选读物……另外，像《早期希腊科学——从泰勒斯到亚里士多德》、《真科学——它是什么，它指什么》、《科学哲学——当代进阶教程》等学术性浓厚的图书则成为大学里科学哲学、科学社会学等专业的大学生和研究生的辅助性教材，或者被选作学位论文的题目。

品质和影响力

《哲人石丛书》目前确有不俗的口碑，科普界和科技界的诸多专家、前辈都给予了它很高的评价。它还拥有一批忠实的读者。

《哲人石丛书》连续被列为国家"九五"、"十五"、"十一五"、"十二五"重点图书，这在出版界堪称凤毛麟角。十几年来，《哲人石丛书》获得了诸多奖项和荣誉，如全国优秀科普作品奖、全国十大科普好书、科学家推介的 20 世纪科普佳作、文津图书奖、吴大猷科学普及著作奖佳作奖、《Newton -科学世界》杯优秀科普作品奖、上海图书奖、上海市科普优秀作品奖、引进版科技类优秀图书奖、上海科普教育创新奖成果奖、中国科普作家协会优秀科普作品奖金奖，等等。

对于不少科学爱好者而言，这十余年是在《哲人石丛书》的陪伴下度过的。《哲人石丛书》中的不少品种已成为长销书，不断重印，如《确定性的终结——时间、混沌与新自然法则》《超越时空——通过平行宇宙、时间卷曲和第十维度的科学之旅》《改变世界的方程——牛顿、爱因斯坦和相对论》《迷人的科学风采——费恩曼传》《爱因斯坦奇迹年》《大流感——最致命瘟疫的史诗》《宇宙秘密——阿西莫夫谈科学》，等等。

品牌和团队

名家、名作、前沿、科学与人文兼备，是丛书的遴选标准。首先，重视原作者的量级，比如普利高津、阿西莫夫、卡尔·萨根等。其次，关注作品的题材，特别是传记系列的传主，比如费恩曼、拉马努金、哥德尔等。第三，联络一批最合适、出色的译者。这三个方面我们都要具备独到的眼光。对于选题的确定，我们有严格的讨论机制，译者多在高校和研究机构的专家中挑选。为了发现最合适的译者，科教社在时间、财务等方面竭力为编辑们提供便利，保障他们与全国科普界最优秀的一批译者建立联系。《哲人石丛书》的出版流程也十分严格。编辑必须逐句对照英文原文审稿、加工，如发现漏译、错译，编辑都要补充、修改，且必须告知译者，征得译者同意。

《哲人石丛书》不仅本身已成为一个品牌，更锻炼了一支出版团队。这个团队的最早的奠基者卞毓麟和潘涛，是作为特殊人才被引进科教社的。自1999年起，科教社又陆续引进了一些重点高校相关专业的优秀人才，以充实科普编辑力量。这些年轻人具有高学历，并具备不同的学科专业背景，这是由《哲人石丛书》品种的丰富性决定的。

对于这些年轻编辑，社里高标准、严要求，并且想方设法为他们提供发展的空间和学习、锻炼的机会。社里为科普编辑室开"绿灯"，使编辑们得以轻装上阵，更能按照"精品"的标准对《哲人石丛书》精雕细琢。

在这样的沃土中，年轻人迅速增长了编辑技能，开阔了眼界，一支具备扎实基本功的出版团队成长起来。虽然十余年来科普编辑室负责人几度更替，人员有进有出，但始终有一支生力军坚守在《哲人石丛书》出版的第一线。

这些年来,面对出版社体制和结构的种种变化,很多读者曾经担心:"哲人石团队"早先那种严谨得有些苛求的风格是否还能延续下去?"哲人石"这个品牌能不能保持不倒?结果很令人欣慰:"哲人石"的团队在流动,"哲人石"的品牌在巩固。

毫无疑问,《哲人石丛书》已成为科教社的一面旗帜。相信这套丛书会持续出版下去,伴随科教社不断成长。同时,品牌是需要不断维护的。随着公众阅读习惯的变化,也许《哲人石丛书》的装帧设计、出版形式等还会发生变化,在网络营销和宣传等方面会更加大力度,但其最本质的核心——高品质的阅读内容不会改变。

《哲人石丛书》的成功,凝聚了100多位十余年跟我们不离不弃、精诚合作的译者的心血,科教社的编辑团队始终对他们怀有崇高的敬意。

（上海科技教育出版社供稿，王世平执笔）

《科学外史》出版的前前后后

《科学外史》

复 旦 大 学 出 版 社

经典策划
119

一

　　这是一本谈科学的书，却处处洋溢着浓浓的人文情怀。2014 年 9 月，美国"旅行者一号"探测器冲出太阳系，很多人也许目为欣喜之事，然而对本书作者江晓原教授而言，则未必。在有关"外星文明"的几篇文章中，他对人类盲目"迈向"太空不以为然，觉得这是在拿全人类的未来豪赌；对于转基因食品，他亦认为，其有无风险是一回事，只要公众心存疑虑，就应该缓行……

　　本书系作者为法国著名科学杂志《新发现》之中文版撰写的专栏文章的结集。书中篇什涉及天学、地理、战争、科幻、生命、生活诸多领域，以及孔子诞辰、炼金术士牛顿、"超级民科"和被监听者爱因斯坦、"科幻祖师奶奶"玛丽·雪莱等妙趣横生之事。作者惯于从上述历史上的种种趣事入手，揭示科学之前世今生，将科学从人们盲目迷信和崇拜的神坛上请下来，还其应有面目。行文之中，注重科学技术与社会、文化诸外部因素之关联及互动。作者又喜用学术眼光分析逸闻趣事，常有标新立异之论点及表达——初看似乎离经叛道，细察则仍言之成理。而对于唯科学主义之弊端及谬误，作者关注尤多。掩卷之余，不仅叹服作者目力之广博，亦能体悟作者运思之深奇。

　　《科学外史》是复旦大学出版社 2013 年 9 月出版的科学史著作，以其"新知识、新发现、新观点、新趣味"，甫一出版即引起广大读者、媒体和社会各界的关注和喜爱，当年就入选新华网、《中国出版传媒商报》"2013 年度中国影响力图书"，"2013 中华读书报年度图书之 100 佳"，《出版商务周报》"2013 第二届科普类风云图书"。2014 年，这本著作引起更大的社会反响，先后入选中央电视台、中国图书评论协会"首届（2013）中国好书"，国家图书馆第九届（2014 年度）文津图书奖推荐图书，国家新闻出版广电总局"2014 年向全国青少年推荐百种优秀图书"，并荣获"2014 年第十三届上海图书奖一等奖"。

二

作者江晓原教授是科学史研究名家，亦是沪上著名藏书家，家有藏书四万余册、碟片六千余张，虽是天体物理专业科班出身，却文理兼通，中西学造诣颇深，在文史研究领域自成一家。他三十七岁时即写出了成名作《天学真原》（该书荣获 1992 年中国图书奖一等奖），此后一直笔耕不辍，先后出版的著作多达七十余种，此外还有一百四十余篇专业学术论文。用江晓原教授自己的话来说，他是"好古成癖"、"好书成癖"。与一般致力于本专业和躲在书斋里的学者不同的是，江晓原教授似乎在专业研究以外有更大的社会声望，这与他关注社会现实的人文关怀是密不可分的。例如，一般自然科学工作者关注的往往是科学本身，放到科学史研究领域就是关注"科学内史"，江晓原教授与此不同，他关心的是科学技术与社会、文化诸外部因素之间的关系。换言之，在他看来，科学技术是工具，是"用"，人类自身才是目的，是"本"、"体"。正是在这样的学术关怀下，他的研究始终围绕"人"做文章，他谈的是"科学"，反的是"唯科学主义"。细心的读者都会发现，在他所有谈科学与技术的文章中，处于第一位的始终是人、人类社会，而科学与技术始终处于第二位。用他最新的有关科学的说法，即是："科学就是一把切菜刀"，其作用就是为我所用，但是不要忘记了，"切菜刀"既可以切菜，也可能伤人，甚至会被用作杀人工具，"科学"其实也是如此！江教授是复旦社的老朋友、老作者，《科学外史》出版前，他已经为我们写了三本书。2012 年 6 月，当贺圣遂先生提出要他将《新发现》上的专栏文字整理出版时，他一口答应。只是当年 8 月出版的却是他的《脉望夜谭》，《科学外史》真正出版是一年之后的事了。这一年中，我与江晓原教授一直保持联系，既谈一些与书稿相关的事，也说一些出版业内的历史与现状，间或也会聊一点关于读书的趣事。后来，他告诉我，2012 年已经在南京的译林出版社推出了增订版的《天学真原》，在我们社也出版了《脉望夜谭》，不想一年之中出版那么多的书；另外，为了安置他那四万余册的藏书，他购置了新居，正准备装修并乔迁呢。尤其是听他说起，这四万多册藏书的装箱和在新居的上架，他都会一个人亲力亲为——"书是要看的，只有自己安置，才会找得到"，我也就不再催促书稿，每次打电话时，除了闲聊两句外，就是关心一下他新居的装修以及藏书何时打包何时上架的事。

江晓原教授不仅是一位科学史专业研究精深、文史知识渊博且见解独到的学人，同时也是一位少见的真正爱书、懂书、熟悉编辑出版工作的读书人。这不仅体现为他自己为本书精选了十余幅精彩的图片，还体现为他亲自为本书拟定了文采斐然的辑名（昨夜星辰、千秋寂寞、性命交关、四大发明、兵凶战危、外星文明、似真似幻、科学政治）。这些辑名既与各辑内容极为契合，也简单凝练，很能吸引人的眼球。在我选择的图片的使用上，他也亲自把关，反复协商，对于有疑问的图片，还多方求证，其认真严谨的态度给我留下了深刻的印象。例如，在编辑《星占之王：从〈四书〉说起》时，我选了1535年希腊出版的托勒密《四书》中的内页作图版，虽然我已经查证过此图确证无疑，但是鉴于内容是希腊文，我们都不懂，为谨慎起见，江晓原教授专门请他的一位学习过希腊文的博士去辨认，待得到肯定的答复后，他又第一时间打电话告诉我。

三

由于此前对《科学外史》的内容已经非常了解，为了尽快出版这本书，我们先请美编设计了封面。最初的封面先后有三种方案，次第设计调整了十八稿之多，但是无论编辑还是作者都不太满意。经过编辑、作者、美编的多次沟通，大体确定了现在的方案：以居左的伊西斯（Isis）女神插图表明本书主题；居右的"科学外史"加粗并添加磨砂凸起工艺；在女神下面，精选十余条极具吸引力的标题作为装饰，进一步凸显本书科学人文的色彩。封底则精选了书中的五段话，涉及古今中外，既有有关四大发明的妙语，又有关于爱因斯坦20世纪40年代末遭窃听的往事（江晓原写作此文时，著名的斯诺登事件尚未发生，但是书中这位伟大科学家遭遇窃听的经历，表明美国政府一以贯之的窃听史恐怕还可以上溯到更久以前），这些文案是很吸引人的。之所以选定古希腊女神伊西斯作为主图——这是封面设计过程中和作者多次协商的成果——第一，伊西斯在古希腊是掌管科学的女神；第二，*Isis* 是目前西方科学界最著名的科学史学术期刊之一。这些都与本书的主题契合。但是难题又来了：找不到合适的伊西斯女神图片——可以使用的图片，有的太过华丽，与这本书庄重典雅的风格相去甚远；有的则色调鲜艳而构图奇特，如果选用会抢了书名的风头，也不适宜。最终，我们打算使用女神的简笔画，这幅图线条流畅，女神形体亦典雅、庄重、大方，与此书主题甚为契合。为此，我们尝试了各种渠道，寻找适合封面使用的图片资料，在遍寻不得的情况下，甚至委托远在美国、曾在贝尔实验室工作的朋友亲自笔绘此图。

除了封面之外，此书正文也配置了四十三幅与文字相得益彰的精彩图片。除作者提供了十余幅之外，其他图片都是我根据此书内容选配的。我先后找了一百余幅图，其中一种图就有多幅，最终选择的都是效果最好的。例如，托勒密出版于 1535 年的希腊文《四书》的内页，1482 年德国乌尔姆出版的世界地图，就曼哈顿计划爱因斯坦与罗斯福总统的来往信件，1905 年相对论发表前作为超级"民科"的爱因斯坦参加的小型"科学共同体""奥林匹亚三剑客"——哈比希特、索洛文、爱因斯坦的珍贵合影，伽利略出版于 1632 年的《关于托勒密与哥白尼两大世界体系的对话》的书影，伽利略出版于 1638 年的《关于两门新科学的对话》的书影及其内页，"标志着一个时代的结束"的马克沁及其发明的新型机枪的图片等，都是编辑寻找并作了精彩图注的，这些工作得到了作者的认可和赞誉。

在版式的处理上，我们也花了很多气力，参考了很多优秀图书的版式和图文的构造方法，力求每一幅图片都尽量熨帖，同时又能够给读者带来新的阅读体验。尤其值得一提的是，在《科学外史》以及此前一年出版的《脉望夜谭》中，我们都有意使用了图片出血的方式，使得有价值的图片给读者很强的视觉冲击，这种对珍贵图片的处理方法也大大强化了图书的整体美感。

在图书的编辑过程中，复旦社给予了编辑充足的时间，使得这本书得以做到精编精印，最终成为一本精品书。这本书出版后，清华大学教授、剑桥大学李约瑟研究所高级访问学者刘兵给予了极高评价："本书作者基于其深厚的学术研究功底，将国内外科学史、科学文化、科学与社会等研究的最新成果，以通俗生动的叙事方式，向广泛的公众进行传播，对于改变传统'科普'观念的陈旧和手段的过时，让更多的公众能够亲近科学文化，积极思考科学、文化与社会之关系，都有极为重要的现实价值。"

四

此外,我们负责宣传的同事,通过新华社、《文汇报》、《新民晚报》、网易、和讯等传统媒体和新媒体对该书相关内容作了营销推广,也取得了明显成效。当然,随着2014年4月23日央视和中国图书评论学会《世界读书日·2013中国好书》特别节目的播出,该书引起了更多人的注意。尤其值得一提的是,《文汇报》首席记者吴越小姐采访江晓原教授和本书责任编辑后写成的《"好书"〈繁花〉、〈科学外史〉好在哪?》等两篇报道,在读者中引起了很大反响,进一步提升了该书在广大读者中的知名度,也为它带来了好口碑。

(复旦大学出版社供稿,姜华执笔)

《世界人体摄影》出版始末

《世界人体摄影》

上海人民美术出版社

经典策划
119

　　编者按：本文最值得出版人深思的是，人美社在人体摄影类图书出版中的"进入"与"退出"。在人体摄影类图书形成热浪之际，这家在国内首创人体摄影画册的出版社却毅然选择退出，尽管当时这本开创性的《世界人体摄影》仅仅一年间就销售了5万册。这就是本文篇首语所说的"专业大社的文化担当"。这种担当其实早已体现于他们的"进入"之中。在人体摄影尚被视作禁区的1980年代，他们敢于应读者之需，开风气之先率先进入，是出于专业大社对这一敏感领域的学术判断——在对世界人体艺术学术史的深入研究中得出的一个选择标准："文明与野蛮"之分。这一标准贯彻于全书的编选与装帧设计之中。从近千幅作品中精选出仅仅80余幅，是为了"引导我国人体摄影艺术的健康发展"；装帧上则定位为"一本黑色的书"，封面、扉页和画面以外的版面全部为黑色，仅文字翻白，既将摄影特点做到极致，更杜绝任何哪怕是微小的挑逗因素。"准确、高雅、健康"的编选设计原则,并不与市场接受度相矛盾。5万册,这一在当时的艺术画册类图书中可称作天文数字的销售结果,说明了出版业市场化情境下,适应与引导可以并行不悖,也正因为如此,在有关出版态势出现异化迹象时,专业大社选择退出便在情理之中了。应当一提的是本文中提到的当时的新闻出版局局长袁是德先生,在敏感领域敢于拍板,是需要眼光、勇气与魄力的,仅仅此书,我们就有理由怀念这位英年早逝的局领导。本书中有数篇,都谈到局、部乃至市级领导对图书出版的前瞻性眼光与在相关重大选题中起到的重大作用,这也是上海出版的一大特点。借此表出,以示敬忱!

——国内第一本公开发行的人体摄影画册之所以成功,首先在于一个大社的专业实力和文化担当。

1980年,邓明奉调担任上海人民美术出版社美术读物编辑室理论编辑,经常使用资料室古籍查核书稿引文,让他有机会进入书库翻阅各种中外专业典籍。库藏日文版十卷本《世界摄影全集》中的人体摄影名作引起了他的兴趣,被录入到他的资料卡片之中。

1986年5月,邓明晋升出版社副总编辑,分管摄影类读物,开始萌生利用本社资源编写出版人体摄影图书的想法。邓明撰写的出版于1987年1月的《摄影自学丛书·摄影史话》一书,就采用了《世界摄影全集》中的一些作品,包括人体摄影作为书的插图。

1987年10月,担任责编、历时数年的《刘海粟艺术文选》出版,出于对20年代刘海粟先生在人体模特风波中之艺术立场的仰慕,邓明觉得是时候为出版社编一本人体摄影图书了,于是抓紧了有关图片资料的收集整理。一年后,找到的人体摄影作品数以千计,可用于编书的也有五六百幅。

1988年5月16日,邓明为本社刊物《摄影家》(创刊号)编入一组世界人体摄影作品,并撰写文章《人体摄影之我见》,第一次比较完整地讲述了对人体摄影的认识:人类对自身美的欣赏产生了人体艺术,艺术家们执着的追求推动了人体艺术的发展。人体所具有的匀称、柔和、力量、表情等自然界万物中最丰富的美的素质,使得它在摄影艺术诞生之初就成为摄影家努力表现的主题。早期的人体摄影曾受绘画影响。这一方面是因为照片给画家准备素材带来了不少方便,摄影家为了跻身艺术领域,也自然得让自己的作品向已被社会承认的绘画艺术靠拢,让人体摄影服从于绘画化了的作品主题和情调。另一方面,雕塑上的希腊典范和绘画上的学院主义的人体艺术作品之所以在欧洲被大众所接受,就在于它们都大量地注入了艺术家们理想化了的色彩,已经远离现实,不再是个体的具象呈现,而早期摄影术在提炼与概括方面的局限性,也迫使人体摄影不得不走一段仿画的路子。随着社会的进步和摄影、摄影艺术自身的发展,到了20世纪初,人体摄影开始体现自身的特点,表现风格也逐步摆脱绘画主义的羁绊,走向多元化。写实主义、自然主义、纯粹主义、新客观主义、超现实主义、抽象主义、主观主义等摄影流派都产生过人体摄影的杰作。它们有的侧重于光影的研究,有的着眼于形式的探究,有的倾心于主观意象的介入,有的迷恋于客体价值的阐发,百色纷呈,多彩多姿。时装、广告等商业摄影活动对人体的运用,则给人体摄影开拓了更为广阔的天地。在人体艺术中,雕塑与绘画不乏男性主题、表现阳刚之壮美的杰作,但是在摄影创作上,女性人体却更受摄影家重视。人体摄影之被社会接受,在对人体艺术素有传统的欧洲大约经历了四五十年的时间。由于国情和文化背景的不同,人体摄影进入我国的文化生活必将经历更长的习惯和消化过程是可想而知的。在深化改革开放的今天,那种不敢正视人体艺术(特别是人体摄影),将人体艺术与黄色淫秽画等号的看法已经日益失去群众,然而,不恰当地把人体摄影视为摄影艺术皇冠上的明珠,以为没有它,摄影就不足以艺术论,不分场合地大力倡导,显然也是不可取的。人体摄影作为摄影艺术的一个体裁,有其独特的审美价值和研究价值。虽然人体摄影是举世公认的一种摄影艺术的较高的表现形式,但它远不是摄影艺术的全部。各国各民族之间文化传统、风俗习惯、生活方式和审美经验的不同,必然带来在人体摄影欣赏承受力上的差异,不能,也没有必要去强求一律。有选择地介绍一些国外人体摄影的佳作,在更为广阔的领域里发现美、创造美,无疑将促使我们民族的人体摄影艺术的健康成长。

　　1988年8月8日,星期一,办公会。上周五来自同事谢颖的一个信息促使邓明加快了选题的立项。华师大某研究室已着手编写人体摄影图书,据说有好几家外地出版社要求与其合作。邓明迅速与居纪晋社长商量此事,并在星期一办公例会上正式提出《世界人体摄影》选题。在介绍了外界的情况和自己已有的准备后,邓明表示:作为一个国家专业出版社,与其让各地小社"低水平"地出这类画册,不如由我们负起指导之责,从美学角度出好画册,向艺术院校艺术工作者发行,从我国人体摄影一开始就引导它健康发展。该画册应为精装本,60幅左右,定价20元以上。鉴于重要选题应集体讨论决定,特提出讨论,如同意,我们可在两周左右基本完成,并请社长室集体决审。办公会一致同意选题立项并立即报局,由邓明一手操办,商定请刘海粟题写书名和序言。

1988 年 8 月 9 日,《世界人体摄影》选题(含编辑思想、开本、装帧、定价、印数等策划要点)正式上报出版局备案。同时通过常春主任从摄影读物编辑室调来英语娴熟的周振德,即日起协助邓明编写《世界人体摄影》。随即同去资料室按准备好的线索调出相关书刊,在资料室辟出专用空间,确定准确、高雅、健康的选稿原则和摄影史经典之作、艺术出新之作、品位健康之作的选稿方向,开始工作。

1988 年 8 月 11 日,美术读物编辑室张纫慈去安徽出差,备下公函请张弯道黄山面交正在黄山写生的刘海粟先生。

1988 年 8 月 12 日,聘请《上海画报》美术编辑赵松华担任画册设计。鉴于人体摄影的经典作品多为黑白照片,画册的色调定位为"一本黑色的书",封面、扉页和画面以外的版面全部为黑色,仅文字翻白,将摄影特点做到极致以有别于其他任何美术画册。

1988 年 8 月 18 日,完成作品翻拍。

1988 年 8 月 26 日,完成画册编排。

1988 年 9 月 14 日,画册编成稿交出版局出版处审读。

1988 年 9 月 16 日下午 5 点,邓明去出版局接受领导指示。与倪墨炎去袁是德办公室,袁一一过目入选作品,显得颇有艺术素养。袁:"作品的艺术性是明显的,各种风格的都有,没有什么挑逗色彩。"邓:"我们是从近千幅作品中精选出来的,全是国外有影响的作品,按时代及风格流派排列。挑选时强调艺术水平,有些比较暴露或暧昧的,即使技术上很好,也不收入。"袁:"男的好像少了些。"邓:"男人体作品不多,成就也不高,这次是尽量收入了。"袁:"有些欧洲雕塑男人体也很好。哦,它们不是摄影。"邓:"我们班子专门讨论过这个选题,思想非常统一。我们的愿望是在人体摄影在我国产生之时就给予健康的引导,因此打报告向局里请求领导。"袁:"你们要出就出得快,现在周期都这么长,什么时候能出来?"邓:"大概 11 月份可以出来,都准备好了,两年前就开始了作品的准备。"袁:"封面搞好了吗?"邓:"我考虑封面是黑的。只用背侧面有轮廓光的那张作底版,上面压电化铝书名,比较朴素,也说明问题。"袁:"是的。封面要朴实些的,封面更不能有挑逗。准备印多少?"邓:"第一版大约八千左右,以后再说。《解放日报》查志华要材料作介绍,我告诉她在局里批准之后再给她。"袁:"销路是没有什么问题的。"邓:"局里在第三天就作出决定,效率比我们预想的要高,谢谢局里的支持。我们一定努力出好它。"局领导确定由贾树枚副局长负责关心此事。

1988 年 9 月 19 日,《新民晚报》朱伟伦到社采访画册情况。

1988 年 9 月 21 日,邓明与居纪晋、范仁良、龚继先、江显辉等班子成员走完集体审稿程序,画册发稿。

1988 年 10 月 17 日,收到出版局关于同意出版《世界人体摄影》的批复。

1988 年 10 月 19 日,贾树枚与沈家儒、倪墨炎到社指导画册工作,检视校样,指示应赶在明年初的第三届上海联合书市与读者见面。

1988 年 10 月 27 日,向《美术之友》提供刘海粟序言及人体摄影插图。

1988 年 11 月 8 日,画册批样。

1988 年 11 月 12 日,《解放日报》刊发刘海粟为画册所作之序言《我看〈世界人体摄影〉》,《人民日报》(海外版)择要转发:过了大半个世纪,在人体摄影艺术各方面都有大幅度进展的今天,上海人民美术出版社编印《世界人体摄影》,选稿空间广阔,印刷条件优于昔年,编辑态度很认真,画册对于美术家、美学家、美术编辑、摄影家、美术院校教师和为数众多的习作者、爱好者都有参考价值。这本集子除少数早年作品之外,在艺术方面都很成熟。在这些人体上,展现出大自然的奇观,折射出大山、平原、沼泽、沙漠;即使是女性人体,也被表现得博大宽厚,闪烁着地母生养一切的灵魂。语汇是多元的,一点不贫乏,抒发出青春的喜悦,创造的渴望,对生活的渴求,引起的情绪也是健康向上的。足以说明在西方不乏严肃深思的艺术家,喜爱人体美的也包含着劳动者。即使个别作品不尽与东方情调及审美习惯相符,也要相信大多数人的选择力与批判力。

1988 年 11 月 25 日、28 日、30 日,去科技印刷厂为画册的上车效果把关。

1988 年 12 月 19 日,画册进栈,印数一万。

1988 年 12 月 25 日,星期日,服务部开张第二天。一早赶来排队购书者排起长龙,从延安路门面拐弯到富民路弄堂,足有数百人之多。开门后冲进门市部的读者争先恐后,很快就挤倒了柜台,改在服务部后弄堂窗口售书。邓明与社长室秘书戴建华随机询问排队读者,主流的回答是:以前看不到的,印得又好,贵是贵了点,买回去看看,藏起来,值得的。也有的回答:快点买到手,说不定啥辰光又禁忒了呢!接连几天,每天都有人排队等开门。

1988 年 12 月 26 日,星期一,办公会。范仁良:门市部开张二天,营业额 25 000元。"人体"要的人很多,第一天就轧破了中间那个柜台。吴家培弄来 900 令进口纸,等郑一伟回来便可开印,先印它几万再说。

1988年12月28日,《新民晚报》刊发《世界人体摄影》出版消息。

1989年1月1日,第三届上海联合书市开幕,排队购书的读者长龙"横贯书展南北"。"尽管书价高达33元,但排队者个个一掷数十元,毫不犹豫,且面带笑容,窃窃自喜。粥少僧多,排了队买不到者,还愤愤不平呢!"(《新民晚报》朱伟伦报道)

1989年1月5日,《新民晚报》刊发朱伟伦文章《"抢购热潮"引起"出版旋风""思想解放"还是"争相起哄"——对眼下人体摄影集出版热的思索》:《世界人体摄影》尚未出版,初版的一万册,即被订购一空。在正式出版之际,这家出版社服务部开张,地段虽不佳,但因此书产生了极强的吸引力,读者闻讯从四面八方赶来,每天清晨排队等开门,星期天,甚至把玻璃柜台都挤碎了。据悉,继上海人美之后,江苏、福建的出版单位都将推出人体摄影画册,北京一出版社则推出售价达110元的巨型人体摄影画册。据说,北京油画人体艺术展轰动之后,十来家出版社竞相前往组稿。人体艺术通过出版物大规模地进入中国社会,这是有史以来第一次。怎样看待这股旋风的出现?社会各界看法不一。为《世界人体摄影》画册作序的刘海粟先生及其他有识之士认为这应该肯定。一位暂时不愿公开姓名的,有一定社会地位的人士告诉记者:中国在这方面禁锢了三四十年,应该说禁锢了千百年,一旦开放,出现一时潮涌,一时暴热,这是正常的。时间长了,读者自然趋于冷静。他说:人们对人体艺术有兴趣,表现了人类自我意识的觉醒,这是思想解放运动的继续和延续。但相当多数的人,对这股旋风的出现大为愕然,百思不解,进而愤愤然:这是出版业"竞相起哄"的一股歪风!

1989年1月6日,星期一,办公会。范仁良:"人体"已落实,让郑一伟去深圳。第二次开印四万。是日,收到《青年报》一位负责同志托购画册的来信:您的杰作现在轰动上海,很为您高兴,作为编辑,能有这样一次性的社会奖誉,此生足矣。

1989年1月17日,与摄编室谈工作。有编辑提出"人体"还可以再搞,解决社的收入问题。邓明不同意:"人体"到此为止,不能再出。我们的目的是提出一种典范加以健康引导,现在大家都出,势必把好事做坏,决不考虑。

1989年1月25日,行政科接日本共同社记者来电,询问人体摄影画册续印情况。

1989年1月27日,郑一伟自深圳回沪,画册之香港印成品质量优于上海。

1989年1月28日,《劳动报》头版刊发记者文章《"人体艺术怎么了?!"——与〈世界人体摄影〉主编邓明谈"人体热"》。出版社就采访者的随意发挥去函表示不满。对方回信致歉。

1989 年 3 月 12 日,《中国体育报》之《记者见闻》栏目刊登特约记者季一德的《"人体热"南下》。文章记录了一对师生在书市的对话。那个叫张老师的是一位中学美术教师,他扶了一下眼镜,平静地说道:"用照片来表现人体,比其他如油画等形式的表现更为真实。在我国出版这类图书尚属开始,这是一个突破。裸体本来是自然的纯净的,但裸体表现却存在文明与野蛮的区分,这部作品表现的,给人的印象是美的,绝不会使人产生非分之想。"女学生听了张老师的一席话,笑眯眯地挤入了长蛇般的队伍。上海个体书亭(摊)遍及大街小巷,当摊主谈到这本画册时,眉飞色舞。据称,手头上批进的画册,不到两个晚上,全部一销而空,虽然走后门,拉关系,还是搞不到货。有天晚上九点多钟在向阳公园书摊旁站着一个小青年,在塑料兜里放着一本《世界人体摄影》,开价 100 元。虽然令人咋舌,但不到一会儿,有个戴贝雷帽的二话没说,付钱成交。

1989 年 4 月,《美术之友》刊发邓明的《〈世界人体摄影〉编余谈》。在详述了画册的缘起、看点、业界反响及作品分析之后,也点出了编者出于对人体摄影艺术出版的敬畏而不得不留下的一点遗憾:我们曾经计划在书后附一个 INDEX,以便向读者介绍更多关于作者作品的事,终因部分作者情况不详而割爱。我想,与其提供不十分有把握的指导文字还不如不说的好。他接着特别强调了出版局领导对此书顺利出版所起到的关键作用:有一点必须告诉大家,上海新闻出版局领导对此书的问世给予了积极的支持和指导。

1989 年 12 月 30 日,《青年报》刊发记者夏岩青对邓明的采访文章《艺术个性的显露》:上海人美的《世界人体摄影》是国内同类读物中公开发行的第一本,其所强调的艺术个性也正是邓明多年来追求和主张的艺术准则。他说,三中全会以来,艺术、审美本身所具有的规律得到了高度的重视和认识,美术和摄影都出现了百花纷呈的繁荣景象。许多思想禁区打开了,作为摄影艺术不可或缺的一个门类,人体摄影也跑到了我们的门口,它的进入不是可不可以的问题,而是怎样严肃认真负责地把它介绍给中国读者,通过批判吸收,使之有助于社会主义精神文明建设的问题。他感受到作为一个国家出版社分管领导的职责。早在 1986 年邓明就沉下去潜心研究摄影史,旁及人体摄影,是在工作把他推上了分管一个大社的摄影读物之后不久。他和他的同事广泛收集资料,从近千幅艺术作品中精选出 85 幅精品,于 1988 年底率先编辑成册。刘海粟先生欣然作序。在国内外引起很大反响。一些出版社来电来函愿高价收购他们编剩的余片,社里也有人建议再编新本,作为人美摄影读物负责人,邓明断然回绝。

他说：我们出《世界人体摄影》，旨在以一种规范的艺术准则去指导读者欣赏艺术，而不是把艺术作为一种廉价的商品卖给读者获取所谓的经济效益。现在出现的盲目出版人体摄影热，本身就是一种对艺术的亵渎。当然，如果我们的研究成果有更新的发展，也会在适当的时候向国内读者作负责任的介绍的。当然不会赶这个"热"浪。他的这个想法得到了出版社其他领导的支持。一有机会，他就宣传自己的这个主张。向报社，向杂志，也向熟人朋友。一位报社负责同志向他祝贺《世界人体摄影》的成功，他却开始为一种不安所困扰，因为他看到不少出版社，甚至专业出版社也在毫无研究基础的情况下涌入这喧闹的人体出版热浪。看来，这出版界光有好的图书引导还不够，还得有行政的领导啊。

（邓明供稿）

经典之作　精赅之论

——《蓬莱阁丛书》策划的关键问题

《蓬莱阁丛书》

经典策划
119

上　海　古　籍　出　版　社

　　《蓬莱阁丛书》是上海古籍出版社出版的一套民国时期的学术名著选刊,由当时的二编室主任张晓敏任主策划,我当时还是一个年轻的编辑,被选中作为张的助手,因此有了一次可贵的编辑经历。

　　为什么要选刊民国学术名著呢?

　　中国传统学术经历了清后期的低迷徘徊,至清末民初,涌现出一批大师级的学者。他们以渊深的国学根底,融通中西,对中国传统学问进行系统的梳理与转换,建立起新的学科架构与学术取向,不仅擘画了学术研究的新领域,更开创了一种圆融通博且富于个性特征的治学门径与学术风范,具有继往开来的范式意义。其后的研究基本是在他们奠定的基础之上的深化与延展。大师级学者们的经典之作是后人无法绕开的,他们对古今中外的贯通、于治学个性的张扬,所凸显的时代性的学术气象,正是当今学术界所心仪却又欠缺的。重温这些经典,将有助于今人体认先哲,继踵前贤,再创辉煌。

　　然而当时不少兄弟社在这方面已有所动作,我社并不占有先机。如何形成“后发优势”,是策划中首先要解决的问题。为此晓敏同志与赵昌平总编反复研讨,并发动二编室全体同仁集思广益,这 酝酿过程,前后约有一个月之久。

　　多年来,我社在同类出版物竞争上,已形成一个十二字理念——“领先一步,提高一层,创意组合”。意谓“领先一步”最佳,一旦不能领先,则不能简单跟风,后发者必须“提高一层",而富于匠心的"组合",往往是"提高一层"的有效途径,是一种新的创意。因此我们对已有的有关出版物作了排队梳理,归纳为三种形态。一是众多的单本著作,我社也出过一些,当时这种形态难以构成系统,影响不会很大。二是如河北教育出版社当时正在进行的《民国大师文集》丛刊,其优点是规模宏大,然而正因其大而全,所以不仅难以较清晰地显示治学门径,而且旷日持久,难以应学界之急需,事实上当时这套丛书数年间仅出了几种。三是上海书店出版社正陆续出版的《民国丛书》,因采取影印,虽然也大而全,但推进较快;然而也正因为影印,海量资料,没有整理,读者使用多有不便。后两种形态还有一个共同的弱点,即体量过大,只宜于图书馆采购,而私人难以问津。鉴于以上分析,我们确定本社应编纂一套为本科生以上学人量身定制的有关丛书:总体有一定规模,以反映民国学术的主要成就与学术风范,内容又短小精悍,为名家著作;单种定价,以点见面,分批推出,两年中先出 30 种左右。要之,它应是一种应时适众的高层次"学术普及丛书"。定位既明,具体操作上,则着力于以下两个方面。

首先是选目确定,此涉及选题的组合性创意。

民国时期出版的著作数量庞大,仅《民国丛书》1 至 5 编即收书 1 100 多种,要在其中选出"学术名著"殊非易事,需要眼光。《蓬莱阁丛书》所设计的入选标准主要有二。其一,具开创性。此条与上述对民国时期学术的认识相关联。为此我们尤其重视选入对民国学术有普遍指导意义的开山之作,如所选胡适的《中国哲学史大纲》、鲁迅的《中国小说史略》、王治心的《中国基督教史纲》、姚名达的《中国目录学史》,不仅分别是中国学者撰写的第一部也是影响极大的有关学科专史,而且均展现了一种新的学术思维。又如陈寅恪的《唐代政治史述论稿》,则开创了政治史阐释的方向,在研究方法上有典型意义。一般而言,名家之名作,总是在某一方面颇有创获,且都体现学术个性。因此丛书也相当重视辑入各学科的代表性的专题著作,如王国维的《人间词话》,是近代最负盛名的一部词话,其以传统的"境界"说为核心的词学理论融入了西学元素,自成体系,在中国文学批评史上具划时代意义。又如汤用彤的《魏晋玄学论稿》,是作者的代表作之一,书中对诸如玄学与佛学之关系、言意之辨、本末有无之争等均有独到创见,其从纷繁复杂的玄学思想资料中考镜源流、发掘义理而绝无堆垛之弊,尤显功力。上述各种,皆为进入丛书之首选。其二,篇幅不大。《蓬莱阁丛书》择取之书,一般多在十多万字(从已出各书看,超过 30 万字者仅 3 种)。之所以有这样的选择,一则因为大部头名著大多已单项出版,且此类作品的作者往往都有相应的简缩本;二则由于民国时期学者的众多著述原本就较精悍,精于抉择而不尚堆砌,如前举《唐代政治史述论稿》、《魏晋玄学论稿》两书,各不过十二三万字,放在今天这样的大题目可能非百万言莫办,此种风尚颇值得今人借鉴,也使得丛书篇幅标准的成立有了可能,当然其中也有丛书策划者对此赞赏与倡导的因素在内。

其次是框架设计,也就是选题如何"提高一层"。

同类丛书的选题设计,一般仅限于选目的拟定,而《蓬莱阁丛书》在策划之初,就确定了每种约请当今著名专家为之长篇导读的创意,并努力付诸实施。策划者的思路是,导读不仅应梳理原著之理论框架,剔抉其精义要眇,更要着重揭橥其学术源流、历史文化背景,及撰作者当时特定的情境与心态,从而在帮助读者确切理解原著的同时,既凸现大师们的学术个性,又展示当今学术的传承与发展。名家原作,名家导读,珠联璧合,相得益彰。这一设计,会比单出原著,或笼统抽绎当时学术特点,"提高一层",来得更切近,也更有学术含量。由于原著涉及多个学科、多个专业、多个分支,约请的导读者也务必为该学科、该专业、该分支或该作者的权威研究者,这一工作很是艰辛,但于读者却极为受益,因而十分需要,且系本丛书亮色之所在。以蒋廷黻的《中国近代史》为例,原著仅 63 000 字,沈渭滨先生的导读文字却长达 43 000 字,从作者生平、成书过程、体系结构与分析框架、历史观与方法论作评估,更从近代史体系等方面加以论述,不但让读者全面客观地了解原著之所长与所短,而且展示出中国近代史研究的整体脉络。顾颉刚《秦汉的方士与儒生》的导读者为王煦华先生,其本人就是原作者的学生,于作者的学术有深入的体认。梁启超《清代学术概论》请朱维铮先生导读,其从原著产生及流行之历史文化环境与梁氏之政治文化活动入手,发微探隐,别具只眼(该书出版后,甚至有读者专为此篇导读而购该书的)。其他撰作导读者,有程千帆、郭豫适、周勋初、傅璇琮、徐鹏、承名世、王敦书、唐振常、钱伯城、黄霖、王家范、汤志钧、章培恒、汤一介、陈智超、耿云志、王子今、夏晓虹、陈平原、罗志田、葛兆光、严佐之、叶长海、江巨荣等,阵容华丽,皆为一时之选。

进入出版的最后阶段时,赵昌平总编为丛书拟名"蓬莱阁":汉人将庋藏要籍的馆阁比作道家蓬莱山,有"汉家石渠阁,老氏蓬莱山"之称,后世遂称藏书阁为"蓬莱阁",因借取而为丛书名。书店反映,在当时丛书名都趋时尚的大势头中,"蓬莱阁"一名以其古雅而异军突起,颇受关注。

1997 年 12 月,首批《蓬莱阁丛书》(《国学概论》、《中国哲学史大纲》、《唐代政治史述论稿》、《清代学术概论》、《中国小说史略》5 种)面世。时至今日,丛书已累计出版58 种,其中《人间词话》已印刷 24 次共 118 000 册,《中国小说史略》14 次共 43 000 册,

《中国哲学史大纲》、《清代学术概论》、《国学概论》、《唐诗杂论》、《中国近代史》、《中国历史研究法》、《文心雕龙札记》等都已印刷 5 次以上。学界对这套丛书的反响也十分热烈。我们认为,原著是经精选的垂范后世的经典之作,导读则为鞭辟入里的精赅之论,确实做到了设计所预期的"珠联璧合,相得益彰",这构成了《蓬莱阁丛书》有别于当时同类丛书而不可替代的选题设计,也应该是该策划成功的决定性因素。

（上海古籍出版社供稿，吕健执笔）

创新与继承　创意与积累
——《二十五史新编》的策划

《二十五史新编》

上海古籍出版社

　　策划出版一套具有特色的高品位的中国通史大众读物,一直是上海古籍出版社历史类图书编辑的愿望。但如何编纂编辑好这样一套图书,我们又面临着诸多困局。何种编纂形式更符合中国历史的表述,更符合现代人特别是一般读者的阅读习惯;如何更好地融入当代思想观念与引入最新研究成果:对这些都不得不思考再三,而种种思考又必须建立在对中国历史、中国历史编纂形式、中国历史大众读物编纂方法的整体把握之上。

　　在当时的图书市场上,普及性的通史,主要有史话式的、教科书式的、史籍选注翻译式的、故事串联式的、文学纪实式的,种类不少,但对中国传统史学的主要编纂形式——纪传体,似乎都不加采纳,可能认为这是一种陈旧过时又不易阅读的形式。但我们的理解是,以人物传记为主体的纪传体史书,一旦变换其观念形态与文字表述,其实于普通读者有着很大的亲和力。连人物传记都不愿阅读的人,怎么会对历史有兴趣? 而历史阅读的兴趣,往往是通过接触人物传记培养起来的。纪传体史书中的观念形态与文字表述,不是不可以变换的。另外,纪传体史书的"纪"、"志"、"表"部分,又能够为深入阅读传记、全面理解历史提供更好的帮助。再者,对纪传体的初步接触,可能会引发进一步阅读传统史籍的兴致;对纪传体中"志"的部分的初步接触,甚至可能为进一步进行历史研究打下基础。于是,我们萌生了借助纪传体编纂历史大众读物的创意。

我们的思路是,借鉴传统的纪传体史书编纂形式,融贯现代观念,吸纳研究成果,以历史上各个方面重要人物的生平活动为中心,以"纪事""传记""志""表"为块面,以典雅流畅的文字作表述,多角度、多层次、经纬交织地建构中国史。这样的中国史大众读物,将有别于当时市场上的同类书而异军突起。这是我们力图汲取中国传统修史方法之所长为现代读者服务的一次尝试,希望让读者在饶有兴趣的读史过程中,还能粗略了解传统史书样式,进而直接面对正史原著。

　　确定了基本思路后,接着遇到的问题其实更为复杂繁琐。经过反复考虑,我们进行了细化设计,主编李国章、赵昌平二先生责成我在张晓敏室主任具体负责下,操刀拟定具体编撰方案,包括构想、体例及各部分编纂细则、具体细节的处理方案等。

　　1. 关于选目(按:本节所涉新旧书名,因多有合称、简称等情况,故统一不加书名号)。旧二十五史内容有叠合者,如新旧唐书、新旧五代史,宋、齐、梁、陈书与南史等,如将记述同一段的重复史书归并,则只剩下十数史。我们确定一般以一个朝代的兴衰构成一史,原史书名能不变者尽量不变为原则,依前汉书、后汉书分开之例将晋书、宋史分作西晋书与东晋书,北宋史与南宋史,删去与南北朝各朝重复的南史、北史二目,新旧唐书、新旧五代史合为唐书、五代史,清史稿略去稿字,并分出晚清史(清史终至嘉庆,晚清史始自道光),另增西夏史一种,总计二十五种,以与原二十五史相应,并将整套书定名为"二十五史新编",以借助"名著效应"为新编开道。

　　2. 关于篇幅。我们考虑,整套书的篇幅既不可过于庞大而影响销售,又不能过于简省而无法承载丰富的历史内容。于是我们根据原二十五史的篇幅,结合历史时段的长短与内容的多寡,归并晋、南朝、北朝隋、宋、辽金西夏,共分15册,以每册20万字为基准,逐种确定篇幅,初步设计全书在300万字左右(根据撰写实际,出版后稍有扩充,版面字数至370多万)。

　　3. 关于架构。我们初步设计将各史分"大事纪"(取代原"本纪",出版时改作"纪事")、"志""表""列传"(出版时改作"传记")四部分。"大事纪"居首,以概述并总领该时段历史线索与基本面貌;"列传"作为主体,置于"志""表"前;"志"为专史,分作"政治制度"(包括中央与地方的职官沿革、考选制度及兵制等)、"经济"(包括田制、赋税制等经济制度,农业、手工业、商业、金融、户口、物价等经济状况)、"文化"(包括经史等学术、宗教、教育、文学、艺术、科技等)、"社会生活"(包括衣食住行、婚丧礼俗、城市生活、农村生活等)四种;"表"主要是"世系表",其他表视具体情况增设;表后附该时期"中心区域图"。

因整套书涵盖了民国之前的全部中国历史时期,在纵向与横向整体把握各史的内容方面难度较大,对各史的时间衔接与内容分割、各史各部分的所占比例,我们都进行了综合考量,使之尽可能完善。例如,我们规定了:《史记》的起讫时间为上自五帝,下至秦,原《史记》汉代部分的内容归入《前汉书》;各史终止年代与该朝灭亡年代相同,起始年代可视具体情况推至各朝建立之前。

4. 关于"列传"。"列传"部分是全书的主体,因此我们对"列传"进行了尤为细致的设计。关于"列传"的立传对象,我们设定为某一朝代政治、经济、军事、文化诸方面的重要人物及某一历史事件的代表人物。关于每位立传人物的字数,我们确定,一般每位传主可写2 500字左右,以这样的篇幅勾勒一位人物,基本可以写得有血有肉,不至于像辞典词条那样枯燥无味。考虑到人物的重要程度、事迹的多少及材料的丰俭,传主的字数不强求一律,长条可至3 500字,最多不超过4 000字,短条可写1 500字上下,不低于1 000字,长短条应适当平衡,以控制总体字数。关于一个朝代立传人物的数量,我们规定,整个"列传"部分占全书的5/6,以平均每人2 500字计,以30万字一书为例,原则上立传人物数量为100位,其余按此类推。

"列传"部分尤其应有整体性的安排。在"列传"所选人物的重要性及各时代、各地域、各民族、各领域的通盘考虑与平衡协调上,在避免交接时代人物的重复与遗漏上,在参与同一事件的各人物的事迹叙述的详略上,我们不可能完全由各史作者自行定夺,必须加以事先规定与事后协调。例如,文化人物的立传既应顾及文、史、哲等领域而不应有所遗漏,又应适当增加"一代之学"(如汉代经学、魏晋玄学等)的相关人物的立传数量,还要避免将在某一朝代相对重要而在该领域整个历史上并不十分重要的人物列入。又如,我们认为少数民族代表人物应适当考虑立传,但不出现传统史著中的"匈奴传"、"四夷传"等名目。

纪传体史书的列传人物是按一定的方法加以归类的,归类的做法其实也是史家对历史与人物的一种理解与阐释。我们对"列传"部分的设计也采用了这一方法,将人物进行归类,以类系事,在树立影响中国历史进程的主要人物形象的同时,反映重大历史事件,这就涉及人物如何分合与排列的问题。我们规定,各传基本按人物时间顺序排列,同一类型的人物或同一历史事件中的人物可合为一类。例如,《汉书》"列传第一"为汉高祖、吕后,总领汉初历史;"列传第二"为萧何、张良、曹参,系高祖时代的主要大臣,在汉朝的建立与早期政治中发挥重大作用;"列传第三"为韩信、彭越、英布,皆为异姓诸侯王,在汉朝的建立与早期政治的一个方面扮演重要角色;"列传二十三"为司马迁、董仲舒,属文化人物,反映汉代史学与经学的成就。

借鉴传统史著的"史臣曰"、"赞曰"、"评曰"等,我们在"列传"部分每类人物之后设置"评",发表作者个人的主观见解,而不与前面的历史客观叙述相混淆,以此凸显现代人的眼光。

5. 关于地图。准确而合适的地图对读史帮助极大。但由于制作等原因,一般历史书不附地图;即便有地图,所附者绝大多数也是直接从《中国历史地图集》中选取的。我们在实际使用时发现,《中国历史地图集》中的各时期疆域政区全图,需要查找的地名主要集中在中心区域,边疆地区面积大而内容少(当然《中国历史地图集》所载主要是各分区图)。《中国历史地图集》一书的性质决定了必须有疆域政区全图,如果我们的书像大多数同类书一样简单地收入等比例缩小后的全图(我们不可能收众多的各分区图),那么中心区域的地理内容将非常密集而不利于阅读,而且从《中国历史地图集》的彩色图简单转换成单色图,清晰度会受影响。鉴于以上原因,我们策划请复旦大学历史地理研究所专业绘图人员根据《中国历史地图集》绘制黑白线描图,这样就能在保证准确性的前提下提高地图的清晰度;更富有创意的是,我们设计的地图是各时期"中心区域图",即将疆域政区全图中的中心区域抽出放大,而在右下角标示该区域在全图中的位置(我们的这一创造性的做法效果极好,其后,具有权威性的《中国历史大辞典》中所附的地图也采用了这一方法)。

6. 关于体例。全书25种15册,出于众手,为规范统一,我们拟定了《纪、志、表部分编纂细则》与《列传部分编纂细则》,详细规定纪年及括注公元的方式,古地名括注今地名的方式,皇帝称谓的用法,"列传"部分传主生卒年、字号、籍贯的写法,出注与否及出注方法,待考订的史料、迷信及能借以说明问题的材料的采择,有争议的问题的处理,名篇佳制原文的选用,标目的设置等。体例的制定,有利于作者的把控掌握,也利于编辑的加工完善。

7. 关于表述。我们明确,作者不应简单地作旧史今译、删削,应有生动简练的文字表述,但不能像写小说那样虚构史实、自拟对话、揣摩心理活动。旧史中的专有名词、精彩短语等可适当保留。涉及的各种职官名号,若与所述内容关系不大,一般不作解释。参考今人研究成果者,一般不写出处。各部分的语言风格随内容的不同应稍加变换:"大事纪"应简约,"志"应明晰,"列传"则应注重一定的可读性。"列传"部分尤其要突出重点,有详有略,大胆取舍,一般详写传主一生中一件或几件与历史进程相关的活动,通过一个或同类人物中的数个人物的事迹反映某一历史事件,再通过这样的一个个历史事件串联出整个一代的历史。

在选题整体设计过程中,我们不断会商、修订,不断咨询有关学者,也曾专门召开讨论会听取相关专家的意见,尽可能使选题设计完善、可行。基本与此同步,我们开始约请作者。

我们理想中的作者,应既能贯通一代,又能流畅表达。经不断物色、反复沟通、数度调整、审阅样稿,整套书的作者基本达到了我们的要求,都对相关方面有精深的研究,且多具备撰写断代史的能力(其中多位先后任相关断代史学会的会长、副会长)。他们中有许多人是老一辈专家,如:担任全书顾问并作序的方诗铭先生,上海社会科学院历史研究所所长,曾参与设计体例,提供全书样稿,原拟承担《三国志》的撰写,后因身体原因只完成部分书稿;承担《唐书》撰写的牛致功先生,陕西师范大学教授,曾任唐史学会副会长;承担《北宋史》撰写的周宝珠先生,河南大学历史系教授,曾任宋史学会副会长,撰有《简明宋史》;承担《北宋史》与《南宋史》"志"部分撰写的王曾瑜先生,中国社会科学院历史研究所研究员,曾任宋史学会会长;承担《辽史》撰写的刘凤翥先生,中国社会科学院民族研究所研究员;承担《西夏史》撰写的白滨先生,中国社会科学院民族研究所研究员;承担《金史》撰写的李锡厚先生,中国社会科学院历史研究所研究员;承担《明史》撰写的汤纲先生,复旦大学历史系教授,曾任明史学会副会长,撰有《明史》。其他作者相对年轻但各有专攻,如:承担《史记》撰写的汪受宽,兰州大学历史系教授;承担《西晋书》、《东晋书》撰写的庄辉明,华东师范大学历史系教授,曾任魏晋南北朝史学会副会长,撰有《六朝史稿》;承担《元史》撰写的刘迎胜,南京大学历史系教授。

经过两年多的编纂与编辑,1997 年 11 月,《二十五史新编》出版,其后半年不到即重印,2004 年 3 月又推出修订版,累计销售 16 000 多套。该书先后获第十一届中国图书奖、第一届华东地区古籍优秀图书特等奖。香港中华书局通过版权贸易几乎同步推出了全书的中文繁体字版,并列入部分大学的教材,该书至今还在重印,有的品种累计销售已达 7 000 多册。

《二十五史新编》的出版,可以说是我社在高品位通俗读物方面的较为成功的运作。我们在整个策划与出版过程中,感想有二。其一是关于创新与继承。《二十五史新编》策划方案中最大的亮色在于编纂形式对传统纪传体的借鉴。在一定意义上这是一种通史编纂的创新,因为当时的大众历史读物不会采用此种体裁;但这种创新恰恰是对传统的继承,是经过现代转换后的继承。创新与继承并不对立,出版工作应积极对待。其二是关于创意与积累。策划编辑除应熟悉文史类图书细分市场,善于寻找出书方向,具有进行选题判断与选题设计的能力之外,还应具备相关领域的丰富的知识储备,拥有良好的专业素质。整个《二十五史新编》的编纂设计,需要有中国古代史与中国史学史方面的积累,无论是相关的创意还是细节的考虑,都只能来自这种积累,积累是创意的基础。把握好创新与继承、创意与积累,对出版策划者而言事关重大,当用心为之。

（上海古籍出版社供稿，吕健执笔）

我策划编辑《黎东方讲史》系列丛书

《黎东方讲史》系列丛书

上海人民出版社

缘起

1995 年，通过一本台湾出版的《细说清朝》，我认识了年届八十九岁高龄的黎东方先生。原来，黎先生在 20 世纪 60 年代应台湾媒体之邀，将当年在重庆、昆明、贵阳等地讲史的内容整理成文，陆续在报纸上连载，大受读者欢迎。接着，他又扩充内容，以讲史的形式，写成了《细说清朝》、《细说明朝》、《细说元朝》、《细说三国》、《细说民国》，创造了被称为"细说体"的写史新体裁。第一本"细说体"史著《细说清朝》出版后，得到许多学者鸿儒的赞赏。钱穆先生认为："此书外貌虽似通俗，而内容立论不苟，深合史法。"唐君毅先生赞其："史笔清丽，为当今所罕见。"胡适先生读后则力劝黎先生把历朝历代都"细说"一遍。这五本"细说"在台湾出版后，一再加印，读者踊跃。此后，为与大陆史学界切磋文字、以文会友，黎先生托朋友持《细说清朝》一书在上海联系出版社，辗转找到了我。

我是华东师大历史系毕业的研究生，又在上海人民出版社当了多年编辑，对历史读物的优劣自然特别敏感。当时"学点历史"已成为一种文化风尚。影视界的历史正剧引起了观众的热议，而"戏说"体则已后来居上，夺人眼球；出版界传统模式的历史读物，重版新版出了不少，然而因为重概述、轻细节，市场效果不佳，值得注意的倒是以台湾高阳、湖南唐浩明为代表的历史小说,可称不胫而走,然而小说毕竟不能作为信史来读。《细说清朝》既有真实生动的故事,又有深刻独到的见解,更有妙趣横生的点评,兼有大陆传统历史读物与历史小说之长,若非兼有史才、史识的史学大师,怎能如此挥洒自如地驾驭生花妙笔,将一朝历史演绎得如此精彩? 虽然其文字之主体是半个世纪之前的,但是不妨推陈出新,出奇制胜。于是,在欣喜之余,我立即与远在美国的黎先生取得联系,签下了这五本"细说"的出版合同。

旧与新,点与面——由请邓广铭、顾毓琇、唐振常作序说起

成功的策划,一定是作者与编者通力合作的结晶。

黎先生考虑到自己已经离开故乡五十年,祖国大陆的读者,尤其是青年读者必然对他感到陌生,于是便要求由我出面,先后恳请著名学者邓广铭先生和唐振常先生为其大陆简体字版的四本"细说"作序(《细说三国》出版时间稍后)。我想名家序名作,应能成为这一系列的创新点,所以积极配合。邓先生是黎先生的老友,其时已年登九秩,但感于黎先生作为卓有成就的史学家,却乐此不疲地为普及历史而辛勤耕耘,他欣然命笔,写出了六千字的长序,详细介绍了黎东方先生当年的讲史盛况和这几本"细说体"史著的特色,洋洋洒洒、情文并茂,更为"细说"的大陆简体字版增添了一道亮丽的风景。其时邓先生虽然听力不好,且写字手抖,但他为了序言一事和我通了多次信,指出了台湾版书中的一些问题,如对古地名的有些注释,所用的还是新中国成立前的老地名,有些少数民族人名写法不规范,等等。邓先生细致到连第几页、第几行都在信中一一标明,令我至今回想起来仍然感动万分。然而,当这四本书出版时,邓先生已与世长辞,留下了永久的遗憾。

唐振常先生在五十多年前即已闻黎东方大名,看到我送去请他写序的台湾版"细说"诸书时,欣喜异常。他比黎先生年轻十多岁,自谦为后生晚辈,不敢为长者作序,逊谢再三,终感于黎先生为讲史之学迄老不衰的精神,为之写序《黎东方先生讲史之学》,对四本"细说"的特色和黎先生的治史精神作了高度评价和热情褒扬。由此,黎、唐二位订下文字之交,多次书信往还。后来,《细说三国》出版时,唐先生又应黎先生之请,写了序言《说三分》。为与唐先生见面晤谈,黎先生不顾年老体弱,决定回国访友,切磋文字,后因医生坚阻而未能成行。接着,他又写信邀请唐先生和我访美,但也因种种原因没有实现。两位先生虽互相仰慕,但最终还是缘悭一面。

《细说三国》出版时，黎先生除请唐振常先生再次写序外，又嘱我写信至美国费城，恳请他称之为"二哥"的德高望重的前辈学者顾毓琇先生以诗代序。顾先生其时高龄九十有六，虽于1992年以后已不再写诗，但因老友所请，特意抄录旧作《满江红〈长江赤壁〉》、《临江仙〈文艺复兴〉》、《南乡子〈用辛稼轩韵〉》、《和李白〈忆东山〉》、《和杜甫〈蜀相〉》、《和杨慎〈升庵〉〈武侯祠〉》等十首诗词寄到出版社，以贺《细说三国》简体字本出版。以上这一系列的名家推介，无疑是讲史系列成功的重要助力。

一旦抢滩成功，便应向纵深拓展，从而由点成线乃至成面。这一军事上的铁律，于出版同样适用。

这几本"细说"在上海出版后，读者好评如潮，很快就再版加印。黎先生得知后十分高兴，他一方面托我将样书遍赠国内亲友，另一方面则立下宏愿壮志，要在有生之年，把所缺的朝代全部补写完毕，借以"作为本人一生工作的交代，兼告慰父母及恩师直友在天之灵"。黎先生以老骥伏枥的精神立即开始了勤奋的写作，并不断告知我写作的进度，与我商讨出版日程。这位九旬老人，每天竟以五千字的速度奋笔疾书，令我既敬佩又担心，屡屡劝他放慢节奏、保重身体。但由此也可以看出，老人依然精力充沛、才思敏捷，其知识和学养更非常人可比。

孰料天不假时，1998年12月30日，笔耕不辍的黎东方先生竟然夜睡不起，无疾而终，享年九十二岁。唐振常先生得知噩耗后，十分悲痛，他立即撰文《长留风范教后生——悼黎东方先生》刊于《文汇报》上。他说黎先生"是一个倒在书案上的学者"，"用通俗体裁告读者以真实的历史，使人立，教人奋，促人兴，其于世道人心，厥功伟焉"。"黎东方先生不愧是中国历史的有心人，有功于中国史学的人。"

为完成黎东方先生补齐所缺各书的心愿，我受黎夫人委托，多方物色作者，终于在2002年补齐了《细说秦汉》、《细说两晋南北朝》、《细说隋唐》、《细说宋朝》诸书，完成了《细说中国历史丛书》的出版。2008年上半年，该丛书又经重新设计并增补内容和插图后，以《黎东方讲史》系列面世。

附记："细说体"的由来可追溯到"卖票讲史"

将选题策划、实施的过程视作编辑自身知识素养积累长进的过程，这本是上海出版业的一种优良传统，可惜当下这一传统已日渐褪色。因此，我想把此选题的一些编外的收获附记于此。

出于编辑的职业秉性,在编辑审稿之余,我对黎东方"细说体"写作风格的由来作了探究,对其人其事也产生了浓厚的兴趣。

黎东方祖籍河南省正阳县皮店乡,清华大学毕业,为国学大师梁启超最后之及门弟子。抗战时期,至渝主持史地教育委员会工作,兼大学用书编辑委员会常委。在此期间,复在中央、朝阳、复旦各大学兼课,与顾颉刚、傅斯年、缪凤林等同为中国史学会在渝发起人。当时日机在我西南大后方狂轰滥炸,后方通货膨胀、物资匮乏,大学教授的生活也极为困难。黎东方先生说:"战前,我的一个月薪水可以买一百双皮鞋,或四十担米。到了1944年,我的一份专任薪水只买得了一双皮鞋。买了皮鞋,便无钱买米。这都是被日本人害的。"为了维持温饱,当时荟萃重庆的精英才俊之士,便各展所长,另谋生计,如冯友兰卖字,闻一多治印,而诙谐幽默、口才出众的黎东方教授就想到了卖票讲史。

卖票讲史,首先要租借会场、刊登广告和印刷入场的门票,这几件事都需要钱,囊中羞涩的黎东方却因交游广阔而全部顺利解决。首先,他的好友、时任山东省立实验剧院院长的王泊生把位于重庆中一路、黄家垭口的山东省立实验剧院大礼堂免费借给他,不收场租。其次,他在中央日报社的朋友特许他先登广告,后收广告费;印刷公司的朋友也让他先印门票,后收印刷费。万事俱备,黎东方先生便于1944年9月24日在山东省立实验剧院开讲三国。"在门口卖票、收票的,是几位富有活力的忘年之交。他们纯尽义务,不收报酬。"虽然黎先生讲史的门票价格不菲,一张门票法币四十元(当时美金一元的官价是法币二十元),然而照样是听众踊跃,第一天就来了三百多人。接着连讲九天,天天爆满。

他用这十天讲完了三国九十六年的事,第一天讲"合久必分",第二天讲"董卓",第十天讲"分久必合"。为什么要选三国这段历史?黎先生自有他的考虑:第一,在空间上,既在四川,所以特别细说在四川的蜀汉史事;第二,在时间上,既正处于中日殊死决战的时刻,所以特别细说三国的战史。讲史的缘起虽则是为了解决生计问题,讲史的内容却是为了抗战鼓舞民心,这正是爱国知识分子的可敬可佩之处!十天讲史的结果是"穷人用和平的方法翻了身",卖票所得相当于黎先生几十个月的教授薪水。

黎东方先生的讲史出了名,听众欲罢不能。于是,他又应邀在重庆近郊化龙桥和重庆下半城都邮街附近的合作会堂分别讲了五天。之后,他又到昆明、泸州去讲,而且又添了唐朝和清朝两个"戏码"。唐朝的三个主题是唐太宗、武则天、唐明皇;清朝的三个主题是康雍乾、太平天国、慈禧。有时专讲太平天国,就以洪秀全、石达开、曾国藩三个人为主题。

由于听众热情高涨,黎东方先生讲史的兴致也越来越高。起初只是为了生计而讲,其后则是为了兴趣而讲,为了普及历史、走历史通俗化道路而讲。抗战胜利后,他到南京、安顺、贵阳等地又讲了几次,到处都出现一票难求的热烈场面,其他地区也闻名前来邀请。

当时昆明西南联大的几位教授也听过黎东方先生讲史。著名学者任继愈先生在《西南联大学术报告会》一文中回忆说:"西南联大的学术讲坛,也吸引了外省学者。重庆中央大学历史系黎东方教授到昆明讲'三国历史讲座',租用省党部的礼堂,售票演讲,送给联大历史系教授们一些票。姚从吾、郑天挺等先生都去听过,我也分得一张票。为了适应广大听众的趣味,黎东方先生讲历史故事时,经常加进一些噱头。讲三国时期吕布与董卓的矛盾,把三国演义的一些情节加以演绎:'吕布充当董卓的贴身侍从武官,住进相府。吕布就在客厅支了一张行军床,这样与貂蝉见面的机会多了。随便谈谈三花牌口红的优劣,谈得很投机……'由于黎东方善于随时加进一些'调料',他的讲演上座率不错。听说他在重庆的讲座也很受欢迎。我只听过他一次讲三国,在散会回来的路上,与姚从吾先生随走随聊,认为用这种方式向一般市民普及历史有长处。但这只有黎东方教授特有的天才能办到,我们学不了。"由此可见,黎先生的讲史,不仅受到普通市民的欢迎,而且得到学术界的充分肯定。

黎先生还有一件趣事:他在卸任贵州大学历史学系主任时,要从贵阳去香港。当时飞机票相当紧张,航空公司的职员对他说:"票是肯定没有了,除非你个人包一架飞机。"一架最小的飞机也有24个座位,包机就要付来回48个座位的费用,那人其实只是随口说说而已,没想到黎先生却当了真。他回去后连续讲了几天三国,终于用960张门票的钱,付清了从贵阳到香港的包机费用。一位教授用讲史的门票收入包了一架飞机,这项创举不但空前,而且迄今依然绝后。为了报答出钱帮他包机的贵阳听众,黎先生特别破例写了简要的三国讲辞大纲,连续六天,每天印一张报纸,折成六本十六开的分册,题为"新三国",每分册卖银元五分。这就是日后"细说体"的雏形。《新三国》面世后被一抢而空,其后在旧金山、槟榔屿和台北又各重印了一次。

近年来,央视《百家讲坛》的讲史节目持续红火,主讲的学者也一个个成了拥有许多"粉丝"追捧的学术明星。其实,早在六十多年前,就有这么一位著名历史学家在抗战时期的临时首都重庆租借会场,卖票开讲历史。他虽无电视媒体的依托,也未大张旗鼓地宣传,却在山城引起了巨大轰动。邓广铭先生后来回忆说:"我当时身居北碚的复旦大学,距重庆百多华里,竟也经常有为这番讲史的叫好声传来耳边,经常为这一轰动效应所震动。"当时讲史的盛况,决不亚于今天的《百家讲坛》。据黎东方先生自述,直到20世纪七八十年代,当年在重庆听过他讲演而其时在台湾的人,"人数不在五千以下"。事隔三四十年,除去逝世者和居住别处的人,在台湾尚有五千人之众,则当时听者人数之多可想而知。黎东方先生旅居美国后,由于与祖国大陆学术界较少交往,所以,尽管这一阶段是他史学著作丰收的时期,他的名字在国际上声誉卓著,但在祖国大陆却渐渐被许多人淡忘,他的讲史盛举也随之湮没无闻。因此,可以说本系列的推陈出新,不仅使当今大陆读者了解了这位颇有传奇色彩的史学大师,也为我们提供了一种行之有效的出版范式。

我社在上世纪90年代出版《黎东方讲史》系列后,学贯中西的前辈著名史学家黎东方先生之名逐渐为大陆读者所了解、所喜欢。黎先生逝世后,我又编辑了先生毕生最后一部史著——《我们的根》,于2000年出版。而中国工人出版社在获知《黎东方讲史》系列得到广泛好评的情况下,也编辑出版了黎先生的两本遗著,先生的自传《平凡的我》最近也将由该社出版。

（上海人民出版社供稿，崔美明执笔）

小众图书也大有可为

——以《自学上海话》为例

《自学上海话》

上海大学出版社

经典策划 119

上海话属于吴方言,然而"学说上海话"的话题在新世纪前,除了少数专家与文艺工作者,几乎没有人关心,小众特色十分明显,此"点"无所谓轻重。没想到,一本《自学上海话》(2000年)小册子,竟然创造了许多奇迹:开创了"上海话"图书市场运作的先河,引领了学说上海话的时尚,引发了"提倡普通话与学说上海话"的讨论,启发了一个"上海话"文化产业(图书出版、培训班等)。该书至今已累计销售十几万册,一直位列同类书销售榜首,至今每年依然销售五六千册,对保护传承上海话可谓功不可没。本文拟结合自身编辑实践,以《自学上海话》一书为例,探讨小众图书的开发,以期对走出当前出版困境、打造出版品牌有所启发。

一、创意与依据

一是由广东话流行想到上海话流行的可能。改革开放初期,能说一口哪怕不怎么地道的广东话,绝对是一种时髦。可以大胆地演绎推理,一地经济的繁荣必然带来此地语言的强势。

二是潜在需求数量必然促使上海话逐步流行。上海为典型移民城市,特别是浦东开发开放(1990年)以来,外来人员大量涌入,据统计,2000年上海外来人员就有三百多万,且增长趋势不减。他们对于语言交流的刚性需求强。数百万新上海人,深感不懂上海话的苦恼,语言障碍给工作、生活、学习带来了诸多不便,他们希望通过学习上海话尽快融入这座城市。

三是当时没有为外来人员学说上海话定制的图书,即这个细分市场还没有出版者涉足。

二、思路与架构

编辑意图:提供一本通俗易懂、实用易学的学说上海话读本,以帮助外来人员学说上海话,减少因交流不畅而造成的不便,尽快融入上海。

作者物色:因内容专业性强,拟约请上海方言专家,以保证书稿质量,同时作者的权威可信也便于后期的宣传运作。

撰写要求:尽可能地针对上海外来人员编写,内容要浅显、通俗、易懂、实用,最好可以让文化水平较低的外来农民工都可以看懂。

出版构思:先出图书,顺利的话出版配套磁带(当时“随身听”十分流行)。图书采用便携的小开本,封面设计力求形象直观,正文插图应当便于“悦读”,定价要低,使上述特定的读者群乐于接受,等等。

三、组织与运作

一是特约作者与编辑。约请吴语专家、上海大学教授阮恒辉撰写,以保证书稿的权威性;考虑到此类书稿内容专业性强,非一般编辑之力所能及,特约请上海方言资深编辑徐川山(上海教育出版社)担任责任编辑,以全方位保证图书质量,做到对读者、对出版社、对社会切实负责,打造图书精品。

二是围绕读者制定并实施出版方案。

1. 内容以针对外地来沪民工为主。

2. 装帧设计:(1)开本选择,采用小 32 开本(净尺寸 113 mm×184 mm),制成方便携带与翻阅的“口袋书”;(2)封面设计,封面图片选用标志性的上海建筑东方明珠,配上“你在上海的好帮手”的贴心话,以及体现图书特色、让读者心动的“速成、易学、实用”广告语,封底突出作者介绍,让读者感受到作者的权威,从而增加图书的可信度,也便于后期的宣传推介;(3)正文插图,请专业人士构思富有情调的插图,版面编排活泼而有情趣,图文并茂,以适应"读图"时代的要求;(4)创意编排,普通话与上海话对照,并用汉字和拼音注音上海话,但主次有别,使图书浅显且便于阅读。

3. 定价策略:充分考虑读者购买时的心理因素,定价8.8元,一方面价格低,读者能承受,另一方面也取谐音"发"吉利之意。

4. 磁带出版:语言类图书学习要借助有声读物方能事半功倍,该书出版后不久,上海高教音像出版社便主动找上门来合作出版配套磁带,通过合作实现了"1+1>2"的双赢效果。

三是主要采取"借势营销"策略。一部小众图书,其出版不可能作专项大投入。因此,我们不作意义不大的宣传推广,而是积极"借助外力",即借助外界的关注来有效推广,这种宣传推介是最有价值的。

我们认为:关注上海,关注移民,是一个大众关心的话题。而关注上海话,就是关注移民,关注上海,关注上海文化。积极"借势营销"正是基于这一点,而实际效果基本上也印证了我们最初的想法。这里就众多媒体的关注与报道试举数例。

发行量达百万份的《新民晚报》,其《读者之声》栏目刊发了一封读者来信——《希望有本〈学说上海话〉》(2000 - 11 - 11)。看到这则消息后,笔者立即向报社反馈本书信息,一周后《新民晚报》的《回音壁》及时刊发《回音》(2000 - 11 - 18),告知《自学上海话》出版了,极大提升了大众对此书的关注度。

在外来人员读者最多的专业报纸《人才市场报》上刊发书讯《帮你尽快融入上海大都市——向你推荐〈自学上海话〉》(2001 - 2 - 20),并留下我社发行科的电话,结果两周内电话被"打爆",市场需求近乎饥渴,为营销创造了极好的态势。

《人才市场报》记者因在南京东路书店看到《自学上海话》(配磁带)列入该店畅销书排行榜,便主动联系笔者采访至深夜,后又深入采访该书作者及其教授的"上海话培训班"学员。于是,一篇整版文章《移民社会VS方言世界》(《人才市场报》2001 - 8 - 21)刊发了,引起强烈的社会反响。特别要提及的是,该报后来至少有半年多的时间,每期都有"学会上海话,走遍上海都不怕"的上海话招生广告,这更是本书的间接广告。

上海广播电台中午有一档互动节目,一次约请当时上海社科院历史研究所所长熊月之教授谈"上海外来人员"相关话题。听到广播的第一时间,笔者就打进电话参与互动,并强调指出外来人员要想尽快融入上海这座城市,学说上海话必不可少。可以说免费为本书作了一次宣传推广。

四是与时俱进,精心维护品牌。《自学上海话》出版十年后,虽然外来人员越来越多,同类书也没多大变化,但其销量却直线下滑。市场反馈,主要是没有与时俱进,书配磁带已不适合形势。于是我们及时对该书进行了修订(《新版自学上海话》,2010年),封面代以新上海新形象,更重要的是以 MP3 光盘替代了老式磁带,使得该书重新焕发青春,如今每年依然有五六千册的销量,生命周期得以延长。

四、效果与经验

　　该书初版 8 000 册,不到半年即实现重印,后来一直位列同类书市场销售榜首,现累计销售十几万册。更为重要的是,该书一经出版即引爆"上海话"热,引领学说上海话成为时尚,以至于当时社会上至少出现了三家上海话培训机构。上海主流媒体强烈关注、争相报道,并引发"提倡普通话与学说上海话"的讨论,可以说创造了一次成功的事件营销。如此一来,小众图书不仅仅在小众圈子里流行,而且在圈子以外的地方产生了一定的影响,并以小众化的方式达到了大众化的传播目的。可见,小众图书在一定条件下也能转变为大众畅销书。该书之所以成功,以下几点经验至关重要:

　　一是恰当运用"借势营销"。借助社会的关注热点,顺势而为,争取找到一个"支点",以把"市场"撬动。"势"就是外部形势及其发展走向,力量最大。若能在纷繁复杂的社会现象中,抓住大"势",然后结合出版工作顺势而为,将会因其前瞻性,而实现投入小、收益大。

　　二是注重整合营销。激烈的市场竞争下,出版的每个环节都必须围绕营销开展,必须想读者所想,一切为了读者展开。营销的关键是先期的市场调研和整体策划。从最早的市场调研、选题确定,到物色作者、内容写作以及图书的装帧形式、定价策略,包括图书出版后续工作的开展,都须时刻围绕"营销"做文章。图书出版后才开展的销售,不是"营销"是"推销"。

　　三是与时俱进,关注社会,已见前述。

五、出版与拓展

　　当年的一本《自学上海话》如同一粒埋入土壤里的种子,经历了十多年的风风雨雨,如今已经成长为枝繁叶茂的大树。在该书的引领下,以保护和推广上海方言为主要内容的特色图书板块市场在出版市场越拓越宽,而尤以上海大学出版社最为典型。

上海大学出版社紧紧围绕"切入点",经过多年摸索实践,特别是通过"挖掘出一个点,拓展为一个面,塑造成一个体"的有序出版开发,使上海话图书出版战略初见成效,更以多个首创"概念"引领第一。我社实用上海话图书的市场占有率稳居第一,出版品牌特色明显:

有被誉为"首部小学沪语教材"的《小学生学说上海话》。该书是"推广普通话,传承上海话"渐成各界共识的产物,首版 8 000 册于两个月内售罄,引发"上海话是否进课堂"的大讨论,且持续时间长,见诸媒体频率高,后逐步引发"方言如何保护与传承"的相关讨论。

有为各类新上海人度身定做的《新上海人学说上海话》,上海话受众再细分为更小的小众群体,是因差异化需求而定制的个性化图书产品。

有以展示上海话文化为主题、彰显上海话语言魅力的《妙趣横生上海话》。

有吴语研究无法回避的《西方传教士上海方言著作研究》,该书因其学术价值而获得上海文化发展基金资助……

六、特色与品牌

选题同质化,大众图书市场相对饱和,图书分众市场开发长期缺位,同行竞争激烈,这些问题一直困扰着当前中国图书出版。大众出版细分化,在某种程度上向小众出版转型已经成为不可改变的趋势。小众图书出版现已成为中国出版业一种全新的出版模式,并被越来越多的出版社认可。

著名出版人赵斌先生曾说:"我们时时见到一些有志向有眼光的出版人,不把注意力放在其他出版社趋之若鹜的方向上,而是细心注视一些二线的题材,发掘出阅读的价值,最后二线成为一线。"[①]《自学上海话》一书其实就是"二线"的小众图书,因为策划运作得较好,该书打开了一片天,且创造了远远溢出此书本身使用价值的广泛的社会效益与不俗的经济效益。

对于中小出版社而言,畅销书开发与运作几乎可望而不可即,因为难以有巨大的资金和人力投入。但中小出版社若能在细分市场上下功夫,寻找图书出版"空白点"并做足文章,找出定位明确的小众需求,满足这部分小众需求并牢固占领市场,则也可以在市场上独树一帜，逐步形成出版品牌特色。这或许是中小出版社品牌打造的一种可行的选择。

（上海大学出版社供稿，黄晓彦、张天志执笔）

① 赵斌.出版的变与不变[C]//.中国出版理论与实务.北京:中国书籍出版社,2000:260.

经典策划
119
下

上海出版研究丛书

经典案例

119

下

上海市出版协会

○编著

◎彭 襄

上海市出版协会

上海市出版协会
◎编　纂

上海出版研究丛书

经典策划119

下

JingDianCeHua119

华东师范大学出版社

常销图书类

八

文史类
科学类〈社会科学与自然科学〉
艺术与文物类
少儿类

文　史　类

多卷本《中国通史》·不朽的文化丰碑

齐心·决心·诚心——策划《中国断代史系列》之感悟

复旦版《中国文学史》的出版传奇

从葛兆光教授著《中国思想史》说起

以文化人　以文育人——《中国文化史丛书》的策划编辑出版

打造文学史研究领域的『航空母舰』——记《世界文学史》的出版历程

中国家谱研究领域里程碑式的巨作——介绍《中国家谱总目》的运作

《古文字诂林》出版的重要意义

《明成化说唱词话丛刊》：从出土到出版

一个点子，救活一套辞书，赢取三个市场——《外教社简明外汉·汉外词典》系列选题策划和版权贸易案例

『华东师大作家群』概念的诞生对编辑策划的启示

《学术集林》出版忆事

重建『人与自然』关系：寻求一份东方式的解答——《陶渊明的幽灵》的出版价值

多卷本《中国通史》，不朽的文化丰碑

《中国通史》
上海人民出版社

编者按：本类别中有多个案例，曾使编者颇费踌躇。依体量、学术内涵、学界影响，乃至经济效益来衡量，她们完全应当列入"标志性出版工程类"；然而，作为任何出版社立社之本的常销书类，也必需有若干压秤的大著作作为支撑。考虑再三，还是请她们"屈尊"、"俯就"本类，并以此案例作为常销类图书开宗明义的第一篇。因为她的策划、制作，不仅完整体现了优秀的大型学术图书的诞生过程，而且生动展现了那个时代编辑的人文精神，在这类著作中具有典型意义。文稿中有关学者与编辑"你中有我，我中有你"，为民族文化的建设无私奉献、精诚合作的描述与归纳，尤使编者深深感动。这一点，应当仍是转型期编辑意识的第一要义。因此，如此安排，号为"屈尊"，亦是"彰显"。尽管如此，还是应当对"俯就"各篇的出版单位说声"抱歉"！

在上海人民出版社 60 年的历史上，多卷本《中国通史》的编辑出版是浓墨重彩的一笔，其筹划、编辑时间之长，投入之大，规模之巨，即使在当代中国出版史上也并不多见。该书共 12 卷 22 册，约 1 400 万字，由白寿彝先生担任总主编，22 位著名历史学家分别担任各册主编，近 500 位作者参与撰写。《中国通史》系统论述了自远古时代起至 1949 年的中国历史，是一部以马克思主义唯物史观为指导，充分反映 20 世纪学术界最新研究成果，体例新颖独特的恢宏巨著，被誉为"中国历史学 20 世纪的压轴之作"。从 1979 年召开第一次编写会议，到 1989 年第一卷《导论》出版，再到 1999 年全部出版完成，历经二十载春秋，上海人民出版社始终参与其中，与诸多专家、学者结下了深厚的友谊，也为中国学术文化的建设与发展作出了应有的贡献。

"通史项目我们一定做"

早在参加 20 世纪 70 年代的"二十四史"和《清史稿》点校工作时，上海人民出版社的编辑即与白寿彝先生结下了友谊。也就是在那时，我们得知，白先生有意编写一部新的《中国通史》，并已着手准备。1978 年，我社编辑王界云在北京为一部书稿的出版征求专家意见。白先生得知上海人民出版社的编辑在北京后，特意托人带话给他，约他到家中见面。如今已从学林出版社总编辑岗位退下来的王界云回忆起此事来依然深有感触："当时白先生已是一代史学大家，而我只是一个刚刚走上工作岗位的年轻人，听说白先生主动带话，要我去他家，我真是很激动的。"在白先生家里，王界云认真地听着白先生对《中国通史》整个系列工程的编写计划，他异常振奋，立刻意识到这将是中国当代史学界的一项创举，既然白先生属意并寄厚望于上海，上海出版人决不可错失良机。从白先生家出来后，他直奔邮局打长途电话到出版社，详细汇报了与白先生的见面经过和白先生关于《中国通史》的一系列构想。第二天，他就在旅馆接到了资深出版人、时任出版社领导的宋原放的指示："通史项目我们一定做，而且一定做好！"

之后，我社领导和编辑多次到北京拜访白寿彝先生，很快就与白先生达成了《中国通史纲要》、《中国通史》、《中国史学史》等一系列著作的出版意向。有一次，当时的历史编辑室主任叶亚廉到白先生家请教、商谈出版事宜，事毕，白先生特意让助手拍照留念，并风趣地对叶亚廉说："通史系列项目的出版就是你们的了，我们立此存照！"

王界云一直在想一个问题：当初白先生为什么一定要请上海人民出版社的同志

到家中谈这个系列工程呢？1978年，正是拨乱反正、百业待举之际，然而"左"的阴影依然笼罩在学术界的上空，而当时的上海人民出版社已经开始陆续出版一系列学术著作，在学术界、读书界和出版界形成了良好的社会影响，显示出了海纳百川，但开风气的气度与格局。这恐怕也是当时的上海人民出版社被正在酝酿撰写"新中国的历史书"的白先生关注的原因吧。

1979年10月，在北京师范大学的一幢简陋的校舍内，已年届七十的白先生亲自主持召开了多卷本《中国通史》的第一次编写会议。参加会议的分卷主编有徐喜辰、杨钊、何兹全、陈光崇、王毓铨、龚书铎等几十位专家学者，我社编辑林烨卿和张美娣作为出版社的代表参加了会议。编写会议初步规定了《中国通史》的编纂要求、体例、卷数，并对一些史学界长期以来有纷争的重大学术问题作了研究，为在通史论述中能达到统一而作了认真的讨论。与此同时，由白先生主持编写的《中国通史纲要》也由上海人民出版社进行编辑，准备出版。一年后，《中国通史纲要》正式出版。该书充分贯彻了运用马克思主义理论指导"通史"撰述的思想，可以说是《中国通史》的提纲之作。此后，《中国通史》的撰写、编辑工作也逐步展开。

为了做好前期准备工作，上海人民出版社尽可能为《中国通史》的编写提供各种帮助，列出专项资金用于编写"通史通讯"、支付在京的编委和部分作者的每月交通费用以及其他相关开支，协助白先生联系分散在全国各地的各分卷主编及诸多作者，并参加各分卷提纲和写作要求的讨论。一位作者在2009年白先生百年诞辰之际，仍然深情回忆道：当时上海人民社还给我们报销每个月的月票。我们所做的有限的一切都被专家学者们记在心里，这也是促使我们更加全力投入通史工程的精神动力之一。我们的工作也赢得了白先生的信任，早在《导论》卷还未出版时，白先生就多次写信给叶亚廉："希望出版社有一位同志参加编委会，以便利于工作进行"，"导论排版情况进行如何，请注意把您的大名列入编纂委员会名单"。在白先生的坚决主张和极力邀约之下，我社的王界云、叶亚廉和张美娣三位编辑先后加入了通史编纂委员会。

20年里，我们陪伴着白先生多次远涉西安、南京等地，一一联系落实分卷主编人选，多次参与召集、协调各卷的编写会议。1992年，白先生的夫人去世，我社编辑得知后立刻去信吊唁慰问。白先生在回信中除了表示感谢外，又立刻把话题转到了《中国通史》上来，"心情渐趋平静，工作已部分恢复"，"《通史》第四卷上册，已于前日交快件寄出，下册还得加工，还要一段时间"。白先生把悲痛埋在了心底，仍然在为通史工程的早日完成不知疲倦地操劳着。

"上海出版社的作风"

  《中国通史》规模巨大,内容涉及广,编辑出版时间跨度长,几乎所有书稿中会出现的问题,在《中国通史》的编辑工作中都会遇到,例如各部分之间的重复交叉、行文风格不一致、格式体例不统一等,还要注意各卷进度的协调。考虑到白先生年事已高,又承担很多社会工作,我们主动多想一点,多做一点。虽然所有这些给编辑工作带来了很大的难度,大大增加了工作量,也对编辑工作提出了更高的要求,但在白先生的带领与影响下,我们丝毫没有觉得是在做一件额外的工作,这也是白先生的人格魅力影响所致。我们不是在简单地出一本作者负责撰写、我们承担出版的学术著作,而是和作者共同为一个出版史上的巅峰之作竭尽全力、共筑辉煌。

  作为出版人的我们,在提高书稿的质量方面,自始至终都不懈努力着,不敢有丝毫懈怠。每一位编辑都以高标准严格要求自己,仔细阅读书稿,在段落划分、标题选取上反复推敲,就某些学术观点与作者进行探讨,严格按照编委会确定的撰述要求对书稿提出修改意见等。特别是在书稿编辑出版的后期,由于时间紧迫、作者写作任务繁重,除做好文字加工、核查资料、纠错改谬、统一格式等常规编辑工作外,在白先生的鼓励和指导下,编辑张美娣更是直接参与了明史卷综述部分的撰写工作。在距全部书稿最后完成仅有一年的时候,近代卷科技史部分遇到了书稿字数大大超出规定篇幅的问题。而此时的分卷主编何绍庚先生为了保证其他几卷科技史的发稿,已是全力以赴、分身乏术。为此,我们曾多次与何先生联系,提出种种解决办法,甚至提议派人去北京做他的副手,协助其完成修改和统稿工作,但出于各种原因均无法实现。总主编白先生甚至一度考虑放弃这一部分内容。但是,为了保持全书体例的完整与统一,在白先生大力支持下,张美娣和刚从华东师大历史系毕业的青年编辑李远涛承担了全部的调整篇幅、压缩修改等编撰工作。经过连续一个多月的日夜鏖战,终于圆满地完成了这项任务,使《中国通史》得以及时完稿出版。事后,何绍庚先生对我社编辑忘我的工作精神和认真的工作态度夸赞不已,称之为"上海出版社的作风"。

  与《中国通史》的成稿一样,这部巨著的出版也曾有过曲折。随着市场经济的影响,出版社的经营体制发生了极大的变革。在商品经济的汹涌浪潮中,出版社普遍面临着严峻的考验。有的出版社开始以压缩学术著作的出版来维持经济效益,社会上出现了"出书难"的现象。这时,作为大型系列工程的通史项目,也在出版社内部成为被关注的话题，甚至有人提出如此巨大的出版项目费时长、见效慢，是否可以暂时搁置以待时机成熟时再行出版。然而，即使是在出版社经济最困难的时候，上海人民出版社的历任主要领导和有关编辑都始终坚持通史系列的选题和出版计划。特别是在1994年，出版社新一届领导上任，明确提出了"创一流"的口号，肯定了出版高品位、高质量的学术著作的方向，《中国通史》相继被列为出版社、上海市的重点工程。之后的五年中，在陈昕社长、郭志坤总编辑等人的高度关注、亲自督促下，经过编辑、校对、美编人员的共同努力，《中国通史》的后十一卷相继顺利出版。

"咱们搞这个工作的本身，就是有历史性的大事"

历经二十载春秋的磨砺，《中国通史》从一粒种子茁壮成长为一棵参天大树，其中凝结着白先生主持下几代学人和出版人的共同心血。《中国通史》第一卷出版后，白先生曾亲笔致信王界云，称"多卷本《中国通史》是国内史学界的一件大事，也是出版界的一件大事"，"咱们搞这个工作的本身，就是有历史性的大事"，并鼓励大家继续齐心协力，共同将《中国通史》早日完成。为了通史工程，白先生可谓竭尽了全力，当《中国通史》全部出版时，他连站立起来的力气都没有了。而编委和分卷主编中也有几位先生先后离开了人世。好几卷《中国通史》的编纂工作都是由几代学人薪火相传，共同努力完成的。如科技史的编纂工作最早由王振铎先生主持，王先生去世后，年轻的何绍庚先生接过了这项工作。负责元史卷的韩儒林先生去世后，其弟子陈得芝接任主编，带领南京大学元史研究室的同事共同完成编纂。明史部分由王毓铨先生主持，但后来因身体的原因，大部分工作由其弟子商传先生继续完成。与编纂工作一样，《中国通史》的编辑出版也是由老中青三代编辑共同完成的。参与《中国通史》工作的出版社老一代编辑如今已全部离退休，其中刘伯涵先生业已作古。不少当年的大学生、研究生一进入出版社，就投入了《中国通史》的编辑工作。上世纪70年代末，张美娣自复旦大学毕业后进入人民社，一直到退休，在通史工程编辑出版的20年里做了大量的编辑及联络、协调工作，《中国通史》"已然成了生活的轴心"。《中国通史》22册全部出版完成时，白先生曾握着她的手，感慨地说："你是大功臣！"

1999年4月26日，北京师范大学举行了隆重而热烈的"祝贺白寿彝教授九十华诞暨多卷本《中国通史》全部出版大会"，江泽民、李鹏、李瑞环、李岚清、陈至立等党和国家领导人发来了贺信，热烈祝贺《中国通史》全部出版，认为这是我国史学界乃至文化建设的一件大事。江泽民同志在贺信中,首先对白寿彝先生和同事们"在史学研究上取得的重要成就"表示"衷心的祝贺",认为白先生"主编的十二卷本《中国通史》的出版,是我国史学界的一大喜事",高度赞扬了白先生"在耄耋之年,仍笔耕不辍,勤于研究","老骥伏枥,壮志不已"的精神,称赞"这套《中国通史》,一定会有益于推动全党全社会进一步形成学习历史的浓厚风气","对我们推进今天祖国的建设事业,更好地迈向未来,具有重要的意义"。贺信中说,"中华民族的历史,是全民族的共同财富。全党全社会都应该重视对中国历史的学习,特别是要在青少年中普及中国历史的基本知识,以使他们学习掌握中华民族的优秀传统,牢固树立爱国主义精神和正确的人生观、价值观,激励他们为中华民族的伟大复兴而奉献力量",并强调,"党和国家的各级领导干部要注重学习中国历史,高级干部尤其要带头这样做。领导干部应该读一读中国通史。这对于大家弄清楚我国历史的基本脉络和中华民族的发展历程,增强民族自尊心、自信心和奋发图强的精神,增强唯物史观,丰富治国经验,都是很有好处的"。

学术界的专家学者,如周一良、季羡林、王钟翰、戴逸、齐世荣、金冲及、林甘泉等也都高度评价了《中国通史》的学术成就。当众人问起白先生还有什么计划时,他笑着说:"假如安拉降福,多给些时间,第一就是要把《中国史学史》全部完成。这项计划因为通史的工作而推迟了。"

遗憾的是,2000 年 3 月 21 日,白先生永远地离开了我们。他一直挂念着的《中国史学史》,只有第一卷于 1986 年由我社出版,其他 5 卷当时均尚未完成。为了完成白先生的遗愿,也为履行我们出版人的承诺,从丁荣生社长到负责具体编辑工作的同志,始终以满腔热情和高标准、严要求,继续着通史系列项目的出版工作。我们与北京师范大学史学研究所的各位作者继续通力协作,反复讨论,交换意见,历时 6 年,终于在 2006 年使 6 卷本《中国史学史》付梓出版。正如北师大教授瞿林东先生所说:"6卷本《中国史学史》的出版,得到上海人民出版社长期的、始终如一的热情支持……此书的出版,可以说是对这位中国史学史执着的研究者和大手笔开拓者(白寿彝先生——笔者注)的最好纪念。"

"一到一千万",成就恢宏巨著

在《中国通史》编辑出版的 20 年里,我们与白先生及诸多专家学者亲密合作、风雨同舟。白先生对我们提出的意见,常常是亲自动笔修改。在晚年双目几近失明的状况下,他更是凭借顽强的毅力,在助手刘雪英的帮助下,以耳听口述的方式,坚持将1 400万字的书稿审阅、修改完成。20年里,我社编辑与白先生及各分卷主编之间的通信、电报数以百计。20年里,我们的编辑只要一到北京,第一件事便是去北师大拜访白先生,不只是工作之需,更是出自内心的崇敬。

2009年5月,在北京师范大学举办的"白寿彝学术思想研讨会暨纪念白寿彝先生诞辰一百周年"大会上,上海世纪出版集团总裁陈昕在致辞中说道:上海世纪出版集团和上海人民出版社与白寿彝先生有着很深的感情。特别是对通史项目的出版,上海人民出版社至今仍流传着这么一段表述:一位总主编担纲主持、呕心沥血,几任出版社领导班子具体负责编务,十几位编辑通力合作、参与组稿,22位分册主编、数百位作者同心协力,才终于有了千万言的巨大规模。也正是这个"一到一千万",见证了上海人民出版社与白先生、与北师大、与所有相关的专家学者朋友共同合力打造而成的这一部后人难以逾越的史学巨著,一座后世难以企及的文化高峰。

他在致辞中还说:"上海世纪出版集团诞生于10年前,即《中国通史》出齐的那一年。所以说,我们与白先生,与北师大,与聚合在《中国通史》周围的所有专家、学者、朋友都非常有缘分。……正是因为有了像白先生那样的道德文章足以光耀后世的大学者,有了像在座专家、学者们共同的不懈追求,才有了《中国通史》这样'里程碑'式著作的诞生,我们世纪出版人做一代又一代中国人的文化脊梁的使命追求才能得到实现。"

会上,当主持人最后宣布"白寿彝学术基金会"正式成立时,北师大教授龚书铎先生立即举手,高声补充道:"这里面还有上海人民出版社的钱,这一定要提!"这哪里是普通的作者与出版社的关系,这分明是你中有我,我中有你。出版人听到这样的声音,还有什么理由不更好地为中国史学的研究与出版,为中国学术的研究与出版恪尽职守、多作贡献呢?

上海人民出版社为能够与白寿彝先生及诸多专家学者共同合作完成包括《中国通史》在内的一系列高质量的学术著作而感到骄傲。我们始终把那份敬意记在心里,不会忘却与白先生、与诸多专家学者、与北京师范大学等相关单位历经数十载风雨结下的深厚情谊,也将一如既往地加强与学术界、文化界朋友的交流与合作,"做一代又一代中国人的文化脊梁"。

（上海人民出版社供稿，陈雷执笔）

齐心·决心·诚心

——策划《中国断代史系列》之感悟

《中国断代史系列》

上海人民出版社

　　2003 年 5 月,13 卷 16 册《中国断代史系列》出齐面世,尽管各卷篇幅不一、风格各异,但有着鲜明的专著色彩,被称为"断代体裁的完璧之作,跨越世纪的历史巨著",立即引起了学界的热切关注。每卷都是作者多年或一辈子研究的结晶。被冠以"策划"头衔的我,在这套近千万字的皇皇巨著面前,常常想起牛顿说过的一句话:"如果说我看得远,那是因为我站在巨人们的肩上。"这"巨人们"就是编辑团队。倘若没有集体的力量,是难以承担这项工程的。各位责任编辑在组稿和编辑过程中发挥各自的睿智和敬业精神,历尽千辛万苦才取得了丰硕成果。下面列出各卷的篇幅和责任编辑名单,权作小小的光荣榜。每当评论《中国断代史系列》各卷的学术成就时,不能不给付出智慧和辛劳的各位责任编辑献花。

　　《中华远古史》(王玉哲著),全书 53 万字,责任编辑为曹文娟。

　　《殷商史》(胡厚宣、胡振宇著),全书 46 万字,责任编辑为曹文娟。

　　《西周史》(杨宽著),全书 42 万字,责任编辑为张美娣。

　　《春秋史》(顾德融、朱顺龙著),全书 66 万字,责任编辑为张美娣。

　　《战国史》(杨宽著),全书 57 万字,责任编辑为张美娣。

　　《秦汉史》(林剑鸣著),全书 82 万字,责任编辑为王卫东。

　　《魏晋南北朝史》(王仲荦著),全书 76 万字,责任编辑为王卫东。

　　《隋唐五代史》(上、下册,王仲荦著),全书 100 万字,责任编辑为张美娣。

《宋史》（陈振著），全书 53 万字，责任编辑为张美娣、刘影、王卫东。

《辽金西夏史》（李锡厚、白滨著），全书 51 万字，责任编辑为张美娣。

《元史》（周良霄、顾菊英著），全书 65 万字，责任编辑为王卫东。

《明史》（上、下册，南炳文、汤纲著），全书 116 万字，责任编辑为张美娣。

《清史》（上、下册，李治亭主编），全书 138 万字，责任编辑为曹文娟。

一、齐心：大套书要同心协力且要规范统一

我调入上海人民出版社担任总编辑后，社务会决定让我分工抓学术著作，特别是史学著作的编辑出版。我乐于此事，一则是出于我的专业，二则是出于我的兴趣。当时，我从学术性刊物发行量大幅度增长的趋势中获得信息：学者以及相当数量的其他读者对学术著作是有需求的。我当时同不少出版社的社长、总编一样，都有这样的感触："顶尖的学术著作不仅不亏本，还能赚大钱。"早年出版的权威之作，如蔡元培《中国伦理学史》、胡适《中国哲学史纲》、梁漱溟《东西文化及其哲学》、陈望道《修辞学发凡》、艾思奇《大众哲学》、钱钟书《谈艺录》、王国维《人间词话》等，不断重印，成了常销图书。

这些信息更增强了我关注学术著作编辑出版的信心和决心。所以，陈昕社长和我在审批选题计划时，把学术著作置于首位，所占比例高达百分之七十以上。我负责《中国通史》编辑出版的同时，社务会还决定要我全力抓好《中国断代史系列》的编辑出版工作。这套书的编纂出版历时半个世纪，经几届社领导和编辑的努力，又是出于众多学者之手，难免在文风、体例上各不相同。为了完整、系统地推出，我同编辑多次商讨，对全套图书体例的统一，提出了十余条建议和要求。如：

中国历史地图的插页。历史地图为读者提供古今对比、一目了然的印象以及比较完整地再现的历史空间轮廓。一幅以现代地图学为科学基础的历史地图，能对历史事件发生的地点、地理环境及其空间联系提供鲜明的概念，对于它所反映的历史事实，能够获取文字表达所不易或不能获取的效果。于是，我们决定选用谭其骧主编的以中国历代疆域政区为主的《中国历史地图集》中的地图，采用复合版形式置于正文中或正文后。历史地图的改绘工作由复旦大学历史地理专业毕业的王卫东博士负责。

中国历史大事年表。先期出版的断代史有的有大事年表，有的没有，有的过详，

有的又过简,于是作了统一规范,过繁的删减,过简的补充,没有的补纂,此项工作多由责任编辑负责。编写时力求对政治、军事、经济、文化等方面都有所反映,使读者既便于检索,也可以通过浏览大事年表,略知本朝代史事要略。

插图的选用。学术著作中大量插图的引入,不仅可以"亮化"著作的形式,而且可以"活化"著作的内容。插图最佳为随文图,原则是先文后图,这样做的作用至少有三:其一,佐证历史;其二,美化图书;其三,调节版面;从而大大增强学术著作的直观性、启发性、趣味牲和可读性。愿望很好,可实施有难度,一则随文插图大大扩充了篇幅,二则插图若用彩印必增加成本。考虑再三,最后决定选择具有代表性的图片20至30幅,作彩印插页置于正文之前。此项选图工作由各卷责任编辑同作者商定。

注释的规范。这套多卷本、多作者撰写且时间跨度大的图书,不仅文风不一,而且在数字用法以及注释格式等方面有所异见。为了统一全套图书的规范,特别作了若干规定:1. 引《史记》《汉书》等二十四史的典籍(含子书)可在文中夹注,如《论语·尧曰》《孟子·万章上》《史记·夏本纪》《吕氏春秋·有始览·有始》。2. 引述重要的资料和他人的重要观点,要注明出处,即注作者、书名、出版社和出版时间。3. 统一中国历史纪年表述,即年号加公元纪年,如东晋永和二年(346),括号内注明公元年份(凡公元前的均加"前"字),用阿拉伯数字,"公元"字、"年"字均省略;年号下之年份则用汉字。4. 文中除公元纪年与人口统计数字外,一般有关数字应采用汉字,如十人、二十年、七百斤、二百十卷、四十册、五月、六年七个月、三十一岁,等等。

此外,还对封面以及材料等作了事先设计和论证。有了统一的规范,才能体现全套图书严谨的学术水准。事实证明,这些统一规范的制定,对于提升这套图书的编校质量起了极大的作用。

二、决心:认准的作者不轻易易人

策划方案是策划成果的表现形态,这里还有一个出版时间节点问题,也属策划方案之重头。当时社务会决定在《中国通史》出版两年后(2001年)即推出《中国断代史系列》,而余下的《宋史》《辽金西夏史》《清史》以及《殷商史》的作者人选、出版时间没有明确。这批作者在多年前大都选定了,可迟迟未能如期交稿,有的遥遥无期。怎么办?是否要易人?我想,原来选定的作者有相当的学术水准,同时经多年酝酿也有一定的基础,非特殊情况不轻易易人为好。我和有关责任编辑商量,认为要有足够的耐心和决心，密切同作者联系沟通，以情感人，让作者及早完稿。

《辽金西夏史》是两位长期致力于辽宋金史研究及西夏历史文化考察与研究的专家的合璧之作，充分展现了公元 10 世纪至 13 世纪与宋朝并存的我国少数民族政权的历史，系统论述辽、金、西夏王朝的建立、兴盛及其灭亡的历史过程、经验教训，以及政治制度、经济制度、军事制度、宗教文化、社会生活诸方面的发展，是辽金西夏史研究领域的一部力作。这部书稿是来之不易的。

《辽金西夏史》的辽金史部分由李锡厚先生撰稿，他是中国社会科学院历史研究所研究员，《中国政治制度通史》的辽金部分就是他撰写的。《辽金西夏史》的辽金史部分已交稿了，西夏史部分迟迟没有交稿日期。怎么办？也是一个是否要易人的问题。我先对作者作了一番了解。白滨是中国社会科学院民族研究所研究员、宁夏大学兼职教授，毕业于中央民族学院历史系，长期从事中国少数民族社会历史的调查与研究，后专门致力于西夏历史文化的考察、研究，著有《元昊传》、《党项史研究》、《寻找被遗忘的王朝》等，合著有《文海研究》、《西夏文物》等。我考虑再三，此稿非他莫属，不能易人。再说有如下条件：1. 他参与《中国通史》西夏史部分的撰稿，有学术功底，对上海人民出版社有一定的感情；2. 白先生的夫人在文物出版社当编辑，是同行，有共同语言，加之我同学的介绍，如此走"夫人外交"路线，有较大的把握。于是，我登门拜访了白滨先生。我们见面的话题先是西夏文。他介绍说，西夏景宗李元昊在正式称帝前的公元 1036 年（大庆元年），命大臣野利仁荣创制西夏文字，三年始成，共五千余字。他对西夏文物很熟悉，发表了西夏学论文四十余篇，对西夏文很精通。西夏文又名河西字、番文、番书唐古特文，是记录西夏党项族语言的文字，属表意体系，是西夏仿汉字创制的。白先生能写一手漂亮的西夏字。

问及西夏史何时交稿，他回答干脆："没有时间。"我问为什么，他没有直接回答。不过，过了一个小时便找到了答案。在他家停留了不到一个小时，便有两位友朋前来索取墨宝，有的应诺隔天来取，有的当场书写。我第一次见人书写西夏文的情景。白先生挥笔自如，形体方正，笔画繁冗，用点、横、竖、撇、捺、拐、拐钩等组字，斜笔较多，没有竖钩。西夏文结构仿汉字，又有其特点，非常漂亮。白滨先生问我喜不喜欢，我说，当然喜欢。他表示给我写一幅。我说，我对西夏史更加迫切。他说，提纲已列好了。怕我不相信，他特地去案头上翻出西夏史写作提纲让我看。我见大纲分"党项的兴起与夏州政权的建立"、"西夏王朝的兴亡"、"西夏的政治制度"、"西夏的经济制度"、"西夏的宗教与文化"、"西夏与周边王朝及民族的关系"六章，经他同意，将大纲简略抄摘下来。客人走后,他问我:白寿彝先生任总主编的《中国通史》出版了吗? 我说早出版了。他说:我只有单卷,没有全套。虽然他没有开口向我索取全套《中国通史》,但我觉得应该送他一套,于是当场答应送他一套《中国通史》。我回上海的第三天,便安排由北京的新华书店直接送去。白先生收到《中国通史》的当天专门给我挂电话说:"你很讲信誉,说送一套就送一套,《中国通史》制作精良,是工具书也是很有价值的珍藏品,感谢出版社的馈赠。"我说:"这是应该的。我希望西夏史能在半年之内完稿。"白先生以西北人豪爽的口气说:"我已有初稿了,保证半年之内送到出版社,只会提前不会拖后。"后来果然提前一个月寄到出版社。

三、诚心:宽厚期待以真情感动作者

20世纪90年代之前虽然出版了《先秦史》、《上古史》、《夏商史稿》、《商史探微》、《殷商史记》等,但大多为综合论述,尚未有一部专门的《殷商史》、《商代史》。几十年来,甲骨文发现、殷墟考古的新材料层出不穷。在甲骨学殷商史领域,胡厚宣老先生辛勤耕耘了一辈子,他想以"殷商史"为题总结自己的研究成果,列出了书稿的撰写大纲,并完成了部分章节初稿。不料,胡老先生积劳成疾,不幸于1995年病故,这是学术界的重大损失,也使我们面临《殷商史》的作者易人的问题。

我对胡老先生的情况有所了解。他原是复旦大学历史系教授兼中国古代史教研室主任,讲授基础课"中国通史第一段(先秦两汉部分)"、"考古学通论"以及专门课"古文字学"、"甲骨学商代史",后奉调为中国社会科学院研究员,历任中国殷商文化学会会长等职。我在1984年作为《文汇报》驻京记者时曾多次访问过他。胡老先生著作等身,仅有关甲骨文类的著作就有《甲骨文发现的总结》、《五十年甲骨学论著目》、《殷墟发掘》及《战后宁沪新获甲骨集》、《战后南北所见甲骨录》、《战后京津新获甲骨集》、《甲骨续存》、《苏德美日所见甲骨集》,并主持编纂了《甲骨文合集》,由他选定的《殷商史》具有空前的学术地位。胡老虽然因病过世,没有亲自完稿,可胡老留下了遗稿。再说,在弥留之际,胡老要儿子完成他的未竟事业。1996年春,我去胡老家时,胡老的儿子胡振宇还处于极大的悲痛中,我同他的家人一起追思胡老先生。我讲了胡老先生十余部著述的名字,还自我介绍说,我原先是《文汇报》的编辑记者,后调任上海人民出版社总编辑,我深知《文汇报》和上海人民出版社的编辑记者对胡老是非常敬重的。1961年12月下旬胡老曾在上海人民出版社作题为"商史研究的几个问题"的学术报告,12 月 28 日的《文汇报》作了详细报道。我毕业于复旦大学历史系中国古代史专业,虽然没有听过胡老的课,但我读过他的著述。胡振宇比我小十五岁,他听了我的一番陈述,特别在听说我是复旦大学历史系中国古代史专业的毕业生后,感到关系更加亲近了。他当即表示,一定会抓紧时间把胡老的未竟事业完成。可是,他一直忙于《甲骨续存补编》(甲编)三册的整理工作,《殷商史》迟迟未能交稿。我追责任编辑曹文娟,责任编辑追作者,不断写信、打电话催作者。胡振宇在《序言》中说:"作为本书责任编辑的曹文娟女士以宽厚的心对待本书写作。十年间,往来信件多达数十封,除了耐心等待和诸多包涵,更多的是关怀和理解。"说实话,我作为出版社的总编辑,又是这套书的策划,有个强烈的愿望:一套整体推出,才有轰动效应,也便于销售。每次我问责编,责编的回答总是"还有一段时间"。这"一段时间"究竟有多长?是一年还是两年三年? 于是,我决定去胡振宇家探个究竟。

胡振宇同其父亲一样,是个非常谦逊的老实人,他见我来了,拱手说:对不起对不起! 贻误出版社的大事! 我当时怀疑书稿是否着手了。在他家里,我见到了胡老的部分手稿以及五篇十六章的详细提纲,如第一篇为"国事概要篇",下分"商族起源"、"殷商世系"、"商都屡迁"、"殷商方国"四章。应该说,完稿后这将是史学界第一部独立、完整、系统的殷商史专著,充分体现了著名甲骨学、古文字学专家胡厚宣先生的研究成果,对处于中国历史远古时期的殷商时代的社会、政治、经济与文化生活等方面作了系统、详细、深入的考释与阐述。于是,我铁了心,非要其子完稿不可,其原因考虑有三:

其一,胡老先生已完成大半书稿,学术水准已奠定了。

其二,胡老先生留下大量的殷商史资料以及研究成果可供使用。

其三,胡振宇时为三十八岁,年富力强,他是中国社会科学院历史研究所副研究员,而且是甲骨学殷商史研究中心秘书长,有学术功底。

胡振宇承继父业,从事中国上古史及文化史研究,当时正在整理出版《甲骨续存补编》(甲编)三册等。过了半年,我又去他家了解书稿的进度。趁在北京出差的机会,我还去过他家两次。我见他把胡老的遗稿一一校对,这不是一般的通读,它涉及了版本考证、文字校勘、史实考订、古籍分类、目录编纂等,可谓"辨章学术,考镜源流"。这是一项非常严谨的仔细活,容不得半点马虎。至此,我相信作者全力以赴在撰写《殷商史》。我说,为了加快速度,能否来个"流水作业",将前部分给我们先进行编辑。他说:不行,书稿是连贯的,我还得从头至尾读一遍,一看有无遗漏,二查有无重复。出版社对我如此等待宽厚,我不能背负你们的期望。石为诚开,你们出版社如此厚待于我,纵是白铁金刚也会被缓缓融化。有一次我想约他到饭店吃晚饭,他婉言谢绝,说在外面吃饭一费钱二费时间,他现在要利用一切时间尽早把《殷商史》完稿。他确实是在争分夺秒抢时间,争取早日完成书稿。2002 年 8 月交稿,2003 年 4 月出版。作者尽管是最后交稿,但没有影响全套书出版的时间。在《序言》中他说:"在写作的最后阶段,上海人民出版社总编辑郭志坤先生两度(其实四度)北上,亲临寒舍,极致关怀。其间数度电话联络,促成本书以至整套中国断代史系列的面世。"

（上海人民出版社供稿，郭志坤执笔）

复旦版《中国文学史》的出版传奇

《中国文学史》

复 旦 大 学 出 版 社

经典案列 119

2007 年 11 月，来自中国社会科学院、北京大学、复旦大学、南京大学、南开大学、中山大学、浙江大学、华东师范大学、苏州大学、扬州大学的 30 多名知名学者齐聚上海，就此前不久出版的章培恒、骆玉明主编《中国文学史新著》召开研讨会。与会专家盛赞《新著》是"文史研究领域里程碑式的巨著"，作为一部"有思想的文学史"，为学界提供了一个"有思想的知识体系"。11 年前的 1996 年，《新著》的前身——《中国文学史》由复旦社出版后，即在学界和社会上引起轰动，并引发了一场声势空前的"文学史热"。《新著》问世后，两个版本都深受读者欢迎，截至目前，累计销售突破 30 万套，脱胎于斯的骆玉明著《简明中国文学史》亦销出了 10 多万册，创造了学术著作也畅销的神话。目前，此著作已有日文和英文版在域外发挥影响，还荣获了"中华优秀出版物"等重大奖项。围绕《中国文学史》的出版及《新著》的问世，一幕幕故事历历在目，一个个出版片段引人深思。

众里寻他千百度——出版的缘起

1993 年，本人奉调复旦大学出版社担任副社长。进社不久，便得知时任复旦社总编辑的高若海等人正在筹划一套与剑桥中国史媲美的复旦版史著系列，复旦大学教授朱维铮、葛剑雄、周振鹤等人均已承诺担当相关项目，将个人最重视的著作交予出版。这引起了我极大的兴趣。此前,我在复旦大学古籍所任职时,就知道章培恒教授受教育部委托,从1987年起即与高足骆玉明共同承担《中国文学史》的主编工作。作为章先生的学生和骆玉明的好友,我一直关注他们的工作进展。我非常清楚章、骆新编《中国文学史》的价值,也意识到这样一部大著作对于复旦社的重要意义。正因为如此,将其纳入复旦版史著系列的想法,在脑海中变得越来越强烈。

但是,当我将这个想法告知骆玉明时,得到的回应是,上海已有两家专业出版社争相联络此书的出版,而章培恒教授对此也已经有了想法,于是乎不便再提,提亦无望。1994年全国书市期间,看到琳琅满目的出版物,不由又想起此书,因为认识到它的价值,心中也就一直割舍不下,总是企愿着能够促成其在复旦社出版。有一天晚上,在和业内及媒体的朋友聚谈时,情不自禁地又谈到此书即将杀青付梓的事。在座的朋友一再鼓励说,这是一部不可多得的优秀著作,也是一个千载难逢的出版机会,对一个出版人而言,错过了或许会懊悔一生。时任复旦大学出版社总编助理的夏德元更是言辞激烈。朋友们的激励,点燃了我心中一直释放不下的梦想,当天晚上即乘飞机赶回上海,拜谒章培恒、骆玉明两位主编,我以真诚的态度和一个周详的出版方案,重新开启了向两位主编的热忱言说,恳请他们将这部已将完稿的著作交由母校出版社出版。

对于作者而言,他们希望的是自己的学术工作和著作能为更多的人所认可与接受。对于这一点,我这个从高校教师队伍走出来的出版人是心知肚明的。当时,章培恒教授的研究已引起教育部和复旦大学的重视,这部著作在其学术研究生涯中的价值不言而喻;而骆玉明先生,其时虽名动一时,深受学子敬重,但由于种种原因,职称仍然是讲师,可以想见,这部著作对他而言,也是学术生涯中关键的一环。我告知两位主编,《中国文学史》若能在复旦社出版,我们会以最大的努力,制定最周全的编辑出版计划和营销方案,使其能得到更广泛的传播,使他们的学术研究获得更多人的了解。同时,因为当时上海一家出版社已经将部分书稿排版,我们也答应主编向该出版社承诺支付补偿其前期的所有投入。在这样的情况下,两位主编终于决定将《中国文学史》交由复旦社出版。

书稿交到出版社后,我们立即成立了项目组,初始由我和总编助理夏德元两人担当该书责编,但由于时间紧迫,时任复旦社社长助理的杜荣根同志(系复旦大学中文系硕士)义务加入进来,做了大量的工作,最后书的责编理所当然地变成了三人。在校对环节,全社几十位编辑、校对人员都加入了,从核对原文到查找文献,工作的激情洋溢在复旦社上上下下。在装帧设计上，我们也数易其稿，为追求完美，还向社会征集方案。1996年1月，在沪版图书看样订货会上，尚未见样书，定价68元一套的三卷本《中国文学史》居然订出22 600套，成为订货会上的亮点和新闻。随后，新华书店上海发行所决定包销50 000套……

《中国文学史》火了……

一纸风行有缘故——畅销的背后

对人而言，"没有无缘无故的爱"，对书而言，当然也没有无缘无故的畅销。《中国文学史》的"洛阳纸贵"是有其深刻原因的。

人有人格，书有书品。历史的洪流给人留下的往往是极具创新价值同时又闪烁着智慧光芒的思想文化，人云亦云、落伍俗套的图书一定会被人们遗忘在无人问津的角落。章培恒、骆玉明主编的《中国文学史》是一部具有创新精神的杰作，它对以往文学史撰写过程中"阶级模式"的突破，对"人性的再发现"和文学中蕴含的"人性美、情感美"的讴歌，乃至对中国文学史古今演变内在规律的探讨，无不渗透着主编者的洞见与卓识，无不给读者留下强烈的内心震撼。"文学的历史原来是这样的"，"原来这才是优异的文学作品"，相信很多读者看了章、骆主编的《中国文学史》，会有这种醍醐灌顶、眼界顿开的感觉。

出版的真正意义是传播优秀文化、弘扬时代精神。在出版工作中，积累、总结人类已有文化成果固然重要，然而更有价值的还是发掘代表人类精神发展和时代文化进步方向的作品。虽然在章、骆《中国文学史》出版以前，已经有众多文学史版本，其中还不乏名家名作，但这些著作却没能与"文革"结束后改革开放的思想文化发展同步，其论述视角和叙事框架不能满足新时代背景下人们的精神需求。新中国成立以后至改革开放之前的30年，我们往往把人的问题简单化了，把人的复杂性及人性的丰富复杂性有意无意地忽略了，机械唯物主义和僵化的教条主义曾广泛影响到文学史的写作和教学。改革开放以后，这些陈旧观念日益受到人们的质疑和摒弃。改革开放，带来的不仅是国家经济形势的好转，人们的精神风貌也为之一变，如何看待人、理解人、尊重人、关心人，这个问题越来越受到人们的关注。章、骆的《中国文学史》无疑是把准了时代的脉搏，他们对中国文学史发展过程中的内在规律和自身逻辑进行了深入细致的发掘和描绘，将人们渴望了解而在以往文学史中却鲜有着墨的东西，那种传统文学中曾因众所周知的原因被刻意回避和遮蔽压抑的个性和人性精神，呈现给了读者。故可以说，复旦版《中国文学史》的畅销，是著者和出版人顺应时代精神使然。

在该书出版过程中，我们还充分发挥了学界和媒体的作用。当时，学界正在开展"重写文学史"的讨论，《中国文学史》的出版恰逢其时，自然成为学界的关注点。在该书出版前，章培恒、骆玉明两位主编已经接受了全国各地十几家媒体的采访，就文学史的研究和中国文学的发展阐述了他们的看法，这些访谈内容，为《中国文学史》聚集了最早一批读者。同时，在1996年的沪版图书看样订货会上，该书的征订数和复旦社成为媒体关注的焦点，22 600套的订数在当时无论如何都是学术著作订货量的奇迹。而接下来，新华书店上海发行所50 000套的果敢包销更是吸引了媒体的目光，因为当时新华书店包销的大多是社会明星书。另外，媒体的主动报道也使《中国文学史》未出先热，吊足了读者的胃口，大家都等着要看，这究竟是一部什么样的书……

1996年4月19日，复旦社又联合《文汇读书周报》举办了《中国文学史》专家研讨会。学界名家徐中玉、钱谷融、王元化、钱伯城、郭豫适、齐森华、王水照、陈伯海、孙逊等出席，纷纷对该书给予高度评价。名家的褒扬使《中国文学史》迅速成为学界的热门话题。与此同时，两位主编应邀在江、浙、沪、闽、赣等多个省市举办讲座，所到之处，听者云集，《中国文学史》也随着主编的脚步走遍了大江南北。同时，媒体热情依旧，给予了持续的关注，据统计，关于《中国文学史》出版的消息及评论不下200条，这俨然成了媒体的一个共同话题，极大地促进了《中国文学史》的销售。

甘为人作嫁衣裳——出版人的服务精神

编辑工作不是创新思想和创造知识，而是催生思想、播扬文化。如何把作者凝聚心血的优秀的思想和文化严谨地、科学地、有效地、艺术地传播出去，是编辑、出版工作的核心。

作为编辑，首要的是善于把握时代脉搏，发现代表时代精神走向的新思想、新文化。我曾在一篇文章中谈到，一个优秀的编辑要有慧根、慧眼和慧才。慧根就是指有一种与生俱来的对文化的敬仰、悟性，这是做好出版，做出成就的前提。书籍是人类智慧、思想的结晶，没有对文化的敬仰和悟性是做不好编辑工作的。慧眼就是要有鉴别能力，不是所有人随意写下的文字内容都具有出版价值，编辑要能够识别什么样的著作才是优异的、独特的。慧才是指对编辑流程涉及的各项技术有谙熟的把握,能够使一部好著作经过最精细的整饬,力求以最完美的形式呈现。《中国文学史》出版机会的获得,首先是我们对这部书"以人性的发展作为文学演变的基本线索"的突破性价值有准确的判断和深刻的认识,有了这样的认识,我们才能全力以赴做好全面周密的出版计划,争取并赢得作者的信任,获得宝贵的出版机会。我觉得,《中国文学史》的成功,从某种程度上讲,是编辑慧根、慧眼、慧才完美结合的产物。

编辑出版工作是传播而不是创造知识,这就要求编辑服务好创造知识的作者。编辑要有真诚为作者服务的思想,越是优秀的作者,其个性越强,编辑越要充分尊重、理解和容忍,有些时候,甚至要有"牺牲自我"、"不怕委屈自己"的精神。《中国文学史》出版后,章、骆两位主编都曾在媒体的访谈中谈及初版还不如人意,而读书界反映之炽,使他们有意进一步完善理论、观点和资料,打算花两年时间重新修订以推出新版。这本来是作者对读者负责、治学严谨的表现,但由于有些媒体没有理解作者的本意,曲意误导以制造新闻热点,使《中国文学史》一时疑云涌动。同时,又由于出版社没有及时做好解释工作,引出多重误会,使作者与出版社的合作出现了曲折。后来,作者将部分修改稿交由上海另外一家出版社,打算由该社推出修订版。但由于主编章培恒教授的健康原因,三卷本迟迟未能面世。复旦社相关的编辑人员等一直关注新著的出版状况,以我们精诚的态度、足够的耐心,最终再次说服两位主编并将各方因素协调妥当,使复旦社与《中国文学史》再续前缘。虽然,在这个过程中,作为出版人,我们受了一些委屈,但为了使一部优秀的著作能够顺利面世,我们甘愿让步,而我们的诚意与服务最终赢得了作者的再次信任。为保证《新著》以更完美的形式问世,出版社还特意调派师从章培恒先生多年的韩结根同志参与编辑,负责全程把关该书的出版质量。2007 年,增订版《中国文学史新著》的出版使《中国文学史》的出版传奇再次引起学术界及读书界的热情关注,反响热烈。这部著作由此引起国际汉学界的重视,二度走出国门。欧洲著名的学术出版社 Brill 闻讯响应,首先推出了骆玉明教授据《中国文学史》第一版改写的《简明中国文学史》的英译本;日本关西大学的景上泰山教授则耗费 5 年精力,几乎与《新著》出版前后继踵,译出了三卷本的日文版,由日本关西大学出版社隆重推出。

从我个人的角度讲,《中国文学史》的编辑出版工作使我感悟到,做一名合格的出版人,需要有对事业的执着追求精神和献身出版的激情。有了执着的精神,工作才有激情,才会于万难中坚守忍耐、奋力前行;而出版激情也正表现了一个出版人对文化事业的热爱,有了激情,才出智慧,才有创造。这是发掘、编辑、出版、营销优秀著作的重要保障,也是出版人践行"使作者出名,使世人受益"的服务宗旨的关键。回忆十多年前《中国文学史》出版的前前后后,面对着一天天排得满满的日程,来去匆匆地穿梭于一个个陌生的城市,望着一群群陌生的读者朋友,虽然疲惫,心中却有无限感动。这感动,不仅见证了《中国文学史》出版的全过程,也伴随我走过近廿年的出版生涯;虽然所成无多,然而无怨无悔。

（复旦大学出版社供稿，贺圣遂执笔）

从葛兆光教授著《中国思想史》说起

《中国思想史》
复旦大学出版社

经典策划
119

每家出版社都有一条属于自己的出版长廊,这条长廊可能有形,也可能无形。长廊里陈列的每本书则都有一个属于自己的故事,那些特别的书往往有着更为独特的故事。葛兆光教授所撰《中国思想史》一书的故事,尤其值得一叙。

"重写学术史"

之所以如此说的原因在于,这部历时七年精心写就、多达 120 万字的《中国思想史》实现了葛兆光教授"写一部个人视野的思想史"的心愿。这部以一人之力写就的有着特殊意义的《中国思想史》,在许多方面都获得了全新的突破。首先令人赞叹的是全书材料的更新。为了完成一代学人的责任,葛兆光教授把视野扩大到非文字类的图像资料(如画像石、铜镜、宗教画像、雕塑、建筑、地图等)、历史学家不注意的文学性资料(如早期的讲经、变文以及后来的善书、供艺人阅读的唱词等),特别是考古与文物研究的新成果,从思想史的角度,发掘出其中所反映的思想演化意义。此外,广纳当代学者的研究成果,也是他的不懈追求。《中国思想史》的每一卷都有一个长长的征引。第一卷征引近人著作 355 种,第二卷则达到 563 种。书中注释共有 2 000 条以上,在注明所引专家论文之后,往往还要介绍其他专家对同一问题的相同的或不同的意见,最后还要表述自己的见解;有的注释就像一篇短论,其治学态度的严谨从中可见一斑。

说它尤其值得一叙的原因还在于,这部大作的出版体现出复旦社一直坚持的原创性史著图书出版宗旨是如何落到实处的。毫无疑问,善于发现和抓住优秀选题是这本书成功的首要因素。复旦社时任社长贺圣遂、总编辑高若海多年来始终不断地关注着葛兆光教授的学术活动。当葛兆光教授透露自己打算以"一般知识、思想与信仰世界"为梳理和论述对象,着手重写一部中国思想史时,他们当即敏感地意识到,这将是中国思想史领域的新的开拓,将会为思想史的建设带来重大突破,因此决心努力争取这部著作的出版权。精诚所至,葛兆光教授婉拒了数家出版社的合作愿望,慨然允诺与复旦大学出版社合作。

"殚精竭虑"做编辑

不仅如此,贺圣遂、高若海还深知,在整个编辑活动中只有殚精竭虑,才能不负作者之苦心,才能培育出真正的图书精品。正是本着这样一种对学术、对出版的赤诚,复旦社对从编辑、设计到校对、印刷的各个环节都予以严格把关,尽心倾力。值得一提的是在此书编校上所花的功夫。为了能把这部书以最优异的编校质量奉献给读者,他们特地聘请有着三十多年"咬文嚼字"经验的特邀编审金文明先生对全部书稿"咬"、"嚼"一番。金文明先生以敏锐的眼光摒除了文字录入中的错讹,并且花费巨大精力,对书中引用的古文一一核对;有时为了一段话,往往要查上好几个版本,最终做到了引文无误,资料所据版本无误,所注页码无误。

整个编辑过程中,复旦社不仅在内容方面求真求切,而且在对本书内容创新全面感知的基础上,对书籍的外在形态也作了积极的尝试。对此,亲任本书责编的高若海先生说:"几经斟酌,开本上最终选择了国际上学术著作常用的20开本,在版式上,请技术编辑精心设计。此书的每一节篇幅都比较长,为了便于读者阅读,我们在正文旁边排上本段所阐述的命题或观点摘要,使读者一目了然;而留下的空白又为读者随时记录阅读的瞬间感受留下了空间。这样的处理,使这一学术著作给人一种全新的感觉。"

复旦社的学术出版立场

《中国思想史》第一卷于1998年4月问世后,购者踊跃,好评如潮,首印1万册不久即告售罄。与此同时,本书问世不过月余,便已引起许多专家学者的注意,京沪学者如王元化、李学勤、王守常、章培恒、王水照、朱维铮、周振鹤等纷纷发表评论文章,对本书予以高度赞扬。同时,也引起了新闻界的高度关注。有传媒称,这是当年最有影响的十部学术著作之一。数十家报纸杂志发表了数十篇评论,对本书的学术成就予以肯定。

2000 年,读者期盼已久的《中国思想史》第二卷问世。第二卷的问世,标志着这部巨著的最终完成。通过这部大书的出版,葛兆光教授了却了自己多年的心愿,这是他感应、面对当代学人"重写学术史"的强烈呼喊交出的一份出色答卷。从某种程度上可以说,葛兆光先生完成了"重写"历史在思想史领域的零的突破,这实在是一件值得欣慰与庆贺的事。2003 年,《中国思想史》荣获第五届国家图书奖提名奖。

说它尤其值得一叙的原因更在于,《中国思想史》的出版体现了复旦社一直践行的三大学术出版立场:

其一,致力于出版专门史图书系列。多年来,复旦社先后出版了《中国文学史》、《中国现代文学史》、《中国人口史》、《中国行政区划通史》、《晚明史》等一系列主要出版物。对于复旦社在史著类图书出版方面形成的特色,时任《文汇读书周报》副总编的周伯军曾特别撰文予以报道。

其二,时刻关注学人思想,不断推出新的合作成果。自《中国思想史》问世后,复旦社为了进一步向广大学生推广、普及,在两卷精装本的基础上推出了三卷平装本。2004 年,从研究方法论的角度入手,推出了单行本《思想史的写法》。该书原系《中国思想史》的导论部分,内容为交代和说明研究角度、资料取舍、写作思路。现经作者补充、修改,增加了《思想史研究中的加法与减法》、《什么可以成为思想史的资料》、《思想史研究视野中的图像》三节,讨论中国思想史或哲学史研究中的一些重大理论和方法问题。2014 年,考虑到新的读者需求,又推出了《中国思想史》三卷 16 开本版。

不仅如此,复旦社对于葛兆光教授的学术研究继续予以追踪。2007 年,葛兆光教授由清华大学南下,至复旦大学担任"文史研究院"首任院长。葛兆光教授本来有一个第三卷的计划,但他在写作过程中发现,1895 年之后的中国"已经不能完全封闭起来写了",因为"从此中国不再是一个独立的或者说孤立的中国,它已经被整编到整个世界的大历史里面去了,它的任何变化都跟外面有关系,这就迫使我们要关注外域,关注周边",而且"你不说明外面,你就说明不了中国"。他的这一"从周边看中国"的新观点,催生了他对于中国古代文献以及域外汉文文献的诸多新解。

与以往一样,复旦社抓住了这一出版机遇,于 2010 年推出了 25 册《越南汉文燕行文献集成》,于 2011 年推出了 30 册《韩国汉文燕行文献选编》等大型文献丛书。《越南汉文燕行文献集成》收录的,主要是越南陈朝、后黎朝、西山朝和阮朝出使中国的燕行使者的著述。当年来华的使臣在越南国内均是极一时之选的著名文臣,不仅汉文修养甚高,对中国历史文化也十分熟悉。燕行途中他们娴熟地运用汉文撰述使程日记、书写往来公文,以汉诗咏叹摹写各地风光,并与中国朝野士绅进行文字交流。这充分表明在 20 世纪以前的东南亚,由中国人创造发明的汉字及其书面语形式——汉文,确实和早期欧洲的拉丁文一样,具有跨国界通用语的功能,并成为东南亚汉文化圈形成与发展的重要基础。当年从包括昇龙在内的越南各地出发来中国的那些越南燕行人员在中华大地上留下的充满情感的文字,汇聚在这部《越南汉文燕行文献集成》中,无疑成为中越两国乃至东南亚汉文化圈诸国友好交往历史的重要见证。

《韩国汉文燕行文献选编》是历史上朝鲜王朝的使节往来中国明清两朝时留下的有关中国的文字记载,内容包罗万象,有对中国山川风貌的描写、对风土民俗的记述,有对中国时事政治、经济、文化动态的记录,也有朝鲜人与中国士人的交流笔谈、诗文酬唱等。这些与中国历史文化直接相关的资料,由于写作者的外来身份,他们的观察和记录往往比同时期中国本土的记载更为细致独特,因而具有重要的史料价值。《韩国汉文燕行文献选编》的出版,为学界提供了经由"异域之眼"观察中国的不可多得的文献资料,出版至今广受海内外各方好评。

开展"从周边看中国"的系列研究,发掘和利用中国周边国家所留存的文献资料,借助"他者"眼光考察中国自身的历史文化,正越来越受到学界的关注和认可。复旦大学出版社也会在这一领域继续深入地耕耘下去。

其三,始终关注青年学人的成长。在编辑大型文献的过程中,复旦大学文史研究院培养了一大批青年学者。对于这些青年学者,葛兆光教授付出了巨大的精力与心血,在学术上予以扶植。葛兆光教授一直说,这批年轻人的学术态度扎实、学风扎实,应该为他们提供更大的舞台。而关注青年学人的成长,其实也是复旦社在学术出版中始终不变的坚守。为此,以"亚洲艺术、宗教与历史研究丛书"为名,复旦社陆续推出这批年轻人的著述,包括朱莉丽《行观中国:日本使节眼中的明代社会》、张佳《新天下之化:明初礼俗改革研究》、王鑫磊《同文书史——从韩国汉文文献看近世中国》(即出)、段志强《顾祠会祭研究》(即出)。葛兆光、王汎森、周振鹤诸教授特地撰写了长篇序言予以推介。

对葛兆光教授而言,培养出一支优秀的学术团队无疑是研究之外的一大要事;对复旦社而言,能够与一代又一代的学者进行合作,殚精竭虑、同心雕龙,出版他们的心血凝成的优秀著作,更是至高无上的荣耀与追求。

（复旦大学出版社供稿,孙晶执笔）

以文化人 以文育人

——《中国文化史丛书》的策划编辑出版

《中国文化史丛书》

上海人民出版社

《周易·贲卦·象传》有云："观乎天文,以察时变,观乎人文,以化成天下。"以文化人、以文育人,将传统文化进行创造性转化、创造性发展,是中国当代出版文化的优良传统,也是上海人民出版社以学术为本,承担弘扬光大中华民族文化传统之使命的应有之义。

一个民族的精神财富,除了通过长期的积累和历史沉淀,形成其稳固的民族传统文化外,从横的层面来说,每一个特定的时代,又都必须致力于建设和创造具有这个时代特色的新文化,并使这个民族的文化传统不断得到充实。积累与建设构成了民族文化发展的两翼。文化建设既是对历史文化的弘扬和继承,又是一种补充、一种新的文化积累。上海人民出版社在图书出版的总体格局方面充分注意到了这一点,以社会主义新文化建设的出版宗旨,确定了选题投入的重点,并在人文社科的各个领域拓展选题层面,充实图书出版的社会主义文化内涵。在这样的办社传统熏陶下,一代代出版人坚持学术本位,接力文化出版,为传承和弘扬中华传统文化作了很多有益的探索。以周谷城为主编,由庞朴、朱维铮、姜义华等17位学者组成编委会的《中国文化史丛书》就是其中的佼佼者。

一、缘起

1982 年，复旦大学召开以文化为命题的"文化史研究学者座谈会"。当时的主要参加者为来自复旦大学历史系和北京的中国社会科学院历史研究所、近代史研究所，联合国教科文组织《人类科学与文化发展史》中国编委会的专家学者。会议认为，在当时建设社会主义物质文明和精神文明的新时期，如何开展中国文化史研究，使传统的中国文化更好地为两个文明服务，是摆在当时学术界、思想界面前的一项重要课题。著名学者周谷城教授在会上指出：中国有全世界最丰富的优秀文化遗产，但中国文化史的研究却长期受到不应有的忽视，以致国内外学术界要了解中国文化的历史概貌，还得参考半个世纪前王云五主编的《中国文化史丛书》，一套在学术质量上已过时而仍在台湾地区不断重版的丛书。因此，与会学者都认为应当组织力量，编专著、出丛书等。

上海人民出版社以其敏锐的出版嗅觉，感受到了中国文化史相关选题所蕴藏的巨大社会效益和经济效益，决定组织人员进行前期调研，确定编辑思路，进行组织运作，以最大的文化热诚、最细的生产运作，将此选题呈献给读者。

二、操作

在前期调研中，我们发现，中国文化具有悠久的历史，然而，当时中国文化史的研究却显得很薄弱、很寂寞。为人所知的中国文化史著作只有两种，一种是蔡尚思的《中国文化史要论》，一种是李泽厚的《美的历程》，这两种书，前者基本是书目简介，后者又偏重于美学发展史，至于文化史的专题分科性或综合性研究，基本上处于空白状态；而以文化史命名的专门研究机构，在 1984 年只有中国社会科学院近代史研究所和复旦大学历史系下的两个规模很小的研究室。可喜的是，1984 年以后，情况有了很大变化，学术界对中国传统文化的研究由"冷"变"热"。现在，很多高等院校都开设了中国文化史专题课或讲座。经中共中央批准，北京大学于 1985 年成立了"中国文化书院"，并在首都举办了大型的中国文化讲座，当时报名者竟有 1 000 人左右，盛况空前。

有鉴于此，1984 年 3 月 25—28 日，复旦大学历史系、中国社会科学院《历史研究》杂志社、上海人民出版社联合于复旦大学召开了"部分编作者座谈会"。来自北京、上海、天津、杭州、武汉等地的专家学者，共同就编辑出版《中国文化史丛书》的总体设想、编辑方针、选题计划和丛书主编、编委会等问题交换了意见，大家一致邀请复旦大学教授周谷城为丛书主编，并推举庞朴、朱维铮、姜义华等17位学者组成丛书编委会。丛书《编者献辞》中说："今天，我们这个古老而又年轻的民族，正在大踏步地迈向新的纪元；世界上过度物质化了的国家，重新又把它们的目光投向文明的古都。于是，清理我们的文化遗产，描绘它的真实面貌，发扬它的优秀传统，评论它的千秋功过，规划它的锦绣前程，便织成了一项严肃而又富有魅力的历史使命，摆到了我们的面前。"由上海人民出版社承担编辑出版的《中国文化史丛书》因此诞生了。在当时印刷条件极为紧张的情况下，全社上下齐力，于1985年12月推出了该丛书的首批三种图书。

该丛书在次年1月初由复旦大学主办的"首届国际中国文化讨论会"上，受到了与会代表的赞赏。出席会议的除国内著名学者外，还有美国学者魏斐德、成中英、杜维明，加拿大学者秦家懿，联邦德国学者庞纬、傅敏怡，日本学者大庭修和苏联学者齐赫文斯基院士等80余人。上海市政府顾问汪道涵到会致词祝贺。时任上海市市长的江泽民到会会见代表并合影留念，受到中外各界瞩目。《文汇报》《解放日报》连续数天刊载大会发言和论文，舆论宣传颇为给力。会议期间，上海人民出版社专门邀请部分学者召开了《中国文化史丛书》编委扩大会议，由主编周谷城主持，进一步商讨、落实丛书后续出版问题，获得编委们的热烈支持。我社又以"中国传统文化再估计"的书名出版了会议学术论文集。这些举措为正在掀起的全国性文化热潮增添了助推剂。当丛书出版到第10种时，香港《明报月刊》以"不似前人，胜似前人——浅谈两种中国文化史丛书"为题发表了长篇评论，把半个世纪前出版的文化史丛书同新版丛书作了全面的比较剖析，特别与新版丛书中美国普林斯顿大学余英时教授撰写的《士与中国文化》，当时还是年轻学者的葛兆光撰写的《禅宗与中国文化》、《道教与中国文化》和周振鹤、游如杰撰写的《方言与中国文化》等著作进行比较，论述精到、肯綮，认为丛书出版者确实是在"认认真真，脚踏实地去做，是不务虚名的作风，是货真价实的开风气之先"。

《中国文化史丛书》先后出版了26种，其中大部分图书在出版后即再版，有的甚至再版六七次之多（如《士与中国文化》、《禅宗与中国文化》），并有12种图书分别由台北东华书局、南天书局以中文繁体字本发行，而《道教与中国文化》则由日本东方书店译成日文版向海外发行，都备受读者欢迎和称道。随后，在1990年代初单独出版了冯天瑜等撰写的《中华文化史》、《插图本中华文化简史》，郭净的《中国面具文化》和段玉明的《中国寺庙文化》等,都受到读者青睐。葛兆光的《禅宗与中国文化》于1986年获首届中国图书奖,冯天瑜的《中华文化史》分获第五届中国图书一等奖和首届国家图书奖提名奖,丛书其他的多种图书也分获华东地区优秀政治理论图书一、二等奖。由此可见,《中国文化史丛书》在社会上尤其是学术界所引发的反响和启示,她为上海人民出版社争得了地位和声誉,使出版改革迈出了新步伐。

三、经验

一是社会热效应。有的图书出版后,无声无息,自生自灭,没有多大的社会反响。有的书一经出版,就产生了轰动效应。造成这种不同社会效应的原因比较复杂,但有一点是十分重要的,那就是作为一个编辑是否有出版家的眼光,抓准时代的热点。一本书若能触及社会公众所关心的热点问题,并能从历史意识与当代意识相交融的视点上,有深度地去阐释这些社会热点问题所包容的文化含义,以启迪人们的思考,就必然会引起公众的注意。1980年代于整个文化圈来说是一个繁荣的时代,“文化热”不仅席卷了整个知识界,而且波及普通社会大众,整个社会形成了“文化热”的浪潮,而《中国文化史丛书》的出版突破了传统的文化史的出版思维模式,注入了当代的文化意识和富有时代气息的民族精神。这些书的出版不仅为当代人的精神文明建设提供了优秀的读物,同时也为文化史著作的选题投入拓宽了新的思路。当然,社会公众所关心的热点,常常同社会的政治、经济、文化等各个要素密切相关,从社会心理来说,又常常反映了某种社会思潮。由于各种思潮会交替出现,因而社会的热点也常常表现为动态的过程。这也就是我们常说的读者“兴奋点”的转移。因此,出版工作者应时刻与读者同呼吸、共命运,把握住了时代的脉搏,也就把握了社会的热点。

二是持久的时间效应。时效性,是图书的文化传递和保存的一种价值标志。称得上传世之作的图书当然是凤毛麟角,但作为一个出版社,总应当力求为读者提供更多具有保存价值的出版物。要使图书获得持久的时间效应,关键是对选题的把握。上海人民出版社积数十年的经验体会,就在于“选题要严,开掘要深”。有些书之所以没有什么保存价值,从出版社角度来说,往往是选题不严所致,或者是为了应景“赶浪头”,或者是浮光掠影,没有抓住问题的本质,或者是单纯地追求经济利润等,以致“拿到篮里便是菜”。所谓“开掘要深”,即抓住一个热点,把文章做深做透。对《中国文化史丛书》的操作即是如此。随着改革开放,读者中掀起了一股对中国传统文化和西方文化研究的"文化热",学术界几乎言必称"文化"。针对这样一个热点,我们及时成立了"新学科编辑室"和"文化编辑室",同时,对选题的历史与现实相结合,进行了多角度的审视。由于这套丛书对准了中国传统文化在现代化过程中的转换这个焦点,触及了中国和西方文化的各个层面,因此许多著作,如《禅宗与中国文化》、《士与中国文化》、《道教与中国文化》等,都给读者留下了较深刻的印象。

三是顺应并引领"丛书热"浪潮。接受前人的文化遗产不应该是被动的,而应该是主动的,要有选择、有创造性。这种文化传递中的主体意识,也是出版工作者所必需的。有人曾经以为,图书出版只是一种"剪刀加糨糊"的工作,这实是一种误解。一本好书固然是作者的心血,但从出版角度来说,无论是在选题的确定还是在编辑的加工过程中,编辑始终是一种文化的认识主体,编辑不是被动的,而是有选择地同作者共同创造一种新文化,使传统文化得以丰富和传播。而且,在某种程度上,这种选择甚至会影响社会文化的未来走向。1984 年开始,中国大陆逐渐形成一股"丛书热",至 1987 年前后达到高潮。有人作过统计,到 1987 年,全国出版的丛书达 1 500 余种。"丛书热"的出现,既反映了改革开放带来的文化繁荣,同时又对出版工作者提出了更高要求,即在创造中形成和发展自身的个性特色。文化建设也正是在这个层面上才能出现新的飞跃和发展。这种创造性思维必须贯穿在每一套丛书的主题、角度、选题、作者以至每本书的构架的设计中。上海人民出版社的这种主体意识是比较明晰的。《中国文化史丛书》和另一套《新学科丛书》被我社确定为重点项目。这两套丛书都请了国内一流学者著书立说,而且十分明确地把弘扬和研究我国优秀的传统文化、介绍和研究当代新文化作为宗旨。事实证明,这样做,既区别于其他名目繁多的丛书,又形成了自己的系列特点。许多书一出版就引起了读者的兴趣,并受到了海内外学者的好评。由此,也可以联想到,作为一个出版社,培养和建立一支有高度的文化素养、强烈的社会责任心、严谨的科学态度和一丝不苟的工作作风的编辑队伍,是至关重要的。

今天,我们站在新的历史起点上,人类传统文化在现代化转型过程中,必定会发生变迁、渗透,甚至碰撞。作为负有文化传播重任的出版工作者,应该站在时代的高度,为弘扬我们民族的优秀文化,为建设我们这个时代的新文化,创造中华文化新的辉煌,建设社会主义文化强国,尽自己的绵薄之力。

（上海人民出版社供稿,顾雷据吴士余《出版精神:追求文化理想》和王有为《上世纪八十年代"文化热潮"中图书出版的断想》改写）

打造文学史研究领域的"航空母舰"

——记《世界文学史》的出版历程

《世界文学史》

上 海 文 艺 出 版 社

经典策划
119

上海文艺出版社 2013 年 12 月出版的 8 卷 16 册《世界文学史》，是根据苏联高尔基世界文学研究所编撰的同名俄文原著翻译出版的一套超大型世界文学史著作。这套文学史，以其所论述的时间跨度之久远漫长、所涵盖的民族区域范围之广泛丰富，到目前仍然在全球世界文学史研究领域独占鳌头，堪称全球文学史研究领域的"航空母舰"。上海文艺出版社早在 2001 年就从打造人文社科类学术图书出版高地的角度认识到这套文学史的价值，并与高尔基世界文学研究所达成了翻译出版协议。

这是一套真正意义上的世界文学发展史著作，它超越了我国学界所习惯的狭隘的世界文学概念，论述所涉及的不只是欧洲、美洲、亚洲的民族和区域，而且几乎涵盖了全世界各个有文明记载的民族和区域；特别是南美、中北美、非洲、亚洲（包括南亚、西亚）、大洋洲等许多区域的一些我国学界闻所未闻的、资料罕见的文学创作，在这套书中均得到了广泛的发掘和阐述。另外，在论述方法上，这套《世界文学史》采用编年体，以辩证唯物主义历史观为指导，一方面将文学现象放入社会现实背景中去考察、阐述，另一方面采用比较文学、比较文化的研究方法，揭示了世界各民族文学与文化流播、传承、发展的规律和不同特色。可以说，这是一套在尊重世界各民族文学史事实的基础上，运用丰富而翔实的资料，全方位、全语种地对世界各国和地区的文学发展进行梳理和阐述的准工具性文学史著作；同时，作为一套规模宏大的文学史学术著作，它广泛而详细地研究了产生过文学现象的各民族（无论大小）历史中的重要作家、重要作品、重要文学潮流和相关社会背景,以及这些民族的文学之间所发生的交流和影响。

决定引进这部巨著之后,上海文艺出版社立即着手组建译者队伍。《世界文学史》俄文原版的编撰、出版历经30余年,有500多位来自苏联科学院和苏联各加盟共和国的文学研究专家与外国文学研究机构的专家参与了这套文学史的编写,另外,有近50位苏联专业编辑人员参加了这套书的编辑校订。面对这样一项工作量和难度都堪称巨大的图书工程,如果没有一支作风顽强、持之以恒的翻译工作队伍,仅凭几个人或十数人,可以说是很难完成翻译任务的。因此,我们特别重视对这项出版工程的译者队伍的组织,这也是圆满完成这个项目的最重要的前提。我们特别聘请了著名学者和专家刘魁立与吴元迈两位先生担任翻译工作总主编,并根据他们的建议,邀请了童炜钢、娄自良、吴克礼、陈松岩、白春仁等十位著名俄语翻译家担任各分卷译者队伍的组织者、翻译主持者和译稿统一及审校者。数年下来,这个项目可以说是集聚了我国俄语文学翻译界的最强力量:共计120余位来自中国社会科学院外国文学研究所及北京、上海高等院校的俄语翻译者参加了翻译工作,其中有名声响亮的老年译者、经验丰富的中年译者和热爱翻译的新秀译者。在这个过程中,为了确保翻译质量,我们也对个别分卷的翻译人员作了调整和补充。

与译者队伍相应,我们也设立了专门的编辑出版工作团队。本着打造学术图书出版精品的目标,我们为《世界文学史》配备了出版社最强的编辑力量,并将最初6位项目专职责任编辑增加到8位。同时,我们也加强了这个项目的二审和三审力量,其中二审有3位优秀编辑(一位博士、一位硕士和一位资深编审)参加,三审由总编辑和一位副总编辑负责。这个项目进行到最后两年时,我们这个编辑团队的主要工作就是全力以赴对《世界文学史》译稿进行编辑加工。另外,我们还指定了这个项目的校对统筹负责人和印制统筹负责人,并要求校对人员严格执行遵守三校一读制度,要求出版科严格按照出版物印制流程制度工作,以确保这个项目的印制质量。

编辑工作甫一开展,我们就制定了相应的编辑体例和编辑准则。编辑出版《世界文学史》这样的大型学术图书,首先需要解决的就是编辑体例问题,特别是译名、术语的统一问题。这些工作虽然烦琐,但却是非常必要的。其次,这套文学史毕竟是苏联学者编撰的,在个别历史、宗教、政治、民族问题上,难免有一些不合时宜的观点和表述。为此,我们要求每一位编辑必须本着严肃、负责的态度,按照国家的出版法规和纪律认真仔细地核查,做到严格把关与合理处理。另外,针对在编辑过程中遇到的各种难点和问题,我们平均每个月召开一次项目例会,讨论解决办法和原则等。

《世界文学史》不仅对翻译者来说难点繁多,对编辑校订者来说,也一样存在许多疑难点。为此,我们除了随时求教于各卷的译者和审校专家外,还求教于上海的一些俄语专家。尤其当工程进展到最后两年时,我们还特别邀请了华东师范大学的俄语翻译家童炜钢教授定期为我们解决疑难问题。

为了更好地完成这套巨著的出版,我们专门设立了项目统筹管理小组。由出版社社长、总编辑和部门分管副总编组成的项目统筹管理小组,加强对这个项目的翻译进度、编辑校订进度以及后期装帧印制等环节的责任管理;对整个翻译、出版工作过程中出现的难题,随时通过讨论会等形式作出决策,加以解决。

作为世界文学史研究领域的一项标杆性工程,8卷本《世界文学史》的出版将会带来深远的社会效益。

首先,它将会成为我国世界文学史、世界文化和文明史研究领域的最具参考价值的一部大书,有力推动我国在世界文学史、文化史领域的深入研究和教学,同时也将有助于我国读者从文学史角度了解世界各地文明的历史演变。长期以来,我国的外国文学研究和文化研究主要局限在欧美和亚洲国家的文学、文化上,而对世界上其他民族和区域的文学、文化研究较少。因此,这套大型世界文学史不仅可以拓展我们的世界文学眼界和世界文学概念,而且可以为我们的文学史研究提供丰富而翔实的文学资料。

其次,除了规模效应,这套近1 000万字的《世界文学史》丰富的资源价值,可以让出版社从中延伸出许多专题性图书,如古希腊文学专题、古罗马文学专题、古希伯来文学专题、文艺复兴时期文学专题、巴洛克文学专题、南亚文学专题、非洲古代文学专题等,从而进一步拓展它的资源再利用价值、扩大它的社会效益。

再次,这套得到国家出版基金资助的重点图书的出版,将有助于树立出版社在人文社科领域高端学术图书方面的品牌形象,也将有助于在全社会弘扬高端学术著作的价值。由于这套文学史所论述的时间跨度之久远漫长、所涵盖的民族区域范围之广泛丰富,它给我们的翻译工作和编辑校订工作带来的困难是巨大的,这也是这套书的翻译、出版耗时漫长的一个重要原因。但是,无论是参加翻译的老中青三代译者,还是出版社的项目组专职编辑,都本着打造精品学术图书的宗旨,在翻译过程和编辑校订工程中坚持不懈、反复求证、精益求精,力求把准确、圆满的译本奉献给读者。因此,《世界文学史》是一套凝聚着众多翻译者和出版人十余年心血的学术巨著,它的价值必将得到彰显。

(上海文艺出版社供稿,吕晨执笔)

中国家谱研究领域里程碑式的巨作

——介绍《中国家谱总目》的运作

《中国家谱总目》

上海古籍出版社

2008 年 12 月正式出版的、规模超千万字的《中国家谱总目》是一部涵盖全世界公藏和私藏中国家谱的提要式家谱联合目录,是迄今著录中国存世家谱最多的专题目录。

家谱(或称谱牒)以其独特的史料价值早为史学工作者高度重视,被视为中国史学三大支柱之一。但因为家谱纂修的私人性和收藏的分散性,其存世的数目始终是一个谜,更遑论系统的利用与研究了。在《中国家谱总目》问世之前,也曾有不少图书机构和研究单位编纂出了各种谱牒文献书目,但基本局限于本单位或一地区的家谱收藏。如 1950 年出版的《北京图书馆馆藏族谱书目》收录家谱 348 种,仅著录北京图书馆一家。又如 1987 年出版的《台湾区族谱目录》著录超过 10 000 种,然仅为一部省区谱牒目录。其中著录家谱最多的是 1977 年由中华书局出版的《中国家谱综合目录》,著录总数达 14 000 余种,但涵盖面仍不广,主要收录中国大陆地区的目录,台湾地区以及海外的大量中国家谱没有收录;即便是大陆地区,收藏也很不完备,如上海图书馆馆藏 10 000 多种家谱,由于未及整理,即未能收进该目。编纂一部能反映全世界存世中国家谱信息的总目录,是史学工作者共同的迫切愿望。

世纪之交,实现这个愿望的契机终于来临。2000 年 6 月上旬,由中国国家图书馆主办,中国大陆、台湾、香港、澳门及新加坡、美国、荷兰等国家和地区的 42 家中文图书馆和中文文献资源收藏单位参加的中文文献资源共建共享合作会议在中国大陆举行。会议确立了8种中文文献资源共建共享项目,其中之一就是《中国家谱总目》。会议更确定由上海图书馆(以下简称上图)主持这项浩大的文化工程。

上世纪50年代,上图在老馆长顾廷龙先生的主持下,前瞻性地从废品站、造纸厂抢救了大量家谱文献,后不断采购,馆藏家谱文献遂达2万种以上,近20万册,约占中国存世家谱的三分之一,故有"中国家谱半壁江山"的美誉。另外,上图还设有专门的历史文献整理研究机构,坚持不懈地从事包括谱牒在内的古代一手文献的抢救性整理与研究,形成了实力较强的专业团队。由上图主持《中国家谱总目》的编纂当然是最合适不过的。

如果说上图主持《中国家谱总目》的编纂有一定的必然性和合理性,那么我社能参与这个项目的出版,也可以说同样如此。上海古籍出版社从上世纪80年代开始加大了历史类图书的出版力度,将原历史室扩展为历史文化编辑室,对中国家谱等具有中国特色的历史文献尤为关注。同上图等机构合作,我社先后出版了包括《上海图书馆馆藏家谱提要》、《中国谱牒研究》、《解冻家谱文化》等在内的一系列著作,不仅在家谱整理与研究图书的出版上走到了出版界的前列,赢得了良好的社会效益,而且培养了一支相关知识与素养较为丰富的编辑队伍。2005年,在《中国家谱总目》项目接近编纂尾声的阶段,我社与主办方进一步洽谈合作事宜,很快便达成了出版协议。除了主办方的地利之便外,上述种种因素也是《中国家谱总目》编纂委员会选择我社作为出版单位的主要原因。

从图书策划的角度来看,值得一提的是我社对项目的判断与立项的魄力。从项目编纂启动起,我社即以敏锐的专业嗅觉,对其学术价值作出了高度的评估,并因此与编委会保持着经常性的联系,更与主编初步达成合作意向;然而要正式签下这一总字数达1230万字的学术性大型项目,在当时尚无任何补贴款项的情况下,不免会有些议论,但社领导与编辑部的判断是:这样高质量的大型学术著作,获得国家专项资助的概率甚大,即使没有资助,单从市场效应预估,也不会亏损。后来的进展,证明了这一判断的正确。

好的图书策划,不仅在于它的创意或起意,也在于它的完善和实施。从这个意义上说,我社在整个项目最终呈现给读者的过程中,起到了非常积极的作用。这主要表现在两个方面。

首先,我社基于对这个项目的重要性的认识,也基于以往的图书出版经验,不仅成立了专门的编辑小组,还提前介入该项目的编纂环节。

该项目从 2000 年正式启动,中间经过了组织、分工、采录、编纂等过程,于 2004 年进入汇总审订阶段。这个阶段的主要工作是对汇总的数万份著录表进行审校、查重,对谱籍、书名、责任者、编修时间、始祖、始迁祖、家族名人、内容提要等各个著录项加以审订,凡有不合体例者,或有疑问的,都要与原编纂单位联系,重新查阅原谱,重新著录。这个阶段的工作直接关系到最终的图书品质,无疑非常重要。

提前介入项目的提议得到了《中国家谱总目》主编方的积极响应。我社随即安排编辑力量深入了解《中国家谱总目》的编纂原则、总体著录质量,对样稿进行了仔细审读,提出了针对著录格式、分段、标点等方面的具体意见,为编纂方所采纳。这对加快进度、减少重复劳动、提高著录的规范性和准确性起到了良好作用。

其次,我社投入力量同上图共同编制了《谱名索引》、《谱籍索引》、《纂修者索引》、《堂号索引》、《先祖索引》、《名人索引》共六个索引以及《姓氏拼音检索》与《主要收藏机构全称简称对照表》。索引一方面是现代学术的规范性要求,另一方面也是作为特大型目录图书的《中国家谱总目》的一个重要组成部分。它的编制为海内外读者了解、查阅家谱文献提供了更大的方便。

编制索引看上去是一个简单的工作,实际上对编制者有很高的要求,尤其《先祖索引》、《名人索引》更是如此。由于《中国家谱总目》提要的内容基本录自原谱,常常会牵涉到对原文的理解。实际上,我们在编制索引的过程中发现了不少著录者理解上的偏差,如将一人视作两人,或将两人混为一人。这项工作既要求编制者具有细心的工作态度,也要求他们具有较高的文史素养。

2008 年 3 月,编纂方开始向我社交稿,我们即按照事先拟定的出版计划很快纳入审校程序。由于编辑此前已经介入项目,对《中国家谱总目》的各方面情况较熟悉,大的问题也基本上提前得到了很好的解决,因而审稿进行得相当顺利。当然不可避免地,也会发现一些问题,如体例不一、著录前后矛盾、条目内容重复等,但我们的编辑都能及时与编纂方联系加以解决。编纂方也大力配合,尽可能调出家谱原件,随时查核、解决相关问题。我社同上图有长期友好合作的关系,这个良好的传统在本项目的实施上得到了很好的体现,也助力本项目的高质量完成。

为了有助于读者更好地了解《中国家谱总目》,在这里请允许我不厌其烦地再提炼出一组数据:

52 401　在《中国家谱总目》之前出版的家谱目录中,收录最多的是中华书局出版的《中国家谱综合目录》,收录家谱 14 719 种。《中国家谱总目》所收入的家谱数量远远超过此数,达52 401种,是迄今为止收录中国家谱数量最多的专题性联合目录,可谓中国家谱著录之集大成者。

608 《中国家谱总目》共计收录了姓氏608个,比《百家姓》还多出近200个姓氏,比2000年出版的《上海图书馆馆藏家谱提要》著录的姓氏增加近一倍。这意味着能在这个目录里找到中国大部分姓氏的宗族信息。难怪此书出版后,有媒体评价此书是华人寻宗问祖的路线图。

2003 中国大陆以前出版的家谱目录一般只收到1949年。近几十年,海内外编修、出版了许多新修家谱。《中国家谱总目》收编入目的下限放宽到2003年,吸纳了很多新的数据和信息,对民间文化活动更有借鉴作用。

614 以往的家谱目录均限于一家或一地,《中国家谱总目》则涉及全世界614家收藏中国家谱的机构。在采录、编纂过程中,还有1 000名编录人员、5 000余名私人收藏者的积极参与。涉及单位与地域之广、参与人数之多,虽不敢遽断往后必无,但在目录学史上可以说是迄今罕有其匹。这从另一侧面也说明了《中国家谱总目》的来之不易和价值所在。

也正因如此,本书出版后取得了良好的经济效益和社会效益。首版1 300套在一年内就销售一空,考虑到此书的专业性和篇幅,这样的销售成绩在当今的出版界堪称优异。在我们的追踪调查中,发现购买者不仅有图书馆、研究机构,也有不少是个人。其中的文化意义值得另文详谈。更值得我们欣喜的是,本书还在2010年第二届中国出版政府奖图书奖的评比中,获得中国出版最高奖项:中国出版政府奖图书奖。

当然,本书也有不足。它虽称总目,但仍然难以做到真正的完备,比如少数民族的家谱,本书就收录极少。这主要是受到少数民族家谱更加分散、项目结项时限等客观因素的制约。值得欣慰的是,这个遗憾即将由上图正在主持编制的《中国少数民族家谱总目》来加以弥补,本社也正与馆方保持密切联系,其出版值得期待。

(上海古籍出版社供稿,占旭东执笔)

《古文字诂林》出版的重要意义

《古文字诂林》

上 海 教 育 出 版 社

经典策划
119

在上海古籍整理出版规划小组的直接领导下,经过十四个春秋的不懈努力,"集万卷于一册,汇众说于一编"的国家古籍整理规划重点出版项目《古文字诂林》,于2005年由世纪出版集团上海教育出版社全部出齐。《古文字诂林》共分十二册,汇集了一万多个字头、一千多万字的考释资料,是我国迄今为止规模最为宏大、搜罗最为齐备的古文字汇释类工具书。它完整体现了两千年来特别是近百年来古文字研究领域的基本状况和所取得的灿烂成就,是古文字字形和古文字考释两方面的集大成之作。

它的出版,在学术界和出版界引起了巨大反响,先后获得首届中国出版政府奖、首届中华优秀出版物(图书)奖、上海图书奖(2003—2005)特等奖、上海市哲学社会科学研究成果一等奖等殊荣。《古文字诂林》在选题策划、编撰方案、出版计划、组织运作方面,为出版界编撰大型工具书提供了很好的经验。

时代迫切需要一部大型古文字工具书

改革开放以来,我国各条战线百废待兴。学术界急起直追,都想追回失去的十年。古文字研究领域也是这样,科研成果不断涌现。至20世纪末期,研究古文字的专著和工具书的品种和质量都大大超过了前几十年,呈现一片繁荣景象。但是,把汉字的各种字形收录在一起,并把各家对文字的阐释集中起来,即"字形汇编＋考释"这样一种大型工具书还没有,学术界迫切需要这样的工具书。

文字学是传统文化的根基,我国历代最伟大的文化巨匠几乎都是"小学"大师,无不对文字有精深的研究。早在 20 世纪 30 年代,陈寅恪就倡导"读书先识字"、"解释一字即是做一部文化史"的治学理念,希望能将中国传统的文字学与西方现代的文化史学结合起来,通过考索文字本义及其随历史发展而演变的各个时代的意义,获得对文化底蕴的深切著明的了解。王元化也曾指出,文字学的研究工程是弘扬优秀传统文化的重要方面,传统国学若没有这种工程打基础,等于是空中楼阁。随着学术的繁荣,我们已经有条件来编撰这样一部大型古文字工具书,以满足社会的迫切需要。

1991 年,由著名学者王元化先生倡议,《古文字诂林》作为上海市古籍整理出版规划重点项目立项,委托华东师范大学承担编纂工作。编委会聘请著名古文字学家朱德熙、李学勤、胡厚宣、马承源、张政烺、裘锡圭、戴家祥、顾廷龙(以姓氏繁体字笔画为序)作顾问。全国古籍整理出版规划领导小组将《古文字诂林》确定为国家古籍整理出版"十五"(2001—2005 年)重点规划中的重点图书项目。

文化建设新的标志性工程

《古文字诂林》立项以后,各位编者随即进行了艰苦细致的编撰工作。各级领导也一直对《古文字诂林》工程寄予厚望,多次关心项目的进展情况。市委市府的有关领导同志多次亲自参加《古文字诂林》工作汇报会,作出重要指示,将《古文字诂林》明确定位为"上海市文化建设新的标志性工程"。

与此同时,《古文字诂林》的出版计划也在逐步推进。经过各个方面的调研和考察,项目组认为上海教育出版社有专业的编辑力量,又有较强的经济实力,建议由上海教育出版社来承担《古文字诂林》的出版任务。1997 年 5 月,上海教育出版社正式承担了《古文字诂林》的编辑出版工作。1999 年,上海世纪出版集团成立后,集团领导高度重视这项工作,将该书列为集团重点工程,对出版工作给予了悉心指导。

本着"打造一流精品图书,成为一代又一代中国人的文化脊梁"的企业精神,上海教育出版社始终将《古文字诂林》的编辑出版作为工作的头等大事来抓,成立了《古文字诂林》出版工作领导小组,挑选了一批工作能力强、专业水平高的骨干编辑组成编辑小组,负责日常编辑工作。上海教育出版社还特意在承担排版任务的公司附近设立了专用办公室,方便编辑、排版人员的沟通交流,以确保出书质量。

《古文字诂林》是王元化先生亲自倡导并组织实施的文化项目,他自始至终关心着《古文字诂林》的编纂出版工作。在他的直接指导与关心下,编委会和出版社通力合作,克服重重困难,终于顺利完成了这项嘉惠学林、泽被后世的大型文化积累工程。

强大务实的编辑工作组织框架

《古文字诂林》的出版创下了多项第一:它将千百年来历代学者的古文字研究成果荟萃于一编,这在中国学术史上是第一次;它成功地运用计算机技术解决了甲骨文、金文、古陶文、货币文、简牍文、帛书、玺印文和石刻文共八大类古文字的排版印刷问题,这在中国出版史上是第一次;它根据秦汉篆书厘定了近万个篆书古隶定字样,为研究篆书演变至后世楷书架起了一座过渡的桥梁,这在中国字样史上是第一次。

《古文字诂林》取得这样的成就,与它有一套高效务实的组织运作模式是分不开的。

单从甲骨文、金文、古陶文、货币文、简牍文、帛书、玺印文和石刻文八大类古文字的排版印刷问题来说,没有一套自己开发的照排系统,《古文字诂林》的出版就无从谈起。为保证《古文字诂林》的顺利出版,出版社专门成立了独立运作的出版工作小组。在出版社的大力支持下,工作组花费巨资,自主研发了一套"古文字字形库及其电脑排版系统",开世界上使用电脑技术排印古文字书籍之先河。此前,由于排版印刷条件的限制,古文字类图书的出版大多采用手写影印的方式,因各人书写习惯的差异,楷、行、隶、草诸体均可见到。这种做法既费时费力,又不便阅读。再加上《古文字诂林》的原始资料来源各异,版本情况极为复杂,有石印本、铅印本、蜡刻本甚至手写稿本等,如果采用20世纪初丁福保编《说文解字诂林》时"剪刀加糨糊"的剪贴做法,既无可能,又不利于编辑加工,出版效果还不理想。《古文字诂林》利用自主研发的系统进行排版,使得古文字的保真度、清晰度以及整体排版印刷效果都远远胜过其原始资料,具有鲜明的时代色彩。

为社会奉献了高质量的精神食粮

《古文字诂林》出版了,它是当时拟议中的那个样子吗?它满足了社会的需要了吗？

现在看来，《古文字诂林》篇幅庞大，是上下三千年历史中各类古文字形体的集大成者，也是千百年来历代学者关于古文字研究成果的集大成者。它既有古代典籍中的材料，也有近代出土的文献。它将甲骨文、金文、古陶文、货币文、简牍文、帛书、玺印文和石刻文共八大类古文字字形和考释资料汇为一编，进行综合整理。它的字形著录堪称详备，考释资料可谓宏富：既有取自文字学专著的，又有采于论文集及报纸、杂志上的单篇论文的；从时间跨度上来说，既有东汉许慎的《说文解字》、南宋薛尚功的《历代钟鼎彝器款识法帖》，又有清代、民国直至当代的学者的著述。凡有真知灼见，能自成一家之言者悉载靡遗。

《古文字诂林》遵循形、音、义相统一的原则，按照历史发展的线索，着重提供阐释的古文字形体与它表示的单音词之间的音义关系，从而向世人展示先民如何把有声的汉语转换成有形的书面汉语，并以此作为语言文化的载体传承至今。读者一编在手，就可以了解每个字的字形演变史、字义演化史，以及两千年来文字学者研究该字的学术演进史。

《古文字诂林》首次采用了一整套篆书、古隶定字作为字头，将出土古文字、篆书到古隶定字、后代楷书的发展脉络清晰地勾勒了出来，使得读者能够更加清晰地了解汉字发展的历史面貌。这一成果解决了古文字形体是如何过渡到今天的文字形体的问题，填补了中国文字发展史上一个重要阶段的空白。《古文字诂林》真正达到了陈寅恪先生提出的"解释一字即是做一部文化史"的训诂学标准。因此，它既是一部规模宏大的学术研究型工具书，也是一项民族文化建设的重要工程。

《古文字诂林》出版后，在好评如潮的同时，也存在一些遗憾。一是由于分卷出版，随着学术研究的深入，有些新的研究成果未及时在已出版的数卷中反映出来；二是近年来一些考古研究新出土的材料未及补充，这些有待再版时修订。

（上海教育出版社供稿，徐川山执笔）

《明成化说唱词话丛刊》：从出土到出版

《明成化说唱词话丛刊》

上海书店出版社

经典策划 119

从上海中心城区出发，走中环高架，转沪嘉高速（A12），约半个小时就来到了嘉定城区。站在川流不息的澄浏公路旁，眺望四周，尽是现代化的厂区，其间错落着一块块农田，确乎告诉人们这里是上海郊区。近半个世纪前，这里曾有过一次令人惊喜的发现，十六册残缺破损、文献价值极高的海内孤本《明成化说唱词话丛刊》（以下简称《词话》），就在这一带出土。

一

1967 年，那时叫嘉定县城东公社澄桥大队宣家生产队的地方，因建造猪棚，平整土地，村民对一处名为宣坟浜的古墓群进行挖掘。古墓占地约十亩，三面环水，墓茔前有石坊、石兽等建筑。在其中的一个墓穴里，发现了一批古书。据我的前辈俞子林（时任上海书店总经理）介绍，刚出土时，这批古书破烂不堪，并未引起人们的注意，本村农民宣奎元见无人理睬，随手将它们取回，放在屋檐下晒干，同时取回的还有一只梳妆匣。据说宣奎元曾把梳妆匣和这批古书送到嘉定博物馆，博物馆工作人员说："梳妆匣留下，书不要了。"农民宣奎元并不知道这批古书的价值，只觉得丢了可惜，便把它们放进竹篮，挂在自家的猪圈里。

一晃五年。到了 1972 年，上海书店职员宣稼生在嘉定地区收购古旧书籍，才意外发现了这批古书。收购后,当年就送交上海市文物管理委员会考古组鉴定。经专家鉴定,这是一批极其珍贵的明代说唱词话刻本。随后,考古组再次前往发掘处实地调查,根据查访所得与文献资料推断,这些说唱本是曾任西安府同知的宣昶的妻子的随葬品。据《嘉定县志》记载,宣昶在明成化戊子年(1468),经乡荐被选为惠州府同知,后又荐补为西安府同知,死后葬在县城"东门外春桥东南宣坟浜"。

著名戏曲史专家赵景深当时推测,可能是这位宣姓妇人生前格外喜欢这些唱本,所以死后就由家人将唱本放进墓穴里了。也有学者认为,宣姓妇人或许就是这些说唱词话的曾经的演唱者,临终时关照家人将唱本放入棺木陪伴她,为她在阴间驱鬼祛疫,以免受干扰。冥冥之中,这一随葬品却为中华文明的传承保留了一份珍贵资料。

据参与整理《词话》的版本目录学家沈津撰文介绍,由于唱本深埋地下数百年,受到石灰和微生物的侵蚀,品相大为受损,加之长时间浸泡在水里,残缺破损相当厉害,出土时粘连成块,有的书页已无法揭开,如一块块硬邦邦的书饼。为抢救这部珍贵的古籍善本,1972年7月,由上海市文管会牵头,邀请上海图书馆等单位的古籍修补师、裱画师与文保科技人员一起会诊研究,终于寻找到一种既能使黏着物充分溶解,又不使字体褪色、纸张变松或者发脆的溶剂,然后把唱本浸泡在溶剂里,最终将粘结在一起的纸张全部揭了开来。经过逐页装裱,重新装订成册,这部破烂不堪的孤本终于"起死回生",恢复了原貌。前后共三月之久,原先不堪入目的"书饼"变得焕然一新。

限于当时的特殊环境,《词话》的发现并未引起学术界的特别重视。直到1972年《文物》第11期刊载赵景深、汪庆正(著名文博专家,80年代任上海博物馆副馆长)等的介绍文章,《词话》才引起了关注。1973年,上海博物馆收藏此书,并将其命名为"明成化说唱词话丛刊(十六种附《白兔记》传奇一种)"。

二

《词话》收录的是明成化七年至十四年(1471—1478年)间的作品,北京永顺堂刊印,所用均为竹纸,有大量插图,版式承元代风格。

说唱词话是流行于元明时期的一种说唱艺术,是民间艺人讲唱故事的脚本,是鼓词、弹词的祖先。它的形式主要是七字唱句,有说有唱,有时也有"攒十字"(即十字一句)的小段。听众大多是一些没有文化或粗通文字的市民。唱词中的故事,大多散见于元曲和杂剧之中。从刊刻时间推断,明初词话类的唱本已在民间广泛流行和传播,只是当时的一些藏书家并不把这类唱本当作文献与史料入藏，其他文人也视其为下里巴人的街头文化而不予重视。在乏人关注和整理的状态下，这类唱本很少能够保存流传下来。

在论述《词话》的价值时，赵景深说："这在中国古代小说、戏曲和唱本发展过程的研究上，实是一个很重要的新发现。这是过去中国任何书上从来没有著录过的。"（赵景深：《谈明成化刊本"说唱词话"》）

过去，人们常把明末诸圣邻的《大唐秦王词话》看作最早的鼓词传本。成化本《词话》的发现将这一时限上推了两百年，可以说，它是我国现存诗赞系说唱文学的最早的一部刻本。它记载了当时人们的生活习俗，尤其插图中的人物装束、活动场景、生活器物，都带有鲜明的时代特征，是研究宋元明时代服饰、风俗、人情等的珍贵的形象资料。汪庆正说："成化说唱本的发现，弄清了'词话'的全貌。"（汪庆正：《记文学、戏曲和版画史上的一次重要发现》）

在发现这批珍贵文献四十年之际，上海书店出版社秉承"重刊珍籍、传播文化"的传统，正式出版该书。《词话》采用宋锦函套，线装十二册，分别为：《花关索传》四种、《石郎驸马传》、《唐薛仁贵跨海征辽故事》、《包待制出身传》三种、《包龙图公案断歪乌盆传》、《包龙图断曹国舅公案传》、《张文贵传》、《包龙图断白虎精传》、《师官受妻刘都赛上元十五夜看灯传》、《莺哥孝义传》、《开宗义富贵孝义传》共十六种以及传奇一种（《刘知远还乡白兔记》）。这里所列只是每一种说唱词话的简称，而它们的全称往往还要加上"新编全相"、"足本"等称谓，以示最新、最全，且有绣像（旧时通俗话本、演义等绘有人物绣像及每回故事内容者，称作"全相"）。

十六种词话按题材可分为讲史、公案、志怪三类，多以三段或四段式叙事结构形成一定的故事模式。《词话》韵散结合，以唱为主。关索、薛仁贵、包公等故事在中国古代小说戏曲中反复出现，流传广泛。因此《词话》的发现，为研究这些故事的渊源流变提供了十分珍贵的线索。

引起专家特别关注的是《花关索传》。它提供了许多三国故事，是古典小说《三国演义》成书的依据之一。关索是关羽的儿子，但不见于正史，民间传说则颇多。虽是成化年间的刻本，但书中刊有"成化戊戌仲春重刻"字样，说明初刻成书的年代更早，而从它的上图下文及版式看，与元代平话基本相同，很可能是据元刻本重刊。当然，无论是元代的底本，还是明初的故事，其传说的内容是由来已久的。汪庆正认为《花关索传》是研究《三国演义》不同版本的一份重要资料："成化本《花关索传》的发现，提供了更早、更详细的关于关索的民间传说的资料……说明这种有关三国故事的说唱词话在明代中期已经流行。由此也可以看到,说唱文学对于后期长篇、短篇小说的影响之大。"

《刘知远还乡白兔记》是其中唯一的一种传奇。一般认为,传奇是形成于浙江永嘉地区的一种以南方语言和南曲演唱的杂剧,又称南戏。《刘知远还乡白兔记》即明说是"永嘉书会才人"所编。戏曲史专家赵景深说:"由于成化本南戏《白兔记》的新发现,坚定了我对于《汇纂元谱南曲九宫正始》收录元代《白兔记》曲词真实可靠的信心。又发现了四支久已遗失的《白兔记》古曲,证明了[十棒鼓]、[傍妆台]、[搅羊群]的古老,大致明白了《白兔记》原来的结构安排,这些都是值得高兴的。"

三

《词话》采用元代的流行版式,上图下文的插图有四十四幅,整面插图有一百零四幅,这是中国古代木刻版画的一份精美而珍贵的遗产。

著名学者郑振铎曾说,明初到明中叶的木刻画资料非常稀少,主要原因是这个时期的作品不多。"万历以上的作品,得之之艰,奚啻百倍。"(郑振铎:《中国古代木刻画史略》,上海书店出版社 2010 年版)现存戏曲小说类插图版画以元代《全相平话五种》为最早,但为日本内阁文库所藏。就目前国内而言,《词话》中的插图就是最早的了。可惜郑振铎壮年早逝,要不然在他的名著《中国版画史图录》中定会重彩浓墨地记上一笔!

《词话》的插图属传统写实线描画,阳刻为多,偶有阴刻。人物造型生动传神,山水树木栩栩如生,屋宇器物纤毫毕现,显示出古代刻工的高超技艺和一丝不苟的创作精神。

明代是书籍插图从上图下文到整页插图这一版式的过渡期,《词话》中仅《花关索传》是上图下文的插图样式,其余都是整页插图,构图更为广阔,画面更加丰富。这让我们从另一侧面了解到:随着明代商品经济的繁荣以及市民阶层的兴起,读者希望看到更有观赏性的插图,而书坊为招徕读者,也尽量放大插图尺寸,刻工更为精细,以至从整页插图发展到双页的大图,从而迎来了中国木刻版画史上被郑振铎称为"光芒万丈的万历时代"。

整页插图的风格可分为两类:一类以简拙为主,刀笔轻松,活泼生动,以《包待制出身传》和《开宗义富贵孝义传》为代表；一类精细丰满，刀笔凝重，像纤巧的工笔画，有极强的装饰性，以《唐薛仁贵跨海征辽故事》和《包龙图断曹国舅公案传》为代表。总体看来，《词话》的插图版画风格具有民间性的特点，拙朴自然，不求雕饰，与明万历后金陵版画那种精致绚丽迥异其趣。

四

另一个引起专家关注的特点是，《词话》已经大量使用汉字简化字，这在其他古代典籍中是极少看到的。简化字易读易写，受到底层民众的欢迎，往往先由民间创造并传播使用。《词话》的民间性特征也由此可见一斑。

我们粗略作了一个统计，《词话》中使用的简化字与今天基本一致的，大约有 200 个。我们知道，汉字简化字主要是对繁体字作简笔、快写处理，有的由草书快写演化而来，有的则采取一个字的局部替代整体演化而来，如云（雲）、余（餘）、声（聲）、义（義）、万（萬）、过（過）等，这说明我们今天的汉字简化字也是对前人创造的一种继承。另有一些虽为民间自发简化，但今天并不使用，如龙（龍）、畄（留）、砕（碎）等。一个"圣"（聖）字，繁体字原由"口、耳、王"三字构成，含有"传授知识的权威"的意思，简化后仅为"又、土"二字构成，就说不上有什么意义了，据此也有人极力维护繁体字的表意功能，这当然是另一个话题了。"圣"字在五百年前就出现在《词话》中这一现象，说明汉字不断发展与简化的过程是值得今人研究和重视的。

在地下沉睡了五个世纪的《明成化说唱词话丛刊》终于重见天日。回顾往事，我社老领导俞子林先生感慨万分，他说："《词话》得以重现人间，应当感谢三位宣姓人士。"一位是明代的宣昶，是他们夫妇把对于民间戏曲的爱好带入地宫，《词话》才得以保存至今；另一位是上海嘉定的农民宣奎元，是他首先发现，并在那段传统文化遭受无情摧残和毁坏的岁月里，把它当作宝贝保存了好多年；第三位是上海书店的员工宣稼生，是他慧眼识宝，上海博物馆最终得以珍藏，从此这一稀世的文化遗产再也没有损毁、湮灭之虞了。

"令人讶异的是，这三人都姓宣。五百年前他们是一家人吗？"俞子林感慨道。是巧合？是天意？但确确实实是文化传承上的一则轶事、一段佳话。

（上海书店出版社供稿，唐晓云执笔）

一个点子，救活一套辞书，赢取三个市场

——《外教社简明外汉—汉外词典》系列选题策划和版权贸易案例

《外教社简明外汉— 汉外词典》系列

上 海 外 语 教 育 出 版 社

《外教社简明外汉—汉外词典》系列是上海外语教育出版社（以下简称外教社）《西索简明汉外系列词典》（"西索"为上海外国语大学英文名称首字母音译）的改造升级产品。《西索简明汉外系列词典》启动编写时，外教社曾对它抱有较高的期望：可观的社会效益和经济效益，外教社辞书的一个拳头产品，较好的市场影响力和号召力。但是当系列丛书中的近 10 个品种陆续投入市场后，实际业绩和效果与预期相去甚远，销售不畅，库存积压，市场反响平平。尤其在进入 21 世纪后，这套丛书几乎处于滞销状态。究其原因，除了产品策划、设计和编写的缺陷外，没有有效开展营销宣传和推广，尤其读者不知"西索"为何物也是导致失败的原因之一。针对这一状况，外教社领导进行了认真、细致的调查研究，分析原因，尤其是进行市场需求分析，决定采取措施，调整定位，拯救这套付出诸多心血的辞书。正是这一决策，不但救活了这套图书，使之实现畅销，而且其中数个品种的纸质影印版权还成功输出到世界主流图书市场；更可喜的是，在电子版权授权领域，这套图书也给外教社带来了不菲的收益，而且在业内产生了良好的反响。一个点子救活了一套辞书，赢得了纸质图书销售、国外版权贸易和电子版权转让三个市场。

一、调整定位,改造升级

《西索简明汉外系列词典》策划、组织编写于 20 世纪 80 年代末,陆续出版于 1992 年至 1997 年间,涉及英、德、法、日、俄、阿、西、意、葡和世(界语)等 10 余个语种。每种词典收词约 25 000 条,以收录汉语常用词汇为主,兼收了部分科技、社科词汇和常用的成语、谚语等。当时策划、设计、编写和出版这套辞书的主要目的是为了方便国内外语学习者和其他社会读者从事翻译和写作之用。尽管当时是中国出版的黄金期,几乎出任何书都能有比较好的市场业绩和社会反响,但这套辞书出版后销售业绩平平,库存积压严重。除个别品种有重印外,大多仅是一版一次的命运,印数最多的是《西索简明汉英词典》,一版一次印了 5 万册,数年之后还有 3 万余册的库存。

进入新世纪后,各家出版社不断推出新颖的汉外词典。有的虽然收录词条的数量与外教社的《西索简明汉外系列词典》相当,但是在出版时间和词典整体设计方面更具优势;有的则在收词规模方面占有明显优势,中型的、大型的汉外词典不断出现。在激烈的市场竞争中,外教社的《西索简明汉外系列词典》恐难振市场雄风。面对这样一种窘境,听其自然,必死无疑,前后近十年的心血也将付之东流,何况这么多的库存又是一大笔损失。

经过缜密的市场调查和读者需求分析,社领导决定:1. 把《西索简明汉外系列词典》之"西索"改为一目了然的"外教社",词典内涵则由单向改为双向(bi-directional),在原有的汉外部分基础上,各词典都新增加一个外汉部分。经过市场调研,我们发现外语学习者中使用外汉词典的读者数量是使用汉外词典的数倍,汉外词典仅在从事汉译外工作和写作时被使用参考,改成双向可以兼顾中国读者学习外语和外国读者学习汉语两个需求。新增的外汉部分收录词条 3 万左右,收词以各语种中常用词为主,兼收部分通用的经贸、科技词汇,同时也选收一些新词语和各语种外来词语。2. 修订、更新原有的汉外部分词条,改正疏误,增加新词,剔除过时的内容和生僻词,体现现代汉语词汇日趋丰富的特点。3. 为方便外国读者学习和阅读中文,在外汉部分对汉语释义加注拼音,而在汉外部分则对词条增加汉语拼音。后来的实践和结果证明这一调整定位、改造升级,不仅能较好地满足国内外语学习者的需求,而且对国外读者也非常具有吸引力,更是促使版权成功输往国外市场的重要原因之一。由于词典编者和语种的关系,我们最后选定《西索简明汉外系列词典》中的 6 种,并新增了希伯来语,整合成了新的《外教社简明外汉—汉外词典》系列,并于2006年开始先后出版,投向市场。决定调整定位、改造升级后,在词典整体设计方面,我们采用了方便易携的64开小开本,力图让读者能"随身带,随时用",能"装在口袋里,装进脑袋里"。封面装帧摒弃《西索简明汉外系列词典》的塑料套封的形式,采用软皮精装。丛书封面统一设计,大方简洁,风格一致,标识清晰,不同语种词典通过该语种国家的国旗颜色来区分,整个设计特色鲜明,很容易吸引读者的眼球。经过策划编辑紧张有序的组稿、样稿把关、审读,文字编辑的悉心加工以及全社有效的运营,新的《外教社简明外汉—汉外词典》系列中的第一种《外教社简明意汉—汉意词典》于2006年7月以全新的面貌试水市场!

二、纸质词典畅销

自2006年出版该系列的第一种《外教社简明意汉—汉意词典》后,该系列其他品种亦相继问世:2007年推出《外教社简明希伯来语汉语—汉语希伯来语词典》,2008年出版《外教社简明英汉—汉英词典》、《外教社简明德汉—汉德词典》、《外教社简明西汉—汉西词典》,2009年出版《外教社简明日汉—汉日词典》,2010年出版《外教社简明法汉—汉法词典》。尽管这几年纸质辞书因受到电子词典的冲击,市场销售每下愈况,有的甚至出一本亏一本,但这一系列词典出版后仍有良好的市场表现和不错的业绩。从销量上看,截至2010年8月,《外教社简明意汉—汉意词典》在出版后的四年时间内销售了23 100册,《外教社简明英汉—汉英词典》在两年零三个月内销售了20 000册。除《外教社简明希伯来语汉语—汉语希伯来语词典》因语种相对冷僻、读者数量极为有限而销售平平外,余下几个品种在一年左右的时间里都各有近万册的销售。整个系列7个品种已实现销售码洋250多万元。在图书品种极为丰富,同类词典竞争异常激烈,小语种词典市场有限,纸质词典销量受电子词典、网络词典和光盘词典影响而大幅度直线下降的市场环境下,《外教社简明外汉—汉外词典》系列推出后得到了市场的认可,受到了读者的欢迎,赢得了较好的社会效益和经济效益,这也证明了社领导重新调整选题定位,实施改造升级措施的正确性。有鉴于此,外教社计划把这套辞书做成一个开放系列,根据需要适时添加新的品种,目前已进入编写和编辑流程的新品种有《外教社简明韩汉—汉韩词典》和《外教社简明俄汉—汉俄词典》等。

三、版权输出创佳绩

《外教社简明外汉—汉外词典》系列不但在国内有不错的销售业绩,而且其版权输出业绩更是令人振奋。目前这个系列的三个品种的纸质图书版权已输出到欧洲和拉丁美洲图书市场。版权最先输出的是《外教社简明意汉—汉意词典》,这本词典版权的输出完全得益于"人和"。词典编者张世华教授与任教于意大利罗马大学东方研究中心的马西尼教授关系密切,而马西尼教授又同意大利出版界联系颇多,且有意把张教授的这本词典推荐给意大利出版社。经编者介绍,外教社与马西尼教授取得了联系,请他推荐对这本词典感兴趣的意大利出版社。电子邮件发出后不久,外教社便收到了意大利 Hoepli 出版社版权经理的邮件。在邮件中,他表达了对这本词典的浓厚兴趣,希望外教社能寄送评估样书,并告知马西尼教授是他们出版社的顾问。收到外教社寄送的样书后,Hoepli 出版社决定在意大利出版该词典。经过后续几番邮件往来,外教社和 Hoepli 出版社在《外教社简明意汉—汉意词典》出版三个月后,即于 2006 年 10 月签署了该词典在意大利和瑞士提契诺州意大利语地区的影印版授权合同,意方首印 3 000 册,预付款 8 000 欧元。2007 年初,Hoepli 出版社推出了该词典,首印 3 000 册半年时间即销售一空。在安排重印的同时,Hoepli 出版社决定把该词典一分为二,分别在意大利和瑞士意大利语地区出版它的汉意部分。2007 年 8 月,Hoepli 出版社又与外教社签订了《外教社简明意汉—汉意词典》中汉意部分的授权合同,首印数 3 000 册,预付款 2 400 欧元。这样仅《外教社简明意汉—汉意词典》一种辞书,外教社在同一地区同一家出版社就转让了两次版权,仅预付款就收入 10 多万元人民币。该词典两个版本由 Hoepli 出版社出版后,2008 年、2009 年两年除赠书外,每年都各有 1 500 册左右的销量,两年支付给外教社的版税近 4 000 欧元。

从《外教社简明意汉—汉意词典》版权转让的成果,外教社看到了这套辞书的授权潜力,因此在后续几本词典的版权授权中,外教社不仅积极主动,而且提早介入。词典还在编辑加工阶段,外教社就向有可能对该辞书版权感兴趣的相关国外合作伙伴推荐,提供词典收录的词条数目、收词内容、编写形式、目标读者群等信息。待编辑定稿后,我们再通过电子邮件给有兴趣的国外出版社发送 PDF 样张。图书正式出版后,我们又在第一时间给国外出版社寄送评估样书。通过外教社积极、主动和有效的工作,2008 年 10 月,外教社与德国克莱特出版社签订了《外教社简明德汉—汉德词典》的影印授权合同,授权地域为德国、奥地利、瑞士、卢森堡、列支敦士登和意大利北部德语地区,而此时这本词典在外教社才刚刚出版。外教社创造了国内图书出版、国外版权即售的外教社版权授权新速度!

打铁趁热。在《外教社简明西汉—汉西词典》出版之前外教社也向国外同行介绍了该书,提供了相关信息,并告知该系列其他品种的授权情况。在收到评估样书后,西班牙合作伙伴的反馈也同样及时且令人兴奋:该社决定同意在西班牙出版该词典,不过由于2008年出版计划已满,该社决定将其列入次年的计划中,合同也将在2009年签署,希望我们能稍候。就在我们满心期待2009年能签约的时候,一个意想不到的小波折出现了。由于受源于美国的金融海啸影响,西班牙合作伙伴不得不压缩2009年的出版计划,所以引进外教社词典的计划得再往后推。外教社的版权经理好像一下子从沸点掉入了冰窟,但是没办法,只能耐心等待,希望能有好消息。时间到了2009年下半年,还真有好消息从西班牙传来:该社决定启动这个项目,同时还告诉外教社除西班牙本土市场外,该社在拉丁美洲市场的同事也对这本词典颇感兴趣,目前正在作市场调研。真是失之东隅,收之桑榆,外教社授权时间晚了,授权地域却扩大了。最终在2010年1月,外教社与西班牙合作伙伴Larousse Spain/VOX签署了《外教社简明西汉—汉西词典》在西班牙和整个拉丁美洲地区的影印授权合同,对方首印6 500册,预付4 366欧元。2010年8月,该词典的海外版已正式出版。

在积极推荐以上三种词典的同时,外教社也向国外同行推荐了《外教社简明希伯来语汉语—汉语希伯来语词典》、《外教社简明日汉—汉日词典》和《外教社简明法汉—汉法词典》,目前正与感兴趣的国外出版社商谈中,相信它们都将会有不错的市场反响及效益。

四、电子授权成果显著

近些年,纸质词典的电子授权使用越来越多。在与国外出版社洽谈《外教社简明外汉—汉外词典》系列纸质版权授权的同时,外教社也主动接触国内一些知名电子词典生产厂商,向他们力荐这套词典。在词典的众多特点中,外教社重点介绍这套词典在外汉和汉外两部分都加注有汉语拼音,非常适合外国人学习汉语这一特色。契合现在全球汉语热的兴起,外教社还顺带介绍这套词典在国外的纸质版权授权情况,作为适合国外读者需求的佐证。经过外教社的不懈努力,《外教社简明意汉—汉意词典》已同时授权两家电子词典厂家使用,《外教社简明英汉—汉英词典》授权一家使用。而整个系列已出的 7 种辞书又共同授权一家香港公司,开发应用于 AppStore、BlackBerry、Symbian 等手机平台的语言学习课程和词典内容,供用户下载使用。四份授权合同给外教社带来预付款收入 15 万元。

五、几点启示

《外教社简明外汉—汉外词典》系列的成功,既提升了外教社版权工作者的信心,同时也给我们带来了一些启示:1. 有效的市场调研和需求分析及准确的市场定位是图书策划设计成败的关键,更是决定图书生命周期的主要因素;2. 认真分析了解国外读者的需求,策划和编写能真正满足他们需求的图书是实现我国图书成功走出去的关键;3. 和谐的社际人际关系、宽广的合作网络和积极主动的推荐对版权贸易的作用不可小觑。

本文原刊于《编辑学刊》2010 年第 5 期,这次仅作个别的文字修订。

(上海外语教育出版社供稿,庄智象、刘华初执笔)

"华东师大作家群"概念的诞生对编辑策划的启示

"华东师大作家群"系列

华 东 师 范 大 学 出 版 社

一、偶然的灵感闪现与提炼式的思考

"华东师大作家群"概念的萌芽始于我和赵丽宏两位华东师大七七级中文系校友之间一次偶然的"出版闲谈"。1994年11月,校友作家赵丽宏的新书《人生韵味》在华东师范大学出版社出版。《人生韵味》出版后,时任出版社副总编辑的我与赵丽宏在闲谈中共同意识到,以《人生韵味》为开始,还可以扩展成"校友系列丛书"。这一选题设想得到当时出版社领导班子的支持。1995年,王小鹰的《寻常情怀》、孙颙的《烟梦往事》、沙叶新的《阅世戏言》、陈保平和陈丹燕的《精神故乡》相继到稿。1995年底,以上四本书付印在即,《人生韵味》也重印在即。

1995年底,作为这套书责任编辑的我,开始策划以上六位校友作家的五本书在华东师大的签名售书活动,并筹划签名售书的当天在华东师大举行的文学评论家、校友作家以及在校师生的研讨会。这个系列活动的主题叫什么?经过对"华东师大背景"的作家的梳理,可以看到:从文学前辈到文学新锐,从校友作家到在校教师身份的作家,有施蛰存、许杰、徐中玉、钱谷融、沙叶新、戴厚英、王智量、鲁光、赵丽宏、王小鹰、王晓玉、孙颙、刘观德、格非、徐芳、陈丹燕、周佩红、戴舫、陈洁……再考察"华东师大背景"的作家特色,更可以看到:施蛰存,中国现代心理小说的代表作家;戴厚英,长篇小说《人啊，人》成为新时期文学的代表作品；沙叶新，话剧《假如我是真的》等作品在社会上产生过重大反响；鲁光，报告文学《中国姑娘》在当时与徐迟的《哥德巴赫猜想》一起成为新时期报告文学的代表作品；刘观德，他的《我的财富在澳洲》与北方的《北京人在纽约》一起成为留学生的代表作品；戴舫，中篇小说《挑战》在1980年代围绕人性和道德引起争议；赵丽宏的诗歌、散文，王小鹰、孙颙的小说，陈丹燕的小说和随笔，拥有数量庞大的读者群……由此可见，华东师大的作家群，不单人数众多，蔚为壮观，而且更重要的是，成果卓著——或载入人文史册，或引起社会反响，或深受读者欢迎，总之，他们每一个人都曾经或正在创作界产生较大的影响。这是一种文化现象！一个全国高校独一无二的现象！"华东师大作家群现象"就这样诞生了。

二、媒体跟进报道与概念的广泛传播

按这一想法撰成《关于学校举办华东师大校友作家签名售书活动暨"华东师大作家群现象研讨会"的建议》，这份报告当时得到了学校党委书记陆炳炎的竭力支持，批示由党办、校办、宣传部和出版社四家联手举办大型活动。1996年1月25日，华东师大校友作家大型签名售书活动在当时崭新的华东师大图书馆逸夫楼大厅举行，同时，"华东师大作家群现象研讨会"在办公楼小礼堂举行。图书馆的签名售书现场，等候签名和翘首争睹校友作家风采的大学生们把大厅挤得水泄不通；办公楼小礼堂的"华东师大作家群现象研讨会"开得十分热烈，从事文学评论的专家们和沙叶新、赵丽宏等作家们，从各自的理解角度畅谈"为何华东师大得以形成作家群现象"，研讨其中的深层次原因是什么。出席研讨会的戴厚英也在这次会上，第一次当着中文系德高望重的钱谷融教授的面鞠躬"请罪"，检讨当年被称为"小钢炮"的她，以一句"我爱吾师，但吾更爱真理"的声明而批判钱先生"文学是人学"理论的幼稚，钱先生也当场表示原谅戴厚英当年的不成熟，场面感动了在场的所有人。

这次大型系列活动后，各大新闻媒体记者都对"华东师大作家群现象"作了报道，这个概念很快被传向社会。特别是当时的东方电视台以这套书为主题的20分钟专题片《丽娃河畔走来的作家群》的播出，以及多年后，上海电视台挑选出一批有价值的专题电视片重播，再次播出了《丽娃河畔走来的作家群》，更是使得"华东师大作家群"广为人知，在社会上产生了极大的影响，"华东师大作家群"得到了时任上海市委书记黄菊同志的赞誉。

自 1995 年至今,"华东师大作家群"系列又出版了戴厚英的《我的写作生涯》、鲁光的《生命写真》、格非的《朝云欲寄》、李洱的《光与影》、摩罗的《西风的竖琴》、毛尖的《永远和三秒半》、王晓玉的《守在爱情的湖边写作》、刘观德的《兵败沙家浜》、徐芳和李其纲的《岁月如歌》、殷健灵的《纯情游走》、周佩红的《内心生活》、戴舫的《猎熊之什》、朱晓琳的《情人港咖啡》、小饭的《小辰光,在康桥》等校友作品集,2015 年即将出版姚霏的《城红滇绿》等作品集。"华东师大作家群"概念已成为华东师范大学的一张闪亮的"名片"和一笔重要的无形资产。

三、对编辑策划的启示

启示一:编辑要追求创意,赋予每本书某一角度的新意。

显然,内容的独创是编辑追求出版创意的第一要义。这无人置疑。但我们还可以让创意在出版过程中无处不在。

编辑与出版家的区别在于,编辑是思想者,创意永远是他们的追求。对此,在"华东师大作家群"的出版和概念提出的过程中我深有体会。我大学毕业至今 33 年,报纸编辑、杂志编辑、图书编辑构成我的全部职业生涯。感情会有七年之痒,工作会有职业倦怠,但我对编辑却始终乐此不疲。原因是我始终在每一本书的编辑过程中,融注编辑的创意,让每一本书都成为让我激情燃烧的一次创意实践。"华东师大作家群"系列的第一本书《人生韵味》在 1994 年出版时,我们与上海市公证处一起为此书做了国内首次"公证签名"售书活动。首创的图书"公证签名"售书,使一本平常的散文集成为独特的"那一个"。

2012 年"华东师大作家群"系列出版了校友作家毛尖的《永远和三秒半》。当时,从大陆的出版社到港台出版社,以及牛津大学出版社等出版机构,已出版了毛尖的多种电影评论著作,且装帧漂亮。为此,我在精心审读和编辑加工的基础上,独辟蹊径,在这一本毛尖作品集中,突出童年和大学时代毛尖的电影人生,在分辑和撰写目录提要、封面广告语等编辑手段中,突出"电影毛尖·文学毛尖·学术毛尖"三个角度。结果,该书不但受读者喜爱,作者日后在签赠友人时也独选这一本。

要赋予每本书某一角度的新意,其为一般人忽视的是,编辑应通过对书稿的精心审读和编辑加工,对作者和书稿建立起深度认识。虽然我的工作更多的是总编辑工作,但是,像"华东师大作家群"系列书这样的重要策划项目,我一定是自己承担一审工作,负责书稿加工工作。通过一审与编辑加工,编辑可以对作者有深入的了解,对书稿有深刻的理解,据此,才能够融会贯通,引发更多的创意。

启示二:编辑要深入思考,把编辑案桌变成思想的平台。

做编辑要用心体悟,使自己成为一个思考型的编辑。编辑的职业特点就是其"思想性",在编辑的全过程中,无处不体现出一个编辑的"编辑思想"。"华东师大作家群",经历了从图书出版到概念诞生的转化,其中灌注了编辑的深入思考。华东师大拥有众多作家,称之为"华东师大作家群"无可非议。但是,我觉得,不能以数量取胜,如果单单是数华东师大出来的作家多,那它的价值还是不高的——因为,哪一家综合性大学、师范大学都有中文系,它们哪一家不能数出几个十几个作家来? 而且,如果人多就叫"××群",那么天生地,医学院有"医生群",法学院有"法官群"、"律师群",师范大学有"教师群"……那就没意思了。为此我在思考"华东师大背景"的作家特色在哪里。正是在经过前述苦苦思索后,我才顿悟到"华东师大作家群"所具有的规律性的东西,才提炼出一种文化现象。

作为一种经过思考积淀的文化现象提炼,"华东师大作家群"具备的是"人数众多,蔚为壮观,成果卓著,如前述或载入人文史册,或引起社会反响,或深受读者欢迎,总之,他们每一个人都有曾经或正在创作界产生较大的影响"的特征要素。"华东师大作家群"并没有一个评选机构,但是这个特征要素,成为入选"华东师大作家群"系列书的标准。为此,20 年来,20 余本"华东师大作家群"系列图书,成为"华东师大作家群"的代表作,成为出版精品。推而广之,编辑时刻在社会分工中充当信息"把关人"的角色,当编辑行为灌注了深思熟虑的编辑思想后,编辑的这种"把关"是自由和愉悦的。这也是我当编辑 33 年乐此不疲的深切体会。

(华东师范大学出版社供稿,阮光页执笔)

《学术集林》出版忆事

《学术集林》

上 海 远 东 出 版 社

今年夏天，一个偶然的机会，我在复旦大学古籍研究所电子资料库看到有《学术集林》文丛 PDF 电子版，颇有些意外。一部二十年前出版的文丛被大学作为学术资料收存，这至少是学界对它的肯定。我从事图书出版二十多年，经手的书稿有多少没有确切统计，估计有几十种或上百种吧，有系列图书，也有单本读物，有文学读物，也有学术著作。其中不少也是好书，甚至也有获得社科成果奖项的学术专著，但《学术集林》文丛不仅在其出版期间有较大影响，在停止出版后仍有后续影响，这是我所编辑的其他图书不能企及的。我虽然是《学术集林》文丛的企划者和责任编辑，但《学术集林》这样的项目，从策划创意到编辑出版，不是个人可以做成的，它汇聚了很多人的精神投入和支持，它能为学界、为市场所接受，离不开当时的天时、地利和人和。

先说地利。1992 年，远东出版社社长杨泰俊三顾茅庐，请当时在复旦大学哲学系任教的王德峰先生到远东新建一个编辑部，我也同时从上海作协一家杂志社调入远东并进入这个编辑部。当时的远东出版社建社时间短，基础差，与上海那些大社相比，无论是出版实力还是经济实力都处于弱势。但它与那些说是企业却更像机关单位的大出版社相比，又有一大优势，就是调任到此不久的社长杨泰俊在事业上的抱负和志向，还有他在当时颇具创新性的工作管理方式。他曾多次在员工大会上慷慨陈词，表示要在若干年内把远东出版社发展成第一流的出版单位。其志向、其热情以及其忘我的工作作风,确实感染了各级员工。远东是出版系统较早实行经济目标管理的单位,也可能是行业内最早实行模糊工资的单位。这种管理模式在今天实在算不得什么新鲜,然而在当时却很具有创新性,确实使很多人释放了工作的活力,出版社展现了一种新气象,经济效益大有改善。

然而,要建一流的出版社,当然不仅仅在于经济效益的提升。出版社显示其真正的实力还是要靠有质量的产品——图书。一流的出版社需有一流的图书来支撑,于是,几个精品书系项目开始在新建的编辑部酝酿并实施。《学术集林》文丛、《近现代思想家论道》丛书、《火凤凰》丛书等相继出版,并都取得了较好的社会影响和经济效益。其中《学术集林》文丛最先出版,持续出版时间最长,影响最大,文丛之外又出版了《学术集林》丛书两辑,均取得了良好效益。

因此,《学术集林》可以说是在出版社期望向高层次发展的背景下应运而生的,考虑这样的项目时,并不是简单地准备赔多少钱的。一个企业对于任何一个产品,都希望通过其获得利润,这是应该的也是合理的。所以,并不是说做《学术集林》这样的项目就可以不考虑出版社在经济上的投入与产出。应该说,《学术集林》的决策不以经济利益为考虑前提,而是以做有质量、能为学人关注的书系为主导思想。一个企业的获利是多方面的,有纯粹的经济利润,也可以是能为企业获得利润创造更好基础的无形价值。事实上,随着《学术集林》丛书两辑的出版,文丛和丛书系列不仅获得了经济效益,而且给出版社带来了良好影响,提升了企业的文化品位和形象,这对于出版社向高层次出版单位跨进是有重要意义的。

再说天时。我最初设想编辑出版具有思想性和学术性的文丛时,是基于当时出版社客观需要的考虑。相对于原创性的学术专著而言,系列文丛出版快,更易产生社会影响,也能获得更多的作者资源,为后续的学术书出版建立基础。然而,以我个人的兴趣以及阅读习惯而言,我当时更倾向于文丛以探讨现代思想为议题,这也为王德峰主任和杨泰俊社长所认同,但这和后来的《学术集林》是有差异的。那时,王元化先生自《新启蒙》停刊以后,正有意再编一个学术丛刊。王先生学识渊博,有执着的学术精神,在国内外更是有极高的学术声望。如果能与王先生达成合作,无疑能使学术文丛的品位和学术质量大大提升。为此,我去看望了王先生,并试着征询他的意见。一个在业界影响不大的出版社有出版高质量的学术书的诚意,立刻得到了王先生的积极回应。

于是，我陪同杨泰俊社长专门拜访了王先生。这次见面，彼此仿佛一见如故，谈得很高兴。经过反复商议探讨，彼此对于文丛的设想有了共识。尊重王先生的建议，确定文丛以探究国学为主旨，一年出版四辑，定名为"学术集林"。

在之前的很长时间里，国学研究是备受冷落的，中国传统文化也多受批判。在20世纪90年代初期，王元化先生已经在文章中常提到"反思"，这反映出他在学术思想等诸多问题上的新思考。王先生以对传统文化具深厚学养的学术大家之敏感，预感到被冷落已久的国学研究正在兴起，理应受到社会关注。因此，以国学为议题，《学术集林》可以说顺应了当时学界正在涌起的热潮。与后来层出不穷的各种国学读物相比，《学术集林》不仅出版领先，而且展示了名人大家的作者阵容，这也是它能取得较大反响的一大原因。

《学术集林》第一辑在当时产生的反响虽然令人有点兴奋，但正如说这样的项目不能以经济利益为考虑前提一样，这样的书系也不是以追求巨大社会反响为目标的。学术书就是学术书，它原本就不是一件轰轰烈烈的事。《学术集林》要做的就是王元化先生所说的：多一点有思想的学术和有学术的思想，以此而为更多的学人所关注，能引更多的学人来交流。这就是它的意义、它的成功所在。

最后说人和。顺应天时也好，契合地利也罢，书终究是要脚踏实地做出来的。《学术集林》是学术书，它能为学人所关注、所肯定，是因为内含有学术的思想和有思想的学术。主编王元化先生将编此文丛看作他晚年的重要工作，投入了大量的心血。虽说王先生请了在汉语大词典出版社工作的徐文堪先生、在复旦任教的傅杰先生和钱文忠先生做他的助手，以帮助联系作者和收集文稿，但稿件的取舍则由他亲自决定。即使和王先生相熟或者由编委推荐的作者，其文稿不合要求而被退稿的也有不少。文丛汇集了很多名家大作，如章念驰先生提供的《章大炎遗嘱》、姜亮夫先生关于清华园的回忆录、熊十力先生的《存斋随笔》（节选）等，都是很珍贵的文稿。同时，王先生也一如既往地关注对年轻学者的扶持。我印象比较深刻的是《学术集林》（一时记不起哪一辑）发表了当时还比较年轻的虞万里先生的论文，书一出版，复旦大学著名教授朱维铮先生就向王先生称赞这篇文章，并向王先生了解作者的情况。此外，文丛每一辑后记都是由王先生亲笔撰写，反复修改的。此种工作精神使我们所有参与文丛出版的人为之感动。

也许是因为出版社的诚意，也许是因为主编王元化先生的感召力，《学术集林》聚集了一批对于这个文丛出版有高度热情的人，这是文丛能够持续出版几年的重要因素。所有在《学术集林》文丛上列名编委的人，都是应王元化先生的约请而均不取酬的。在第一辑出版之前，出版社召开了一个学者座谈会。为了节省开支，社长借了一个朋友承包的咖啡厅作为会场，会上也只提供清茶一杯，附送一本出版社的画册。沪上名家冯契、朱维铮等都应约而来，而八十高龄的胡道静先生在其公子陪同下也踽踽到场，这番情景我至今常常会想起。

《学术集林》以繁体字本出版，常涉及不少古籍，这对于远东出版社来说，是一件难度很大的工作。远东社在编校方面并不具备足够的力量，我作为责任编辑，更是倍感压力。我不是读中文出身，对繁体字和古籍并不能算熟知，好在之前在整理《无梦楼随笔》的一年多时间里，因为读张中晓的文稿，熟悉了繁体字和了解了一些古书，也就只能靠着这点基础去承担责编的工作。但工作的难度比想象的要大得多，各部门都缺乏经验，第一辑选择的排印公司的繁体字排字软件并不成熟，虽然请了古籍出版社的人员帮忙校对，但排印系统反复出错。到第一辑出版时，尽管内容获得高度评价，但文字仍有差错。为了改变这种状况，一方面更换排印公司，一方面自第二辑起，我和徐文堪先生分别承担起校对的工作。在之后相当长的时间里，我周末假日都用于读书、看稿子或看校样。到第三、第四辑时，工作已基本顺利。从开始讨论《学术集林》项目到1997年我离开远东出版社的三年多时间里，我和王德峰主任、王元化先生以及他的助手们保持了良好的合作关系。尽管元化先生与出版社负责终审的领导曾经也有过矛盾，但这是出于对出版规范的不同理解。出版社常常受到一些出版政策的制约，有时可能与作者产生矛盾，这不排除具体的人对于政策理解的准确性和把握尺度的适当性有欠缺，但从动机来说，也是公心，而不是个人恩怨或刁难。因此，在彼此的沟通中还是化解了这些问题，元化先生也因此肯定了远东出版社领导对于《学术集林》文丛和丛书出版的支持。

我在编辑《学术集林》之前就认识王元化先生，在有幸与他合作的三年多时间里，更直接感受到他身为一个大学者的学术品格和渊博知识。王先生的三位助手，在协助王先生编辑文丛的同时，也为后来出版的《学术集林》丛书的组稿联络做了大量工作，这种良好的合作也是《学术集林》能够成功的重要保障。

1997年，我离开远东出版社，此后不久，王德峰主任结束在远东的兼职，再以后，杨泰俊社长也调任别处。《学术集林》的工作也就此结束。

在编辑《学术集林》的三年多时间里，为了应对工作需要，我的很多时间都花在读书上，我因此对于中国传统文化的博大精深多了一些了解，这对我个人的思想、写作和生活影响深远。

结语：在我从事编辑出版工作的二十多年间，对于编辑的要求不断在变化。当年流行的"为他人作嫁衣"、"编辑是杂家"等说法，表明编辑的工作主要以文字加工为特点。以后，关于编辑的概念多有演变，什么"导演"式的，什么"项目经理"式的，等等，又分出"策划编辑"、"加工编辑"等，概念的繁多实际上是出版社转化为必须面对市场的企业后所表现出的无所适从，我怀疑这些概念是否真的能显示编辑职能的转变并符合现代出版企业的要求。中国人有句名言：功夫在诗外。书是要给读书的人看的，所以编辑需要关注出版以外的事，如社会人文环境的动态、人们思维方式和生活方式的变化，由此能知道出版应该提供什么。编辑所做的是与书相关的工作，所以对书有兴趣，更高一层说对书有热爱是一个编辑所必需的，更多地读书才能更好地编书。编辑的职能不是无限的，强化编辑的特定职能，才能最大限度地发挥编辑的能力，使图书产品提升价值，提供给市场优质的产品，为出版企业创造更多的利润。

（上海远东出版社供稿，吴国香执笔）

重建"人与自然"关系：寻求一份东方式的解答

——《陶渊明的幽灵》的出版价值

《陶渊明的幽灵》

上 海 文 艺 出 版 社

经典策划
119

"陶渊明"，是一个被古典文学界、思想界研究过无数遍的课题，前些年袁行霈先生、龚斌先生的两种陶渊明集笺、校注，更被认为达到了新的高度，令继起者颇难措手；而"上海文艺"恰恰又是个对古典文学、古代思想甚少涉足的颇为"现代"的出版社。然而本社于 2012 年 6 月出版的《陶渊明的幽灵》一书，却获得了学界的广泛好评与一系列殊荣，这也保证了此选题的经济效益。其中成功的突破正在于以"现代"意识发现选题所论古典题材中潜在的有当代意义的文化元素。我们是从作者、选题准备、选题结构、选题的视域与理论架构等方面来审视其价值并确定立项的。

作者鲁枢元现任苏州大学文学院教授、博士生导师，苏州大学生态批评研究中心主任，山东大学特聘教授。兼任中国文艺理论学会副会长、中国作家协会理论批评委员会委员、联合国教科文组织"人与生物圈"项目中国委员会委员。长期从事文艺学跨学科研究，曾先后承担国家社科基金重大项目、重点项目及一般项目的研究。在文学心理学、文学言语学、生态批评及生态文艺学诸领域有开拓性贡献，1988 年被国家人事部遴选为"有突出贡献的中青年专家"。

《陶渊明的幽灵》为鲁枢元教授承担的国家社会科学基金项目（03BZW007）的最终成果，精思博会达六年之久。为了完成这个项目，作者首先主持编纂了一部资料集《自然与人文——生态批评学术资源库》（上、下二卷），约 100 万字，由学林出版社出版；还曾在海南岛组织召开过一场全国性的生态批评研讨会。经国家社科基金项目规划办鉴定,该成果被评定为"优秀"等级。

全书共 31 万字,分为五章:一、陶渊明与人类"元问题";二、陶渊明的自然哲学;三、陶渊明与自然浪漫主义;四、自然的演替与陶渊明之死;五、陶渊明的幽灵与当代人的生存困境。该书认定中国古代伟大诗人陶渊明是东方古典自然主义哲学的代表人物,他质性自然,热爱自然,将生命融入自然而获得最大限度的自由,从而为人类"诗意地栖居在大地上"提供了一个素朴、优美的典范。

作者尝试在后现代生态批评的语境中,运用德里达幽灵学的方法,对中华民族伟大诗人陶渊明作出深层阐释,并致力于寻求陶渊明的"海外盟友",祈盼陶渊明的诗魂在这个天空毒雾腾腾、大地污水漫漫、人类欲火炎炎的时代,为世人点燃青灯一盏,重新照亮人类心头的自然,重新发掘人间自由、美好生活的本源。

作者有意通过此书将陶渊明作为古代东方生存智慧的典范,推荐给方兴未艾的世界生态运动。《陶渊明的幽灵》一书在以下五个方面付出艰巨劳动并取得一定的成效:

1. 在生态时代的背景下,面对全球性的生态危机,从生态批评的视域解读中国伟大诗人陶渊明,从而为陶渊明研究别开一生面,也为生态批评提供一个切实的案例。

2. 深刻挖掘陶渊明诗文里中华民族五千年文化精神的遗存,彰显其充盈的东方古典自然主义哲学精神,从而厘清中西哲学关于"自然"的诸多疑义,为当下中西文化交流另辟一渠道。

3. 以跨学科、跨国度的研究姿态,探寻陶渊明其人其文的心理学底蕴、生态文化价值,并在世界范围内寻求陶渊明的"自然主义盟友",由此将中国古代诗人陶渊明推向世界生态运动之中。

4. 密切联系当前地球人类的生存状况,悉心梳理陶渊明的生命姿态、生活理念、生存方式、审美情趣,尝试着为深陷危机的现代人寻求一种"低物质消耗、高品位生活"的理想境界,或曰"生态乌托邦"。

5. 作者认为文学研究不只是单一的思维活动,更是一种发自生命深处的"思"的状态,生态批评文章的撰写更不能忘记生命自身的存在。本书在破除"逻各斯中心主义"、创新生态批评文体方面付出了一定的努力。

综上,我们判断:作者学养丰厚,能融通中西、古今,且有鲜明的问题意识;此选题从全新的角度对"陶渊明"作了度越以往且言之成理的阐述;此书出版将是中国文化走向世界的一次尝试,也将为本社的选题开拓提供新的思路与途径。

《陶渊明的幽灵》一书于 2012 年 6 月被作为上海市 2011 年重点出版资助项目(这是经济效益方面的范本支撑)隆重推出,出版后即受到学界重视,《光明日报》《中国社会科学报》《文汇报》《文汇读书周报》《文艺报》《中国艺术报》《香港商报》《世界文化论坛》(美)《深圳特区报》《深圳商报》《南方都市报》、乐黛云主编的《跨文化对话》(第 31 辑)以及《当代作家评论》《辽东学院学报》等杂志均发表专题评论文章。

　　2014 年经由上海文艺出版社推荐参评第六届鲁迅文学奖,《陶渊明的幽灵》最终获得了文学理论评论奖。评奖委员会给予此书的授奖词这样写道:"陶渊明的人格理想、人生态度及天人合一的诗歌写作,是古老中国留给世界的重要精神遗产。鲁枢元的《陶渊明的幽灵》,将古典情怀与前沿问题相融合,跨学科、跨国度地阐释一位古代诗人,提出了'自然浪漫主义'的概念,致力于开辟生态美学、生态文学、生态批评的新视域,具有重要的理论价值。全书视野宏阔,学识丰赡,是关于陶渊明的当下解读,也是为'人与自然'关系的重建寻求一份东方式的解答。"北京大学跨文化研究中心主任乐黛云先生在《陶渊明的幽灵》出版后的第一时间便来函鼓励,她得知该书获奖后说:这是某个"精神共同体的胜利"。

(上海文艺出版社供稿,余雪霁执笔)

科学类（社会科学与自然科学）

《当代中国经济改革教程》的前世今生

青年学者从制度层面对中国社会经济的多角透视——《中国社会经济制度变迁前沿研究丛书》出版纪实

意料之外，情理之中——从《中国农村改革（2002—2012）：促进『三农』发展的制度创新》获奖看主题出版的策划与营销

增强学术意识，打造出版品牌——谈《当代国际政治丛书》的编辑出版

中国现代营销的启蒙之书——《营销管理》的故事

由适应而开创，由磨炼成经典——从《管理学——原理与方法》看教材出版

为往圣继绝学——上海财经大学出版社引进版学术著作的方阵建构

专业出版弘扬主旋律——以《诚信之路》出版为例

科学前沿系列丛书策划回顾总结

一部让普通人也能看懂的科学史——《科学编年史》策划案例

科学大师引领的科学知性之旅——《科学大师佳作系列》出版前后

心理学图书的学术出版盛宴——《当代心理学名著译丛》编辑侧记

一部学术手册的前世今生——《儿童心理学手册》第六版翻译出版记

《口腔医学精粹丛书》策划与营销经验谈

国家出版基金项目策划与实施运行记——《脊柱侧凸外科学》策划出版流程记

匠心策良马，妙手就轻裘——《传染病护理学》的出版过程

『现代』系列是怎样炼成的

《当代中国经济改革教程》的前世今生

《当代中国经济改革教程》

上 海 远 东 出 版 社

经典策划 119

在 2010 年 1 月 26—27 日"发展与转型中的制度暨吴敬琏教授 80 岁生日国际研讨会"上,与会代表得到了两本赠书,其中一本就是修订出版的《当代中国经济改革教程》。

关于这本书的前世今生,要从我刚到远东出版社时参与的一套名为"中国经济发展研究论丛"的丛书说起。该丛书是当时社里策划的一套重点书,时任副总编的潘龙杰先生亲自到北京,找了中国社会科学院科研处的负责人,组织了阵容强大的编委会,主编是刘国光,副主编是吴敬琏。因为未赶上第一辑,吴老的这本专著就放在第二辑里出版,算是这一辑里的"领头羊"。由于是丛书,此书的第一版便也遵照了丛书的体例,书名为"当代中国经济改革:战略与实施"。我作为一个年轻的小编辑,在参与了第一辑的几本书的编辑工作后,就被社里指派为这本书的责任编辑,也由此开始了与吴老持续十多年的交往。

由于这本书是基于吴老在中欧国际工商学院授课的讲义写成的,重在通过对改革历程的回顾揭示未来的中国经济发展方向,与论丛里其他书主要针对时下热点问题的剖析不太一样,于是,在该辑 10 本一齐亮相之后,我就向社里建议,把这本书从丛书中拉出来,重新设计封面再版,其时为 1999 年。

一晃 5 年过去了。鉴于中国经济发展的日新月异,以及自己的一些新思考,吴老决定对该书作一次大幅度的修订,除在理论框架上作了调整外,还增加了不少新内容。为了改善该书的阅读体验，我将开本由大 32 开扩大为 16 开。在封面设计中，我向美编提出运用"市场"二字叠加变形的创意，以暗合作者"吴市场"的美名。书出版后，在国内获得了大大小小不少奖项。凭借吴老在国际经济学界的影响力，这一版本由 McGraw-Hill 出版公司在台湾推出了中文繁体字版，英文版则由 Thomson（现为圣智出版）公司旗下的 Texere 出版，日文版权则授予了 NTT 出版公司，著名经济学家、斯坦福大学教授青木昌彦先生亲自审校译稿，并撰写推荐序言。这三个版本的推出，使得这本书初具国际影响。

转眼就到了 2009 年。由于这本书一直是我社的常销品种，为了延长此书的生命周期，我向吴老建议，再作一次修订，并把书更名为"当代中国经济改革教程"。这一方面是因为这本书最初的来源是吴老的授课讲义，而且前两版出版后也确实成了国内不少一流大学讲授中国经济的教材；另一方面，以教程的方式来呈现当代中国经济改革的历史似乎更为合适，也更能以建立经济学的理论框架来扩大其影响力。

吴老欣然接受了这一建议。据我所知，吴老在 2009 年的一件大事，便是完成他的这本新作，甚至在暑期全家赴欧洲旅行的游轮上，他还随身带着书稿。整个修订过程持续了一年多。鉴于在总结改革开放 30 年的经验教训时涌现了很多新的研究成果，吴老和学生们花了大量时间进行文献的收集和整理。在他的一些学生和同事写出修改建议稿本后，吴老亲自动笔写成了初稿。经过与学生们又一轮的讨论后，吴老又对各章进行了再次修订。吴老说"在修订中，我一直努力吸收……新材料和新认知"，所言非虚。仅举一例：吴老在最后一次的校样上，添加了一段文字，引用五星红旗设计人曾联松的设计寓意说明，来阐明建国之初的经济体制并不是苏联式的计划经济，而是某种政府主导的市场经济，这一材料的出处是 2009 年 10 月 21 日的《光明日报》。

在这次修订中，为了给更广泛的读者提供一些背景参考，我又说服吴老在书中增加了一些正文论及的重要经济人物的小传。尽管他从一开始就觉得这是件有难度的事，甚至几次想放弃，但最终他还是字斟句酌地给每个人物的小传定了稿。

吴老对人物小传的撰写是极其谨慎的，力求用简练的文字全面客观地概括人物的主要成就。对于得诺贝尔奖的经济学家，他甚至要求我们去查证诺贝尔奖官方网站的英文颁奖词，以免传讹。对于国内一些在改革史上留下印迹的人物，他在书中也都给出了中肯的评价。比如：谈到孙冶方，他在小传中将其定性为"中国杰出的马克思主义经济学家"，并在正文中仔细修订了之前的一些表述，以"孙冶方作为一开始就接受苏联的政治经济学教育的经济学家,对马克思主义的计划经济理论模式仍然深信不疑;但是,在解决现实问题时,他的许多政策主张倾向于更多地发挥市场('价值规律')的作用"作为概括,既取消了对其"高度的敏锐性和极大的理论勇气"的赞美,也不再作关于"局限性"的评判。对于顾准,他亲笔在人物小传中添加了"中国提出社会主义市场经济的第一人"的表述。对于蒋一苇,他也特别提笔在小传中加上了"由此形成了中国改革理论的重要学派",以肯定他的历史地位。至于薛暮桥、马洪、于光远等人的历史贡献,吴老也都言简意赅地作了总结。这也成了新版的一个亮点。

由于新版的内容较之前一版有大幅度的增加,我在版式设计时进一步放大了版面,成书尺寸达到了 186 mm×258 mm。参照国外教材的做法,我们将正文版心略为缩小,在页面上留出了边栏,新加的人物小传便安排在了边栏里。

《当代中国经济改革教程》出版后,很快获得中国图书对外推广计划的资助,由中欧国际工商学院的王建铆教授亲自担纲翻译,圣智出版集团续购了英文版权。此后,通过一家版权代理公司,韩国的 Geulhangari 出版公司购买了韩文版权。香港世纪出版公司则出版了该书的中文繁体字版。如果考虑到中文繁体字版几乎可以通行于我国台、港、澳地区和新加坡,英文版更可通行于美、英、加等英语国家,该书的实际覆盖区域之广,在专业图书中是罕见的。

一本中文专业书何以取得如此国际影响? 究其原因,首先自然是选题的受关注度。正如吴老所说:"30 年来的强劲经济增长,使中国成为当代世界关注的一个焦点。人们无论对中国怀有什么样的感情,都希望了解中国,因为它的现状如何、将向何处发展,都会对整个世界产生重要的影响。"①

境外研究者感到困惑:中国大陆,一个人口达 13 亿、幅员辽阔、制度特殊而复杂的后进国家经济体,为何在向市场经济转型的过程中,未曾像苏联与东欧等社会主义国家那样,因为转型改革而产生经济衰退、政治瓦解和社会失序的局面? 更有"中国威胁论"高调宣称,中国将成为未来可能取美国而代之的世界强权。这足以使人们有兴趣进一步了解,中国经济顺利转型的秘密何在。

《当代中国经济改革教程》一书也许能解答他们的疑问。吴老长期在国务院发展研究中心这一有关政府决策的智囊机构工作,亲历了一些决策过程,拥有其他人所无法比拟的视角。加之对现代经济学制度分析工具的运用与对中国改革整个历程的鸟瞰式考察,他的这本书"可以为真正对中国有兴趣的外国读者提供一幅全面的、有见地的、有学术价值的当代中国经济之图画"(青木昌彦)。更难能可贵的是,吴老以阐述中国改革问题的缘起为先导,理出了中国经济能在改革的大环境中高速度增长的脉络,并提出了对于未来经济改革和发展的思考。例如,他在小结东欧的改革历程时说:"任何真正的改革都是市场取向的改革,建立自由的企业制度和竞争性的市场体系是改革成功的关键。""改革需要以建立市场经济制度为目标进行整体设计,各项改革措施要配套进行和得到良好的实施。"这些主张在党的十八届三中全会决议中都已得到体现。因此,此书在出版后引起国际上的广泛关注就不足为奇了。

从第一版至今,这本书已存世15年。时间证明了其价值。正如青木昌彦教授所说,这本书的"重要性和影响远远超出了新一代的经济学学生以及教师、学者、政府官员、商界人士和中国一般读者的范围。……如此重要的经济学著作是前所未有的"。而我作为一个编辑,不仅由此书开始与吴老结缘,从中受益匪浅,更从这本书长久的生命力中感悟到,碰到一本好书就要不断发掘其价值,不能"狗熊掰棒子",一直忙碌于开发新的选题,而把已经出版的书都抛诸脑后不闻不问。老书新做,常能收事半功倍之效。

不得不说的一个遗憾是,在出版《当代中国经济改革教程》时,由于到2009年10月底才最终定稿,为了赶上吴老1月的寿辰,我们成立了一个编辑小组,分工合作,我来统筹。当时核对文献出处的工作虽已经做了,然而因时间紧迫,我便没有再找人复核。谁知后来发现,所发现的问题只是其中的一小部分。吴老在此前曾特意关照过我,要注意文献的核对,我们有负他的嘱托,深以为憾。

(上海远东出版社供稿,匡志宏执笔)

---

① 吴敬琏. 当代中国经济改革教程[M]. 上海:上海远东出版社,2010.

青年学者从制度层面对中国社会经济的多角透视
——《中国社会经济制度变迁前沿研究丛书》出版纪实

《中国社会经济制度变迁前沿研究丛书》

立 信 会 计 出 版 社

窃以为,在我的编辑生涯里,最可引为自豪的是我成功策划过一套丛书,名为"中国社会经济制度变迁前沿研究丛书"。本套丛书由 10 本专著构成,其中 6 本被列入"十一五"国家重点出版规划,10 本书全部获得上海文化发展基金图书出版专项基金资助。丛书的出版引起学界的关注和重视,在学界和读者中获得广泛好评。

一、缘起

我对中国经济改革一直比较关注。进入 21 世纪,历经二十多年的社会主义市场经济改革,中国的发展和崛起已成为不可阻挡的现实。当时有乐观者预言,20 年后的中国将成为世界上规模最大的经济体。在这种高速增长和乐观预期的氛围中,更需要认真思考和审视中国经济的根本性问题。中国经济离开传统计划经济的框架好像已经很远,一种新的人们还不太熟悉的经济制度已经初步形成,但又在许多方面模糊不清。改革的实践对既有的理论提出了挑战,长期受苏联影响的政治经济学的基本范式已严重落后于改革实践,存在大量无法简单运用新古典经济学的一般均衡范式来解释的现象。面对新的时代背景和发展阶段,需要以新的参照系和新的视野来审视改革问题。最为关键和迫切的问题是重新审视关系到中国社会繁荣与和谐发展的制度层面的问题。如何从制度层面透视中国经济问题,成为当时一个热门话题。中国的改革发展为制度经济学研究提供了难得的机会和丰富的素材。我同时注意到，年轻一代的经济学者面对中国波澜壮阔的变化，以及伴随其中的诸多现象和问题，通过对中国经济问题的近距离观察、理解和透视，对中国社会经济制度变迁研究进行着努力并作出了一定的贡献。他们的研究，明辨改革的成败得失，从理论与实践上提炼改革的大思路。

有一种强烈的欲求在驱使着我：何不组织策划一套有关中国社会经济制度研究方面的丛书？

二、结缘

通过在复旦大学的人脉，我结识了正在复旦大学经济学院做应用经济学博士后的王小卫等诸位青年经济学者。在电话中，我大致与小卫谈了我的思路，想不到的是我俩一拍即合，他迫不及待地要约我面谈。那是 2005 年夏天的一个夜晚，我们在黄兴路大润发旁边的咖啡馆首次见面，在座的有王小卫、李健和王耀忠。我们虽是初见，但毫无陌生感，对中国社会经济问题的共同的学术兴趣和价值取向将我同几位青年学者的心连在一起。我将策划一套有关中国社会经济制度研究方面的丛书的设想和思路和盘托出，得到他们的积极回应。他们的博士后或者博士论文的研究方向均与本套丛书的主旨完全相符。小卫当即答应去联络相关院校与研究机构的其他青年学者，并将与他的博士后导师伍柏麟教授商量，争取取得后者的支持。

我将我的设想及时向我社社长孙时平作了汇报，得到他的全力支持，他还嘱我抓紧筹划。时隔不久，我等到了振奋人心的消息。小卫已经联系了相关的多位青年经济学者，他们正在从事的研究均与中国社会经济制度变迁研究相切合。著名经济学家伍柏麟教授非常欣赏这项工作，并愿意出面支持。

三、缘分

时机成熟，我邀王小卫等到我社商谈合作。2005 年 9 月的一天，王小卫和桂勇来到我社，孙时平社长和我接待了他们。我们双方具体讨论了本丛书的出版事宜，并就有关问题达成了一致。第一，丛书定名为"中国社会经济制度变迁前沿研究丛书"。第二，由伍柏麟教授担任丛书主编，并组成由伍柏麟教授领衔的丛书编委会，编委会成员包括复旦大学丁栋虹教授、韦森教授、石磊教授、史正富教授、刘昶教授、张军教授、张晖明教授、袁志刚教授，上海社会科学院左学金教授，同济大学胡景北教授，北京大学夏业良教授等。第三，丛书计划采取开放形式，由编委会长期负责选择、推荐青年学者符合丛书精神和有较高学术水准的著作陆续交立信会计出版社出版。第四，决定了首批出版的专著：1.《私有产权的社会基础——城市企业产权的政治重构（1949—1956）》，作者桂勇，复旦大学社会学系副教授，哈佛大学博士后，书稿对"资本主义的社会主义改造"作了重新研究，为解读中国 20 世纪的"大转折"提供了另一种文本；2.《从商品、产权到行为空间——制度与契约分析的意义、局限及超越》，作者李健，上海财经大学副教授，北京大学金融学博士，复旦大学经济学博士后，书稿分析商品、权利、义务、权利义务束、财产权利以及行为空间等相关概念，对制度变迁的形态分类以及制度变迁和制度创新的一般动力学机制进行深入的案例性解析；3.《宪政经济学——探索市场经济的游戏规则》，作者王小卫，复旦大学理论经济学博士，复旦大学应用经济学博士后，上海财经大学财经研究所副主任，书稿从宪政经济学角度对中国这样一个历史上宪政资源缺失的国家的经济转型作一个尝试性解释；4.《药品价格管制的经济分析——中国医药市场的成长之谜》，作者王耀忠，复旦大学管理学博士，上海社会科学院博士后，副研究员，书稿从经济学的角度对中国的药品价格管制现状进行全面的实证分析；5.《产业集聚、外部性与劳动生产率——来自中国制造业四位数行业的证据》，作者石灵云，复旦大学经济学博士，上海大学经济学院教师，书稿对地区经济增长源泉提供了一个产业外部性的全新解释；6.《过剩人口与农村土地制度变迁——基于"过密化"与全球化视角的历史反思》，作者赖涪林，日本京都大学经济学博士、博士后，上海财经大学财经研究所副研究员，书稿通过对中国土地改革的研究，揭示中国现代社会土地制度变动的社会历史根源。

　　首批入选丛书的专著的作者都具有博士学位并大多有在国内外从事博士后研究的经历，在国内与国际学术刊物发表出高质量的论文。

　　到此，我对做好《中国社会经济制度变迁前沿研究丛书》信心大振。转眼将近年底，出版社选题论证会对丛书选题进行了论证，将其列入出版计划。我又抓住契机，将这 6 个项目集中申报"十一五"国家重点出版规划图书。

　　令人惊喜的是，本丛书及 6 种选题全部被列为"十一五"国家重点出版规划图书，并全部获得上海文化发展基金图书出版专项基金资助，这在立信会计出版社的历史上是一次重大的突破。

四、缘续

具体的组稿、审稿、出版等工作是从 2006 年展开的。社领导对"十一五"国家重点出版规划图书的出版非常重视,组织社内社外力量,全力做好相关的各项工作,以期按时高质量、高效益地完成出版任务。

从 2006 年到 2010 年的 5 年间,《中国社会经济制度变迁前沿研究丛书》成为我的一项非常重要的工作。一方面,要不断敦促已经确定选题的作者按期完成写作及修改工作;另一方面,还要与编委会及作为发起人之一的王小卫一起商量,开拓可以列入本丛书的新选题。同时,我也积极挖掘我的作者及其朋友圈的资源,寻找合适的新选题。

首批入选的 6 本书的出版情况如下:《私有产权的社会基础——城市企业产权的政治重构(1949—1956)》,2006 年 1 月出版;《从商品、产权到行为空间——制度与契约分析的意义、局限及超越》,2006 年 3 月出版;《宪政经济学——探索市场经济的游戏规则》,2006 年 3 月出版;《药品价格管制的经济分析——中国医药市场的成长之谜》,2010 年 5 月出版;《产业集聚、外部性与劳动生产率——来自中国制造业四位数行业的证据》,2010 年 5 月出版;《过剩人口与农村土地制度变迁——基于"过密化"与全球化视角的历史反思》,2010 年 9 月出版。

为了按时按质完成好"十一五"国家重点出版规划图书的出版工作,我社上下齐心协力,从各个环节把关。

责任编辑(包括我自己)对每一本书稿,都在通读的基础上把握好政治性、科学性、知识性等方面的要求,对书稿的具体内容、体例、结构、形式、文字进行全面的审查和研究,采用通读、比较、分析等方法,对稿件的优缺点进行分析,把好图书质量关。在出版过程中坚持三审三校。尤其重视其政治性和思想性方面不能出差错。书稿中有些内容比较敏感,必须作删改。在《私有产权的社会基础——城市企业产权的政治重构(1949—1956)》《从商品、产权到行为空间——制度与契约分析的意义、局限及超越》《宪政经济学——探索市场经济的游戏规则》等书的编辑过程中都遇到类似问题。《从商品、产权到行为空间——制度与契约分析的意义、局限及超越》《宪政经济学——探索市场经济的游戏规则》还提交出版管理机关请社外专家审读,全面保障图书质量。

本丛书在新选题的开拓上也是进展顺利。后来陆续列入《中国社会经济制度变迁前沿研究丛书》的选题包括：复旦大学经济学院副教授陆前进的《中国货币政策传导机制研究》，2006 年出版；复旦大学经济学院博士后朱国林的《中国后奇迹时代的经济学——寻找理性发展新动力》，2007 年出版；南京财经大学教授朱秋霞的《中国土地财政制度改革研究》，2007 年出版；复旦大学管理学院王安宇副教授的《合作研发组织学——组织模式、治理机制与公共政策》，2007 年出版。这 4 本书也都获得了上海文化发展基金图书出版专项基金资助。

至 2010 年，《中国社会经济制度变迁前沿研究丛书》共出版了 10 本专著。这些著作的作者多具有博士学位和在国内外从事博士后研究的工作和学习经历，并大多有副教授以上的职称。这些图书的出版为他们提供了展示学术成果、学术能力的很好的平台，为他们以后的学术发展打下了一定的基础。他们也对立信会计出版社出版他们的专著心存感激。现在，其中大部分作者都由副教授、副研究员升任教授、研究员，或者担任一定的学术、行政领导工作。他们中的大多数也成了我的好朋友，有的在我社已经出版了两三本著作。

《中国社会经济制度变迁前沿研究丛书》已经产生了较好的社会效益和一定的经济效益。《宪政经济学——探索市场经济的游戏规则》获得华东地区大学出版社第 8 届优秀教材学术专著二等奖，并已重印。其他图书首次印量均达 2 000 册。《私有产权的社会基础——城市企业产权的政治重构（1949—1956）》、《从商品、产权到行为空间——制度与契约分析的意义、局限及超越》等大多数图书已经售罄。

这些图书的出版在学界获得了广泛的好评并引起重视。复旦大学教授伍柏麟、韦森、张乐天、胡守钧、刘昶、张军、陆铭，上海大学教授李友梅等学界有影响力的专家学者纷纷撰文对这些图书的出版给予高度的评价，认为本套丛书的出版为坚持原创、提高立信版图书的品位，繁荣我国社会科学研究，作出了贡献。

《中国社会经济制度变迁前沿研究丛书》的出版过程对我而言是一个难得而又难忘的编辑工作的经历，使我体验了编辑工作的责任感、使命感、满足感、幸福感。当然，也有一些缺憾。例如，"十一五"国家重点出版规划图书出版周期有 5 年。6 本书的出版基本是在第 1 年和第 5 年完成，出版的时间节点不够均匀。造成这种现象的原因既有主观上的，也有客观上的。如对作者写作完成时间预判失误，作者工作调动对写作的耽搁，或者作者写作上的断断续续等，不一而足。总的来说，上海新闻出版局及有关单位的支持,我社领导和编辑及各部门的努力,最终保证了"十一五"国家重点出版规划图书出版工作的完成。

(立信会计出版社供稿,方士华执笔)

意料之外，情理之中

——从《中国农村改革(2002—2012)：促进"三农"发展的制度创新》
获奖看主题出版的策划与营销

《中国农村改革(2002—2012)：促进"三农"发展的制度创新》

上 海 远 东 出 版 社

经典策划
119

第四届"三个一百"原创出版工程奖、第三届中国出版政府奖图书奖提名奖、第十三届上海图书奖一等奖、首届世纪图书奖，这些是 2012 年出版的《中国农村改革(2002—2012)：促进"三农"发展的制度创新》一书继入选"迎接党的十八大主题出版重点出版物选题"项目后获得的奖项。从单本图书来看，《中国农村改革(2002—2012)》一本书获得这么多重量级的奖项也许具有偶然性，但是从"三农"问题和主题出版的整体发展趋向上看，《中国农村改革(2002—2012)》获奖也许并非是个意外。

事实上，远东出版社为这本书可以说是作了十多年的积累和准备。这要从 1996 年说起，当时远东社就中国经济的改革与转型问题曾出版过《中国经济发展研究论丛》，由陈吉元、韩俊等著的《人口大国的农业增长》是这套丛书中的一本。该书以增加农产品有效供给和农民收入为主线，对中国农业未来的前景和发展道路进行了系统的研究。自此，远东社拉开了关注"三农"问题的序幕。2006 年，"中央 1 号文件"提出了建设社会主义新农村的重大历史任务。曾参与《中国经济发展研究论丛》编辑工作的副总编匡志宏，凭着多年来对"三农"问题的关注，敏锐地觉察到"新农村建设"是一个值得开拓的选题方向。于是，她给时任国务院发展研究中心农村经济研究部部长的韩俊写了一封信，提及我社有意出版有关新农村建设丛书的想法。韩部长很快就回信并建议，可以将国务院发展研究中心农村经济研究部开展的乡村调查的研究成果汇集成册。经过召开多次选题论证会，我社最终确定策划出版《中国经济论丛·

新农村建设专辑》。

那时，我还是一名刚刚入职不久的新人。社里为了培养年轻编辑，让我参与了该丛书的编辑工作。给我印象最为深刻的是《中国农村卫生调查》这本书稿，书稿中有关农村医疗卫生状况的翔实数据、大量的一手调查手记让我颇感震撼，同时也令我深感责任重大。由于该书稿是由国务院发展研究中心农村经济研究部课题组合作完成的，其中有的作者缺乏著书的经验，因此书稿难免存在些许问题。于是，编辑团队成员在匡志宏副总编的统筹和指导下，从政治性、整体结构、行文逻辑、可读性、图表数据、引用出处等多方面分步骤地对书稿进行了编辑加工，仅对书稿中每一个数据进行核查这项工作，就耗费了不少的时间和精力。在书稿的加工和修改过程中，编辑团队和作者团队之间保持了密切的沟通，双方相互理解、相互支持，建立了良好的信任合作关系。在大家共同的努力下，《中国经济论丛·新农村建设专辑》的出版进展顺利，被连续列入"十一五"、"十二五"国家重点图书出版规划，迄今已出版图书十余种，其中，《中国农村卫生调查》、《中国农村金融调查》、《中国农民工战略问题研究》等三本先后获得第二届、第三届"三个一百"原创出版工程奖，并分别获得中国发展研究特别奖和一等奖，书中提出的政策建议多被采纳，对于我国的新农村建设起到了实际推动作用。远东社也由此积累了出版"三农"图书的宝贵经验和优势资源。

2012年2月，原新闻出版总署下发通知，要求全国出版界做好迎接党的十八大主题出版的选题策划工作，推出一批重点出版物，系统回顾和总结十六大以来，党带领全国人民贯彻落实科学发展观，在推进中国特色社会主义伟大事业中取得的辉煌成就和成功经验。通知下发到世纪出版集团后，集团也对我社提出了要求。考虑到经济类图书是我社的主要出版方向和优势门类，集团希望我社能申报反映十六大以来党带领人民在经济建设方面取得的成就和经验的选题。接到这项政治任务后，我社领导班子非常重视，立即召开专题会议，分析讨论认为，2002至2012年这十年是我国"三农"工作取得重要突破的十年，农业、农村发展取得了巨大成就，开创了"三农"发展新的黄金期，值得深入研究，而且我社有出版《中国经济论丛·新农村建设专辑》的经验，便初步拟定将民众关心的"三农"问题作为首选的出版主题。

由于总署要求在9月底前完成出版，所以在短时间内组好稿是摆在我们面前的紧迫任务，原本打算直接组织人员从《中国经济论丛·新农村建设专辑》中节选一些内容重新汇编成书，但由于内容较多，框架体系一时难以确定。就在我们踌躇不前时，匡志宏副总编正好在一次活动中偶遇了我社的老作者——时任国务院发展研究中心副主任的韩俊，便向他提及了十八大主题出版的事情。没想到韩主任当即表示，国务院发展研究中心近年来承担了国家社科基金重大课题"健全有利于农业农村发展的制度创新体系研究"，这个由他本人主持的课题已经有了研究成果，可以整理成书交由我社出版，作为对十八大的献礼。之后，韩主任还亲自拟定了全书的立意和主题框架结构：对十六大以来"三农"工作的实践创新、理论创新、制度创新进行总结概括、分析研判。内容涉及农村基本经营制度、农业支持保护制度、农村合作组织制度、农业投入与公共财政覆盖农村、农村金融制度创新、促进农业科技进步机制、建立健全耕地保护和质量建设的长效机制、建立健全农田水利建设管理新机制、完善农村公共服务体系、发展农村职业教育、推进征地制度改革、农业对外开放与提高农业国际竞争力、林权改革、农民工发展政策和制度创新、农村治理与社会管理机制创新、农村扶贫开发政策的进展与创新、农民负担问题及农村税费改革政策等多个方面。这些从制度创新层面所作的研究和总结，不仅有助于读者全面了解我国农村改革的新貌和发展趋势，更对今后中国农村改革发展的政策制定具有重要意义。

经过这番努力，我社最终以《中国农村改革（2002—2012）》一书成功申报了"迎接党的十八大主题出版重点出版物选题"项目，并申请了国家出版基金资助。为此，我社成立了项目小组展开了相关工作，副总编匡志宏牵头具体负责本项目的管理与实施，同时从财经图书编辑部抽调业务水平高的骨干编辑，形成了编辑部、出版部门、总编办、审读部门、财务部门等多个部门通力配合的主题出版机制。

2012年夏天，为了确保《中国农村改革（2002—2012）》作为十八大主题出版图书在9月底按时进入市场，项目组成员忙得热火朝天。副总编匡志宏多次亲自奔赴北京与作者方沟通书稿进展。除了编辑加工书稿外，我本人还被指派与作者团队沟通书稿细节问题，为此，不厌其烦地打电话、发邮件或QQ信息给作者成了那段时间的日常工作，有时是为了某个数据，有时是为了某一引用的出处，有时是为了某个措词……为了保证书稿的进度和质量，编辑团队的成员同时看稿，看后又互相交换看，初审、复审、终审，前后达五次之多，为的是避免出现纰漏。

一本好书除了要有好的内容外，还需要好的表现形式，所以在装帧设计和印制上，我们也下了不少功夫。由于本书的篇幅偏多，同时考虑到是作为十八大的献礼书籍，我们采用了大16开精装带护封的设计，视觉上丰满大气。封面设计上，我们强调要从书的内容出发，体现本书的内在精神气质，经过与美编多次沟通磨合，最终确定以梯田劳作的农民作为背景，让人很容易通过这个画面联想到中国农村、农业和农民,与本书的主题非常契合。封面上简洁的结构、红色与金色的搭配亦体现出了一定的现代感。当然,我们也不放过细节上的设计,比如为了使正文与封面有所呼应,截取了劳作农民的一顶草帽作为页眉的图标,版面一下子就活泼起来。为了方便读者阅读,我们还贴心地附加了红色书签丝带。

在营销推广方面,我们也采取了一些措施。首先是为图书宣传提炼亮点、抓住看点。比如,在封底,编辑团队用最精练的语言提炼内容看点:"一个领导者如果不懂得农业,不懂得农民,不懂得农村,就不懂得中国的国情。农村改革,是当代中国经济改革的起点,也是十年来中国经济改革的突出亮点。十年来,中国农村发生了什么?改变了什么?这些对于中国的未来将有怎样的影响?韩俊编著的《中国农村改革(2002—2012)》给出了最权威、最全面、最前沿的解答。"我们希望这段封底语的一连串问句,能将读者的热情和注意力一下子激发和调动起来。其次,我们的营销团队主动联系媒体介绍、推荐本书,请媒体朋友撰稿品评,以便更多的人更深入全面了解《中国农村改革(2002—2012)》的主旨和内容特色。如《文汇读书周报》在 2012 年 9 月 28日将本书作为"每周一书"在头版予以推荐,《中国日报》、东南网刊登了书讯,《中国经济时报》对主要作者韩俊作了专访,《解放日报》、《中华读书报》、新华网、人民网等媒体也作了相关报道。

如此说来,《中国农村改革(2002—2012)》的获奖又是在情理之中的。

《中国农村改革(2002—2012)》策划出版发行的成功证明主题出版能够取得"双效"。但反思该书从策划到营销的过程,还有几点建议与缺憾,列举如下,希望对主题出版有一些启示。

第一,要积极申报国家项目。主题出版能够形成目前的规模,与国家层面的大力支持是分不开的。国家新闻出版广电总局会不定时确定一些出版主题,组织选题申报活动,从中遴选出优秀选题予以扶持。出版社要把握好这一新趋势,及时关注国家新闻出版广电总局的相关信息,积极开展各种项目的申报。一旦项目获批通过,不仅会提升项目的知名度,往往还有各种资金资助,并有利于图书出版后的市场营销工作和评奖工作。

第二,要保持创新意识。主题出版最难做的是创新,而要想在众多的同类主题出版物中占有一席之地,最重要的又必须是创新。出版社要根据自身资源优势,对选题进行多层次立体开发,真正做到"人无我有,人有我优,人优我精"。出版物形式也要追求创新,比如应考虑媒体互动和跨媒体出版。在这一点上,《中国农村改革(2002—

2012)》一书有所欠缺。由于这是我社第一次尝试申报国家项目的主题出版,时间仓促以及缺乏经验,没有开发其数字版。

第三,要借助优势,形成特色。做好主题出版,要考虑出版社自身的出版资源和出版实力,做到有所为有所不为,不能全面开花,而要充分利用出版社现有的政府资源、作者资源和渠道资源等。这样,已有选题和主题出版可以相互借势、相互促进、共同发展,不仅可以扩大出版社主题出版选题的影响力和市场占有率,而且也能提升出版社的品牌影响力,既会获得党和政府的肯定,也能受到作者和读者的欢迎,形成多赢的局面。

第四,要借力营销,取得效益。主题出版物一旦推出,及时的营销宣传是必不可少的,否则就会沦为市场边缘品种。借力营销是重要的营销宣传思路。每到主题活动的高峰期,全社会都会有密集的新闻报道和一系列的宣传活动,出版社要主动借"势"来营销本社出版物。

（上海远东出版社供稿，李英执笔）

增强学术意识，打造出版品牌

——谈《当代国际政治丛书》的编辑出版

《当代国际政治丛书》

上 海 人 民 出 版 社

经典策划
119

上海人民出版社一直把建设准学术机构作为出版社的发展目标之一，长期以来推出了一本本、一套套在社会科学学科领域里具有领先水平的学术著作。《当代国际政治丛书》自 1995 年 8 月起，陆续推出了一批反映中国国际政治最新研究成果和水平的高质量学术著作，至今已有二十年，受到学术界的一致推崇和认可，不仅成为目前国内这一领域最具代表性的一套丛书，而且标志着中国学者专著系列的最高水平。如今，上海人民出版社不仅将国际政治作为重点出书领域，而且在全国保持着领先地位。虽然因工作需要我已调任他社，但作为这套丛书的具体实施者，回顾其成功出版，我想联系中国国际政治理论研究发展的实际，谈谈上海人民出版社在策划出版《当代国际政治丛书》中的一些考虑和做法。

国际政治学是一门非常年轻的学科，如果从 1919 年英国威尔士大学正式设立国际政治讲座算起，国际政治学的诞生至今也不过九十多年的历史。与历史学、哲学、经济学和社会学等传统的社会科学学科相比，国际政治学的发展和成熟是相当晚近的事，直到第二次世界大战后，它才伴随美国全球霸权地位的形成取得迅猛的发展，几乎所有的综合性院校均设立了比较完整的国际政治课程。而在我国，虽然在 20 世纪 60 年代少数几所院校设立了国际政治系，但真正意义的国际政治研究却是近二三十年的事情。这些年来，我国的国际政治研究有了从无到有、由点及面的长足进步和发展，但是从整体上来看，仍存在着学术性和理论性薄弱、逻辑性不强、研究方法单

一、人员鱼龙混杂、各种干扰因素过多等问题,而这些问题长久以来一直在困扰着我国国际政治理论界。20世纪90年代以来,国际格局发生了令人眼花缭乱的变化,冷战终结,两极体系土崩瓦解,国际社会的各种新旧问题相互交织,纷呈于世人面前。面对变动的世界形势和来自各方面的挑战,国际政治学作为研究国家与国家间交往方式、规则以及探讨国际结构和机制变化的专门学科,必然要承担起自己的学科使命和历史责任,要运用本学科的专门知识,解决人类面临的诸多问题。此际,中国的国际政治理论界将为人类的共同命运和自身的发展贡献怎样的智慧呢? 上海人民出版社就是立意于回应国际社会在走向新世纪过程中提出的重点问题,并从构建中国国际政治理论体系的长远考虑出发,决定延请国内一流学者,以开放的形式、多学科的研究方法,推出《当代国际政治丛书》的。

丛书策划之初,上海人民出版社就组成了由国内一流专家学者和出版社领导参加的丛书编委会,由著名学者冯绍雷和时任社长、总编辑的陈昕担任主编,编委会的其他成员还包括京沪两地的著名学者。上海人民出版社组成的编委会决非时下泛滥的那种"虚名"编委会,仅请一些名家挂挂名,而是要求编委会成员切实负起学术重任,发挥应有的作用。组成编委会不仅可以提高丛书的权威性,而且能够借助这些学者的影响广泛联系国内外学术界的广大同行,发现和推荐符合丛书总体要求的精品佳作。更重要的是,我们要求编委会成员用专业学术眼光来评审每一部书稿,并提出具体的意见反馈给作者,由作者根据这些意见作进一步的补充和修改,直至达到丛书的要求为止。组成编委会、建立严格的评审程序并将其制度化,是保证学术著作高水平、高质量的前提,依靠这样的学术论证和筛选,才能把真正的质量上乘的优秀成果奉献给广大读者。已出版的著作,大多数经过多次的修改,个别书稿从到稿至出版,经反复讨论修改,甚至历时三四年。

针对我国国际政治研究的现状和存在的问题,我们把这套丛书的选题视角定在理论层面,即要求入选的著作更多地进行学理的探讨。这样做当然不是要贬低政策层面的东西,毕竟国际政治学是一门与政策实践联系十分密切的学科,能将理论转化为政策制定的依据当然是好的,也是大家欢迎的。国外不少国际政治大家在这方面就是成功的典范,比如亨利·基辛格和约瑟夫·奈。然而我们认识到,作为一门学科,基础的理论部分往往具有大厦地基似的作用,理论的水平常常决定着政策制定的水平。在我国,出于种种原因,理论研究常常被轻视,有关研究人员不愿花大力气长期从事艰苦的基础理论工作,他们更看重理论的实用价值,即根据政策需要作相应的动态分析,结果造成理论研究基础薄弱而动态研究又限于低水平复制的状态。这不仅是资源的浪费,而且会最终影响到政策制定的水平。因为如果没有完整的理论体系和科学的方法论支撑,就不可能作出有深度、高质量的对策研究,甚至会误导政策的制定。在这方面,我们的教训是深刻的。有鉴于此,推动我国国际政治理论的研究成为当务之急。图书出版作为反映学术成果最重要的途径,必须承担其不可替代的责任。上海人民出版社策划出版《当代国际政治丛书》的目的就是通过建立一个学术窗口,扶植那些致力于推动中国国际政治学理论研究的研究人员,出版他们的高水平研究成果。在已经推出的著作中,我们的理论诉求基本得到了体现。比如,丛书出版的第一本著作《当代国际政治析论》,对当时这一领域中的主要问题进行了非常有针对性的细致的理论研究,是国内学术界最具综合性的国际政治理论成果,反映了这些年来该领域的阶段性研究水平,在学界影响极大,起到了很强的引领作用。

加强学科建设、推动理论研究的第一步就是建立学术规范和标准。任何一门成熟的学科都有其自身的研究概念、方法、理论和体系,国际政治学发展至今,已逐渐成为一门比较完善的自成系统的学科,它有不同于其他学科的研究对象和范畴,并且形成了诸多理论流派和相对成熟多样的研究方法。在我国,国际政治理论研究工作一直存在着发展缓慢、理论薄弱等问题,这些与研究队伍的组成结构、政策层面的影响等体制内、体制外因素有关。缺乏为学术而皓首穷经的科学精神,采用实用主义的态度、"剪刀加糨糊"的研究操作,必然造成低水平的复制,而"低水平复制"现象的集中表现是,许多所谓研究成果缺乏学术规范,拼拼凑凑,搞些大而化之、不求甚解的东西,更有甚者,在既不了解国外研究现状又不结合国内实际的情况下生搬硬造。不懂外文,依靠二手、三手资料,甚至引用他人成果也不注明,这样的文风和治学态度对学科建设的发展有很大的负面影响。当然,改变这种状况主要靠学者和研究人员的学术自觉和相关学术制度,但是外在环境的配合也是必要的,像出版社鼓励出版什么样的书就具有引导作用。《当代国际政治丛书》对入选著作,在使用的概念(术语)、讨论的问题、采用的方法、运用的资料、注释的规范性等方面,均有具体、严格的要求。对每部入选著作,编委会均作学术把关,出版社则在编辑书稿的过程中对体例、注释等方面进行处理,并按国际通则制作索引,凡不符合学术规范的地方,都要求作者修改或增补,力求从内容到形式都符合学术标准和规范。到目前为止,丛书已出版的品种均符合较高的学术规范,这对推动学科建设起到了很好的示范作用。

重视学科建设,还必须重视方法论问题。方法论既是进行学术探索的有力工具,又是学科成熟的一项标志。没有方法论的学科研究不成其为科学研究,不讲究研究方法的文章无异于报纸上的一般新闻评述,这种研究对一门学科的理论发展和长远建设是无益的。国际政治是一个相对独立的跨学科研究领域,它应该有自己不同于其他学科的研究方法,当然,作为一个跨学科研究领域,它必然得借助其他学科的"工具箱",借鉴、吸收其他学科的相关方法,并将其整合到本学科独特的学理机制中,进行综合性探索。目前在国内,国际政治研究的方法虽然有所进步,但仍远远落后于经济学、社会学、语言学、心理学等其他学科。上海人民出版社在组织策划《当代国际政治丛书》时,注意到了这一突出问题,在对入选著作的遴选上,既重视传统研究,更鼓励运用综合方法,特别是运用新方法进行有成效的探索。张小明教授的《冷战及其遗产》是一部很好结合了历史学和国际政治学传统方法的著作。一般来说,这个研究题目是属于冷战史范畴的,即应该是一部历史著作,但作者在注重史料运用和史实论证(经验方法)的同时,也运用了国际政治的概念和理论框架(规范方法),使这本著作大大超越了以往的国际关系史著作。秦亚青教授的《霸权体系与国际冲突》一书,则更进一步运用了统计学的相关、回归分析方法。以往,我们在国内研究界常常会听到对量化分析方法的种种非议,认为它有故弄玄虚之嫌。其实,这种观点是失之偏颇的,其产生的原因与国内研究界不了解、不熟悉这一方法有关。在国际学术界,量化分析已经成为国际关系研究的重要手段之一,尤其在美国,这一方法的运用已相当成熟,在某些专门研究领域中已成为不可或缺的重要工具。《霸权体系与国际冲突》一书不仅运用了定性分析,而且合理地采用了量化分析的方法,通过界定前提—作出假设—进行验证—得出结论这样一个科学研究的链条,探讨了霸权国地位与霸权国在国际武装冲突中支持行为之间的因果关系,否定了霸权稳定理论关于霸权国国力与国际稳定呈正相关关系的论断,有力地批驳了霸权扩张的理论基础。可以说,这部著作在恰当的领域里进行了非常出色的研究,学术价值和现实意义都很大。

在具体问题方面,这些年来国内理论界对深入细致的个案研究早有呼吁,但成效甚微,个案研究、专题分析非常少,即便有也多是浅尝辄止。探索不充分,见解不多样,这是我国国际政治学研究始终难以形成丰富的色彩、无法构成系统的学科体系的一个重要原因。在《当代国际政治丛书》中,我们力图改变这种现状,鼓励那些能在某一点上进行深入探索的研究。比如,《霸权体系与国际冲突》、《全球公共问题与国际合作：一种制度的分析》、《国际关系中的制度选择：一种交易成本的视角》等，无论在选题方向上，还是在研究方法及学术规范上，都具有了与以往不同的风貌，很大程度地弥补了我国理论界原先存在的研究方向单一的不足和缺陷，体现了中国国际政治理论的研究水平正在大踏步地赶上来。

《当代国际政治丛书》采用开放的框架体系来运作，主要是为了繁荣中国国际政治理论的发展和推动这一学科的建设，所以只要是好的理论研究成果，都在丛书的选择范围内。

我们知道，任何学科都会在实践中向前发展，国际政治学也不例外，甚至表现得更鲜明。冷战结束以后，不仅国与国之间出现了许多前所未有的新问题，而且还出现了不少需要重新思考的老问题，这些都为国际政治理论研究增添了新内容。例如：高科技发展对国际关系的影响；经济一体化促成相互依赖加深而带来的一系列主权观念的改变、国际机制的运行、国家利益和国家安全的判定；原先隐藏在两极"冰山"下的民族、种族、宗教问题在冷战结束后的大量涌现；国际关系中文化因素的作用等。为此，在选题开发上需要比较开阔的视野，尽量体现这个领域的新趋势、新问题。比如，对于热点问题的研究，我们出版了《冷战及其遗产》、《制度变迁与对外关系——1992 年以来的俄罗斯》、《文明与国际政治——中国学者评亨廷顿的文明冲突论》等著作。又如，当今世界政治的议题正在发生新的变化，新兴大国正在崛起，全球性问题，包括环境、能源、气候变暖、恐怖主义等，正在形成新的挑战，各国亟须加强合作，开创制度、机制，展开集体行动。为此，我们推出了《全球公共问题与国际合作：一种制度的分析》、《国际关系中的制度选择：一种交易成本的视角》、《世界秩序：结构、机制与模式》、《和平的纬度：联合国集体安全机制研究》、《国家的选择——国际制度、国内政治与国家自主性》等专著予以回应。

《当代国际政治丛书》的成功出版与上海人民出版社推动中国国际政治理论发展的宗旨分不开。记得在上世纪 90 年代末曾有过一场争论，许多学者根据我国国际政治发展的状况，并不赞成多提"有中国特色的国际政治理论"，认为我们迄今为止尚谈不上对这一学科有所贡献。这在当时是有道理的。如今，中国学者在了解国外的有关研究现状，学习、借鉴、吸收西方理论和方法上，已取得了丰富的成果，但存在的问题是，我们至今仍没有在理论层面形成突破，建成中国国际政治的理论模式。改革开放三十余年，中国经济迅速发展，正在成为全球性大国，积极参与国际社会的进程、担负责任，已成必然。与此相适应，中国国际关系理论界亦当有所作为。中国作为一个有悠久历史和深厚文化底蕴的大国,建立起自己的国际政治理论体系是理所当然的,是可以预见的,关键是要扎扎实实、脚踏实地地进行探索,通过我们自己的视角,结合中国的发展道路,不断创新,进而就会自然而然地形成"中国的国际政治理论"。这些年,围绕这一主题,我们出版了《关系与过程——中国国际关系理论的文化建构》、《当代国际政治析论》、《国际政治理论探索在中国》、《国际政治学概论》、《中国安全观分析(1982—2007)》、《规范、网络化与地区主义:第二轨道进程研究》等著作,积极参与到中国国际政治理论的建设中,取得了学界一致的称赞。其中,秦亚青的《关系与过程》一书最具代表性,作者将"关系"和"过程"这两个中国社会文化中的重要理念植入国际关系理论,提出一个过程建构主义的理论模式。这本书是当时中国国际关系理论研究的最新成果,并且作为中国学者的著作,第一次入选了国际上最负盛名的《剑桥国际关系丛书》。

十多年来,《当代国际政治丛书》已出版了二十多种,数量虽然不多,但水准被公认为国内最高;丛书中不少作者当初刚刚博士毕业,而今已成为这个领域的佼佼者。看到我们在国际政治学科出版上的探索和努力结出了成果,看到中国国际政治学科取得的进步,我们由衷感到自豪和高兴。同时,我们应该看到,无论在国际和国内层次,还是学科和实践领域,国际关系的研究都有非常广阔的前景以及重大的现实意义。因此,我们深切地感到,要实现理想,要做的工作还很多。

首先,要推动一个学科的发展,必须具备强烈的学科意识,付出持续不断的努力。这些年里,围绕推动国际政治学科建设的目标,我们还组织、策划了多套丛书,以期完善学科结构,覆盖这一领域的各主要研究方向,比如因入选国家"十二五"重点图书规划而享誉学界的《东方编译所译丛》、《北京大学国际战略研究丛书》、《中国与国际组织研究丛书》、《美国研究丛书》、《欧盟与世界丛书》等。其中,《东方编译所译丛》两个系列已出版近百种,成为国内该领域最有影响的一套译丛。

其次,对于出版人来讲,我们必须提高自身的学术素养,具备强烈的学科意识和独到的学术眼光。要做到这些,就应该全面地进入学术界,一方面跟踪学术动态,了解这一领域的发展现状,另一方面努力学习专业知识,同时不断提高编辑业务水平。另外,还要团结高水平的作者群,挖掘、培养有潜力的新作者以扩大作者群,经常与专家学者保持联系,与作者交朋友,协助和支持他们的研究工作,最大限度地发挥学者们的专长。这样,我们才能敏锐地抓住真正优秀的选题,才能编辑出高质量的图书。

学术是无止尽的,编辑工作只有把握学术发展的轨迹,站在学科发展的前沿,才能永葆活力。我们的路还很长。

（上海人民出版社供稿，范蔚文执笔）

中国现代营销的启蒙之书

——《营销管理》的故事

《营销管理》

上海人民出版社、格致出版社

经典策划
119

一

在营销学界,菲利普·科特勒的大名可以说是无人不晓。科特勒在 1967 年首次出版经典教材《营销管理》,标志着营销学成为一门独立的学科。《营销管理》至今已经出到第 14 版,受到国际学术界和实业界的高度评价,被称为"营销圣经",而科特勒本人也被誉为"营销之父"。

这本书在中国也留下了同样光辉的轨迹。20 世纪 80 年代,在时任上海市长的汪道涵的推动下,上海人民出版社引进出版了《营销管理》的第 5 版。到 2012 年格致出版社(前为上海人民出版社下属编辑部)推出的第 14 版,《营销管理》在中国已经总共出版了 7 个版次,常销、畅销二十余年,累计发行近百万册,为中国培养了一代又一代的营销人才,成为营销学人和营销从业人员中间普及率相当高的一本案头工具书。

在资讯发达的今天,追踪欧美图书市场对国内的出版社来说,是非常便捷的事情,只需动动鼠标,一旦发现了好书,国内出版社要做的只是砸银子买版权,然后找译者翻译,再跟进出版即可。

然而,在 30 年前引进出版《营销管理》(第 5 版),面临的困难却要大得多。这不仅仅是把一本欧美畅销书引进中国出版那么简单,而是肩负着向改革开放初期的社会大众进行现代营销学启蒙的任务。换言之,《营销管理》(第 5 版)的中文版读者与英文版读者,不仅仅是使用的语言不同,更重要的是,这两个人群对"营销"的认识存在着巨大差异。

为了让大家走进历史的现场,我们摘引一段汪道涵为《营销管理》(第 5 版)所作前言中的文字:

> 不能否认,长期来不重视商品经济的经济体制模式,使我们在经济理论工作和实际工作中滋长了一种重生产不注意流通,只知加工制造产品不同经营和市场状况的片面观点。这几年,随着改革和开放的进展,这种情形已有所改变。然而,迄今为止,我们对于市场机制及其运转规律的研究,对于市场在社会主义计划经济中的地位和功能的认识,特别是对于国际市场的了解和市场营销管理的知识,还是很不充分的。因此,借鉴反映发达商品经济规律的市场营销科学及其他科学知识,是必要的。

从汪道涵的前言中可见,虽然 1978 年改革开放已经开始,但中国绝大多数企业还未完全摆脱计划经济体制下的习惯性思维方式,依然以生产为导向。中国经济市场化基本上是在原有的计划经济体制格局下展开的,企业不需要进行市场研究。可以说,在商品短缺于 20 世纪 80 年代中期得到缓解之前,中国企业一直面对的都是卖方市场,企业根本没有也无需有"营销"的观念。

对于《营销管理》来说,这既是机遇,也是挑战。

二

1984 年,当时的上海市长汪道涵到美国西北大学访问时发现了菲利普·科特勒的《营销管理》(第 5 版),敏锐的直觉告诉他,这是一本难得的好书,应该把它引入到中国来。回国后,他立即让上海财经大学的梅汝和教授成立专项工作组展开翻译工作。在当时,像这样比较系统的营销书籍在国内还没有出现过,其中的一些学术概念对于那个时代的人来说,简直就是天方夜谭。

经过两年多的艰苦工作,这本书的翻译工作完成。正当大家的工作终于将大功告成之时,却又出现了两个意外:

意外之一：书用量太少，不能开印。从事出版的朋友都知道，一本书如果印刷量太小，每本书摊下来的成本就太高，不划算。所以，为了让这本经典能够真正发挥出它的作用，出版社只能展开一场浩浩荡荡的征订工作。但那个时代，没有人知道科特勒是谁，也没有多少人知道"营销"到底有什么用。因此，征订工作进展得很不顺利。

所幸，这本书的译者梅汝和教授通过自己的努力，在他所供职的上海财经大学争取到了一笔 800 本书的订单，解决了不能开印的问题。

意外之二：没有钱支付版权费。在翻译这本书之前，原书的美国出版商 Prentice Hall 要求中方交 1 000 美金的版权费，但出版社压根就没有美金，交不了这笔钱。出版工作再次出现僵局。

救星从天而降。一家企业自告奋勇，愿意帮出版社出这笔费用，这家企业当时叫"黄岗饮料公司"。公司老板对这本书很有兴趣。这家公司由香港人创办，他们对科特勒还是有一些了解的，但是他们看不懂英文，所以一定要有人来翻译这本书，于是就提出由他们来交这笔费用。这家公司也就是后来的太阳神饮料公司。

作为出版者，我们对企业界的支持表示由衷敬佩。但是这笔版权费用最终还是没有让他们来出，因为当时觉得出版是一个文化事业，怎么能由企业来交钱，况且对方还是一家香港企业。所以，汪市长专门派来一个市政府办公厅的人负责协调这件事情，帮助上海人民出版社解决了这笔费用的问题。

几经波折，蕴含西方营销思想精华的《营销管理》终于在彼时国门刚刚打开的中国问世了。这本书出来之后，大多数的读者为私企经理或是国企厂长。曾经有一位厂长还专门写了一篇读后感，发表在了《解放日报》上。这位厂长在文章中感叹：

> 这本书对企业界意义深远，以前作为厂长，我只知道可以搞内部管理、质量管理，从没有想过市场也是需要管理的，市场将进入全面竞争的时代而不是只能等待国家指导和分配。除了管理员工正常生产商品之外，还可以指派专门的人来研究市场，开发渠道。这本书对企业的后续发展有着许多客观的指导作用。

这位厂长推荐跟他一样从事企业管理工作的人都来共同关注这本书。也正是从这个时候开始，这本书开始逐渐被中国的广大读者所重视。一粒种子，就此种下。

根据中国营销学界公认的看法，直到 1990 年出版《营销管理》(第 5 版)，现代营销在中国大陆的发展才真正开始。梅汝和教授的团队历经两年翻译完成这本书，这个过程也成就了梅教授"中国营销学奠基人"的地位。

三

弹指一挥间,科特勒《营销管理》中文版的出版发行至今已经有二十多年的时间。这些年里,中国的经济发展取得了举世瞩目的伟大成就,这与中国的市场经济建设和市场营销知识的普及是分不开的。

自《营销管理》(第5版)正式登陆中国之后,在无数营销学者和营销管理人员的共同努力下,中国很快就完成了正统的现代营销的启蒙教育,国内高校的市场营销学科不断发展与完善,而营销管理知识更是在各行各业得到普及和广泛应用。今天,中国的营销学术机构和实践群体也逐渐壮大并走向成熟,还与以美国和欧洲为代表的国际营销界建立起了密切而广泛的交流。

在2012年出版的《营销管理》(第14版)的封底上,格致出版社不无自豪地对读者这样说:

> 20多年来,我们不断将最新版本的《营销管理》引入中国,为国内的商学院和营销从业人员带来最先进的营销智慧。《营销管理》中文版的各个版本见证了现代营销在中国的萌芽和发展。

当年种下的种子,俨然已是枝繁叶茂的大树。

参与各版次《营销管理》出版的时候,许多编辑还是英姿勃发的青年人,今天他们的双鬓已经染上了白霜,而《营销管理》这本书却正焕发出旺盛的生命力,滋养着在全球竞争中积极进取的无数中国企业。展望未来,这本与时俱进的书还将让中国未来的商学院学生和营销从业者受益。同时,我们不应忘记汪道涵、梅汝和等当年一手催生这本书的大家先辈,他们怀着振兴民族产业的崇高理想和完善国内商科教育的满腔热情,为国人留下了这本经典教材,更留下了一段动人而悠长的回忆。

注:《营销管理》(第5版)由上海人民出版社引进出版,《营销管理》(第14版)由格致出版社出版。

(格致出版社供稿,王萌执笔)

由适应而开创，由磨炼成经典

——从《管理学——原理与方法》看教材出版

《管理学——原理与方法》
复 旦 大 学 出 版 社

《管理学——原理与方法》是复旦大学出版社的一部优秀大专院校教材，从 1993 年初版至今，二十余年来已修订六版，累计发行达四百余万册，成为 1978 年改革开放以来管理类教材常版畅销的第一书。

一、企业需要的管理学

1987 年，正值改革开放如火如荼地在中华大地上迅猛展开之际，由于传统的计划经济模式被冲破，加之乡镇企业的异军突起，各类企业从一般管理人员到厂长经理等高层领导对管理知识的渴求似久旱盼甘霖，而当时的各大学管理学教育则均为初创，尽管各大学作了十分的努力，但依旧感到力不从心。在整个管理学的教学过程中，当时能达到优质、适用要求的教材更是一部难求。

为有效地扭转这一被动局面，相关的大学在这一年仲夏，组织了一次有关管理学教材编写的全国研讨会。会议在长白山下的吉林省敦化市举行，与会者都是来自各大学管理学教育一线的骨干。会上，大家对管理学教学与企业人员对管理知识的渴求之间存在鸿沟、大学管理学的教学明显不适应现状的认识是一致的，但对如何进行管理学教学，尤其是教学过程需要什么样的教材为支撑，则有明显的分歧。会上形成的主流意见认为，在 1978 年改革开放之前，中国的企业是在严格的计划经济体制下运行的,几乎没有现代意义上的管理学存在,改革开放也仅不足十年,现有的企业经验完全不成型,所以管理学教材的建设应以引进翻译国外的经典教材为主,要做的重点是选好原著、准确翻译。但也有少数与会者对此有不同意见。他们认为,不能说计划经济条件下中国的企业就没有管理。大庆精神"三老四严"不是管理吗?"鞍钢宪法"中的"两参一改三结合"不是管理吗? 更何况改革开放后千万家乡镇企业蓬勃发展,虽不成熟但潜力巨大。现代管理学以企业为研究对象,而中国的企业与发达国家的企业差距巨大,所以中国的企业所需要的管理学有待于我们去开发与总结,绝不是仅有选译就可满足的。持这种不同意见的在会上是少数,以周三多教授为代表,笔者也全程参与了这次会议,且基本赞同周老师等少数与会者的观点。

会议经激烈的碰撞、讨论,充分听取了与会者的意见,最终还是采纳了多数人的意见,立即组织得力的人员选取、引进优秀的国外教材,进行精准翻译,而对少数人的观点也没有完全否决,认为可以由有志于自编适合中国国情的管理学教材者自行组织编写教材。正是在这样的背景下,我与周老师约定了《管理学——原理与方法》这部教材的选题。

从1987年夏,到1993年秋,由选题的约定到教材的公开出版,整整用了六年的时间,且在这六年的艰辛中,前三年几乎全部用于对苏锡常地区乡镇企业的调查研究。周老师和他的编写团队认为,乡镇企业显然都是草台班子,问题多多,但却是中国企业的发展方向,在极为有限的市场经济条件下,乡镇企业等"草根一族"仍在拼搏甚至挣扎,这种痛苦与磨难正是中国企业走向现代化无法避免的嬗变过程。这样的进厂进户进车间的田野式调查,几乎贯串了整个初稿编写的全过程,笔者也几乎全程参与了这样的调查。这在今天的编辑看来,几乎是不可能且有点"荒唐"的。

经过广泛深入的调查,周老师和他的团队完成了这部教材的结构框架,其中当然有大量的内容参考了国外经典管理学教材的理论与结构,但其中"管理的基本原理"这一章中阐述的系统原理、人本原理、责任原理、效益原理这四大原理,则完全是在对乡镇企业进行调查时,在与乡镇企业"草根企业家"的交流中总结提炼而成的,这成为本书的一大亮点,历经六版,保留至今。

二、教材出版有鲜明的命题特征

教材出版是整个出版业的三大支柱之一,在教育大发展的时代,其市场份额远超学术出版和通俗出版。

教材,顾名思义,是为教学服务的材料。在新中国成立后很长的一段时期内,出版教材的出版社主要有两家,高教社和人教社。大专以上的专业课虽有一些部颁教材,但学校用的大部分都是自编的讲义。高校教材出版的真正大发展是在 1980 年代大学出版社纷纷成立之后。由于新华书店的统一发行已远不能满足教学的实际需要,各大学出版社从自办发行中敏锐地捕捉到了需方的信息,便开始自主组织教材的出版选题。

既然教材是为教学服务的,而教学的目的又是为社会培养优质的适用人才,也就是说,教材是社会人才培养链条中的一环,那么教材的出版在选题上与学术出版、通俗出版就有着明显的区别。

1. 命题性

教材的出版,其内容构成来不得太多的"我认为"。在大学教材中,绝大部分的选题层次都集中在基础课或专业基础课,其涵盖的知识和传达的信息必须是成熟的、准确的、稳定的。为了引导学生对学术研究的兴趣,一般也会要求作者用少量的篇幅(一般为总篇幅的 10％左右)来介绍本学科的最新成果和发展趋势,作者能准确地阐述这些内容也是一部优秀教材的要素之一,但绝不允许"跑题",太多的"我认为"应是学术著作的内容,教材就是"命题作文"。

2. 前瞻性

高校教材的读者对象是正在大学读书的学生,他们通过教材学到的知识和技能,至少需等三五年才能在实践中真正用上,这就需要教材所承载的知识和信息在三五年内不至于完全落伍,当然,有深远的前瞻性或预测性更好。

3. 长效性

教材与其他图书的不同还在于教材出版之后,要求作者和责任编辑关注其使用情况,有条件的出版社应鼓励责编去听课,以便了解教材在教学中实际运用的效果。出于同样的原因,教材出版后,要求作者队伍中一定要有人处在教学的第一线,根据同学和教师的反馈不断修订再版。

三、教材选题与社会人才需求的关系

如前所述,教材是为人才的培养服务的,是整个人才培养链条的一环。教材的这一特征要求教材的编写与出版要符合社会人才需求变化的趋势。处理好教材内容与人才需求的适应关系,同样也就成为一般教材与优秀教材的根本区别。

当然,教材所承载的信息有明显的学科之分。学科不同,教材与人才需求变化趋势的关系紧密度也会有所不同,概括地说,以自然科学的基础知识为主的教材,如数学、物理、化学、生物和人文学科中的历史、中文、哲学等,这方面关系的紧密度与经济、管理、新闻、法律等学科比起来,就略显弱一些。而与人才需求变化趋势紧密相关的学科教材,我们称其为"显学"类教材,这里重点讨论的就是显学类教材。

作为典型的显学类教材中具代表性的类别,管理学和经济学教材的内容选取与社会人才需求变化趋势的关系是否紧密,实际上决定着这类教材的生命力。以管理学教材为例,自1997年我国的高等院校决定扩大招生规模之后,管理学在院校学科中的发展是十分迅猛的,与之配套的教材也是各出版社发行的中坚,但这并不等于说,按成熟的内容体系随便编写一本就会热销。在传统的管理学教材中,对管理职能的描述一般都设为计划、决策、组织、领导、控制等篇章,然而我们在决定编写内容前,在对企业和学校师生的调查中很明显地发现,企业十分需要管理人员有创新思维和相应的能力,而同学也渴望得到这方面的训练,就决定将创新也设为与计划、决策、组织、领导、控制等并列的一篇,并以总论来概述管理学的全貌,这在教学实践中起到了十分良好的效果。

四、"老、中、青三结合"的作者队伍构建的长效机制

优秀教材的养成,除了在决定选题、组织编写的阶段要根据社会对人才的需求做大量的前期工作之外,更为重要的保证是出版发行后作者和编辑对教材的长期"盯住"。显学类教材,其读者对象和承载的信息都会随着社会的发展而变化,有些变化还是剧烈的、根本性的,这是显学类教材给编辑带来的挑战,也是策划显学类教材的魅力所在。

从《管理学——原理与方法》这部优秀教材的实践过程来看,长期"盯住",可不是

"盯"一年两年、三年五年,而是"盯"十年二十年,甚至更长的时间。从我们的经验来看,显学类教材较为合理的修订再版周期以三至五年为宜,那么如果再版六次,就是二三十年的时间,作者从三十岁作为青年骨干开始编写第一版,那么六版以后也是六十岁的老人了。所以要保证作者和编辑都能长期地"盯住",在确定选题之初,就要落实作者和编辑队伍的"老、中、青三结合",也就是在组织上确保有长期"盯住"的能力。《管理学——原理与方法》在1987年夏决定选题时,第一作者周三多五十多岁,第二作者陈传明三十多岁,第三作者鲁明泓二十八九。1993年至今,二十多年过去了,第一作者周三多教授已年过八十,陈传明教授也将步入耳顺之年,但由于对长期"盯住"有助于优秀教材建设的认识已深深地融入了作者和编辑的工作意识,所以随着新鲜血液的不断加入,作者队伍和编辑队伍依旧活力四射。

出于教材编写出版背后的功利原因,在很长一段时期内,要求作者长期"盯住"教材的使用情况是不太现实的,几乎有七成以上的作者在教材出版之后,自己都不看它一眼。更有甚者,这学期上这门课时编一本,下学期上这门课,再依样画葫芦编另一本,看似"万花齐放"、"各有特色",实则都无法保证长期"盯住"。优秀教材的养成是十年、二十年、三十年乃至更长时间的磨砺过程,所以作者队伍动态的"老、中、青三结合"是一个重要的保证条件。

五、教材出版的终极目标——常版畅销

作为出版业的三大支柱之一,教材出版的迅速崛起和发展壮大,是与大专院校的扩大规模紧密关联的。没有大专院校的扩招,教材出版不可能有今天这样的规模,这是不可否认的事实。但是到了深化改革的今天,教材出版随着高校扩招效应的衰退,似乎步入了辉煌不再的阶段,这就要求我们重新认识和审视在新形势下出版教材的思路。

今天的教材已不再是指一本书,新型的教材应该是一个学术系统,纸质的核心教材承载的是最需固化的知识和理论信息,除了核心教材之外,还须有助教、助学和相关的数据库及教学管理体系作为支撑。数字技术的日新月异,促进教材的出版在形式上脱胎换骨,令人目不暇接。

但是应该看到,所有技术上的更新都无法改变社会人才对教材的核心需求——内容。出版社是各种图书的出版者,同时更本质的是内容的经销商,即"内容品商"。

教材是内容品的三大构成之一，其出版的终极目标，是常版畅销，而常版的背后，是作者和编辑长期的、十分艰辛的"盯住"。长期"盯住"还不能保证就会畅销，但若长期"盯住"都做不到，也就如生产其他产品弄不明白用户的需求一样，闭门造车，谈何常版，如何畅销？

《管理学——原理与方法》是一部典型的教材，从 1987 年确定选题，到今年的第六版问世，已整整走过了近三十年的漫长历程。2013 年，在周三多教授八十华诞之际，著名的经济学家厉以宁教授在贺信中指出："周三多教授是著名的管理学家和管理教育家，由他主持编写的两部管理学教材，建立了适合中国国情的管理学体系和理论框架，为在中国重建和普及管理做了重要的开创性工作。这一点最近十几年来已为同行专家认可，几成管理学教材之经典。"

由适应而开创，由磨炼成经典，落地的是教材的常版畅销。

（复旦大学出版社供稿，刘子馨执笔）

为往圣继绝学

——上海财经大学出版社引进版学术著作的方阵建构

《诺贝尔经济学奖获得者文库》、《汉译经济学文库》等

上 海 财 经 大 学 出 版 社

改革开放以来,西方先进的经济学理论和方法渐次在国内生根、发芽、开花。例如:微观经济学、宏观经济学已成为经济学的基础课程;经济学的计量和模型,亦已成为经济分析的基本方法。在这一过程中,上海财经大学出版社作为文化传播的平台,也积极参与其中,先后引进和出版了经济学、金融学、会计学、管理学、公共行政等诸多学科专题著作。虽然高端引进版学术图书的单品种市场盈利能力不及畅销书,但在实现社会效益、推动学术进步、提高出版社品牌形象和影响力等方面,有着无可替代的作用。

从某种意义上讲,学术精品的出版,是一个人孑然寂寞夜行。作者皓首穷经,毕其一生,最终形成的可能仅是几卷文集。在市场经济的环境下,"为往圣继绝学"不仅是作者的抱负,也同样是出版人的担当——将此类优秀作品留存于世、传之后人,既是一种工作责任,也是一种当然的价值取向。

"集腋成裘,积沙成塔。"我们认识到,通过系列化的整合,将原先零散的国外出版资源重新集结,其所构成的方阵,有如古罗马的步兵军团,看似普通,却由内而外辐射着勃勃的生机。

在上海财经大学出版社的引进版图书中,不乏像《诺贝尔经济学奖获得者文库》、《德鲁克文集》这样的大师之作,也有着《1929年大崩盘》这样的入选"改革开放30年最具影响力的300本图书"和"新中国60年最具影响力的600本图书"、兼具学术价值

和市场价值的经典。《政治思想史》、《社会契约演化论》、《现代欧洲经济制度史》、《对法、权利和自由的规范分析》等优秀引进版学术精品,入选"十二五"国家重点图书和国家出版基金资助项目;以《战略资产配置》为代表的一批引进版学术著作,获得了"中华优秀出版物奖提名奖"等国家级和省部级图书奖。

我们在引进版学术著作的出版中,认为有如下的要点值得总结。

一、学者推荐,注重关联

世界优秀的学术和文化典籍浩如烟海,散见于各国各个时期的出版物中。作为一个出版人,个人的知识、认知水准都具有局限性,要从中撷取优秀作品,就不能不借助"外脑",通过多种途径掌握相关的信息。我曾经在复旦大学的讲堂上,聆听过关于英国政治哲学家奥克肖特的讲座,并由此形成了《常青藤·汉译学术经典》系列中《历史是什么》、《政治思想史》等选题。

时下各所高校的院系都比较注重延请知名学者和专家进课堂、办讲座,因此,依托财大、复旦、交大等高等学府,通过课堂、讲座等途径,经由知名学者的推荐,确定引进图书的选题,是一个比较有效的方法。在此基础上,构筑一个选题的支撑原点,然后在亚马逊等网站上关注该选题下推荐的关联度较大的同类其他选题,经过反复的检索,最终经由学者确认,形成较为明晰的出版范围。

二、萃取精华,专题出版

经过十余年来的不断发展和实践,通过出版专题的提炼,我们逐步形成了诸如《诺贝尔经济学奖获得者文库》、《汉译经济学文库》、《常青藤·汉译学术经典》、《奥地利学派经济学经典译丛》、《经济学术译丛·当代制度分析前沿系列》、《汉译财经辞库》、《东航金融·衍生译丛》等二十五个系列、三百多个品种的引进版学术著作方阵。

通过专题的提炼,由世界各国出版机构出版的学术类图书,犹如魔方般被汇聚到相关的出版主题下。这些专题,有的体现学术流派的固有属性,有的则具有兼容的开放性特征。每一个系列均有所侧重,例如:《诺贝尔经济学奖获得者文库》汇集的是道格拉斯·诺斯、托马斯·萨金特、奥利弗·威廉姆森、彼得·戴蒙德、罗伯特·索洛、乔治·阿克洛夫等一批经济学大家的代表性作品;《汉译经济学文库》注重的是当代经济学的前沿性;《常青藤·汉译学术经典》则超越经济学的范畴,兼顾人文;《奥地利学派经济学经典译丛》和《经济学术译丛·当代制度分析前沿系列》聚焦于经济学的奥地利学派和新制度经济学;列入"十一五"国家重点图书的《汉译财经辞库》系列,则将巴伦教育、剑桥大学出版社、科根·派奇、哈珀柯林斯出版社等出版机构各自常销的工具书汇入旗下,以中英文双语、双色印刷的形式出版,体现了较高的学术价值,成为较具影响力的财经类系列工具书。

通过选题的组合,这些中译本学术图书的主题更为突出,展示了积极的文化内涵。

三、价值链的延伸

引进版图书由于版税、翻译费等因素,成本较高,由此也带来了较大的市场风险。上海财经大学出版社在长期的出版工作中,逐步摸索出学术著作市场化包装的路径。我们出版的引进版图书有相当一部分是金融、证券等专著,这些专业领域在国内市场化的程度较高,因此,在组织此类图书选题的时候,我们有意识地将产品的价值链向上延伸,通过证券、期货、基金公司的冠名资助或包销,对冲一部分市场风险,使成本和销售在选题策划时就能够得以部分覆盖。由于这些机构的专业领域与此类图书选题的吻合度较高,因此,在某种意义上说,起到了强化这类图书专业性的作用。例如:我们出版的《华安基金·世界资本经典译丛》和《汇添富基金·世界资本经典译丛》,与华安基金、汇添富基金进行合作,目前的出版规模已达百余种;《东航金融·衍生译丛》、《中大经济研究院·国际证券期货经典译丛》、《世界公益与慈善经典译丛》分别与东航金融、中大期货、兴业银行等金融机构进行合作,出版规模亦有数十种,使得专业领域较为狭窄的学术类图书得以顺利出版。

此外,随着最近若干年政府财政对于学术类图书扶持力度的增加,我们在引进版学术著作的出版上,主动对接国家出版基金、上海文化发展基金,不贪大求全,采取"小步快走"的策略,追求申报的成功率和出版的履约率,取得了较好的效果,将一批引进版学术图书及时地推向了市场。

"路曼曼其修远兮,吾将上下而求索。"经过十余年的积累,上海财经大学出版社的引进版学术类图书从无到有,从简略到繁茂,已形成一定的规模。如果说在先贤"为天地立心,为生民立命"的宏大主旨面前我们仍感渺小的话,那么,通过不断的努力,使一本本优秀的引进版学术著作能够在我国结出累累硕果,最终融为源远流长的中华文化的一分子,则是我们当代出版人不能推卸的文化使命!

是的,"为往圣继绝学"!

(上海财经大学出版社供稿,黄磊执笔)

专业出版弘扬主旋律

——以《诚信之路》出版为例

《诚信之路》

立 信 会 计 出 版 社

经典策划
119

众所周知,立信会计出版社是以出版会计、财经类教材为主的财经类大学出版社,专业特色非常明显,多年来一直出版本科、高职高专和中专类相关教材,为我国财经教育事业的发展和繁荣作出了自己的贡献。在长期的财经出版实践中,我们清醒地认识到专业出版社只要紧紧围绕社会主义核心价值体系建设这条主线,结合本专业的特点,同样能够弘扬主旋律、做好主题出版、推出优秀的精品图书,《诚信之路》就是成功的范例。

截至 2015 年 2 月,《诚信之路》出版两年来,加印了一次,累计销售 2 万多册,在取得良好社会效益的同时,经济效益也超过了预期。《诚信之路》一书被列为首批"国家新闻出版总署社会主义核心价值体系建设'双百'出版工程重点出版物"、国家出版基金资助项目、上海文化发展基金资助项目,并于 2014 年获第十三届上海图书奖二等奖,成为会计从业人员终身学习所需的一本书。

作为选题的策划者,我愿意与大家分享该书从选题策划到图书出版的全过程体验,其中既有成功的喜悦,又有不少酸苦。

一、选题策划的三个关键点

过去囿于成见,认为专业会计出版社主要出版专业性较强的财经教育类图书,主旋律图书都是由人民出版社等综合性出版社出版的,因此很少花精力去策划主旋律出版项目。近年来,举国上下大力弘扬社会主义核心价值观,出版行业围绕弘扬主旋律,积极倡导主题出版,国家出版基金、上海文化发展基金都对此给予资助。在这样一个大背景的影响下,自己的观念也悄然发生了变化,策划弘扬主旋律选题的自觉意识有了较大的提高,我们作为专业出版社,应该承担一定的社会责任,坚持为人民服务、为社会主义服务的根本方针,积极传播有益于经济发展和社会进步的科学技术与文化知识,积极传播正能量,讴歌财经专业领域反映社会主义核心价值体系建设的先进事迹。

如何将专业出版与弘扬主旋律的主题出版有机结合?显而易见,必须从专业出版领域寻找和挖掘适合主旋律出版的元素,使主旋律出版彰显专业特色。2012 年 3 月,国家新闻出版总署发文,要求全国出版机构申报弘扬社会主义核心价值体系建设出版项目,启动了开发"国家新闻出版总署社会主义核心价值体系建设'双百'出版工程重点出版物"活动,计划出版弘扬社会主义核心价值观的读物 200 部,其中理论读物 100 部、通俗读物 100 部,分三年实施。接到总署通知后,我立即着手策划此类选题,首先想到的是如何围绕"诚信"两字做文章,主要基于以下几方面考虑:

其一,诚信是社会主义核心价值观的道德基础。无论是"富强、民主、文明、和谐"的国家层面的价值目标,还是"自由、平等、公正、法治"的社会层面的基本社会属性,抑或"爱国、敬业、诚信、友善"的公民层面的基本价值追求,其立足点都是诚信。诚信原则在民法中被称为"帝王条款";诚信是市场经济健康有序发展的基本保障,是构建和谐社会的道德基石;以诚信为重点的思想道德建设本身就是文化建设的重要内容。

其二,诚信是立信会计事业的基石。没有诚信就没有"三位一体"的立信会计事业。立信会计事业由立信会计学校、立信会计师事务所和立信会计出版社三部分组成。立信会计事业的创始人潘序伦先生题写的 24 字校训"信以立志,信以守身,信以处世,信以待人,毋忘'立信',当必有成",其核心就是立信。立信取自《论语》中的"民无信不立",不论是个体还是团体,如果不讲诚信、不讲信用,就无法在社会上立足。立信会计出版社,在践行社会主义核心价值观的同时,更应该在全社会宣传诚信,为构建诚信体系添砖加瓦。

其三,诚信是会计行业健康发展的生命线。值得注意的是,朱镕基总理曾在国际会计师大会上庄严重申:"所有的会计人员必须做到诚信为本、操守为重、坚持准则、不做假账,恪守独立、客观公正的原则,不屈从和迎合任何的压力与不合理的要求,不以职务之便谋取私利,不提供虚假的会计信息。"朱镕基到中央上任之初,曾公开约法三章,其中一项就是"绝不题字"。但是,绝不题字的朱镕基还是三次破例,三次题字竟是同样的内容——"不做假账",都是针对会计工作的。2001年4月16日,朱镕基在视察上海国家会计学院时,为该校题写了校训:"不做假账"。2001年10月29日,朱镕基视察北京国家会计学院时,在会议中心发表了重要讲话,并为北京国家会计学院题词:"诚信为本,操守为重,遵循准则,不做假账"。之后,他又为厦门国家会计学院题词:"不做假账"。

朱镕基三次给国家会计学院所写的"不做假账"的题词,不仅仅是对全国会计工作者的要求,也是对上市公司和其他行业的要求。他告诉我们,谨守诚信的原则,无论对于个人、企业还是国家,都是十分重要的。他再三强调"不做假账",有其深切的现实意义。他指出,会计造假已经成为严重危害市场经济秩序的一个"毒瘤",许多贪污受贿、偷税漏税、挪用公款等经济违法犯罪活动,以及大量腐败现象,都与财会人员做假账分不开,而"真实、可靠的会计信息是企业科学管理和政府宏观经济决策的依据,虚假的会计信息必然会造成决策失误、经济秩序混乱"。三题"不做假账",固然显出朱总理对事关市场经济命脉的会计行业的殷殷关切之心,但同时也折射出会计行业造假行为并非个别的现状。会计造假的危害性,涉及投资人的利益,涉及政府经济决策,涉及国家的前途和命运,这已经远远超出了单一行业的范围。

综上所述,经过慎重思考,我们确立了选题的基本思路,即立足会计行业,围绕诚信建设策划选题。

二、选题的一个切入点

我国会计行业从业人员已达1800万人,这是一个很大的群体,是一个很大的面,要反映这个群体的诚信建设状况有一定难度,于是,我们将视线转移到另外一个相对较小的群体——注册会计师行业,这也是朱镕基总理比较关注并多次强调要加强诚信建设的行业。我拜访了中国注册会计师协会(以下简称"中注协"),开展调查研究,查阅了大量资料,并与中注协的负责同志进行了深入的沟通交流。通过一段时间的调研,我们取得了宝贵的一手资料,收获颇丰,信心满满。

我国注册会计师制度恢复于1980年,目前有超过8000家会计师事务所,有10万名执业注册会计师和30万名从业人员,为超过350万家客户提供专业服务。注册会计师专业技能、精神品质和社会责任的体现与发挥,最基本、最重要的保障就是诚信。诚信是注册会计师行业价值体系中最本质、最具决定作用的道德品质。它支撑和影响着所有价值判断,是注册会计师行业的核心价值,也是注册会计师行业赖以生存和发展的前提条件。从调研中得知,注册会计师制度恢复重建三十多年来,始终把诚信建设摆在重要位置,其间,针对行业发展中存在的突出问题,多次进行集中清理和整顿。特别是世纪之交,以银广夏事件和安然事件为代表的国内外财务舞弊案引发了行业诚信的大反思。经过深入反思和对行业诚信建设正反两方面经验教训的系统总结,注册会计师行业确立了以诚信建设为主线的发展思路,将诚信建设贯串于行业资格准入、人才建设、标准建设、行业监管、党的建设和协会建设等行业工作的各个领域和环节,形成了覆盖行业管理和服务各领域的行业诚信建设体系。

随着调研的深入,我们可喜地发现,近几年来注册会计师行业开展的诚信文化建设取得了令人瞩目的成绩,得到了习近平总书记、李克强总理等党和国家领导人的高度肯定。习近平总书记亲自视察了国富浩华会计师事务所,并对注册会计师行业作出了"以服务国家建设为主题,以诚信建设为主线"的重要批示。中央有关部委也肯定并转发了中注协的成功做法。

经过几个月的市场调研,我们最后与中注协负责同志共同商定:该选题定名为"诚信之路",主要反映中国注册会计师行业三十多年来推进诚信建设与发展战略相结合、诚信道德与专业素质相结合、诚信培育与党性教育相结合,以诚信驱动审计强国建设,进一步提升行业服务国家建设综合能力等方面的内容。

三、编写过程的两个困难

对于这本书能否被打造成精品,成为一本经得起历史检验的好书,我最担心或说最关注的有两个问题:一是要写成一本很耐读的书,一本业内人士爱不释手、对业外人士有借鉴意义的图书,切忌将本书编写成注册会计师行业三十多年来的工作总结;二是因为这是国家项目,所以必须如期完成,不能拖延。本书的实际编写过程中,这两个问题始终伴随左右,尤其是第二个问题,令我们始终如履薄冰,至今回想起来都有点后怕。

起初,选题定好,编写大纲和体例也很快敲定,图书编写的开局比较顺利,尤其是2012年初,《诚信之路》选题经过层层筛选、专家论证,过五关斩六将,被列入首批"国家新闻出版总署社会主义核心价值体系建设'双百'出版工程重点出版物",同时还获得了国家出版基金和上海文化发展基金的资助。当年只有 100 个主题出版项目列选,本选题的入选对会计专业出版社来讲,的确是振奋人心的好消息,对中注协的有关参编人员也是一个极大的鼓舞。

本来以为图书的编写可以按照既定的时间表进行,但是中注协 2012 年的工作异常繁忙,尤其是承担了首届"中国北京国际服务贸易交易会——会计服务主题论坛"的承办工作,主要精力和时间都用于会议的筹备,而且中注协不同于其他协会,它承担了大量的行业管理职能,是事情最多、涉及面最广的一个协会,内部没有专职人员来编写这本书。

由于图书编写非常缓慢,到了 2012 年的 8 月份,书稿才完成了一半,基本处于停滞状态,原因是缺少人手。怎么办? 是放弃还是坚持? 这本书已经被列为国家出版项目,是国家新闻出版总署的"双百"出版工程项目,同时国家出版基金的首批资助款也已到位,出版时间定在 2012 年 12 月底,若中途夭折,出版社怎么向上级有关部门交代? 以后的路又怎么走? 另请他人来编写也不可行,因为这是一个不仅专业性比较强,而且思想性、思辨性同样很强的选题,不仅与注册会计师行业紧密相连,而且与中国传统文化、价值观血肉相关。如果是编写一本《会计学原理》,倒可以找到很多作者来编写,但此项目却难以另请高明。为了能够按期出版,以便完全履行出版社与国家出版基金办公室签署的出版合同,我与作者之间的短信、微信联系有几百条,尽力督促作者方早日完稿,但收效甚微。

时间一天天过去,我如坐针毡。怎么解决这个问题? 最后决定派员到作者方,协助编写,以实际行动表示出版单位对该项目的重视,再者,去人本身就是督促,可以加快编写进度。结果是柳暗花明,达到了预期效果。我们派去了两名有经验的副编审,他们在时间紧、任务重的情况下,肩负出版社的重托,与中注协的同志一道,不辞劳苦、夜以继日地工作,终于让本书在 2012 年的 10 月份完稿。

四、编印过程的三个坚守

初稿拿到,如获至宝。2012 年底临近,我们进入了紧张的编辑加工阶段。时间虽然很紧,但是程序不能少,而且要精益求精,达到精品图书的要求。我认为,要做就做到极致,在内容加工、印制过程、营销发行方面要做到三个坚守。

首先,在内容加工方面,我们指定了社里的几位资深编辑参与编辑加工和校对。因为这个选题是国家级立项项目,也是上海文化发展基金的资助项目,logo 很多,必须把编校质量做好,不得有任何含糊,如果图书编校质量不合格,则不可能拿奖。加之该选题是中注协的选题,第一次为中注协出书,为给对方留下好印象,必须把图书编辑加工好,使之成为精品。除了正常的三审三校,我们又外加三次通读,后经多次编校质量检查,差错率均在万分之 0.5 以下,2014 年获第十三届上海图书奖(2011.11—2013.10)二等奖。

第二,在用纸、封面、版式、装帧设计等方面,我们也毫不吝啬,舍得投入。我们选用了玉龙生产的纯质纸,请上海最好的美术编辑进行封面设计和版式设计,采用法式精装形式,装帧设计力求做到简约大方、恰到好处,有视觉冲击力。中注协秘书长陈毓圭先生在首次拿到此书时兴奋地说:"《诚信之路》用纸考究,封面设计和装帧精美,弥补了图书内容方面的缺憾,非常感谢立信会计出版社。"

第三,在营销方面,我们加大了推广宣传的力度。在图书编辑加工的同时,我们就向目标读者作了广泛的宣传,一方面通过主渠道在全国新华书店系统铺开,另一方面,在中注协的大力帮助下,主要针对会计师事务所和会计从业人员进行销售。该书已经成为会计师事务所培训使用的工具书,成为出版社的常销书。

五、出版后的六点思考

《诚信之路》虽然只是薄薄的一本书,对于一年出版几十万种新书的泱泱大国来讲,可谓沧海一粟,但是由于这本书上留下的印记很多,让人不得不认真对待它,把好项目做优,同时也给人带来一些思考。

其一,要选准切入点。只要选准切入点,专业出版社也能做好弘扬主旋律的主题出版,推出优秀的精品力作,提高社会效益,提高出版社的知名度。当我在财政部的官网上看到财政部部长助理余蔚平先生在全国注册会计师会议上讲话,麦克风旁边摆放的就是《诚信之路》一书时,感到非常欣慰。

其二,要专心致志。《诚信之路》是国家新闻出版总署立项的社会主义核心价值体系建设"双百"出版工程重点出版物,后又获得国家出版基金资助和上海文化发展基金资助,对该项目必须专心致志,始终保持对其进行过程中每一个环节的高度关注,发现问题须立刻解决,不得有任何懈怠,确保高质量地如期完成任务。否则,好事就会变成坏事，出版社的可信度就会大打折扣，在业界斯文扫地。

其三，要精耕细作。该书确立选题、组稿编写、编辑印制、营销发行等每一个步骤、每一个细节，无一不是精耕细作、精益求精的。作为挑战专业细分市场的图书，该项目结项验收时获得了国家出版基金项目验收专家的表扬，也得到了市场的肯定和专业读者的好评，这从销售 2 万多册的成绩便可获知。

其四，要有长远眼光。做好图书不是印出一本书就完事了，要重视其后续效应，凭一本书赢得作者的信任，可以带来一批作者，开辟一片选题天地。本书的出版过程虽然走了一些弯路，但我们以诚信服务感染了作者，赢得了作者的信任，与作者结下了深厚友谊，提高了出版社的美誉度，为日后新的选题开发打下了坚实基础。

其五，要有服务意识。业内人士都有这种感觉：出版越来越难做，出版社越来越处于弱势地位。尤其是我们这些没有任何背景的地方高校出版社，要想在图书市场立足，有自己的一块可耕之地，必须依靠热情认真、踏踏实实的服务，想作者之所想，使图书产品令作者满意，让作者从此对你形成深刻印象。牢记树立服务意识、践行服务理念很重要。

其六，要注意沟通技巧。在《诚信之路》的出版过程中，书稿一度不能如期提交，我非常着急，于是催稿变成了一种常态。催稿实际上也是一门很重要的沟通艺术，弄不好会事倍功半。催稿要把握好四个沟通要点。一是换位思考。多体谅对方的困难，多理解对方，切记不要有半点埋怨情绪，因为作者方没有专职编写人员，他们在繁忙的工作中抽出时间来编写已经不易。二是要心存感恩。在沟通中对作者方要充满感激之情，且是发自内心的感激。三是要有足够的耐心和恒心。要保持平常心，不要急躁，要坚持，不要轻易言弃。四是要有一定的沟通技巧，不要让对方感到你每次去电话的目的就是为了催稿，在节假日问候一下对方，也会起到提醒的作用。

总之，专业出版社要结合自己的专业优势，找准切入点，积极开发弘扬主旋律的项目，精耕细作，同样能够生产出既叫好又叫座的图书精品。

（立信会计出版社供稿，窦瀚修执笔）

科学前沿系列丛书策划回顾总结

《生命科学丛书》等

上 海 科 学 技 术 出 版 社

经典策划
119

如果说科学研究论文是创造性科学工作的发表性记录,那么科学技术学术专著则是创造性科学工作的总结性记录。前者注重的是优先权,后者注重的是系统化。在大量科学研究工作的基础上,对一个专题或一个领域的研究成果作系统的整理总结、著书立说,是科学研究工作不可缺少的一个组成部分。著书立说既是丰富人类知识宝库的需要,也是探索未知领域、开拓知识新疆界的需要。特别是在科学各门类的那些基本问题上,一部优秀的学术专著常常成为本学科或相关学科取得突破性进展的基石。所以,科学技术学术专著的著述和出版是一项十分重要的工作。从更高的层面来说,科学研究与国家目标紧密联系,是保证国家根本利益、提升国际竞争力的战略要求,而将科研成果有序地积累起来并加以传播,则是科技出版界共同的责任和使命。

一、缘起

学术著作的出版,既是为了总结、积累,更是为了交流、传播。为了在中国传播科学而于1915年创办的《科学》杂志,在其自身发展的历程中,也一直在尽力促进中国学者的学术著作的出版。早在20世纪三四十年代,《科学》杂志的编者就出版有《科学丛书》。

1985 年，《科学》在停刊二十多年后第二次复刊，以面向受过普通教育的人综合地介绍现代科学的各个方面。编辑在向前沿领域科学家组织期刊稿件的同时，常常有着强烈的组织学术专著稿件的冲动，特别是对那些在基本性问题上令国际同行称道的重大成果。出版人有责任促进中国科学家系统总结优秀的科研成果，这样的科学文化积累是中华民族的宝贵财富。冲动最终成为行动。自 20 世纪 90 年代以来，《科学》杂志编辑在办刊的同时陆续推出了《科学专著丛书》、《科学前沿丛书》、《科学前沿进展》丛书等，形成了一个以刊物名称书法样式的"科学"字样为标识的有关科学前沿研究的学术专著系列。

二、选题策划和定位

在 1995 年之后的十多年里，编辑部按五年为一计划周期运作，依托《科学》杂志的作者队伍，在数理、生命科学及交叉学科等领域陆续推出《科学专著丛书》、《科学前沿丛书》、《科学前沿进展》丛书、《生命科学丛书》、《生命科学专著丛书》、《中国基因组研究丛书》、《中国生命科学研究》丛书。

在规划"十二五"重点图书项目期间，为了继续促进中国学者对前沿工作作有创见的系统总结，《科学》的编者和出版者决定对这一系列学术著作进行新的延伸，将《科学专著丛书》扩展为三个系列品种，即《科学专著：前沿研究》、《科学专著：生命科学研究》、《科学专著：大科学工程》，继续为中国学者著书立说尽一份力。

在《科学专著丛书》策划之初，即制定了选题标准，并邀请了时任中国科学院院长，也是《科学》杂志编委会主编的周光召院士为丛书作序。

同时，为保证图书选题的质量，制定了选题遴选标准，对作者、书稿内容、成果的先进性及其传播价值作了如下具体规定。

1. 著者应为中国学者（包括境外中国学者），或者以中国学者为主体（欢迎华裔学者参加）。2. 著述内容应属基础研究或应用基础研究领域中有足够成熟度（可以进行系统化整理总结）的研究工作。3. 著述中包含和依托的著者的研究成果应具有先进性，并能反映国际学术界的最新水平。比如：经国内外学术界同行评议（国际上有影响的学者在学术会议、学术刊物、学术通信中的评价，《SCI》等国际权威刊物统计的引用率等）确认，属于在所论领域中作出贡献而在国际学术界占有一席之地的研究成果；已获国家自然科学奖，中国科学院一、二等奖的研究成果，已获其他省部级奖项的成果应再附评价材料以确认其先进性。4. 选题应有较高传播价值。比如：所论内容关系到本学科或相邻学科的发展；与国家重大科研项目、重大攻关项目有关；有可预期的应用前景；有可预期的对外合作价值等。

在随后的十多年时间里，在编辑力量有限的情况下，编辑部各学科的新老编辑根据自身的专业特长，在广泛了解和追踪相关学科发展的基础上，甄选出能反映我国科学家优秀科研成果的选题，积极促进中国学者对前沿工作作有创见的系统总结，精心选题，为科学成果的积累作出了贡献。截至 2014 年底，该系列丛书已出版各学科门类的学术著作 54 部，其中获得国家级奖励的有 10 部，获得省部级或上海市奖励的有 22 部（不含获国家级奖励的品种）。由于丛书的定位是积累中国科学家的优秀科研创新成果，其中绝大多数品种获得了国家和上海各类出版基金的资助。

三、优秀选题介绍

科学研究具有系统性和长远性、继承性和连续性等特点，科学发现的取得需要好奇心和想象力，也需要有长期的、系统的研究成果的积累。因此，学术著作的出版也需要有长远的安排和持续的积累，来不得半点的虚浮，更不能急功近利。编辑部在办好刊物的同时，积极参与出版科学专著这项有意义的工作，通过长期跟踪学科发展动态，根据不同学科领域的发展特点，适时推出反映学科发展方向的原创性专著选题，其中不少佳作受到科学界和出版界的欢迎和好评。以下分数理科学类和生命科学类分别列举几种。

1. 数理科学类专著介绍

(1)《半导体超晶格物理》(夏建白、朱邦芬著，黄昆审订，1995 年 4 月出版)

这是一部全面系统介绍半导体超晶格的专著，侧重于论述超晶格物理的概念、原理和理论方法，又适当注意介绍实验和器件方面的应用。以大量原始论文特别是作者所在研究组的工作为基础，帮助读者迅速进入该领域的研究工作。自 20 世纪 70 年代半导体超晶格概念被提出并在实际中实现以来，随着研究的深入，其丰富的物理内涵、推进高新技术发展的潜力以及广阔发展前景日益为人们所认识。至 90 年代，它已由一个研究专题发展成一个广阔的研究领域，代表着半导体集中发展的主流。该书作者夏建白、朱邦芬是我国著名半导体专家黄昆院士的学生，他们的工作有些已对国际上该领域的发展作出了贡献。该书出版后，获第八届全国优秀科技图书奖一等奖、第三届国家图书奖提名奖。

（2）《高温超导基础研究》（周午纵、梁维耀主编，1999 年 12 月出版）

这是一部由十几位在不同国家从事高温超导研究的华人学者联袂撰著的著作。内容主要涉及高温超导基础研究。超导性和高温超导都是 20 世纪物理学发展中的大事，全球华人科学家在许多方面的研究中起了相当大的作用。该书主编是英国国家超导研究中心主任梁维耀教授和剑桥大学的周午纵博士。作者均为一线科学家或所在地区的超导研究中心负责人，他们的撰稿具有相当的权威性。该书出版后，获第十二届中国图书奖。

（3）《半导体输运的平衡方程方法》（雷啸霖著，2000 年 7 月出版）

该书系统讲述近年发展起来的平衡方程输运理论的物理原理及其在各种半导体输运问题中的应用，也是作者在半导体输运研究领域取得的国际公认成果的一个总结。雷啸霖院士与华裔学者丁秦生合作提出的理论被国际学术界通称为"雷—丁理论"，这是又一个以中国学者姓氏命名的理论。该书出版后，学术界给予高度评价，称她"是一本具有很高的学术水平的学术专著"，是该书作者"对当代半导体科学的重要贡献"。该书于 2001 年获得第十届全国优秀科技图书二等奖。

（4）《电子晶体学与图像处理》（李方华著，2009 年 3 月出版）

这是一部高分辨电子显微学和图像处理方面的专著。作者李方华院士的一系列工作得到了国际学术界的高度重视，她由于对电子显微学的突出贡献而获得联合国教科文组织授予的世界杰出女科学家成就奖（俗称女诺贝尔奖）。该书出版后，获华东地区科技出版社优秀科技图书一等奖、第二届政府出版奖提名奖。

（5）《铁基超导体物性基础研究》（赵忠贤、于渌主编，2013 年 11 月出版）

铁基超导体是 1986 年继铜氧化物高温超导体被发现以来超导研究领域最重要的发现，有关高温超导体物性的基础研究也是当今凝聚态物理学中最具挑战性的课题之一。该书由我国超导领域专家赵忠贤、于渌两位院士主编，由 10 位从事铁基超导体材料与物性前沿研究的中青年学者共同撰写。作者根据各自所长分别总结综述铁基超导体不同方面的物理基础和研究进展。撰稿人中有 4 位是入选国家千人计划的专家，其余 6 位都是国家杰出青年基金获得者。他们都长期从事超导前沿研究，是对铁基超导体的物性研究作出了重要贡献的知名学者。该书出版后不久，以主编赵忠贤院士为第一获奖者的作者团队因"40K 以上铁基高温超导体的发现及若干基本物理性质研究"获 2013 年度国家自然科学一等奖。截至 2015 年,该书已获第 27 届华东地区科学技出版社优秀科技图书一等奖、第二届世纪图书奖。

2. 生命科学类专著介绍

20 世纪末 21 世纪初是生命科学和生物技术迅猛发展的初始阶段,纵向层次从个体、细胞深入到基因、基因组,横向层次则从结构基因组、功能基因组和蛋白质组、代谢组学、系统生物学等方面展开。很多科学研究成果都是前所未有的创新性工作。

(1)《肿瘤的诱导分化和凋亡疗法》(王振义、陈竺主编,1998 年 12 月出版)

这是中国科学家首次运用全反式维甲酸和砒霜治愈早幼粒细胞白血病的成果总结,该成果不但具有重大的临床医疗价值,更有重要的科学研究意义,其核心思想——诱导凋亡疗法——为癌症治疗开辟了一条新思路。该书出版后,于 1999 年获第四届国家图书奖、全国优秀科技图书奖一等奖。王振义院士也因此项研究成果获得 2010 年度国家最高科学技术奖。

(2)《遗传病的基因诊断与基因治疗》(曾溢滔主编,1999 年 11 月出版)

该书主编曾溢滔教授是我国最早从事遗传病基因诊断与基因治疗的科学家之一。该书是国内出版的第一部基因诊断与基因治疗方面的专著,既有作者们自身丰富的实践经验,又有系统的遗传病基因诊断和基因治疗相关基础理论、研究方法和技术,为中国该领域的科研工作打下了坚实的理论和实践基础。该书出版后,于 2001 年获第十届全国优秀科技图书奖二等奖。

(3)《中华民族遗传多样性研究》(金力、褚家祐主编,2006 年 11 月出版)

这是一部反映运用基因组技术成果来研究人类起源的专著。自 1993 年中国参加人类基因组计划以来,我国科学家在国际上积极争取承担人类基因组 1% 的测序任务,同时努力拓展基因组研究的课题范围,在基因组测序、遗传多样性、血液病基因、疾病相关基因表达、模式生物等领域取得了可喜的成果。该书从文化习俗、历史渊源、体貌特征、语言发生等方面介绍中国 56 个民族的特征,结合各种遗传标记的先进检测手段,介绍中国不同人群的遗传多样性和相关的分析方法,以及国际上围绕东亚现代人起源之争的遗传多样性研究,还介绍了遗传多样性研究在疾病基因诊断、药物代谢研究和法医鉴定方面的应用。这样的架构既与民族史学、语言发生学的研究者建立了沟通的平台,又向基础医学和法医学的研究者展示了广阔的开拓前景,凸显了体质人类学结合遗传多样性研究方法所达到的新境界。成书过程正值人类基因组研究成果不断涌现的时期,书中介绍的研究工作,像微卫星标记、线粒体 DNA 标记、Y 染色体标记等,当时还在启动和进行之中。该书于 2007 年入选新闻出版总署第一届"三个一百"原创图书出版工程,2008 年获第一届中国出版政府奖图书奖提名奖。

(4)《中华民族永生细胞库的建立——理论与实践》(褚嘉祐主编,2009 年 2 月出版)

该书是继《中华民族遗传多样性研究》后的又一部与中华民族基因研究相关的前沿领域著作,也是 2006 年度国家自然科学奖二等奖获奖成果的一部分。建立永生细胞库是保护和保存中华民族遗传资源、把我国各民族遗传特征信息传于子孙后代的重大工程,此书兼顾理论性和实用性,除系统介绍人类永生细胞库建立的理论外,还详尽阐释了相关的技术和方法。该书出版后,于 2010 年获上海图书奖一等奖。

我们相信,随着中国科学研究向世界前列的挺进,今后一定还会有更多推陈出新的科学佳作问世,也一定会有传世的名著问世!

(上海科学技术出版社供稿,季英明、段韬执笔)

一部让普通人也能看懂的科学史

——《科学编年史》策划案例

《科学编年史》

经典策划 119

上 海 科 技 教 育 出 版 社

　　《科学编年史》是上海科技教育出版社的一个"大项目"。说它大,原因有四:一是部头大,近 200 万字,图片就有千余幅;二是覆盖学科多,数、理、化、天、地、生、医、农、计算机,自然科学领域最重要的学科都有涉及;三是它是原创科普,编写难度大,作者超过 120 人;四是耗时长,从 2004 年项目正式启动,到 2010 年推出平装本、2011 年推出精装本,历时七八年,这还不包括项目正式启动之前的选题调研与论证时间。说它是"十年磨一剑",名副其实。

创意与价值

　　科学史是人类文明史的重要组成部分,它反映了科学发展是如何改变社会和人类生活的。了解科学史,不仅仅是研究者的分内事,也是普通公众提升科学素养、培养科学意识、形成正确的历史观的重要途径。科学史的重要性在如今已日益彰显。当时,科学史著述时有新篇,但编年休的科学通史类读物依然踪迹难寻,尤其是尚无一部既较具规模又辅以丰富插图的科学编年史。国内已出版过一些科学年表或者科学大事记,但终究不能等同于正规的编年史。出版一部由国内科学家、科学史家和科普专家协力原创的《科学编年史》,既符合我国公众对普及型科学编年史的需求,令我国公众对于科学发现的历程有一概要了解,又可起到填补空白的作用。这对于令公众了解科学知识、领悟科学方法、弘扬科学精神，乃至提高国民的整体科学文化素养，都将起到积极的促进作用。

基于此，上海科技教育出版社策划了大型科普图书《科学编年史》。此书为科学通史，以编年体的形式，言简意赅地叙说人类历史上的重大科学发现，普及科学知识，彰显科学精神。全书涉及数学、物理、化学、地学、天文、医学、生命科学、计算机和信息技术、农学九大学科门类，邀请国内一流科学家、科学史家和科普作家协力原创，并由我国著名科学史家、中科院院士席泽宗领军。全书规模约 200 万字，图文并茂，力求通俗易懂。本书被列为国家"十一五"重点图书出版规划项目。

思路与构架

广义地说，科学史不仅包括科学发现的历史，也包括科学机构的兴衰、科学教育的发展、科学社团的变迁等。而本书明确地将重点放在科学发现上。

策划之初，考虑到本书跨越人类文明史上的 2 万年，故全书以时间为序划分为 7 篇：

篇	篇名
第 1 篇	公元 500 年之前的科学
第 2 篇	公元 500—1500 年的科学
第 3 篇	1500—1600 年的科学
第 4 篇	1600—1750 年的科学
第 5 篇	1750—1850 年的科学
第 6 篇	1850—1945 年的科学
第 7 篇	1945—2000 年的科学

如此，既可以横向与人类文明史的其他重大文化事件相互对照，又能纵向比较不同时期科学发现的厚薄。

《科学编年史》的策划定位如下。

1. 它是一部科学普及读物，而非学术专著，重在对广大读者进行科学普及。

2. 它以编年体形式呈现，以时间为主线，按照历史本来的顺序来回顾、概括人类的科学活动，重在介绍重大科学发现（也可以称其为"知识点"），而其他的科学史内容则从略或从简。时间跨度为：自公元前19000起，迄2000年止。全书以条目的形式呈现，按照时间的先后顺序编排所有条目。

3. 全书涉及九大学科门类，各个学科门类的条目分别为：数学约250条，物理约300条，化学约250条，地学约200条，天文约180条，医学约220条，生命科学约300条，计算机和信息科学约120条，农学约120条，预留60条供补遗。全书共约2000条，纯文字约100万字。全书划分为7篇，每篇有独立扉页，扉页上有相关时期著名科学家的名言。

4. 按照科学发现的重大程度，条目可以分为大、中、小三类，大条目600—700字，中条目400—500字，小条目200—300字，平均500字。

5. 全书为大16开，图文并茂。图片包括人物图、实物图、场景图、模型图等，与条目文字相互呼应，约1000幅。

6. 由于条目内容中拟略去对科学家的生平介绍，全书特意选取九大领域的30位科学大家（亚里士多德、伽利略、牛顿、达尔文、居里夫人、爱因斯坦等），以科学家小传的形式作额外介绍，凸显科学发展进程中的科学精神和人文色彩。

7. 作为一部科普类的编年史，编排时要充分考虑普通读者查阅的方便，因此正文打乱学科，以年份为序编排，正文之后拟制作附录4篇，依次为学科词条总目（按学科编排）、人名索引、人名中外文对照表和主题词索引。如此一来，读者不仅可以按时间前后顺序概览科学发展的全貌，而且也可以通过各种分类索引，专项查阅自己感兴趣的学科领域的整体发展历史，更可以查阅一个时期的科学发展历史。

8. 本书拟由国内一流科学家、科学史家和科普作家协力完成。

9. 本书的主要读者对象为具有高中以上文化水平的普通读者。

从内容、形式、编写方面来看，《科学编年史》将具有以下特点。

1. 领域广泛，规模庞大。

2. 形式新颖，视角独特。

3. 编排周全，条目清晰。

4. 图文并茂，彰显人文。

5. 编者权威，编制严谨。

组织与运作

本书作为上海科技教育出版社的一个大型出版项目,于 2004 年启动,随后成立了编委会,主编为中国科学院院士、科学史家席泽宗,副主编为中国科学院院士、数学家王元和我社社长张英光。同时,出版社决定,由分管社领导总体负责,从不同编辑部门抽调编辑骨干组成出版小组,分学科跟踪进度。本书投入的文字编辑、美术编辑、审稿人员多达四十余人。

本科普出版项目在具体操作过程中遇到了许多困难,采取了类似科研的工作方式。全书编写过程分两个阶段进行:第一阶段为搭建条目框架;第二阶段为条目撰写。第一阶段分学科进行,由编委会进行各学科间的平衡和调整;第二阶段也是分学科进行,各个条目内容务求简洁易懂。成书编排时,所有条目先分学科列出,最后再打乱学科,以时间为序排列。

两个阶段相比,第一阶段的任务更加艰巨,主要包括:(1)邀请专家(均为院士或者学科领域的权威学者)列出条目框架;(2)找更多专家征询意见;(3)由主编和编委会对各学科条目框架进行讨论、平衡,并确定最后的整体框架。这一阶段,要求各学科编辑熟悉学科的发展历程,对于框架初稿能作出一定的判断并参与讨论。第一阶段耗时近 4 年,2007 年底告一段落。在此期间,出版社拜访并邀请到王元院士、李文林先生(数学史专家)、胡亚东先生(中科院化学所老所长)、江向东先生(原《现代物理知识》主编)、郑志鹏先生(中科院高能所原所长)、汪品先院士、陈运泰院士、杨雄里院士、钟扬先生(复旦大学研究生院院长)、张大庆先生(中国科学技术史学会医学史专业委员会主任)、王思明先生(《中国农史》主编)等一大批专家学者组成编委会,搭建出学科条目框架,并经编委会多次讨论、协调,最终由主编定稿。席泽宗先生作为本书主编,在明确编写宗旨和出版风格、划分学科领域、选定编委人选、平衡各学科内容、确定学科条目框架等方面提出了重要的指导性意见。可惜的是,2008 年底席先生突然病故,未能看到此书出版。

第二阶段的重点是条目撰写。由于图书内容量巨,因而在编委会之下又组织了庞大的编写团队,不同学科各由一位编委负责。召开首次编写会议前,要求每个学科门类针对大、中、小条目分别撰写样稿,样稿撰写由编辑协助编委完成。各个编写团队拿到样稿后提出进一步的修改意见,然后编写者各自撰写一个条目,由学科负责人审定通过，最后再分工编写。初稿由学科负责人统一审定。第二阶段在2009年底基本告一段落。

效果与影响

中国科学院院长白春礼院士在了解了本书的价值之后欣然为之作序。在数千字序言的最后，白春礼院士写道："我相信，作为一部有价值的科学史读物，《科学编年史》将能促进广大公众对科技知识、科学方法、科学思想和科学精神的理解，进一步提高国民的科学素养。进而言之，希望读者尤其是年青读者，在领略科学史实之际，更能感受科学发现背后'兼容并包'与'创新'之重要。有了对创新的追求并为之辟出一方沃土，我们才能拥有自己的科学大师。"这当是本书最希冀达成的目标。

本书出版后获得学界和媒体的高度评价以及社会公众的一致肯定，例如获赞"当年梦想中的枕中秘籍"。本书迄今已经获得第四届中华优秀出版物奖、第四届"三个一百"原创出版工程奖、第二届中国科普作协优秀科普作品奖（图书类）优秀奖、2011—2013上海图书奖一等奖、第一届上海科普教育创新奖科普成果奖一等奖等诸多奖项，取得了良好的社会效益。

（上海科技教育出版社供稿，王世平执笔）

科学大师引领的科学知性之旅

——《科学大师佳作系列》出版前后

《科学大师佳作系列》丛书

上海科学技术出版社

经典策划
119

世纪之交的判断,传统与前瞻

20 世纪 90 年代,人类处在迎接世纪之交之际,回望即将过去的 20 世纪,科学技术取得巨大的发展与进步。科学上的重大发现,与技术发展、创造相互影响与促进,使人们对客观世界的认识更深入了。当代科学发展如此迅速,其前沿领域又如此艰深,究竟能不能凭借通俗的语言,使广大公众对当代科学成就有更深入具体的理解?

这很不容易,但回答仍是肯定的。已故美国科普泰斗艾萨克·阿西莫夫曾经说过:"只要科学家担负起交流的责任——对于自己干的那一行尽可能简明并尽可能多地加以解释,而非科学家也乐于洗耳恭听,那么两者之间的鸿沟便有可能消除。要能满意地欣赏一门科学的发展,并不非得对科学有透彻的了解。归根到底,没有人认为,要欣赏莎士比亚,自己就必须能写出一部伟大的文学作品。要欣赏贝多芬的交响乐,也不要求听者能作出一部同等的交响乐。同样地,要欣赏或享受科学的成就,也不一定非得躬身于创造性的科学活动。"

科普图书出版一直是上海科学技术出版社的传统出版领域,后者曾出版了很多深受读者喜爱的科普作品,比如,20 世纪 80 年代出版的原创科普作品《人类的智能》荣获第一届国家图书奖提名奖,在全国出版界享有较高的声誉。在即将迎来世纪之交之际,编辑部组织编辑进行调研,计划策划一套反映 20 世纪科学技术成就的科普系列。当得知美国约翰·布罗克曼公司正组织世界范围内的著名科学大师编写一套反映世纪之交科学前沿问题的《科学大师佳作系列》时,编辑部第一时间和约翰·布罗克曼公司联系,从获悉本系列运作开始就与约翰·布罗克曼公司保持密切沟通。得益于多年来与国外诸多出版机构,包括约翰·布罗克曼公司,保持良好的合作关系,我社取得了这套丛书的中文版授权。

《科学大师佳作系列》无论是选题内容还是规模与影响都堪称国际一流科普作品,这正是我们要策划、寻找的项目。该系列既有选择地抓住了当前科学发展的若干热点或焦点,如宇宙起源、生命起源、癌症起源等,又从整体上兼顾了学科覆盖面,涵盖了物理科学、数学、计算机科学、地球科学、生命科学等,既有古典的学科,也有新兴的学科。作者大多是一线科学家,亲自参与相关领域的科学研究工作,熟知本领域的最新进展。如:《人类的起源》的作者理查德·利基,是世界级的考古大师;《伊甸园之河》的作者理查德·道金斯既是著名进化生物学家又是科普名家。还有许多作者虽不是一线科学家,但都长期从事科普创作,他们对所写作的领域非常熟悉,擅长用通俗语言解读深奥的科学问题。由这些作者来向公众普及科学,具有相当的权威性,同时也能保证图书的可读性。本系列图书分两辑出版,第 1 辑 12 种于 1995—1997 年陆续推出英文版,第 2 辑 10 种于 1999—2000 年推出。这是全球科技出版的一次壮举,有二十多个国家和地区共同参与,出版这套丛书的各种文本。

强大的译者阵容,确保丛书的权威性

为确保本套书中文版翻译的权威性、科学性和可读性,上海科学技术出版社在获得版权后,即多次组织研讨会,并听取多方专家意见,确定译者人选,最后组织了强大的译者队伍,邀请十多位国内著名科学家和科普名家组成中文版编译委员会,两院院士朱光亚任编译委员会主任并作中译本序,著名物理学家谢希德、天文学家叶叔华任编译委员会副主任,委员中有中科院院士、神经生物学家杨雄里,钱学森弟子、中科院院士戴汝为,人类学家吴汝康,自然地理学家郑度,以及数学科普名家谈祥柏、天文学家兼科普名家卞毓麟等。每本书的译者都由相关领域内既有学术专长又有著译和科普写作经验的专家、学者担当。比如:《大脑如何思维》《人脑之谜》均由杨雄里院士亲自挂帅翻译;《宇宙的起源》由科普名家卞毓麟负责。如果说本套书原作者都是世界级科学大师的话,那么中文版译者则都是中国科学大家,强强联手,使得本套书权威性、可读性凸显。

整体设计,亮丽中不失大气

图书是一个整体,尤其对一套丛书而言,好内容还需有好设计。本套书各分册篇幅小,仅有 4.25 印张,原版为 32 开、平装,中文版整体设计时,采用大 32 开、纸面精装形式,这样不仅规避因篇幅小而书脊窄导致不利于上架销售的问题,还显得更为大气。原版封面设计虽简洁,但缺少亮色,中文版封面设计一改科普类图书较为呆板的面孔,统一用黑色做底色,各分册均精挑细选了两三幅反映图书主题的精美图片错落有致地放在封面上,封底分别附上作者、译者照片和简短文字介绍,亮丽中不失大气。

强烈的反响,意料之中又意料之外

为保证中文版早日问世,每拿到一份英语原著稿,我社即着手组织译者翻译。经过编译委员会和全体译、编、校者的共同努力,该系列中译本第 1 辑 12 种于 1995—1998 年先后上市,这在当时的国内科普图书市场无疑掀起了一场阅读科普的旋风。

各大书店纷纷把这套图书放在显要位置,相关媒体予以积极报道,读者的好评也纷至沓来,本套书一时间风靡全国,这是出版社意料之中的。令出版社始料不及的是其市场反响之大:首批每种 1 万册在不到半年时间内即售罄,其中大部分品种在两年时间内加印四五次,如《宇宙的起源》、《人类的起源》、《宇宙的最后三分钟》均印了 6 次,每种印数近 6 万册,《大脑如何思维》、《周期王国》、《伊甸园之河》、《自然之数》的印数也都超过 4 万册。当时一般科普图书印数很少有过万册的,而这套书两年之内创造四五万套的销售业绩着实创造了一个奇迹。究其原因,不外乎选题抓住了公众关注的热点,以及高品质的译文和整体设计。诸如宇宙的起源、演化和人类的起源这类古典的难题,在科学前沿的探索中至今都是谜,它们的每一步进展都吸引着并不精通科学的普通人。《宇宙的起源》、《宇宙的最后三分钟》和《人类的起源》,正是作为权威科学家讲述的权威的"起源故事"而备受读者的青睐。随着第 1 辑的热销,出版社加紧出版步伐,2000—2002 年《科学大师佳作系列》第 2 辑 6 种在读者的期盼中面世,延续着第 1 辑的销售佳绩。

《科学大师佳作系列》因为其积极的社会影响和优秀的市场表现,分别荣获第四届全国优秀科普作品三等奖、第九届全国优秀科技图书奖暨科技进步奖(科技著作类)二等奖,其中《人类的起源》被列入第十一批全国优秀畅销书,《宇宙的起源》获1998年度上海市科普优秀作品奖。《科学大师佳作系列》封面获第七届华东地区优秀书籍装帧评选封面设计一等奖、第四届全国书籍装帧艺术展览三等奖。

再次出版,依旧获得市场认可

科普之所以有生命力,是因为人们对科学知识的理解有一种内在的需求。我们本能地要求对所生活的世界有一种切实的把握,于是渴望了解科学,并通过科学了解世界。

这套书对广大读者全面了解当今科学发展的状况,起着重要的帮助作用,同时也能激发青少年探究科学的兴趣。正如该系列中《心灵种种》的作者、哲学家丹尼尔·丹尼特所说:"我将这项计划视为向这个世界撒下了一张网,它捕获的将是我们这颗行星的下一代思想家和科学家。"

该套书自出版以来,一印再印,市场的表现充分反映了它的价值。出版社也一直收到读者的反馈,希望能再版。虽然成书于多年前,但该系列对诸如宇宙的起源与演化、人类的起源、大脑如何思维等这些公众关心的基本问题的阐述生动、简洁,书中对学科的展望也多为目前的研究所证实,而且译文质量高,值得再次出版。鉴于该书良好的社会反响和品质,上海科学技术出版社决定于2012年底重新推出这套书,以飨读者。市场的表现印证了出版社的判断,虽不可与当年的畅销相比,但依旧获得市场的认可,部分品种多次重印,从侧面说明好的科普图书经得起时间的检验。

(上海科学技术出版社供稿,包惠芳执笔)

心理学图书的学术出版盛宴

——《当代心理科学名著译丛》编辑侧记

《当代心理科学名著译丛》

华 东 师 范 大 学 出 版 社

经典策划 119

一位雄心勃勃的出版人,和一位同样雄心勃勃的心理学家,在 1998 年的秋天,开始了一场"恋爱",其物化的结果是,一套总数达 36 种的《当代心理科学名著译丛》问世,在过去 15 年间,极大地影响了整个当代中国心理科学的发展。整套丛书,平均印数超过 2.5 万册。译丛几乎囊括了过去 30 年间西方最好的心理学学术专著,译者队伍也几乎网罗了中国当代最好的心理学工作者。

一、缘起

时间回拨到 1998 年秋天。

时任华东师范大学出版社社长的朱杰人,刚从学校古籍所教授转任出版社社长,可以说对学术出版有很大的抱负,要做出一批在全国有影响的图书来;但哪里有重要的出版资源? 谁可以来做?

刚刚卸任华东师范大学心理学系系主任的李其维教授,则面临另一种情况:华东师大的心理学系可以为中国心理学的发展做什么? 中国心理学需要什么?

李其维是我国第一位自主培养的心理学博士,其研究方向是皮亚杰发生认识论原理。皮亚杰是 20 世纪公认的三位最伟大的心理学家之一。李其维是具有世界眼光的,同时又深知国内心理学界的现状,了解国内心理学界最需要哪些养分。

当两位本就相识的学人，以新的身份碰到一起时，火花就不可避免地迸发了：

"我们选择世界上最好的心理学家写的最好的心理学著作，翻译成中文！"

是的，这样一种共识，瞬间就达成了。

是不是太简单了？其实，如果换掉他们中任何一个人，可能磨破嘴皮也谈不成，或者，谈不到这个点子上。

这就像是一位风度翩翩的男子，和一位亭亭玉立的女子，也许之前他们阅人无数，但就是找不到感觉。在他们相遇的那一刻，"我要的就是他/她"！

对朱杰人和李其维来说，内心那种想做一番事业的冲动，或许在心中萌动了许久，或作过其他尝试，但那一刻："这就是我们要做的事业！"

这也像是一位在沙漠里行走了很久的旅行者，突然发现了一片绿洲，找到了一股清泉。

二、背景

但是，任何一段缘分，都离不开其所处的大环境。

现代的科学心理学起源于德国，兴盛于美国。当西方的心理学蓬勃发展的时候，中国则是内忧外患，人们生存都有问题，无暇顾及精神上更高的追求。当然，对这个结果，也有更多科学史论的解释；但结果就是，"文革"之后，最初只恢复了中国科学院心理研究所，后有北京大学、北京师大、华东师大、西南师大等少数几家心理学教学研究机构。最早的心理学基础教科书，都是苏联式的。

这种缓慢发展，一直延续到20世纪90年代中期。由于大学扩招，心理学开始快速发展。一开始是上述几家主要心理学教研机构扩大本科生、研究生的招生数量，后来是各师范大学成立心理学系，再后是其他综合性大学设立心理学系。社会上对心理学的需求不再遮遮掩掩。李其维在这套书的总序中写道：

> 心理学正日益走近和踏入我们的生活。目前它几乎已成"热学"。林林总总冠以"心理学"名谓的出版物不断更新着书店和读者的书架。心理学不再神秘。但也不必讳言，从"心理学"这棵大树繁衍开来的过度茂密的枝蔓，使其主干倒显得有些不明了。严肃的心理学工作者应该做些修枝整叶的工作。没有心理学主干的承托，心理学之"热"是不能长久的。培本固干是本

丛书的宗旨。

一个不讳的事实是：由于近代科学心理学发端于西方，西方学者比我们稍稍领先了几步。"他山之石，可以攻玉"。我们是积极的拿来主义者。我们希望从一种多元的视野中，以某种开放的气息，吸纳他人之长处，此所谓"大道多容"的心态，当为今日中国学人所取。

如果仔细分析这样的大小环境、参与者个人际遇，我们会发现，这种缘分更像是天注定，套用当今流行的句式，"为一场纯粹的学术出版"。

三、选书

决定要做之后，关于怎么做的问题，朱杰人给了李其维极大的信任与授权：由后者全权组织选编委员会。对于这一点，李其维不只一次感叹道："没有老朱的魄力，这事做不成。"激赏之情，溢于言表。

出版社对作者的放手，给了整套丛书的选编极大的空间，让李其维以一种"士为知己者死"的态度全情投入。

选编委员会有皮连生、李其维、杨治良、金瑜、俞文钊等5位华东师大心理学系的教授，放到全国来讲，这几位也是在各自领域极具影响的心理学家。选编委员会的成立，没有什么障碍，大家心有灵犀，一拍即合。

基于出版同类丛书国内尚无先例，为慎重计，李其维和朱杰人又一同拜访了中国心理学界几位德高望重的著名学者——陈立、荆其诚、张厚粲、王甦教授，征询他们的意见。他们对出版这套丛书的计划均表肯定与赞许，且欣然应允担任丛书的顾问。他们还对选编工作提出了许多指导性的原则和建议，一再鼓励要把"好事做好"，其语殷殷，其情切切。让人感动的是，荆其诚、张厚粲、王甦教授还先后亲自领衔选择并翻译了一本书，陈立也曾动过念头，甚至选过一本美国著名心理家埃里克森的书，只是已近百岁，自觉无法完成，只得放弃。

选编委员会非常慎重地确立了《当代心理科学名著译丛》的选书原则：

它应是一套系列的丛书，范围尽可能地涵盖各个主要的心理学领域，以名家名著为取材对象，以学术性和权威性为入选的标准，试图使读者能从这套丛书中形成关于科学心理学的"主干"形象。

　　具体操作上遵循如是理念："本套丛书名曰'当代'，具体指近十余年来的作品，或是问世稍早，近年又再版流行者。时间是判断学术著作之生命力的良好尺度。但立足'当代'，与判断名著的时间间距的要求，两者之间显然是矛盾的。我们试图从中寻找某种平衡点，确定选择的时限不超过 20 世纪 80 年代，就是对两者的兼顾。当然，更重要的是对作品的内在学术价值的把握。这正是编委会的工作重心所在。因此，那些既反映某学科领域的最新研究成果，又对后继的学科发展具有前瞻性启示意义的，且为当今学者所公认的有影响的作品（含某些成熟的基础心理学的教科书），为本丛书的选择目标。全套丛书分为教育与发展心理学（含智力理论）、普通心理学和实验心理学、社会心理学、管理心理学五六个专辑。"

　　我们可以从两件小事来理解这种选书的原则。1. 丹尼尔·戈尔曼出版《情绪智力》一书，在全球掀起了一股强劲的旋风，亦使得情商（EQ）一词变成时下流行的名词；但是在学术圈内，情绪智力方面更具权威性的人物是约翰·梅耶。当然，约翰·梅耶写的书，是比较学术化的，不像有过杂志记者经验的丹尼尔·戈尔曼那么会讲故事。当时有人提出，译丛是否考虑选一本梅耶的书，但是被编委会拒绝，只是因为其不符合入选的原则：情绪智力的研究从成熟度上来讲，还无法跻身学术心理学的主干。2. 时任美国心理学会主席的斯腾伯格，其《成功智力》、《恋爱心理学》两书在美国很流行，但编委会选择了他的另一本学术著作《超越 IQ：人类智力的三元理论》，而推荐出版社"另行出版"《成功智力》。

　　最初选择书目时，有人推荐说，心理的模块性是一个很有价值的学术观点，美国心理学家福多的《心理模块性》有翻译价值，该作者是这个领域最具代表性的人物。后来，又有老师推荐说，对于福多的模块性理论，争议性的意见也很多，其中的代表人物是英国心理学家卡米洛夫-史密斯，其代表著作是《超越模块性》。编委会对此并没有统一的意见，这本身也反映了当前心理学研究的现状：学术观点本身没有定论。最后，编委会决定将两本书全部选上，因二者涉及的内容是心理学本身最主干的领域。

　　他们只为一场纯粹的学术出版，只为学术上的追问，没有市场销售上的追风。对此，出版社没有干预。

四、版权

对于一套翻译书来讲,选书是第一步,版权则是无法绕过的门槛。有的时候,是某书的版权被别的出版社拿走了;有的时候,则是联系不上版权所有人。意想不到的事有很多。

其中有一本书,一开始我们与原书出版社谈翻译版权。也许是原出版社不了解中国的国情,对于中文书定价期望值比较高,无法接受这样一本学术书中文版定价只有几美元(原版定价近 100 美元),而且他们期望的版税也高得离谱。双方谈不拢,僵住了。

但是编委会很想做这本书,出版社的版权部便想到了联系原作者。

让人非常欣喜的是,作者自己持有该书的版权(其出版社只是帮忙代理,真正的决定权在作者手中)。作者很高兴他的书"能有机会让 13 亿中国读者看到"(想多了),版税的事好说,象征性地付几百美元就行。

完全是峰回路转。

但后面还是出现了一个小插曲。

按双方合约,出版社需要给作者预付几百美元。但当时要付给个人几百美元并不是很方便,要通过银行汇款。那时汇款的程序比较复杂,更主要的是时间拖得很长,当时又恰逢圣诞节,以致到账时间比预计晚了将近两个月。

因为老是收不到钱,老头很生气。很难想象一位美国的资深教授,会为几百美元的小事较劲。我们除了邮件解释,能做的只是祈祷银行快点。后来慢慢体会到,老头其实只是希望我们是认真的,仅此而已。

认真对待每一位作者、每一位译者,认真对待每一件小事,是编辑从这件事中得到的宝贵经验。这一经验也一直为丛书的顺利出版保驾护航。

五、影响

《当代心理科学名著译丛》总共 36 种,平均印数超过 2.5 万册,出版社肯定在经济上赚了,但比赚钱更让人印象深刻的是其产生的文化影响。

本世纪初,各行各业各种排名层出不穷,关于心理学的各种排名也不鲜见。比如,权威的美国《今日心理学》杂志曾经排过20世纪最具影响的100位心理学家。《当代心理科学名著译丛》图书的原作者有9位入选,考虑到丛书的当代性,9位入选已经非常了不起了。

在学术界,有一个评论图书或论文影响力的权威指标——引用次数。丛书中的《超越IQ》《人格科学》《自我效能》《道德发展心理学》《文化和人类发展》《思想和行动的社会基础》,曾经在不同年份高居引用排行榜图书类前10名。

因为这套丛书的成功,国内心理学图书的引进翻译蔚然成风。译丛的很多做法,比如翻译体例,甚至是总序的写法,都成为同行们后续工作的模板。虽说这是市场这只无形的手推动的结果,但对中国心理学的发展来说,确实是一件大好事。

华东师大心理学系,因为曾经翻译《认知过程的评估》,跟作者方建立了极好的学术交流机制,至今还定期有学术互访,展开全方位的学术合作。

对于出版社来说,这套丛书奠定了自身心理学图书出版权威的地位,与中国心理学界建立了良好的合作关系,吸收了一大批知名的心理学家成为自己的作者。

译丛的总序中,有这样一段话:

> 我们想表达我们全体编委会同仁们最深层的愿望,这也是我们编译这套丛书的最核心的初衷:今日播种西方译丛,为的是来年收获中国的名著!随着新世纪曙光的到来,随着中国现代化进程高歌猛进,中国的心理学家既有能力也有信心,贡献于世界科学与文明更多创造性的成果。

2012年,华东师范大学出版社与中国心理学会合作,由中国心理学会前理事长、中国科学院资深心理学家杨玉芳教授主编的《当代中国心理科学文库》全面启动,对上面这段话作出最生动的回应。

附:《当代心理科学名著译丛》总书目

1. 教学设计原理

2. 学习的条件和教学论

3. 认知过程的评估:智力的PASS理论

4. 超越IQ:人类智力的三元理论

5. 心理学:一条整合的途径

6. 实验心理学:掌握心理学的研究

7. 组织行为学(第九版)

8. 人格科学

9. 学习与认知发展

10. 超越模块性:认知科学的发展观

11. 心理模块性

12. 成人发展与老龄化

13. 认知发展(第四版)

14. 消费者行为学

15. 思想和行动的社会基础:社会认知论

16. 自我效能:控制的实施

17. 工程心理学与人的作业

18. 责任推断:社会行为的理论基础

19. 心理学史导论(第四版)

20. 认知心理学(第四版)

21. 经典和现代测验理论导论

22. 道德发展心理学:道德阶段的本质与确认

23. 社会心理学(第十版)

24. 儿童和青少年临床心理学

25. 语言心理学

26. 进化心理学

27. 人因工程学导论(第二版)

28. 文化和人类发展

29. 心理工具:教育的社会文化研究

30. 社会性动物(第九版)

31. 行为遗传学

32. 变态心理学:变化世界中的视角

33. 论智力:智力发展的生物生态学理论

34. 出类拔萃的IQ:一门可习得智力的新兴科学

35. 认知心理学(第五版)

36. 音乐、语言与脑

（华东师范大学出版社供稿，彭呈军执笔）

一部学术手册的前世今生

——《儿童心理学手册》(第六版)翻译出版记

《儿童心理学手册》(第六版)

华 东 师 范 大 学 出 版 社

经典策划
119

一、缘起

翻译出版《儿童心理学手册》(第六版)有很大的偶然性。

2006 年 12 月,我参加了中国心理学会发展心理学专业委员会和教育心理学专业委员会在广州大学联合举行的学术年会。这届会议的规格很高,心理学界重量级的几位专家如林崇德教授、李其维教授、董奇教授等都亲自出席,并作为大会的开幕式和闭幕式的报告人。对于一名心理学图书的编辑来讲,这是极难得的机会,可以在短短几天时间内,知悉这两个心理学最重要领域的前沿进展。

我至今还记得,林崇德教授在开幕式报告中,三次提到"最新版的《儿童心理学手册》"。讲到某个重要的问题时,林老师会说"最新版的《儿童心理学手册》中有了新的提法"或"最新版的《儿童心理学手册》是这样界定的"。林崇德教授是北京师范大学的资深教授、中国儿童心理学的标志性人物,从他的口中讲出来这样的话,可见《儿童心理学手册》的权威和工具性地位。

作为一名心理学图书编辑,我知道这样的话意味着什么。

我推掉了当晚的一个宴请,回到房间研究起这个"最新版的《儿童心理学手册》"来。虽然学生时代我就接触过以前版本的英文《儿童心理学手册》,但作为一名策划

编辑,想要初步决定是不是要将这部学术手册翻译成中文,需要调查的信息还是不少的:

- 新版是什么时候出的? 第几版?
- 哪家出版社?
- 主编是谁?
- 有多大篇幅?
- 更重要的是,这部手册到底有多重要?

前面的几个问题很快就查到了答案。该手册于 2006 年出了第六版,由著名的 Wiley 出版社出版,由美国著名人类发展学家、斯坦福大学的 William Damon 教授和塔夫茨大学的 Richard M. Lerner 教授联合主编。

整个手册分四卷,大 16 开,每卷约 1 200 面。这是个巨大的篇幅。老实说,看到这么大的篇幅时,对于翻译出版中文版,我当时是打退堂鼓的:谁来翻译? 成本会有多高? 如何定价? 能印多少?

我没有轻易放弃,从网上找到了原版的前言。两位主编在该手册开篇中的一段话,深深地打动了我:

> 在有关人类发展的研究领域,《儿童心理学手册》起到了独特而重要的作用,其影响之大甚至连那些世界著名的学术手册也难以比拟。《儿童心理学手册》一直在为该领域几乎长达 75 年的发展研究继承着扮演指向标、组织者、百科全书角色的传统,这段时间可以说涵盖了发展领域绝大部分的科学工作。

两位主编都是该领域久负盛名的教授,绝不会无中生有地妄言该手册本身的作用。能够配得上这样一段评语的学术手册,至少心理学界绝无仅有。

我以一种如饥似渴的心态,仔细阅读了原版书的前言、目录,之前版本(第四版、第五版)的相关书评、前言、简介,以及一些著名心理学家对该手册的推荐、美国心理学会官方网站上对该手册的专门介绍,对该手册自 1931 年第一版以来的发展脉络、内容特点有了大概的了解。

二、传承

Carl Murchison 为《儿童心理学手册》1931 年第一版主编。Carl Murchison 是一位主编过《心理学文档》,成立并主编过多种核心心理学期刊,撰写过社会心理学、政治、犯罪心理等书籍,编辑过各种手册、心理学教科书、著名心理学家传记,甚至参与撰写过一本论述精神信仰的书籍(Arthur Conan Doyle 爵士与 Harry Houdini 也在此书投稿人之列)的学者/指挥者。

Murchison 主编的最初版《儿童心理学手册》由一所大学(克拉克大学)的小型出版社于 1931 年出版,当时该领域本身尚处于其婴儿期。Murchison 预见到该领域即将得到提升:"如果目前尚不能达到,但当几乎所有有智慧的心理学家都意识到,大半个心理学领域都涉及一个问题,即婴儿在心理上如何变为成人时,这个时刻就不会太过遥远。"

参与第一版撰写的欧洲专家有当时年轻的"发生认识论"学家 Jean Piaget、精神分析学派主要传承人 Anna Freud、德国心理学家 Kurt Lewin 等。美国的参与者有 Arnold Gesell(双生子研究)、Lewis Terman(天才儿童)、Harold Jones(出生顺序的发展效应)、年轻的人类学家 Margaret Mead。这些都是心理学界名人堂级的人物。

老实说,在看到这些信息时,我已经心潮澎湃,抑制不住内心的激动了。我预感到自己正在做一件将会对中国心理学发展具有重大意义的事情。

仅仅两年后,Murchison 就推出了第二版,他在这一版中写道:"在短短的两年多时间之后,这第一次修订就几乎不包含与原版《儿童心理学手册》的什么共同之处。这主要是因为在过去三年里,该领域的研究迅速扩展,部分原因也在于编者的观点发生了变化。"

该手册的第三版诞生于战争时期(1946 年),由时任塔夫茨大学校长的 Leonard Carmichael 主编,出版社也由大学出版社转到历史悠久的 John Wiley & Sons 商业公司,这也体现着 Carmichael 众所周知的雄心。的确,Carmichael 的努力是想让这本书变得更有影响,使之超越 Murchison 当初的所有预期。或许是由于转换出版社的原因,此时书名(当时只有一卷)被改称为"儿童心理学指南"(Manual of Child Psychology),这与 Carmichael 的如下意图相吻合:他希望出版一本"优秀的科学指南,以期在这一领域内的各种良好的基础教科书与学术的期刊文献之间,建起一座跨越两者的桥梁"。8年后,推出了该指南的第二版。

    Carmichael 主编的该指南的第二版使用周期很长:直到 1970 年,Wiley 公司才推出其第三版。Paul Mussen 接任了主编一职,再次使这项工程展现辉煌。第三版变成了二卷本,它的内容覆盖了整个社会科学并被发展心理学及其相关学科的研究广泛引用。很少有一本学术性的纲要文献会既在自己的领域处于如此主导地位,又在相关学科领域也有如此高的知晓度。这套指南对研究生以及高级学者同样是重要的资源。出版界更是把该指南作为标准,将其他科学手册与之比较。

    1983 年出版的第四版由 John Wiley & Sons 出版并被重新命名为"儿童心理学手册"。此时,Carmichael 已经去世。整套书扩展为四卷本,学界多称之为"Mussen 手册"。

    到 1998 年,William Damon 和 Richard M. Lerner 接任主编,出版第五版;2006 年,出第六版。如果算上最初 Wiley 公司之前 Murchison 主编的两版,它们实际是第七、第八版。两位主编认同 Paul Mussen 的目标,力图使手册能够"提供一幅对人类发展心理学领域内最重要的研究所涉及的知识的目前状态进行全面的、准确的描绘——主要的系统性思考和研究——的图画","真实地向读者奉献一部完整的儿童心理学"。尽管如此,两位主编也表示:

        我们仍期待它与前几版相比,读者更具跨学科性,因为如今的学者更倾向于在多学科领域,如心理学、认知科学、神经生物学、历史学、语言学、社会学、人类学、教育学和精神病学等学科,进行跨学科的遨游。我们也相信具有不同研究导向的实践者应该是在"学者"这一大范畴之内,本手册也是为他们服务的。

    他们所邀请的作者均为儿童心理学领域的某个方面公认的领衔专家,尽可能向读者传达在作者所研究的儿童心理学领域内其所了解的一切。

    我们很难想象,若没有当年 Murchison 的首创以及随后 Carmichael 和 Mussen 的开拓进取以及当代 Damon 和 Lerner 的继承发扬,即没有这一系列的手册问世,当今发展(儿童)心理学的园地会有今日如此繁荣的景象!

三、版权

我觉得我拾获了宝贝。

当天晚上,我给版权部的同事发了一封电子邮件,提供了本书的版权信息,表达了我对引进出版这部手册的强烈意愿。我在邮件中将这本书的历史渊源和学术地位作了比较详细的介绍,恨不得她当天就帮忙去落实版权。

因为这是一大套手册,出版社将会有一个很大的投入。想到版权部和我所在的部门无法承担这么大的责任,我专门给时任社长的朱杰人教授写了一封长长的邮件,详细介绍了这部手册,并附上了大概的成本预算,拟定了我心中理想的翻译队伍、图书未来的定价,估计可能的平衡成本的销售数,以及特别重要的本书的社会效益。当时因为我负责的《当代心理科学名著译丛》进展得非常顺利,给社里带来了比较好的经济和社会效益,领导也不只一次表示要寻找下一个学术增长点的愿望,我预计朱社长会同意我的计划。

版权部的同事工作效率相当高。第二天中午,她给我打来电话,说这书版权在Wiley公司,并且她已经向 Wiley 中国公司申请调样书了,就等我下一步具体的报价。

我知道,接下来最大的挑战,就是落实一个高规格、高效率的译者队伍。

四、翻译

我找到了华东师范大学心理学系的李其维教授。

李其维教授是华东师范大学的终身教授,是国内首屈一指的儿童心理学家,国内Piaget 研究的标志性人物,特别重要的是,他是《当代心理科学名著译丛》的总主持,也是我的老师。多年的合作经验告诉我,这事如果他愿意出面,基本就成了一半。

我也预估了他可能不愿接手的原因:《当代心理科学名著译丛》当时还在做,系里每年的学术任务很重,更重要的是,他心中一直有个梦想——推出 Piaget 全集。

我当天晚上就去见了李其维老师。他因为准备闭幕式报告,将自己关在房间里。我跟他说,我注意到林老师在开幕式报告中提到新版的《儿童心理学手册》。他眼睛一亮,开始滔滔不绝地讲起这书来。因为我事先有准备,基本上能听得明白,有时还能作一点补充。看得出来,他对这部手册有很深的感情。在他讲得比较尽兴时,我轻轻地问他："如果华东师大出版社引进翻译这部手册,谁来主持这事会比较合适?"他瞪大了眼睛,有点又惊又喜的意思。略作思考之后,他分析了这事的难度:篇幅巨大,内容非常专业,要找到这么多合适的译者不容易,出版社可能会巨额亏损。

我很感动:一位老师能够如此体谅出版社。我跟他分析了《当代心理科学名著译丛》的成本与收益状况,告诉他出版这部手册可能的收支平衡点,当然也讲了我自己对这部手册的喜爱。总之,我觉得出版社可以做。

他说那好,可能需要与林崇德老师商量。临走时,他送我出门。我能感受到他对我本人、对出版社以及对整个中国的儿童心理学界那种高度的责任心。

会议结束回到上海后,我做的第一件事就是找朱杰人社长汇报此事。正像朱社长之前一贯的办事风格,他只问了我两个问题:"你去问问李其维:这书是最好的心理学著作吗? 译者队伍有问题吗?"李老师给了朱社长肯定的回复,这事就转入具体的操办阶段了。

十天之后,李老师专程又去了一趟北京,这次他拉上了北京师范大学时任常务副校长、著名的儿童心理学家董奇教授。他们决意联合组织翻译队伍,由林崇德、李其维、董奇任中文版总主持。

正是因为他们三位的高度重视和亲自张罗,一个网罗了中国儿童心理学界最主要研究力量的译者阵容出现了。由于译者涉及国内主要高校与研究所,为了工作方便,他们三位还作了分工,每人负责联系一些省份,类似于大区主管。中文编委会还下设秘书处,四位秘书负责日常具体事务的联系工作。译者队伍中,还有几位当时身处海外的教授,他们接到邮件通知后,给了秘书处热情的回复,表达了参与翻译的期望。

另一方面,版权工作也特别顺利,Wiley 中国公司的工作人员非常重视此事,很快就拟定了翻译版权的合同条款。

当我们决心做一件大事时,似乎不会有什么阻碍!

接下来的工作只能说极其繁琐但又十分顺利。编辑准备详尽的翻译体例、翻译进程安排,分发翻译稿复印件(想想当时那将近 5 000 页的复印件吧),具体落实每一位译者的翻译进度,回答每一位译者的问题。收集第一轮初稿,安排交叉审读,编辑一审、二审、三审,三位主持人终审,给译者分发初校样,一校、二校、三校。2009 年 1 月,前后历时两年,四卷八册中文版《儿童心理学手册》(第六版)正式出版(每一卷都分上下册)。其间甘苦,只有亲历者方能体味,但因为心中有一种信念,这其中的困难与辛劳，更像是一道美味大餐的调味剂。

　　2011年，本书获得第二届"中国出版政府奖"图书奖提名奖。获奖不是我们的终极追求，更像是为我们整个翻译出版团队工作所作的一个注脚：中国心理学的发展，需要大家一起努力。我们的明天会更好！

（华东师范大学出版社供稿，彭呈军执笔）

《口腔医学精粹丛书》策划与营销经验谈

《口腔医学精粹丛书》
世界图书出版上海有限公司

《口腔医学精粹丛书》是我公司着力打造并被列入国家"十一五"重点图书出版规划项目的第一套原创性医学品牌丛书,也是公司所属的中国出版集团一直关注和支持的项目,多次得到了集团的出版专项补贴。该丛书在口腔医学领域也有不俗的反响。

一、选题思路——来源于学科发展和医疗实际的需要

"确保文化安全,凸现科技特色,坚持科学发展"是我公司"十一五"发展战略规划的指导思想。当时,公司医学图书项目组(现医学图书事业部)本着这个精神致力于本版医学图书选题的开拓,以凸现世图科技出版的特色。

我们的出版思路是:首先编著者队伍要力量强大,现聘任的各书主编均为全国医学界学术权威、资深教授;其次,在图书的内容上,要充分反映国内外相关领域的新进展和新信息,并结合编者个人长年积累的宝贵临床经验;此外,我们还注意到,当代医学最具创新性的成果都产生于多门学科的相互交叉点或切点上,生命科学出现了学科间交叉、整合、重组的趋势,科学研究如此,临床医学亦莫不如此,因此,在注重全书系统性的同时,要尤其突出相关领域的新理论、新知识、新技术和新方法,以新的视点使其在同类书中脱颖而出。在此理念下,我们分别对几大医学系列图书的内容、读者

进行了不同层次的定位。

口腔科学作为医学领域中的一门独立学科,近年来从学术观念到诊疗技术都有长足进步,而聚焦该学科发展前沿,上海口腔医学界业绩瞩目。《口腔医学精粹丛书》便应运而生。经过一段时间"走出去"与"请进来"相结合的策划与调研,自 2006 年起,项目组与上海交通大学医学院附属第九人民医院口腔医学院的专家们一起确定了《口腔医学精粹丛书》的内容设置、结构安排、体例要求、人员责任,作了相应布置,并制订了编撰计划,对编撰目的、读者对象、组织形式、编撰内容、计量单位、图标要求、体例格式、参考文献、编撰进程等一一作了详细规定,后又广泛征求专家学者的意见、建议,并不断修改调整,最终达成了现在成书的样式。

二、内容与构架——打破常规的分类体系,着眼于热点与难点问题

丛书计划 15 分册,共约 1 100 万字,在学术观念、基础理论至诊疗技术、临床进展等方面,科学地总结和系统深入地介绍当前国内外口腔临床医学知识。它打破常规的分类体系,着眼于口腔医学领域的热点与难点问题,详尽论述我国口腔临床医师多年来的实践经验和理论创新,力求反映当代口腔临床医学发展动态和推介口腔科学各分支学科的临床研究精华,以新理论、新技术、新进展、新信息启迪后人。

该丛书内容新颖,信息量大,逻辑严密,重点突出,图文并茂。基础理论与临床实践相结合、研究与实践相结合、理论与技术相结合,涵盖当今国际、国内口腔医学界的最新进展是该丛书的特色,她为从事基础研究和临床工作的口腔医学专业人员在更高层次上把握科研方向、总体上更好地掌握科研动态、第一时间将现代科技应用于临床工作等提供了很好的教学与参考资料,有助于临床医师、研究生和进修生及时了解和掌握本专业领域的发展动态和最新技术成果。

具体分册有《口腔生物材料学》、《保存牙科学》、《口腔内科学》、《临床牙周病治疗学》、《口腔药理学与药物治疗学》、《头颈部血管瘤与脉管畸形》、《口腔颌面种植修复学》、《口腔临床流行病学》、《可摘局部义齿修复学》、《口腔颌面肿瘤病理学》、《颌面颈部肿瘤影像诊断学》、《颅颌面部介入诊断治疗学》、《口腔工程技术学》、《口腔疾病的生物学诊断与治疗》、《唇腭裂修复术与语音治疗》。

三、作者队伍权威，前期计划周全

此套丛书主编由上海市临床口腔医学中心主任、中国工程院院士邱蔚六教授担任。邱蔚六教授现任上海交通大学医学院附属第九人民医院口腔医学院名誉院长、终身教授、主任医师，中华口腔医学会口腔颌面外科专业委员会主任委员，中国抗癌协会头颈外科专业委员会主任委员，国务院学位委员会口腔医学学科评议组召集人，国际口腔颌面外科医师学会理事。各分册主编及作者也均为中国乃至国际口腔医学界及相关学科的学科带头人、资深教授，他们都有着长期丰富的临床经验、教学研究经验和著书立说经验。同时，我们也邀请了国外相关分支学科的著名学者共同参与丛书编写，从而保证了图书内容的权威、全面。

撰稿完全实行分册主编负责制，作者的选择不限地域与名额；项目组又把编撰计划分发到每一位主编手中，出版要求、名词术语、参考文献等都严格遵照国家的统一标准。这些为该系列图书的高质量打下了扎实的基础。来稿后，我们严格遵循ISO9002质量体系认证通过的管理制度与方法，确保工作流程规范和图书出版的质量，更对整套书的计划内容、技术、整体结构及时更新充实，不断完善健全，力争打造出高精尖的产品，同时让读者能及时了解和掌握相关领域内的新知识、新技术，为他们顺应医学科学的发展和满足时代的需求助一臂之力。

四、营销策略——打造精品，在直销和短渠道销售上下功夫

2006年本丛书中的第一本《保存牙科学》出版后不久，恰逢2006年9月世界牙科联盟（FDI）大会在我国深圳举行，公司抓住时机，组织相关人员带去本书及宣传资料参加展会，在众多的口腔行业参展单位里可谓独树一帜，给国内外口腔医学界人士留下了深刻的印象，相关资料和征订目录都被大家索取一空。紧接着的2006年11月第十届中国国际口腔器材展览会暨学术研讨会在上海举行，本书的参展再一次为国内外口腔界人士关注，扩大了其在行业内的影响力，获得了同行的一致认可。公司针对后续出版的图书滚动开展了许多营销活动（包括参加行业内的专业会议及展会等），这些活动的开展不但宣传推广了新出版的图书，同时也起到了宣传带动整套丛书销售的作用。

为了与图书内容相匹配、打造高品位的精品,2008年,公司不惜投入更多的人力物力,下决心对整套丛书的封面、装帧等重新设计,并将在此之前出版的图书也全部都换上新包装,以保证丛书的统一性。新的装帧设计获得了作者与读者的一致好评,在各种口腔专业会议中备受青睐。

　　更值得一提的是,2009年5月23—27日在上海国际会议中心隆重举行的由国际口腔颌面外科医师协会主办,中华口腔医学会口腔颌面外科专业委员会、香港口腔颌面外科医师协会和上海交大医学院附属第九人民医院承办的第19届国际口腔颌面外科专业会议上,本丛书再一次为专家们瞩目。会议表彰了邱蔚六教授对口腔颌面外科事业的杰出贡献,并授予他国际口腔颌面外科医师协会颁发的杰出口腔颌面外科医师奖。这次会议好比口腔专业的奥林匹克,能在此获得嘉奖与瞩目是一种殊荣。

　　另外,每年一届的中国国际口腔器材展览会暨学术研讨会我们已经连续参加了多届,我们参展的图书由陆续出版的《口腔医学精粹丛书》,逐渐发展到其他相关的专业图书。我公司口腔专业板块的图书乃至其他医学专业图书以其先进的内容、权威的作者队伍和精美的制作得到了广大医务工作者的认可,帮助公司在医学图书市场上占据了一席之地,逐步树立了公司形象,创建了公司品牌,凸现了世图科技出版的特色。同时,在营销过程中,我们获得了许多读者所提供的反馈信息,其中有的成了下一次选题立项的参考,有的则直接成了新的选题创意,更有中外业界人士要求与我们合作,这些使得整个板块的图书策划、立项、制作、营销处于一个欣欣向荣的良性循环的态势。

　　在学术性图书的推广销售上,我们通常根据产品特点,重视对图书最终用户、学术团体等进行直接宣传,在直销和短渠道销售上下功夫,所以参加国际性的专业会议、重视专业培训市场是我们主要的营销方式。而《口腔医学精粹丛书》营销的成功更源于选题策划阶段充分的市场调研,源于选题思路本身来自于学科发展和医疗实际的需要。

五、结语

　　当然,《口腔医学精粹丛书》的完成对我们来说只是一个基点或是一个起点。我们将凭借上海的地域优势,充分利用与上海市临床口腔医学中心良好的协作关系,继续开发、拓展选题,将口腔医学最前沿、最权威的学术研究内容和科研开发成果以最快的速度推介给相关专业的医务工作者,满足他们不断增长的需求,更好地为他们服务;同时,我们也考虑将产品以各种媒介的形式奉献给各种不同需求层次的受众,努力打造特色产品,创建公司品牌,为推动国家医学事业发展作出贡献,这对公司而言,也是一件极其荣耀的事情。

(世界图书出版上海有限公司供稿,顾泓执笔)

国家出版基金项目策划与实施运行分析

——《脊柱侧凸外科学》策划出版流程记

《脊柱侧凸外科学》

第 二 军 医 大 学 出 版 社

2007 年 7 月正式设立的国家出版基金,是继国家自然科学基金、国家社会科学基金之后的第三个国家级基金,旨在解决一些公益性出版项目因销量小而面临的"出版难"问题。它代表着出版界的高水平、高标准、高要求,对出版社打造文化精品、提高社会效益有重要导向作用。[①]然而,在申请基金项目时,必须认真研读申请指南,充分利用出版物水平和作者队伍,筛选出符合要求的优秀图书,规范填写申请书,才可能有机会申请成功。在 2012 年度国家出版基金资助项目评审结果公示中,第二军医大学出版社的《脊柱侧凸外科学》(2011 年被新闻出版总署列为"十二五"国家重点出版物规划项目)能在 205 个入选项目之 16 个医学项目中占得一席之位,得益于上述几点重要因素的结合。下面就以《脊柱侧凸外科学》策划出版实践为例,从六方面分析国家出版基金项目的策划与实施运行经验。

一、加强基金申报管理,把握项目遴选原则

在申请国家出版基金时,我社领导高度重视,专门组织编辑召开研讨会,认真学习、反复研读基金申报指南,领会精神,分析历年入选国家出版基金项目。针对我社医学科技类出版专题,社领导认为可以依据以下几个原则考虑待申报项目。1.重大性。待报选题项目意义重大,代表现阶段这一医学领域的最高研究水平,能填补某学

科的空白，或者具有重要思想价值、科学价值、运用价值及史料价值，或者申报项目具有一定规模。2.公益性。国家出版基金主要用于对不能通过市场资源完全解决出版资金问题的优秀公益性出版物的直接成本补助。3.创新性。国家出版基金鼓励创新，要求确保质量，注重学术著作出版规范。因此，国家出版基金项目一定要具有创新性，或者在学术上具有独到的见解，能填补该学科领域空白，或者在知识体系及呈现方式上有新的突破，或者能普及国产化的技术，利国利民。[2]

二、正确定位基金项目，严格优选团队课题

国家出版基金的重要目标，是发挥国家主导作用，引领学术风气，推动形成一套良好的精品生产机制。为此，要研究国家出版基金的需求以及项目结构，尽可能做到已有结构中没有的我有，结构中已有的我优。我社在申请国家出版基金时，就对社内的科技图书选题先进行严格的筛选，原则上挑选重要作者的代表性著作、原创性图书、与国家的科技政策导向紧密相关的著作。[3]

《脊柱侧凸外科学》的选题依上述筛选原则脱颖而出。我们了解到，脊柱侧凸是一种常见的复杂三维脊柱畸形，好发于青少年。该病不仅导致患者的外观畸形，严重者可导致心肺功能障碍，甚至造成瘫痪及死亡，严重危害青少年的身体和心理健康。脊柱侧凸已经成为广大家庭和社会关注的重点问题之一。针对这一世界性难题，由长海医院骨科李明教授领衔的研究团队自1995年开始，历时15年，对脊柱畸形三维矫形技术与相关基础进行了深入研究，提出了一系列富有开创性的理论和新的治疗策略。正因此不懈努力，课题"脊柱畸形三维矫形创新理论与技术及其临床应用"最终获得2011年度"国家科学技术进步二等奖"。

《脊柱侧凸外科学》即是在该课题研究的基础上总结、拓展编写而成的。本书作者队伍强大，编写者都是国内重点医科大学附属医院、三级甲等医院老中青专家，包括中国工程院院士、国家级有突出贡献专家、享受政府特殊津贴者、国家级或省部级医学领军人才、青年医学专家，其主编单位是国内最早开展脊柱侧凸矫形研究与临床应用的医疗机构，有着丰富的经验与行业权威性。这里所说的经验不单指基础研究与临床方面的经验，还有他们丰富的写作经验。早在2001年他们就主编出版了我国第一部脊柱畸形三维矫形方面的专著——《脊柱侧凸三维矫形理论与技术》，这本书的出版极大地推动了我国脊柱侧凸外科的发展及救治水平。《脊柱侧凸外科学》以这

部书为基础，由李明教授牵头，组建相关学术团队共同打造，他们致力于使该书集科学性、系统性、权威性、创新性于一体，成为脊柱侧凸外科领域的权威经典著作。因此，他们主编《脊柱侧凸外科学》一书，可谓众望所归，并且驾轻就熟。

三、规范填写申报材料，内容细节翔实准确

确定好项目申请资格后，就要着手准备申报材料，认真填写申报书，保证填写内容细节翔实准确。基金办对于项目申报有一套比较完备的标准规定，出版单位在填报时务必认真按规定去填报。根据所要申请的出版物的完成进度和筹备情况，我社阐述自身承担项目的优势，从项目的背景、意义和重要性，项目申请的理由，项目主要内容、框架设想及主要目录，社会效益、经济效益分析及总体目标，项目组织实施的条件和优势，风险分析，其他需要说明的情况等七方面详尽叙述。值得注意的是，有些填报内容须予以重视，其重要性不亚于项目内容本身，但常常被轻视。

1. 作者介绍。由于学科浩瀚、作者繁多，评委难以逐一了解编写团队的情况，所以，若作者介绍填写得太简单，就不能让评委充分了解项目，若太夸大拔高，则会给评委留下不好的印象。因此，必须本着实事求是的态度，充分展示作者的学术地位，详细介绍主创人员的课题研究方向、重点相关课题获得的奖项，以及书稿的学术水准和社会价值，让评委切实体会到书稿内容即为作者临床研究之果实。

2. 成本核算。在项目成本预算及申请额度测算中，我们深刻体会到成本核算有具体标准，既不能超过标准填报，违反规定，这将导致出局，也不能自作聪明少报预算，这也将在基金办工作人员的核算过程中作为疏漏被查出。应该做到如实反映学术图书出版的实际困难，并且详细介绍出版社所承担的工作以及经费支出，使得成本核算报告科学合理，取得评委认可。

3. 专家推荐。对于学术专著，尤其像《脊柱侧凸外科学》这样的专科图书，若得到业界有威望的老一辈医师的认可和积极推荐，就说明图书本身一定具备了高水平的学术价值且行文清晰。我社特别邀请多位业内专家审阅申请材料并提出批评意见，以便及时完善不足之处，然后撰写推荐信。

总之，在填报工作上，一定要认真、细致，做到有备而发。

四、积极追踪编写进度,保质保量按时完成

项目立项后,出版社的主要工作必然是与作者沟通,适时提出一些编写建议和注意事项。完成项目的关键是作者队伍,作者是出版物内容质量最重要的基础和首要保证。国家级出版项目更应模范地遵循这些规定,不仅做到内容质量优良,在学术规范方面,也要作出表率。^①

1. 由于《脊柱侧凸外科学》部头比较大,章节分工较细,作者又多为学科带头人及重大科研项目负责人,平时大多数时间忙于临床和科研的一线工作,因此,本书编委会专门设立了学术秘书兼联络员,以协调各主编单位与各编写人员,统一编写要求,规范体例、格式,书稿全部完成后,在进入出版流程前,由该书主编、主审对书稿进行审查定稿,对不符合要求的进行退修,以确保本书稿按时、高质量地完成。

2. 出版社成立项目小组,配备总负责人一名,挑选有丰富医学经验的优秀编辑对书稿进行初审,安排业务知识全面、专业能力强、工作严谨认真的编审、副编审进行复审和终审,查找和处理书稿中存在的问题,还有一名社领导督导出版全程工作,并落实《关于进一步加强学术著作出版规范的通知》精神,以积极主动的态度与作者进行有效沟通,并向作者提供优质的服务以及中肯的编写建议。对于作者提出的意见和要求,责任编辑应认真分析、仔细思考,对作者提出的合理建议应当采纳,对未采纳的建议也要及时向作者反馈,取得他们的理解和支持。

3. 严格遵循出版编辑流程,循序渐进,把精品生产落到实处。在常规的图书"三审"外,增加了资深编审的"审读",此外,对于书稿中的行业术语和专业内容还特别邀请业内专家进行专项审读,严格按照学术出版规范,检查索引、注释、主题词、参考文献等基本要素是否健全、符合要求。增加校对次数,由"三校一核"改为"四校二核",消除排版过程中的人为差错。

4. 在《脊柱侧凸外科学》书稿编辑加工过程中,社领导高度重视、全力支持,在社内建立绿色通道,建立项目责任人制度。项目责任人有权调配社内的编辑力量以及疏通各种流程,以确保编辑过程通畅无阻。在资金预算方面,我社出版科列出详尽的成本预算构成,使得本书得到有力的后勤保障。最终,本书在多方共同努力下,在规定时间内顺利完成出版工作,获得读者高度好评。

五、精心设计合理包装，品质突出质感厚重

书的装帧设计体现着出版社的品位和匠心，有了充实的内容后更不应忽视包装。作为一部占领学科前沿的图书，《脊柱侧凸外科学》须落落大方、表里如一，因此，简洁明了、结构清晰、主题突出成为本书装帧的风格。我社安排资深美术编辑在详细了解图书内容后，设计出与内容、主题相匹配的封面和版式，得到了主编和编者的一致好评。

此外，《脊柱侧凸外科学》正文采用128克铜版纸，封面采用157克铜版纸，大16开、精装、全彩印刷，装帧设计精美，印刷质量上乘，整体效果彰显大气，不失学术专著之厚重。这样的一部书，不仅仅凸显了艺术美感，更承载着生命医学的力量。

六、彰显专业图书社会效益，开发发行宣传渠道

《脊柱侧凸外科学》虽只出版发行一年多，在社会效益上却获益颇丰，主要体现在：

1. 填补了行业学术著作的空白，完善了我国脊柱侧凸外科学体系，对我国脊柱侧凸外科学发展将起积极的推动作用。

2. 在行业内全面普及脊柱侧凸外科学理论与技术方法，从而提高行业整体水平，造福于广大民众。

3. 相关技术的标准化与普及，使诊疗水平大为提高，使患者早日获得诊治，早日康复，从而早日回归社会，创造更多的财富。

4. 普及国产化的技术，使医疗费用大为降低，利国利民。

5. 成为业内人员案头重点参考书，成为行业诊疗技术标准。

出版社依靠第二军医大学这一强有力的学术资源，整合性、持续性地传播与应用这一品牌，再加上学校三大附属医院的助力，将我社"高水平、高质量、高层次"和"传承红十字方队文化，打造传世精品力作"的优良传统与作风，通过《脊柱侧凸外科学》等好的出版物传递给社会。本书在其自身医学专业领域中享有盛名，但是圈外可能对其知之甚少，为此，出版社做了不少工作。历年的上海书展等展会我社都积极参与，利用书展这一平台，不仅可以维护自身的品牌，更重要的是让更多读

者、业内人士了解到专业权威的著作,使得本书获得更广阔的市场空间。当今社会科技发展日新月异,善加利用微博、微信等媒体,对于《脊柱侧凸外科学》这样严谨的科学著作的宣传,是尤为重要的。对于这样的科学著作,我们不企望其成为风靡一时的畅销书,但有信心和精力将其打造为一本对市场有益的常销书。

总之,国家级出版项目的创建、申报、实施、维护是一个系统工程,对每个出版社来说,都提供了修炼内功、深抓发展的机会。因此,承担了国家级项目,不仅要按时保质保量完成项目,结项后还要重视对项目进行宣传、维护和持续开发,要把其中的主干项目打造成出版单位的品牌图书。

(第二军医大学出版社供稿,单晓巍、陆小新、叶婷执笔)

① 缪立平.2014 年度国家出版基金资助项目经验谈[J].出版参考,2014(07):6-8.
② 刘佩英.国家级出版项目立项与实施的思考[J].中国出版,2013(11):60-62.
③ 张新建.提高国家出版基金申报质量的几点做法[J].科技与出版,2012(07):50-53.
④ 邹彬.国家出版基金管理制度功能分析与完善[J].中国出版,2013(08):3-6.

匠心策良马，妙手就轻裘

——《传染病护理学》的出版过程

《传染病护理学》

第 二 军 医 大 学 出 版 社

经典策划 119

虽有"在商言商，不耻称利"之说，但我社作为未改企转制的军内出版社，仍须时刻以职责为重，以学术和专业为根本，不敢逐利在先。近年来，传统纸媒出版市场销售以"冷落"都不足以表达其窘况，编辑们渴望自己的辛苦劳动能有所回报的期冀，已经变得飘忽不定，似乎难以企及。想取得市场的认可，又要守望使命、期盼良好的社会效益，游刃于两个效益之间，便只能多思多虑，及时总结、交流和分享经验。

本文介绍我社一部医学专业图书《传染病护理学》的"成功"历程。《传染病护理学》一书近 10 年来（3 版）累计销售近 6 万册。"成功"两字之所以加引号，是因为作为医学专业图书，在销售业绩上，它既不能与社科类图书动辄几十万册的量相比，更不能与"钦定"的教材发行量并论。认真回顾、分析、总结，为自己积累经验，也与同道共勉。

一、限制性策划

1. 关于书稿

此书稿系 2005 年的自投稿件，作者虽无太多的著书经验，但也是国内某知名医学院大型附属医院的一位资深临床医学专家，在国内传染病学科内有一定的影响力。作者行文较为严谨，书稿的科学性有保障；同时作者对这一新学科（传染病护理）的发展前景有宏观上的准确认识和把握，因此书稿的结构布局合理，学科知识系统完整。

2. 出版背景

这 10 年来,国内新发传染性疾病陆续出现,国家卫生主管部门也已相继将这些新发传染性疾病列入"法定传染病"中。最早,SARS 于 2003 年给中国人以极强烈的刺激并留下深刻记忆;2006 年始,高致病性禽(猪)流感 H5N1、H1N1、H7N9 相继袭来,一波未平,一波又起,搅得民众心里恐慌;2008 年,部分省份的手足口病(病人以儿童为主),更牵动亿万家长的心。几乎同时,"旧"传染病中有多个又卷土重来,且有蔓延之势,如肝炎、结核病、艾滋病及其他性传播疾病等。面对新发传染病和面目全非的"旧"传染病,多数情况下,医生们需要慢慢摸索、反复修改才能形成有效的、规范的应对措施,这使得相关著作难以"应急出版"①。然而不可忽视的是,护理人员在临床实践中因与患者接触紧密而危险性较大,临床上也对他们有现实的、更高的技术要求,而护理技术和护理方法相对于临床治疗来说比较清晰明朗,现实中对传染病护理知识和技能的需求缺口又较大,因而《传染病护理学》的编撰不仅有现实可能,更有现实需要与潜在市场,而且可以说是空间大、竞争小。

本书出版之前,传染病护理尚未被医学界普遍认可为一个单独的新学科,正是医护人员在临床工作中的现实需求和本书及其他同类图书的出版推动了这一学科的快速进展。

3. 初审稿件印象

全书结构虽较为系统、完整,但我们通读全稿后隐约感到有点资料堆砌的味道,其护理特色并不十分突出,护理与临床结合也不够紧密。通俗地讲,如去除不到书稿 1/4 篇幅的医护知识内容,此书稿基本就是一部传染病学教材,因而称其为"传染病护理学"似乎不如命名为"传染病学"更为准确。但作为《传染病学》,其出版价值并不高,因为如前所述,当时医学界对新发传染性疾病和卷土重来的"旧"传染性疾病还一时不易达成稳定的共识。

因此,需要对书稿进行大幅度的修改,而修改的重点就应放在这一点上——将《传染病学》修改成《传染病护理学》。

4. 限制性再策划

策划一般流程:职业经验积累＋敏感→创意→调研→可行性报告(市场评估、成本核算、风险评估)→获批→落实组稿、审稿、加工、版式、发行、宣传、推广。重点在于"策划"应深入图书生产和经营的每一个环节,是图书组稿、编辑、设计、印制、宣传、发行各个环节的核心。

深刻理解图书策划的真正内涵后，就应不拘泥于常规流程，对任何书稿的任何环节都要进行"限制性再策划"②。

（1）此自投稿的编写意图与社内原有出版意向不谋而合。出版社在没有收到此书稿前，基于对医学专业出版的职业敏感，也有意出版相同题材的图书（理由见前述"出版背景"），而相比此前，传染病护理只在内科护理中体现，市场上只有少量同类产品，相对来说，此稿有比较大的市场空间。

（2）与众不同的处理方式。责任编辑在加工该书稿的过程中，将"策划"的理念植入了该书出版的全流程。一般来说，策划编辑不介入已经成稿且有包销指标的作品。因为这些出版物不再具有市场销售和收回成本、获取利润的压力，多数责任编辑甚至出版社管理者都忽视了这些产品的潜在市场空间。就这些出版物本身来说，由于其缺少专业编辑对书稿内容进行专业提升和市场元素的植入，属于较为典型的粗放型生产模式下的产品，而从产业结构调整的角度来看，将粗放型改进为精益型是必然的趋势。

（3）责任编辑的专业背景：该书的责任编辑为有着 9 年临床工作经验的医生转岗至出版社任医学编辑的高标（本文的执笔者之一），编辑的专业背景对于专业性图书来说非常重要。责任编辑在通读全部书稿后，制定了相应的编辑加工目标。经过"后来也有没有过"的大幅度修改，此稿删减增补的程度已经超过了编辑审稿加工的边界。（编辑加工的边界，是一个有待讨论的问题，而且如此大的工作量也是多数编辑不可能承受的。可行的做法应是，编辑可以提出大量具体的修改意见供作者参考，由作者完成修改，这样就不存在编辑"越界"的问题了。）

需要一提的是，部分英文医学专业图书的署名有令一般读者疑惑的地方：编辑与作者并列，个别的图书甚至编辑在前、作者在后。这类案例的背景是：编辑本人为此行业的专业人士，对该书的贡献不比作者小。这种署名方式是否妥当也可以讨论，无论如何，前提当是征得作者同意，以免著作权纠纷。

二、重视图书内容的加工

1. 对传统出版不悲观

如今，数字出版已经深入人心，继续"鼓吹"纸媒出版物的"成功经验"是不是有点不合时宜呢？非也！数字出版的前景很好，但传统出版的空间和作用，在多数时候被我们低估了。

面对数字化浪潮进逼，以及未来巨大的不确定性，不少传统出版商步步退缩，甚至无所适从。但多数同行有一个共识，那就是无论作品载体如何，只要在内容生产中有出版行业的根本——上乘的精品意识③，便可立于不败之地。

阅读有深浅之分，深阅读才是真正的阅读。令人吃惊的是，有效阅读（真正的阅读、深阅读）中，传统纸媒的短板恰恰是它的长处，没有超链接和多媒体的喧宾夺主，没有极易跑题的旁骛吸引，纸版图书是实现深阅读的最佳载体。深阅读之所以是真正的阅读，是因为只有它才能让读者沉浸其中，体验场景，让大脑积极地处理各种类型的丰富细节、典故和隐喻，从而引发大量的阅读联想，更重要的是，长期的深度阅读让我们更容易理解他人、设身处地地看问题，最终让我们更聪明友善。

建立在传统纸媒上的便于深度阅读的出版物，使成就文化、传承科技并使阅读者通过深度思考形成超越作者的认知成为可能。

2. 认真加工，提升出版物的价值

（1）提升其学术价值：很多时候，命题或半命题"作文"的作者们对该领域公开出版物的状况不像专业出版人员那样了解。优秀的策划编辑甚至对该学科的发展方向和国内、国际在此方面的进展都有详细的了解。策划编辑充分地介入命题或半命题"作文"的前期创作、修改和后期的出版流程，无疑对命题或半命题"作文"学术价值的提升是有益的。

（2）提升其经济价值：在对市场的熟知程度上，策划编辑具有的优势是作者们无法比拟的。对市场的把握是合格的图书策划编辑应具备的基本能力，要对某题材图书的市场定位了然于胸，从而将命题或半命题"作文"对市场的适应性在可能的范围内作最大限度的调整，从而扩大其市场空间，提升其经济价值。

3. 追求特色与创新

图书出版要有特色，即个性，使图书能因其不可替代性而具有存在的价值。在图书出版"同质化"日趋严重的背景下，追求图书的特色与创新有更重要的意义。④

（1）有意识的品牌建设：本社依托大学的强势学科或专业进行品牌建设，一点一滴地积聚出版物的医学专业品牌和影响力。以匠心雕琢之心思，甘做嫁衣之胸怀，进行有意识的出版社专业品牌的建设。匠心的一个重要特征就是持之以恒的微小进

步,这种进步的不断叠加会产生坚实的品牌效应和深远的行业影响。编辑在做每本书时都要坚持不懈地拥有此心态,才能积跬步以至千里。

(2)内容上的创新:科技图书在这方面尤为不易,原因有二。由于大量共性知识的存在,内容的差异性不容易做到;而某一学科的前沿研究成果,因图书本身要求知识的稳定性及其特定的生产特性(时效性低于报刊,周期长于报刊),往往多投诸杂志而非图书。

本书推动了一个新兴学科的建设,已经属于创新了。而我们更针对新发传染病的不断出现,及时地在重印(十余次重印)和再版(三次再版)时进行内容的追加和修订。同时进行增删修改的地方还包括以前就有的传染性疾病在近年卷土重来时有别于以前的生理、病理、药学和临床表现变化,以及治疗、护理方法的改进和改变。在这方面,本书表现得最为优异,并因此有效地消弭了竞争对手的模仿及跟进。

应当指出,跟风出版者中有一些专业出版社,其短视行为其实违背了"专业"出版之创新与先导的职业使命。⑤

(3)形式上的创新:形式上的特立独行决定了图书的趣味和品质,也会影响读者的阅读质量和图书的传播功能。⑥本书在结构层次的设定上较为"复杂",各章节正文常规为四级标题,个别章节机动地增至六级标题(这在一般图书中是少见的,但对科技图书而言则有助于读者对内容的理解)。因为标题可以让阅读行为更顺畅,便于读者花费相对较少的时间弄清各段文字之间的关系。全书中不同的层次使用了不同的字体和字号(如果能使用不同的颜色则更佳,但成本不允许我们这样做)。

在某一病种的章节里,不拘泥于原来的六级标题,而是灵活使用了医学专业图书常用的鱼尾符号来表述病原学、流行病学、发病机制、病理生理、临床表现、实验室检查、诊断、鉴别诊断、治疗、预后、预防、护理和健康教育等内容,让读者在学习这一新兴学科时减少陌生感,甚至产生似曾相识的感觉。

在本书的目录之前附有各章节的重点内容,以及在临床护理工作中应掌握的最低要求。

在正文后面的附录中,有十篇最有用的临床传染病学的相关文献。

4. 以平常心不期而遇"成功"

图书出版业在商业化最为彻底的美国仍被视作"绅士的生意"⑦,传播先导和超前的理念(文化、思想、知识、审美意识等)是这一行业从业者要牢记的铭言。正是出于这一职业信念,出版商将图书的盈利看淡了许多(相对而言,国内同道对"成功"的渴求反而远超于他们),他们自知"先导和超前"的东西并不一定都能被大多数人轻易接受,因而虽然行业利润低于平均商业利润,他们仍乐在其中。

笔者从不讳言对成功的渴望,但把职业职责和专业精神看得更重。认认真真做好每一本书,在每一本书中都植下职业信念的种子,相信总会有些种子发芽长大。

三、推广营销

图书的推广是营销的最后阶段,广义的图书营销还包括在产品的策划与加工阶段植入市场元素。图书本身是价值与理念的传播载体,而营销则是将之落到实处的重要措施,是潜在价值转化为社会价值的必由之路。酒香也怕巷子深,因为在如今每年近40万种新出版物的海洋里,"泥牛入海"——好书被瞬间埋没——的案例每时每刻都在上演。

1. 发行部的职能转换

图书的宣传与推广如此重要,以致民营书商每每有大举措时便首先一掷千金进行各种各样的公关营销活动,把一本书炒热,然后才安排渠道等其他具体事宜。的确,民营书商的营销活动收效显著,而且效率颇高,其投入的费用经常让传统出版社的编辑瞠目。体制内的传统出版社的发行体系大多不太可能采用此等大手笔,因为体制内的传统出版社大多认为,在没有收益保障的前提下进行稍大一点的投资都是不切实际的。

在图书销售方面,如果说寄销制度对于出版社来说是一场不知何时能醒来的噩梦,那么,因滞销而新出的"限制主动发货"的规定则进一步捆住了发行人员的手脚。

那么,发行人员真的就束手无策了吗?其实不然。无时无刻不期待着创意的图书营销(主要指销售环节),其实有更多的工作可以做,有无限的空间可以拓展,前提是实现职能转变。

发行,是第一手市场信息的采集者,收集与客户相关的信息资料是正确营销的前提[⑧];发行,还是图书信息反馈链中最重要的一环。《传染病护理学》一书在多次修订与再版过程中,不断地听取发行部门反馈来的信息,包括用书单位的情况、授课老师的意见、图书零售商的诉求,将这些意见分类综合,一般意见给予答复,重要的、有价值的意见认真听取,然后与原主编沟通,这就等于将提供建设性意见的同行专家、学者纳入新版本的作者队伍。

在这方面,编辑与发行要协调和配合,各自将自己的职能拓展,相互交叉,不再墨守成规、循规蹈矩。

2. 小众图书的利好——长尾效应[9]

长尾效应是数字时代图书营销市场重新洗牌的实例。其要点是:随着传播与选择成本的下降、供需瓶颈的消失,大量"小众"产品的市场需求得以显露出与"大众"产品相当的能量。数字与网络技术的进步使得寻找自己所需要的小众商品变得容易、便利,几乎不需要增加成本,甚至不需要成本(互联网搜索技术使得这些成本降低至几乎为零)。人们可以尽情选择符合自己独特品位的商品。[10]由此,原本受众狭小、专业性极强的小众图书产品的潜力便得以焕发。[11]

3. 借力网络,将低成本的营销进行下去

网络营销能够更好地满足组织与个人之间信息传播和交换的需求,其高效、经济、交互、拟人的超前特色几乎无往不利。其显然有别于且优于传统营销的方面包括:不受限的充分展示(除非出版社不愿意过多地展示);减少中间环节,直接面对读者;极低的成本让"草根"编辑也有可能"掀起大风大浪"(数字与网络时代除了带来压力与挑战,也给了我们一个平等的机会)。

作为"资深"的电脑爱好者,本书的责任编辑在完成此书的出版工作后,专门为此书制作了一个宣传网页,简单朴素,但信息充分,能让读者清楚地了解本书的特色。近十年来,在网上搜索"传染病护理学"和"传染病护理"等关键词,这本书的宣传网页一直在搜索结果中位于前列。

四、产品维护

产品的维护与后期的营销活动相互交融,重复的内容仅列梗概,不再展开。

1. 及时的修订和再版

能够再版的图书是经过市场考验的,其品牌价值和效应是出版社的宝贵财富。

将其内容精耕细作,进行优化和提升,可实现深度开发和品牌的建立。⑫

（1）内容的改变:不断出现的新发传染病提示了修订与再版的必要性,读者与市场反馈来的信息是修订、再版的现实基础。

（2）出版规范:本书三个版本中,瑕疵是逐步减少的,从递升的销售量来看,读者的满意度是逐步提升的。消弭不准确和修正错误,是全方位提升图书整体质量的有效举措。

（3）编者的改变:扩大编者队伍,协调好著作权的相关事宜。

（4）把握周期:近10年来新发传染病的不断出现成就了本书,本书的每一次修订与再版都与之相关。再版间隔不宜过短（遵循业内标准:医药类学术性图书每3—5年再版一次或者进行较大幅度的修订）,如果其间有新的内容变化,则由局部修订来体现。

（5）继承与发扬的辩证关系⑬:保持原书的风格与品位,让原来的读者相逢必相识。再版图书的封面大体上要与初版保持一致,但又要有细节水平与整体效果的提升;图书的章节顺序不宜作调整,新增内容自然归属于书中原有章节;全书的版式不变,页眉、页脚上有细节变化,以彰显特色与品牌为目的。

2. 虚心听取多方意见

集思广益、择善策而从,对于图书的修订与再版工作也同样重要。

在前文"发行部的职能转换"这一部分中也述及从发行部门采集来的信息,包括:（1）听取读者的意见;（2）听取经销商的意见;（3）听取同行的意见,包括社内外同行的意见;（4）听取护理学科内专家与教授的意见。本书的第2版、第3版在这方面做的工作细致且到位。

3. 处理因畅销而浮出水面的问题

随着销量的扩大,本书引起越来越多人的关注,原本隐藏的问题暴露在聚光灯下。

（1）封面的图片版权纠纷。在本书初版诞生时期,中国大陆地区几乎所有的出版社都卷入了图片版权纠纷的漩涡。混乱不堪的版权归属和权利渡让、专营与分销权利僭越、权利主体与诉讼主体的错位,搅得出版业与司法界鸡飞狗跳。无论如何,出版社虽属无意,但确有权利的侵害,本书责任编辑使出了浑身解数,用两年多的时间妥善地处理了由此书封面图片版权引发的连续诉讼案。

（2）内容上的不当借鉴。一位传染病护理学科的前辈因认为本书内容与其编写的图书有过多相近、相似之处而提出疑议，我社积极应对、坦诚沟通，把情况调查清楚后，进行了认真整改，并就相关问题反复协商，给出了一个让这位前辈满意的答复，并在第 3 版出版之前，请其审阅书稿。

总之，在图书出版过程中，要认清"内容为王"的大方向，脚踏实地地做好每一本图书的策划、营销、审阅和加工。借助现代技术手段和利好的"长尾效应"，类似医学专业图书等小众产品的路子会越走越宽。

（第二军医大学出版社供稿，高标、陆小新、许丹执笔）

---

① 高标，倪项根. 以短搏长，其势危矣——疫情中的专业出版社做法述评[J]. 编辑之友，2009(10)：56 - 57.

② 陆小新，高标. 专业图书出版的限制性策划[J]. 科技与出版，2011(12)：45 - 46.

③ 陈培亮. 做好图书出版数字化的六种意识[J]. 中国出版，2011(22)：49 - 52.

④ 吴惠娟. 追求图书出版个性化的意义及着力点[J]. 群文天地，2011(14)：199 - 200.

⑤ 蔡翔. 论出版创新和大学出版的创新战略[J]. 大学出版，2007(3)：31 - 34.

⑥ 喻杨. 论图书编辑必备的创新意识[J]. 科技与出版，2010(6)：60 - 61.

⑦ 魏明革. 美国图书出版业繁荣的三大成因[J]. 出版发行研究，2013(7)：5 - 9.

⑧ 康建田. 图书营销策划中的主观要素研究[J]. 现代商业，2014(5)：50.

⑨ Long tail [EB/OL]. [2014 - 06 - 30]. http://en. wikipedia. org/wiki/The_Long_Tail.

⑩ 刘海，王欣. 信息丰饶时代的图书出版作者市场[J]. 苏州科技学院学报（社会科学版），2013，30(5)：104 - 108.

⑪ 周凯. 传统图书的新媒体营销渠道及策略研究[J]. 出版科学，2012，20(5)：13 - 17.

⑫ 张永泰. 再版图书价值的延伸是品牌的提升与再创[J]. 科技与出版，2007(6)：36 - 37.

⑬ 刘艳梅. 学术专著修订应注意的问题[J]. 科技与出版，2010(2)：34 - 35.

"现代"系列是怎样炼成的

"现代"系列

复旦大学出版社

复旦大学出版社医学分社的前身是上海医科大学出版社。上海医科大学是中国人创办的第一所国立医学院校,有着优良的学术传统和辉煌的历史,创造了中国医学史上的许多个"第一"。2000 年,原上海医科大学与原复旦大学合并,成为现在的复旦大学上海医学院。

如此雄厚的学术实力为我社医学专著的选题策划提供了丰富的资源。

30 年来,复旦大学出版社医学分社始终致力于医学图书的开发,凭借上海市科技实力雄厚、医学水平先进的有利条件,依靠著名高等院校深厚的学术背景和附属医院知识密集型人才的优势,策划了一大批由国内一流医学专家、教授编著的医学学术专著。其中,最具权威性的当属"现代"系列。

一、"现代"系列的由来

出版工作一定要坚持为人民服务、为社会主义服务的根本方针。对大学出版社来说,这主要体现在为学校的教学、科研服务,特别是为学校重点学科建设出力,推广其研究成果。"现代"系列第一种《现代肿瘤学》就是这样应运而生的。

1. 选题策划

上海医科大学出版社在建社之初一直想出版一套富有本社特色的专著，以拥有自己的拳头产品。20 世纪 90 年代初，癌症已成为我国死亡率最高的两类疾病之一。癌症防治与研究是当时世界上的一个发展较快的重要领域。在改革开放的推动下，我国在此领域取得了可喜的成绩。经过调研，我们发现 1987 年人民卫生出版社曾组织全国有关专家编写过权威性的《实用肿瘤学》，不知何故一直没有修订。《现代肿瘤学》由此被列入重点选题计划。

2. 主编遴选

有了选题的灵感，还需要权威的作者来完成。当时，肿瘤学科是上海医科大学的 13 个国家重点学科之一。汤钊猷教授是学科带头人、国际抗癌联盟理事、中国工程院院士，在肿瘤学研究方面造诣很深。他的科研成果多次获国家科技进步奖和卫生部科技成果奖，并荣获美国癌症研究所"早治早愈"金牌，在国内外知名度很高。1987 年，小平同志接见我国杰出的 14 名科学家，他是医学界的唯一代表。而且，汤教授学风严谨，擅长写作，著作甚多，是多种国际性肿瘤学期刊的编委或地区主编，在国内外期刊上发表论文近 300 篇，还主编有学术研究著作数种。汤教授就是《现代肿瘤学》主编的不二人选啊。在我们的力邀下，汤教授欣然应允。

巧的是，本书副主编、原肿瘤医院院长曹世龙教授彼时也正在酝酿出版肿瘤学大型书籍，真是天时地利人和俱备！

3. 思路与框架

为了写好此书，汤教授精选了 110 位作者，先后召开了 10 次编委会和全体编写人员会议，对将本书写得新颖实用、独具特色及诸多技术问题提出要求，展开讨论，形成共识。

经过反复讨论，本着"新全、实用、精炼、高质"的原则，最终确定了编写框架。为了适应从事肿瘤临床与基础研究工作者之需，满足研究生参考之用，全书分为《基础篇》《临床总论篇》《常见肿瘤篇》和《其他肿瘤篇》。基本包括了从基础到临床，从病因、流行病、预防到临床诊治等各方面的内容。书末还有索引以提挈现代肿瘤学的有关内容。《基础篇》包括病理、细胞水平、分子水平，以及当前较热的肿瘤转移、肿瘤免疫甚至肿瘤逆转方面的内容。读者可以在较短的时间内了解肿瘤学基础方面的进展。《临床总论篇》概括了肿瘤防治方面的总论性内容,由病因到流行病,再到预防。"早期发现"作为独立一章列出,诊断方面突出医学影像学,治疗方面将发展较快的"生物反应修饰剂"单独成章,国际上较重视的癌痛治疗也予以列出。无论基础或临床的内容,均强调实用性,更特别将我国常见的 9 种癌症列入《常见肿瘤篇》,以突出重点。

同时还要求引用文献以 1986 年后的为主,必须有 90 年代者,力求反映当代肿瘤研究的最新进展。

4. 组织与运作

框架搭好了,可以着手编写了。策划编辑对编写体例、文字规范、名词术语、计量单位、数字使用、图表格式、参考文献等提出了具体要求,拟好《编写须知》,发给每位作者,并在会议上进行认真讨论,统一编写标准;还配合主编选定一位学术水平高、写作经验丰富且写作态度严谨的作者,请他精心写出样稿,发给所有作者参考,使每位撰稿人更加心中有数,从而保证了书稿质量,减少了退修工作。

经过全社上下通力合作,历经 33 个月的组织编写,《现代肿瘤学》于 1993 年正式出版了。

5. 效果与经验

《现代肿瘤学》一经出版,受到各界好评。我国肿瘤学界权威张天泽教授专门来信祝贺。他热情地写道:"如获至宝,在如饥似渴般浏览之余,深感国内肿瘤界文献宝库里增添了新典,不胜喜悦。"吴孟超院士称:"本书代表了当今我国肿瘤研究的特色及诊治水平和成功经验,具有科学性、系统性和实用性,堪称是一部具有现代水平的专著。"

《现代肿瘤学》先后获得第八届中国图书奖、上海市优秀图书一等奖、第八届全国优秀科技图书二等奖、卫生部科技进步一等奖、国家科技进步三等奖等奖项。

随着社会经济的发展,医学科技的发展也突飞猛进。为了反映肿瘤防治领域的最新进展和最新技术,《现代肿瘤学》于 2000 年和 2011 年作了两次修订再版。二十多年来,本书 3 个版次共销售 40 000 余册,创造了可观的经济效益。

《现代肿瘤学》的成功使我们逐渐摸索出一套打造"现代"系列的成功模式:

(1)主编的学术水平、威望、写作态度、写作能力等对书稿质量起着关键性作用,所以，"现代"系列的主编应该是该学科著名的权威专家，在国内外学术界有相当的影响力，能组织起一流的作者队伍。

（2）内容系统全面地阐述该学科的基本概念、基本理论和基本技术，既有广度又有深度，反映该学科国内外研究的进展及最新成果。

（3）字数在 200 万—300 万。

（4）责任编辑要有深厚的编辑功底和极强的责任心，并能和作者进行良好、有效的沟通，以协调组织编写工作中可能出现的各种问题。

二、"现代"系列的发展

《现代肿瘤学》的成功策划和一鸣惊人也造就了我社的拳头产品——"现代"系列。经过二十多年的打造和培育，"现代"系列业已成为我社的品牌出版物，并不断发展壮大，成为一个涉及医学各领域、拥有 27 个品种的医学专著大系。

"现代"系列已经出版的著作包括：《现代肿瘤学》（汤钊猷主编，1993 年 5 月）、《现代妇产科学》（郑怀美主编，1998 年 8 月）、《现代医学免疫学》（余传霖、叶天星、陆德源、章谷生主编，1998 年 10 月）、《现代医学微生物学》（闻玉梅主编，1999 年 5 月）、《现代神经内分泌学》（谢启文主编，1999 年 9 月）、《现代肿瘤学（第二版）》（汤钊猷主编，2000 年 5 月）、《现代糖尿病学》（朱禧星主编，2000 年 5 月）、《现代精神医学》（许韬园主编，2000 年 7 月）、《现代皮肤病学》（杨国亮、王侠生主编，2000 年 11 月）、《现代内镜学》（刘厚钰、姚礼庆主编，2001 年 5 月）、《现代神经外科学》（周良辅主编，2001 年 12 月）、《现代外科学（上、下册）》（石美鑫、张延龄主编，2002 年 8 月）、《现代泌尿外科和男科学》（张元芳主编，2003 年 1 月）、《现代耳鼻咽喉头颈外科学》（黄鹤年主编，2003 年 6 月）、《现代小儿肿瘤学》（高解春、王耀平主编，2003 年 10 月）、《现代功能神经外科学》（江澄川、汪业汉、张可成主编，2004 年 2 月）、《现代法医学》（陈康颐主编，2004 年 7 月）、《现代实用儿科学》（宁寿葆主编，2004 年 12 月）、《现代泌尿外科理论与实践》（叶敏、张元芳主编，2005 年 5 月）、《现代肝病诊断与治疗》（王吉耀主编，2007 年 6 月）、《现代肾脏生理与临床》（林善锬主编，2009 年 9 月）、《现代骨科学》（陈峥嵘主编，2010 年 5 月）、《现代营养学》（蔡威、邵玉芬主编，2010 年 12 月）、《现代心脏病学》（葛均波主编，2011 年 1 月）、《现代胃肠道肿瘤诊疗学》（秦新裕、姚礼庆、陆维祺主编，2011 年 4 月）、《现代肿瘤学（第三版）》（汤钊猷主编，2011 年 7 月）、《现代临床血液病学》(林果为、欧阳仁荣、陈珊珊、王鸿利、余润泉、许小平主编,2013年8月)、《现代计划生育学》(程利南、车焱主编,2014年2月)、《现代呼吸病学》(白春学、蔡柏蔷、宋元林主编,2014年11月)、《现代神经外科学(第二版)》(周良辅主编,2015年1月)。

从作者阵容可以看出,"现代"系列的主编遴选一直遵循着最初设定的标准,主编队伍中不乏院士和学科带头人,这就为"现代"系列奠定了品牌基础,使每一本书都承载着学科的发展和成就,为推动学科发展贡献力量。继《现代肿瘤学》之后,"现代"系列屡获殊荣:闻玉梅院士主编的《现代医学微生物学》荣获第十届全国优秀科技图书一等奖;周良辅教授主编的《现代神经外科学》荣获第十一届全国优秀科技图书一等奖、第六届国家图书奖提名奖;葛均波院士主编的《现代心脏病学》荣获第四届中华优秀出版物(图书)奖;林果为教授等主编的《现代临床血液病学》荣获第五届中华优秀出版物(图书)奖。"现代"系列可谓硕果累累。

三、展望

2000年,上海医科大学并入复旦大学,成为复旦大学上海医学院,学校把发展生命医学作为实现创建世界一流大学的重要战略。十多年来,学校不断努力,顺应现代医学发展规律,积极探索在综合性大学内如何办好医科,在促进基础与临床、医学各学科、医学与其他相关学科的合作方面做了大量工作,取得了一定成效。医学科研的经费和项目数,已从两校合并初期的25%左右,增长到全校总量的一半。目前,复旦大学上海医学院包括基础医学院、临床医学院、公共卫生学院、药学院、护理学院、生物医学研究院、脑科学研究院、放射医学研究所、实验动物科学部以及11家附属医院。学院现有中国科学院院士4人(杨雄里、沈自尹、王正敏、葛均波)、中国工程院院士5人(汤钊猷、陈灏珠、顾玉东、闻玉梅、周良辅)、教育部"长江学者奖励计划"特聘教授18人、国家杰出青年基金获得者23人、"国家重点基础研究发展计划(含重大科学研究计划)"项目首席科学家13人;有一级国家重点学科3个、国家重点实验室1个(医学神经生物学)、教育部重点实验室5个、卫生部重点实验室9个、上海市重点实验室8个。

为了更好地总结和推广医学学科的学术成果,我社一直非常重视医学专著的选题开发,注重紧跟学科发展趋势,挖掘潜在优质选题。在此过程中,我们也得到了上海市新闻出版局的大力支持。我社多本医学专著得到了"上海科技专著出版基金"的资助。其中,获得资助的"现代"系列项目有《现代临床血液病学》、《现代营养学》等。有些学术成果虽然填补了空白,含金量非常高,但是由于受众面较小,如果出成书,很难保证经济效益。有了"上海科技专著出版基金"作为坚强后盾,就打消了出版社的后顾之忧。

未来,"现代"系列仍然是复旦大学出版社的重点医学专著系列,即将推出的有《现代外科手术学》、《现代胆道外科学》、《现代真菌病学》、《现代医学影像学》,秉承"现代"系列的一贯风格。

"现代"系列虽然"星光熠熠",但是如何更好地挖掘作者和优质选题,使其更加辉煌,是我们要潜心研究的重要课题。

(复旦大学出版社供稿,魏岚执笔)

---

① 杨家宽. 从《现代肿瘤学》获国家科技进步奖谈认真做好出版工作[J]. 编辑学刊,1999(2):27-28.

② 汤钊猷. 编写《现代肿瘤学》的回顾[J]. 中国肿瘤,2000,9(2):52-57.

艺术与文物类

从《太平天国服饰》到《中国历代服饰》

前瞻、创意、求精是双效益精品图书的制胜法宝——四卷本《中国文物精华大辞典》策划感言

《中国碑帖名品》丛帖策划缘起

震颤人心的另类艺术——《原生艺术丛书》的策划过程

《怀袖雅物——苏州折扇》策划纪实

中国绘画专史的构想与出版——《中国山水画通鉴》《中国花鸟画通鉴》《中国人物画通鉴》的策划缘起

无悟悟之事者，无赫赫之功——《商周青铜器铭文暨图像集成》出版有感

一部开创历史新篇的宏伟巨著——评介《华乐大典·二胡卷》

科研成果是重大出版项目之源——以《中国近现代海派服装史》项目为例

大麦地壮歌——2004年7月27日来自《大麦地岩画》工作组的报告

从《太平天国服饰》到《中国历代服饰》

《中国历代服饰》

学 林 出 版 社

经典策划
119

　　上世纪 80 年代初的某一天，在刚成立不久的学林出版社编辑室，走进了一女一男两位作者。他们手持一部刚完成的《太平天国服饰》图册的书稿，欲联系出版。他们就是后来成为中国古代服饰文化研究专家、学林版《中国历代服饰》的主要作者周汛、高春明。当时周汛刚步入中年，而高春明还是一个二十七八岁的小伙子。

　　接待他们的是学林出版社的资深美术编辑沈兆荣。在仔细翻阅了他们提供的《太平天国服饰》书稿——从文字到图片——后，沈兆荣与周汛、高春明两位作者就中国历代服饰的话题展开了深入的交谈，并从中了解到：作为"文明古国"，中国几千年来留下了许多服饰资料，无论是文献记载还是实物材料，都相当丰富，但这一方面的研究，却长久以来没有得到应有的重视，有鉴于此，上海市文化局在上海戏曲学校成立了一个"中国服饰史研究组"，周汛、高春明就是这个研究组的成员。这个服饰史研究组成立以来，已搜集和整理了相当一部分历代服饰资料，并开展了一些研究工作。

　　沈兆荣敏锐地感到：虽然作为一本研究中国服饰的著作，《太平天国服饰》还显得单薄，但是博大精深的中国历代服饰文化无疑是一个值得开拓、挖掘的图书选题领域。沈兆荣在与两位作者的交流中隐约感到，这两位作者通过对中国戏曲服饰的绘制、研究，对中国古代服饰文化已有相当的感知和学术造诣，是这一领域有潜力的作者。于是，一个设想在沈兆荣脑中酝酿。

　　随后，沈兆荣向编辑室主任林耀琛、社领导柳肇瑞汇报了两位作者与《太平天国服饰》书稿的情况,并根据中国古代服饰文化源远流长、资源十分丰富发达,但却没有一本系统反映中国历代服饰文化发展轨迹、全面展现中国服饰文化风貌的大型学术文化图书的现状,大胆地提出了依靠周汛、高春明这两位作者及他们背后的上海戏曲学校"中国服饰史研究组"团队,将《太平天国服饰》脱胎换骨,改造成《中国历代服饰》的新设想。

这一选题设想得到了编辑室与社领导的充分肯定与支持,当即被确定为社里的重点图书选题,并由沈兆荣与周汛、高春明两位作者联系,传达了本社有关《中国历代服饰》的重大选题决策,并准备请他们担任这部重点书稿的主要作者。

这一消息无疑深深打动了两位有志于深入研究中国服饰文化的中青年作者,他们不仅欣然接受将原书稿完全推倒、重起炉灶改造为《中国历代服饰》的新方案,而且马上全身心投入,积极酝酿全新的撰写提纲。沈兆荣与两位作者数次沟通、交换意见、深入探讨,终于对全书的内容框架与表现形式达成共识。在内容上,以中国上下五千年文明史为背景,从纵向方面展示中国历代服饰的演变过程——以上古骨针缝制服饰为开端,经秦汉、魏晋南北朝、隋唐、宋、辽金元、明、清直至近代西洋文化的东渐与服装的变革;横向方面则充分注意每一朝代各个地区、民族、阶层的典型人物,对帝王将相、才子佳人、士农工商及男女老幼等的服饰都作清晰的反映。在形式上,力争图文并茂,相得益彰,以文献记载为依据,结合实物及画迹——历代遗存和出土文物的彩照、黑白照,以及中国历代服饰的典型样式、色彩、纹样的复原图——形象地将中国历代服饰的沿革、服饰特点及制作进行充分展示,以期读者能对中国历代服饰的演变有一个深入的感知。

《中国历代服饰》全书框架既定,出版社便与作者积极行动起来。一方面,学林出版社确定了最强大的编创队伍,由社领导柳肇瑞与沈兆荣担任责任编辑,分别负责文字与图片的编辑工作,编辑室主任林耀琛参与审稿,并在出版系统内邀请资深摄影师金宝源、周祖贻承担全书图片的摄影工作,插图美术编辑蔡康非等参与由周汛、高春明、邹振亚、刘月英组成的服饰复原展示图绘制团队,还特别邀请著名装帧美术家任意负责全书的整体装帧设计。另一方面,承担全书内容阐述和文字稿撰写的周汛、高春明则开始参阅并深化研究已出版的《汉代服饰参考资料》等中国服装史料,并进一步着手广泛搜集、梳理历代服饰档案资料。他们向中国社会科学院考古研究所和历史研究所、中国历史博物馆、中国文学艺术研究院、上海社会科学院、上海艺术研究所、故宫博物院、敦煌文物研究所、北京图书馆、上海图书馆、南京图书馆、上海博物馆、上海自然博物馆、新疆维吾尔自治区博物馆、甘肃省博物馆、陕西省博物馆、山西省博物馆、河南省博物馆、南京博物馆等各地研究机构、博物馆、有关文化部门和大专院校近四十余家有关单位发出求助信，以取得馈赠资料、获得实物拍摄的便利条件。

同时，责任编辑沈兆荣与周汛、高春明三人多次一起前往祖国各地进行实地考察。从敦煌莫高窟、西安唐乾陵、昭陵、太原晋祠、大同云岗石窟、芮城县永乐宫，到吐鲁番等地，行程数万里。巍巍的祁连山巅，茫茫的塞北草原，古老的皇城郡邑，原始的洞窟墓穴……到处都留下了他们跋涉的足迹。通过一面考察文物，一面继续收集补充新的有价值的资料，他们不断深化、充实原有的撰写提纲与创作构思。

在上述各方面取得一定进展的基础上，书稿全面进入编撰过程：周汛、高春明夜以继日地梳理资料、撰写文稿；负责摄影的金宝源、周祖贻经常出差，到各地拍摄文物照片；同时，为了使读者对中国历代服饰的样式、图案、色彩等有一个直接的印象，周汛、高春明、邹振亚、刘月英等绘图作者将各种文物画迹、金石碑志、壁画钟鼎、笔记野乘、泥塑木俑及砖刻石雕中的人物形象及艺术纹样作了综合比较，并结合出土文物，开始了数百张各个时期的典型服饰复原展示图的绘制。

初稿完成后，作者还专程去北京向研究服饰的沈从文等专家请教。沈从文先生肯定了他们的努力，说："你们的文稿我看过了，写得很好。比较全面、概括，总的看来，是写得成功的，不仅具有学术价值，而且具有使用价值。""从文稿及画稿来看，你们的稿子和我的那本书是有很大不同的，主要是方法不同。我当时的出发点，是想就服装史上的一些具体问题、冷门的问题，提出一些试验性质的探讨，使同行们在研究中国服饰史这个专题上有些新的认识，但是很不全面，有些朝代，还需要补充。""我看了你们的画稿，非常高兴，你们画得太好了！将大量的资料综合起来，用画稿的形式体现出来，使人们对中国古代服饰有一个直观的印象。就我所知，目前还没有这样的书稿出版，至少我没看到过。这是一个很好的方法。"北京之行更加坚定了他们的信心。

在整个过程中，作为责任编辑的柳肇瑞、沈兆荣一方面密切关注着作者的进展，另一方面则随时针对作者碰到的问题进行充分沟通、交流，既给予许多建设性的意见，又在人力、财力及服务方面给予有效的支持。尽管这本大型文化艺术图册在资料梳理、文字编撰、实物拍摄、图片绘制、图片选定、图版安排、装帧设计等方方面面工作量极大，且整个编撰过程延续了三年，但编辑与作者方面配合默契，因此，进展十分顺利。

为了扩大这部重点书稿的影响,学林社领导又通过各种渠道的努力,争取到了香港商务印书馆与学林社合作出版海外版。1982 年 3 月间,香港商务印书馆总编辑李祖泽先生一行五人来到上海,与学林社洽谈此书的香港版事宜。他们看了部分样稿之后,对本书很感兴趣,当即敲定了合作计划,并且派来了该社的编辑参与工作。原来准备双方用同一副版子,但是后来考虑到海外读者的阅读习惯,一致决定香港版以《中国历代服饰》为蓝本,但略有不同,书名也改成"中国服饰五千年"。

　　经过作者与责任编辑三年多的苦心经营及孜孜不倦、精益求精的工作,《中国历代服饰》的编创工作终于全部完成。1984 年 4 月,一部金碧辉煌、精致大气、博大精深的八开本全彩色大型学术文化艺术图册《中国历代服饰》完成印制。全书 324 页,既有 16 万字的简明、扼要、精辟反映中国历代服饰文化研究成果的文字阐述,又有历代遗存和出土的相关文物彩照及复原展示图 834 幅,学术性、观赏性、实用性熔于一炉,充分彰显了"衣冠王国"五千年丰富多彩的服饰文化的发展轨迹和文明古国的历史风貌。几乎在同时(1984 年 3 月),本书的香港版《中国服饰五千年》也出版发行。

　　皇皇巨著即将上市,出版社领导召集全社编辑业务骨干专题研究如何向全国学术文化界和读书界宣传、推介《中国历代服饰》。会议决定,大家利用各种人脉资源组织一些文化名人、著名学者,如俞振飞、赵景深、韩尚义、胡艺风等,从不同角度撰写书评文章,并筹备高规格的新书发布会以扩大影响。会上,沈兆荣还别出心裁地出了个金点子:作为新书发布会的压轴戏,搞一个中国古装的配乐表演。当时社会上还没有时装表演,也没有模特儿和现成合适的古代服装。于是,社里就与作者所属单位上海戏曲学校商量,由该校女学生担任中国古代服饰表演模特,并由该校从上海各戏曲单位挖掘能反映中国古代服饰风貌的一些戏装……克服了种种困难,终于准备就绪。

　　1984 年 5 月 10 日下午,学林出版社在上海文艺会堂召开了隆重的《中国历代服饰》出版发行仪式。上海文艺、新闻、出版及高教等各界专家与领导俞振飞、赵景深、赵家璧、陈虞孙、何慢、郑拾风、胡艺风、丁锡满、宋原放等近三百人济济一堂。戏剧大师俞振飞、戏剧史专家赵景深、电影美术家韩尚义、上海市服装研究所所长金泰均等作了热情洋溢的讲话,充分肯定了《中国历代服饰》的出版对于弘扬中国服饰文化、彰显华夏文明的重大意义。随着新书发布会发言单元结束,在悠扬、清婉的中国古乐声中,上海戏曲学校实验剧团的年轻演员身着汉代深衣、唐代纱衣红裙、明代襦裙、清末明初旗袍等不同古装徐徐入场,向来宾们展示了从古代到近代的几十种中国妇女服饰,全场眼睛为之一亮,随即掌声四起……短短一二十分钟的古装配乐表演将《中国历代服饰》的新书发布会推向高潮。

《中国历代服饰》及其香港版《中国服饰五千年》取得了巨大的社会反响。《中国历代服饰》于当年获得上海市出版工作者协会的优秀图书奖,1986 年获得第三届全国书籍装帧艺术展览会整体设计荣誉奖,1989 年荣获莱比锡国际书籍艺术博览会铜奖,1992 年在上海优秀书籍装帧设计作品评选中获最佳整体设计奖,1993 年获首届国家图书奖提名奖。《中国服饰五千年》荣获莱比锡全世界最佳书籍设计铜奖、美国《传艺》杂志主办的第二十五届设计年展优秀奖、香港市政局 1984 年度最佳中文美术书籍奖。同时,在沪港双方努力下,本书先后出版了台湾中文繁体字版、德文版、法文版、英文版,影响遍及世界各地。据时任上海市新闻出版局局长的孙颙回忆,他在美国访问期间,曾在一个印第安人聚居地,看到一位在织花布的印第安妇女,身边放着一本英文版《中国服饰五千年》、一本中文版《中国历代服饰》,以作编织纹样的参考。

《中国历代服饰》的成功出版,首先在于编辑对图书选题的敏锐捕捉和高远立意。当沈兆荣等编辑了解到中国历代服饰的资料极其丰富而这方面研究与出版却相形见绌的现状,马上高屋建瓴,萌生了将《太平天国服饰》改造成系统研究中国历代服饰的成果之设想,而社领导又果断决策,将此选题作为社里的重要图书选题,为这个填补中国文化史空白的出版项目开了个好头。其次,得益于出版社慧眼识人才,准确把握周汛、高春明这两位中青年作者在服饰文化方面的研究潜力和著书能力。第三,出版社重视从编纂到印制的全过程,既狠抓重要环节,也不忽视每一个细节处理。例如,此书在印制过程中碰到了诸如"中国历代服饰"书名六个字烫金难、篇章页用黑底印出来往往会发花等由印刷设备差而产生的许多困难,为解决此类琐碎的细节问题,责任编辑数十次去印刷厂与技术工人讨论方案、寻求办法,以达到最佳的印刷效果。最后,仰赖于这个编创团队的敬业精神。从作者到责任编辑,整个编创队伍集中了一批中青年知识分子精英,他们既有献身中国学术事业、弘扬中国文化的远大志向,又具备甘于寂寞、不求闻达的牺牲精神及孜孜以求、兢兢业业的职业素质。

正是由于具备了这样一些条件,学林出版社才能在创立之初的三年中就推出如此厚重的皇皇巨著;同样,也正是在出版《中国历代服饰》的过程中积累了上述经验,学林出版社才能在其后的数十年中相继出版了《中国历代妇女装饰》、《中国民居》、《隋唐文化》、《商周文化》、《秦汉文化》、《魏晋南北朝文化》、《明代文化》、《清代文化》、

《金文大字典》、《中国珍稀钱币》等一系列经典图书,形成了"小社出大书"的一大传统。

（学林出版社供稿，薛仁执笔）

前瞻、创意、求精是双效益精品图书的制胜法宝

——四卷本《中国文物精华大辞典》策划感言

《中国文物精华大辞典》

上海辞书出版社

何谓精品图书？如何出好精品图书？1995 年上海辞书出版社推出的大型全彩印文物工具书《中国文物精华大辞典》（陶瓷卷、青铜卷、书画卷、金银玉石卷）以其上乘的质量、不俗的社会效益和经济效益，对这一提问作出了很好的解答。这部图文并茂的文物工具书规模宏大、质量上乘、制作精美，学术性和艺术性兼具，问世以来受到文物工作者和文物爱好者的广泛青睐，获得佳誉如潮，1995 年荣获第二届国家图书奖。此书以 1 752 元的高昂身价，在出版短短几个月内就销出了数千套，至今累计印数高达 18 000 套，经济效益相当可观。这部鸿篇巨制的编辑出版是传统文物选题与现代工具书编纂样式相结合的成功尝试。《中国文物精华大辞典》成了上世纪 90 年代中国出版界标志性的图书，文物图书市场随之繁荣，类似的文物图册如雨后春笋般冒出，各擅其能。作为这套文物工具书的主要责任编辑，回顾整个出版过程，感慨良多，同时也获得一些有价值的启示。

启示之一：编辑策划选题必须要有前瞻眼光、超前意识。

图书的社会效益和经济效益如何，关键在于选题，这已经成为出版人的共识。要把握好图书选题，就应将所选图书类型和读者对象以及图书市场竞争形势结合起来综合考量。作为一家具有悠久历史的辞书专业出版机构，素以弘扬传统文化为己任的上海辞书出版社特别关注具有高品位、文化含量大的文化工程项目的编辑出版，在成功出版《辞海》之后，又把目光投向中国文物这座巨大富矿。揽一流专家作者，是出

版一流鸿篇巨制的主要保证。出版者要从文化积累和文化普及的高度去组织优秀图书,名牌出版社更应以延揽一流作者为己任。《中国文物精华大辞典》是一部权威性的皇皇巨著,我们深感要完成这个选题,必须依托国家文物局这样的权威机构,动员全国文物界学有专长的一流专家共襄盛举。故我们约请国家文物局牵头搭建编委会班子,国家文物局副局长彭卿云出任总主编,文物界学术鉴定泰斗耿宝昌、马承源、刘九庵、史树青分别担任陶瓷卷、青铜卷、书画卷、金银玉石卷分卷主编。所有编委会成员及撰稿人均为国家级或省级专家中的精英,以确保其权威性。

1982年底,在同国家文物局合作编辑出版《中国名胜词典》的过程中,我们发现文物工具书的巨大市场潜力,便向他们提出了编纂全国馆藏文物图书的设想。当时提出这个选题,主要是基于以下两方面考虑。

一是适应文物普及的社会需要,使文物工具书成为流动的博物馆,让文物走向社会,走向大众。中国是文明古国,也是文物大国,收藏着数以千万计的传世文物和出土文物,可以说是世界上收藏文物最为丰富的国家,据不完全统计,仅中国大陆博物馆所藏即有千余万件之多,其中被鉴定为一级品的文物共计十多万件,这还不包括台湾省馆藏、民间文物收藏和流失海外的在内。众所周知,文物是文明的载体,有着丰富的文化内涵,也是中华民族所创高度文明的历史见证。但由于多方面原因,大量能够发挥科研、教育、借鉴、审美等多种作用的文物却始终未能得到有效认识,展示工作仍是一大薄弱环节。特别是文物工具书出版对于文物保护和文物开放的重要作用,远远没有得到充分估计和应有的重视,以致建国以来有关中国文物的介绍,只散见于杂志、学刊之中,少有系统整理,缺乏一套能够展示中国文物藏品概貌的大型图书。这一状况与我们泱泱文物大国的地位极不相称,也与文物开放和文物普及的时代要求不相适应。我们明白,文物只有让公众领略其价值,才能有机会发挥作用。如果任其永久韫椟而藏、秘不示人,就如同废物一般,毫无价值、作用可言。只有展示文物,才能满足人们对文物不断增长的兴趣,更重要的是可以借此增强民族意识,弘扬民族精神,维系民族团结,激发国人的献身精神。

二是适应文物开放的需要,让中国文物图书成为中外文化交流的重要载体,走出国门,走向世界。中国拥有五千年的文明历史,也拥有无数传世文物和考古出土文物,这些都是我们出版人取之不尽、用之不竭的巨量宝藏,更是中国出版物走向世界的丰富的选题资源。文物作为人类的文化遗存,既为本民族所拥有,又为全人类所共享,其本身就具有开放的性质(本书中文繁体字版已通过合作出版和版权贸易形式推向境外）。我们认为，一个人不可能也无必要周游全国去参观各地林林总总的博物馆。他们或许更希望有一部能够包容中国文物瑰宝的图文并茂的工具书，从而足不出户就能尽心欣赏。由此，旨在帮助广大读者提升文物鉴赏水准、提高美学趣味并为广大读者所喜闻乐见的图文并重的文物工具书应运而生。可以这么说，文物工具书的兴起，是文物普及和文物开放的一项创新之举，它以其特有的魅力吸引着各界读者，成为传播文物知识、弘扬中华历史文化的重要媒介。

启示之二：编辑必须要有创新意识，想读者所想，行读者所需，顺应读书界和出版界喜欢图文并茂图书的新潮流。精致的、图文并茂的辞书风格是这部文物图书获得巨大成功的形式保证。

《中国文物精华大辞典》作为一部学术性与艺术性相结合的文物图书，开创了一种全新的图文并茂的辞书模式。

第一，依照辞书的三大要素，遵循辞书的内在规律，设置适用的辞典框架。《辞海》对"词典"的解释是："又作'辞典'。汇集语言里的语词，按一定方式编排，逐条加以释义或提供有关信息的辞书。"基于对"汇集对象、编排方式、逐条释义"这三个辞书必备要素的理解，《中国文物精华大辞典》汇集的对象是中国大陆通过鉴定的包括陶瓷器、青铜器、书画、金银玉石器等品类在内的 5 323 件馆藏一级文物，正文编排按文物质地或性质划分，依文物年代前后的顺序排列。每件文物均按文物基本要素（文物品名、制作或创作年代、质地、尺寸、重量、形制或纹饰特征）、文物价值（或科学的，或历史的，或艺术的）、文物线索（出土时间、出土地点、收藏单位）三部分进行释义。书前有按年代顺序编排的文物目录，书后有书画家小传、名词解释等附录。

第二，依照文物观摩鉴赏的特性，选择一物一图、图文夹排的活泼版面形式，开创了一个融画册和工具书于一体的、为出版界和读书界所认可的新型图书种类。

20 世纪 80 年代之前，中国图书市场上的文物图书数量不多，有关文物的介绍通常仅限于文物考古报告，或者是学术性很强的专业杂志，并且大多数偏重于术语文字形式介绍，限于条件，照片不是阙如，就是效果不太理想，可读性不强，欣赏性更不够。当时，文物给一般民众的感觉是深奥枯燥、高深莫测、遥不可及、难以接近和理解。有鉴于此，我们考虑换一个角度去传播文物，就是以"图文夹排"为切入点，用看得见且直观形象的图片打消神秘感。这样，读者必然容易接受。创意是有了，但如何把创意转化为编辑实践，这需要进一步探讨。我们设想，每件文物只用几百个字作说明，再配上一张彩色文物图片，图文要呼应默契，还要加强图版设计，所收的每件文物均要有整体文物图版,尽可能结合说明文字的叙述。这种图文相辅相成的做法,对读者欣赏文物很是有效。

启示之三:编辑(文字编辑和美术编辑)必须要有求精意识(学术性与艺术性的完美结合)。

编辑劳动是创造性的劳动,这已是不争的事实。编辑有无创意,决定着图书的成功或失败。一本上好的图书,必须要有独创性和明确的意图,这是即将诞生的图书取得成功的关键所在。编辑应根据选题的主题和读者对象来设计内容及其表现形式。编纂任何一部书稿,编辑的把关都是不可缺少的一环,尤其是像《中国文物精华大辞典》这样的大型工具书,编辑所起的作用是其他任何人所替代不了的。

首先,编辑从宏观角度,为全书制定具有可操作性的纲领性原则,拟定出全书总体编辑方案,构建辞书框架,设计编纂体例,等等。本书上马之初,我们就会同国家文物局相关参编人员,明确提出书稿要达到"精"、"全"、"新"三个标准。

所谓"精",就是指入选文物要从大陆一百余家博物馆和文物考古所收藏的通过鉴定的十万余件一级文物中精选,必须是被视为国宝的,最具有历史价值、艺术价值和科学价值的文物极品。

所谓"全",有两层含义:一是指入选文物要纵贯上起新石器时代下迄宋元明清的全部历史,横跨台湾省以外的全部中国国土,史前、先秦等各个考古时代和封建朝代,各省、自治区和直辖市,各少数民族的特色文物须应有尽有;二是品类要全,入选文物按其质地、性质,共分陶器、瓷器、青铜器、金银器、玉器、法书、绘画、石器、铁器、石刻、砖瓦、漆木器、织绣、甲骨简牍、印玺、牙骨器、料器、货币、文献、拓片、杂项(文房用品、成扇、钟表、景泰蓝、皮革)等二十一类。

所谓"新",也有两层意思:一是指能反映国内文物考古界最新的发掘成果和研究成果;二是图文并重,每件文物都实地实物拍照,彩色照片不能少于八成。

以上三个标准,既从实际出发,突出重点,又考虑时代、地区、民族的平衡,充分体现了中国文物博大精深、源远流长、绵延不断的特点,反映了中国文明为中华民族大家庭共同创造、共同享有的历史事实。

其次,编纂任何一部书稿,文字编辑的严格把关都是不可缺少的一环。文字编辑加工书稿是一项相当琐碎而细致的工作,既要尊重和忠于原稿,又要对原稿进行修改和提高。要做好"嫁衣",必须贯彻严谨作风。我们根据资料要翔实、体例要统一、文字要精炼、图片要精美的"四要"原则,逐条审核释文,对其中不符合规定之处,就内容或行文提出修改意见。比如：不同文物品类的内容有交叉现象，要去掉重复；有些器物说明文字过多，要浓缩；器物尺寸、重量等数据和款识以及铭文内容与原物有出入，要核对等。文字编辑加工期间必须经常与原作者联系，加工完毕的书稿还要获得原作者或主编的认可。由于本书由馆藏文物荟萃而成，所以编辑在审读作者原稿时往往缺乏第一手资料可供核对。以陶瓷卷为例，有许多清代官窑瓷器都有题款，其中还有皇帝的所谓"御制诗"。对这些"御制诗"原文的审核，除了查对原物以外，别无他法。遇到这种情况，唯有电请原作者从文物库房中取出原物，进行对口查对。再有，某次原作者疏忽大意，将某件文物的收藏单位写成"南京市博物院"，这就成问题了：到底是"南京博物院"，还是"南京市博物馆"？因为这是两家不同级别的文物收藏单位。后经多方打听，最终确认是"南京市博物馆"。其费神费力可见一斑。特别是由于本书的作者多达540人，并且散布于全国各地，释文又是各地作者分头撰写的，书稿集中以后不但详略不一，而且重复矛盾之处甚多。比如：青铜器部分往往集中介绍各种装饰花纹的特征；陶瓷部分则解释何谓青花，何谓红釉；书画部分又重点介绍书画家生平。孤立地看，似无大碍，但若集中起来，则内容重复，详略失当。于是编辑提出每卷增加一个附录，凡名词解释、书画家传略等统一置于此处，从而使释文简练集中、中心突出，解决了定稿工作中的一大难题。通过突出重点、分清主次、统一体例、润饰文字、规范数据，优化和提高了图书的整体质量。

《中国文物精华大辞典》采用一物一图的形式，使读者一目了然，增加了图书的可欣赏性。美术编辑在版面设计中必须把作者提供的图片进行再加工，与文字作者对话，弄懂某些道理，才能作创意设计。为了给读者提供更多的艺术鉴赏机会，顺应世界出版业的新潮流，美术编辑对所选文物的图片质量提出了一条近乎苛刻的要求：所有文物部门提供的非原拍（翻拍）照片，难以展现文物多彩神韵的黑白照片，因拍摄角度欠佳而与文物说明文字不契合的照片，构图呆板、光线明暗失度、反差过强或过弱、制版效果不够理想的照片，都必须更换。于是，不少文物要专门从收藏单位库房中再次取出，聘请富有经验的摄影人员重新拍摄照片。特别是边远的少数民族地区，为拍摄一张原物照片，摄影人员须携带沉重的摄影器材长途跋涉，艰苦异常。这次更换的照片竟达总数的70%，这使所配的四色精印的图片更显光彩，更具神韵，更能体现我们编辑的心意，也更能唤起读者的欣赏共鸣。

当然，任何一种新的探索与尝试都不可能完美无缺，《中国文物精华大辞典》这部大书的错误与不足也在预料之中。其中最大的缺憾是，我们出于控制制作成本和降低图书定价的通盘考虑，设计版面时，文物图版占幅普遍偏小。有些文物图版假如能结合文字的叙述作局部放大，或重点突出最具特征的部位（器形奇特的突出器形，纹饰精美的突出纹饰，铭文有价值的突出铭文或款识），采取图文呼应、相辅相成的做法，便能使其直观性更强，整体效果应该可以更上一层楼。

（上海辞书出版社供稿，王圣良执笔）

《中国碑帖名品》丛帖策划缘起

《中国碑帖名品》丛帖

上海书画出版社

上海书画出版社是一家有着五十余年历史、专业出版中国传统书画读物的艺术出版社，其中字帖的出版影响最大。因此，书法板块一直是书画社的重中之重，书画社也凭借针对各种读者需求的出版物，长期占据书法篆刻类图书市场份额的第一把交椅。书画社的编辑们不断接力耕耘，留下了多套丛帖，影响了数代书法爱好者。其中影响最大的有《历代名帖自学选本》、《历代法书萃英》、《中国碑帖经典》等多套大型丛帖，代表了书画社不同时期的出版追求，其中尤以《中国碑帖经典》规模最大（100种）、影响最久，至今仍在不断重印（"寿命"最长的一种达15年）。长时期、大印量的字帖出版物，为书画社赢得了忠诚的读者群和极高的美誉度，成为书画社图书主业板块的品牌之一。

2009年我主持书画社工作之后，首先想到的就是要将书法板块进一步做强。但要不要增加字帖选题，成为大家争论的焦点，原因是：经过多年的积累，书画社已经在书法图书方面达到了将近800个品种的规模，新的选题会不会成功？如果成功，会不会对这些老选题产生冲击？当下图书市场竞争激烈、陷阱众多，新选题会不会落得出师不利、库存一堆的结局？对于这些问题，我们必须以审慎的态度加以对待，同时，更需对字帖类图书市场的当前格局作出严谨分析和客观判断。在作了大量的市场调研和多次探讨后，我们得出如下几点结论：

1. 出版业完全进入市场，尤其是进入了新世纪以后，字帖市场由书画社和文物社等少数几个老社独霸的局面早已不复存在,成批成套的字帖充斥市场,各种推销手段五花八门。书画社所面对的环境发生了重大变化,市场份额被大大削减。

2. 书画社是老品牌,但多年未出有力度、有创新的成套新品,市场关注度逐渐减弱,而现在的书店和读者往往喜新厌旧,我们依靠的只能是老顾客的回头。

3. 随着经济的发展、人民生活水平的提高,读者对图书品质的要求也在大幅提高,一些出版社已开始用新的选目、精美的产品,改变以往重复而简陋的字帖面目。

4. 经过二十余年的培育,"文革"后成长起来的一批书法爱好者和专业人士已不满足于以往从内容到装帧都很单一的字帖形式,读者需求呈现多元化的趋势。

基于以上的竞争格局和我社现状分析,不进则退的危机显而易见。品牌是我们最大的优势,但品牌也要适时注入新的内涵,来提振市场的关注度和顾客的兴奋点,使传统焕发生命力。因此,要在新形势下巩固和提升书画社的市场占有率,必须要有新的举措。我们对整个市场上的字帖产品进行了重新评估,对社内产品的读者对象作了更加明确的分层管理,决心以产品升级为切入点,借鉴书画社历史上的成功经验,出版一套符合未来读者需求趋势的全新的大型丛帖。

但放眼图书市场,由于内涵少、门槛低、制作容易,字帖图书所面临的是模仿、抄袭、同质化现象严重的恶劣环境。新丛帖如何脱颖而出,避免败走麦城?

"以专业打造品质,以品牌拓展市场",这是我在二十多年的出版生涯中渐渐深刻体会到的专业出版社经营、发展的两个核心要义。专业社必须守住专业、强化专业,做到各环节尤其是人才和内容的专业化,以此形成品质保障。品质保证了品牌的可信度和号召力,品牌将演化出巨大的市场价值。将专业化和品牌价值有机地运作好,应该是专业社抵抗风险、坐稳做强的保证。新丛帖的策划重点,我想仍然要紧紧抓住这两个关键。

以品牌和专业为出发点,新丛帖的策划思路和内容设计便逐渐清晰和具体起来。

一、格局和定位:以大格局、精品意识,打造我社字帖类选题的新旗舰

新丛帖将是未来十年书画社基础类选题的脊梁,应站在新时代的制高点上,以大格局和专业眼光,对其内容和形式进行全方位的设计,要集合我社书法专业的优势,借助编辑等各方面的最强力量,将新丛帖打造成我社不同读者层次、不同系列字帖的领航者,将主要读者设定为经济较发达地区的书法爱好者群体,要敢于领先,超越同

行,且坚持不懈,使其在相当长一段时间内,成为同类图书最高品质的代表。

二、命名和规模:发扬品牌优势,保持品牌延续

我社历史上前后多套丛帖影响了几代书法爱好者,积淀了品牌优势。这种品牌优势在一定程度上有赖于产品的持续开发,后续产品也应当借助历史的影响力,达到新的高度。应认真总结编辑制作、营销发行等过程中的正反面经验,将成功之处加以继承并强化,将不足缺撼及时克服和舍弃。新丛帖要满足读者对我社产品的期待,并报之以一定程度的惊喜,体现书画社传统延续、自我提升、不断进取的品牌品格。

《中国碑帖经典》是我社字帖最为成功的代表,更因其曾作为胡锦涛出访时赠送给国际友人的国礼而名声大盛。经过酝酿,我们把新丛帖命名为《中国碑帖名品》,规模也定在百种,一则是激发其品牌和规模效应,二则是借此向前辈编辑的辛勤付出致敬。

三、内容和品质:把握需求,利用专业和资源优势,实现产品的全面升级,再树行业标杆

1. 作品选目:演绎书法史

《中国碑帖经典》的选目是在丛帖不断出版的过程中形成的,达到百种而截止。这是历史上规模最大的一套丛帖,读者在学习、成长中得到了前所未有的选择便利和对图像材料集中的鉴赏研究。《中国碑帖名品》延续百种的规模,不是简单的数量攀比,更重要的是满足这种使用上的需求。因此,我们决定从书法发展史的角度,对各历史时期的书法名作作一次系统的梳理,为新丛帖赋予更专业的编选意图,使入选作品更具有学习的典范意义和研究的史料价值。

2. 作品图像:取胜关键

(1)全彩印

随着读者消费能力的提高和对图像质量要求的提升,彩印开始成为图像类图书的主流。但在字帖领域,出版社仍认为字帖就是低档读物,没有必要彩印。2006 年,我曾利用与上海图书馆合作的机会,出版了《翰墨瑰宝》,率先尝试字帖的全彩印,获

得业内的美誉。四年之后,我决心推动书画社字帖的升级换代,首要突破,就是以亲民的价格,将整套丛帖以高品质图像全彩印制。

（2）高清晰度

彩印,必须与高清晰图像相结合,才能成就高品质。首先要面对的是图像资源的问题。长期以来,名迹珍拓被束之高阁,高品质的图像往往受到资源的限制。我们先行确立选目,无疑为自己戴上了镣铐,施展余地大受局限。要实现策划初衷,就必须突破条件制约。我们决心利用我社的各种资源,尤其是朵云轩藏品优势,联合上海图书馆等重要馆藏单位,大大提升图像品质,将难点转化成我们新丛帖的最大亮点,让读者认同彩印是物有所值的。

（3）珍本善拓

民国时期,字帖的出版一度达到非常丰富繁盛的局面,尤其是珂罗版技术的大量使用,以及众多秘藏的珍本善拓的流出,为出版提供了很多方便。那个时期,珂罗版印品是书画名迹品质最好的出版物。《中国碑帖经典》的印本来源,就主要采自珂罗版。随着上海图书馆、朵云轩等公私藏碑帖的整理开发,我社有条件直接用一手资源,将各种珍本善拓,包括题签题跋,完整地呈现给读者,其流传、版本信息均予以保存,字帖的鉴藏功能得到了开发。珍本云集,善拓荟萃,这将成为《中国碑帖名品》最重要的特色。

3. 释读文字和内涵

字帖出版的另一个现象,就是长期以来不重视古人范本的文字和内容信息,故而从头至尾,全是图版,读者在临写范本的同时,常常因不能准确识读而产生疑惑甚至痛苦。因此,我们决心对所有入选的字帖予以全文翻译并加注释,文前撰写一篇交代清晰的前言,文后附加历代点评。如此,有关该本字帖的绝大部分信息就被包罗其中了。

4. 定位和定价

从选目讨论开始,我们就将新丛帖的读者锁定为有一定书写经历和经济能力、对字帖品质有一定要求的人群,在我社各层级字帖中,本丛帖属于"普及提高"类。这类读者有眼光,懂专业,认品牌,有忠诚度,因此对我们的种种用心,他们能体察和认同。但也有同事认为本丛帖定位太高,全彩印制的价格会使销售出现问题。不过大家更重视这个读者群的未来。一方面,我们要想方设法降低成本,实现亲民定价;另一方面,我们要有耐心,相信口碑终将带来回报。

四、奋战五年,坚持初衷,追求品质,持之以恒,收获圆满

2011 年初,《中国碑帖名品》的编辑出版工作正式启动。我们组成了老中青三结合的最强编辑班子,精心作了工作准备和营销筹划。我们在《书法》杂志上刊登了该丛帖启动的通告,公布了 200 种基本选目,请读者推举 100 种书法史上最具代表性的名作,供我们正式确定 100 种选目作参考。《书法》杂志拥有三十多年的历史,它是我社与读者互动的最佳平台。果然,读者热烈参与,我们对反馈作了统计,迅速确定了百种选目。确定选目时,我们不仅收罗了不同书体、不同书家的经典作品,更从书法源流出发,选录了各书体成长演化期重要的书迹,再现了中国书法史的演绎轨迹和艺术辉煌。《书法》杂志上的互动,使读者产生了对本丛帖的最初印象。

2011 年的 8 月,《中国碑帖名品》第一辑 22 种隆重亮相上海书展。我们选择了接近于印章朱膘红的红色,为丛帖统一"着装"。这种红的使用是受晚清民国时期广东生产的一种"雄黄纸"的启发,据上海图书馆碑帖专家仲威先生介绍,这种"雄黄纸"色红,专门夹放于碑帖拓本附页中,能起到驱虫、防蛀的作用。这种红醒目而不招摇,温润而不艳俗,我们称之为"碑帖红",用作丛帖封面正是蕴含深意,独特而贴切。封面以签条、书迹和名家品评相组合的装帧设计,传统中融合了现代新意,精心裁制的开本修长别致,这些都凸显了《中国碑帖名品》典雅精致、富有标志意味的崭新形象。

书展期间,我们举行了专门讲座,邀请多位著名书法家组成强大阵容,以切身学习经验,谈碑帖范本的选择要领,并现场为读者以毛笔签售,读者反响热烈。首辑发售的模式,后来成为书画社每年书展活动的"一道菜",每年这个时刻,忠实的读者都会翘首以盼新一辑《中国碑帖名品》的现场签售。经过连续四年的出版,本丛帖百种终于在 2015 年 4 月全部出齐,8 月的上海书展,上海书画出版社迎来更大规模的书家与读者的互动。

《中国碑帖名品》甫一出版,即以其全新的面目、全面的功能、优良的品质,引起各层面的高度关注。一般读者为其精美的印制质量所吸引,懂门道的读者则在其中寻找他们各自看重的因素,他们亲切地称其为"字帖大红袍",并开设多个网上论坛,专门介绍每一辑甚至每一种的内容特色,争论其与同类出版物的长短,当当、卓越和京

东网站上,《中国碑帖名品》的书目下面,都留下了众多的好评。而一些专业人士,则透过"热闹"看"门道",纷纷发长文专论碑帖出版新的动向,点评本丛帖中的亮点。许多高校的书法专业老师,明确要求学生购买本丛帖作为教学用的范本。《中国碑帖名品》以品质胜出,终于取得了业内业外的如潮好评。

首辑出版后第二年,凭借其首次对历代经典碑帖所作的全面整理和注释工作,以及原色影印众多的碑帖善本,《中国碑帖名品》荣膺全国古籍整理优秀图书一等奖。2014 年,本丛帖再获华东地区优秀装帧设计奖之整体设计奖。

《中国碑帖名品》从 2011 年 8 月起投放市场,截至撰稿时共出版 85 个品种,累计销售达 55 万册,销售码洋逾 2 500 万元,重印 105 次,单品种累计重印最多的已达 5 次。就销售情况来看,它已经取得了巨大成功,基本实现了巩固和提升书画社字帖图书出版地位的愿望。

但《中国碑帖名品》口碑和商业上的成功,却引发了图书市场上的多轮模仿、抄袭之风,有的来自民营个体,有的则来自同行大社,其于知识产权之无视和践踏,令人真有扼腕之痛、切齿之愤!

《中国碑帖名品》的成功,除了内容和品质为主因外,其整体的策划、精确的定位、专业而缜密的组织运作、贯串始终的营销策略、统一推进的发行工作,应该也是保障。本丛帖的业绩,是运用现代管理方法,注重合作、注重经营的结果,它不仅成就了编辑成员,更锻炼了相关的工作团队,不仅实现了产品升级换代,也促使书画社完善了图书结构。本丛帖的良好运作,不仅没有影响原有老品种的销售,反而因市场细分越见清晰,助力发行和书店对我社书法产品的营销管理,加强了我社以本丛帖为核心的各层次读本的市场辨识度,消除了项目初期一些同事的疑虑,带动了整个书法板块的销售增长。书画社以专业眼光和专业能力,完成自我挑战和自我革新,再次成为书法类图书市场的领跑者。

今年是《中国碑帖名品》起步后的第五个年头,其间,编辑们坚持初衷,坚持品质,朝着预定的目标精益求精,不断迈进。在这过程中遭遇困难无数,但他们决不肯轻易放松要求。《中国碑帖名品》的成功,是坚持和拼搏精神的成功,是品牌上佳利用的成功,是品质保证的成功。

(上海书画出版社供稿,王立翔执笔)

震颤人心的另类艺术

——《原生艺术丛书》的策划过程

《原生艺术丛书》

上海大学出版社

原生艺术之父、法国先锋派画家让·杜布菲于1945年首次提出了"原生艺术"的概念。他认为原生艺术"显现出自发与强烈独创性的特征,尽可能少地依赖传统艺术与文化的陈腔滥调,而且作者都是些默默无闻、和职业艺术圈没有关系的人"。原生艺术作为一门主流外艺术,常常潜藏着被人们忽视、冷漠甚至是排斥的文化心态;然而被称为"当代艺术隐藏的面孔"的原生艺术,因其与生俱来的边缘性、原生性和非理性而越来越成为艺术家的灵感之源,受到了当代艺术的高度关注。关注原生艺术,不仅是关注其独特的艺术表现力,更是关注这艺术表现力背后的个体——原生艺术家,对于对抗乖舛命运的艺术家群体的关注,体现的是社会文明的高度、人类精神的广度,更是一个国家对弱势群体的重视程度。

近两年来,上海大学出版社高度重视对"原生艺术"的宣传和推广,在与国际知名原生艺术传播公司、研究机构和国内原生艺术推动者的合作下,已出版了《原生艺术手册》《中国原生艺术手记》,并即将推出《原生艺术的起源》,从而构成当前的《原生艺术丛书》。这些图书的出版,不仅让读者领略到了原生艺术喷薄而出的艺术张力,更让读者的心灵受到了不小的震颤。

一、推出《原生艺术丛书》的立足点

艺术是人类思想的总结和升华,原生艺术旨在反映最真实的人性呼唤、深层次的精神情感表达。中国原生艺术的整理、研究较之世界原生艺术的发展要晚,公众看待原生艺术家及其作品的眼光、视野和心态也尚未完全树立起来,造成了中国原生艺术尚不被广泛接纳的境地。但是,原生艺术作为当代艺术隐藏的面孔,对普遍意义上的艺术形式的发展具有不可估量的启发性和预示性。不论是对于艺术思维的开阔,还是对于艺术形式的创新,原生艺术都是十分重要的参照对象。

当前,大众物质生活水平已极大提高,人们将目光越来越多地投向了艺术领域,艺术鉴赏的需求十分巨大。在当代艺术被密切关注的当下,原生艺术作为当代艺术的另一个侧面,开始走入公众的视野。西方早在二十多年前就掀起了研究和收藏原生艺术作品的热潮,随着原生艺术的西学东渐,相信越来越多的中国受众将会爱上原生艺术。

原生艺术是一种艺术形式,更是一种精神表达,还是一种反映人与自然和谐相处、尊崇人的内心需求的艺术创作形式。原生艺术强调人的潜意识和本能,作品是创作者天性的流露。原生艺术的创作者大多生活于社会底层,不被人认识和理解,他们的创作未受金钱的影响,就艺术而谈艺术,具有深刻的思想价值,闪现着人性的光芒。因此,在这个为物质所困扰的社会里,推出《原生艺术丛书》,犹如为这个浮躁的社会注入了一泓清水,让人激赏。

二、《原生艺术丛书》的社会效益、经济效益评估

1. 社会效益分析

（1）艺术系统更新的功能

"艺术是上帝施予大地的赠品,无论在上帝被丢失之前还是之后,人类都是唯一的承继者与传播者。"艺术作为人类精神文化的创造行为,是人的意识形态和生产形态的有机结合,也是人的内在灵魂和客观世界的对话与碰撞。在杜布菲提出"原生艺术"概念之前的 1864 年,意大利著名人类学、精神病学家凯撒·龙勃罗梭所著的《天才与疯狂》首次出版,30 年内发行了 6 种版本,该书阐述的艺术天才观念在西方产生

了广泛影响。第一次世界大战后，欧洲前卫艺术家们开始对精神病人自发创作的艺术品产生浓厚兴趣，瑞士精神科医生沃尔特·莫根塔勒在1921年出版的《一个精神病艺术家》和德国精神科医生汉斯·普林茨霍恩在1922年出版的《精神病人艺术作品选》是当时先锋艺术家们争相传阅的读物。尼采、弗洛伊德、雅斯贝尔斯、福柯、荣格、拉康等一批精神病学家、思想家都曾为原生艺术的发展提供过理论上的支撑。

西方理论家、思想家对原生艺术的关注、热爱和研究，反映了他们对人类艺术有着更宽广、更深入的理解和感悟。在美国、英国、瑞士、日本、韩国等很多国家，不仅存在着原生艺术的研究机构，也建立了许多原生艺术收藏馆、展览馆，这体现出人们对异质文化的包容和接受。

西方许多艺术家纷纷从精神病人艺术、原始艺术和民间自由艺术中获取灵感，在这些"外力"的推动下实现了对传统艺术的超越。当今社会经济、文化飞速发展，追求改革与创新，而艺术领域亦不能例外。美术教育和绘画作品都贵在创新，如若固守传统不知变化，培养出的将不是艺术家，而仅仅是画匠，作品也便失去了艺术本身的灵魂和价值。中国当代艺术界亟需一种革命性的、兼容并包的文化态度和价值观念，去超越它所固有的内容和形式，实现艺术系统的再创造。原生艺术作为一种完全忠实于作者内心的情感表达，恰恰有助于恢复人与自然固有的天然联系，可以让热爱艺术的人们重新审视艺术存在的价值，从而使当下的艺术回归艺术的本质。

（2）人文主义的体现

艺术家创作艺术作品是为了向他人和社会公开自己的内心世界，不仅是满足个人的审美嗜好，更是获得并实现一种用感性符号说话的权利。原生艺术的创作群体主要是精神病患者、"通灵者"和民间自学者，这三类人群通常存在于社会的角落里，备受歧视和冷遇，但是对于他们的艺术生命的解读以及对于原生艺术家的正视和尊重，不仅是一种道德关怀，更是人文主义的价值体现。

作为一种维护人性尊严、主张自由平等和自我价值体现的哲学思潮与世界观，人文主义将个人的价值观和尊严作为出发点，鼓励人类发挥自己的创造性和能动性，呼吁人性自由。原生艺术完全是作者率性而自由的内心表达，很难找到传统、习惯、主流文化等历史沉淀，也难以用经验、逻辑、创作模式去进行分析和阐释。尊重原生艺术创作者的存在价值，从社会层面说，就是去主动地发现他们、理解他们、关怀他们，消除对精神病人及其他弱势群体的偏见，让原生艺术得到应有的尊重。从文化发展的角度看，原生艺术作为一种独特的艺术样态，反映了文化的原生性和包容性，对原生艺术的尊重,可以消弭主流文化和边缘文化、强势文化和弱势文化之间的二元对立,让人类文化的走向更加顺应文化多元发展的需要。

2. 经济效益分析

中国美术教育十分火热,艺术院校也不断增多,专业院校的师生将是艺术图书的主要受众。中国从事艺术相关工作的群体也十分庞大,如艺术创作者、艺术研究者、设计师、摄影家等,他们都需要不断更新艺术观念和思维,需要时时获得新鲜的艺术信息。原生艺术能够提供的便是这种观念上的"新"、技巧上的"新",能够为艺术创作和设计打开源源不断的思路,因此,"原生艺术"具有十分良好的接纳前景。

同时,在艺术品投资领域里,当代艺术已经被过分炒作,可增值的空间接近饱和,而原生艺术就像一块处女地,等待有眼光的投资者和爱好者去开发。因此,在当前推出《原生艺术丛书》,不仅能让读者领略到什么是原生艺术,更能使其看到原生艺术在艺术和经济这两方面的增值空间。

三、《原生艺术丛书》的运作与出版

2013 年伊始,经过和英国 Raw Vision 公司的多轮磋商,国内第一本引进中文版权的原生艺术图书——《原生艺术手册》——漂洋过海来到了中国。英国 Raw Vision 公司是享有国际盛名的原生艺术传播公司,《原生艺术手册》的作者 John Maizels 先后主办了《直觉与幻想艺术》《非主流艺术》《原生艺术》《当代民间艺术》《自学艺术》等多本杂志,并于 2009 年推出了享誉世界的《原生艺术手册》。John Maizels 于 2006 年获优涅独立媒体奖授予的"最佳艺术报道奖";2007 年,美国民间艺术博物馆授予其"远见奖";2009 年,巴黎副市长授予其"巴黎城市勋章",以表彰他为世界文化作出的贡献。可以说,联合国际知名原生艺术传播公司和国际最具影响力的原生艺术研究者推出中文版《原生艺术手册》,是上海大学出版社为业界奉献的一份艺术瑰宝。如此重要的图书的出版,为原生艺术在中国的推广和宣传开了一个好头。

虽然海外原生艺术的研究热潮要早于国内二十多年,但是在中国,仍有一部分学者和艺术家在默默地支持着中国原生艺术的兴起与发展,其中就有"中国原生艺术之父"郭海平先生,他针对中国本土原生艺术的发展历程和现状搜集了大量宝贵的第一手资料。在 2014 年上海书展期间,由郭海平先生撰写的《中国原生艺术手记》正式面世,这本书可说是中国前沿艺术界的一场及时雨。郭海平认为:"原生艺术是绝望中的希望,它是在自然推动力作用下最后的人文关怀。"《中国原生艺术手记》详写的虽是中国原生艺术的发展历程,但是更希望通过介绍此种艺术,让中国公众和艺术家能正视艺术的内涵,使艺术创作者、爱好者领略到不同于学院派、技巧派的全新的创作形式,从而升华其对艺术的理解和追求。该书不仅在出版前就受到了文汇·彭心潮优秀图书出版基金的资助,还入选了上海书展"白领书单",可见市场对原生艺术的关注度不容小觑。

目前,上海大学出版社与法国 Flammarion 出版公司签订了《原生艺术的起源》一书的版权引进合同,将尽快让这本追溯了原生艺术的概念史、追溯了一场对艺术史及社会史产生深远影响的运动的图书与中国读者见面。该书作者、瑞士作家 Lucienne Peiry,是原生艺术研究领域的顶尖专家。她将毕生的精力都用于在世界范围内宣传和推广原生艺术。Peiry 女士担任瑞士洛桑原生艺术收藏馆的主管达十年之久(2001—2011)。《原生艺术的起源》是 Peiry 女士在自己博士论文的基础上完成的,迄今已出版了法语版、英语版和德语版等 3 个版本共 8 个印次。该书又将是一本有世界级影响力的图书。再次与顶级出版公司、顶尖作家合作,将使原生艺术的概念在中国得到更好的传播。

应当说,原生艺术有助于中国读者从封闭的世俗社会中解脱出来,提示其分配一点精力去关注世俗社会之外的那个更加丰富多彩的精神世界,而通过原生艺术这个"窗口",读者可以直面心灵深处的真实自我,以此来唤醒每个人天性中都具有的敬畏之心和真情实感。原生艺术的价值恰恰在于能激活人们沉睡已久的渴望摆脱各种定势束缚的潜能,并让人在面朝大海时获得春暖花开的体验。因此,《原生艺术丛书》的出版十分契合中国当前的整体社会大环境。

四、《原生艺术丛书》的宣传与推广

当前的图书营销与推广已经迎来了全媒体时代。在《原生艺术手册》、《中国原生艺术手记》出版之前,出版社就依托自己的官网、微博等新媒体提前预热图书,不断上传并更新图书相关信息,如作者及作品介绍、新书内容等,达到了"未出先热"的效果,让读者能抢先了解到图书的简要信息。

在《原生艺术手册》、《中国原生艺术手记》出版之后,出版社在当当网、豆瓣网、百度百科上组织了图书试读活动,并结合雅昌艺术网、卓克艺术网、99 艺术网等中国知名艺术门户网站作相关介绍,利用网络媒体将图书资讯及时地广而告之,扩大图书的知晓面。

在图书进入销售高峰时期后,出版社相关编辑组织人员撰写书评、书讯,在《文汇读书周报》、《新华书目报》、《出版商务周报》、《i 时代报》、《新京报》等图书专业报刊或大众报刊上作介绍,不断扩大图书的影响力。

《原生艺术手册》、《中国原生艺术手记》是国内十分罕有的聚焦原生艺术的图书,为此,出版社积极深入各大相关艺术院校,如中央美院、清华美院、上海戏剧学院、上海大学美术学院等,让图书信息分享于院校师生,以期在专业师生中掀起阅读热潮。

对于出版社现有的前沿艺术家作者群体,则通过赠书的形式让他们率先掌握原生艺术的相关概念和信息,并通过他们的认可和赞赏,在艺术界内传播这套丛书。

此外,出版社还结合 2014 上海书籍设计双年展、原生艺术作品展等大型活动,为《原生艺术丛书》的宣传、推广造势。

《原生艺术的起源》一书得到了瑞士前驻沪领事的肯定,该书将在推出之际召开新书首发式,并邀请瑞士市长、瑞士前驻沪领事、Peiry 女士等出席并作讲座。国际专业人士对原生艺术不遗余力的宣传,也将为《原生艺术丛书》不断地精耕细作和充实提供保障。

原生艺术在中国还是一个比较新的概念,但艺术必须重视对未知规则的大胆探索,必须对人类社会的进步和人类精神的锻造有所裨益,原生艺术恰恰是这样的艺术。上海大学出版社之所以如此重视对原生艺术的探索和研究,并始终致力于推动中国原生艺术的发展,正是因为我们深知,作为一家优秀的出版社,关注中国艺术动态不仅仅在于向读者呈现艺术,更在于传达艺术的真谛——艺术不只是静态的作品,更是直面社会、直击心灵的震撼;欣赏艺术,不只是一种视觉活动,更是对其背后的创作群体发自内心的理解与关怀。

(上海大学出版社供稿,张天志、徐雁华执笔)

《怀袖雅物——苏州折扇》策划纪实

《怀袖雅物——苏州折扇》

上 海 书 画 出 版 社

《怀袖雅物——苏州折扇》是一部详细记载苏扇的历史、文化和工艺的大书,它全面探讨、叙述了明清以降苏扇材质、造型、雕刻技艺、扇面艺术的全貌,力图表现苏扇自明代以来六个世纪的发展历程。这部著作的出版,在中国工艺史、艺术史、文化史上都具有填补空白的重大意义,是迄今最权威、最完整的苏扇艺术集成。

关于苏扇

人们历来将苏州地区制作的扇子称为苏扇。明清时期,因文人常在折扇扇面上绘以山水、花鸟、人物等画或题以名人诗句,苏扇的观赏性大大提升,被誉为文人扇,其古色古香之貌,显示出鲜明的个性,被文人雅士或淑女闺秀视为不可或缺的掌中宝物。随着岁月的流逝,苏扇沉积了深厚的地域文化特征。

苏州折扇,始于南宋,名于明代。明沈德符《万历野获编》中记录了马勋、马福、刘永晖、沈少楼、柳玉台、蒋苏台等六位制扇名手。在我国画坛上被奉为"明四家"的吴门派画家沈、文、唐、仇均有扇面作品传世,更使苏扇名声远播。到了清代,苏州折扇发展到鼎盛,各制扇世家制作出材质多样、面貌丰富多彩的作品,不但行销南北,更是进贡朝廷。民国时期,苏扇业持续发展,扇庄有张多记、陆春和、杨政记、祝金记、吴仁记、李瑞记、王荣记、宗正记等十多家,集中在阊门西街一带。新中国成立后,苏州各家扇庄合并组建成了苏州扇厂,除生产传统折扇外,还开发了广告扇、舞蹈扇等新品种。近年来,扇厂转为民营,各制扇世家又开始独立经营折扇作坊,苏扇技艺得以完整保留和传承下来。

苏扇在明代以降六个世纪的时间里兴盛不衰,它能达到如此的艺术高度,与苏州当时发达的经济文化、良好的自然环境、丰富的原料资源以及优越的传统手工技艺都是密不可分的。所谓"天有时,地有气,材有美,工有巧,合四者然后可以为良"。但一直未能有人全面系统地对这笔宝贵的艺术财富加以汇集、整理和研究。

策划缘由

正是苏州折扇巧夺天工的艺术特性和丰富深厚的文化内涵,使得我社长期以来关注这一文化遗产的研究和保护现状。在同行的推荐下,我们结识了苏州的设计师、折扇藏家赵羽先生。

这位出生于苏州本土的文人,20 世纪 70 年代初就开始收藏折扇,2004 年受苏州市平江区人民政府委托,推动申报"苏扇制作技艺"为国家非物质文化遗产。在这一过程中,他对苏扇中的宫扇、折扇、檀香扇的历史沿革做了大量研究整理工作,并得到了广大制扇艺人和专家学者的大力支持。他的研究工作还得到著名文物专家王世襄先生、书籍装帧设计大师吕敬人先生的指点和支持,这使得他更坚定了系统研究并以图书形式来呈现苏州传统折扇文化和工艺的念头。

2009 年,我们有幸见面,就书籍的编撰、内容的构成、装帧的设计等进行了充分的探讨,在许多重要理念方面均达成一致。我们决定共同策划、合作出版这一全面记录、研究苏州折扇工艺、文化、历史和文献的百科巨作。

内容构成

经过数年的积累和编撰,书稿逐渐成形。全书共分五卷:第一卷为"通释",第二卷为"扇骨",第三卷为"扇刻",第四卷为"扇面",第五卷为"苏州竹人录文抄"。文字以平实、确凿、简练的风格,对折扇的历史、技法、艺术进行描述和记录;图片本着还原原貌的第一要务,兼备雅致的书卷气息。全书力求还原苏扇六百年以来的文风雅韵,从史实的梳理、体例的编排、文字的考究、图片的细腻上来说,唯"原"为真,唯"文"为善,唯"雅"为美。拥有这部大书,不啻与折扇艺术的一次亲密接触。

为了使书名既能明确反映苏州折扇的特征,同时又通俗易懂且不失儒雅,我们查阅了大量文献,最后在明人沈德符《万历野获编》中找到"怀袖雅物"一词,欣喜地认为,与"品茗把盏"的紫砂壶器一样,以"怀袖雅物"来概括折扇——中国文化中最具文人情调的物品之一,无疑是再合适不过了。

书稿特色

1. 资料详尽

为详尽占有材料,全面反映苏州折扇的真实历史面貌,作者广为收集资料,不遗余力。作者原打算依靠苏州自身的资源来解决本书中的资料问题,却发现诸如苏州博物馆之类的大型藏馆中连"明四家"的扇面作品都不齐全,可见,仅靠苏州的资源是远远不够的。因此,作者跑遍了包括台湾、香港、澳门在内的全国各地的博物馆和日本、韩国、马来西亚、新加坡等国的博物馆,拜访各地收藏爱好者,从他们那里得到了苏州折扇的珍贵资料及照片。

2. 图像精美

为形象而艺术地反映折扇的真实面貌,我们要求实物拍摄。这一要求无疑是"作茧自缚",但为达成最佳效果,作者团队克服种种困难,挥洒了无数汗水。扇子的形态,尤其是扇骨的浅刻,在摄影打灯光时很难真实还原;扇面,特别是泥金扇面,由于受到光的影响,拍摄效果大打折扣,无法体现其原本的精致。因此,书中很多折扇图片都是通过多次调试拍摄以及后期处理才完美呈现出来的。最费心思的,是"考工"中传统手工艺人与摄影师之间的配合。制扇人的拍摄经验不足,而摄影师又不能理解制扇的工艺技巧,因此往往需要花费很长的时间和精力去磨合,才能将"考工"的关键技艺拍摄清晰。

3. 装帧典雅

本书的装帧设计由著名装帧设计师吕敬人作整体设计,显得大气而又精雅。全书用丰富的视觉语言,将图书内容进行了科学而又严谨的编排,文字和图版的关系被处理得精致微妙而极富节奏感,使读者在阅读、欣赏时充满愉悦。为与图书的主题相得益彰,函套采用墨绿色调,巧妙提炼了扇形题签、竹片扣环等诸种元素,有效地利用了视觉传递的效果,丰富了苏扇艺术秀雅的人文内涵,增强了图书内容的价值。该书一函五册,全书选用环保特殊艺术纸,色调温润雅致,印制极为精美。装帧采用传统的线装和经折装形式,皆契合了苏扇艺术所蕴含的中国传统文化特质,充满了江南文人气息,传递出浓浓的艺术感染力。

4. 品质优异

本书书稿经作者几易其稿,出版社也组成最强编辑阵容,全程参与书稿的完稿统稿工作,对书稿内容进行了审慎的编辑校对,核对了大量引文,对全书编例进行了完善,就文字与图像的关系充分与编者和装帧设计师交换意见,共同提升了书稿的质量。在作者、装帧设计者和出版方的通力合作下,本书最终以高品质的书稿质量和典雅精美的装帧印制呈现在读者面前。

5. 巨资投入

本书的经济投入十分巨大,编辑会议、编撰稿费、资料采购、图片拍摄、装帧设计、书稿制作、编辑校对、纸张采办、印制装订等环节,无一不需要大量的资金支撑。例如,本书所用近十种纸,分别担当书中不同的角色,为突现东方书物的翻阅质感,曾专门订制正文纸,后因离设计要求还差 5 克的柔软度,便毅然取消,重新制造。

本书直接成本投入近 400 万元,在当初的条件下,我们主要依靠自身的力量来合力解决这一高难度的问题,并最终坚持了下来。我们这样做并非单一追求经济利益,更多的是对文化的一种执着,对文化产业美好未来的一种信念。

宣传活动

本书出版后,作者和出版社举行了两次大型活动,用以打造本书的影响力。第一次是 2010 年 7 月下旬,在北京国家大剧院举行"清风徐来"中国(苏州)折扇艺术展活动,邀请全国各地知名专家举办中国(苏州)折扇学术研讨,并进行《怀袖雅物——苏州折扇》全球同步签售首发以及苏州折扇衍生品销售。第二次是 2010 年 8 月下旬,在上海朵云轩举办"清风徐来"中国(苏州)折扇艺术展及《怀袖雅物——苏州折扇》上海首发。其间和此后,全国多家媒体和网络平台广泛报道了这一文化工程的相关信息，对本书的销售起到了良好的推动作用。

本书出版后，因其丰富的内涵、优异的品质和精美的装帧印制，已荣获多项殊荣：
2013年荣获第四届中华优秀出版物奖；
2012年荣获第十二届（2010—2011年度）上海图书奖二等奖；
2011年入选新闻出版总署第三届"三个一百"原创出版工程；
2011年荣获第二十六届全国古籍优秀图书奖二等奖；
2011年荣获第二十届"金牛杯"全国美术优秀图书奖银奖；
2011年荣获美国印刷大奖金奖"班尼奖"和书函装帧设计印刷金奖；
2010年荣获"中国最美的书"称号。
江苏文化创意设计大赛评委这样点评本书：

> 作品开创了苏扇历史资料与图像大型集成的先河，极具观赏性和收藏价值。无论从色彩还是包装方式都充满了古典韵味。作品融中国书画、金石篆刻、手工艺精髓等多项艺术于一体，堪称是与中国传统艺术完美结合的典范。

作为本书的策划和内容实现的执行者，我们为本书的出版及其获得的社会认可感到由衷的欣慰，为苏州折扇这一承载着中国文化重要一脉的人类优秀文化遗产因此五卷本的出版而得到更好的保护、推广、开发、提升和存世留芳而倍感骄傲，因为这是苏州折扇六百年传承的里程碑，是中国文化的幸事。

（上海书画出版社供稿，赵羽、王立翔执笔）

中国绘画专史的构想与出版

——《中国山水画通鉴》、《中国花鸟画通鉴》、《中国人物画通鉴》的策划缘起

《中国山水画通鉴》、《中国花鸟画通鉴》、《中国人物画通鉴》

上 海 书 画 出 版 社

当下，美术类出版社属于小众型出版社，很难推出年销售量达到几十万乃至上百万册的畅销书籍。而在 1949 年后的一段时间内，年画、连环画及宣传画受当时特定的社会环境影响，销售量很大，例如 1952 年，全国年画的出版发行量从七百余万份增加到了四千万份，1955 年上海出版年画三百八十种，发行印量高达五千多万份。这在现在是不可能重现的。要想赢得读者，就必须树立并不断提升自己的品牌形象，而学术性读物的出版是一个非常重要的途径和手段，所以学术性图书选题的成功对美术类出版社的生存、发展起到非常重要的作用。

上海书画出版社从上世纪八九十年代开始，通过《朵云》、《书法研究》这两本学术期刊，举办"四王"、董其昌、赵孟頫、"海派"等一系列国际学术研讨会并出版相关学术论文集和大型画册，以及十四卷本的《中国书画全书》的陆续出版，在全国美术类出版社中逐渐占据了中国传统书画学术研究领域的制高点，这些都是体现书画出版社品牌价值的至关重要的基石。沿此思路，我社于 2005 年开始着手《中国山水画通鉴》（三十四卷）、《中国花鸟画通鉴》（二十卷）、《中国人物画通鉴》（十卷）三套大型系列丛书的选题策划。

当时是基于以下几方面的考虑：

首先，我社准备在 2006 年 6 月举办"20 世纪山水画大展"及相关国际学术研讨会，尽管展览和研讨的主体是近现代山水画，但是如果缺乏呈现传统绘画尤其是山水画如

何从上古萌发、历代如何流变乃至最终发展到近现代状况的系列学术读物,则近现代山水画的研讨难以深入。因此,厘清其间的脉络,是美术史研究的重要课题。

其次,尽管美术图书市场上有一些相关的通史类图书,但是并没有单独的传统山水、花鸟、人物画通史,如果这三套丛书出版,可以说是填补了相关美术史学术研究的空白,体现了独有性。

第三,相关传统美术通史类书籍多为十几年乃至几十年前所著,许多最新研究成果没有体现,而一些已经被证明为错误的观点依旧在流行。这三套丛书出版的时间节点较为合适,能体现最新的美术研究成果,弥补以前美术通史类读物的不足。

第四,这三套丛书在开始论证选题时便确立了一个全新的美术史分段原则,以开阔的视野摒弃了历来以朝代更替为划分依据的美术断代法,而完全以艺术流派的发生、流变为线索来分段,这也体现了独创性。

第五,在选题论证的后期,考虑到约请名家较为困难,而且有鉴于中国画界理论研究的特殊现状,担心稿件观点陈旧,所以特地改换思路,约请的作者或为在读硕士、博士研究生,或刚参加工作不久,他们都处于年富力强的上升期,对美术史最新研究动态非常了解,其中大部分人还是第一次撰写专著,故写稿时非常认真,在考据和资料的查阅上下了很大功夫。从实际来稿情况看,稿件质量很高。这一方面保证了学术质量,使得丛书得以顺利出版;另一方面,随着丛书的出版和影响的扩大,这批作者也逐渐在美术史论界崭露头角,现在有不少作者已是业界的一线主力研究学者。如此,出版社与作者保持了良好的互动关系,双方的不断成长都得益于对方的推动。所以笔者觉得,并不一定要盯着大名家,相反,带着发现的眼光寻找合适的作者,陪伴并促进作者不断成长,或许更有成就感,而且会有许多意想不到的收获。

总体而言,虽然这三套丛书的出版周期长——前后共达八年,但是我在策划《中国山水画通鉴》时就感觉到,此丛书的社会反响大约在三至五年的时间内会陆续显现,而目前,该丛书不仅已完成销售任务,没有库存,实现了一定的经济效益,最重要的是其社会效应也逐渐体现,业界反响很好,同时不断有读者来电要求重版。为此,本社特将《中国山水画通鉴》重新整合,基本保留原有文字,略作删改压缩,使得整体结构更为紧凑,并易名为"中国山水画通史"(上下册)予以重新出版。《中国花鸟画通鉴》、《中国人物画通鉴》亦将以同样的方式改编为通史。

(上海书画出版社供稿,王彬执笔)

无惜惜之事者，无赫赫之功

——《商周青铜器铭文暨图像集成》出版有感

《商周青铜器铭文暨图像集成》

上 海 古 籍 出 版 社

　　吴镇烽先生编著的《商周青铜器铭文暨图像集成》三十五册，于2012年9月由上海古籍出版社正式出版。2012年9月26日，在该书的首发式及研讨会上，裘锡圭、郝本性、刘雨、吴振武、李零、徐天进等古文字学界或考古学界的领军人物，都对该书的价值给予了高度评价。

　　这究竟是本怎样的书？我们出版社为何会看中这个选题？首先看看这组数据：该书收录了截至2012年2月底之前所发现的有铭文的青铜器16 703件，约是北宋吕大临编《考古图》所收152件的110倍，约是1937年罗振玉编著的《三代吉金文存》收录4 598件的3.6倍，约是1982年台湾严一萍先生编著的《金文总集》收录8 035件的2倍，比1984—1994年中国社科院考古研究所集体编著的《殷周金文集成》所录11 984件多出4 719件。其次，该书将青铜器铭文拓本、铭文释文和所在铜器图像汇集在一起，同时载有每件器物的制作时代、出土时间和地点、收藏单位、尺寸重量、器形纹饰描述、著录书刊、铭文字数，甚至将器物的出土编号等背景资料也一一罗列。与其他金文著录书相比，该书广搜流散稀见材料，信息更全，尤其突出的是，这是首次将铜器铭文与图像同时放在一起，更方便研究者将二者的信息结合起来。长期以来，古文字研究与考古学或文物学研究大多是"两条线"进行：古文字界，主要侧重铭文文字考释及内容的解析；考古学或文物学界则偏重出土背景、文物形制纹饰等方面的信息，古文字的功底一般较为薄弱。因此，《商周青铜器铭文暨图像集成》一书因其资料全而免去学者在各种著录书之间翻检比照之苦,铭文和图像的共存势必为相关研究者提供极大的方便。

2011年夏天,经长期与我社密切合作的上海博物馆陈佩芬研究员推荐,我们与陕西省考古研究院的吴镇烽先生取得了联系,并得知吴先生早在1999年就与陕西几位学者申报了一个国家文物局科研项目,即电子版的"金文检索系统及金文字库建设"课题,吴先生历时十年,不断对其进行增补、完善,初稿已基本确定下来,正想要联系纸质出版事宜。我们与吴先生作了电话沟通。鉴于书稿量大,投资也大,编辑室在社领导的带领下,就吴先生提交的初稿进行选题论证,论证集中于三个问题。一是著作权问题。集成性著作,肯定会吸取前人成果。经分析,我们认为此稿新资料数量巨大,对旧有资料又并非照搬前人著述,而是对这些公共性资料作了富于创新意义的编纂与解读,因此,作者拥有著作权是没有疑问的。二是学术价值。结论可见前述。三是资金与市场问题。当时此稿没有任何协作款项。社领导指示:鉴于当前考古学已成为各古文化学科基础的学术态势,此稿本身即有市场潜力;而以此书的学术含量,取得国家有关专项资助可能性甚大;此选题列入社级项目,如果亏损,由社里负担。社内立项后,我们又向北京大学朱凤瀚等著名专家咨询,进一步确认其学术价值,结果大家都非常肯定该整理项目对于学术界的重要性。我本人是学商周考古的,最后确定该项目由我来具体负责,和两位古文字专业背景的编辑室同仁共同编辑此书。同时,我们申报了2012年度的国家出版基金,并顺利通过审核。

在对书稿进行编辑加工的过程中,我们三位都充分发挥了各自的专业优势,对于书稿中的铭文释文、图文对应、形制纹饰描述及其他著录信息,我们均予以核实,有关疑问都及时与吴先生通过电邮沟通。排出初校样后,因为要按照国家出版基金预定的时间出版,我们邀请吴先生来到上海将具体问题集中解决,因此书稿编辑进展顺利。

在与吴先生的几次接触中,我们三位年轻编辑渐渐知道这部书稿背后的一些故事,整个编稿过程也就成为我们接受职业精神再教育的过程。吴先生是陕西省考古研究所前副所长兼党委书记,2000年退休后,就将全部精力放在整理此稿上,每天工作十小时,十年如一日,从一开始完全不会使用电脑,到逐渐熟练掌握文字输入、作图造字、程序安装卸载等技能,直至电脑操作运用自如。尤其难得的是,这套书有近八千个不见于常规输入法的金文隶定字,仅仅造这些字,吴先生就花了半年时间,熟练时每天工作十小时,可以造五十个字。吴先生在此基础上,又编出一套金文汉字输入法。为整理此项目，他一共用坏了五台电脑、四台扫描仪。更难能可贵的是，在充满诱惑和压力的今天，吴先生年过花甲仍能"板凳甘坐十年冷"。我们这些后学，难以望其项背的怕不仅仅是眼前这项颇有规模的学术成果，还有这书稿后"老骥伏枥，壮心不已"的精神。我们唯有感叹"无惛惛之事者，无赫赫之功"。

这部几乎靠吴先生一人之力完成的浩大工程，在今天看来，几乎是个奇迹。它与新书首发式上李零先生批评的当下学术工程产业化形成了鲜明的对比。不少媒体对那次新书首发作了报道。从之后图书的销售情况来看，它也的确得到了学界的认可。不仅如此，该书还荣获2012年度全国优秀古籍图书奖一等奖、2014年度第三届中国出版政府奖提名奖及2014年上海"世纪出版"一等奖。

受到吴先生敬业精神的感动，我们在出书后又广泛收集意见对书稿编辑作了总结。因为规模大、出版时间紧，书中难免还有些需要提高或补充的地方，如：有些器物的图片还不够清晰；有些器物的收藏单位后来有过变动，未能及时更新；这部书最后一卷还收了很多非青铜器物，如金银器、帛书，但图版稍显简陋，如专出一本彩色的金银器图录，效果会更好；目前各册之间的互查还不大方便，索引的编写、出版非常必要且紧迫；大部分器物已著有出土地点、收藏地点，如再著录有关首次发布的信息则会更好。这些不足之处的发现，也将成为我们以后漫长的编辑生涯中的宝贵财富。

（上海古籍出版社供稿，吴长青执笔）

一部开创历史新篇的宏伟巨著

——评介《华乐大典·二胡卷》

《华乐大典·二胡卷》

上 海 音 乐 出 版 社

　　中国传统音乐文化连亘绵延几千年，其"生成于过去，奔流于现在，汇注于将来"的内在生命张力，使"传统像一条河"①，流淌并记存着往昔的人文气息——大量"有声"与"无声"的天籁之音、深邃智慧，促使我们不仅要用耳朵听乐，还要用心去听乐、解乐、读乐。其中，民族民间器乐作为华夏文明宝库中珍贵而不可或缺的组成部分，距今已有八千多年的历史，曾于不同辉煌时期推出了众多名垂青史的音乐大师和艺术巨匠，留下了许多家喻户晓的音乐典故及传世至今的经典作品。然而，由于历史的局限，迄今为止还没有一部全面记录中国器乐艺术发展历程的乐典。为了系统地总结和揭示民族民间器乐的发展规律，加强对传承优秀文化艺术与发展新时期文化之间有机联系的认识，上海音乐出版社联合中国民族管弦乐学会精心组织、策划了《华乐大典》系列重点图书，先后启动了《二胡卷》、《琵琶卷》、《笛子卷》、《扬琴卷》、《古筝卷》以及《打击乐卷》的修典工程。2010年1月，由数百位民乐人、艺术工作者以其经年积累与智慧心血修撰的巨著《华乐大典·二胡卷》，经过漫长而曲折的编撰过程，终于面世了。这部由李岚清同志题写书名、由中国民族管弦乐学会组织修撰、由上海音乐出版社出版发行的首部大型民乐典籍，不仅填补了中国器乐艺术在发展历程上的学术空白，亦为"传承华夏音乐文化遗产、弘扬民族器乐艺术经典"开创了历史性的崭新篇章。

一、典籍梗概与编纂特色

《华乐大典·二胡卷》分《文论篇》、《乐曲篇》（上、中、下）、《音像篇》凡五册集结出版，以史、曲、传、记、目等形式记述了中国二胡艺术从上个世纪初到本世纪初的百年发展历程。

其中，《文论篇》由六个板块构成。1. "概论"部分收入了 4 篇综述性文章，内容涉及二胡的源流考辨、历史沿革、艺术发展与文化内涵，从宏观视角就该卷的论域范围作了时空定位及概述铺垫，使读者能在相关历史人文背景的认知基础上，对其后内容作客观理解与全息把握。2. "文献"部分的 78 篇文章系从内容涉及二胡的八百多篇学术论文中精选而来，分四个专题汇编。在"刘天华研究"与"阿炳研究"中，读者可通过相关文献全面了解这两位"同时代不同身世、同地域不同经历、同兴趣不同接受、同自学不同追求、同擅长不同侧重、同演奏不同风格、同创作不同贡献"②的乐坛大家在百年二胡历程中的重要地位、积极影响及其作品背后的历史价值与文化意蕴。随后的"风格流派研究"中，既对一些二胡名家的艺术倾向、演奏风格、审美蕴涵等作了集中论述，亦探讨了某一地域范围内的二胡作品与风土人文、地方乐种及姊妹艺术间的关联。而"演奏技法研究"则就二胡演奏的基础技巧、应用技巧及风格技巧等问题发表了各家之见。3. "乐人"部分为 85 位各时期代表性演奏家、教育家、作曲家撰写了生平传记，如"承中鉴西、博采群芳，曲出新意、韵在熏风"的刘天华、"二泉长流知音在、青山永存风骨姿"的阿炳、"弦上春秋数十载、艺海无涯勇探索"的"南陆（修棠）北蒋（风之）"、"琴操入神、桃李芬芳"的瞿安华、"情气格韵系琴魂"的闵慧芬等，由此呈现出百年二胡大家庭传承创新的足迹。4. "乐器"部分概括介绍了二胡近现代改革、发展的过程，将相关制作工艺、制造原理、实践心得、成果评比以及全国著名制胡技师等内容辑录于此，使读者对二胡这件乐器有更为直观明晰的理性认识。5. "乐事"部分由百年大事记、重大乐事、赛事、学术及纪念活动和学术团体介绍组成，堪称一份有参考价值的编年史料，为后人了解、研究、查找相关二胡史实提供了详尽的档案备要。6. "文献索引"部分将至今搜集到的 1 817 篇二胡文论、506 种图书著作及 41 篇硕博论文以目录形式汇总于"资料"一栏中，方便读者对不同类型的文章按图索骥。

《乐曲篇》从上千首二胡作品中遴选出了 104 首经典作品，既有周少梅、刘天华、华彦钧、孙文明、陈振铎、陆修棠、蒋风之等老一辈二胡演奏家、作曲家创作的传统乐曲,亦有改编、移植、吸收借鉴民间音乐的优秀之作与探索现代作曲技法的新型作品,涵盖面广,经典性突出。考虑到国际文化交流的通用性、实用性、广泛性以及工具书编撰体例的规范性,全部作品均以五线谱刊印,并随附作者的创作意图、曲目解说与首演者对乐曲的演奏提示,这对二胡演奏和教学无疑具有应用创新的重要意义。

《音像篇》中的 8 张 CD 收录了 60 首名家演奏的二胡经典曲目,其中不乏珍贵历史录音,均为最优秀的权威版本,既可为二胡专业的师生作教学、参考之用,亦值得广大民乐爱好者学习、借鉴、收藏。

二、历史意义与价值体现

作为我国流传广泛且最具代表性的拉弦乐器之一,二胡是以边疆少数民族音乐文化为发端,逐步融入中原音乐文化而后集大成的一件民族器乐瑰宝,是以汉族音乐特色为主的传统音乐文化博采众长、薪火相继的一大成果。③其近一个世纪以来在演奏、创作、传承等方面所取得的成就,已远远超越了此前千余年来的积累。《华乐大典·二胡卷》的出版,恰好完整复现了二胡历史中这段发展最为迅猛而辉煌的时期,具有深远的历史意义及多重价值体现。

1. 文献价值

作为一套集资料档案与专题阐述于一体的文献典籍,《华乐大典·二胡卷》已然成为一部以展现中国近现代二胡发展历程为编撰宗旨的断代专史,而其各专题板块的文献资料与传记述要等,亦形成了这部专史一个个子类的客观翔实的类别史,如二胡音乐史、二胡乐人史、二胡流派发展史、二胡演奏艺术发展史、二胡风格艺术史、二胡制作工艺史、二胡教育传承史及二胡作品发展史等。如此纷繁的史料编纂,不仅为读者了解百年二胡艺术的发展全貌、文化脉络、社会背景及演变轨迹等提供了一个完整、清晰的透视,亦对中国近现代音乐史的综合研究及中国传统器乐学的课题拓展、理论总结、资料扩充等具有十分重要的文献价值。同时,作为承载中国传统音乐文化的符号体系,作为转述音乐音响信息的负载物,《乐曲篇》中的大量谱例亦是另一类极为珍贵的文献资料,由其传递的丰富乐讯为分析研究近现代二胡艺术之题材体裁、音乐语言、形态特征、演变规律、创作理念、风格意蕴、文化功能等提供了鲜活的"实例标本"。

2. 学术价值

对音乐本体及与此相关的行为、观念进行整合，是一种综合性的研究方法。乐器既有渊源久远的历史背景，又有其特殊而曲折的发展规律。故从科学原理上探明乐器的物理属性，从本体视角分析器乐艺术的形态特征，以人文社科的研究方法，从文化位置（该乐器在中国民族器乐文化中的地位）、文化根基（该乐器所根植的文化土壤）、文化渊源（该乐器本身的历史渊源和演奏技法的历史流变）、文化内涵（该乐器背后的传统积淀、文化品格与审美意蕴）等层面对特定社会历史背景下的乐器表述作深层探讨，进而于文化流中寻求其价值与地位，均成为中国传统乐器学研究的重要课题，这将改变过去横线或纵线贯穿的单向思维方式，以立体化的逻辑构架，将乐器学研究引向深入。《华乐大典·二胡卷》中以二胡为核心的不同专题，着实呈现出这种多维视角的全面关注。其视百年二胡艺术为一整体文化现象，将与之相关的历史源流、音乐形态、演奏技法、风格流派、代表人物、教育师承、创作理念、经典作品、乐器改革、编年史实等作为有机整体的组成部分，在系统化的体例布局下，进行详略得当的辑录、汇编与阐述，为相关论题从"本体研究"走向"关联考察"提供了论证素材与思路启发，为民乐理论的综合性研究创造了有利条件，并将推动关联学科的学术发展。

3. 实用价值

为满足音乐理论工作者、音乐教育工作者、音乐实践工作者、音乐爱好者、普通读者等不同受众的需求偏好，《华乐大典·二胡卷》在资料收编、材料分配、逻辑架构、专题确立、结构布局、体例编纂等各个方面，均有细致严谨的多重考量，既突出重点，又不忽略一般。通览全书，史（历史概述）、文（专题文献）、传（乐人传记）、记（乐事记录）、目（资料目录）、音（音响音像）、曲（乐曲谱例）、释（作品阐释）、图（图示照片）形成了多位一体、相互关联、相互映衬的有机整体——图文并茂的乐人简介、文谱相间的形态分析、谱释一体的作品解读、持论公允的论证结合、史曲对照的关联研究、理论实践的相互转化、文目互鉴的资料索引等，均使《华乐大典·二胡卷》成为一套可适应各方读者需求的二胡百科全书。而该书的成功问世，亦为当代民乐整理、研究、出版的发展提供了值得借鉴的经验。其依托音乐文化事业的热门商机及现代传媒技术的影响力优势，通过书籍出版、录音录像、光盘制作等途径，进一步推进民乐在统筹、策划、编选、制作及推销上的"产业化"模式，最大限度地发挥其突破时空界限、加速信息传播、缩短传受距离、满足视听诉求的大众传播效应。

4. 典藏价值

所谓"十年磨一剑",《华乐大典·二胡卷》自 2000 年开始编撰,从专家论证到资料汇集初具规模,有三百多位民乐演奏家、教育家、理论家、学者参与其中。就记录一件中国乐器的成长发展而言,其编写时间之长、动用人数之多、编纂规模之大、收录资料之全、涉猎内容之广、案头工作之繁杂辛劳,为国内音乐类书籍所罕见。诚如时任新闻出版总署副署长的邬书林先生在该书首发仪式上讲的:"《华乐大典》的编修是弘扬中华民族器乐艺术的重大举措,是海内外民族音乐家共同完成的里程碑式的重大工程,在推动中华文化走向世界方面具有重要作用。"该套书的编撰工作开创了百年二胡史上的诸多第一,无论是其承载的丰厚信息,还是字里行间的人文意蕴,均使其成为中国现当代文化史上一套传得远、立得住、对得起"大典"二字的好书,颇具典藏价值。

结语

应该说,《华乐大典·二胡卷》的出版与非物质文化遗产的保护工作一脉相承。《华乐大典·二胡卷》问世以来受到了民乐界和学术界的广泛关注,确可称得上是 21 世纪中国音乐文化史上的一项重要创举。但是,收集、研究、继承、发扬二胡音乐及其文化传统,建立并完善民族民间器乐之乐谱音响的资源共享,开展《华乐大典》所引发的各相关学科的学术研究,利用《华乐大典》的资源来促进民乐教材建设和教育改革,培养中国民族器乐艺术的优秀继承人,加强对外宣传与实践交流,制定编撰华乐保护名录等,均任重而道远。故该套书所承载的价值意义,不仅在于当下,更在于未来。我们相信,在推动二胡艺术繁荣复兴的同时,该套书的前瞻之举与经验积累,亦会引领促进古筝、琵琶、竹笛、扬琴、打击乐等其他民乐艺术的辑录编修与蓬勃发展,由此成就中国传统音乐文化于现当代的标志性传播。

(上海音乐出版社供稿,刘丽娟执笔)

① 黄翔鹏. 传统是一条河流[M]. 北京:人民音乐出版社,1990:3.
② 参见:杨瑞庆. 比较研究刘天华和华彦钧的二胡曲[J]. 交响,2001(2):39 - 43.
③ 参见:于雪琴. 二胡艺术发展及其文化演变[J]. 艺术百家,2007(3):110.

科研成果是重大出版项目之源

——以《中国近现代海派服装史》项目为例

《中国近现代海派服装史》

东华大学出版社

专业学术出版是高校出版社的立社之本和社会担当,这一点已成为高校出版人的共识。近年来,从新闻出版广电总局到上海市新闻出版局,从教育部到上海市教育委员会,都为服务于国家重大战略目标而设立了各种专项出版基金,用于支持符合"填补空白、惠及当代、传世久远"要求的出版项目。像其他出版社一样,东华社也把握契机,积极争取专项基金,以发展本社的核心竞争力。以《中国近现代海派服装史》项目为例,我社主要从以下九个方面着手开展相关工作。

一、寻找资源

开发重大出版项目通常需要寻找相关的学者、名家和研究团队,紧紧围绕国家战略和上海建设,追踪行业热点和学科前沿。在这方面,我社背靠东华大学的优势学科(纺织学院、服装·艺术设计学院)或特色学科(上海国际时尚创意学院),挖掘学科资源和成果宝库,不断增强我社"国际时尚专业出版"的核心竞争力和领先优势。这一点已成为我社坚守专业出版的基本准则和建设底线。

二、选题遴选

在纺织、服装、艺术设计和文化创意等领域，符合要求的重大课题不少。对于如何遴选，我社确定了如下原则：1. 符合我社出版结构布局；2. 能确保项目高水平如期完成；3. 优先组织社会经济双效益项目；4. 强调项目团队由名师名家领衔；5. 坚持项目成果原创且可转化；6. 第一时间挖掘抢救性项目资源。

2012年度，在众多备选项目与相关专家中，我们选中了上海纺织服装博物馆馆长、东华大学服装·艺术设计学院教授、博士生导师卞向阳博士的研究团队及其项目，作为我社开发、包装的重点。卞向阳教授先后于2005年9月30日和2005年12月20日，以"上海近现代服装艺术史研究"为题，获得全国艺术科学"十五"规划2005年度立项（05BF039）和教育部人文社会科学研究2005年度一般项目立项（05JA760002），2006年2月22日又入选"新世纪优秀人才支持计划"，从而开始了长达10年的"中国近现代海派服装史"的研究。其间，他紧紧围绕"中国近现代海派服装史"研究方向，培养了一批硕、博研究生。2006年至2007年，卞向阳教授赴美国哈佛大学东亚系做为期一年的访问学者，专题开展"中国近现代海派服装史"的晚清和民国部分研究。

《中国近现代海派服装史》项目不仅非常吻合我社出版战略定位和图书结构布局，而且是符合我社正在建设的"国际时尚出版中心"规划的重要课题。为此，我社决定：《中国近现代海派服装史》项目为我社申报2013年度国家出版基金的首选。

三、聚焦重点

与常规图书不同，专项出版基金（如国家出版基金等）一般对项目的完成有明确的时间限定和结项要求。为了克服操作上的困难，经过多年实践，我社将项目选题重点聚焦于已完成的国家级或省部级重大项目的科研成果，而关键则在赢得项目团队信任的基础上，获取目标项目科研成果的结项报告。

我社经过努力，顺利地征得卞向阳教授同意，获得了有关其最新科研成果的两厚本项目结项报告，为《中国近现代海派服装史》项目的推进奠定了基础。

四、策划包装

有了结项报告,下一步就是着手将"学术原创"按专项基金的要求进行"学术出版"的包装。我社注重把握如下原则:1. 专业学术出版是"高峰"建设工程,要凝聚社部资源,组织社部项目团队,精选熟悉这一领域的资深责任编辑;2. 组织立项内审会,邀请相关专家对项目名称、内容、成果等进行逐一梳理、评估和提炼,提高项目包装的成功率;3. 以制度建设引领专业学术出版。

在出版管理方面,以社长为项目负责人,艺术设计编辑部主任担任责任编辑,社(总编)办主任担任项目联系人,财务部主任负责项目费用管理。在项目进程、质量控制、财务监管、绩效考核等方面,建立并落实长效的内部管控制度。

五、精心申报

申报工作是一项消耗人力、物力的系统工程。从项目确定到报告编制,从样稿编辑到成本核算,都需要项目组成员协同工作、相互信任。总的体会是两点:社领导的高度重视、身体力行是第一要务;核心成员的兢兢业业、甘愿奉献是成功基础。

将"科研成果"转化为"项目内容",项目团队的成员为此付出了辛勤劳动,使得《中国近现代海派服装史》项目顺利获得 2013 年度国家出版基金。

六、管理追踪

项目申报成功后,严格按时间进程、内容质量、编印质量、经费使用等要求管控专业学术出版项目,是确保"高水平、高质量"项目成果——图书——出版的重要前提。在项目执行过程中,作为项目内容责任人的卞向阳教授因同时承担数项工作,如科研攻关、国际交流、行政事务、规定讲课、指导学生和社会兼职等,其时间安排容易与项目进程产生冲突。在这方面,我们协助项目团队认真做好管理预案,特别是在成稿过程中,坚持"社会效益第一,经济效益第二"的项目管理理念。为了确保项目完成的高质量,项目组于 2013 年 6 月 18 日递交项目延期申请书,结项时限由原定 2013 年 12 月 31 日延至 2014 年 6 月 30 日。

从2014年起,我社制定了重点项目图书的预审、初审、复审、终审和专检等管理制度并严格实行。有关条例硬性规定,每个审检流程都必须全稿通读。为此,从总编到责编,从质检到出版,全社齐心协力,为《中国近现代海派服装史》项目顺利完成付出努力。

七、完成结项

结项工作是项目成果的直接体现。《中国近现代海派服装史》的项目总结、结项申请、专家评审、财务报表、成本明细、管理制度等虽然非常繁琐,但必须认真对待、一一落实。其中,社领导全程跟踪管理必不可少。

八、后期延伸

项目验收通过后,《中国近现代海派服装史》便进入"后项目"阶段。做好项目的拓展、延伸工作,实现《中国近现代海派服装史》项目价值最大化,更好地服务于我社"国际时尚出版中心"建设,成为引领我社未来发展的新方向。

我社主要考虑两个方面:1. 做好项目后期宣传工作,扩大项目影响,提高我社专业学术出版的地位,在这方面,主要利用我社官网、年度书目、国内重大书展(如上海书展、北京书展、全国书展和大学版协书展等)、大型专业活动(如上海国际服装文化节等)、相关行业机构(如中国纺织服装教育学会等)等;2. 做好项目后期开发,围绕我社出版战略,挖掘和扩大项目出版新资源,重点考虑项目简编、系列拓展、版本延伸、版权输出等开发工作。

九、项目缺憾

每个重大项目的完成都会留下问题,《中国近现代海派服装史》项目也不例外。如果时间允许和经费充足,《中国近现代海派服装史》项目的案例、文献、资料、图片、实物、分析、考证等内容一定会做得更丰富、更精彩、更扎实。当然,这种缺憾也为《中国近现代海派服装史》项目的后期拓展提供了新的更大的空间。

(东华大学出版社供稿,蒋智威、马文娟执笔)

大麦地壮歌

——2004 年 7 月 27 日来自《大麦地岩画》工作组的报告

《大麦地岩画》

上海古籍出版社

编者按：这是篇十一年前的工作报告，与这本《经典策划 119》的撰写要求——重在策划思想与策划运作有相当的距离，但是我作为把关者，还是把她保留下来了，并重点推介。因为十一年前，我读时深受感动，今天重读，依然是深受感动。于是佛头着粪，试作按语以拉近她与本书主旨的距离，于原文，则原封不动地存其旧貌，以免笔削之间，损伤了这篇好文章的精神气貌，而这还是我尤其看重的。

其实本文已经反映了选题策划的一个方面，即选题的组织实施。我一直认为组织实施，甚至是比创意更为困难且重要的过程，而《大麦地岩画》的组织实施，更是非同寻常地显示了一种当前出版界正在淡去的精神气质，以"奉献"来形容这种精神已经不够，更恰当的名词应当是"英雄主义"。在这里，我必须提到选题组的二位重要成员。

府宪展编审,当时是副编审吧,作为本文作者,他淡化了自己的作用,其实他不仅是选题的重要组织实施者,同时也是创意者,更是后来岩画系列选题的主要创意与组织实施者。宪展是一位专为自己制造困难的出版人,目的是精益求精。如果他满足于此系列作者自摄的照片,也就不必犯难冒险,十数次深入西北各处大漠;如果他"服从"社领导的叮咛,安全第一,太难得到的图版,不如放弃,也就不必不顾坠落的风险而一次又一次地登崖攀壁。

大麦地以及后来贺兰山、阴山等岩画的摄制条件,我是浅尝辄止地见到过的,尽管作者方待若上宾,然而仅仅数小时颠簸到令人骨节散架的车程,也够你领受的。因此,深入腹地,攀上危岩的选题组同志的精神,真是令我们这种"社领导"汗颜。可以说,《大麦地岩画》以及后来一系列岩画图册中的精美图版,是府宪展率领的选题组用汗水甚至鲜血换来的。他们实际上更起了半个作者的作用。我说"鲜血",绝非危言耸听,这就不能不提到选题组另一位主要成员——

方伟摄影师,这是位看似大大咧咧,其实极讲信义,且视摄影为生命的出版人。社内流传的一则"笑话"是,在此选题以前,方伟与府宪展同赴俄罗斯摄取俄藏敦煌文献图版,他不慎"露富",招致异域盗匪深夜持枪光顾。方伟的损失在当时可称惨重,但他依然协助宪展,出色地完成了摄制任务,回来后也不曾以因公涉险受损而向社里提过任何补偿要求,同仁谈起,他都说"是我不好,小意思",一笑置之。府文中所述方伟犯难涉险的事迹都毫不夸张,而我要补充的是在此后的工作中,他两次在大漠中遭遇车祸,脑震荡,腿部骨折,肋骨也断了几根。社里已明令他不能再冒险了,然而两次伤势甫愈,他又重新踏上漠北的征程,攀崖越来越高,所摄得的图版也越来越精美可贵。

必须提到的是,这两位同志,都是自学成才者。方伟后来成为沪上一位颇有知名度的摄影家,有多种图册出版,同时在岩画学界享有广泛的知名度。后来的《阴山岩画》大型图册,他荣任副主编,一个没有大学学历的出版人,不仅为社方,更为作者方认可为大型图书的副主编,在上海古籍的社史上是第一次。一次我与他同赴巴彦淖尔参加岩画研讨会,会间不少学者称呼他为"方老师",可知确实是实至名归。府宪展更堪称出版界自学成才的典型。他的刻苦自学是多方面的。在魏同贤、钱伯城先生主持的俄藏敦煌、俄藏黑水城、法藏敦煌文献的编纂中,府宪展的实施可称"第一功",具见本书收入的另一个案例《"探险"俄罗斯》,在此不赘述。我又想补充的是,在这一系列的图书编纂中,他刻苦钻研敦煌学、黑水城学、藏传佛教,发表多篇高质量的学术论文,其专家身份已为以上学界普遍认可。不仅如此,他还钻研印制技术,敦煌文献印制的技术难关,一度成为项目的拦路虎,是他协同印制单位攻关而终于克服的;他更钻研文章,我还记得二十年前,他让我帮助审改的文章,确有些疙疙瘩瘩,然而现在,读者只要读一遍本文,便可了解他的文章已经可称老辣精彩。当然他最下功夫钻研的是编辑的一应业务,在岩画系列的设计中,他的策划能力得到了集中的体现。《大麦地岩画》一炮打响,成为岩画界有口皆碑的区域岩画的集成性图录,其体量设计与学术含量为当时国内同类图书之最,因此各地岩画保护单位纷纷来联系,而府宪展对于全国岩画的分布,心中有一笔清清楚楚的账,于是有了以《大麦地岩画》为首创的岩画系列的出版。然而不少单位缺乏图册编纂的经验,甚至缺乏有关的学术厚度,宪展以其由敦煌文献开始累积的设计、编纂、印制经验与相关的学术素养,全面参与各图册的设计,起到了关键作用。他善于由各地岩画的实际情况出发,合理处理摄影、拓片、线描三类图版的关系,辅以恰当的文字说明,以凸现各地岩画的史料价值与文化意蕴,获得各作者方的好评。高度的学术含量、高质量的图版与经纬交织、脉络分明的总体设计,成为本社岩画系列图册的显著特点,这也成为后来各地愿意出更多的资金请我社来制作岩画图册的主要原因。自然,府宪展本人也在这一系列的编辑活动中,成长为一位学界认可的岩画专家。一位自学成才者,以自己的勤奋与奉献,而在编辑活动中先后成为敦煌学、黑水城学、佛教艺术与文献学、中国岩画学诸学科的专家,我想不仅在本社,甚至在上海出版界,都是有典型意义的。不少青年编辑问我如何成才,我想府宪展、方伟们已给出了最好的回答。

还应当补充的是当时社领导对《大麦地岩画》以及后续图册立项的考虑。当时岩画类图书的市场情况不是很好,《大麦地岩画》作为一套大型图册,在经济上是有较大风险的。然而当宪展提出这一选题时,我与王兴康社长都毫不犹豫地决定立项,并一起同府宪展等赴西北民族大学与院方商谈协作方案,取得了可以支撑项目开展的会商结果。社长与总编为一个项目,一起作远程谈判,这在本社好像也是第一次,足见当时社里对此项目的重视。社方与编辑室当时一致的认识是:岩画学在我国是一门方兴未艾的学科,其发展必将对史学、人类学、文化学、文字符号学,尤其是对国际上的新兴学科"艺术史"起到推动作用而为这些学科的研究部门、研究者所重视;一套大型图册,本身就是一种资料丰藏,可以衍生出各层次的其他读物,直至通俗文化读物;国内岩画研究、出版正处于起步阶段,我社应及时介入,以高质量成规模的有关出版物,占领这一出版领域的制高点;近期哪怕有所亏损也不可怕,更何况未必亏损,而从长远来看,岩画可能是继敦煌、黑水城文献之后,我社选题布局的又一突破点与品牌产品,有望获取一定的经济收益;府宪展与他的团队,是当时国内出版社中有关业务方面最强的团队,可以保证此项目的顺利推进。正是鉴于以上认识,社里从《大麦地岩画》开始,积极支持岩画系列图书的开拓,同时也责成另一编辑室启动"艺术史"出版的选题组织。

就按语而言,我写得已经太多了,目的是希望揭示这样一个事实:选题策划不仅仅是知识与能力的体现,选题策划是"活"的,是有"灵魂"的。这种活力、灵魂就是策划人的气质、精神,这种精神、气质活跃于由选题策划创意直至选题运作的全过程。这本《经典策划 119》所收到的稿件,谈技术、谈知识、谈能力的较多,而揭示这种气质、精神的较少。这或许由于执笔者就是当事人,不想过多表彰自己。而府宪展此文正血肉丰满地展示了这种气质、精神、灵魂,只是将他自己隐去了十分之八九,因此,我想把这些剔抉出来,以供本市新一代出版人解决"成长的烦恼"作参考。

最后,我还要纪念一个人,方伟同志,不幸于前年因车祸去世了。他逃过了两次大漠中的车祸,却在市内未能逃过这一劫,真可谓"天意高难问"。上古社的出版人,永远记得这位侠气却英年早逝的小伙子对本社的重大贡献……

大麦地,这个陌生的名字,使人闻到阵阵飘来的麦香。我想象着,是小麦?大麦?燕麦?荞麦?青稞麦?大概是牛羊爱吃的某种野麦吧。在一望无际的草原上,到处都是这样的野麦,到处都是牛羊。所以,就有了大麦地岩画,有了无数凿刻在岩壁上的成群牛羊。但是,我错了。我无法在那片干涸的荒漠中找到一棵麦子,也许,当岩壁上的羊群还奔走在山涧沟渠的时候,大麦地才是名副其实地长满了绵亘天际的麦草。

好几年前,地质勘探队在这里发现了大片的岩画,就报告给自治区的文物考古部门。有一个曾经用双脚丈量了贺兰山群峰的考古老专家李祥石先生,在没有经费、没有信息、没有车辆的情况下,独自完成了大规模的勘察工作。这事感动了西北第二民族学院的社会学和民族学研究所副所长束锡红教授,她看到了这项具有重大学术价值的科研项目的前景和潜力,向院领导提出了书面报告。院长谢玉杰以其远见卓识,最大限度地支持和指导了大麦地岩画的项目。在"非典"横行的 2003 年春天,一支考察队悄然在大麦地安营扎寨,开始了工作。等到新闻界披露,已经是冬天在北京的成果发布会以后了。来自科学院、大学、考古界的权威专家,都被深深地感动和震动。

西北二民院院长谢玉杰与上海古籍出版社社长王兴康两双手紧紧地握在了一起,于是一系列重大的合作项目就高效紧张有序地开始了。

一辆北京切诺基二驱越野汽车,前排是穿着迷彩服的司机郑老师和摄影师方伟,后排是老爷子李祥石、两位也穿着迷彩服的小青年助手,还有就是作为项目责任编辑的我。迷彩的小胖挤在后面堆放饮用水的货舱里。道路将会十分颠簸,方伟将新买的一万五千元的数码相机紧紧捧在手里,老爷子则把手护在小子头上,生怕颠撞到车棚顶上。

开出中卫县城以前,第一要紧的是给车加足油,灌满水。昨天是异常的高温,小子看过货舱里两大箱矿泉水,就冒冒失失出发了。到了大麦地,才发现大半是空瓶。按照需要,每人至少要四瓶水,但是只能分到一瓶多一点。老爷子中暑晕眩了,所有的人都交出了仅剩的最后几口水给老爷子喝下,连忙开车冲出大麦地荒滩回县城休整,总算平安无事。

这是多么危险甚至是致命的一幕。当初斯文·赫定在塔克拉玛干考察于阗古迹的时候,就因为助手少带饮水,挣扎着找到泉边,用瑞典鞋匠的一双高质量的皮靴,才装回了两靴子的生命之水。而大麦地要找到苦井水,至少也要走几十里远。

出城以后,道路越来越窄,越来越颠。小胖说:"郑老师,你行行好,开慢点,后面实在颠得受不了!"郑老师说:"真的颠的地方还在后头呢。"我说:"我在西藏颠得厉害多了,那时我们车上一共三个人,压不住,今天七个人,应当好多了。"郑老师尽量把车开慢了,还不时发出颠簸警报,小胖也就顺其自然了。

每经过一个岔路口,郑老师打算转弯,老爷子都说不是这个道口,一直过了铁路,过了水渠闸口,过了庙,过了三家村,才进入到大麦地的路。在无垠的丘陵地形的戈壁荒滩上,汽车并不可以随心所欲地乱开。无数沟壑、巨石,无数的危险等候着你。方伟的任务是帮助司机瞭望前面的路况,凭借着多年驾驶摩托车的经验,闪过了一处处险隘。

不知从什么年代开始的干旱,或者说什么时候曾经有过降雨,也许连干枯的骆驼刺都无法想起。汽车就在这种绝对干旱——干旱到蒸发完所有的绿色而只有黄沙——的河床上小心翼翼地爬行。郑老师说:"这样慢速很容易陷进沙堆。大家抓紧了,高速冲过去!"于是方向盘左右飞转,油门和刹车交替踩踏,一阵前冲后仰、抛起砸下之后,车还是停了下来。"陷进沙堆里了!"郑老师说,"拿铲子挖!"两个小子率先铲挖轮子前面的积沙。好像已经挖出一条平缓的斜坡了,车子再次发动,激起尘沙飞扬,全溅落在没有关好的后盖和车门上,轮子和沙子的剧烈摩擦,燃起阵阵青烟。老爷子大叫停下,要不轮子会爆裂。再次挖掘,但是车架已经搁在高起的石头上。大家七嘴八舌,最后决定几个可能的办法一起上。先挖去车轮后面的积沙,再垫上平展的石块,汽车挂上倒车档,然后大家一起用力推。又一阵狂吼和灰飞烟灭,车子窜出去很远才停了下来。

当车子挣扎出沙坑的时候,随轮子飞转出的沙子打在脚背上,一种被开水溅烫的反应本能地让我抖去鞋;但是,赤脚一踩到沙地上,那种灼热更不能忍受。原来穿着鞋不知道,到踩着黄沙的时候才会相信,沙漠烤熟鸡蛋是真的,如果不马上穿上鞋,烤熟脚也会是真的。

检查车辆,轮毂不知在什么时候被砸得凹陷了。至于为什么会陷进沙堆,后来有人告诉我,就是超载了一个我。我生长在南方,从来只知道车会陷进泥浆里,没有想过还会陷在干旱的沙堆里。

大麦地位于贺兰山南麓,属于东西走向的北山山脉,和南北走向的贺兰山脉互成犄角,但又自成体系。说是山脉,海拔两千多米,走进里面,感觉就是由无数五六十米高的山梁组成的迷宫。汽车在平坂上飞驰而过,在干涸的溪涧河床上速度更快。因为一旦停下,那层略微发青的老的泥壳下面,也许就是留住你车轮的陷阱。好像我们的车是高速强攻的坦克,从诺曼底滩头阵地直冲上山头,而从车上跳下的是身穿迷彩服的全副武装的士兵。不过他们不是迅速抢占有利地形,而是深深地伸展一下麻木的腰腿,深情莫名地环视大麦地群山,还来不及欣赏苍凉美丽的风光,就在老爷子的指点下,攀登到又一道山梁。

我们没有探测器,但是,十四只眼睛扫描一道道山梁的每一块石头、每一道岩缝。"我们好像是在搜索本·拉登一样。"穿一身迷彩服,手拿大小相机、三脚架的一群人,每发现一处壁画,就先后用各式相机拍摄一遍,然后听着老爷子口述,第几号狩猎图,宽多少,长多少,然后是猎手怎么样,羊怎么样,马怎么样,狗怎么样。有时老爷子说是大角羊,小伙子说是马,还争执一阵。毕竟老爷子见多识广,一锤定音,多比较了几个以后,大家也就认同了。

美是粗犷的。诗人李瑛说:"是什么时候,大海停止了翻滚,变成这雄伟的高山。"站在高高的山梁上,俯瞰一道道山梁,如同波涛汹涌,然而又凝固不动。风卷云起,天和地相对移动着,云层在大地的投影,变幻着亮黄和蓝灰的色调,云隙间透出的光柱,扫描着这片陌生的大地,好像在寻找着什么,期待着什么。

美是细腻的。黑褐色的巨大岩石,整齐连续地排列在一道道山梁顶部。沉静漠然的向阳壁面上,隐隐约约地刻划着同岩石纹理不一样的痕迹。你抬头一看,有时是成群结队的黄羊在野狼的驱赶下奔逐,有时是怪异的脸谱簇拥着你,好像在另一个星球上参加氏族长老的会议,有着圈形、十字形、Nike式弯钩形的各种神秘符号。山顶直面苍穹的巨大光滑石面上,刻着上下排列的连续两个叉形符号,这是西夏文的"佛"字。西夏人在这里干什么了?或者不是西夏的人在这里干什么了?

美是遥远的洪荒年代。有人说,岩画是人类孩提时代的艺术杰作、生活写照。那是现代人从现代生活出发的想当然的猜想。在蛮荒时代的生活,远没有现代人想象的那样浪漫,当然,也可能不像现代人想象的那样仅仅为稻粱谋而罔顾其他。有人说,牧童在山坡上放羊,不经意间在石壁上凿刻了一只羊或者一群羊。那我们会问:为什么所有的岩画几乎都集中在南壁向阳面上?为什么都刻画在山梁顶上而不是水草(如果那个年代气候不像现在这样)丰润的河谷里面?为什么有些岩画镌刻在必须悬绳而降的峭壁悬崖下面?牧童会带着当时绝对珍贵的金属刃具到山上放羊吗?那些十字的、环形的、勾形的符号是他们的族徽还是图腾?焦黑的有着整齐划一的裂痕的巨石,曾经历了地火的洗劫还是篝火的烤炙,抑或霜刀风剑电闪雷鸣的长时间的酷烈的拷打?

美是迩近可以抚摸的。我们看到了人。人不是那么容易在岩画中出现的。一切生活必需,首先是作为食物的动物,其次是主宰万物的太阳神和各种符号代表的神灵,在这些题材被无数次重复之后,舞台上才开始出现狩猎中的人,人类自身延续中的人,各种神灵威慑下或者驭马扬鞭或者载歌载舞的人。于是有了许多人,有带着羊形项链的塞种人或者匈奴人,有建造着佛塔的唐古特人。更多的是天云山下的牧马人或者牧羊人。你可以抠着石头的凹痕抚摸古人的理想、欢乐、激动和辛勤,你可以分享狩猎的力量和勇气的搏击,也可以感受弓弩的拉力,猜测史前人类对于星空的迷茫。一不小心,我踩翻了一块石头,是一幅不可多得的大角羊群图。刻痕精致光滑,残留的羊群跃然石面,放在耳边谛听,应当能听到吃草的声音。可惜经过长期的自然侵蚀,石皮几乎就要剥落下来。老爷子是老资格的文物工作者,一再教育大家,不能擅自采集甚至捡拾岩画,那是违法行为,是知法犯法。所以,欣赏拍摄以后,我把它嵌放在合适的石缝中,希望它能与天地永存。

美是可以转移的。岩画中的人物只有线条,只有肢体语言,没有肌肉,没有表情,没有声音。即便是简单如此,精练概括的刻画,仍然让我们感受到一万年到一千年以前的搏击、呐喊、血脉偾张、汩汩的流血、惨烈的喊叫、欢声雷动,以及犒劳给勇士的歌声。而此刻,这些流动在民族血脉中的精神,又活动在一群现代的学者、专家、志愿者的身影中。瞄准的弓箭变成了照相机长长的镜头,胯下的骏马变成了四轮吉普车,赤裸的身躯穿上了迷彩服。唯有那些线条没有变,隐隐显露在这群老老少少的勇士中。这是划断天地阴阳混沌的乾卦的一画,是《掷铁饼者》的优美弧线,是清湘大涤子《画论》中讲到中国绘画集所有精气技巧于其间的一画,是罗丹《艺术论》所说雕塑家在一块大理石中苦心搜寻的唯一准确的那根向你突出的线条!这是人类精神、民族精神得以生生不息、蒸蒸日上的脊梁和脊髓。

美是惨烈严酷的。大麦地的夏天气温高达50度,平缓的山坡没有可以蔽荫的石崖和一棵哪怕很小的树木。大地坦荡地把我们奉献给阳光,阳光又毫不吝啬地始终追逐着我们。风吹来,草帽吹走了,吹坏了。已经黑透了的脸上、手臂上,一次次晒脱了皮。但是,说变就变,不说变也变的天气,只要一阵风吹过,转眼温度骤降。

美是一种冗余,一种奢侈。极度饥饿下,没有美,只要吃;极度劳累下,没有美,只要睡;极度干渴下,没有美,只要水。最美的是和生命必需最紧密的:食物、水、休息。有力气的时候,一切都是美的;没有力气的时候,美仅仅是工作对象,仅仅是纸面上记录的工作进度,是手表指针指到的收工时间,是西垂的哪怕依然灼热的夕阳。

人物特写

1. 李老头

老爷子已经几次中暑了。我还记得学校放假前,岩画研究所束锡红副所长在给我的伊妹儿中告诉我,李祥石老先生为了此次出版能获得最好的照片,决定在暑假中带队到大麦地进行拍摄。这是年届七十的老人啊,竟然敢在盛夏季节进入沙漠工作,也许别人并不能意识到什么,但对于我却是一个强烈的震撼!也许很多人并不了解,上海有着很深的沙漠考察的因缘,上海有过中科院上海分院的著名科学家彭加木,有着新疆考古研究所的前任所长、中国第一个进入罗布泊的女性考古学家穆舜英女士,有着穆舜英后继任所长职位、以领导大规模考察和田丹丹乌里克遗址著称的王炳华先生。还有大名鼎鼎的敦煌研究院院长樊锦诗女士,一向是我最尊敬的老师和真挚的朋友。他们很多次地跟我说起过沙漠的凶险,无论如何都不允许在夏季深入沙漠。有一次工作午餐时有人告诉我,曾经单身走遍中国的又一个上海人余纯顺即将在夏天穿越罗布泊,我把饭碗一扔说:"那些电视台的记者不是要他去死吗?夏天进沙漠有依据吗?有保障吗?!"报上说求教过兰州沙漠研究所,我始终半信半疑的。不过半月传来消息,余纯顺在沙漠遇难!我的心中永远是愤怒和悲哀。夏天不能深入沙漠,也成为我的信条。在条件有很大改善的今天,李祥石这个倔老头竟也要在盛夏进入大麦地戈壁滩!我不用说更多的事迹了,敢挑战鬼门关的人,一定是鬼也见了怕的,那是何等的勇气、何等的使命感啊!

2. 方伟

我负责的编辑室建立于十年前,是专为编辑出版俄罗斯、法国和国内外的敦煌吐鲁番黑水城文献文物而组建的,被誉为唯一的敦煌西域专业编辑室。一开始主要业务是俄罗斯藏品,所以配备了精良到足以使专业画报社都垂涎的摄影器材,在顶峰时期,不仅拥有多学科的资深编辑,还配备美术编辑和摄影师。方伟就是曾两次出行俄罗斯的专职摄影师。接到束主任的电子邮件,我告诉方伟,李祥石要下大麦地,可是用的是低精度的立可相机,拍摄的不是专业的反转片,我答应把玛米亚中片幅相机和专业测光表借给他们,接着说:"我真担心,夏天进入沙漠太危险了!李老头真是不怕死的。"

方伟说:"那我去一次吧。"

我说:"你要作好思想准备。去年他们是在现场搭起帐篷,吃住在里面的。所以,有可能是二十天住在大麦地,不洗澡,不换衣服,吃干粮,睡帐篷,甚至不刷牙!好一点的可能也就是住在蒙古人那种屋子,喝苦井水。你吃得消吗?"

"我对于生活条件没有什么要求,二十天不洗澡也可以。只要有电。"

"你可以?你出去旅游,向来是'腐败式'的,讲究吃好住好;这次是'自虐式',受苦受难。别说吃苦,还非常危险,万一断水,万一车坏,万一中暑——彭加木、余纯顺你知道吗?"

"做一次彭加木就做一次吧。"

这出乎我的意料。于是,我马上用电子邮件告诉项目负责人束锡红:"方伟志愿进入大麦地工作。你们有不怕死的,我们也有。"

3. 郑新宁

郑新宁是二民院的一位行政干部。因为岩画研究所下大麦地需要越野车,郑老师向朋友联系借来,但是酷暑中每天下大麦地,死活没有人肯开车。谁揽的事谁负责到底,于是,平时为接待参观评价项目数次下过大麦地的郑老师,又自动担任起了对他来说既不新鲜也不浪漫偏又责任重大的驾驶员。

郑老师也是一个专业摄影师。到大麦地,方伟用的是七八斤重的玛米亚相机拍摄需要制作大画面的岩画群体图像,郑老师则用尼康相机拍摄反转片,或者用数码相机拍摄局部细部画面。所以,老郑既不能像一般的司机一样把人送到就在车里搁着脚睡觉,也不能像一般的摄影师那样拍完照躺在车里睡到别人把他送回去。一般司机和摄影师如果劳累和休息各占一分,那么他就是劳累占了两分,休息呢?

我在芬兰边境享受过的真正的芬兰浴是这样的:在大雪天里,松木把巨大卵石烧到暗红,泼上一瓢水,气温就连续上升,直到90度。人在这样的高温下,脱胎换骨,所有关节几乎重新松开再重新安装一遍。在最好感觉时,到外面雪地上打滚,迅速降低体温。于是,人就像重生了一样。但是,大麦地不一样,阳气和阴气在这里交会,阳气的太阳光烧灼着人,而阴风惨惨又在任何的荫蔽处彻心彻骨地吹拂着人。虽然有时会感觉到快意,但一不小心就会染病。

老郑在这种交变的天然桑拿气候中得了感冒,头昏眼花,为保证驾车安全,暂时不再担任副摄影师,而钻进车里休息。谁知阳光下是酷热,而荫蔽下是冷风,反而感冒更重了。老郑的本业不是司机,但此时作为司机的责任更为重大,甚至牵动安危成败。一种坚强的信念支撑着他,一定要开好车,一定要坚持到底。每天唯一会用完也唯一不能用完最后一点力气的是担任驾驶员的老郑。当所有的人回到汽车上,把汽车当作可以安身休息的诺亚方舟的时候,做了一天副摄影师的老郑,才开始了如同杂技演员,或者如同法拉利赛车手的绝技演出。手脚酸麻、头脑昏沉、眼皮低垂。让神经随意放逐,是车上所有人的权利,唯独不属于老郑。(为安全起见,坐在副驾驶座的方伟要提示每一处沟壑颠簸。)有时躲过了石块、沙包,却躲不过浮沙陷坑。于是一尺一尺地移动,一小时一小时地铲挖推移,直到只有星光的时候才终于爬出大麦地,这块既藏着瑰宝让人赞赏又设有陷阱让人无奈的奇怪土地。

大麦地岩画图册将要在二民院二十周年院庆的时候开始出版。但是，它的意义将在三十周年、四十周年的时候，继续显现出来。这是一种机缘巧合，是各路英雄的风云际会。这也是充满朝气的二民院和历史悠久的上海出版界的一次联合围猎——在大麦地这块古老的战场上，在壁垒森严的巨石阵下，开掘着我们民族的远古传说，谱写着志存高远的英雄壮歌。

2004 - 7 - 27 中卫

　　补记：8月1日。车子从下午2点就陷在沙地里了，一直埋到油箱。大家轮流钻到车底下刨沙，直到晚上9点才退回到沙沟边。车上只有三瓶水，三个饼。六个人要坚持到天亮十分困难。最后一搏。老郑蹲在沟边抽了一支烟，沿着沙沟往前巡查了100米。最后，让方伟和黄广、王小龙、刘磊站在沟边拐角的地方做路标。汽车一阵狂吼，擦着他们衣服纽扣，蹦跳着如同蜻蜓点水一样冲过了布满陷阱的沙沟。大家没有惊恐，也没有欢呼，只是疲惫地上车回家。

　　如果没有路标，高速掠过沙面的车就会冲进深沟；

　　如果人做路标，在浮沙上打漂的车头随时都会撞到人。

　　如果等候到天亮，饥渴也会造成生命的威胁。况且在没有手机信号的沙沟里，也难以找到救援。

　　没有"如果"的选择了，他们冲出来了。

（上海古籍出版社供稿，府宪展执笔）

少 儿 类

从一千本杂志到一套典藏书系——《珍藏的儿童时代》策划案例

永远的三毛——『三毛』系列漫画出版及品牌塑造初探

从残稿到经典——《上下五千年》的出版故事

新版『365夜』系列的启动之路

《看看丛书》和《抱抱丛书》的出版案例

从『大头儿子』到『马鸣加』——从对儿童文学的理解谈起

《男生贾里》的启示——《男生贾里》出版20年记

迎合与引导——从《QQ宝贝》系列丛书的编创过程谈起

夏洛书屋·经典美读——《夏洛书屋》的酝酿与培育

一套专为中学生编写的中型百科丛书——回忆《中学生文库》出版前后

为了孩子全面健康幸福地成长——《中小学生心理健康自助手册》的诞生与成长

从一千本杂志到一套典藏书系

——《珍藏的儿童时代》策划案例

《珍藏的儿童时代》丛书

中 国 福 利 会 出 版 社

2008 年 6 月 1 日下午，在这个属于少年儿童的节日，上海书城二楼的读者俱乐部人头攒动，当任溶溶、叶辛、秦文君、陈丹燕和殷健灵等老中青作家出现在现场时，大家立即将他们围了个水泄不通，读者们捧着新出版的《珍藏的儿童时代》丛书，热切地等待他们的签名。人群中有白发苍苍的老人，有坐着轮椅的少女，更多的是带着孩子的家长。"我是看着《儿童时代》长大的"，这句在现场被重复 N 次的普普通通的话，也是从一千本杂志到一套典藏书系的编辑策划初衷。

一、策划缘由——重读引领几代人精神成长的经典之作

在中国少儿期刊的发展史上，《儿童时代》有着独一无二的地位和无与伦比的影响。它是国家名誉主席宋庆龄创办的新中国第一本少儿期刊，至今已走过半个多世纪。

《儿童时代》创刊以来，除了"文革"时期的短暂停刊，发行量多年位居少儿刊物前列，在全国家喻户晓，并曾向海外十多个国家发行。《儿童时代》陪伴了几代人的精神成长，累计读者超过 3 亿，成为一本享誉海内外的名牌刊物。《儿童时代》这颗宋庆龄女士的掌上明珠，也是上海少儿文化出版事业的一张名片。

2008 年，《儿童时代》社与中国福利会出版社合并，走上了新的发展之路。其时适

逢《儿童时代》创办 58 周年,如何为"儿童时代"这一品牌注入新的内涵,让经典期刊焕发出新的光彩? 编辑们在一本本泛黄的合订本中梳理思路,找寻创意。

一连数月,编辑们仿佛穿越了 58 年的光阴,流连在上千本散发着岁月气息的杂志之中,与各个时期的《儿童时代》重逢。编辑们感叹,那些如雷贯耳的名字,那么平易近人地出现在一本小小刊物中:巴金、老舍、冰心、陈伯吹、施蛰存、丰子恺、季羡林、秦牧、苏步青、程十发、韩美林、张乐平、万籁鸣……那些文字那么质朴动人,那些插图那么生动传神,而那些封面又那么富有童趣。让编辑们更感自豪的是,《儿童时代》不仅凝聚了一批批的优秀作家,而且引领着儿童文学创作的潮流。各个历史时期有影响的儿童文学作家都曾在《儿童时代》发表作品,许多青年作家也是从《儿童时代》走上文坛的。一本延续了 58 年的少儿刊物,如涓涓细流般流淌在千万小读者的心田,滋润了几代人的精神成长。

"儿童时代"这几个字,不仅意味着一本小小的刊物,它是几代人童年的温暖记忆,也是几代人儿童时代的精神标记。那上千本刊物,犹如一个佳作荟萃的宝库,期待着与读者重逢;那一篇篇打动过几代人心灵的作品,犹如被时光掩埋的珍珠,经过历史的积淀和时光的洗礼,焕发出更加动人的光泽。精选其中具有代表性的名篇佳作,以新颖别致的形式集结出版,是对《儿童时代》的回望,也是对"儿童时代"的珍视,更是对未来时代的期待。

二、编辑理念——双重意义的"儿童时代"

近几年,中国少年儿童出版社、少年儿童出版社相继推出了老牌刊物《儿童文学》、《少年文艺》的精选本,取得了较好的市场反响,构成了期刊选本的"一路风景"。这既为此书的编辑提供了借鉴,又成为一个挑战。

编辑们意识到,《儿童时代》虽以文学性见长,但与《儿童文学》、《少年文艺》等纯文学期刊相比,文学性优势略显不足,而其综合性却是其他文学刊物所难以比拟的。要超越其他期刊的选本,编出自己的特色,必须融入更多的编辑创意,特别是在"儿童时代"这几个字上深入挖掘。当年宋庆龄亲自题写的刊名十分富有深意,英文刊名为 Children's Epoch。它不是一个静态的标签,更指向未来的新时代。相比其他文学刊物,"儿童时代"这一刊名涵盖的意义更加广泛,这也是这本小小的刊物在几代读者心中的魅力所在。故事的趣味、音符的欢乐、游戏的乐趣……在那些生活单调、贫瘠的岁月,几乎包含了童年人所有的欢乐和秘密。

从广义的"儿童时代"入手,编辑的灵感被点燃了:突破以体裁或年代编排的思路,根据内容特色组成板块,将会增添阅读的丰富性和趣味性。除了小说、童话、报告文学、散文等文学作品,还可以点缀以儿童游戏、歌曲、手工等,每个板块之间以优美而富有童趣的导读加以连缀,既体现这本综合性期刊的特色,又勾勒出一个几代读者心目中较为完整的"儿童时代"。

另外,对于处于成长阶段的小读者而言,小说、童话、诗歌等都是不可或缺的心灵"维生素",全书三册,每本都有各种体裁的作品,既调节阅读的节奏,又引导小读者形成丰富的阅读口味。板块名也没有贴上体裁的标签,而是从童年的思维出发,充满想象的元素,比如小说是"讲不完的故事",童话是"101个拐弯",诗歌是"白天的星星",译作是"漂流瓶",散文是"蒲公英"……童年的意象,童年的味道,童年的气息,在字里行间氤氲弥漫,无处不在。

三、装帧设计——美术与文字的和谐之舞

如何既体现经典期刊的历史感,又兼顾当代小读者的审美特点,糅合现代的设计元素?《儿童文学》的选本从封面到彩插,或纯美或童趣,老封面和老插图集中编选在纪念版里;《少年文艺》的选本朴素亲切,以老插图作为插页。那么,拥有许多名家创作的老封面、老插图以及漫画作品的《儿童时代》,是新瓶装陈酿,还是以怀旧吸引眼球呢?

正当编辑冥思苦想之时,丛书名"珍藏的儿童时代"中的一个"藏"字的创意化处理,为整套丛书的装帧设计打开了思路,编辑似乎触摸到了历史和现代的最佳连接点。

封面由护封和内封组成。护封上以烫金的树叶勾勒了丛书名中的"藏"字,象征着宋庆龄一生最喜爱的香樟树,也寓示《儿童时代》这棵宋奶奶当年亲手栽下的小树苗,已茁壮成长为枝繁叶茂的参天大树。再选取历年的老封面作为底图,若隐若现地铺陈在护封上,呈现出经典期刊的历史感。

"藏"字笔画上镂空的设计处理,巧妙地透现出内封充满现代感的童趣画面,透现出今天《儿童时代》的新鲜生动。打开护封,把三本书的封面一字排开,一条象征着时间的河流贯穿三本书的封面,相互呼应,从最初的梦想,到感受当下,再到憧憬未来,

象征着《儿童时代》半个多世纪来的绵延不断、源远流长,象征着贯串在《儿童时代》中永恒不变的童年精神,寓意童年阅读像"河流"一样奔驰在童年的生命中,滋润着精神的蓬勃成长,凸现了"珍藏的儿童时代"和"儿童时代是值得珍藏的"之双重意义。

为与封面设计相呼应,编辑放弃了已经组稿的彩插画稿,精选出著名画家为《儿童时代》创作的封面,程十发、韩美林、戴敦邦、万籁鸣、韩伍等名画家创作的颇有艺术价值的历年封面,犹如"纸上画展"。那些富有时代特征和记忆的画面,在老读者心中唤起的是儿时的记忆,对于新一代小读者,唤起的则是对历史以及艺术的感受。书中还将优秀插图以邮票的样式呈现,这些插图的经典品质,值得读者们细细品味。

版式设计也十分别致,选取了历年期刊中生动有趣的插图,与标点符号作变形组合,设计出了一组具有独创性的版式,并紧密结合了文章的内容,比如:用"?"与科幻故事组合,表现科幻故事神秘的特质;将"……"与散文结合,体现了散文的隽永和回味无穷。板块之间诗意而富童趣的导读则诠释和提升了这一编辑构想:

> 只要小逗号在,故事就不会结束,我们的眼睛就会一直亮晶晶。多一个小逗号,多一个小逗号吧,故事就可以慢一点,慢一点抵达码头,我们的快乐就会多很多,比整个春天的花朵还要多,还要多……

文字和版式就这样一气呵成,每个板块的版式既有变化感,又与内容意蕴十分契合。半个多世纪以来的《儿童时代》的气息流淌在文本中,气韵生动,从整体设计上体现了经典与现代元素相融合的艺术追求,为新老读者提供了丰富的艺术感受空间。

四、记录童年——儿童时代如何珍藏

在编选即将完成之时,编辑们总感到意犹未尽,那些经过精挑细选的作品,似乎还缺少点什么。是什么呢? 在编选这套丛书的过程中,编辑们既有欣喜,也有困惑。每个人都以自己的方式解读童年,阐述童年,然而,在这个大家都在感叹童年渐渐消逝的时代,童年又将如何珍藏呢?

"今天的孩子们,他们正生活在一个最真实最新鲜的儿童时代里。所有的事情都在进行,一个个的游戏还刚刚从商店里买来,还刚刚在路上打开来,笑的声音、哭的声音、奔的声音、跳的声音、课堂上问答的声音、家里顶撞的声音、心思和愿望咕噜咕噜往外冒的声音、一切的气息和味道都是在呼吸里，在喘动中。可是他们真的就看见了吗？会兴致勃勃地欣赏并感动和珍惜吗？"

著名儿童文学作家梅子涵先生在本丛书序中的这段话十分耐人寻味。纽约大学教授尼尔·波兹曼提出"童年消逝"的预警并非危言耸听，工业化和电子信息时代造就了越来越多"成人化的儿童"。如今的《儿童时代》里，儿童歌曲、儿童游戏和儿童相声也已十分鲜见。在愈加关注儿童本位、倡导把童年还给孩子的当下，如何为今天的孩子珍藏稍纵即逝的童年？如何让童年焕发出更加本真的光彩？

如果让童年的主角自己记录童年，留下童年的印记，那将是多么美妙。这个创意让编辑延伸出一个新的策划。作为《珍藏的儿童时代》系列之一，与《儿童时代》名牌栏目《我的儿童时代》同名的成长册诞生了。在这本成长册中，编辑精心设计了"我的密码"、"童年表情"、"我最有意义的成绩单"、"我喜欢的玩具"、"第一次坐火车"、"第一次看电影"、"第一次帮助别人"等板块，还独具创意地为小读者留出属于他们的"幻想空间"，如"我想去的地方"、"幻想中的奇妙房间"、"给名人写的一封信"以及"童年必须做的 N 件事"等，甚至还有收藏童年小秘密的收纳袋。以儿童为视角，展现一个由家庭、校园、社会等构成的丰富多彩的成长空间，引导儿童记录友情、亲情、阅读心情、成长体验等童年值得珍视的点点滴滴，记录美妙的童年，激发家长、老师乃至整个社会对儿童时代的关注和珍视。

《珍藏的儿童时代》甫一问世，就被列入当年上海市红领巾读书活动的推荐书目。《新民晚报》谈话专栏以"当童年消逝，如何挽留和珍藏？"为题，从该丛书出发，进行了关于童年精神和童年阅读的探讨。对于流逝的岁月，《珍藏的儿童时代》丛书浓缩了几代人童年的集体记忆，传递着童年成长的密码；对于当今的儿童，《珍藏的儿童时代》传承了富有心灵成长"维生素"的经典阅读；而对于走过了半个世纪的《儿童时代》，这又意味着一次重新出发，意味着打造大儿童时代品牌的开启。

（中国福利会出版社供稿，陈苏执笔）

传统文化的情感记忆与阅读传播——《儿童时代丛书·图画书月月看》的编辑创意

《儿童时代丛书·图画书月月看》这套大型系列图画书,是 2012 年 6 月开始编辑出版的,至今仍在连续不断地月月推出。这几年我的工作和情感的一大部分都倾注在了这里面。

不过,从个人兴趣来说,我的情感储备是在这之前的。我的孩子出生后,作为妈妈,我很快就感觉到图画书的重要性了。对我的孩子来说,阅读图画书,是睡觉前最重要的事情,故事、想象、道理、信任感,甚至美好的梦境,都由此慢慢建立起来。对我来说,对一个妈妈来说,阅读图画书又是为了什么?我把阅读到的故事和生活相联,于是发现,很文学的图画书成了某种通道,让我能更好地理解孩子的生活。

我之所以在这里讲到我的亲子阅读生活,就是想说明一件事情:图画书作为幼儿文学的一个重要品种,已经得到出版领域和读者的广泛认同。

一些少儿出版社在出版结构和框架里,都有计划地把图画书作为出版社重要的出版内容,一方面是回应市场需求,另一方面也是表达社会责任。就目前而言,在图画书出版方面,引进版权做得比较多,市场反响较好的有《青蛙弗洛格的成长故事》、《阿罗系列》、《海豚绘本花园》系列、"启发绘本"系列、"爱心树系列绘本",等等。当然,原创图画书也开始行动起来,有海燕出版社的《棒棒仔品格养成图画书》、华师大出版社的《七色花绘本护心系列》,等等。在图画书界,"丰子恺儿童图画书奖"和"信谊图画书奖"都有力鼓励与推动了原创图画书的发展。

我们期待自己编辑的《儿童时代丛书·图画书月月看》有怎样的表现和作为呢?如何用更加新颖的选题吸引读者关注,推出一些更具阅读价值的选题,这是我们关注的重点。

《儿童时代丛书·图画书月月看》被我们定性为文学类的图画书,在这个系列的图画书里,我们的愿望是:让孩子把爱和美读进心里,建立孩子与世界的情感联系。通过阅读它们,让更多的爱随之而来,培育一颗颗温暖的心灵。

虽然不是人人都能参与文学创作,但人人都能感知文学。文学带给人的感受是多面的、变化无穷、创意无限、情感丰富、故事奇妙。在浩瀚无边的文学中,我们在重视表现丰富多彩的童心世界的图画书之外,重点关注中国传统文化在原创图画书中的表现,那就是:传承优秀传统文化,让孩子认同自己的文化,从小养育文化自信心。

一、基于中国传统文化的主题创意策划

在各种类型的主题策划——比如幼儿园主题、成长主题、心灵花园主题、情绪管理主题等——之外,我们是不是可以有更多的作为?我们的想法是,与其去策划一些模糊的、与世界接轨的、面貌相似的作品,不如追求那些表达自己国家的生活和文化的作品。原创图画书在挖掘自己的文化方面,已经有小小起色。目前,像《团圆》《花木兰》等一批作品是感人至深的,读者能在里面找到文化认同。但我们仍有很大空间,还可以花力气和心思去做得更好些。

1. 中国四大传统节日

我们认为中国的传统节日,比如春节、清明、端午、中秋,它们所蕴涵的文化深意与审美情趣,都可以用图画书的形式,传递给幼小的心灵,让孩子自小就能熟悉并浸润在自己的文化中。

节日主题对文字故事的写作者提出了相当的要求。我们想在借鉴与学习西方经典图画书的同时,更多追求自己的文化表达,通过原创图画书,把自己民族的审美、理想和价值观传承下去,从而带来久远的影响力。结合我们的图画书来看,我们正努力用中国的艺术形式表达中国孩子当下的生活,这是《图画书月月看》系列的一大特色。

清明节:清明节的情感核心是缅怀先人和已逝的亲人。针对清明节,我们策划了《风筝上的奶奶》。故事讲述的是:春天来了,小女孩和爸爸妈妈在公园里放风筝,风筝越飞越高,越飞越远,小女孩的心跟着风筝飞到了乡下的奶奶家,想起了在那里和奶奶相处的日子。春天,奶奶带她下河捉泥鳅;夏天,奶奶带她在院子里乘凉,给她讲故事;秋天,奶奶从树上摘下柿子给她吃;冬天,她和奶奶坐在被窝里,奶奶给她表演手影。小女孩很想念奶奶,爸爸决定清明节回家看奶奶……这本图画书通过小女孩的视角,通过一年四季的转换,讲述了小时候和奶奶在一起的生活,怀念一个已经离开这个世界的亲人。

故事的背景是清明节,在四月读到这个故事,更能体会生命的可贵、感受生命的流逝,也因此而更懂得珍惜。正如文字作者晚风所说:"春天的时光会悄然流逝,奶奶对我的疼爱却是永远的。"我们可以预想到,珍藏着这样的记忆,心会感到多么温暖和充满力量。溢出故事的情感告诉我们,亲人永远活在我们的心里,亲情是我们心里柔软的一角。我们希望通过图画书表达,虽然亲人离去了,但对亲人的记忆与爱是永远存在于一个人的心间的。

端午节:端午节是纪念爱国诗人屈原的传统节日,更有吃粽子、赛龙舟,挂菖蒲、蒿草、艾叶、喝雄黄酒等习俗。端午节在民间还有很多美好的传说与故事。"如何把这些传达给现在的孩子,大家都有不同的尝试,《小艾的端午节》这一绘本,无疑是其中美好的尝试之一。"这本书的导读作者充满感情地对我们策划的这本书作出如上评价。

故事从小艾妈妈带着小艾在超市里买东西开始。面对各式各样的粽子,小艾问妈妈,什么粽子最好吃。妈妈说,她的外婆包的粽子最好吃,那是经过亲情滋润过的粽子。由此,小艾妈妈带着小艾踏上了回乡的旅程,水乡的柔波和曼妙在文字和图画中一一展开,带领读者到江南水乡过了一个美好的端午节。

这样的故事,不是单纯地介绍端午节的习俗,而是很文学地来讲述一段故事。因为这些独特的细节,使得同一个文化主题下有了无数的可能和生动的文学力量,是新颖的,也是感动人心的。比如,在这本书里就有这样一个细节:小艾说明年回来给太婆和妈妈包粽子,太婆的眼睛湿润了。为什么?孩子的乖巧、体贴令人感动是一方面,另一方面,太婆明年还在世吗?这泪水里还包含太婆对生命的眷恋。丰富的文学细节让故事更有生命力,更容易温暖孩子们的心灵。

中秋节:在传统节日中,中秋节是突出团圆与思念的节日。我们邀请到一位擅长写诗的作者,希望她用诗歌一样美妙的文字来传达出这种美好的情感,于是《爸爸,月亮来了》就诞生了。

故事发生在中秋之夜,小女孩的爸爸去远远的北方出差了,小女孩和妈妈都很想念爸爸。怎样才能让爸爸知道他不孤单呢?小女孩找到了月亮,希望它充当信使,传递母女俩爱的思念……月亮一路向北,最后找到了小女孩的爸爸,圆满地完成了这项爱的使命。诗意的文字充满想象,画面绚丽多彩,整本图画书从文字到画面都营造出了现代的气息,而这很现代的气息恰恰表达出了古老的节日文化在现代生活的回应。

春节:这是中国人最看重的节日,也是最隆重的节日。对中国人来说,回家过年是一年中最大的事情。《回家》正是在这样一种理解下展开编辑策划的。这部作品书写现实,关注当下,以春运为背景,涉及节日文化的美好情感,又涉及每个人回家的心路历程。虽然主题很大,但我们希望作者从小的角度、孩子的角度去写作一个有趣的、有内涵的故事。显然,作者做到了。

故事是这样的:快要过年了,家俊爸爸买了火车票,一路历经艰辛,乘火车,坐长途汽车、三轮摩托车,乘渡船,最后还遭遇大雪封山,跨过千山万水,终于回到了家。故事中设有悬念,爸爸一路掉东西,但每次掉东西后,爸爸都摸摸心脏那个地方,说:哦,没关系。这个悬念吸引着孩子阅读。爸爸藏在心脏位置的东西是他带给孩子的新年礼物。风雪兼程归来的爸爸,带回的不仅是一份礼物,更是亲情,是温暖。有点遗憾的是,爸爸最后没有在家过完正月十五元宵节,为了家庭的生计,他又要出发,去拼搏、去努力工作。这就是中国人的感情、中国人的年。同时,这个故事既是抽象的,也是具体化的,这是时下中国人过年的奏鸣曲。通过这个故事,传达出"家"更深刻的文化内涵:家是心里的一粒种子,它生长,把力量传递给我们，同时，我们也需要努力去浇灌它……

2. 中国古典小说的改编

中国古典小说，已经成为我们中国人的一笔精神财富。这是一个挖掘不完的宝库，经过创作者思想的过滤、艺术的提升，总会有一些让人耳目一新的作品诞生。这里介绍这个系列中两本改编自古典小说的图画书，其他的仍在进一步的编辑策划中。

一本是《种梨》，它根据《聊斋志异》同名故事改编。故事讲述的是：小凤儿有孝心，无奈贫穷没有钱，她想向卖梨的小贩讨个梨给姥姥吃，但吝啬的小贩不肯。一旁的道士慷慨解囊，买了个梨送给姥姥，并且请她吃完了梨把核还给他。道士用这个梨核在众人面前施起了法术……小贩那满车的梨都长到了一棵高耸入云霄的梨树上。这个奇妙的故事告诉读者，有爱心总能得到回报，吝啬无情的人最终都会"竹篮打水一场空"。这本书不仅故事富有中国民间故事的味道，而且图画创作也是非常地道的中国味，一眼就能看出来。一个个泥塑人物跃然纸上，新鲜、生动而又幽默，倍添趣味。

本书作者林俊杰说："'中国'这个词也是我在创作中最喜爱和热衷于表达的，因为这正是融化在我们文化血液里的最本真也改变不了的东西，我不希望它需要通过僵化的或功利的说教来传达给孩子，而是通过趣味的视觉阅读传达中国人自己对生活特有的情趣和态度。它不需要孩子刻意在阅读后总结出什么道理，仅仅在阅读中体会到快乐，能开心一笑便足矣。因为其余的最美好的东西和精神一定会在孩子心中埋下种子，在今后的日子里默默影响着他们。"

另一本是《大闹天宫》，它改编自《西游记》。故事讲述的是：孙悟空偷桃、偷酒、偷仙丹后，天庭派遣天兵神将围剿花果山，捉拿悟空。经过一番打斗，悟空终被抓获。谁知，投入炼丹炉却让悟空炼出了铜头铁臂、火眼金睛。他跳出丹炉后大闹天宫。孩子们小时候喜欢这个故事，是喜欢一波三折的故事情节，长大以后再读这个故事，或者想起这个故事时，则会被孙悟空身上所具有的种种象征意味深深吸引，比如，孙悟空那种打破格局的爆发力，那种汪洋恣肆的想象力，那种自由自在的状态……这些东西汇聚起来，也能成为我们内心的文化追求。

如何把这样一个中国故事演绎好呢？本书的作者梁川作了精心的准备。他说，此绘本是向动画片《大闹天宫》以及《西游记》老连环画致敬之作，绘画风格以水墨为特色，以传统中国人物画造型为基础，结合民间美术、戏曲造型等成分及绘本阅读习惯，通过运用中国水墨画的艺术语言，来追求、演绎传统古典名著的神韵，希望能为探索中国水墨绘本之路作一点粗浅的尝试。当看到这本图画书的稿件时，编辑们认为作者做到了。

3. 中国的民间故事和神话故事

中国的民间故事和神话故事，也是传统文化的组成部分，积淀了中华民族的想象和智慧。基于这样一种文化认同,我们编辑策划了两本图画书。

一本是《龙牙颗颗钉满天》。这本书讲述了一个神奇的苗族民间故事:为了一只蜜桃,乌龙哥哥和乌龙弟弟打了起来,把天空碰裂了。勇敢的男孩桑出发去找绿胡仙帮忙,最后和白姑娘一起用龙角和龙牙把天空补好了。那些越来越多的龙牙,就是我们现在看到的天上的星星。从这个清晰而简洁的故事里,读者可以读到英雄,读到苗族的先人对大自然的好奇与探索,而作者"剪纸+拼贴"的艺术手法则很好地表现出了这个故事的纯朴与粗犷。

另一本是《哼将军和哈将军》。哼将军和哈将军长得一模一样,如何辨别彼此,连他们自己也不清楚。神仙们找出了他们的不同,比如:哼将军骑奔耳驴,哈将军骑尖耳马;哼将军是红帽顶,哈将军是蓝帽顶;哼将军的脸上有一粒黑芝麻,哈将军的脸上有一粒白芝麻;哼将军吃烧饼,哈将军吃鸡蛋饼……但那些外在的标志很容易失去,只有他们的母亲可以一眼就认出他们。那是为什么?那是因为——"爱"。在这本图画书里,作者的创意很特别,赋予神话故事新的味道。这个故事用民间纸雕的艺术形式来呈现,大俗大雅的色彩看上去非常中国化。

4. 传统与现代的生活

有些传统常常被我们忽略,但是它们从未远离,比如有些仪式、习惯都已经融入我们的生活中了。对于京剧、昆曲等等艺术形式,作为中国人,我们到底要用怎样的态度来对待呢?我们策划了《芙蓉仙子》一书,试图为读者找到适合的态度。

《芙蓉仙子》是一本表现传统粤剧与现代生活的关系的图画书。故事中的外公是粤剧团的伴奏,小女孩跟着外公来到后台,在那里遇见了芙蓉仙子,她的美丽让小女孩产生美好的幻想。多少年过去了,小女孩还能动情地回忆起过去的那一幕幕。这本书通过小女孩的视角,表现出传统戏曲对孩子的吸引力。让每个孩子都来传承传统戏曲,已经不太可能了,但至少我们可以让他们通过小时候的接触,在长大以后听到或接触到传统戏曲的时候,能不排斥,能有一种欣赏的感觉。我想,这就是我们编辑对"传统与现代生活"的关系的态度。

总之,通过对中国传统文化主题的挖掘,鼓励与推动中国原创图画书,能让孩子自小就接受这样的文化信息,从而理解、认同和传承本民族的文化,也能培育孩子的文化自信心,从而更好地生活在本土和当下的文化中。从这个角度来说,《儿童时代丛书·图画书月月看》所蕴涵的精神能量是无限的。

二、传统文化的情感记忆与阅读传播

以上所谈及的这些图画书,我想就算我不是编辑,我对它们也会感到熟悉和喜爱。这些书名,这些封面,这些细节,这些画面,都让我有似曾相识的感觉,而这就是文化的基因。

这是我们与生俱来的、根植于我们日常生活中的、我们潜移默化在吐纳的东西。当它们以图画书的形式出现在读者面前的时候,人们会感到一种熟悉、一种亲切、一种情感的记忆浮现了出来。只有这样,人们才能发现属于自己的、属于中国人的价值观和审美观。

原创,关键是要有文化上的"创作"与"创新"。当一个读者的家庭拿到这些图画书的时候,他们会迅速和孩子一起进入某一个富有价值的语境中去,在他们熟悉的文化气息中进入这个故事。这个融合了中国文化和语言文字特色,甚至融合了中国传统绘画技法的故事,会让小读者和家长爱不释手。

这在具体的阅读中也得到了证明。事例来自一位儿童文学专业毕业的儿童阅读推广人的阅读实践。她说:"上次我写导读的那本《哼将军和哈将军》,虽然我觉得故事可能一般,但我儿子很喜欢,因为他喜欢《西游记》那种类型的,所以这个故事让他觉得很亲切。我儿子看外国的作品,从来记不住里面的人名,但原创的就不一样了,很容易就记住了,还有什么南天门,看了《哼将军和哈将军》也一下记住了。而且《哼将军和哈将军》的图画也很有民族特色,这一点我写导读的时候也没注意到。"

《龙牙颗颗钉满天》那本也是同样,我们邀请了华师大出版社的童书编辑来写导读。她因为自己有孩子,所以很重视孩子的阅读感受。这本书被她带回家后,阅读效果也是惊人的。她的孩子非常喜欢它,缠着她讲了一遍又一遍。可能这个小孩从中汲取的力量是惊人的:他把自己置换成了故事里的主角,拥有了超级强大的力量,可以做顶天立地的大事情。这样的英雄情结,可以孕育孩子的正义感和力量。

原创的优势、原创的特色、原创的力量,既是我们在做这套书之初预设到的,又是不曾预料到的。目前,我国儿童文学原创作品无论图文,其创意、人文关怀、儿童视角等都不一定能和国外同类优秀作品比肩,但它们先天而来的亲切感是无人能抵挡的。

我们团队将会在这个基于中国文化的沃土而逐渐成长起来的出版项目中,继续耕耘。

（中国福利会出版社供稿,魏捷执笔）

编辑伴它成长——《儿童时代丛书·图画书月月学》策划感悟

编辑的心愿

编辑出版儿童读物是在完成某些心愿。这些心愿也许是自己的,也许是他人的。因为只有这样,读物的出版工作才不仅仅只是工作和完成任务,才有可能成就我们的人生。一个编辑回顾他的一生,让他引以为傲的绝不是经由他手出版了多少读物,而是他完成了多少桩心愿。

我们做《儿童时代丛书·图画书月月学》秉持的心愿有好几个:

1. 我们希望让"儿童时代"这个即将拥有 65 年光荣历史的、优质的少儿文化品牌,在当今的童书市场里再一次声名鹊起、确立地位。我们的工作一直秉承宋庆龄女士的思想:把最好的东西给予儿童,既是我们事业的起点,也是终点。

2. 我们想在学龄前儿童的内心,播撒下理性的种子,投射进科学的光线。目前看来,我们国家的童书市场现状是:学龄前儿童适读的科普读物不多,品质不佳且价格虚高。即便有合适的,也是以国外引进的内容为主,中国原创的作品少之又少。

3. 我们想通过科学图画书这个小的落脚点和切入点,凝聚和组建起一支由国内的科学家、作家、画家、教师等组成的,来自各行业、各领域的专家团队,邀请他们加入到为儿童做事的伟大事业中来。

编辑的眼光

到哪个行业找作者,是我们首先要考虑的。只有好的、合适的作者才能把我们的意图落实,而且他们必须和我们编辑一样,怀着憧憬期待图书的出版。我们对丛书所要涉猎的范围作了分类,从自然科学、人文科学、社会科学这几个角度出发,创作对应图书。

1. 自然科学领域,包含孩子最为关注的人体、昆虫、动植物等。

a. 例如《大嘴巴》:一张嘴巴能产生什么乐趣呢? 什么样的人能从这样的角度找到好玩的东西,进而向孩子传达? 某知名儿童杂志的一位编辑专门从事幼儿科学知识编撰工作,手里有无数的科学资料。于是,我们邀请他创作该图画书的文本。在这个过程中,我们和他共同经历了好几次修改,将他先前较为复杂的文本不断简化、优化,降低文本阅读难度,割舍科学知识点。经过三四轮这样的修改调整,文本才最终完成。

b. 例如《看,萤火虫在说什么》:我们想给孩子介绍萤火虫这种迷人的昆虫,但国内有这个专业领域的专家吗? 几经周转,我们找到了付新华教授。他是中国内地第一位从事萤火虫研究的博士,2000 年至今从事萤火虫生物多样性行为及生态保护研究,在华中农业大学植物科技学院、昆虫资源利用与害虫可持续治理湖北省重点实验室任职,还是湖北省"守望萤火虫"研究中心的理事长及主任,主持过 4 项国家自然科学基金,发表论文 26 篇,发现并定名了雷氏萤、武汉萤、穹宇萤、三叶虫萤等多种萤火虫,拥有丰富的萤火虫大规模饲养及自然复育的经验、技术。他是一名摄影发烧友,还是一位科普作家,著有科普书籍《一只萤火虫的旅行》和《故乡的微光》。一旦找到他这样的人,后面的工作就非常好做了。

这本书的一大难点在于我们究竟应该起一个怎样的书名。最初定的是"萤火虫",但我们觉得它干瘪、不生动、不难忘。付新华教授自己提出了"看,萤火虫在说什么"这个特别的书名,让我们顿时觉得恰到好处、形象、有趣味。因为萤火虫一闪一闪,正是在向同伴表达内心,或者在求偶,就像人类在说话。我们和作者交流得越多,越能探索出他们在专业领域的发光点,挖掘出他们在出版上的潜质和能量。

c. 例如《啊呀,动物园!(海洋篇)》:这是一本向孩子介绍海洋动物的图画书,我们找到了王自磐和他的儿子王玮。王自磐是国家海洋局第二海洋研究所资深研究员,德国耶拿大学客座教授兼博士生导师。他从事极地科学考察与研究至今已有二十余年,十一次赴南北极考察,两次在南极大陆越冬考察,是我国迄今唯一在南极冰海潜水进行科学考察和研究的科学家。他参与儿童科普图画书创作会让我们对科学知识点的把握更准确,也能因此找到数不清的细节展开及铺陈,这是一般的文字作者所不具备的优势。

2. 人文科学,我们涉及的领域包含中国的节气、节日、习俗等。

a. 以《五月》为例,我们想要表现我们中国人对五月份的节气的认知和相关习俗。这本书,编辑把重点放在了图画创作上。我们需要有能力表现出浓浓乡村风景,能够表现出人与人之间细微情感的画家。

我们找到了刘洵。刘洵,曾从事设计和动画片制作工作,由于对油画有着浓厚的兴趣,在工作数年以后进入中央美术学院学习油画,油画作品数次在全国大展中获奖。自从女儿出生以后,她开始关注儿童图画书,同时也开始参与图画书的创作,希望能把自己的所学服务于可爱的孩子们。她很乐意接受这样的创作邀请,从接到书稿任务那一刻开始,她不断下乡采风,走遍了南京的郊区,拍摄了大量的照片,对照片进行再加工,最终创作出极富深情的图画,我们甚至能从她的画中看出她对过往农村生活的美好回忆和热切的向往。

在这本科普图画书里,她想带领小读者去她先前去过的那些地方,那些美好的地方现在可能已经消失了:要么是拆掉了,要么就是物是人非,村子也就慢慢地消失了。在这样的交流中,我们谈出了一些新的选题。她想把这样的意思通过另外一本书、用另一种方式表达出来。这样邀请创作的工作,不仅激发了作者的创作欲,最重要的是让作者直接参与了图书选题。

b. 再比如我们正在做的《造房子》,这本书是编辑在翻阅图书《老房子》系列时"蹦"出的选题。建筑是人类情感的庇护所,建筑物建造的过程也是希望升起的过程,需要用智慧和技艺来成就。于是,我们想从孩子的视角展开观察和描述,同时也从科学的角度,客观、理性地描述房屋建造的具体过程。在交流中,作者流露出对皖南建筑风格的喜爱。于是,我们邀请她去皖南采风。自然而然地,这本科学图画书的整个创作就将沉浸在徽派建筑的美妙气息里。

3. 社会科学,是我们之前做得不够、接下来想慢慢深入的部分。

由于《儿童时代丛书·图画书月月学》的编辑出版节奏是每年做十二本,平均每个月出版一本。这要求我们在选题策划时必须有年度计划,年度选题策划不仅关涉到图书的内容,也关涉到推广和销售同事的工作开展,事关他们每一年度的工作重心和品种需求。在初创的前两年,我们比较偏重自然和人文科学,因为我们的读者比较容易接受此类主题。在未来的时间里,我们会有意识地拓展社会科学方面的选题,比如垃圾分类和处理、阅读和图书馆、人类的飞行史等。

在我们看来,任何一个有长久生命力的选题,都必须在选题内容和表现形式上保持创造力。每一个话题在第一次做的时候,只要找到自己想要表达的一个小点,讲干净、讲透、讲漂亮就可以了,不一定要求自己面面俱到,这样就为未来再做类似甚至同一个主题留下了余地和空间。特别是科学类题材,由于人类文明的不断发展、技术的不断进步,我们在未来需要不断修订原先出版的那部分图书内容中不合时宜的、落后的部分。

编辑的成长

如上这些图书选题对编辑提出了较高的要求:我们需要对不同的主题有所侧重,权衡以我们的资源能在什么角度做得较为专业,且富有美感。我们一直尝试在这套丛书的选题和出版过程中牵动些什么,摸索除了高质量的图书一本本地出版,还有什么值得我们从中挖掘。

1. 依托这个常年运作的丛书选题,我们培养新编辑。我们鼓励每一个编辑都贡献自己的智慧,哪怕不是一个具体的选题,哪怕只是脱口而出的一句话:"这个可以做进我们书里。""这样的知识点很有趣,我要马上记下来。"每一个灵感,无论是来自白天还是黑夜,无论是不是来自这套书的责编,我们都愿意重视。我们做书,做这样面向儿童、面向未来的文化事业,需要我们总是活在书的话题里头。

2. 我们不指望一本书能够永存,但是我们需要时刻用功。作为编辑,要试着重视哪怕是蜻蜓点水般的微小努力。一个选题,我们不可能马上落实。从搜集资料开始,我们要积攒信息,寻找相关人员,从写到画,从选题暂时被自己或者团队"枪毙",到拥有经验和内容后选题再度复活……只有一次次经历这样的过程,一个编辑才能拥有有价值的职业阅历。所以,编辑永远都是伴随着书成长起来的。编辑的成功,不应该简单地用数量来计算。结识了某个领域的专家,多少年后总算有了某一次合作,也算是一种成功。

3.《儿童时代丛书·图画书月月学》的策划,需要编辑投身到"儿童阅读推广人"这个职务中去,需要写作软文,需要演讲,需要运用网络和技术将我们的愿景和图书的优点传播出去。编辑的作用,在这个环节至关重要。因为他是联结图书和读者的枢纽,也是联结编辑和销售的转接头。现在的读者已经不再满足于只是购买一本书了,他们还对图书背后的故事感兴趣。很多的时候,是一本书背后的故事感动了读者,让读者产生购买和拥有的想法。这对图书编辑提出了更高的要求。书朝读者飞奔而去之后,我们还要源源不断地供给他们书的内容之外的“花边新闻”。

编辑的伙伴

《儿童时代丛书·图画书月月学》究竟是依靠什么样的路径传播出去的? 很多人这样问我们。这些年,图画书已然成为儿童读物的主力军。那些优秀的图画书阅读推广人各自在自己的阵地,通过自己的方式,告诉孩子和家长们“这些书很棒”。他们的宣讲就像星火燎原一样,将我们的图画书带到有孩子的角落。

比如浙江的一位图画书阅读推广人,他定期去当地福利院给孩子们读故事。福利院的孩子很多都是特殊儿童,管理人员对他提出几个必须满足的条件:不允许带孩子去,不允许拍照,不允许媒体宣传。在这样的要求下,他将我们策划出版的图画书带进福利院与孩子分享,他还组织“故事妈妈”义工们去福利院服务。妈妈们在那里做完活动,记录下和孩子们的对话,写下她们的情感体验:“孩子们真正缺少的就是长期的、固定的温情对象,例如我们这个‘故事妈妈’群体,经常去给他们讲讲故事,讲完故事一起玩游戏,跟大一些的孩子们一起聊天。孩子们很喜欢聊天,说说他们上学的事情,平常吃什么之类的,比较温馨。这些比捐钱捐物后一群人兴冲冲地走个过场要好多了,至少我们是待在那里的,以后还要留在孩子们的心里,我们是孩子们心里最好的‘故事妈妈’!”

依靠这样质朴的情感,我们的图书进入了那些我们平常不曾关心的地方,我想这是绝大多数图画书阅读推广人的愿望。他们希望中国的孩子能够拥有高品质的阅读生活。而当我们的选题和推广人之间发生化学作用的时候,不仅仅可以给我们带来关于图书本身的信息反馈,还能够帮我们策划这套丛书未来的新选题,比如幼儿园里需要什么类型的图书,我们应该怎样开发使用好丛书系列中已经没有库存的那些品种,从而给我们的编辑策划带来新的话题,而这些话题大都在出版后较快地被市场接受和消化掉,从而使得出版社不会有较大的库存压力。

编辑的未来

毫无疑问,随着市场的进一步细分、竞争的加剧,社会对于出版社的要求已经不仅仅是出版和销售那么单纯了。我们必须挺进推广环节,和具体的读者发生正面接触。那么,这个时候,我们就应该思考,到底怎样做才算是一个有价值的编辑。

我们希望伴随这套丛书的策划和编辑出版,其中的每一位编辑都能成为全流程编辑,并且立志成长为一个出版人,这样才符合行业人才成长的规律。我们要能在图书策划中做到全盘考虑,仔仔细细顾及细节,让一套书富有价值,经得起时间的考验,让这套丛书被一代代人摸过,翻过,读过。

（中国福利会出版社供稿,陆亚军执笔)

永远的三毛

——"三毛"系列漫画出版及品牌塑造初探

"三毛"系列漫画

少年儿童出版社

1935 年 7 月 28 日,《晨报》副刊《图画晨报》上出现了一个大脑壳、圆鼻头、光头上只有三根毛的漫画式儿童形象,这就是张乐平笔下的三毛。

当时,因为发表连环漫画《王先生》的漫画家叶浅予生病,张乐平便在该报上发表了两幅三毛漫画,以补《王先生》之缺。

这是目前能找到的最早的三毛漫画。偶然的机缘往往蕴藏着必然。作为中国第一部以儿童为主角的连环漫画,它的出现意义深远。之后,张乐平创作了《三毛从军记》、《三毛外传》、《三毛流浪记》、《三毛的控诉》、《三毛翻身记》、《三毛日记》、《三毛今昔》、《三毛——在迎接解放的日子里》、《三毛学雷锋》、《三毛爱科学》、《三毛与体育》、《三毛旅游记》、《三毛学法》等十余部作品,直至 1992 年 9 月 27 日去世。

大师去世后,国内外出版的各种版本的三毛漫画书超过 100 种,新改编的三毛出版物多达数十种,流浪的三毛、从军的三毛依然出现在读者面前,而新三毛的故事也在继续。由少年儿童出版社(下简称"少儿社")编辑出版的《三毛大世界》1999 年荣获第四届国家图书奖提名奖和第十一届中国图书奖,同年,《三毛流浪记》被千千万万的读者推选出来,成为人们心目中"感动共和国的 50 本书"之一,各种版本的《三毛流浪记》销售总量达千万册,是我国印数最多、最畅销的儿童读物之一,影响遍及海内外。

2015 年,是三毛形象诞生 80 周年,也是张乐平先生诞辰 105 周年。此时此刻,翻开历史的卷宗,拂去岁月的尘埃,我们的心头依旧充溢着往昔的激动。一套定位于儿童的连环漫画何以如此长寿？它的魅力究竟在哪里？少儿社，作为张乐平先生的生前单位，作为三毛漫画作品的主要出版者，它的贡献又在哪里？现在，就让我们从头梳理一下三毛漫画的起源和出版历程。

三毛漫画何以经久不衰？

三毛漫画的创作大致可以分为四个阶段：

一是早期的三毛。集中发表于1935年至1937年上海的二十多家报刊上。早期三毛的故事以幽默风格为主，那时候的三毛只是上海普通人家的小顽童，闹出种种笑话，但看似简单的画面却常常带有寓意，发人深省。

二是从军的三毛。抗日战争爆发后，张乐平参加了救亡漫画宣传队，其间三毛创作停止了八年，但辗转各地的抗战经历成了画家在战后创作《三毛从军记》的丰富资源。1946年1月起，三毛漫画重又出现，内容讽刺辛辣，针砭时弊，同年5月12日至10月4日，《三毛从军记》连载于《申报》。

三是流浪的三毛。1947年初，张乐平目睹路边冻死的骨瘦如柴的流浪儿，经过痛苦的思索，他以眼泪和着笔墨创作出了《三毛流浪记》，自1947年6月15日至1948年12月30日在上海《大公报》上连载。流浪儿三毛迅速成为家喻户晓的人物，大人小孩都为三毛的经历时而忧愁，时而惊喜，时而伤心，三毛的命运竟成了当时上海市民生活中的大事。

四是解放的三毛。1949年新中国成立，张乐平满腔热情地让三毛投入了新生活。五六十年代，他陆续创作出《三毛的控诉》、《三毛翻身记》、《三毛日记》、《三毛今昔》、《三毛——在迎接解放的日子里》(后改名为"三毛迎解放")，其中《三毛日记》在《人民日报》上陆续刊登。这时，新三毛已由原来瘦骨嶙峋的形象变得更加健壮，伴着他的欢笑，做好事，爱科学，勤劳动，成为新一代少年儿童的好伙伴。十年浩劫开始，三毛自然也脱不了厄运，直到1977年，张乐平才又创作了《三毛学雷锋》、《三毛爱科学》、《三毛与体育》、《三毛旅游记》、《三毛学法》等一系列新三毛漫画。

从上述创作历程可以看出，三毛的创作始终追随着时代的脚步，从1935年到1985年最后一部三毛漫画《三毛学法》问世，时间跨越了半个世纪，作为中国近现代历史的亲历者和见证者，张乐平每一步的创作足迹都与广阔的社会文化相勾连，他以拳拳的赤子之心和满腔的爱国热情投入到时代的洪流中，与时代共燃烧，同激荡，将自己的作品铭刻在一个个历史坐标上，也铭刻在许多人的精神记忆中。

如今，画家创作三毛时所处的时代已经远去了，我们的社会也发生了翻天覆地的变化，令人好奇的是："流浪的三毛"、"从军的三毛"对今天的读者有何吸引力？为什么在"2013—2014 年度全国少儿畅销图书 TOP50"的榜单中，我们依然能看到它赫然在列的身影？我想原因有三个方面：

一是漫画的形式。三毛形象笔画极少，其很容易让人记住的纯中国式顽童的名字，以及与这名字惊人契合的光头上长着三根毛的漫画式儿童形象，甫一问世就引起了读者的好奇和关注。20 世纪 30 年代是中国新文艺运动史上的一座高峰，三毛的出现可谓应运而生，当时漫画的发展、出版的繁荣以及时代的召唤都起到催化剂的作用。漫画这一形式老少咸宜，即使不识字也能看懂，内容或滑稽幽默，或辛辣讽刺，寥寥几笔就能展示人生百态，即使进入 21 世纪信息大爆炸时代，读图仍不失为一种轻松的阅读方式。

二是儿童的视角。作为中国第一部以儿童为主角的连环漫画，三毛的出现在中国漫画史上占有重要的地位。1936 年 5 月，著名漫画家兼评论家汪子美撰文写道："作者所以画'三毛'的原因，大概是感觉这是另辟蹊径之意吧。这聪慧总算给作者捉到了……而'三毛'因为是儿童，便造出另外一种趣旨……儿童的天真，率直，热情，单纯，社会化了的成人视之为胡闹，无理；实则儿童坦白的行动发乎人情自然，而成人社会化的虚伪反渐远离人性。"这"另辟蹊径"所创造出的"另外一种趣旨"便是儿童的视角，以儿童的视角来看待社会人生，终有一种童趣在里面。汪先生说得好，儿童的言行更带有人之初的本性，成人社会反显得虚伪得多。这让人想起德国人卜劳恩的漫画《父与子》，儿童的视角总能给人带来惊喜，使人心生向往。

三是平民的情怀。张乐平被誉为"平民画家"，他的作品总是反映生活在底层的人们的生活。他说："我发誓让我的画笔永远不停地为这些被侮辱与被损害的小朋友们控诉。"正是怀着人道主义的悲悯，张乐平用他的画笔画出了底层百姓生活的苦状，画出了他们无声的呐喊和反抗，那种对草根生活的热爱充溢其间，所以他选择的都是社会中的小人物，选择的都是以三毛为代表的弱势群体。1947 年，《三毛流浪记》在《大公报》上连载，时任《大公报》总编辑的王芸生评论道："《三毛流浪记》不但揭露了人间的冷酷、残忍、丑恶、诈欺与不平，更可宝贵的，是它还在刺激着每个善良之人的同情心，尤其是培养着千千万万孩子们的天真同情心。"我想，这也正是"三毛"系列漫画在今天的意义。虽然画家所反映的生活场景已经离我们很远了，但是三毛身上沉淀的人文厚度以及凝聚的人道主义精神仍在不断影响着后人。

从 20 世纪 30 年代顽皮的三毛,40 年代从军的三毛、流浪的三毛,到后来获得新生活的三毛,他就如同一个真实存在的历史人物,引得无数人和他一起品味世态炎凉,共同寻找和创造新生活。许多人都说:"我是看着三毛的故事长大的。"在中国人心目中,三毛是一种民族形象。

跨越半个世纪的出版历程

1936 年 3 月,《三毛》(第一集)由上海杂志公司结集出版。

这是第一本三毛漫画书籍,它将当时刊登在上海二十多家报刊上的两百多幅作品进行整理后结集成册。1947 年 2 月,《三毛从军记》由大鹏书报社出版;1948 年 4 月,《三毛流浪记》(第一集)由上海大公报馆结集出版;1948 年 10 月,《三毛外传》由四方书局出版;1954 年 8 月,《三毛流浪记》经挑选修改后,由华东人民美术出版社出版⋯⋯据不完全统计,国内涉足三毛漫画出版的出版社至少有 20 家,其中,少年儿童出版社作为中国成立最早的专业少儿出版机构,作为张乐平先生的生前单位,一直是三毛漫画出版的主力军。它出版品种最多,持续时间最长,自 1959 年 9 月出版《三毛流浪记》选集以来,跨越半个多世纪,已编辑出版逾 30 个品种,成为三毛漫画最重要的出版机构。

张乐平的儿子张融融在 2012 年少儿社建社 60 年时深情地回忆道:"'文革'后期,尚未完全'脱帽'的父亲由《解放日报》社调到少儿社工作。⋯⋯我们全家至今都十分感激,在那个时代,少儿社承担了许多医疗上和精神上的支持。根据父亲的遗愿,我们家属一致同意,此后'三毛'系列作品的重新恢复出版,全权交由少儿社处理。为此,父亲的同仁们作出了巨大的努力,不但整理出版了父亲十余部作品集,还创作了图文并茂的《三毛大世界》等图书⋯⋯"

三毛漫画在少儿社的出版,可以分为四个阶段:

一是奠基阶段。戴洋藩,是少儿社在三毛出版史上不得不提的名字,作为中国最早的儿童杂志《小朋友》的编辑,他与张乐平及其家属保持着良好的关系。自 20 世纪 90 年代起,他就开始有计划地搜集、整理、出版张乐平的作品,到 2000 年 8 月《三毛流浪记》(全集)最新修订版推出时,张乐平创作的"三毛"系列漫画有 10 种在少儿社出版,组成了少儿版的"三毛家族"。据资料显示,2000 年版的《三毛流浪记》(全集)增加了多幅从未被收录出版的原稿,并将1959年版以来被改动的作品重新按当年张乐平的创作原貌恢复出版,增改图画达四十余幅。少儿社同年推出的《三毛从军记》(全集)也是最全的版本。后来其他出版社的相关出版物均以这两个版本为准。这里,作为"三毛"出版的先行者和垦荒者,戴老师功不可没。

二是变革阶段。彩图注音版的推出无疑是三毛出版史上的一件大事。2001年8月和2002年3月,由上海三毛形象发展有限公司授权,少儿社推出了改头换面的彩图注音版《三毛流浪记》(全集)和《三毛从军记》(全集)。当时上海三毛形象发展有限公司在每本书后面都附了一个"跋","跋"中写道:"本书利用电脑技术对原画精心着色,并配以简练的文字解说和注音,以达到图文并茂的效果。"这在当时十分冒险,后来却被证明是十分正确的决定,因为它符合了时代发展和读者阅读的要求。虽然许多人批评它"画蛇添足",批评它把张乐平的黑白世界变成了彩色的,又多余地加注了文字说明,"三毛漫画在发表之初是开创了中国无文字儿童连环漫画之先河的,而现在它完全变样了",但事实证明,随着人们对彩色图画书的喜爱和电脑技术的普及,读者自然而然接受了这一形式,彩图注音版的销量逐年上升,很快超过了黑白版,其中《三毛流浪记》(全集)2014年单本销量逾30万册,截至2015年1月30日,印次达60次,累计销售161万册。

三是整理阶段。2005年少儿社推出了新书《三毛解放记》和《三毛新生记》,前者的内容选自1935年至1937年上海报刊上的三毛漫画、1938年《抗战漫画》杂志上的三毛漫画、1946年重回上海报刊的三毛漫画,以及《三毛外传》、《三毛的控诉》、《三毛翻身记》以及《三毛迎解放》,后者选自《三毛今昔》、《三毛日记》、《三毛学雷锋》、《三毛爱科学》、《三毛与体育》、《三毛旅游记》以及《三毛学法》。因为均从零散的作品中选出,所以这两本书都有个副书名,叫"三毛故事集锦",版本分精装和平装,即彩图注音版和黑白版。此刻,编者有意识地将张乐平所创作的诸多三毛漫画围绕主题加以整合集中,把《三毛从军记》、《三毛流浪记》、《三毛解放记》、《三毛新生记》打造成一个完整的故事,从中我们可以看到三毛一路走来的身影——从军的三毛、流浪的三毛、迎接解放的三毛、获得新生的三毛,时间脉络十分清晰。自2005年起,彩图注音版《三毛解放记》和《三毛新生记》书后的"跋"中都有这样一句话:"看三毛的整个故事,就好像在看一部中国的现代史。"至此,少儿版的"三毛家族"被整合成两套,彩图注音版和黑白版各4种。2006年5月,少儿社又把它们制作成礼品套装,还请美编统一设计了新封面。现在,读者在市场上既可以买到单行本,也可以买到套装,既可以买到传统的黑白版，又可以买到彩图注音版。

四是衍生阶段。除了出版与时俱进的更新版本，少儿社还在 20 世纪末加紧对三毛品牌衍生产品的开发。1997 年 7 月推出《三毛大世界》，包括《探索兵器世界》、《走进生物王国》、《漫游锦绣中华》、《打开世界之窗》4 册，三毛和他的两个好伙伴——聪明伶俐的红鹦鹉和幽默滑稽的俏皮狗——一起在书中漫游天下。这套书一改百科类图书的严肃面孔，向小读者展现了一个五彩缤纷的大千世界。《三毛大世界》印数累计超过 100 万册。随后，少儿社又在 1999 年和 2003 年推出了《三毛的奇妙世界》、《三毛与大师》等书。

可以说，自三毛诞生之日起，报刊和图书出版就成为张乐平首选的传播方式，在他有生之年，他总是先将作品发表在报刊上，然后再结集出版。先生辞世后，三毛图书的出版才逐渐占据主要位置。因此，自上世纪 90 年代中后期开始，少儿社的三毛品种呈现喷发式增长，开始有计划地对所有的三毛漫画进行整合，不断推出与时俱进的更新版本，并着力开发衍生产品，深挖其再生能力。正是通过半个多世纪的努力，通过几代出版人的默默耕耘，少儿社才收获了丰硕的果实，不仅有效促进了三毛文化的传播，也塑造出三毛的出版品牌。

三毛品牌的社会塑造工程

当流浪儿三毛的形象第一次被搬上银幕时，三毛这个经典的漫画人物就不再仅限于纸媒了，他开始在三维空间里为更多人所熟悉、所喜爱。

以《三毛流浪记》为例，它就多次被搬到银幕、荧屏和舞台上。1949 年，昆仑影业公司拍摄了由王龙基主演的电影《三毛流浪记》，成为我国的经典电影之一，影响深远。1958 年，上海美术电影制片厂拍摄了木偶电影《三毛流浪记》，1984 年拍摄了 4 集动画片《三毛流浪记》。1996 年，上海电影制片厂拍摄了 22 集电视连续剧《三毛流浪记》，1999 年又拍摄了 24 集的《三毛流浪记续集》。2003 年，安徽电影制片厂拍摄了电影《三毛救孤记》。2006 年中央电视台、中国国际电视总公司出品了 26 集动画片《三毛流浪记》。1986 年，中央人民广播电台制作了长篇系列故事广播《三毛流浪记》。1990 年，河南省歌舞团排演大型舞剧《三毛流浪记》。1997 年，香港明日剧团排演舞台剧《三毛流浪记》。2010 年，上海木偶剧团排演大型木偶卡通剧《三毛流浪记》，上海青年马戏团排演杂技魔术情景剧《三毛流浪记》……

值得一提的，还有 1992 年上海电影制片厂拍制的由张建亚执导的电影《三毛从军记》，它使三毛形象在 20 世纪末再一次风靡起来。2014 年，上海三毛形象发展有限公司又授权美国好莱坞拍摄有关三毛的电影。最新的好消息是，2015 年 2 月 1 日，由《三毛流浪记》《三毛从军记》集合而成的法文版漫画荣获第 42 届安古兰国际漫画节文化遗产奖。三毛正在走向世界。漫画人物三毛不仅成了影视人物、舞台人物、卡通人物，还成了网络虚拟人物……

有关部门 1997 年评估，三毛的无形资产达 5.9 亿元人民币，具有极大的潜在价值。如何继承和发扬这笔珍贵的精神文化遗产，成为一个重要问题。三毛创作者的家属很早就意识到了这一点。2001 年 3 月 28 日，由张乐平夫人冯雏音授权成立了三毛形象发展有限公司，主要对张乐平作品进行维护和开发，对三毛形象和三毛品牌进行广泛的推广。

形象和品牌作为无形资产，都是需要长时间经营和维护的，可以说从很早开始，三毛这一品牌就在自觉和不自觉间建立了良好的社会公众形象。最著名的莫过于 1949 年春宋庆龄先生领导的中国福利基金会在上海发起举办的"三毛生活展览会"（三毛画展），会上成立了三毛乐园会，通过义卖三毛水彩画，为流浪儿筹得钱款以及书籍、文具、衣服、药物等物品，救济了数以千计的贫苦儿童。1983 年和 1993 年，张乐平及其家属分别将《三毛流浪记》原稿 234 幅和《三毛从军记》原稿 114 幅捐献给中国美术馆和上海美术馆。1995 年，张乐平夫人冯雏音又向张乐平家乡浙江海盐捐赠了张乐平 592 幅作品原稿。2015 年 1 月，张乐平的子女将父亲生前使用、收藏的 285 件物品捐赠给徐汇区湖南路街道，并将张乐平的五原路故居于年底修缮后向公众开放，当年《三毛流浪记》就诞生在这里。

此外，在张乐平的故乡浙江海盐县还成立了三毛托儿所、三毛幼儿园、三毛小学和乐平小学，建成了张乐平纪念馆……三毛品牌的社会塑造工程无疑是多元的、立体的，不仅仅有出版，还有三毛动画片的播放、三毛影视作品的放映、三毛舞台剧的演出，以及三毛系列社会活动、文化活动、公益活动等，这样才能将涓涓细流汇聚成海洋。随着时代的进步，孩子们更希望看到用高科技产品演示出来的三毛。

许多人都说："我是看着三毛的故事长大的。"在中国人心目中，三毛不仅仅是那个头上只长着三根毛的小男孩，他更是一种民族形象，三毛品牌也是民族品牌，它讲述的是中国人的故事，所拥有的独特的艺术魅力和深厚的社会内涵都是中国的。在今天的中国继续讲好三毛故事,在这个科技日新月异的时代使用最新的技术传播三毛文化,将这一宝贵的精神财富和民族文化遗产发扬光大,未来可谓任重而道远。但我们相信,正直善良、自强不息、聪明机智、富有童趣的三毛,必将伴随一代又一代的少年儿童健康成长。

　　谨以此文向创造三毛世界的张乐平先生致敬!

(少年儿童出版社供稿,唐兵执笔)

从残稿到经典

——《上下五千年》的出版故事

《上下五千年》

少 年 儿 童 出 版 社

经典策划 119

作为少年儿童出版社的品牌读物,《上下五千年》自出版以来历经三十余年,始终是最受读者信赖和欢迎的中国历史通俗读物之一。它曾在国家出版事业管理局和全国少年儿童文化艺术委员会举办的 1980—1981 年全国少儿出版物评奖中,获优秀读物奖,在 1984 年教育部、团中央等举办的第二届全国中学生评书活动中,入选中学生"最喜爱读的书",在 1986 年上海市评选 1979—1985 年哲学社会科学优秀成果时,获得著作奖,并且得到过从中央到地方各级领导的好评,多次被团中央、教育部、文化部等列入"全国红领巾读书活动"推荐书目,又被多个省市列为"振兴中华职工读书活动"推荐书目。盲文出版社曾把这套书翻译成盲文出版发行,香港汉阳图书公司还出版了该书的繁体竖排版。1986 年,《上下五千年》的总印数就已达到 596 万册,2002 年推出的《新版上下五千年》在出版后十年间,累计印数达到平装 202 万册、精装 75 万册。今天,《最新版上下五千年》(2011 年出版)仍在以平均每年十几至二十万册的印数,创造该经典品牌新的出版纪录。

从第一版出版到现在,《上下五千年》已经完成了几次重大的内容更新与增补,给好几代读者留下了美好的阅读记忆,并且仍然受到当代小读者与家长的推崇。然而,绝大多数读者都不知道,就是这样一部经典,当初还是从残稿状态被竭力抢救过来的呢。

提到《上下五千年》,不得不提该书的出版功臣俞沛铭。他曾担任过少年儿童出版社社科读物编辑室主任,是一位极具出版眼光和工作能力的编辑。若是没有他的胆识与执着,《上下五千年》这部优秀的通俗历史读物可能就会被埋没在故纸堆中,无缘与读者见面了。

故事要从 1978 年说起。那年,俞沛铭北上组稿,在北京遇到了时任中国文字改革委员会副主任的倪海曙,并在和倪海曙的聊天中得知,已故的原教育部副部长、中国文字改革委员会委员林汉达先生曾有过一个设想,要撰写一部讲述中国历史的通俗读物,并且将其定名为"上下五千年"。在和倪海曙的谈话中,俞沛铭还获悉,林汉达先生不仅为这部书拟定了编写大纲,还启动了写作工作,可惜只写至东汉部分,林先生就于 1972 年病故了。

林汉达先生是我国著名的教育家、文字学家、历史学家,尤其精通中国历史。他本打算用浅显易懂的故事形式,系统地撰写中国五千年的历史,以帮助读者了解祖国璀璨的历史文化,希望大家能从中受到教育和启迪。可在"文革"前,林先生就被错误地划为"右派","文革"中又被打为"反革命",而《上下五千年》这部稿子也因此被扣上了莫须有的罪名加以批判。林先生病故后,该书残稿便也不知去向。

听至此,俞沛铭大感惋惜,并产生了要抢救这部残稿的意愿。在倪海曙的陪伴下,俞沛铭前往林家拜访了林汉达先生的家属,并真诚地表达了想出版这部书稿的意向。林先生的家属听后深受感动,也表示大力支持,只是经全家再三回忆乃至翻箱倒柜地寻找,还是怎么也找不到这部书稿。

俞沛铭并不甘心,他又到北京的几家出版社去打听,一番周折后,终于在农村读物出版社找到了这部残稿。原来,林汉达先生生前曾将已经完成的部分初稿交给通俗读物出版社,后来该社并入了农村读物出版社,于是这部书稿也就随之流到了那里。

俞沛铭看到,残稿目录上列了一百二十则题目,时间跨度从上古到鸦片战争前。作者虽然已经写就了上古到东汉的一些重大事件、著名战役和著名人物,计五十多篇,共五万多字,但离原先筹划的规模还有很大距离。由于种种原因,农村读物出版社当时尚没有将林先生的残稿续编出版的计划。俞沛铭觉得,这部书稿选题极好,书名特别吸引人,章节目录也颇具特色,内容又非常丰富,只要肯花功夫,就有可能编成一部相当适合少年儿童阅读的中国通史读物。不过俞沛铭也不是没有顾虑:一来,那个时候林汉达先生还没有恢复名誉,没有得到平反,若把他的稿子拿来出版,或许要冒一定风险;二来,原稿已完成的内容有限,待扩充和续编的部分较多,而林汉达先生作为教育家、文字学家,其在写历史故事方面颇有造诣,下过不少苦功,对他而言,写历史故事便是对"新语文的尝试和旧故事的整理",因此,他所写的历史故事风格独特、脍炙人口,要找到一位与之匹配的理想的续写者谈何容易。

　　然而,经过反复考虑,俞沛铭还是不忍割舍这样一部优秀的书稿。他觉得《上下五千年》内容有质量,立意有高度,资料翔实,表达生动,形式活泼,观点正确,正是大众需要的历史读物,只要能够解决寻找续写者的难题,出版后一定会成为读者反响良好的出版物。就这样,他抓住了这个选题,抢救下这部遗稿,并在征得作者家属和农村读物出版社同意后,将稿件带回了上海。幸运的是,当时的少儿社领导都对出版此书鼎力支持。大家认为,那时的青少年因为教育条件所限,对中国历史缺乏应有的了解,是时候通过故事形式向他们传递历史知识、让他们了解祖国的昨天了。同时,大家也认为,出版《上下五千年》是纪念林汉达这位杰出教育家的最好的方式。

　　有了社里的支持,俞沛铭对"上下五千年"这一选题更加充满信心。接下来,他全力寻找续写者。经过多方物色,他终于找到了从事中小学教育工作的曹余章。曹余章是一位文字功底和史学功底都比较扎实的作者,而且由于多年身处教育一线,对中小学生的兴趣爱好比较熟悉,还有一定的编写少儿历史读物的实践经验,真是非常合适的人选。然而,听说是要续写林汉达的作品,曹余章一开始也有几分犹豫,后来他考虑到对青少年进行历史知识教育的必要性和紧迫性,还是接受了这一艰巨的任务。说是续写,毕竟还有很多内容要重起炉灶,曹余章花了大量心血补写林汉达的未竟之稿,最后将书稿补至238则故事、60万字,全书体例、风格和文气等均保持一致,大体上实现了林汉达先生的遗愿,此后还于1985年又作了一次修订,将故事增加到263则,总字数达75万字,分上、中、下三册出版。

　　《上下五千年》以故事形式来讲述历史,选择重要的和著名的人物、事件,用通俗的现代语言写出来,不加铺叙,尽可能忠实于历史的原貌。为了尽量还原历史,《上下五千年》的故事编写以史籍原著为依据,主要参考了《资治通鉴》的正编和续编,以及二十四史中相关的纪传等。对于正史中没有的,也尽可能去搜第一手材料,比如:写成吉思汗,参考了《蒙古秘史》里的记载;写马可·波罗,使用了《马可·波罗游记》中的材料。

　　历史故事有其自身的写作特点,单纯强调生动性而忽视科学性是不严肃的,因此,写作历史故事一定要依据历史事实,不能为了追求生动而不顾历史。此外,小读者将来接触到史籍,若发现史书上的记载与自己曾在《上下五千年》中读到的内容基本一致，那就可以建立起知识间的关联，更有利于其对历史的记忆与把握。当然，考虑到少年读者的阅读与理解水平，《上下五千年》也没有对史料照单全收，尤其对于过于复杂曲折、几条线索交叉发展的历史事件，各版次的编写者都作了削枝去叶、突出主干的处理，使内容紧凑集中、情节单一完整、脉络清楚分明。而在表达历史观点方面，全书则贯彻了林汉达先生的初衷，即编写者基本不发议论，也少作分析，对历史人物的评价以史实为依据，不拔高，不贬低，实事求是，给读者留下充分的思考空间。此外，为了增强可读性，使全书更富形象性和真实感，《上下五千年》从最早的版本起就配了大量插图。

这样一部书出版后，立刻受到了读者的广泛好评，市场需求量极大。上海各处新华书店，买书的队伍都排到了书店外，在其他许多省市也都出现了供不应求的状况。

2002 年，《上下五千年》经过二十多年的市场考验，已成为家喻户晓的经典少儿历史读物。为了更好地满足 21 世纪少年儿童的阅读需求，少儿社决定对该书进行一次重大的修改与增补。这次重版，不仅对原来的续写篇目进行了重新梳理，在文字表述方面结合当时的研究发现作了较大的改动，还把全书的时间跨度从老版的鸦片战争前延续到了辛亥革命。《新版上下五千年》的推出得到了林汉达先生家属的热情支持，也受到了海内外读者的热烈欢迎。

至 2011 年，《新版上下五千年》累计印数已近 300 万册。它在对新一代少年儿童及广大读者普及中国历史知识、进行爱国主义教育方面，发挥了巨大的积极作用，先后获得国家图书奖提名奖、全国优秀青年图书奖等多项荣誉。也就是在这一年，为了使传统品牌图书再续辉煌，《上下五千年》迎来了它的又一次改版。

对于此次改版，少儿社的领导层极为重视，做了各种方案。到底是对内容进行大换血，从文字到插图都重新创作，并且采用迎合市场潮流的新包装呢，还是秉持尊重经典之心，保留原先的编写体系与图文风格，只是对老版所欠缺的中国近代史部分进行增补？这些问题被少儿社的领导与人文编辑室的编辑反复讨论。最后，经过仔细的斟酌与认真的市场调研，决定保留原先的经典内容不动，将全书的历史时间轴进一步拓展、延伸，故事从盘古开天一直讲到中华人民共和国成立，从而形成《最新版上下五千年》。同时，为了细分市场，更好地推动此书销售，社领导还决定将《最新版上下五千年》分为 32 开精装版与小 16 开平装版两种版本。精装版旨在向老版致敬，版式上与老版基本保持一致，读来特别有怀旧气息。平装版则在阅读体验上做足文章，对版面进行了重新设计，延续了《上下五千年》一贯的朴素务实的风格，并充分考虑到小读者保护视力的需求,将字号放大,还对行距、字距都进行了精心设计。

内容方面,最新版和前一版比起来,虽然增补的篇目不算很多,但所有作者都是相关领域的专家,因此每一篇故事不仅文笔出众、可读性强,而且资料翔实、观点鲜明。例如,对于国民革命到解放战争的这段历史,特意邀请了上海市委党史研究室的研究员撰写,而教育、科学、艺术等领域的故事则由复旦、同济等高校的教授、学者执笔。新增部分不仅延续了《上下五千年》叙史客观的优良传统,还体现了许多最新的历史研究成果,读来不乏新意。此举也得到了林汉达先生家属的肯定。《最新版上下五千年》增补故事至 372 则,总字数为 107 万,涵盖政治、军事、科技、文化、经济、艺术、民族、法律、外交、教育等诸多方面,插图增至近两百幅。全书脉络清晰,通俗易懂。经典老品牌再度焕发出新的生机,呈现出更加全面丰富、多姿多彩的新面貌。

《最新版上下五千年》推出以来,平均每年的印数都维持在十几至二十万册,在各大图书销售网站一直处于销售排行榜前列,同时,最新版"致敬老版、再塑经典"的良苦用心也赢得了许多读者的盛赞。在某知名图书销售网站,六万多名读者为《最新版上下五千年》作了"五星"推荐。绝大多数读者都表示,《上下五千年》是自己少年时代了解中华民族文明史的启蒙读物,它陪伴自己度过了小学时光,那份从阅读中获得的喜悦直到现在还记忆犹新。一位父亲写道:"给孩子买,希望买到我小时候看过的那个版本,经过鉴别找到了它,果然不错,这本是过去版本的新版,内容比较严谨,连插图都是小时候看过的那些,不是陈旧,而是画得很好,全都是很好的线描作品。希望它能让我的孩子也喜欢,从它开始,初识历史。"更有不少家长留言,说自己的孩子非常喜欢《最新版上下五千年》,它已经成为孩子们每日的必读书目。

从《上下五千年》初次问世到今天的《最新版上下五千年》,三十多年过去了。三十年前出书品种少,读者选择面小,《上下五千年》一枝独秀的局面虽已不复存在,但在今天浩如烟海的通俗历史读物中,《上下五千年》这部传承了三十余年的经典,依然没有失去它的光彩。哪怕没有华丽的包装,没有缤纷的页面,它仍以扎实的史料、系统的框架、生动的表述和细腻严谨的写实插画,为小读者带去回味悠长的阅读体验,让孩子们在倾听历史回声的过程中真正理解历史,并且产生对祖国的认同感、归属感和自豪感。

随着时代的发展,相信不久以后《上下五千年》还会迎来新一轮的升级。这一经典品牌必将在一次又一次的锻造中,谱写出更加绚丽的生命华章。

（少年儿童出版社供稿，谢瑛华执笔）

新版"365夜"系列的启动之路

新版"365夜"系列丛书

少 年 儿 童 出 版 社

经典策划 119

一、"365夜"系列重启背景

场景一：20世纪80年代初期、中期，"文革"结束后的中国百废待兴

时任教育部部长的孙岩同志带着出版界和教育界人士在全国开展调研。少儿出版社低幼读物编辑室的朱庆坪同志随队参加了这次调研。当时，在全国范围内出现了严重的书荒，儿童图书更是匮乏。此次调研后，孙岩同志发出了"救救孩子"的呼声。

场景二：少儿出版社

"救救孩子"的呼声传到了少儿出版社，震撼了低幼读物编辑室的每一位同志。于是，在一个非常寒冷的冬季，在出版社一幢很有文化、很有历史的老洋房里，有了一段很温馨很温馨的"炉边琐语"。琐语当然很琐，还很小儿科，因为说的都是小娃娃的事，比如："我们满怀欢乐把孩子迎接到这个世界上，除了小衣小帽小斗篷，随着他们成长，还应该为他们准备些什么？"又比如："孩子在吃够了奶汁后，还需要什么？""救救孩子"似一把榔头，敲得每一位编辑的心好痛好痛，也敲醒了编辑们沉睡了多年的灵感和才智。于是，著名儿童文学作家、当时低幼读物编辑室主任鲁兵先生，这位业内有名的"闻"稿子的深度近视眼"瞎指挥"，带着他的兵，干起了轰轰烈烈的"琐事"。于是，就有了著名的"365夜"系列丛书。于是，"365夜"系列丛书就成了少儿社三大

著名图书品牌之一。

场景三：低幼读物编辑室

"救救孩子"是火热的口号，为了救孩子，要编一本书，是一个实实在在的想法，这个想法在业内来说，就是"选题"。当时，唯一的想法是，经历了长期的文化饥荒，一定要有足够的粮食来"喂"孩子。很显然，十个八个故事，远远满足不了当时儿童文学的一片荒芜。鲁兵老先生一拍桌子：就来一个大动作，每天给孩子讲一个故事！这在当时，是一个多豪迈的想法！一年 365 天，365 个故事，就这样定下了！故事在什么时候给孩子讲最好呢？白天，大人上班，小人上幼儿园，讲故事的最佳时间，当然就是晚上。灯前月下，父母娓娓而讲，小孩静静听着，在美好的文字中渐入梦境……其实，这就是最初的亲子阅读概念。于是，书名就这样出来了：365 夜。

接下来就是编辑三部曲。

1. 选什么样的故事给孩子？

首先，内容为王，这个毋庸置疑！国外的、古典的、原创的，只要是语言优美，内容健康，又有流传价值，就作为必选作品。《365 夜》不仅是一本故事书，更是一个传承，不论远近，不分中外，只要是人类文化精粹，就要传给孩子。在组稿中碰到两个问题。一是语言问题。古典的和国外的儿童文学作品，包括语言等，大多和当时儿童语境、语言习惯很不相同，不是搬来就可用，需要花超乎想象的精力和时间去改编。第一编的《365 夜》中多数翻译作品和古典作品，都由编辑一字一句改造成适合低幼儿童阅读的"娃娃文"。二是作者资源匮乏。经历了"文革"浩劫，低幼文学作者几近断层，青黄不接。于是，编辑部从全市幼儿园里找来十多位儿童文学爱好者，办起了类似培训班的组织，不定期聚会。这些老师有热情，有儿童生活、儿童语言，也非常接地气。但是，他们没有创作经验。每一次，都是编辑部老师听他们讲故事，然后告诉他们这个故事该怎么构思，让嘴里的故事成为纸上的一篇作品。后来，第一编的《365 夜》里有很多好作品都出自这些幼儿园老师的手。

2. 谁来检验作品？

故事完成了，这些故事孩子是否能听懂？是否喜欢？当时，鲁兵老师亲自带着编辑们每个星期都下幼儿园，给孩子讲故事。孩子是最真实的，他们往往是直截了当地发表他们的想法，听不懂的就举手问："这是为什么？"不喜欢就说："这个故事不好听。"当时，有一些故事直接就被这些小听众们淘汰了。当然，孩子甄别，仅仅是过程中的一部分，365篇作品，几乎每一篇都经过编辑室讨论，尽量做到精益求精。

3. 出版形式

当时的出版业内，如此大部头的低幼读物还不多见，没法得到借鉴，只能按照选题的需要、读者的需要、市场的需要，自己摸索。首先，365篇作品，放在一本书里，肯定太厚，便决定以上下两册的形式出版。另外，如果是做彩色版，定价肯定太高，当时读者的承受能力有限，就决定做成黑白插图版。最后，封面如何，对一本书的成败有着关键的作用，绘制封面这个艰巨的任务就交给了低幼读物插画大师、低幼读物编辑室美术编辑俞理老师。根据书名的寓意，根据本书的出版意图，黑色的星星版封面诞生了！一片漆黑的夜空，繁星点点，孩子依偎在母亲身旁听她讲故事，这个封面，已经成为"365夜"系列的经典了！

"365夜"系列丛书上册于1980年出版，下册于1981年出版，甫一出版，即成为幼儿文学界的一面旗帜。当时全国最大的新华书店——北京王府井书店门前排起了长龙，4 000册《365夜》仅2个小时就被抢购一空。上海华侨商店要凭侨汇券才能买到这套书。全国妇联和教育部门拨款购买了5万多套，赠送给各地幼儿园和教育局作为低幼教材。可以说，《365夜》以其新颖的形式和内容，受到了广大孩子、家长和老师们的热烈欢迎。它一路高歌，4年中共发行两百多万册。

1984年，主编鲁兵先生在广泛听取意见的基础上，花了两年时间又对这本书进行了一次全面修订，更新了104篇故事。1987年，主编鲁兵先生获得第一届中国韬奋出版奖。1993年，《365夜故事》（上、下）不负众望，获得第一届国家图书奖。在此基础上，少儿社在以后的二十多年时间里不断对该品牌加以培育和拓展，陆续出版了《365夜儿歌》《365夜谜语》《365夜故事》《365夜新故事》《彩图知识童话365夜》《365夜科幻故事》《365夜神童故事》《新时代365夜日记启蒙》《365夜作文启蒙》《新时代365夜作文启蒙》等十多个品种，累计印数达三百多万册。由此而引发的"365夜"热影响甚大，凡是以"365夜"为名者无不大沾其光，于是模仿者、借名者乃至伪造者层出不穷。

可以说，在当时，"365夜"系列是少儿社乃至全国幼儿文学读物的一个标志、一面旗帜。但是，品牌建立之后的维护却给了我们相当大的考验。由于没有使"365夜"成为一个经过注册、受法律保护的商标，所以在相当长的一段时间内，"365夜"如雨后春笋般遍地开花，几近泛滥。它带给少儿社最直接的影响就是品牌贬值。虽然，我们之后也几次重新编辑出版《365 夜故事》,但由于市场同类品种过多,读者无法鉴别,加之宣传力度不够,效果并不理想。

二、新版"365 夜"系列启动前期调研

2011 年下半年起,我们开始着手启动新版"365 夜"系列的调研工作。

2013 年上半年,我们加快了节奏,分别召开了数次编辑部会议进行专题讨论,还召开了两次作者和读者座谈会。一次邀请了儿童文学作家郑春华、张秋生、殷健灵和理论家刘绪源,一次组织了社内十余位年轻妈妈和幼教编辑,分别听取他们对早期阅读及新版"365 夜"系列丛书从内容到形式的想法和建议。此后,我们还专门走访了童话作家冰波和王一梅、华东师大学前语言教育专家张明红副教授、本溪路幼儿园特级教师应彩云、乌南幼儿园园长龚敏、黄浦区教育学院教研员肖燕萍等,听取了知名儿童作家、幼教专家和一线教师的意见。

从作家、读者、年轻妈妈到幼教专家、一线老师,我们在充分调研的基础上,汲取各方面经验和教训,认真酝酿,反复斟酌,提出开发新版"365 夜"系列的初步方案。

三、新版"365 夜"系列的初步规划

读者对象:学龄前幼儿。

目标:参考教育部颁发的《3—6 岁儿童学习与发展指南》,依托少儿社多年来积累的作品资源、作者资源,依托幼教专家的力量,为学龄前儿童提供一套内容丰富且形式多样的阅读文本,打造一个优质且值得信赖的早期阅读资料库,通过亲子阅读的方式,促进幼儿的语言发展,在学龄前这个语言发展的关键期,为孩子的语言发展打下良好的基础。

编委:将邀请相关幼教专家和著名儿童文学作家作为编委。

考虑到不同年龄段有不同的需求以及市场愈加精细化的要求,新版"365 夜"系列将从横向和纵向两方面进行立体开发,形成分龄、分版的阶梯型产品。适用于 0—3 岁婴儿的称为"宝宝版",适用于 3—6 岁幼儿的称为"幼幼版"。具体方案如下:

1. 365 夜故事(怀旧版)(2 本)

读者对象:具有怀旧情结的妈妈。

重新推出上世纪 80 年代出版的"烟花版"《365 夜故事》(上下),从内容到装帧形式都尽量保持原貌,以满足从小听"365 夜故事"长大、对《365 夜故事》具有怀旧情结的那部分读者。

2. 365 夜童谣或儿歌(4 本)

读者对象:0—3 岁宝宝(宝宝版)、3—6 岁幼儿(幼幼版)。

考虑到不同年龄的孩子语言发展水平及能力的不同,童谣及儿歌将分为两个年龄段,各 2 本,分别针对 3 岁前婴儿和 3 岁后幼儿,前者以简单四句为主,后者略复杂。朗朗上口的童谣或儿歌将对孩子的语言发展产生启蒙作用。初步设计:开本 16 开,3 印张一本,每本 40 首。

3. 365 夜故事

(1) 宝宝版(0—3 岁)(12 本)

以平装绘本的形式,按照每月一本、全年 12 本的数量编辑出版。

精选经得起时间考验的经典原创文本及最好的婴童插画画家,为 0—3 岁的宝宝们打造一套精美的原创绘本。绘本是早期亲子阅读的一种重要工具,已获得家长的普遍认同和关注。可选用经典的故事如《拔萝卜》、《小兔子乖乖》、《会走的手套》、《大树大树高高》等,也可采用外国公版作品。难度在于画家资源的严重匮乏。

(2) 幼幼版(3—6 岁)(6 本)

分三个年龄段:3—4 岁、4—5 岁、5—6 岁。每个年龄段各 2 本,共 6 本,阅读对象主要是 3—6 岁的幼儿,内容由易到难,文字由少到多,图画由简单到复杂,由一面单幅到一面多幅,开本由大到小,显示出三个年龄段的区别。这是由绘本到文字较多的故事书之间的一种过渡,适合亲子共读,并逐渐引导幼儿从喜欢阅读到自主阅读。

4. 365 夜故事(朗读版)(3—6 岁)(1 本)

绘本是早期亲子阅读的一种重要工具,因为它最适合亲子共读,而且文字相对简单,图文并茂,能帮助孩子理解作品,又能发展其审美能力。但纯文字故事的重要性也不容忽视,因为纯文字故事的语言更丰富更完整,听父母把故事朗读出来,不但有利于发展孩子的语言能力,对孩子想象力的发展也有重要作用。朗读版与幼幼版的区别在于,它是以文字和语言为主的版本,提供了更大量的故事补充材料,家长可以随意选取自己感兴趣的故事在每晚睡前念给幼儿听。可以说，它是个语言启蒙的故事材料库，因此以文字为主，只配少数彩插，会做得相对厚实，类似"妈妈小全书"。

5. 早期阅读指导手册(1本)

这是一本给家长使用的指导手册，主要是介绍整个新版"365 夜"系列的编辑理念及构想，并告诉家长应该怎样来使用里面的阅读材料，给家长提供必要的方法指导和建议。这部分内容将邀请相关专家来撰写。

四、结合新阅读模式

在策划新版"365 夜"系列第一本纸质图书的同时，考虑到新阅读模式正日益扩展，具有成为读者另一种阅读方式的可能，特意为制作电子书预留空间，目前正与多家有实力、对此有兴趣的电子公司接洽，探求今后可能的合作途径，比如听书、iPad 看书、广播等，当然还有网络销售平台的试读环节。

五、商标注册

"365 夜"作为少儿出版社著名品牌，从巅峰下滑，除去严峻的市场大环境的考验，还有部分原因在于我们对品牌保护不到位。三十多年来，我们一直没有把它注册成"唯一"，以致市场上"365 夜"泛滥成灾，鱼龙混杂，李鬼当道，而购买者却不知所以。此次，当新版"365 夜"系列启动时，为这个品牌设计一个专属商标并进行注册，使此"365 夜"成为真正意义上的少儿出版社独家拥有的品牌，使在此之后的所有同名书都被视作侵权，从而保护我们的优质品牌，就显得尤为重要。因而启动商标设计、注册将在选题通过之后成为我们首要开展的工作。这样做，可以以此为节点，为重启"365 夜"拉开序幕，并将在网络及媒体上广罗最佳设计和构思，达到有效的宣传目的。而且注册商标有一个过程，我们希望当第一本新"365 夜"系列图书出版时，图书的封面上能有这个注册商标作为 logo。

（少年儿童出版社供稿，朱丽蓉执笔）

《看看丛书》和《抱抱丛书》的出版案例

《看看丛书》,《抱抱丛书》

中国福利会出版社

2003 年 3 月我参与创办了中国福利会出版社,这对于我是新的挑战。在建社的艰难过程中,我首先带领编辑进行大量的选题论证和市场调研工作,花费时间走访了浙江、江苏、北京、河南、山西、广东、福建等地的学校和各种书市、书店,并和小读者面对面地交流,了解当代少年儿童的阅读取向,记下了数万字的调查笔记,在此基础上设定了出版社未来几年的出版方向。

当时各地新开发的少儿类丛书名目繁多,花样出新,但是引进版多,短平快的快餐多,而且因为翻译的水准良莠不齐,出版社引进的眼光也有高低,所以有的市场活跃的书质量一般,而原创精品儿童文学成套出版、立体包装还比较少见。

对于本土的儿童文学作品的内容,我很有自信:因为单就文学质量而言,中国的图书有世界范围的竞争力,我们的问题是不善于市场营销、向外开拓,书的装帧比较简陋。

更何况,传播中国儿童文学,让中国孩子获得更好的母语熏陶、文学教养,这是我们的职责,也是我们的出版理想所在。当时以出版社的实力,我们还无法以"产业链"运作来打造中国的儿童文学,但是我们有把最好的中国儿童文学作品奉献给小读者的志向。这也是本土儿童文学做大做强的必由之路。

我根据长期写作儿童文学和编辑儿童文学的经验,找编辑论证,找小朋友征询,最后决定出版社的出书规划:以创办给小学生看的《看看丛书》、给学龄前孩子看的

《抱抱丛书》作为龙头，以精品原创来带动全社的其他出版品种。

我们无法只用几年就走完欧洲的很多老出版社几十年走过的路，但我们认定，《看看丛书》和《抱抱丛书》要向一流的世界水准看齐，朝这个方向走。

一、开拓"抱抱"亲子读本

让孩子活在童年的纯真世界中，在属于他们的童心世界里健康地成长，让远离童年的成人们也进入这孩子的园地……对《抱抱丛书》，我们定位于亲子共读，抱抱，就是取"爱孩子，就给一个巨大温暖的书的怀抱"的含义。为了呵护孩子的心灵和梦想，为童心铺开一片飞翔的蓝天，我们首先确定最好的作家。但名作家的众多作品，也分创作水准的高低，我们经过严格筛选，选择他们最好的代表作品，比如葛翠琳老师，我们选中了她的《飞上天的鱼》，内容美不胜收。为了承载《抱抱丛书》中的精美童话，我们设计的开本是比较方的，手感好，封面也进行了和谐的匹配，手绘的插画稚拙可爱，书后配了亲切的小问题，三言两语、深入浅出的点评，还配备极富质感的纸张。这些细节，也许普通的小读者不会注意，但会喜欢、被吸引，而深谙儿童心理的专家，或者专业出版者，一眼就能看出其中的亮点。所以当时每次书展，《抱抱丛书》的新书一亮相，就有大批的编辑、媒体来拍照、学习。

二、让读者跟我们一起"看看"

孩子到了学龄，就要开始自主阅读，我们的《看看丛书》就是给学龄孩子呈送的一份珍贵礼物。因为在新媒介发达的电脑时代，要孩子读文学、爱阅读，是我们最大的渴望……我基于长期以来从事儿童文学创作与编辑的实际感受，认为应当从儿童爱读的角度来规划《看看丛书》。内容特点是好看的，好懂的，读后难忘的；装帧设计的特点是彩色的美绘本。策划精心，起点不俗，努力利用优质的出版资源，汇集当代最富创造潜质的儿童文学作家，选题新颖，内容精美，装帧设计独特。这些图书一出版就成为少儿出版界的亮点，取得了较好的社会效益和较好的经济效益。比如《看看丛书》中的《蓝鲸的眼睛》，出版 10 年来连印了 17 个印次，单品销售达到 250 万码洋，《小巴掌童话》至今畅销。另外还有很多种图书获奖。后来我们又延伸了面向初中生的《想想丛书》，也获得了成功。

在创办出版社的过程中,我们注重编辑水准的高度,引进了编辑人才,比如为了做好美绘版图书,引进了有才华的美术老师钦吟之来做我们的美术编辑,后来的《抱抱丛书》和《看看丛书》的美术工作主要由她承担。2004 年,成立不久的出版社出版图书 50 种,2005 年出版了图书 60 种,2006 年出版的图书达到 90 种,这些书在各种综合考评中都获得了好成绩。在"看看"和"抱抱"系列的精品图书中,荟萃了王安忆、曹文轩、孙幼军、金波等名家的书,也着重挖掘了一批具有潜力的新作者,如王一梅、吕丽娜等。

为推广,出版社还和上海作家协会、市少年宫共同举办了"文学进校园"活动,首批有《抱抱丛书》和《看看丛书》的 20 位知名作家参加,2005 年至 2006 年进入三十余所校园举行公益讲座。活动以"让文学精神代代相传,让校园阅读处处飘香"为题,为学生们进行阅读启蒙,在培养和促进青少年对书的感情的基础上,提升了出版社的品牌知名度和整个团队对读者的服务意识。

《抱抱丛书》、《看看丛书》、《想想丛书》获得认可后,来稿骤增,我把握出版方向,培养编辑人员。我们是新社,编辑人员中以新招聘的大学生和研究生为主体,我把很多精力花在培养编辑新人上,不仅自己手把手地教,还在组稿、加工、发稿、市场理念、读者意识、版权洽谈等各个环节,为青年编辑排难解惑。这样的传帮带,使青年编辑提高很快,他们中的一些编辑很快编发了有影响的图书。我邀请了海外的出版家与年轻编辑"面对面",先后把这几年成为骨干的青年美术编辑送出国门去参加国外的书展,并为出版优质图书建立各项机制和新的符合好书出版要求的考核体系,更不遗余力地开掘选题。如女作家南妮的作品《我的恐惧无法诉说》,最初就是我和作者谈选题碰撞出来的结晶。在作者创作此作的一年多的时间里,我不断地与之沟通,第一稿完成后,我提出了对稿子的具体退改意见,并提供自己的部分采访素材和经验与其分享。这本书后被列入《想想丛书》出版,一面市就被评为 2005 年上海书市十大新书之一,发行量也比较可观。

另外,有很多年轻的作者习惯把稿子直接投给我,希望我对稿件提出意见,帮助他们提高,所以我审阅的稿件每年都达到几百万字。对于我社要推出的重点作品,我往往细致到关注每一次的组稿,对每一个封面上的细节及书的版式我也是亲自把关,常常守在美术编辑的电脑旁边,和大家一起看效果,调颜色,换字体,亲自写广告词、编辑的市场策划书以及宣传的新闻稿。

在全社上下的共同努力下,在"汇集最优秀儿童文学作家的最优秀作品,打造中国原创儿童文学经典旗舰"的理念指导下,《看看丛书》屡屡获奖,《抱抱绘本》入选了"十一五"国家重点图书出版规划,并制作了英文版。

以下是获奖记录:

《抱抱丛书》第一辑获 2003 年冰心儿童图书奖;

《大狗喀啦克拉的公寓》和《阿浓校园文化书系·是我心上的温柔》、《名人小时候》获 2004 年冰心儿童图书奖;

《吃黑夜的大象》获 2005 年中国作家协会第六届全国优秀儿童文学奖;

《看看丛书》获"中国最美的书"称号,并被选送德国莱比锡角逐 2005 年"世界最美的书";

《我的恐惧无法诉说》入选 2005 年上海书展十种沪版新书;

《大狗喀啦克拉的公寓》、《吃黑夜的大象》获 2005 年国家教育部基础教育司第四届全国幼儿(0—6 岁)优秀读物奖;

《大狗喀啦克拉的公寓》于 2005 年入选新闻出版总署"向青少年推荐百种优秀图书";

《家有小丑全本》、《新小巴掌童话》于 2006 年入选新闻出版总署"向青少年推荐百种优秀图书";

《第十二只枯叶蝶》获得江苏省政府 2005 年"紫金山文学奖";

《家有小丑全本》、《嘀嗒嘀嗒嘀:双语儿歌六十首》获冰心儿童文学奖;

《抱抱绘本》入选"十一五"国家重点图书出版规划。

(秦文君供稿)

从"大头儿子"到"马鸣加"

——从对儿童文学的理解谈起

《大头儿子和小头爸爸全集》、《非常小子马鸣加》系列

少 年 儿 童 出 版 社

经典系列 119

我对于儿童文学的理解,这些年来是有变化的。

大学的时候,校园的气氛曾经有点轻视儿童文学,把它当作"小儿科";进入少儿社以后,才渐渐喜欢上了这"小儿科";随着年龄的增长,特别是做了妈妈以后,才真正为儿童文学骄傲和感动起来,欢喜的心也越来越重。而且,我越来越意识到,我们今天给予孩子怎样的儿童文学的熏陶,将成就他不一样的明天,说得严重点,童年的阅读记忆,会影响他今后很多年。于是,理想因此萌发,且一发不可收。

——题记

最初的感性认识

记得好多年前,萌发做《大头儿子和小头爸爸全集》的念头,最初就是缘于陪伴才两岁多的儿子坐在电视机前笑哈哈地看动画片《大头儿子和小头爸爸》的经历。"大头儿子"的故事让我眼睛一亮,看动画片的过程,我始终在感念,感念作家郑春华对童年的那些记忆的真实展现,感念她故事中那些看似朴素、单纯却令人感动的细节处理,感念她对孩子无限的爱和构思时闪现出来的人生智慧。

机缘巧合的是,那时我和郑春华不仅在一家出版社,而且已经有过交往,她的《贝

加的樱桃班》曾经在《巨人》上刊载,我就是责任编辑。后来,我们都相继调到了文学室,成了每天相见的同事。我询问起"大头儿子"故事出版的情况,得知这故事最早曾在杂志连载,后来出版过一些选载的单行本,路径是先有简短的杂志连载故事,再有动画片脚本,然后就拍成了动画片,至于将动画片再改写成文字出版全集,倒是还没任何出版社或编辑谈起过。"你写吧,我来做这全集的责编如何?"我颇有点兴奋。那时,我刚刚做完了秦文君的《女生贾梅全传》,出版后市场反响不错,加上有看动画片的经验在先,心中蛮有把握,于是,近水楼台先得月,组到了这部《大头儿子和小头爸爸全集》的稿子,也为之后衍生出一系列"大头小头"系列书打好了基础。

无独有偶,过了几年(2003年),儿子要升入小学读书了。那个暑假,我的情绪带点兴奋,也有些许害怕,就找了很多适合学龄前后孩子阅读的图文书放在他床头。起先,临睡前我会和他一起读几段,因为他已识字,基本可自主阅读,慢慢就过渡到他自己阅读了。其中,有一本是我们出版社出版的《一年级的马鸣加》。

一天晚上,他拼命叫我,笑得很开心地告诉我:妈妈,太有意思了,这个"马鸣加"被同学读成了"马口鸟力口",哈哈哈……接着,我发现他似乎偏爱这本薄薄的《一年级的马鸣加》,"五只书包"、"马口鸟力口"、"戴绿领巾"……其中很多故事他都读了好几遍,常常还能听到从他房里传出的笑声。

和儿子一起成长的岁月,让我更多了一点明白,对儿童文学的认识和理解,有时候可以简单到看作品是不是可以吸引孩子的注意力,让他们发出会心的微笑。孩子童真的表情、敏感的心和充满想象力的联想,这些不经意的流露常常会让成人惊讶——真的不要小看他们的理解能力,也不必要用什么高深的理论做先导,一部优秀的儿童文学作品,只要做到了让他们在阅读时张着嘴巴,就肯定成功了大半。

我本能地对"马鸣加"有了最初的好感,加上由"大头儿子"带来的对郑春华写作的信任,我很仔细地读完了这本薄薄的书,发现故事中的马鸣加是个比大头儿子更有个性、更可爱的男孩子。孩子的偏爱,加上职业的敏感,让我喜欢上了这个叫"马鸣加"的小男生。我一直蛮相信自己这种用第一感觉来判断一本书好坏的本能,而随着时间的推移和经验的丰富,我发现这种本能的感觉往往有相当的准确度。多年的编辑经验让我对春华笔下的这个"马鸣加"充满了信心,我知道"马鸣加"的出现不是偶然的,他或许会是春华继"大头儿子"后又一个创作高峰,她的创作积淀,她的创作心态,以及她自由的创作环境,都是成就"马鸣加"系列的保证。

于是,赶紧与春华沟通,请她继续"马鸣加"系列故事的创作,形成一套小学中低年级读本的念头，一直萦绕在我的心中。后来，在与郑春华的交谈中得知，其实她一直在作准备，陪伴她的宝贝儿子成长的 10 年中，她记录下了很多属于一个调皮好动的男孩子的成长细节和轨迹，同时，她也在思索如何将这些素材升华成新的故事，《一年级的马鸣加》就是一次尝试。

那段时间，"大头儿子"的故事相当走俏，春华忙于撰写"大头儿子"的新故事，创作"马鸣加"系列的事情就这样一直拖到了 2006 年。那一年，春华为此专门去长宁区愚园路第一小学蹲点了两个多星期，和孩子一起上课，聆听和观察他们的生活和学习，然后，她静下心来，开始了"马鸣加"系列的创作。

"马鸣加"作品成文后，我们曾经拿着打印稿去学校听孩子们的意见，他们当时的表情，至今想起来还是让我感觉很温暖、很惬意。

渐入佳境的感悟

其实，一本优秀的儿童文学作品，远不是能让孩子笑和"本能"地喜欢这么简单。在"笑"与"喜欢"的背后，能留下点什么，倡导点什么，或者说浸润点什么，才是作品经典和常销的关键。这感悟说来简单，领悟却是在多年之后。

《大头儿子和小头爸爸》的动画片从上世纪 90 年代后期开始流行是有充足理由的。之后很多年，这部动画片一直稳坐国产动画片第一的宝座，与其内容能领风气之先是息息相关的。上世纪 90 年代，人们的关注点还没有放到家庭教育上，特别是父亲，在孩子的教育中常常缺失，父子平等更是一种奢谈。作家郑春华敏锐地意识到了这一点，创造了一对"小头大头"父子，让儿子拥有一个比爸爸更大的头，大头儿子的叫法古已有之，而小头爸爸却是作家的创新，她以这样的对比，来诠释一种崭新的家庭关系，并且特别强调父亲的陪伴对孩子成长的重要性……看似简单的形象背后隐藏着的深意才是这部作品获得众多笑声和掌声的最关键因素。进入新世纪之后，有关学校教育的话题不绝于耳，应试还是素质，顺应还是填鸭，特别是学校教育中的"男孩危机"，引起了教育工作者和心理学家的普遍重视，还是郑春华，又一次敏锐地观察到了孩子成长中自由与天性、"试误"空间的重要性。于是，郑春华用一种润物细无声的娓娓道来，在《非常小子马鸣加》中给出了她的思考。

前文提到的"马口鸟力口"，写的是马鸣加不喜欢练字，常常将字写到田字格之外，老师和妈妈说他，他也不以为然，觉得都电脑时代了，以后不用写字了，没想到却在"六一"节表演节目时闹了笑话,在写给报幕员的字条上,自己的名字因为写得不规范,被念成了"马口鸟力口"……春华尊重孩子的天性,却又通过巧妙的方式帮助孩子意识到规矩的重要性。每次去学校做讲座,我都喜欢和孩子们分享这个故事,讲完总是会引来一阵笑声,而笑过之后,我想孩子们也会想一想,这个小小的故事想说什么,哪怕是写字这么小的事情,也是必须守规矩的。从这个角度说开去,让孩子因为阅读而笑,其实只是一种方式,其背后的深意才是作者的匠心所在。

春华当是有着特殊的敏感和发自肺腑的认同的,她采取了一种非常巧妙的又让孩子易于接受的方式来与他们交流:平等的朋友般的甚至是将心比心的交流,揶揄的却善意的点到为止的交流,让孩子会心一笑地或潸然泪下地内心一动……正是在宽容与理解中,在让孩子哈哈一笑的过程中,不知不觉提升了孩子们的生活境界。

马鸣加的故事中,有许多这样笑料百出又暖意浓浓的小故事,串起了一个充满个性的男孩马鸣加,这个男孩的种种在成人看来相当顽劣的举动,其实是他成长过程中一个个没有办法避开的"坎",他会跌倒,他也一定会爬起来……读着这样的故事,我们会去想,每个孩子的成长,都是经历了这样带着点可笑与苦痛的拔节而完成的,我们要做的是尊重他、理解他,给他"试误"的自由,同时也帮助他找寻到适合的方法和答案。

当我们不断在说着阅读仿佛幸福的种子时,阅读什么其实非常重要。出版和编辑的工作,是一种选择和领悟,前提是自己必须先想明白。给孩子做书,尤其必须关注这一点,即所谓的"幼学如漆"。

"马鸣加"正是这样的一个文本,融入了作者对孩子点滴的关爱,却不露声色,悄悄地将孩子的本真世界与成人理解上的冲突一一呈现,同时带来对于这些冲突合适的解决方法。

马鸣加张大眼睛看着令人着迷的世界,同时作出自己最本真的反应。他会把新鞋子放在桌子上,因为在他看来,这新鞋子是一份让他骄傲的礼物;他会因为妈妈要回来而在学校到处写下"马妈归",以表达他迫不及待的心情……很多时候,孩子做出令人匪夷所思的举动,其背后的出发点常常可爱又善良,而我们却没有认真聆听,也来不及仔细探究,巴不得他们生来就什么都知道,什么错也不犯,天生一个乖巧的好孩子。

在杂志工作时与全国一流儿童文学作家打交道的历练,不断滋养着我对优秀儿童文学作品的理解和领悟,这个过程非常漫长,是在对作品的不断研读和体悟中渐渐获得的。因此,在我看来,"优秀"至少要做到两点:让孩子因文字而笑,而感动;让孩子因故事而获得,而成长。

从最初的一个念头,到理解"大头儿子"和"马鸣加"故事中的这一层深意,理想因此丰满,如何呈现和传播变得重要起来。

呈现样式的切合与宣传的呼应

为了更好地展示"马鸣加"的魅力,我们从选题立项开始,就做了一个详尽的策划和营销方案,前后花费了差不多一年的时间。在这段时间里,我们作了相当充分的前期准备,比如:我们选择了适合的插图;我们请了一些儿童文学专家在文稿成形阶段给予评点和指导;我们去学校召开了座谈会,听取小读者的意见。

我们的美术编辑邀请了几位画家来做插图小样,最后选择了姚红为马鸣加做插画。姚红笔下的男孩生动、可爱,线条的表述简洁、活泼,非常好地表现出了作品的丰富内涵。2007年春节前,我将郑春华最初写出的10篇文稿快递给了刘绪源,希望他能看一看,给点建议。很快他就打来电话,说自己在阅读的时候眼睛湿润了,还连说这是一部好书,值得好好做。我和编辑梁燕、唐池子两次去北京,拜访了金波、樊发稼、王泉根等儿童文学专家,希望听到他们对"马鸣加"文本的建议和意见。寒假,我们又将这些文稿送到了春华曾经蹲点过的愚园路第一小学二年级(1)班的小朋友手中,希望他们利用寒假读一读专门为他们写的这些故事……

2007年3月的一个下午,我们和郑春华一起来到愚园路第一小学二年级(1)班的教室中,大家利用一节课的时间充分交流了阅读"马鸣加"故事后的感受。郑春华还能叫出孩子们的名字,她仔细听着孩子们的喜欢和不喜欢、他们对马鸣加的期待、他们希望读到一点怎样的故事等。作家诚恳的写作态度和这样一种原始的写作方式获得了来自业界和媒体的一致认可,座谈会也为即将出版的前5本《非常小子马鸣加》做好了前期的预热工作。

我们在新浪网为"马鸣加"开设了一个属于他的博客。我们找到专家为"马鸣加"谱写了一首朗朗上口的歌曲《马鸣加,你真棒!》,并录成了音带。这首歌曲很快被一些学校的合唱团传唱,并且成为之后我们做系列宣传活动时候的背景音乐和主题曲。歌曲的传播为这套书和"马鸣加"这一人物作了很好的宣传。由《非常小子马鸣加》中的一则故事《马氏牛顿》改编的校园剧在上海市浦东华林小学上演,获得好评。这一校园剧还在《非常小子马鸣加》的新书发布会上表演,舞台表演的形式和表现力为孩子打开一扇崭新的窗户……

2007 年 4 月,《非常小子马鸣加》前 5 本在这一系列预热之后隆重出版。

4 月 8 日,我们联合上海市团市委、中国福利会少年宫等单位共同举行名为“阅读照亮童年——红领巾读书活动颁奖仪式”的新书发布会。选择这一天,也是有意为之,因为这天是书中主人公马鸣加的生日,我们想以这样的举动来表明我们真正关注的是这一系列书的小读者,我们将始终重视和尊重他们的意见和想法。这一系列书因此被列入了当年团市委向红领巾推荐的优秀图书书目。

一个星期后,《非常小子马鸣加》前 5 本销售超过 78 000 册。

之后的三个月中,我们集中进行了“校园行”活动,共举行了讲座和签名售书活动四十余场,足迹遍布上海市区和郊区,以及江苏、浙江、重庆、四川、北京等地,所到之处都受到孩子们的热烈欢迎。

7 月,《非常小子马鸣加》系列和《大头儿子和小头爸爸》系列持续热销。《非常小子马鸣加》前 5 本销售超过 15 万册,第 3 次再版。

2007 年 6 月 22 日,我们联合中国作家协会、中国作家协会上海分会、北京师范大学中国儿童文学研究中心一起举行了“从大头儿子到马鸣加——郑春华作品研讨会”,相关领导和儿童文学评论家到会。会议对郑春华多年来在儿童文学领域特别是低幼领域的创作给予了高度评价,对《非常小子马鸣加》给予了很高的赞誉。

2008 年 4 月,10 本《非常小子马鸣加》全部出齐。

其间,我们还利用上海书展等机会,举行了“我为马鸣加写句悄悄话”签名墙活动、“我身边的马鸣加”征文活动,以及课本剧的表演和比赛等。

这一丛书的边际效应此后继续放大,越南版(5 本)、韩国版(16 本)、中国香港版(10 本)相继出版。为此,2008 年 5 月,我们在韩国首尔书展现场召开了由中韩儿童文学专家一起参加的“阅读照亮童年——从‘马鸣加’和‘大头儿子’谈起”座谈会,为《非常小子马鸣加》和《大头儿子和小头爸爸》在韩国顺利登陆进行预热活动。中国是 2008 年韩国书展的主宾国,这 16 本书(6 本“大头儿子”和 10 本“马鸣加”)的版权输出成为一个亮点,得到两国媒体的积极报道,为两国文化的交流和发展作出了一定的贡献。上海儿童艺术剧院借院庆 70 周年,隆重推出音乐卡通剧《斑点狗马鸣加》,相关动画片也在 SMG 顺利启动……

校园剧、儿童剧、卡通片、版权输出等多方共同合作,彼此呼应,在 2008 年形成了一股"马鸣加"热,也为图书的发行增添了亮点。

2008 年 12 月,《非常小子马鸣加(精选本)》出版。

2008 年底,10 本一套的《非常小子马鸣加》销量超过 30 万册。

从 2007 年 4 月到 2008 年 12 月,《非常小子马鸣加》掀起了一股热潮,让许多孩子认识了这个与他们一般大的邻家男生,在"叫座"的同时,专家也频频"叫好",使这一系列获奖连连:获得 2005—2007 年度上海市优秀图书一等奖,入选 2007 年度全行业优秀畅销品种,入选第二届"三个一百"原创出版工程,还获得中华优秀读物奖提名奖、第八届全国优秀儿童文学奖(2007—2009)小说奖,并被评为 2008 年度上海文艺创作优品。

一个少儿出版人的理想

做了二十多年的少儿出版,不断在"叫好"和"叫座"之间徘徊,如何让一部作品"叫好又叫座"成为出版人的一大困惑。

大家知道,作为一个出版人,总是希望可以找到让自己眼睛一亮的优秀作品,而经济上的压力也始终在提醒自己:市场,市场!"叫好"与"叫座"似乎总是很难平衡统一。

经历了很长一段时间的苦闷,兜了一个大圈子,特别是连续编辑出版了《女生贾梅全传》、《大头儿子和小头爸爸全集》和《非常小子马鸣加》系列后,我豁然开朗,其实很多事情就像我在本文一开头说的,儿童文学最本真的含义应该是简单明了的:要让孩子因文字而笑,而感动,因故事而获得,而成长。

于是,一个简单的理想产生了。什么时候,可以找到将作品的文学性(被专家认可的文字背后的内涵)与故事性(吸引孩子阅读)真正结合起来的作者,或许就可以做出带着经典意味的畅销书来。

而郑春华的作品就存在这样的可能。

首先,春华的个人思考、写作天分和创作状态,是作品质量和内涵的最好保证。春华是个对生活仔细观察又积极思考的作家,"大头儿子"这一人物的成功,为她的创作提供了丰富的经验,而她个性中不愿意长大的那一面又让她看到我们看不到的孩子世界,所以她可以轻易走进孩子的内心深处,成为他们的代言人! 写作是要讲求一点天分的,还需要一个好的写作环境,这些春华都拥有。

其次，无论什么时候，从生活和细节出发，都是文学创作最基本的规律，这一点是不容忽视的。"马鸣加"故事中那些温暖的令人心为之一颤的细节和生动描写，源于郑春华深入到学校一线的深度采访和生活积累。当代社会，信息爆炸，00后、10后们在想些什么，需要我们沉下心来仔细探究，走到他们当中，感受他们的童年。入于童趣，以童趣的目光看待儿童的生活；又出于童趣，用写作天分、人生智慧和对生活的提炼，以成人的智慧，来提升童趣，帮助小读者们领悟个中滋味。这些因素是作品成功的不二法宝。

更重要的是，陪伴孩子成长的岁月，让作家郑春华的日子过得很简单。她在生活中寻找"有意味的东西"，从常见的素材中提炼出逸趣横生的故事，从平淡的故事中翻出无限的波澜——写作成为她生活的一个组成部分，是兴趣和享受。想想，心灵宁静，环境安详，和孩子不断打交道的状态，比之某些作者不断码字的胡编乱造，写作的质量一定是更有保障的。

沉下心来，是对作家的要求，其实，也是对编辑和出版人的要求。特别在知识爆炸、产业化和集团化此起彼伏的今天，努力为孩子留下一点经得起推敲的、对他们的成长有益的故事，让下一代在精神富足中走向未来，是一个出版人简单却又不简单的理想。

《大头儿子和小头爸爸全集》和《非常小子马鸣加》系列的编辑过程与零星感悟，或许可以被看作达成这一理想的一次努力。

（少年儿童出版社供稿，周晴执笔）

《男生贾里》的启示

——《男生贾里》出版20年记

《男生贾里》
少年儿童出版社

作为《男生贾里》的责任编辑，我先讲讲这部作品最初发表时的一些情况。1991年，我受命筹备大型儿童文学丛刊《巨人》复刊。当时编辑部只有两个人，一个是我，一个是新进出版社不久的大学生周晴。我们很清楚，复刊号要打响，最重要的是要拿出一批有分量的作品，于是就向众多很有创作实力的作家组稿。经过努力，郑春华拿出了幼儿文学作品《紫罗兰幼儿园》，周锐给了童话《千年梦》，孙云晓寄来了报告文学《写作狂悲歌》，等等。小说方面，我特地约了秦文君。那时候秦文君的创作势头很不错，写的不少作品颇有影响。秦文君说她正在写一个中篇，就快完成了。我们对她很期待，把复刊号头条的位置预留给了她。

记得是在其他文稿差不多都完成了编辑工作时，我们才拿到秦文君的稿子。读过之后大喜过望，这部作品非常贴近当代少年生活，轻快、流畅、幽默、动感，犹如一股扑面而来的清新之风。当时的终审、总编辑任大霖先生看了也赞许有加，给予很高的评价。这就是后来《巨人》复刊号上打头的《男生贾里》。

《男生贾里》发表后受到了广泛的好评。《文汇报》上的文章说它是"近年来难得深受中小学生欢迎的长篇小说"，《文艺报》说它是"新时期少年儿童的心灵之作"，"无愧为我们时代儿童文学的优秀之作"。贾里这个聪明机灵、怪招频出的男孩子成了中国儿童文学艺术长廊中的经典性形象。这里还有一个小插曲：河南有位中学生对这部作品喜爱至极，他惟妙惟肖地模仿《男生贾里》写了五万字的续篇，看得出花了不少功夫，写得还不错。我们编辑部收到这份特殊来稿后把它转交给秦文君，秦文君说她自己也收到了大量来信，很为这些读者的热情感动。这也是促成秦文君后来写续篇的重要原因之一。

1993年，《男生贾里》出版了单行本，是放在第一辑《巨人丛书》中的。之后，秦文君又写了《男生贾里新传》。再后来，我们把《男生贾里》与《男生贾里新传》合在一起，出版了现在大家都很熟悉的《男生贾里全传》。

时间一晃，《男生贾里》出版至今已经20年了。它获得了"五个一工程奖"、"全国优秀儿童文学奖"、"宋庆龄儿童文学奖"、"上海文学艺术优秀成果奖"等多项大奖，被翻译成英、日、韩、荷等多种文字在海外发行，还数次被改编为电影、电视剧，几乎得到了一部作品能获得的最好礼遇。特别值得一提的是，1999年，《男生贾里全传》与其他著名成人文学作家的力作一起，被中宣部列为"向建国五十周年献礼的十部优秀长篇小说"。其后，它还入选了外交部首次向海外推荐中国当代文学的礼品书系。这些都是秦文君的荣耀，也是儿童文学的骄傲。对于这样的成绩单，不知道那些把儿童文学视为"小儿科"的人还有什么好说的。

《男生贾里》是我们出版社的品牌书，这么多年来一直常销不衰，是名副其实的畅销书，直到现在，我社每年都要印好几次。如果把各种版本加起来，总印数有一百多万册了。

《男生贾里》是秦文君的代表作，有评论者将其誉为"新时期中国儿童文学的标杆式作品"。这部作品为什么会产生这么大的影响？它给我们带来什么样的启示呢？

首先，我认为《男生贾里》赶上了一个好机遇。其实，《男生贾里》最初出版单行本时印数很少，只有两千册，与后来的走红简直是天壤之别。而上世纪90年代，随着高层领导对儿童文学的重视，中国作家协会和上海作家协会等部门先后在北京与上海专门为《男生贾里》召开了两次研讨会。在我的印象中，如此高调地为儿童文学的一部作品连开两个研讨会，在此之前几乎没有，这不能不说是《男生贾里》的幸运。自此拉开了好戏的大幕。再看今日，为作品开研讨会已经成为一种普遍的推广手段，可谓遍地开花、良莠不齐、愈演愈滥了。

我觉得当时有关方面选中《男生贾里》是有道理的，因为它本身的品质就好。这就要说到《男生贾里》的艺术特色了。新时期的中国文学以"伤痕文学"发端，而后是"寻根文学"。那个时段的写作追求深刻、厚重、反思、哲理，甚至不乏沉痛。儿童文学也是这样走过来的。秦文君的一些早期作品如《闪亮的萤火虫》、《四弟的绿庄园》等都有这样的印痕。而在新时期文学经历"井喷"的高潮中，又出现了探索之风和吸收外来文化的现象。在此背景下，《男生贾里》应运而生。它是别开生面的，给人一种清新之感。它是轻喜剧风格，具有一种充满活力的、开放式的、面向未来的品质。这样不同以往的尝试，我认为是秦文君在多年创作实践中不断探求的体现，是她对儿童文学深入思考后获得的独到领悟。或许可以说，正是有了《男生贾里》开风气之先，后来才出现了那么多活泼、明快、幽默乃至搞笑的校园生活作品。

《男生贾里》的新颖还有它的"冰糖葫芦"式的结构。它以一个主人公串联起一系列的小故事，以散点透视的手法构建起一个开放式的生命体。它像一个连续变幻的"拉洋片"，是一个可以不断延续的大制作。如果我们检视百多年来海内外儿童文学的经典，可以说，这样的文体结构并非秦文君首创，但秦文君融会贯通，不仅把握得恰到好处，而且还有自己鲜明的印记。这就是她的高明之处，就是她不同于那些庸常写手的地方。

《男生贾里》之所以成功，不能仅仅表面地看它的艺术特色，我们应该重视它所体现的创新精神和它所包含的对文学的敬畏之心。作品最能体现作家的素质和修为，扎实的功底不是简单的模仿能得来的。从《男生贾里》开始，秦文君后来又写了《女生贾梅》、《小鬼鲁智胜》、《小丫林晓梅》、《属于少年刘格诗的自白》、《花彩少女的事儿》等一系列作品，塑造了鲜活生动的当代中国少年群像，颇有气势地展开了新时期中学生的生活画卷。这种宏大的架构体现出了不凡眼量和胆识，在当今儿童文学作家中，像秦文君这样有大气度的作家也是不多的。

（少年儿童出版社供稿，周基亭执笔）

迎合与引导

——从《QQ宝贝》系列丛书的编创过程谈起

《QQ宝贝》系列丛书

少 年 儿 童 出 版 社

经典策划
119

在儿童文学领域做了十几年编辑,特别是近些年来,始终处于儿童文学图书市场的风口浪尖,看着自己精心编辑的图书有的获得了市场的认可,销售看好,有的却如石沉大海,寂静无声,一直想静下心来探究一下其中的一点奥秘。

2002年6月起,少年儿童出版社陆续推出《QQ宝贝》系列丛书,这套书出版后销售看好,一度被发行人员认为创造了一个"奇迹"。作为此套书的策划者和作者之一,我参与了整套书的运作(编辑与创作)过程,也一直关注着这套书的命运。综观我们从策划到撰写到出版的全过程,我以为,这套书能取得如此的市场效果还是有其一定的内在原因的。

"麻雀虽小,五脏俱全"。本文想借这套书,解剖一下图书编辑和制作的全过程,探究图书编辑工作中的一些内在规律和创新模式。

2003年1月,此套书中的《爱上QQ》成为上海书城文艺类图书销售排行榜的第8名,2月,成为第5名,3月,第7名;而在2003年10月上海书城的全国文艺类图书销售排行榜上,此套书中的《爱上QQ》排在第26名,《QQ宝贝》排在第40名;2003年8月出版丛书的第三本《QQ情缘》,在年底前的4个月时间内,销售达到4印次近5万多本。

其中似乎应该可以找寻出一些图书出版本身的规律。

首先,创意是编辑图书的灵魂,思路是贯穿这一灵魂的手段,而如何让图书最终走进读者的心里,则需要通过市场来检验。

因此,笔者认为,要编辑出一本社会效益和经济效益俱佳的高质量图书,图书编辑在创意这本书的开始,就要树立起与市场接轨的编辑意识和理念,从迎合市场入手,同时争取引导市场,打造属于市场且又有自我独创性的品牌图书。

这里,笔者首先想探讨一下迎合市场的问题。

市场是永远存在着的,图书是不是能切合市场的需要,是检验编辑眼光的第一步。

比如,进入新世纪以后,网络蓬勃发展,网页浏览、QQ聊天、留言板等新的传播媒介忽然为人们打开了另一个世界的大门,似乎是一夜之间,网络成了大家热衷讨论的一个话题。与此同时,青少年在网络和QQ上受骗上当的报道也层出不穷,经常出现在报章版面上。QQ究竟是什么? 为什么会吸引众多人的眼球? 又为什么容易让人受骗呢? 这些新兴的媒介究竟会不会影响到我们的生活? 这些问题引起了我们的兴趣和思考。

《QQ宝贝》系列的第一本《QQ宝贝》,就是在这样一种情况下开始创作的。

只有迎合读者的需求,才会为读者所接受。

一本原创作品要获得成功,其第一要素应该是要在第一时间抓住读者的眼球。对于生活在科技不断进步、信息爆炸的社会中的当代青少年来说,他们获得信息的渠道越来越多,要吸引他们的眼球,确实需要考虑到他们的需求和接受程度,迎合他们的某种"爱好"。他们对网络的痴迷和对聊天的狂热,总应该是有原因的。如果小说能够以他们熟悉的QQ聊天作为线索铺排故事,营造出一个梦幻般美丽的网络世界,将他们快乐丰富的学校生活和感情世界通过网络这一媒介反映出来,应该会得到他们的认可吧。

因此,创作阶段,作者深入了解了QQ的所有功能,一度"沉迷"在QQ中,找人聊天,与人交流……在这一过程中,作者发现,QQ每天的在线人数超过100万,而且其中有相当一部分是青少年网迷。如何帮助他们把握使用网络与QQ的尺度,营造一个理想的网络世界,确实是一个敏感而且有深刻意义的话题。

《QQ宝贝》初稿完成后,我们开始考虑内容以外的其他因素的市场化操作,这其实也可以看作是迎合读者需要的一种态度。

一旦认定这是一本走市场的书,在编辑创意时,我们就开始注意众多市场元素的参与。这可以分为两个方面。

第一，从图书的外部包装来说，2002 年初，卡通动漫渐渐受欢迎，一些被卡通迷拥戴的插画作者刚刚"浮出水面"，我们为这本书定位了切合读者口味的卡通封面，请当时崭露头角的卡通画家杨颖红为小说做了卡通人物造型的插画，并把唯美风格的卡通造型作为封面的主调，选择了一种大胆的绿色做封面的颜色，使这本书能够在众多图书中"跳"出来。事实证明这一想法的实施是很明智的，后来，三本一套的《QQ 宝贝》系列选择了三个明亮的封面颜色：亮绿、橘红和明黄，确实在林林总总的图书中让人眼前一亮。选择"QQ 宝贝"、"爱上 QQ"和"QQ 情缘"做书名，也起到了迎合读者爱好、吸引眼球的作用。

第二，在图书内页和内容上寻找与读者的交流。在书的目录前，我们为小说中的每一个人物都做了"明星主页"，将他们的个人信息如最喜欢做的事情、最大的心愿等做了一次详尽的发布，而小说中主要的人物在网络中都有真实存在的 QQ 号，使得读者在阅读之后，还可以到网络上找这些人物神聊，一些 QQ 上的对话也被真实地"下载"进了书页，甚至各位"Q 主"可爱的卡通头像也在书页上频频闪动……现代网络与传统文学的结合，让这本纸质媒介的图书与网络真正互动起来，无疑在吸引读者的注意力上是下足了功夫的。

2002 年 6 月，《QQ 宝贝》在经过这一番"打扮"后悄然出版。

一个月后，小说中"单挑谁怕谁"、"紫衣云梦"等人物的 QQ 开始不断接到读者的"好友"申请，特别是到了暑假，QQ 上的"好友"就更多了。

用过 QQ 的人都知道，加好友有几种方法，而小说中的人物选定的是"允许任何人把我加为好友"，也就是说，只要对方愿意加他为好友，就可以无限制地获得通过。一时间，只要一打开 QQ，嘀嘀声就不绝于耳，暑假没结束，QQ 程序允许每个 QQ 号加 500 个好友的名额就用完了。

2002 年 8 月，《QQ 宝贝》再版。

仍然没什么宣传，《QQ 宝贝》依靠读者的口耳相传，在短短一个暑假期间重印了3 次。这本书的悄然重印，使得我们看到了前期精心创意的收获，也给了我们信心。

我们开始考虑将这本书扩展成一个系列。

《QQ 宝贝》系列从 2002 年 8 月开始运作。

《QQ 宝贝》的前传《爱上 QQ》在半年后"浮出水面"。同样，在书中我们充分考虑到了书与网络的互动，将"鸽子"经历丧母之痛后的心路历程留在了西祠胡同里的"流浪歌手"帖里，并"下载"到了书的附录里。到了后续的《QQ 情缘》(2003 年 8 月出版)

中，几个主人公通过 QQ 知道"鸽子"回到了上海，又运用 QQ 和现代化的工具找到了他。这种种过程引领着读者的情绪和兴奋度，将悬念保持到了书的结尾处……

考虑到三本图书在操作上的互动，由小说主人公"单挑谁怕谁"做的一个叫"QQ 宝贝"的网站也应运而生，给小说的 FANS 们一个交流的园地，也给图书的后期策划制造了一个新的平台，同时，"QQ 合影"征文活动也吸引了许多阅读过这套书的"QQ 迷"们……

图书的反馈信息从 2003 年初开始逐渐显现。

《爱上 QQ》连续三个月（1 月、2 月和 3 月）登上了上海书城文艺类图书销售排行榜，并和《QQ 宝贝》一起最终进入了当年上海书城文艺类销售排行榜的前 40 位，图书开始不断重印，甚至有的时候月初刚刚印好，月尾又一次重印。征文源源不断飞到编辑部的信箱里，而几个小说人物的 QQ 已经无法正常运作了，因为想与主人公聊天的人实在太多了，以致 QQ 无法负担。

在一年半的时间内，三本一套的《QQ 宝贝》系列陆续加印，《QQ 宝贝》重印 13 次，印数达 70 000 册，《爱上 QQ》重印 11 次，印数 75 000 册，《QQ 情缘》重印 5 次，印数超过 50 000 册。

迎合读者看起来似乎获得了很好的回报。

话说回来，仅仅为迎合市场、切合读者的某些需要而编辑出版的图书，可能会一时成为市场的宠儿，但其效果却是不长久的，很快就会被后来者淹没。

要想让一时畅销的图书成为一直常销的图书，更重要的是在迎合读者需求的同时，引导读者的品位与爱好，即要考虑书的文化内涵和它对读者精神的深远影响力。

在这里，我们强调要在迎合读者阅读需要的同时，更注重图书对读者的引导作用，其实就是期待作者能高瞻远瞩，在文字中蕴涵深意，引领读者的阅读思路，引导读者提高自身的阅读品位与人生追求。

一个有追求和人生坐标的编辑，常常把图书的教育功能和文化积累功能看得更重要一些。确实，图书作为一种具有文化内涵的商品，应该承载一定的文化功能和教育功能，起到引领市场和教化读者的作用。

而对于以青少年读者为主要服务对象的图书编辑来说，这一点就显得尤为重要了。

《QQ 宝贝》系列在编辑和创作的时候，确实也在这方面作过一点尝试。当然，效果如何，是否成功，最后的裁判还是读者本身。

"误区说"在小说中较好的体现，对友情、亲情的渴望与追求，以及小说所营造的美好网络理想等，都是作者想通过小说传达给读者的，事实上，这些美好的内容也为小说提供了积极向上的主题。

我们认为，一个少年成长与成熟的过程，其实就是他不断跨越种种误区，不断超越自我、更新自我的过程，比如，对自我的认识误区，对友情、爱情的认识误区，对学习目的的认识误区，对家长、老师的认识误区，等等。有句话叫"走过去，前面是片天"，少年的成长，也正是这么一个不断前行、跨越的过程。

因此，在小说中，韩月对自己是不是差生的认定，申舸在失去母亲的悲痛中走入封闭世界，萧敏面对母亲下岗所表现出来的胆怯，成绩很好的郝圆圆面临家庭压力时的离家出走……随着小说情节的不断深入、人物性格的变化，这些误区得以一一破解，从而在不知不觉中给予读者应对生活中、学习上种种难题的信心与答案。

同样，我们还在小说中营造了一个美好、快乐的网络理想，寄寓着我们对少年心灵成长的关切和抚慰。

在学校与家庭两方面对学业不断加压的今天，通过 QQ 聊天和网络这一空间，韩月、萧敏们无疑获得了一个更自由更轻松地展示他们的智慧和个性的天地，在这样一个拥有无限遐想的平台上，他们尊重并理解彼此，解除了许多的隔阂与误会，他们宣泄苦痛与烦恼，抚慰了受伤的心灵，延续着情感的需求，也成就了梦想……很多在现实生活中无法释怀的情感和无法实现的遐想，在网络的世界中却找到了一个宣泄的出口，他们在那一片纯净的天空下，找寻友情，发展友情，升华友情。

从后来的网络反馈和收到的读者来信中，我们不难发现，少年读者对申舸备加关注，对他不幸的过去非常同情，对看到他通过 QQ 找到了知心姐姐酸菜又感到由衷的欣喜。在西祠胡同的"流浪歌手"版上，网友们给予申舸的留言是最多的，也是最恳切的。

小说中对朦胧爱情的描述也得到了读者的认可与赞同。"我喜欢默默地注视你默默地被你注视"，这句话成了少年读者引用最多的一句话，我们在小说中所营造的默默注视的"早上时光"得到了少年读者普遍的认可，而对朦胧爱情的宽泛解释也得到了少年读者的赞同。

《爱上 QQ》在 2003 年获得了上海市优秀图书奖一等奖，或许这也可以从一个侧面反映出其获得了专家的认可。不过，或许由看似轻松、快乐的故事情节的推动而引出的感动与认可,才是这套青春网络小说能持续很长一段时间被少年读者所看好的真正的原因所在。

因此,在图书的编辑过程中,我们更强调图书对于读者的引导作用。

近年来,图书市场热闹非凡,很多图书你方唱罢我登场,轮番拷问读者的耐心,而真正能留得下来的图书仍然是凤毛麟角。因此,无论作为编辑还是作者,笔者都认为,编辑和创作出既能迎合读者阅读的思路和口味又能引领读者思考和回味的高品位图书,应该成为文化工作者一个更高的目标。

《QQ宝贝》系列丛书并不一定是一个适当的例子,但由此引出的迎合与引导在编辑图书过程中的作用,却应该说是一个值得我们认真思考的问题。

光阴进入网络时代后,文化的多元、表达的多元和解读的多元,给编辑的工作带来了更多的困惑和更大的挑战,我们甚至弄不清楚读者究竟因为什么而喜欢一本书,是哪些元素实现了一本书的畅销:封面和装帧显眼? 插图的诱惑? 市场推广的作用? 还是文字本身的魅力? 抑或文字背后的深意? 或许一本图书的成功是多种因素综合作用的结果。

迎合与引导,孰轻孰重? 这或许正是当下的出版社、图书编辑和作者需要加以思考和解决的问题所在。

(少年儿童出版社供稿,周晴执笔)

夏洛书屋　经典美读

——《夏洛书屋》的酝酿与培育

《夏洛书屋》系列

上 海 译 文 出 版 社

近年来,我国童书市场高歌猛进。在成人图书市场尚需小心维持的年代,童书市场却独领风骚,在 2003 年至今的黄金十年中,销售量平均每年都以两位数的速度递次上涨。童书出版这一蒸蒸日上的图书产业,令国内多家出版社跃跃欲试,纷纷涉足这块看似"低门槛,高回报"的"黄金领域",试图在这一潜力无限的领域中有所开拓。国内市场上涌现的童书系列与品种林林总总,蔚为壮观。

同任何图书市场一样,童书市场,无论是引进版权的童书还是原创类型的童书,都难免鱼龙混杂,许多品种盲目跟风,甚至粗制滥造。此时,对于广大青少年读者及其家长而言,童书中真正有价值的精品就尤显可贵。也许只有"经典"才是解决这一众疑惑的堪称万能的答案。

在目前中国童书的原创与研究都还不是特别丰富的时代,在这个常常用"肤浅阅读"代替"审美阅读"的年代,面对出版盲目、读者盲目的局面,借鉴国外的经典儿童作品、博览众多的大师级精品,未尝不是一个最为适宜的选择,也不失为在等待我们自己的原创过程中的一种具有过渡意义的"人格塑造式的拔高阅读"。

上海译文社,全国百佳优秀出版社之一,成立三十多年来,正是以高质量的翻译水准和标杆性的文学导向而享誉出版界的。这些年来,上海译文社一直在不间断地推出优秀儿童文学作家的代表之作以及大师级作家的童书系列。上海译文社的专长在于并非一味追求"短、平、快"的出书风格与市场份额,而是更关注在"高标准择书,高水准译书"的原则下,培养并提高当下广大少年儿童的阅读品位。

上海译文社曾于 2000 年前后推出过《译文童书》系列,入选该系列的童书达四十余种,该系列中的童书大都经典畅销,更在译本上占有绝对的优势。此外,2004 年引进版权的《夏洛的网》一书,近年来更是每年销售接近百万册,已成为深入人心的五星榜单上的金牌图书。

为了让孩子们多读书、读好书,经过积极的市场调研和长久筹备,经过对引进童书的不断积累与尝试,上海译文社终于在 2012 年厚积薄发,在原有《译文童书》的基础上,隆重推出以独家代理的拳头品牌童书《夏洛的网》为核心的全新童书品牌——《夏洛书屋》。

《夏洛书屋》的目标读者是七到十六周岁的学生及其家长,其中十岁以下的儿童以亲子阅读为主。整套图书的营销亮点如下。

一、《夏洛书屋》的出版理念

《夏洛书屋》的出版理念可以概括为"博览经典,回归经典,走进经典"。该套童书选取的是经过时间的过滤仍能触动自己内心并且在人生任何一个阶段都可品味的、能带给读者爱与勇气的经典儿童文学作品。这些作品更多关注的是童书内在的精神,以及它所折射出的人性光芒,而非停驻于一些曲高和寡或立意乖张甚至有悖常理的文学作品之上。

二、经典原本、经典译本

入选《夏洛书屋》的原本都是传诵多年且极具口碑的儿童文学经典,如:《夏洛的网》、《精灵鼠小弟》、《吹小号的天鹅》这三本 E. B. 怀特的作品就是上海译文社独家代理的拳头产品,早已被列入诸多学校的学生必读书目;内斯比特的《铁路边的孩子们》、《想做好孩子》、《闯祸的快乐少年》等三本童书在国际上名声斐然;《小王子》、《柳林风声》、《鹅妈妈的故事》、《吹牛大王历险记》更是经典中的经典,风靡近一个世纪;《夜莺》、《猫女咪妮》等是安徒生奖得主的重要作品;《德鲁伊和魔蜂》、《巫师的斗篷》等是极具异国风情的经典童话。入选《夏洛书屋》的每本书都极具特色,是绝对经典。此外,上海译文社还特别约请目前国内一流的儿童文学翻译大师及儿童文学作家执笔翻译,如中国儿童文学翻译界的泰斗任溶溶老师,翻译家周克希、张建平老师等,通过他们的遣词造句,广大读者可以站在巨人的肩膀上,真切体会大师与大师之间的唯美沟通,聆听他们之间的心灵对答。

三、装帧典雅亮眼,参考国际流行童书

《夏洛书屋》所有封面人物多取其侧面,构思巧妙、别具一格。封面、内文颜色借鉴了很多日本、欧美图书的创意,用色温暖亮丽。在插图选择上,不仅保留了许多公版图书的经典插画,通过设色合成等方法令传统的经典插画更具感染力,同时也注重创新,与 90 后旅美插画家 LISK、岑骏等获得过国际插画奖(如美国 American Illustration Award)的知名绘本画家、专业插画家合作,令图书的风格温暖梦幻,契合书系的经典性。整套图书的装帧风格充分考虑到儿童的阅读特点,图文并茂。采用 A5 开本,字号大,行距大,视野开阔。采用全木浆纯质纸,用纸精良。法式精装,全彩印制,赏心悦目,便于携带,便于阅读。

四、增强品牌意识,加强品牌效应

套书有《夏洛书屋》的品牌 LOGO—— ,树立《夏洛书屋》的品牌形象,便于读者辨识。

品牌宣传语:夏洛书屋　经典美读

五、名人联袂推荐

《夏洛书屋》由任溶溶、陈丹燕、殷健灵、梅子涵、彭懿等联袂推荐。

六、开放式书系

《夏洛书屋》是一个开放式的经典童书系列,将以每年十个品种的速度逐渐丰富。2012 年推出首辑:《夏洛的网》、《精灵鼠小弟》、《吹小号的天鹅》、《小王子》、《铁路边的

孩子们》、《想做好孩子》、《闯祸的快乐少年》、《鹅妈妈的故事》、《柳林风声》、《吹牛大王历险记》等十种。2013 年推出第二辑:《爱丽斯漫游奇境》、《快乐王子》、《恰佩克童话》、《秘密花园》、《金银岛》、《木偶奇遇记》、《小鹿班比》、《银河铁道之夜》、《捣蛋鬼日记》、《小野人和长毛象》等十种。2014 年推出第三辑:《夜鸟》、《总有一天会长大》、《巫师的斗篷》、《穆尔克国的故事》、《猫女咪妮》、《列那狐的故事》、《绿野仙踪》、《彼得·潘》、《德鲁伊和魔蜂》、《西顿动物记》等十种。这些都是传诵多年且极具口碑的儿童文学经典,能打造不一样的童年记忆。

七、积极有效的市场推广

1. "夏洛书屋 经典美读"主题研讨会

为广泛听取专家和读者们的意见,上海译文社于 2012 年 9 月召开主题研讨会,邀请国内知名儿童文学作家梅子涵、郑春华、殷健灵、谢倩霓,教育专家方仁工、徐鹄等,共话国内童书愿景,为该童书品牌的运作出谋划策,并探讨面对时下海量的青少年阅读产品,如何选择好的儿童读物。

2. 《夏洛书屋》朗读大赛

自 2012 年《夏洛书屋》推出第一辑起,上海译文社就携手唯优学院、上海故事广播在上海书展连年举办名为"好声音邂逅好文字"的《夏洛书屋》朗读大赛,邀请唯优学院资深老师黄磊、丁薇,故事广播十大主持人之一梁辉老师,"哈利·波特"系列电影中赫敏的配音黄莺老师等担当评委,亲自为参赛的各位选手现场点评。比赛现场火爆,甚至有选手专程从外地赶来。朗诵比赛赢得广大小读者和家长的喜爱。

3. "名家教你阅读写作"进校园活动

2012 年 10 月 27 日,国内知名儿童文学作家、儿童文学阅读倡导者梅子涵,全国广播金话筒奖获得者、《东京爱情故事》中赤名莉香声音的演绎者梅梅,上海故事广播《月光宝盒》节目主持人芳芳姐姐,相约上海书城福州路店,引导家长陪孩子阅读经典,示范性导读 J. K. 罗琳最喜爱的作家内斯比特关于爱和成长的故事——《铁路边的孩子们》。自 2012 年 12 月起,《夏洛书屋》系列活动之"名家教你阅读写作"进校园活动有声有色地展开,邀请谢倩霓、方素梅等儿童文学专家进校园为老师和学生讲课,以《夏洛书屋》书目所精选的主题,如"爱与关怀"、"正义与勇敢"等,设计一堂校园讲座,倡导"每天关机一小时,陪孩子阅读经典童话",用阅读点亮童年。在上海、南京、嘉善等地举办的校园讲座得到学生和家长的一致好评。

4. 开设主题信箱,与小读者互动

为了更好地和读者交流,开通了两个主题信箱——"夏洛信箱"(charlotte@yiwen. com. cn)和"威尔伯信箱"(wilbur@yiwen. com. cn),分别接收并解答女孩和男孩的来信,和小朋友读者形成互动,积累丛书会员,了解市场反馈。

5. 开设"夏洛书屋"公众号

随着二维码及微信的日益普及,自《夏洛书屋》第三辑起,开设了"夏洛书屋"公众号,定期发布与《夏洛书屋》相关的各种信息,如书目介绍、讲座活动等,与广大读者进行多方面有效互动。

6. 与媒体有效互动

上海译文社积极与众多媒体进行互动,媒体亦对《夏洛书屋》予以关注。相关宣传活动的报道层出不穷,主要见于以下各类媒体:

(1) 少儿类、教育类报刊:《文汇读书周报》、《东方早报》、《为了孩子》、《儿童时代》、《好儿童画报》、《上海中学生报》、《学生导报》、《现代家庭》等;

(2) 电台、电视台:东方卫视、东方电台、上海故事广播等;

(3) 党报、都市类报刊:《光明日报》、《解放日报》、《香港文汇报》、《新民周刊》、《新闻晨报》等;

(4) 网站:新华网、人民网、东方网、中国少年雏鹰网、新浪亲子频道、红泥巴论坛等;

(5) 时尚杂志:《申江服务导报》、《周末画报》、《女友·家园》、《Lohas 健康时尚》等。

7. 设计制作各种类别的小礼品

为了用更加有效的方式让读者熟悉《夏洛书屋》系列的各种图书,我们设计制作了形式多样的图书周边产品,作为进校园活动、朗诵比赛、书展和书城促销的礼品,如

以图书插图为图案印制的精美包书纸、全彩笔记本、宣传小册子等,得到大小读者的喜爱与支持。

《夏洛书屋》的目标是在"高标准择书,高水准译书"的原则下,培养并提高当下广大少年儿童的阅读品位。建立好的品牌需要用心经营,更需要不断迎合读者和市场的需求,《夏洛书屋》的品牌推广工作可谓任重道远,《夏洛书屋》团队会严格要求自己,不断积极推出更多优秀儿童图书与热爱读书的孩子们分享,将《夏洛书屋》打造成译文社经典的童书品牌,打造成孩子和家长心中最值得信赖的童书品牌。

(上海译文出版社供稿,赵平执笔)

一套专为中学生编写的中型百科丛书

——回忆《中学生文库》出版前后

《中学生文库》
上 海 教 育 出 版 社

《中学生文库》是上海教育出版社编辑出版的一套深受中学生欢迎的课外读物。从 1981 年开始出版，至 1990 年已出版了 375 种。本着同中选异、精益求精的原则，对其进行归类整理，最后完成套装本 10 辑，凡 80 册。其辑名分别为"思想修养辑"、"名人传记辑"、"古典小说辑"、"作家读本辑"（上、下）、"诗词散文辑"（上、下）、"历史故事辑"、"地理大观辑"、"数学导引辑"、"艺术体育辑"（上、下）、"科学探索辑"。此套书被列入国家重点图书工程，从选题认定到组织作者，编辑出版全程都得到当时国家出版局的指导。这套丛书一经问世，即受到关注。中学生如获至宝，争相阅读。教育行政部门也认定这套丛书有益于青少年扩大视野、增长知识、启发兴趣、陶冶情操，故大力推荐，使《中学生文库》一时风行全国，成为各省市中学图书馆常备图书。

《中学生文库》出版 10 年，几经摸索，逐步积累，终获成功，其间留下经验，也留下遗憾。记下这些实践中的感悟，对于过去的工作是个总结，对于今后的出版工作，或有一些启示的作用。

一、《中学生文库》选题的确立

就我社来说，为中学生编写一套百科丛书的设想，始于 1980 年。那是一个"书荒"的年代。上世纪 80 年代初期，国家进入以社会主义现代化建设为重心的时代，人们精神振奋。经过拨乱反正，广大读者不再满足于"补课"性质的图书，如《中学基础知识手册》《数理化自学丛书》之类，他们希望紧跟时代，开阔视野，学习新理论、新知识。尤其是中学生正处于兴趣广泛、求知欲强的学习时期，他们热爱中华文化，迫切希望学习传统、掌握精粹，并得到切实指导。可是，此时能满足他们阅读需求的图书甚少，系统的、完整的优秀课外读物更是少之又少。时代发展，读者期待，为出版社提供了重要的出版机遇。上海教育出版社的领导和编辑看到了社会的这种需求，开始筹划编写一套丛书。为此，他们研究了上世纪上半叶最有影响的大型丛书《万有文库》。《万有文库》规模宏大，内容丰富，取材广泛，文理兼备，自成系列，给编辑们以极大启发。1981年3月，《中学生文库》选题确立。当时的上海市教育局局长杭苇、上海市出版局领导沈家儒等都先后到社与编辑共同研究《中学生文库》的出版计划。是年10月，国家出版局泰安全国少儿读物出版工作会议确定我社《中学生文库》为全国重点图书工程项目之一。1985年9月，在国家出版局和教育部的支持下，上海教育出版社于浙江淳安千岛湖召开《中学生文库》出版规划会议，会议邀请了国内五十多位著名专家、学者，如吕叔湘、罗竹风、刘佛年、吕型伟、谷超豪、胡和生、卢鹤绂、徐盼秋、许杰、嵇汝运、李希凡和中学特级教师沈蘅仲、顾巧英等。会议确定，《中学生文库》应是一套多层次、多门类、扩展基础教育的课外系列读物。与会专家一致认为，出版这套丛书对于扩大中学生知识面、培养良好的政治素质、开发智力具有重要意义，关系到教育下一代的百年大计。《中学生文库》选题的确立、实施，时代的呼唤、读者的期许固然起了作用，但机遇总是为有准备的人提供的，上教社的领导和编辑具有战略眼光，感受到时代脉搏，能适时提出选题，才真正促使《中学生文库》丛书成功出版。

二、《中学生文库》出版的思考

1. 顺应时代，服务读者是出版人的天职

作为教育出版社，顺应时代、服务教育、服务师生是天经地义的本职工作。上海教育出版社的编辑认为，为青少年提供健康、丰富的精神食粮是教育出版人的历史使命。上教社的编辑在选题组稿时，把培养青少年革命的人生观、价值观放在首位。1985年在千岛湖召开的《中学生文库》出版规划会议上，国家出版局局长边春光强调说："《中学生文库》是全国图书出版的一项骨干工程，是一套关系到广大中学生健康成长的大型文库。出版部门任何时候都要坚持社会主义出版方向，不能放弃社会责

任。希望《中学生文库》把培养中学生成为有理想、有道德、有文化、有纪律的一代新人列为第一要求，同时希望课外读物要有益于扩大学生的知识领域，培养他们的阅读兴趣。"《和青少年谈道德修养》（"思想修养辑"）一书就是约请革命前辈吴运铎同志为中学生编写的一本人生教科书。吴运铎是全国知名的英雄人物，有中国"保尔·柯察金"之称。他感情真挚，言传身教，有极强的感染力和说服力。又如，《人民英雄纪念碑史话》（"思想修养辑"）一书结合天安门广场的大型雕塑，重温革命历史，图文并茂，深受中学生欢迎。育人，自然不能只重视思想教育，知识教育、智力教育同样不可或缺。众所周知，21世纪是生物世纪。生物技术是上世纪80年代三大新兴技术之一，是新技术的一根支柱。生物学家谈家桢推荐"科学探索辑"中《生物工程的魅力》一书时说："这本书通俗易懂，内容生动扎实，是一本普及生物工程知识的良好读物。向中学生普及生物工程知识，让青少年了解生物工程的基本内容、应用前景以及目前的发展动态是十分有意义的。"又如，《你了解生命吗？》一书，是中科院院士、著名化学家嵇汝运专为《中学生文库》写的一本通俗读物。在这本书的最后一节，嵇先生语重心长地说："有关遗传原理的发现，是生命科学的一大进展，它将对工业、农业、医学、卫生、家庭生活发生巨大影响。在这科学突飞猛进的时代，中学生有光明的未来，将是明天科学的主人。"翻阅《中学生文库》的书目，读者能强烈感受到写书人、出版人对中学生实施人格教育、知识教育的殷切期望和良苦用心。

2. 重视传统，突出学习中华文化精华

传统是民族之魂，也是民族之根。中华文化源远流长，博大精深。为了更好地传承中华优秀文化，吸收中华文化的精髓，《中学生文库》中"国学"部分占有较大的比重。以文史为例，10辑中有"名人传记辑"、"古典小说辑"、"作家读本辑"、"诗词散文辑"、"历史故事辑"5辑专注于中华文化，其他5辑兼及中外，也都有中华文化的部分。因此，在80册图书中，中华文化占大多数。由于所选都是文化瑰宝，各为典型，各显精彩，所以并不显多。如"古典小说辑"，收《三国演义选粹》、《西游记选粹》、《水浒传选粹》、《红楼梦选粹》、《儒林外史选粹》5本，都是古典小说的精品。比如英国大百科全书就称《儒林外史》是"一部杰出的讽刺文学作品"，与塞万提斯的《堂吉诃德》、果戈理的《钦差大臣》鼎足辉映。再以"作家读本辑"来说，以鲁迅为代表的八位中国现代作家都是具有世界影响的大作家。巴金一生写了七十余部中长篇小说和短篇小说、散文，共约六百多万字，译作近一千万字，法国、意大利、美国等先后授予他各种荣誉，

给予他极崇高的评价。老舍的作品在世界上也影响广泛：他的作品几乎全部被译成日文，在美国、法国、瑞士以及东欧都有译本。这些入选的中国作家选本，不仅是"民族的"，也是"世界的"，不仅在中国具有标志性意义，即便立于世界文学之林，也是毫无愧色的。这些包含中华文化精华的"选粹本"、"选读本"是哺育中学生精神的文化"母乳"，是他们茁壮成长必需的精神食粮。

3. 约请第一流作者，打造第一流书籍

作者的水平决定书稿的质量。《中学生文库》虽说是通俗文化读物，读者对象是中学生，但是从立选题始，到全面规划，挑选作者无不从大处、高处着眼，不仅邀请全国第一流专家学者共商大计，语言学家吕叔湘、数学家谷超豪、物理学家卢鹤绂、教育家刘佛年、作家许杰、文化学者罗竹风、评论家李希凡、诗人贺敬之、社会学家费孝通等都在咨询专家之列。许多专家还直接成为有些书的作者，例如《和青少年谈道德修养》(吴运铎)、《谈谈怎样学好数学》(苏步青)、《数学归纳法》(华罗庚)、《谈谈数学中的无限》(谷超豪)、《你了解生命吗?》(嵇汝运)、《红楼梦选粹》(李希凡)、《水浒传选粹》(章培恒、贺圣遂)、《诗经菁华》(朱瑞珠、赵祯锟)、《李白诗歌鉴赏》(霍松林)、《鲁迅读本》(王士菁)、《叶圣陶读本》(叶至善)、《先秦历史故事》(沈起炜)等。如果仅从书稿选目看，类似主题在书市上并不鲜见，但同类书稿中，《中学生文库》的书稿质量是第一流的，能代表时代的最高水平。作者水平高，不仅确保书稿知识的正确性，而且所写知识具有前瞻意义，代表文化发展的方向。有人说，对于写普及读物，大专家、大学者、大作家未必感兴趣。其实，这是偏见。为青少年写作，培养后代，这是人类神圣的使命，它会打动人心。许多大专家都有"俯首甘为孺子牛"的精神，翻开《中学生文库》，有那么多熠熠生辉的作者名字在册，就是明证。诚如数学家苏步青所说："这本《谈谈怎样学好数学》是我60年代为中学生写的小册子。上海教育出版社的同志几次来访，要把它修改后收进《中学生文库》。编辑、出版《中学生文库》是件好事嘛，应该支持。最近我得到李大潜教授的帮助，对原书作了一些修改，决心再度献给广大的青年读者。"古典文学权威专家章培恒先生接受《水浒传选粹》选题时，为了节省青少年读者的时间和精力，他精选版本，把书中思想性和艺术性价值不大的部分作了删节，那些对青少年读者不合适的描写也都删去了。对于必要的补充交待，章培恒先生特意加上注释和过渡文字，用力甚勤，表现出一位大学者对莘莘学子的眷眷情怀。

4. 引发兴趣,把智慧的钥匙交给读者

兴趣是最好的老师。要引发读者阅读兴趣,就要开阔选题的视野,上至天文,下至地理,从《宇宙密码》《地球的故事》,到《南极之行》,"名山"、"名川"、"名城"、"名曲"、"名作"、"武术"、"围棋"、"桥牌"、"绘画"、"书法"、"摄影"、"电影"、"建筑"、"雕塑",应有尽有,自主选择,自由发展,这是百科丛书的独特功能。《中学生文库》中,有不少选题是引导读者思考生命的意义的:你了解生命吗? 什么是智慧之花? 什么是思维的技巧? 美的奥秘在哪里? 以人为本,一个又一个问号引人入胜。从书名可以大致了解这套丛书寄寓了编辑怎样的理想、希望和期待。如果一套丛书能引发读者兴趣,夯实他们的知识基础,帮助他们掌握正确的思维方法,丰富他们的想象力,使他们的思想、知识、能力、智力能得到全面发展,那么就是把智慧的钥匙交到了读者的手里。

附言:

《中学生文库》还出版了诗人罗洛主编的《当代世界名诗》、作家刘心武主编的《校园小说》,以及《生活中的经济学》、《奥运会知识窗》,军事知识类读物《钢铁堡垒——坦克》、《太空战戟——导弹》、《军事通信——电子对抗》等一般学生读物不甚注意的品种。原本希望,再经积累后对《中学生文库》全套丛书进行新的汇集,但终因人事变动,编辑人员转换,在精选本 10 辑之后,再无新的整合。时过境迁,回忆《中学生文库》出版 10 年,仍有让人心动之处。经历就是财富。我是当年《中学生文库》丛书参与策划和编辑的人员之一,30 年后旧事重提,可惜资料佚失,仅凭记忆难免只得一鳞半爪,幸得包南麟、华熊、凌荣华、冯贤诸同志协助回忆,遂草成此文。

(上海教育出版社供稿,范守纲执笔)

为了孩子全面健康幸福地成长

——《中小学生心理健康自助手册》的诞生与成长

《中小学生心理健康自助手册》

上 海 教 育 出 版 社

《中小学生心理健康自助手册》(全套共 4 册),2000 年初版,在 200 所学校投入课堂教学实验。2003 年修订重版,在上海市中小学全面推广使用,累计印数约 130 万册。2012 年底完成第三版修订,目前每年使用学生数稳步上升。2014 年 4 个学段的总印数为 49.45 万册。

在出版行业中,中小学教材的出版是一个特殊的领域。有很多人只看到动辄上万的印数,却很少或者很难去了解这些能走进千家万户的公共产品背后的故事。但在上海教育出版社编辑的眼里,每一册教材特别是那些自主研发的拓展型和探究型教材,都是被赋予了活力的生命体,都会经历"十月怀胎"的孕育期、"小荷才露尖尖角"的培育期,有时还会经历"疾风骤雨"的考验期,最终走向"金秋十月"的丰收季。在这个忐忑与期盼交织的过程中,教材的责任编辑必须顺应学校教育的律动,给予教材精心周到的服务与呵护,促其成熟壮大,直至通过教育行政部门组织的专业委员会的审查,从而获得"出生证",真正进入中小学校的课堂。《中小学生心理健康自助手册》就是由上海教育出版社编辑自主研发的一种中小学拓展型课程教材,自 2000 年问世以来,已经于 2003 年、2012 年进行了两次大修订,目前是上海市广大中小学心理健康教育课程的主要教材。

早在 1998 年底上海市教委颁布《上海学校心理健康教育规划(1999—2001)》和《上海市中小学心理健康教育大纲》以后,很多学校就开始了学校心理健康教育的探索和实践,并且取得了一些经验。我社编辑闻风而动,通过到中小学校听课调研、与心理辅导教师座谈,发现当时绝大部分辅导教师都没有心理教育专业背景,学校也没有统一的心理辅导活动课程,课时得不到保障,影响了心理健康教育的有效开展和推进。能不能把积极开展心理辅导活动的优秀教师组织起来编写并出版一套供全市中小学开展心理辅导活动使用的教材呢?市教委德育处的领导非常支持这个设想,当时教委分管德育的夏秀蓉副主任对此给予了高度重视。她亲自挂帅,迅速组织了由一线教师、教研员和大学心理教育专家组成的编写班子,开始了新中国成立以后首套中小学心理健康教材的编写。考虑到心理健康教育是学生进行自我探索、以互助和自主为机制的人际互动过程,这套与传统教材有明显区别的新颖教材被命名为"中小学生心理健康自助手册"。

我们的编辑在教材编写过程中,充分发挥了穿针引线的作用。他们钻研大纲,与教材主编一起商讨教材的内容框架和编写体例,跟随编写组到基层学校听取学生和教师的意见,验证教材中设计的课堂活动的可操作性。为了确保教材的科学性和适切性,初版教材在市教委选定的 200 所学校进行了教学实验。我们的编辑和许多实验学校师生结成了朋友,积累了大量实践反馈意见和经验,取得了教材大修订的发言权。

2002 年,在夏秀蓉主任的亲自主持下,《中小学生心理健康自助手册》在三轮课堂教学实践的基础上进行第一次大修订。修订人员认真听取了实验学校师生的意见,并数次邀请心理教育专家审阅教材,从科学性和教育性两个维度予以把关。

经过三年的教学实验,我国学校心理工作者创造的发展性心理辅导模式更趋成熟和丰富。它从学生终身发展的需要出发,以活动游戏为中介,让学生通过参与、体验和感悟认识自己,开发自己的潜能,挖掘内心积极向上的一面,从而提升个体的幸福指数。实践表明,它对于推动我国现阶段的学校心理健康教育发挥了重要作用。

教材从学生的实际需要出发,组织生动丰富的案例活动,包括心理训练、问题辨析、情境设计、角色扮演、游戏辅导等,普及心理健康科学知识和情绪自我调适的方法,开发学生潜能,培养他们乐观向上的心理素质,促进学生人格的健全发展。根据不同学段学生的年龄差异,每册教材都提供了可供选用的若干学习模块。每个模块都立足于学生视角和心理需求,给出一些引导学生体验、感悟的活动设计和友情提示,淡去"说教"痕迹,增强"心理按摩"功能。上海市中小学心理辅导协会对全市5 000名中小学生进行调查的结果显示:95％的学生表示喜欢这本自助手册,91％的学生说它对自己有帮助。

在明确教材编写以满足学生心理需求为主线的指导思想下,我社编辑积极思考,大胆改革教材的呈现方式,把相近的两个模块制成一帖活页,以方便晨会、班会等短课时教学,在低年级教材中提供公共媒体"心理热线"的电话号码等。这种主动为教学一线服务的精神得到教委相关部门和课改办的充分肯定,也受到广大中小学师生的热烈欢迎。自此,上海广大中小学校的心理辅导活动课有了相对稳定的统一教材,心理辅导活动课程受到了学生欢迎,心理辅导老师也成为学校中最受学生欢迎的老师之一。

再好的教材也需要不断打磨与更新。2011 年,我社编辑向课改办递交了第二次大修订的申请报告。报告提出:"随着上海改革开放步伐的加快,城市的国际化程度日益提高,城市居民结构日益多样化,人们的价值观、人生观等都日益呈现多样化趋势。各种社会现象对学生心灵带来多角度的冲击,各种心理问题日益暴露,成为学生健康成长发展的一大障碍。"因此,自助手册的内容必须及时调整和更新,如增加生命教育、低碳意识、国际化视野等内容,使教材不断完善,保持与时俱进的特点。

在获得课改办的同意批复后,我社邀请了上海教育科学研究院的吴增强教授和当时的社长张跃进编审共同担任新版教材主编。我们的编辑逐章逐节地剖析了原教材,在认真汲取原教材长处的同时,以适应全球化社会到来、凸显转型社会特色作为修订工作的突破口,并把从学生需要出发、以学生喜闻乐见的形式做好新版教材的装帧设计、更新教材呈现方式作为总体设计指导思想和原则。为了让教材更贴近学生的心灵,唤起"00 后"学生的认同,我们听取了编写组老师的建议,把初中和高中分册的插图全部交由职校在校学生来绘制。尽管职校学生的画笔是稚嫩的,但是学生眼中的大千世界确实是与成人完全不一样的,他们绘制的插图更能拨动同龄人的心弦。这从一个侧面说明,新版教材的编制走向精细化,教材中的每一项活动、每一个栏目的设计都注重师生的使用感受,饱含了策划编辑和编写人员的创新思维和服务意识。

一次次的修订,既是对教材的维护,使我们的产品离精品越来越近,也是对编辑队伍的锻炼,让我们的编辑顺应时代要求,逐步从后台走到"中坚"。随着网络信息技术的冲击,出版业正走进举步维艰的转型期,教材责任编辑这一角色的内涵和外延开始变得有点模糊不清,需要不断修正和拓展。一个称职的教材编辑应该能在与同类教材作比较的基础上找出独特的视角和创意,帮助编写者做出教材的特色和新意,拒绝平庸,也就是要做出编辑附加值;编辑又必须具有发现、识别前瞻性选题的慧眼,要站在"第一读者"的立场上,迅速捕获并及时推出适合学校课堂教学的教材新品种。不了解学校教育发展趋势和真实需要、不懂得保持与教育相关部门沟通渠道畅通的重要性、不能按国家的政策和市场的需求对教材产品进行必要的包装和维护的编辑,是很难胜任教材这一特殊的公共产品的策划和编辑出版工作的。

人类正处在一个急剧变革的时代。随着社会的不断进步与发展,心理、社会因素对于健康的影响越来越受到关注。世界卫生组织明确指出,一个人只有在躯体健康、心理健康、社会适应良好和道德健康四个方面都健全,才算是完全健康的人。广大中小学生的身心健康、社会适应能力的培养一直是值得教育出版工作者跟踪、关注的重要课题。为了孩子全面健康幸福地成长,我们必须用心耕耘好培育教育公共产品的"一亩三分地",以更多更贴切教学需要的教材新品种满足学校教育多元化发展的需求。

（上海教育出版社供稿，宗和执笔）

教材与产业链类

人

《大学英语》：从一部教材到一个产业链

二十年经久不衰的《新编日语》教材

用海外资源为中国学生度身定制的尝试——《高职国际英语》策划案例

引领青少年的外语阅读——外语读物出版之路

《外教社博学文库》的策划与实施

从一套书到一个学术出版体系——外教社学术图书发展历程探究

从一张光盘到一个数字出版群——上海外语教育出版社数字出版发展之路

《大学英语》：从一部教材到一个产业链

《大学英语》

上 海 外 语 教 育 出 版 社

《大学英语》系列教材由国家教育部组织，全国六所著名高校分工编写，复旦大学董亚芬教授任总主编，上海外语教育出版社出版发行。1986 年出版试用本，1992 年出版正式本，1998 年出版修订本，2006 年出版第三版。先后荣获全国高等学校第二届优秀教材特等奖、国家教委高等学校第二届优秀教材一等奖，被评为国家级精品教材、教育部大学英语类推荐使用教材，分别被教育部列入"十五"、"十一五"国家级教材规划。全国逾千所高校先后选用该系列教材。22 年来，总发行量近 5 亿册，销售码洋近 20 亿元人民币。

一、试用本开创了公共英语教材编写的新体系

1985 年 2 月国家教委颁布了《大学英语教学大纲（高等学校理工科本科用）》，要求有关院校从 1985 年秋季起参照执行。同时下发的《通知》中说："《大纲》总结了我国大学英语教学的经验，同时汲取了国外语言学和英语教学的一些研究成果，是一份在广泛调查研究的基础上形成的教学大纲。它基本上体现了科学性、先进性、实用性和灵活性，是全面改革大学英语教学的一个重要尝试。"这一针对文理科本科学生的教学大纲除了具有理工科大纲的很多共同属性外，特别重视英语语言基础的教学及交际能力的培养，文理科通用，读、听、译、写、说分三个层次列入教学目的，实行分级

教学，注重定性、定量等。新大纲较之以前的公共英语教学大纲有了重大的改革和变化，有些具体要求和内容基本上是颠覆性的。如何贯彻新大纲，实现和完成其所制定的教学目标、要求和任务，师资和教材是关键。尽管当时的公共英语教材多而杂，但都存在着各种比较明显的缺陷。为此，急需编写出版一套以新大纲为依据、能满足教学需求的新教材。在广泛调研的基础上，根据国家教育委员会审定批准的《大学英语教学大纲（文理科本科用）》的要求，由复旦大学、北京大学、华东师范大学、中国人民大学、武汉大学和南京大学合作编写的《大学英语（文理科本科用）》（即试用本）于1985年底正式启动，共分精读、泛读、快速阅读、听力和语法练习五种教程。按分级教学要求，除语法练习只编四册外，其他各教程各编六册，每级一册。精读、听力都配有录音和教师用书。后来又根据不少院校的要求，编有精读预备级二册、泛读预备级二册。这一系列教材是大学英语教学史上一项空前巨大的工程。为保证教材的质量，国家教委还专门出资聘请两名外籍专职外语专家参加编写和文字审定工作。各教程都由教学经验丰富、英文功底深厚的中年教师担任主编并聘请各主编学校的老专家担任主审。经过一年多的艰苦工作，我社于1986年陆续出版了各教程，供秋季开学试用。由于编写时间非常紧迫，定稿后印刷力量不足，为赶秋季开学试用，无奈之下打字后用小胶印印刷出版。

　　这一系列教材问世后，对大学英语的教学产生了巨大的影响和冲击：首先，这是第一套根据新大纲要求编写的教材，无论从规模或系列上看均已不亚于当时的英语专业教材；其次，该系列教材完全不同于以往的公共英语仅要求学生具备一定的阅读能力，而是对听、说、读、写、译都提出了具体要求；第三，尝试将文理打通，把教学重点放在语言共核上，坚持语言基础与教学能力培养并重，突出阅读技能培养，博采众长而不是偏向求"新"，同时五种教程既有分工又相互补充。可以说，《大学英语（文理科本科用）》系列教材是教材编写史上的一次革命，是教学理念的创新、教学方法和手段的革新，同时亦对师资队伍建设提出了新的要求。然而销售并不理想，一年下来还不到6 000册，无奈之下，外教社决定自办发行，业务员们背着教材一个学校一个学校跑，进行宣传推广。通过艰苦的努力，终于打开了局面，接下来几年，发行量陡增，使用范围几乎覆盖了所有高校。为更好地使用教材，外教社积极开展师资培训，请主编解读编写的理念、原则，教材的特点，使用建议等；请一线的教师上示范课，交流使用的体会和经验，共同探讨教材使用中碰到的困难和问题；对教材中存在的问题和不足尽可能给予弥补；同时努力做好各项售后服务工作。从而维护和巩固了市场，使该系列教材成为一个时期内最畅销和最受欢迎的大学英语教材。

二、正式本体系更完善、质量更可靠

《大学英语（试用本）》推出后，外教社和编者们积极主动收集教材使用的反馈意见和建议，注意有关学术期刊对教材的评论文章。凡对教材提高质量和水平有关的意见和建议，都虚心听取，并作分析研究；凡有可能及时修改的，便及时处理；若碰到需伤筋动骨的问题，先做好预案，然后利用每一次举办教学研讨会的机会，召开教师座谈会，听取意见、建议和批评。经过六年的准备和努力，1992 年出版了《大学英语（正式本）》，较之试用本体系更完善、质量更可靠。在试用期间，有一部分院校提出这套教材很好，但全国高校差别较大，不可能所有院校都"齐步走"，应该有更大的选择性，高校之间、院系之间的发展是不平衡的，一个学校的学生之间也存在着差异，分级教学就是为了更好地实现因材施教。根据这些意见和建议，出版社和编者们共同努力，在整个教材结构和体系上作了调整：补编《大学英语》精读预备级二册、泛读二册，以满足起点较低的学生的需要，高起点的学生可从第三册开始学习。这样便可满足各个层次学生的不同需求。同时，对有些不太适合时代的材料和练习进行更换和调整，对教师用书进行了充实，各科教程根据需要都配齐了教参、录音等。此外，修正了以前存在的各种编写、排版、印制等方面的差错，使这一系列教材质量提升，更加成熟。经过数年的试用，实践证明，该系列教材可满足各级各类高校的英语教学的需要，尤其是有利于学生打下扎实的语言基本功，体现了该教材的信息性、知识性、可教性、可思性的选材和练习编写特点，很多内容每教一遍都会有不同的感受、体会和回味，颇受师生的欢迎而获得好评。鉴于质量、特点和广泛的影响及各项首创性，1992年在国家教委组织的教材评奖中，该教材荣获全国高等学校第二届优秀教材特等奖，这是迄今为止外语教材中唯一的该奖项的特等奖。

三、修订本与时俱进，不断创新

1992 年《大学英语（正式本）》推出后，一时"洛阳纸贵"，被广大大学英语教师作为首选教材，全国 800 多所高校选用了该教材，无论它的体系和质量都有很好的口碑。教材的发行和使用一度相当稳定。1996 年全国大学外语教学指导委员会根据高等教育形势的发展和英语教学要求的变化,以及大学英语教学质量和水平的提高,按照教育部要求,修订已执行十多年的大学英语教学大纲,并将原来的理工科、文理科教学大纲整合为一。修订后的教学大纲,对教学目标、教学内容和教学要求都作了与时俱进的调整和更新;提出要求学生达到较强的阅读能力和一定的听、说、读、写、译能力,能用英语交流信息,要求学生打下扎实的语言基础,掌握良好的语言学习方法,提高文化素养,以适应社会发展和经济建设需要。1998年高等教育步入大发展时期,大规模扩招,大规模圈地办大学城,硬件发展迅速,而师资队伍、教学设备、资料等软件无法同步跟上。大学英语教学亦同样遇到了这些困难和问题。如何解决这些难题,外语界的专家、学者们在思考。于是外教社的编辑们和《大学英语》的主编们对此前制定的修订方案和已修订完的教材,根据新的形势重新作了调整,提升了各语言技能的教学要求,更新了材料,包括课文和练习。由于在作万人问卷调查时,绝大多数教师都表示非常喜欢大部分的课文,且已积累了比较丰富的教学资料和经验,教学效果也不错,希望出版社和主编们在修订时不要替换太多的课文,故这次修订原则上每册替换两篇课文,但练习基本上重新编写。修订样稿完成后,经广泛征求意见,教师们颇感满意。但师资不足、教学资源缺乏的矛盾并没有得到解决。当时全国已开始试行和接受多媒体教学。受此启发,外教社的编辑们和主编们决定为修订本的主干教材配上多媒体教学光盘。经过全国招标和筛选,外教社选择了华南理工大学作为合作伙伴,联合开发《大学英语》精读教程的多媒体教学光盘,选择中国科技大学合作开发听力教程的多媒体教学光盘。经过一年半时间的艰苦努力,终于在1998年底制作出版了精读和听力教程的教学光盘。很多学校看过演示后,爱不释手,纷纷选用,并向学校申请建立多媒体教室。可以说《大学英语(修订本)》不但更新了材料,提升了要求和水平,更为重要的是创新了手段,开了外语教材立体化、电子化的先河。这套教材的多媒体教学光盘先后获教育部优秀教学成果二等奖(一等奖空缺)、广东省优秀教材优秀成果一等奖,也为以后大型教材的数字化、网络化作好了铺垫。1998年《大学英语》修订出版后,因其材料更新、手段创新,给传统教材注入了新的活力,无论是使用学校数量还是销售量都达到了历史最高水平。

四、第三版更好地满足新世纪大学英语教学的特点和需要

进入21世纪以后,社会各界对掌握科技、精通外语、能够参与国际竞争的高层次

高素质人才的需求不断高涨，为大学英语学科建设带来了良好的发展机遇。然而，随着我国高等教育的快速发展，连续数年以 10% 以上的规模扩招，从精英教育向大众教育转化，大学英语教学无论是课程设置、师资队伍、还是教学材料、教学方法和手段等都有待进一步改革和完善。全国连续几年扩招，师资队伍的增长滞后于学生人数的增长，大学英语教师的负担不断加重。如何有效地开发和利用现代高新技术，提升大学英语的教学水平，全面提高学生的英语综合应用能力，尤其是增强学生的听说能力，是摆在大学英语教师和大学英语教学管理者面前的一个亟待解决的课题。为此，2002 年秋季，教育部高教司启动了新一轮的大学英语教学改革工程，以《大学英语教学大纲（修订本）》为基础，研制《大学英语课程教学要求》。经过两年多的广泛调研、咨询、采样分析和研讨，教育部于 2004 年 1 月以文件形式颁发了《大学英语课程教学要求（试行）》（以下简称《课程要求》），对大学英语教学提出了新的要求，第一次提出不同的学校应有不同的要求：一般要求、较高要求和更高要求。对语言技能提出了更新更高的要求："全面提高学生的英语综合应用能力，尤其是听说能力。"对计算机网络教学提出了更为具体的要求："新的教学模式应以现代信息技术为支撑，特别是网络技术，使英语教学朝着个性化学习、不受时间和地点限制的学习、主动式学习的方向发展。"《课程要求》同时指出："各高等学校应根据自身的条件和学习情况，设计出适合本校情况的基于单机或局域网以及校园网的多媒体听说教学和训练。读、写、译课程的教学既可在课堂进行，也可在计算机上进行。"《课程要求》明确提出了新的教学模式：实施基于计算机和课堂的英语多媒体教学模式，开展网络教学，并明确了网络教学要借助计算机的帮助，较快提高英语综合应用能力，达到最佳学习效果。按照《课程要求》提出的改革措施和要求，外教社和主编们在认真阅读《课程要求》、充分理解的基础上，再一次展开了《大学英语》修订工作，以保持教材的科学性、先进性和适应性。在客观、深入地分析了前两次修订的经验与教训、长处与不足后，采取了更大范围的调研，并对现有的大学教材进行了比较和分析，综合各教材的优势，扬长避短。与此同时，外教社受教育部委托开始研制开发大学英语网络教学系统，并于 2003 年 11 月由教育部高教司组织的专家组对网络教学系统进行了评估验收，外教社的"新理念大学英语网络教学系统"评审获得专家组一致通过，并向全国各高校推荐使用。经过三年时间的修订、试用，2006 年 1 月外教社召开了《大学英语（第三版）》的出版新闻发布会，正式推出《大学英语（第三版）》。与《大学英语（第三版）》纸质教材一起推出的还有多媒体教学与辅导助学光盘、助教光盘、电子教案、MP3 光盘、大学英语分级试题库、大学英语口语考试系统局域网产品等，正在研发的有大学英语网络课件、外教社大学英语教学网等网络产品。教材正在由单一的纸质教材向立体化(CD - ROM、MP3、DVD)、网络(数字)化迈进，极大地增加了新的内涵，注入了很大的活力。这次使用了二十年后的再次修订，仍然广受教师的好评，教材仍占有相当可观的市场份额，年销售量仍达到数百万册，这不能不说是一个奇迹。此后该套教材又被教育部评为国家精品教材。该套教材的立体化、网络化教学手段再一次使其保持相当的竞争力和活力，为大学英语教学再作贡献，为出版事业的繁荣再作贡献。

五、从《大学英语》到一个产业链

　　外教社自 1986 年出版《大学英语(试用本)》至今二十余年，始终将出版高等院校所需的外语教材放在整个出版工作的重要地位。除不断维护、修订已出版的教材，不断创新、不断注入新的内涵和活力外，还注重积累，根据教育形势发展的需要，研制和开发新的产品。经过二十多年的努力，外教社服务于高等教育的外语教材已形成规模，占领了教材编写的制高点，无论规模、特色、质量还是创新性，都可以说是这一领域的示范和引领者。目前已出版的教材有：大学英语三套——《大学英语系列教材(第三版)》《大学英语系列教材(全新版)》《新世纪大学英语系列教材》；高职高专两套——《新世纪高职高专英语系列教材》《新标准高职高专英语系列教材》，还有一套正在编写之中；英语专业三套——《新编英语教程》《交际英语教程》《新世纪高等院校英语专业本科生系列教材》，包括语言知识与语言技能、文化知识和相关专业知识等；英语专业研究生系列教材一套；公外研究生英语系列教材一套；日语、德语、法语、俄语、西班牙语、阿拉伯语、韩语、意大利语等专业的本科生系列教材；全国外国语学校小学、初中、高中英语系列教材；翻译专业本科生系列教材；翻译专业硕士研究生系列教材；日、德、法、俄、西专业研究生教材等。几十套教材逾千册，且大部分是"十五"和"十一五"国家级规划教材，有的是国家级精品教材。同时，与这些教材配套的教参和读物就更多了。仅外教社出版的教材和教参总计就不少于 2 000 种，已形成了一个板块，形成了规模，形成了一个强大的产业链。全国其他出版社出版的与此配套的教参(大部分都未得到授权)，就更不计其数了。有一年订货会，我们用电脑进行统计，竟然发现，全国有 250 余家出版社出版此类教参。

二十多年来外教社外语教材出版的历程给予我们很多的思考和启示：像外教社这样专业性很强的大学出版社要求得生存和发展，唯有走专业化的道路才能显示竞争力、显示特点、显示内涵、显示优势、显示权威，才能打造品牌。只有不断创新才能求得生存与更好更快的发展；只有不断创新教材编写的理念，创立科学的合乎教材编写规律的标准和体系，才能引导教材市场，成为行业的领导者。外教社在二十多年的教材编写出版和营销中，走过了这样一段不断发展、不断提升的道路：创新理念，建立标准和体系；从纸质教材到立体化、电子化、数字化、网络化；从单一课本到教材、教参、试题库、电子教案、资源库互相呼应，互相促进；从单一产品到形成产品线，直至产品群；由教材编写割裂操作到纸质、电子、数字、网络、市场营销、教师培训、售后服务，整体策划，整体运作，实现整体效益。

本文原刊于《编辑学刊》2009 年第 1 期，这次仅作个别的文字修订。

（上海外语教育出版社供稿，庄智象执笔）

二十年经久不衰的《新编日语》教材

《新编日语》

上 海 外 语 教 育 出 版 社

经典策划
119

　　基础阶段日语精读教材《新编日语》是上海外语教育出版社日语图书的拳头产品,自 1993 年出版以来,一直受到广大师生的厚爱,并荣获教育部优秀教材一等奖、上海哲学社会科学优秀成果著作类二等奖。在出版之后,还进行了多次的改版和修订,以顺应时代潮流。从磁带版到光盘版再到 MP3 版,从老版到新版再到修订版,《新编日语》不断修订和完善,不仅依然受到广大日语学习者的欢迎,修订本还被列入了普通高等教育"十五"规划教材,这也体现了社会各界对本教材的认可和支持。《新编日语》的几个版本加起来,创下了单册最高 200 万册的销售佳绩,被众多大学、培训机构和日语学习者广泛采用,为我国日语教学尽了绵薄之力。

一、缘起

　　上世纪 80 年代,日语学习远远没有今天这么热门,即使在高校中,开设日语专业的学校也是非常少的。据统计,当时上海地区开设日语专业的高校仅有四所,分别是上海外国语学院、复旦大学、华东师范大学和上海外贸学院,几乎只是今天上海市开设日语专业的 23 所高校的一个零头,在校学生也只有 100 人不到。当时的日语教材也比较单一,主要有两套,分别是北京大学孙宗光主编的《基础日语》(商务印书馆)四册和上海外国语学院俞彭年主编的《日语》(上海译文出版社)四册。这两套教材经过教育部高等学校外语专业教材编审委员会（外语专业教学指导委员会的前身）审查后，作为统编教材推荐给全国各高校使用，在当时发挥了极大的作用。

正是在上世纪 80 年代，大学的外语专业教育开始走上正轨。1986 年 11 月，教育部高等学校外语专业教材编审委员会日语组召开了制定日语专业低年级大纲的第一次会议，经过全国日语专业学生水平测试、分析、探讨和研订工作，于 1989 年正式完成了《高等院校日语专业基础阶段教学大纲》，并于 1990 年颁布。

教学大纲出台后，原有的教材在一定程度上已经不能满足新形势的要求。为此，上海外语教育出版社抓住这次难得的机遇，立即组织上海外国语学院日语系（上海外国语大学日本文化经济学院的前身）针对新的大纲进行基础阶段教材的编写，主要的理念是吸收已有教材的长处，打造一套将大纲真正贯彻落实到教学中的教材，从而让日语专业基础阶段的教学能够更具科学性、规范性和应用性，真正在大纲的指导下进行科学规范的教学，实现大纲所规定的教学目标。

二、从零开始的创造

创造从对大纲的深入学习开始，我们体会到：

《高等院校日语专业基础阶段教学大纲》的宗旨是：引导学生扎实学习，掌握日语基础知识；训练学生听、说、读、写的基本技能；培养学生实际运用语言的能力；丰富学生的日本社会文化知识，培养文化理解能力，为高年级阶段学习打下坚实的基础。教材是师生在教学过程中的依据，选用或编写合适的教材是搞好教学的保证。大纲要求：基础阶段的教材题材要广泛，并且比例要适当。要注重实践性，要以学校、家庭、社会等题材为主，适当选编包括日本社会、文化、风俗习惯以及科普常识方面的文章，语言要规范、生动、丰富，文章体裁要多样化，还要掌握好教材的难度。教材编写可不拘一格，但不管哪种类型的教材，都要符合教学大纲的要求，有利于学生打好语言基础，有利于培养学生的交际能力，而且应该将大纲规定的语音、文字、词汇、语法、句型、功能意念等具体内容编入教材。

大纲对语音、文字、词汇、语法、句型、功能意念六个方面作出了具体的规定，并附有详细的表格。教材的编写就是将这些具体的规定分解到每个学期、每一课中，按照课时的要求，进行循序渐进的科学安排，然后依照每一课的安排编写相应的会话、课文、语法解说和练习。这是一个系统性的工程，需要花费大量的时间和精力。当时的上外日语系对此非常支持,系主任周平老师亲自上阵,在系里的老前辈王宏老师的支持下,带领年轻的陈小芬老师开展编写工作。上海外语教育出版社的编辑也从策划阶段起对编写工作进行了细致入微的关注和跟踪。

周平老师长期从事日语语言文学的教学、研究与翻译,讲授过日语专业多门基础课及高年级精读、高年级翻译、日本文学史、日本文学作品选读等课程,有丰富的教学经验。陈小芬老师长期从事日语教学和研究,先后讲授的课程有日语专业的各年级基础课、日本经济概论、日本经济研究等。两位作者通力合作,在出版社编辑的协助之下,对教学大纲进行了透彻的研究,并在此基础上完成了课时安排、内容分配等前期工作,投入到了编写工作之中。

从教学大纲出发,策划中的教材共有四册,供大一、大二四个学期使用。1—3册每册20课,第4册18课,除语音阶段稍有不同外,每课由前文、会话、功能用语、解说、读解文、练习六个部分构成。前文是引子,供朗读练习和连贯叙述用。会话是连贯性的对话,用于听说训练。功能用语只要求模仿,目的在于通过日积月累逐步提高学生的日常交际能力。解说是说明该课出现的语言现象,包括语法、句型以及某些词组和惯用语。单元复习课后面有单元归纳,除复习和归纳外,还补充有关的语言知识。读解文用以扩大词汇量和提高读写能力,其中基本上没有新的语法现象。各课练习和单元练习包括机械练习和活用练习,既可作为课堂教学的补充,又可作为课外作业。为与上外日语系的前一套教材《日语》相区别,书名定为"新编日语"。

按照本套教材的策划方案,由周平担任主编,并且承担前文、会话、功能用语、读解文、单元归纳的编写。陈小芬承担解说、练习、单词的编写。教材中的前文、会话、读解文都是周平老师亲自编写的,以求贴近中国日语教学的实际,同时兼顾日本文化的特色。为了保证语言的地道和内容编排的科学有效,两位老师在1990年至1991年间脱产远赴日本,在国际交流基金日本语中心专心从事教材编写研究,并得到了日本早稻田大学教授森田良行先生的悉心指导。正是有这种不计得失的牺牲精神、认真严谨的治学态度,以及中日双方的精诚合作,才能保证《新编日语》既与大纲紧密相扣,又具有科学的教学操作性,同时语言地道,循序渐进,成为一套经典的教材。

经过认真编写并与编辑共同探讨,第1册于1993年推出后立即一炮打响,很快被众多大学日语专业采用,一时间产生了很大的影响力。第4册于1995年出版,整套教材得以问世。自此该套教材一直雄踞日语专业教材榜首,虽也有同类教材,但都不能与之相提并论。直到十多年后,才算是出现了真正意义上的竞争者——外研社的《日语精读》（吉大宿久高主编）和北京大学出版社的《综合日语》（北外曹大峰主编），而在竞争之中《新编日语》依然保持着优势。

三、与时俱进

1. 教材本身的改版和修订

一套好的教材需要不断地维护和修订，自然不是出版之后就可以躺着赚钱了。《新编日语》1993年初版时配的是录音磁带，随着时代的发展，磁带已逐渐退出人们的生活，2008年起上海外语教育出版社推出了附带MP3光盘的版本。但这种做法还是没有阻挡《新编日语》销量的下滑，毕竟是1993年的"高龄产品"，有些内容已经不能适应时代的发展了。为此，2009年上海外语教育出版社又组织作者对《新编日语》进行了修订，删除了一些过时的内容，增加了北京奥运会、上海世博会等最新的内容，使教材顺应时代潮流，进一步焕发出新的光彩。修订本自2010年起陆续推出，在日语专业快速成长期已经过去，不少高校的日语专业招生人数因中日关系的变化甚至有了大幅度收缩的情况下，依然成功抑制住了教材发行量下滑的趋势。这也说明一套精品教材的出版，绝不是策划的终点，更应该把它作为一个起点，继续精耕细作，让它永葆青春。

作为这套教材最新的策划方案，上海外语教育出版社打算推陈出新，以修订本为蓝本推出重排本，将原来的32开竖排本改为16开横排本，进一步活跃版面，提升教材的亲和度，让新一代的日语学习者依然能够拥抱这套经典教材。

另一方面，结合日语专业国家标准制定的背景，上海外语教育出版社也已经展开了新的探索，准备利用《新编日语》成功的经验，组织编写一套全新的日语专业本科生教材，从而顺利完成教材的升级和换代。

2. 参考书的配套

上海外语教育出版社非常关注这套经典的基础日语教材，并为其配备了各种教辅材料。在旧版《新编日语》时代即有配套的《学习参考》和《练习册》，此外甚至还有上海外语音像出版社制作的配套VCD教学光盘，市面上的相关资料也比较多。修订之后，上海外语教育出版社对《学习参考》和《练习册》也相应进行了修订，并针对《学习参考》只包括课文翻译和练习答案，没有词语和语法详解、重难点分析及补充练习的情况,另配了《教学指南》。这些配套图书一方面借《新编日语》的东风取得了很好的销量,另一方面也促进了《新编日语》的销售。当然,在网络时代,要想令这套教材重现辉煌,除了教学参考书之外,我们还可以进行更多的立体化配套,例如教学光盘、电子教案、网上课程、手机 APP 等。

四、收获

《新编日语》出版时适逢日语专业教学大纲推出,国内几乎没有与大纲挂钩的教材,所以这套经典教材很快占领了市场,并独领风骚多年。上海外语教育出版社在日语教材青黄不接的时代背景下策划这套教材,可以说是高瞻远瞩。

《新编日语》出版后,获得过教育部优秀教材一等奖、上海哲学社会科学优秀成果著作类二等奖,修订本被列入了普通高等教育"十五"规划教材。自上世纪 90 年代至今,《新编日语》可以说为全国日语教育作出了卓越的贡献,不仅在校学生,不少社会上的日语学习者也采用这套教材。

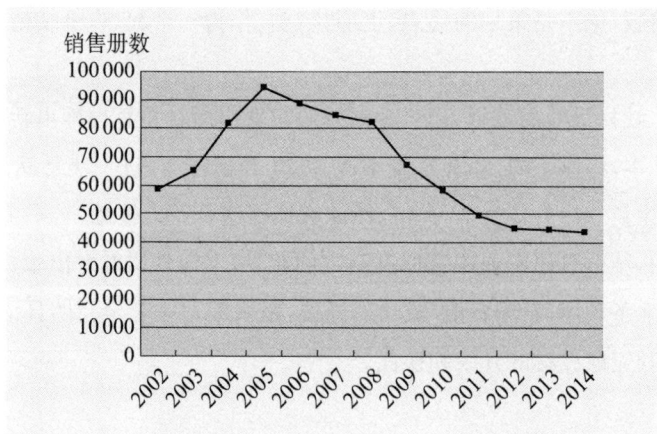

《新编日语》第 1 册所有版本销售情况(数据来源:上海外语教育出版社天翼系统)

观察《新编日语》的发行情况可以看到,销售册数的最高峰出现在 2005 年,达 94 157册,这与大学扩招的大背景也是相符合的。此后册数逐年下滑,2014 年为 43 627册,但下降趋势已有所缓和。另据全国高校日语教师群的抽样调查统计,在全国随机抽取的 77 所高校中,仍采用《新编日语》教材的有 39 所,占到了调查对象的 50.65%。

相信随着中国日语学习者的增加,这套二十年来经久不衰的经典教材必然能再次重振旗鼓,成为新一代日语学习者的引路人。

五、经验和教训

这套教材的成功给我们的工作带来了启示,当然在多年的维护中也有不少值得吸取的教训。在这里想简单谈一谈《新编日语》教材给我们带来的思考,希望能对其他图书的策划起到一定的借鉴作用。

1. 在市场有需求时,需要有一种敢为天下先的精神,抓住契机,一鼓作气完成高质量的策划和编写,从而能够领先一步。

2. 在出版完成之后仍需不断维护,精心再策划,才能进一步做到步步领先。《新编日语》的修订和改版就是一个证明。

3. 修订是一个非常重要的工作,何时应该开始修订,修订幅度多大,都需要在收集市场反馈后作出分析和精准的判断。《新编日语》的修订是大势所趋,不过在时机和修订幅度的把握上还有做得不够的地方。

4. 大环境当然也很重要,但更加重要的是打铁还要自身硬。只要市场还有需求,在同类产品中做到最好的那一个,永远都拥有更多的机会。

5. 全心致力于中国外语教育事业的发展,为教学科研、学术繁荣、学科建设和人才培养服务,这是上海外语教育出版社一贯的方针。对日语本科生教学的有力支持,是《新编日语》取得巨大社会效益和经济效益的根本原因,也是其长盛不衰的秘诀所在。

---

① 王宏. 1996 年上海日语教育情况[J]. 日语教育通讯,1997(28).

② 教育部高等学校外语专业教学指导委员会日语组. 高等院校日语专业基础阶段教学大纲[M]. 大连:大连理工大学出版社,2001.

③ 王宏. 我国日语教育的回顾[G]//日本研究文集. 上海:百家出版社,2006.

④ 王静.高校日语专业教材研究——基于《新编日语》词汇[J].山西农业大学学报（社会科学版).2012,11(4).

⑤ 王俊.赴黑龙江大学调研报告[R].2013－10－17.

⑥ 于海霞.全国高校日语精读教材调查[R].2014－05－01.

（上海外语教育出版社供稿，王俊执笔）

用海外资源为中国学生度身定制的尝试

——《高职国际英语》策划案例

《高职国际英语》

上海外语教育出版社

经典策划
119

一、《高职国际英语》案例概述

《高职国际英语》为高等职业教育公共英语教材,共三册,含学生用书、教师用书、练习册,由上海外语教育出版社(以下简称外教社)庄智象社长担任总策划,由外教社与德国康乃馨出版集团合作出版。教材完全依照我国《高等职业教育英语课程教学要求》编写,符合我国职业教育改革的总体趋势,突出实用性和职业性,在充分考虑我国英语教学具体情况的基础上,学习和借鉴德国职业教育英语教学的先进经验。本项目于 2010 年启动,至 2014 年全系列出版后即被评为"'十二五'职业教育国家规划教材",当年实现销量十余万册,口碑良好,在我社高职公共英语板块的各类教材中市场表现突出。

二、合作出版:教材的国际定制

和国内自编英语教材相比,原版引进教材有很多优势,比如语言地道、教学理念先进、编排科学、内容设计巧妙、富有创意等。而其劣势也同样明显:因为不是依照中国教学大纲编写,也并非基于中国学生的水平和要求,所以大多数引进教材在国内市场上定位困难、水土不服。改编即使可行，也只能有限地解决问题，况且很多进口教材整体性强，单元内部、单元与单元之间联系紧密，往往牵一发而动全身，改编难度很大。

怎样才能最大限度地发挥国外教材的优势，使国外英语教学的诸多先进经验更好地为我国英语教学服务？《高职国际英语》是对这一问题的尝试性解答。

与普通的版权合作不同，《高职国际英语》不是购买国外已经出版的教材版权，然后在国内出版，或者改编以后出版，而是采取中外双方出版社合作出版的模式，即由中方出版社负责市场调研与分析，提出编写方案、大纲和详细目录，由外方出版社物色编者编写。

三、组建队伍：强强合作，外方主编，中方顾问

之所以选择德国康乃馨出版集团作为《高职国际英语》的外方合作伙伴，主要基于以下考虑：首先，德国职业教育世界领先，而我国的职业教育改革中有不少思想、理念和实践都是研究、学习德国经验的成果；其次，中德同为以英语为外语（EFL）的国家，在英语教学中有很多共通之处，德国职业教育中英语教学的很多经验是值得也可以为我国借鉴的；再者，康乃馨出版集团专门从事教育出版，其中英语教材出版是其历史最长、经验最丰富、实力最强的领域，在德国及欧洲其他国家都享有盛名。

为了确保教材贴合中国高职教学，我们在全国特邀了七位专家组成顾问团：他们有来自不同省市国家示范性高职院校、长期从事一线教学的教师，他们负责对教材编写的各个环节进行咨询和把关；也有教育部高等职业教育英语教学指导委员会委员和全国高校英语教学大赛总冠军，他们的加盟使教材得以尽可能准确地反映国家教育政策和一线教学需要。出于选题保密的需要，也出于对顾问利益的保护，我们与每位顾问都签订了协议，详细规定了顾问的责任、权利和义务。

四、搭建教材框架：知己知彼，多方论证

搭建教材框架，我们从对国内市场同类教材的分析入手。之所以将这项工作放在最初开始进行，是因为通过分析对同类教材优缺点形成的判断，以及对我们的教材形成的初步设想，都需要在随后的目标用户问卷调查中进行求证。

因为是中外合作出版,我们在这一阶段还对康乃馨的教材进行了分析,目的是了解其教材特色,看哪些是可以为我们借鉴和学习的,哪些是不适合中国国情的。后来证明,这种分析很有必要。比如,我国高职英语教学要求与职业相关,康乃馨有这类教材,但因为两国学生在未来工作中使用英语的情境差别很大,所以即使同一个单元主题,所包含的内容也很不相同。拿"公司"(Company)这个主题来说,德国很多公司的员工来自欧洲各国甚至世界各国,英语是公司内日常工作语言,学生要学习怎样用英语和同事进行日常工作交流,但中国高职学生未来大多不会进入这种以英语为工作语言的公司就职,他们使用英语的场景主要是接待国外客户或者合作方。再比如"商务宴请"(Business Meal)在国外是西餐,但在国内以中餐居多,因此涉及的餐馆点餐以及餐桌对话的内容也不一样。再比如"求职"(Career),德国的学生毕业后可以在欧洲各国求职,但中国学生大多在国内求职,由此造成求职面试等各环节的内容都不相同。总之,两国学生未来使用英语进行工作交流的情景差异决定了英语学习的需求差异,而需求差异决定了教材内容的差异。再如,德国英语教材按照《欧洲共同语言参考标准》(*Common European Framework of Reference for Language*)编写,对中国学生来说,其阅读部分难度适中,听说部分往往偏难,语法部分偏易。再比如,德国教材的单元内容安排不像国内自编教材那样整齐,各单元模块大同之中有小异,这种问题在别的引进教材中出现过,而用户多数反映不太习惯。类似以上这些情况,都需要跟外方编者和外方出版社充分沟通,否则教材就不可能做到为中国市场度身定制。

在教材分析完成之后,我们在全国范围内进行了问卷调查,主要是了解高职英语课程开设情况以及学生水平,并就教材编写的一些初步设想征求用户意见。通常来说,直接询问用户对教材的要求和设想,往往很难获得有价值的信息。比较好的做法是在自己对教材有了一些想法之后,再征求用户的意见,或者将两者相结合,既给用户以自由表达想法的机会,又就编辑自己的想法向用户征求意见。我们主要利用我社举行的一些全国性高职英语学术活动或营销活动发放问卷,或者通过 email 寄送电子问卷。现在有很多专门的问卷网站,提供从制作、发布到统计、分析的一条龙服务,既可电脑推送也可手机推送,非常便捷。

编写方案、详细目录都要在产品分析和市场调查的基础上完成。编写方案包括对编写原则、目标、品种、册数、教学法、每册单元数、各册要达到的教学目标、各册难度等的描述,以及对编写所依据的文件《高等职业教育英语课程教学要求》中主要内容的翻译。详细目录包括各单元的主题、构成各单元的模块，以及每个模块的大致内容简述和所占篇幅设定。初步的编写方案和详细目录制定之后，首先要充分征求顾问的意见，以保证教材与中国教学情况的贴合，然后听取外方出版社的意见，以吸取外方编辑的经验与智慧。编写方案和详细目录一旦确定，教材的框架就已成形，作者的工作就是按照这个框架填入适当的内容。

五、编写原则：立足国情，量体裁衣，温和创新

整个编写过程中最大的问题是国外编者对中国的英语教学传统、习惯、现状等缺乏了解。虽然前期已经在这方面与编者进行了大量沟通，但对一个从未涉足中国、从未亲见过中国高职英语教学的人来说，那种程度的了解不足以支撑其对于一套教材中所有细节的把握。实际上，中国对大多数西方人来说仍然非常神秘，仅仅通过口头交流，没有实地考察，对于很多情况他们确实很难想象。比如，德国的英语课堂最多有二三十人，而中国高职英语课堂少则五六十人，多则一两百人，很多活动在德国课堂上很容易开展，在中国的课堂上则难以开展。再比如，对于有些练习类型，德国学生很熟悉，中国学生则很陌生、很不习惯，这会不必要地增加练习难度，反而难以检测学生的真实水平。再比如，国外教材有时候会将长篇对话用于阅读教学，但中国师生恐怕还是觉得好的文章更适合阅读和讲授。对于《高职国际英语》，我们的原则是：要创新，但不要激进；要给中国英语教学带来一些有益的改变，但不要过度挑战传统和习惯；要吸收别国的新鲜血液，但也要继承我们自己的行之有效的教学传统。总之，在《高职国际英语》的编写过程中，我们始终寻求创新和继承之间的平衡。后来我们认为，最好的办法是请国外作者到中国作短期调研，走访学校，了解真实的课堂教学，这样一来可以拉近作者和用户的距离，二来作者也许还会发现我们的英语教学中被我们自己忽略的问题，并在教材中有的放矢。

《高职国际英语》主要是通过中方出版社和中方顾问团队来拉近作者和中国市场之间的距离的。我们的审稿工作主要分为三个步骤：第一步是审素材，第二步是审样课，第三步是审全稿。前一步完成之后，再进行后一步工作，这样可以避免作者重复劳动。

由于相距遥远，对彼此的工作方式较为陌生，外方作者对中国不熟悉等，国际定制模式中要处理好与外方编者的关系比与国内编者合作更难。在教材的编写过程

中,我们不可能预料到所有问题,很多具体内容上的不合适,只有在看到作者的稿件之后才能发现,很多新的编写设想,也是在看到作者稿件后才产生的,所以反复更换素材、反复修改的情况时有发生,这些都会造成作者工作量的增加。这个过程需要外方出版社的协调,更需要中方出版社保证所有修改都有足够的理由和说服力,并且尽可能设身处地为作者考虑。

六、成功的保证:策划编辑的深度参与

在国内英语教材编写过程中,总主编拥有相当主导权。单元模块的设计、难度梯度的把握、各册体例的统一,乃至教材中每一篇语料的选定、练习的设计等都主要由总主编把握,由策划编辑提出修改意见。这跟国外教材出版的操作方式很不相同。在国外教材出版中,上述工作主要由策划编辑承担,原因是策划编辑往往对市场的整体情况更为了解,而编者的强项在于教材具体内容的设计,若论对市场的了解,往往不够全面。在国际合作出版中,编者对目标市场的了解更少,所以由中方策划编辑来搭建整个教材的框架是一种必然。《高职国际英语》的整体框架是由中方策划编辑搭建,经中方顾问论证之后形成的,其间也充分听取了外方策划编辑的意见。

前面已经提到,为了让教材真正贴合中国高职教学的需要,我们在《高职国际英语》编写过程中实施了从素材到样课再到全稿的三步审定。如果直接将材料发给顾问审定,最后收到的很可能只是笼统的评价,缺乏实际操作性。为了提高咨询的有效性,避免审稿流于形式,以上每一步的审稿都先由中方策划编辑完成,再将策划编辑的意见和设想发给顾问进行论证。以第一册 Unit 1 为例,仅初稿前五页就有以下具体问题曾向顾问咨询:"该练习是否过难?""这里是否需要设计一个口语练习,让学生据课文内容编一个聚会时的情境对话? 如 Unit 4/P8/4 role play,不仅让学生操练口语,也作为对阅读文章中所学语言知识和社交礼仪知识的巩固。只是这样的练习对学生来说难度是否过大?""这几则对话作为听力材料是否过短、过简单?""这样的练习形式学生适应吗?"……这样不但可以给外方编者提供建设性意见,也可以促使顾问仔细审稿、认真思考,提出中肯的反馈意见。为了节省顾问的时间,并保证理解和表达充分有效,策划编辑的所有问题和顾问的反馈意见都以中文表达,待策划编辑综合整理之后再翻译成英文发送给外方编者。

策划编辑要具有为编者服务的意识,在国际合作出版中,策划编辑更要当好编者

的助手,这样才能保证合作顺利,达到编写目的。比如德国英语教学中似乎对同位语从句这个概念很陌生,于是中方策划编辑对这一概念进行了详细的讲解和举例,以保证作者充分理解。比如一篇文章连续更换了两次中方仍然不满意,为避免作者付出更多的重复劳动,中方策划编辑就帮忙寻找素材。再比如"全球化"(Globalization)这个单元谈到劳动力的流动(Migration of Work),中方提出可以结合中国的民工现象,而为了使作者先了解中国的民工问题,中方编辑就该问题的产生、现状、利与弊等进行了大量解释说明,甚至找寻相关资料给作者阅读。

由于国外编者本身对目标用户和我国国情的陌生,以及主动适应国外编者的工作方式的需要,国际合作出版模式下策划编辑的任务量比国内组稿要大得多。教材能否达到既引进国外先进教学经验,又贴合我国教学实际的目的,关键之一便是策划编辑能否保证全程深度参与。

通过《高职国际英语》项目的合作,上海外语教育出版社和德国康乃馨出版集团建立了紧密的联系,为后期我们开展教师赴德培训和教学交流,或者邀请德方专家来华进行教师培训等活动奠定了基础。通过一套教材,促进中德双方在职业教育英语教学领域的交流与合作,使德国职教专家了解中国并直接参与中国职业教育改革,这也许是国际定制模式最重要的意义所在。

（上海外语教育出版社供稿，刘芯执笔）

引领青少年的外语阅读

——外语读物出版之路

《新课标百科丛书》、《新理念英语阅读》等

上 海 外 语 教 育 出 版 社

经典策划 119

2011 年颁布的《义务教育英语课程标准(2011 版)》(以下简称《课程标准》)指出,义务教育阶段的英语课程应做到"有利于学生体验中外文化差异,丰富思维方式,增进国际理解,提高人文素养"。遵循《课程标准》的精神,上海外语教育出版社(以下简称外教社)长期以来致力于推动青少年外语阅读,并以多样化的、与时俱进的图书产品对青少年外语阅读活动加以引领、指导和帮助。二十多年来,外教社出版了一系列青少年外语读物。在此过程中,外教社充分利用自身的资源优势,为我国青少年以多种形式阅读世界文化精粹铺路搭桥,并不断开拓思路,积极进取,整合各方资源,采取多种措施,为一代又一代的青少年学生提供了品类丰富、品质上乘的精神食粮。笔者试从以下几个方面着手,探究外教社外语读物出版之路上的多种创新和所克服的若干困难,以期回望来路,观照未来。

一、题材方面,做到精心选材、广泛覆盖,既注意遴选世界名著,也注意介绍目前国内并不多见,甚或尚未触及的各种国外科学文化点滴。在外教社出版的青少年读物中,既有世界经典名著的简写本,如《上外—牛津英语分级读物》和《轻松读经典》,两套丛书囊括了近百种世界经典名著,尤其是英美文学名著的精炼简写;又有各种从不同角度考察全球各地历史文化的读物,如《外教社中学生世界历史与文化读本》,以浅近的英文、宏大的视角向青少年读者交代了包括印度、埃及、希腊、撒哈拉以南非洲、美索不达米亚等七个古文明的来龙去脉,再如《听读美国小故事》,以简短的篇幅、

明晰的编排,采用"历史上的今天"这种大家喜闻乐见的形式,向青少年读者介绍了美国历史上的诸多名人趣事。

人物传记一向是鼓舞人心、引领青少年积极向上的一种重要题材,《外教社人物传记丛书》的第一辑和第二辑就总共提供了近30种传记。为了保存原文行云流水的语言面貌,这套书采用了英汉对照的排版形式,并辅以精到的注释,帮助青少年读者理解、掌握人物传记的精髓。

同样采取英汉对照形式的《迪士尼电影读物》则带领青少年读者畅游美国电影文化的一个重要王国——迪士尼世界,为深入了解这一领域提供了鲜活的素材。为了让小读者更形象地了解电影的梗概,这套书的每一本都在正文前提供了多幅全彩剧照,使小读者能够通过静态的图片一瞥动态电影的风采。

在长期的出版进程中,外教社也开发了大量百科类、科普类青少年读物。如上所述,为响应《课程标准》的颁布实施,外教社和朗文的英国团队共同开发出版了原创类轻故事型百科类读物《新课标百科丛书·朗文中学英语分级阅读》,为初高中学生提供了多样的话题和新颖、全面的知识。从小学三年级覆盖到高中二年级的大型青少年读物《新理念英语阅读》百科、故事类文章并重,其百科部分系从著名的"美国国家地理"资源库遴选精华内容,根据中国学生的英语阅读水平改编而成。难度稍高的《中学英语拓展阅读丛书》分为自然科学、社会科学和数学三个系列,基本上囊括了现代科学的各个基本方面,并针对SAT考试作了优化,为国内的青少年读者提供了宽广的视野和多样的选择。

上述举措丰富了外教社中小学外语读物的品类,也为我国的青少年读者创设了全面的、上佳的外语阅读条件。外教社还不断拓宽读物出版的服务年段,近两年出版了面向低幼阶段的外语读物《本和贝拉欢乐英语》和《新理念少儿英语阅读》,把优质的读物介绍给更多的小朋友。

二、体裁方面,大胆收录,不拘一格,不以小读者现有的外语水平为限,当然,也要为他们提供必要的阅读辅助,方便他们在原文的殿堂中尽情游览而不觉陌生、艰深。诗歌、剧本片段、歌曲等,在外教社出版的《英语诵读菁华》小学、初中、高中卷中均有收录,而《小学英语故事乐园》则为小学阶段的读者们提供了一系列的表演剧本。与此相呼应,《初中英语小品与课本剧》《高中英语小品与课本剧》也为相应学段的青少年读者提供表演剧本。至于现代英语最发达的体裁之一——小说,则不论是经典的《上外—牛津英语分级读物》《轻松读经典》这两套书,还是新近出版的《黑布林英语阅读》，都有大量收录。

　　三、对青少年外语读物进行适当分级，对阅读辅助进行合理配置，帮助小读者拾级而上，逐步提高外语水平，最终做到原文阅读。不管是百科类读物还是故事类读物，外教社都对其进行了适当的水平分级：或者按照年级来分，如《新理念英语阅读》，就从小学三年级起每个年级 4—5 册，一直到高二年级；或者按照课程标准来分，如《新课标百科丛书》，就按照《课程标准》所规定的中学英语学习水平的三、五、七、九四个等级设置，每级 14 本，涵盖了《课程标准》所规定的大多数认知话题；又或按照独立级别来分，如《新理念少儿英语阅读》，就是从第一级到第六级，难度逐渐提高。当然，阅读分级并不是强行标准，有需要的小读者完全可以突破这些级别，向更高的水平迈进，或者从更基础的水平出发，先打牢基础，再寻求新的进步。

　　外语学习从启蒙阶段到中高级阶段，陌生词汇、复杂句法一直都是阅读的一大难题，外教社对此也作了充分考虑，在中小学外语读物中进行了阅读辅助手段的合理配置：除了随行注释、当页注释以外，还提供了全书词汇表、图片词典（《外教社·朗文小学英语分级阅读》）、英汉对照、放置于书末的译文等阅读辅助工具。外教社在青少年外语读物的出版过程中坚持品质第一、科学出版的原则，坚持做到图文并茂、相辅相成、四色印刷，对学生的理解起到很好的帮助作用。

　　随着科学技术的不断发展，如今的阅读辅助手段已经从传统的图片、文字注释发展到音频和视频。在这方面外教社也积极拥抱新趋势，近年来出版的青少年英语读物都配有完备的 MP3 录音，请专业演员录制的全文朗读声情并茂，使读者对文字内容的理解更顺畅、更轻松，网上下载的获取方式更使得录音的丢失不再是一个问题，随时可以重新获取。在《新理念英语阅读》高中部分，外教社配备了 DVD 视频光盘，利用选自"美国国家地理"视频资源库的精美视频向青少年读者介绍了视听阅读的新形式。

　　四、不随波逐流搞应试教育，以青少年的成长为目标，提供最佳阅读体验。诚然，外语学习需要练习，青少年外语阅读也需要相应的理解检测，但这不能以牺牲阅读体验为代价，更不能一头钻到题海里，而是应该创新练习形式，使其与阅读过程本身完美结合，从而提供最佳的阅读体验和语言学习体验。外教社充分发挥自身强大的智力资源库优势，不断创新检测、练习形式，以青少年的成长为目标，为青少年的外语阅读开辟了新的空间。早在《妙语短篇》、《趣文短篇》等经典读物的出版过程中，外教社的练习设置就已经超越了简单的标准化习题形式，而是加入了主题词汇、回答问题等帮助学生成长的形成性主观题型。在《上外—牛津英语分级读物》和《轻松读经典》中，外教社着眼于阅读者的整体理解，采取了读完选篇回答问题的练习形式，充分挖掘了阅读内容的内在含义，使阅读行为不再仅仅围绕着解答几个单选题的需要而发生、反复。在《新课标百科丛书》中，练习已经不再称为"练习"，而是改称"活动"（Activity），因为这套丛书里的"练习"已经不仅从形式上超越了标准化考题，而且更加和阅读内容融为一体。想象一下，读完一篇关于"功夫"的知识性文章后，来设计一种属于自己的"武功"，这对于阅读内容的巩固和拓展，肯定能够比标准化试题起到更大的帮助作用，也能够更好地吸引青少年读者的兴趣。

五、把阅读内容的提供和阅读技能的培养相结合，并出版阅读技能专题教材，对青少年的外语阅读活动进行方法和技能上的专业指导。《课程标准》指出："活动应包括学习语言知识和发展语言技能的过程，应使学生通过接触、理解、操练、运用语言等环节，逐步实现语言的内化和整合，从而提高实际运用语言的能力。"由于课时紧、教学任务重、升学压力大、缺乏专业指导，现阶段中小学校普遍存在着外语阅读教与学均力不从心的现象，具体表现就是虽然各级教育主管部门、教研指导部门都强调外语阅读的重要性，但落实到学校层面，却既没有专门的阅读课，也没有专门的阅读技能指导教材，导致教师教起来办法不多，阅读课往往成了语言知识、语法课，学生学起来不知其所以然，时间不能保证，效率更是不高。有鉴于此，外教社在《新课标百科丛书》和《新理念英语阅读》等多套读物中都内嵌了阅读技能指导的模块，如在《新课标百科丛书》的每本书后附 Reading Skills 部分，56 本书，56 项阅读微技能，完整地学习完毕，青少年学生也就获得了完整的外语阅读技能包。外教社还出版了面向初高中学生的《积极英语阅读教程》，借助国际智力，帮助中国青少年学生学好外语阅读，全国各地师生使用后普遍反映"很难得碰到阅读能力培养方面这么全面、高效的书"，足见这套书对我国中学外语阅读教学起到了有力的推动作用。

六、开展阅读竞赛活动，推动青少年的英语阅读，培养其阅读习惯。如上所述，我国中小学英语阅读缺乏专业指导，并且在具体实施、管理和检测方面往往存在缺环，有待弥补。外教社从 2007 年起坚持每年举办"外教社杯"全国中学生英语能力竞赛，正是为了弥补这一缺环。这项活动面向全国中学生，至今已经举办到第七届，一直坚持公益办赛的特色，不收取学生任何考务费用，受到了全国各地师生的热忱欢迎。竞赛本着"每阶段读好一套书"的宗旨，从初赛、复赛到决赛，分别指定不同的参考读物，从而帮助尽可能多的学生在一定的压力下激发出自身的阅读动力，扎扎实实地读好初赛、复赛指定参考书。有机会参加全国总决赛的学生更需要博览群书,才能在笔试和口试并重的总决赛中脱颖而出,摘得桂冠。从第一届到今天,这项竞赛活动已经从长三角、珠三角走向全国,在上海、北京、广东、江苏、浙江、山东、四川、河南、河北、安徽、江西等二十多个省市吸引了累计超过一百万名学生参加,推动了全国各地青少年学生的外语阅读,引领着他们走向外语学习的新辉煌,整个年级乃至全校学生集体报名参加比赛的情况屡见不鲜。

尽管外教社的青少年外语读物出版工作已经取得了上述辉煌成就,但时代在进步,社会在发展,师生的需要也在不断变化,外教社必须不断创新,为学校、师生和广大青少年读者提供更加优质的外语读物和阅读方法、技能指导。目前外教社正在梳理现有的读物产品,力争做到产品进一步精细化、定位进一步精准化,为更加细分的青少年读者群提供更加细致周到的读物配置和方法指导,为全国各地水平不一的小读者提供更加广泛、更加合理的读物选择和配备方案。相信只要我们深入到广大师生中去,虚心向他们学习,并向国内外的同行不断取经,学习他们的先进之处,必定能把外教社的青少年外语读物出版工作推向一个新的阶段,带上一个新的水平。

(上海外语教育出版社供稿,武泽明、韩天霖执笔)

《外教社博学文库》的策划与实施

《外教社博学文库》

上 海 外 语 教 育 出 版 社

《外教社博学文库》(以下简称《博学文库》)由上海外语教育出版社(以下简称外教社)策划出版,是一套专门甄选、出版优秀英语语言文学专业的博士论文的丛书。自 2007 年下半年开始征稿、2008 年启动评选至 2014 年底,《博学文库》已经甄选出版了 58 种博士论文,主题涵盖语言学、教学法、翻译学、文学以及文化研究等各个领域。这些博士论文的作者中有从教数十年的教授、副教授,更多的是初出茅庐的外语讲师,近年来入选丛书的作者基本是 80 后的博士。这些优秀论文的出版充分展示了英语语言文学学科中博士研究的最新动态和成果,为国内外广大读者在相关的外语学习和研究领域提供了又一宝贵的学术资源。

大学出版社的属性是服务于大学的教学工作和科学研究。作为一家大学出版社,外教社一直将学术出版视为自身的重要使命之一,专注出版各种高质量、反映不同学派的学术观点和风格的外语学术著作,以此推动我国外语教研水平和教师队伍素质的提高,促进我国外语教学和科学研究的繁荣与发展。多年来,外教社不仅致力于出版推广知名专家的学术论著,同时也不遗余力地为中青年学者的科研成果提供出版机会,扶持他们的学术创新,发掘并培养外语学科发展的中坚力量。《博学文库》从创意、策划到出版正是贯彻了这一出版理念。丛书秉承"个人自荐、专家推荐、匿名评审、好中选优"的原则和流程,甄选并出版的一系列图书全部都是英语语言文学学科的优秀博士论文,它为众多优秀的博士人才搭建了广阔的学术交流平台,为繁荣外语学术研究、促进外语学科发展和人才培养作出了一定的贡献,同时也提升了外教社在外语学术出版领域的影响力和号召力。

一、创意

怎么会想到做一套专门出版博士论文的《博学文库》? 这就不得不提到外教社的特殊属性。众所周知,外教社是我国专业从事外语教学与学术出版的机构之一,经过30 余年的耕耘和积累,外教社的学术出版在外语学术界有了较强的号召力和影响力,也代表了我国外语学术研究的高水准。因此,外教社每年收到的各种投稿非常之多。有不少博士直接投来他们的博士论文,寻求出版的机会。然而,当时外教社一直秉承原则上不出版博士论文的惯例,接到此类投稿后,往往是向作者解释原因之后作退稿处理。

不过,此类投稿在 2004—2005 年前后达到一个高峰,以往每年是 3—5 部,那时一年可以接到近 10 部投稿。博士论文投稿的增多说明社会上有这样的出版需求。随着我国高等教育事业的蓬勃发展,外语学科培养出来的博士人数逐年递增,其中不少人希望能出版凝聚着心血的博士论文,以记录他们的科研第一步。这引起了外教社的关注和思考:或许可以从中选出优秀的论文出版,既可以作为对外语教学与研究领域的支持,也避免沧海遗珠,为出版社今后的作者资源作好储备。

《博学文库》的创意由此产生。在 2007 年的夏天,出版社为此专门召开了一次选题研讨会,邀请了十余位外语界的教授、专家,一起探讨甄选优秀外语博士论文、出版《博学文库》这样一套图书的必要性。

首先,参会的专家一致肯定了这套图书的策划思路,认为出版优秀的外语博士论文值得一做,因为外教社的专业性质决定了出版社的使命就是要培养外语研究人才,发现学术的后继者,在出版名家专著的同时,帮助那些外语研究的后起之秀走上一个新台阶。但是由于受到评审能力的限制,《博学文库》的评选范围只能暂时限于英语语言文学专业内。其次,专家们也注意到近年来博士论文出版的势头大涨,有些学校或个人为了追求科研成果,往往会提供一定的出版资助,因此有的出版社就为了经济利益出版了质量不佳的博士论文。因此专家们建议,为了做一套精品博士论文丛书,出版社不仅不能追求出版资助,还必须有一定的投入。在会上,专家们还对论文的评选办法提出了许多建设性的建议。他们一致认为论文的评选工作要严谨有序,建议采用导师推荐和匿名评审相结合的评选机制,以及打分和评议相结合的评选办法,保证评审的公正性和稿件的质量。

这次选题研讨会的召开坚定了出版这么一套博士论文丛书的决心,也为丛书的策划评选进一步厘清了思路。外教社在专家的讨论和建议的基础上,整理出一套运作办法,开始尝试评选、出版英语语言文学专业的博士论文。

二、实施

在选题研讨会后,出版社又对《博学文库》的策划方案作了进一步的修改论证,决定采取"征稿—评选—修改—出版"的办法,面向全国征稿,不收取任何出版经费,只为评选出版优秀的论文。2007年的下半年,外教社在《外语界》和《外国语》杂志上刊登了《博学文库》的征稿启事,这标志着丛书的实际实施迈出了第一步。

征稿启事开门见山地阐明宗旨,"为及时反映我国英语学术研究的发展现状,展示各个研究领域的最新动态和成果,支持、鼓励和扶植优秀的英语博士人才,上海外语教育出版社决定遴选优秀英语语言文学博士论文,纳入《外教社博学文库》出版",同时也将征稿范围划定在英语语言文学专业之内。征稿的其他具体要求包括以下几点:1.书稿应为作者的博士毕业论文(中英文皆可),论文须有创新点;2.作者从外教社官网上下载并填写投稿表格,同时提交两份隐匿个人信息的论文纸质稿,以供评审;3.投稿论文须附有三位或以上博导的推荐信;4.作者还须提供读博士期间在核心期刊上发表的相关主题的论文(不少于两篇)的复印件。显而易见,后面的两个要求提高了投稿的门槛,目的是为了吸引真正的优秀论文。

截至2007年底,外教社就收到了30余篇博士论文的投稿,并于2008年初开始了第一年的评选。为了保证公平公正,真正做到好中选优,整个评选过程中设立了三轮评审,从春天一直评审到秋天,终于在9月金秋时节从投稿论文中选出了其中较为优秀的10篇。外教社将评审中专家提出的修改意见反馈给入选的10位作者,请他们进一步修改完善书稿并于2008年底交稿。2009年,《博学文库》第一批10本图书陆续出版。

自此,《博学文库》便依照着这个操作办法和节奏,组织完成了年复一年的甄选出版工作。截至2014年底,丛书已经完成了7个年度的甄选工作,从近300份博士论文投稿中,甄选出58篇论文出版(或即将出版)。在这个过程中,外教社做到了之前的承诺,没有收取任何的出版经费,纯粹以学术水平为标准进行选择。入选书稿的作者中有初出茅庐的博士研究生,也有教学经验丰富的教授、副教授,落选的作者里也不乏外语学院的院长或硕士生导师,这些都充分说明了《博学文库》以论文的学术水平、写作质量为唯一的选择前提。

三、评审

英语语言文学专业其实包含多个学科,有语言学、文学、教学法、翻译学、文化研究等,各个学科下面又各有分支。术业有专攻,博士论文又往往是就某个理论点进行深入的钻研和探讨,评选非常有难度。因此从第一年的评选开始,就考虑到英语语言文学专业的这一特殊性,层层把关,设立了三轮评审机制。

在为丛书设置的三轮评选中,第一轮评选可以说是"综合评选"。在投稿结束后,编辑会细读作者的投稿表格、博导推荐信,再翻阅论文,根据投稿要求,对所有论文的各项进行综合评估。熟悉英语语言文学专业各个学科的编辑们为论文打分,并分学科排出名次。必须说明的是,这一轮的分数和名次并非最终的结果,也不影响第二轮的审读,但在第三轮的终选中,它会被提出来供博导们参考。

在第一轮审阅的过程中,编辑们还会顺便完成另一项工作,那就是隐匿论文中的个人信息。虽然,丛书的征稿启事中就要求投稿论文必须去掉作者、学校、导师等信息,但还是会有作者无视这些要求,直接将毕业论文寄过来,这些论文的封面上赫然写着高校、作者姓名等重要信息。遇到这种情况,只能破坏论文的完整性,将封面、致谢等关键页撕去。有些作者虽然为投稿做了新的封面,但他在致谢或摘要中会提到帮助过他的导师、同学等,考虑到这也可能泄露作者个人信息,也会作一些必要的处理。令我印象深刻的是有一份论文在所有左页的页眉上都显示作者姓名,对此只能联系作者,请他去掉页眉设置后再打印两份论文寄过来。

论文在确保隐去作者信息后,就进入了第二轮的"匿名评选",被分发给专家审读。审读专家分布在全国各地各个高校。在安排外审时,通常会注意以下几个要点:1.每篇论文至少有两位专家审读,这样可以读到不同专家对同一篇论文的评语和意见;2.每位专家同时审读两篇论文,这样论文之间可以作比较;3.尽量避免让同一个地方的专家审读当地高校的博士论文。简单的三条原则,使安排审读的工作变得更具挑战性。外教社一般先依照论文的属地、学科排出一个理想的审读预案表,一一联系专家。如果有些专家不能审读或者时间无法配合，这份表格就会再作调整。

专家在收到论文后，一般会在1—2个月内根据《博学文库》的评审要求细致审读，给论文打分并写上具体的审读意见。主要评判的依据有：论文是否为该学科的前沿研究、论文是否有创新之处、论文的整体论述是否严密等。除此之外，专家也会指出论文何处需要提高、是否推荐出版等。等专家的评审意见都到位之后，所有经过第二轮评审的论文就进入第三轮评审。

第三轮"最终评选"实际上是将所有论文和它们的"综合评选"结果、"匿名评选"意见摆到一起，邀请英语语言文学专业各个学科的博导代表综合比较衡量，作最终的决定。在"最终评选"阶段，导师们主要参考前两轮的打分结果和专家意见，综合各篇论文的学术创新性、严谨性、规范性以及它们的文字水平等，从更宏观的角度审视每篇论文的学术质量。在反复比较和衡量之后，选取其中的优秀者。在这个过程中，还会考虑到英语语言文学专业各学科之间的平衡，争取每个学科都有好的论文入选。一般来说，每年入选的论文不多于10篇，宁缺毋滥。

四、总结

从2007年征稿开始，《博学文库》走过了从创意到策划、从实施到出版的过程，一路走来甘苦自知，有教训，更有不少收获。这些收获印证了我们在探索学术出版品牌化道路上的一些经验。首先，做学术出版要善于发现。不仅要善于发现市场，也要善于发现出版需求。只有重视、鼓励和支持外语学科领域的科研出版需求，才有可能挖掘到优质的选题和书稿。其次，学术出版要有集群优势。博士论文出版很容易做成零打碎敲，没有系统性和完整性。而《博学文库》通过定期评选、定期出版汇集了一定数量的优质书稿，大大提高了单本论文的影响力。第三，学术出版要有科学的筛选机制。《博学文库》就特别需要这样一个机制，为此我们精心设计了评选流程并不断在实践中调整修改。正是这套评选机制帮助丛书评委们从每年的几十部来稿中挑选出其中的佼佼者，保证了整套图书的学术质量。

回顾前路，我们由衷地体会到《博学文库》是一种顺势而为：从众多博士论文中选取佼佼者出版，为繁荣英语语言文学专业的学术出版出力。同时，它也是一种兢兢业业：每一次甄选、每一轮评审，外教社都慎重对待，深知每一篇论文都凝结着作者多年的心血。当然，它更是一种厚积薄发：丛书在精耕细作7年之后，稳扎稳打地推出了近 60 本高质量的博士论文,反映了新世纪我国高校英语语言文学专业博士研究的优质成果和强大的科研能力。

展望未来,外教社还将秉承《博学文库》一贯的原则,继续努力推进丛书的甄选出版工作,以吸引到更多的博士论文投稿,扩大丛书在全国的知名度,进一步提升丛书的影响力。

（上海外语教育出版社供稿，梁晓莉执笔）

从一套书到一个学术出版体系
——外教社学术图书发展历程探究

《美国艺术与科学院士文学理论与批评经典》译丛、《语言与教育百科全书》(第2版)等

上 海 外 语 教 育 出 版 社

经典策划
119

作为全国最大的外语学术出版基地和中心之一,上海外语教育出版社(以下简称外教社)是全国外语类学术图书获奖最多、产品层次最高的权威出版社。2008年,外教社成立学术出版事业部(以下简称学术部),专业从事学术图书研发和出版。经过多年的发展和积累,学术部已形成内容全面、结构完整的外语学术产品体系,囊括了国际和国内外语研究领域的诸多重要成果,既包含从国外出版社引进的一流著作,又有国内学者的原创性研究成果,经典性与前沿性并存,为广大读者提供了丰富、宝贵的学术资源。在原有基础上,学术部至今已新出版学术图书500多种(从上世纪80年代至今,我社累计出版学术图书900多种),涵盖了语言学、文学、翻译学、教学法、文化研究等外语研究的主要分支,以其优质的学术产品享誉学界,为外语人才的培养、中国外语学术事业的繁荣发展作出了很大贡献。值得一提的是,2014年10月外教社学术部成功申报成立"上海外语教育学术出版中心",这进一步奠定了其在国内外语学术出版界的翘楚地位。

在庄智象社长直接领导下,学术部成功承担了多个大型项目,其中50%以上的产品为大型项目研究成果,其学术价值为外语学界所公认,如《国际教育学百科全书》、《语言与语言学百科全书》、《牛津英国文学百科全书》、《牛津美国文学百科全书》、《世界知名语言学家论丛》、《改革开放30年中国外语教育发展丛书》、《新中国成立60周年外语教育发展研究丛书》等,均取得了很好的社会效益,获得了外语学术界的广泛

好评。2008年以来,学术部共有超过50套/部学术图书获国家级、地区级或市级奖项,超过40套/部学术图书获国家级、市级基金赞助,或被列为"十一五"、"十二五"规划项目。例如,《美国艺术与科学院院士文学理论与批评经典》译丛和《语言与教育百科全书》(第2版)获国家出版基金资助,《世界知名语言学家论丛:语法学习与教学》等获第二届全国大学出版社协会图书奖优秀学术著作一等奖,《牛津英国文学百科全书》等获优秀引进图书奖,《日本汉文学史》获第四届中华优秀出版物图书奖提名奖,等等,不一而足。

本文对我社现有的外语学术图书进行汇总研究,梳理分析我社主要学术图书的定位策略、产品特色和价值影响等,重点探究我社学术图书从一套书到一个出版体系的发展历程。

一、从一套书开始的品牌建设

上世纪80年代,语言学研究理论方法被逐步引介进入国内,掀起我国的语言学研究热潮,外教社顺势策划出版了由许国璋、王宗炎两位元老级教授主编,分别由王宗炎、赵世开、王德春、程雨民、戚雨村、伍铁平、冯志伟、桂诗春等教授著述的《现代语言学丛书》。丛书以浅显的文字和简明的方式,介绍现代语言学各领域、各流派的基本理论,为国内学者提供了丰富、及时的研究资料,深受学术界赞誉。

在此基础上,外教社再接再厉,大规模、有计划地引进国外应用语言学专著,分别从牛津大学出版社、剑桥大学出版社等国际著名出版公司引进出版了《牛津语言学入门丛书》(9种)、《牛津应用语言学丛书》(29种)、《剑桥应用语言学丛书》(10种)。此外,又陆续引进出版了外语研究领域的其他经典研究成果,如《剑桥文学指南丛书》(42种)、《国外翻译研究丛书》(29种)、《外语教学法丛书》(20种),等等,初步树立了外教社学术著作出版的品牌形象。

在注重引进介绍国际经典学术研究著述的同时,外教社紧抓国内学界标志性原创研究成果的出版推广,推出了《当代语言学丛书》、《外教社翻译研究丛书》等原创研究成果,涉及门类广泛,包括语言学、文学与文学史、翻译理论、社会与文化以及与外语结合的复合型学科等。这对促进外语教学研究和科研队伍的培养都起到了积极的作用,促进了学术繁荣和学科建设,在外语学界奠定并巩固了外教社的品牌形象和影响力。

二、新的突破，构建结构合理、种类齐全、质量优秀的外语学术出版体系

进入 2008 年后，作为外教社专业化运作试点之一，学术部成立，在我社原有的基础上继续为促进学术研究的发展与繁荣、外语学科的建设和发展而努力。由庄智象社长亲自挂帅的学术出版队伍，在学术产品研发方面加大了力度，主动而为，策划和出版了一系列高水平、高质量的原创图书和引进项目，为品牌战略和建设作出了新的贡献。

（一）原创成果占学术出版主导地位

从历年来的出版情况看，原创图书一直在外教社学术专著中占主导地位，占比为 70％甚至更多，这跟我社一贯的出版原则是一致的。虽然学术专著一般没有可观的经济效益，甚至可能亏钱，但外教社本着对社会负责、对学术负责、对读者负责的态度，坚持学术专著出版不收费，以质量为唯一取舍标准，并支付相应稿酬，从而从源头上保证了我社学术专著的价值和质量。以下为近年来外教社在原创学术专著方面的主要贡献：

1. 推出具有社会价值和历史意义的两套丛书

（1）《改革开放 30 年中国外语教育发展丛书》

2008 年，外教社与教育部高等学校外语专业教学指导委员会、高等学校大学外语教学指导委员会、高等学校高职高专英语类专业教学指导委员会、中国教育学会外语教学专业委员会合作编写了涵盖多个语种的学科发展状态，国内首套全面反映改革开放 30 年中国外语教育发展历程的丛书。丛书共 5 册，凭借外教社的品牌和庄社长的感召力，联络全国外语界一百多位专家学者，当年完成全部组稿。专家们殚精竭虑，反复修改，学术部在人手严重不足的情况下，加班加点，同年高质量完成编辑出版任务，确保了出版新闻发布会的召开，也为后续项目的顺利开展提供了作者储备和经验积累。

（2）《新中国成立 60 周年外语教育发展研究丛书》

2009 年，由庄社长策划，外教社集国内外语界百余位专家之力，组织编写并在当年度出版了本套丛书。丛书也分 5 册，涉及外语教育发展历程、外语教育发展战略、外语教学理论、语言学、翻译研究等不同领域。丛书权威、客观、全面，对今后我国外

语教育的发展具有重要指导意义。丛书的出版为我社社庆和 60 周年国庆献上了一份大礼。

2. 新开发完成其他一系列重要项目和主要项目

文学研究方面

(1)《美国艺术与科学院院士文学理论与批评经典》译丛

本项目为大型学术翻译工程,共 9 本,历时五年之久,由我社与主编聂珍钊教授通力合作,遴选十余所高校近 50 位有丰富的教学与研究经验、翻译水平高、有时间保证且对项目有学术兴趣的高校教师和研究人员参与翻译。"美国艺术与科学院"是一个蜚声世界的、独立的学术研究机构。该院院士的文学批评和文学创作在美国文学和文学批评史中占有重要学术地位,对美国社会和文化乃至世界文学和文化都具有重要影响。本译丛撷取其中文学与文学批评领域的精英之力作,期望推动我国人文学科的学术发展,并为我国的文学创作提供可资借鉴的宝贵资源。本译丛是我社首套获国家出版基金资助的项目,其学术价值、学术影响正为学界所认可,各本书也陆续重印。

翻译研究方面

(2)《英汉对比与翻译研究》系列文集

本丛书是对 30 年来我国英汉对比与翻译研究的历史检阅,共 8 个分册,涵盖英汉对比语言学、英汉对比文化学和翻译学三个学科,是这三个学科及相关研究领域的重要文献库。每册包含总序、综述、编者札记、选文、重要论著索引和编后记六部分,选文均为高水平论文及名家名篇。各册主编均为该研究领域权威专家。

语言学研究方面

(3)《世界知名语言学家论丛》(第一辑)

本丛书由庄社长策划,由我社约请国际知名学者、英语教育专家 Rod Ellis 教授担任主编。作者均为国际应用语言学领域影响卓著的权威专家。丛书中的每一本均聚焦应用语言学领域的一个特定主题,收录一位在该研究领域最有建树和影响力的语言学家的最重要的经典文章。丛书为国内应用语言学研究提供了一个新的平台,也是我社为直接联络国际知名专家开发原创选题所进行的有效尝试。

(4)《外语学术普及系列》

《外语学术普及系列》分为语言学类和文学类两大部分,是我社专门为外语语言学和文学方向的学习者策划的一套入门级学术读物,涵盖了两个领域的众多分支。

丛书简明扼要、浅显易懂，以问答的形式讲解学术领域的专业内容。陆续推出的产品取得了较好的销售业绩，并引起了国外出版社的关注。

（5）《外教社博学文库》

本项目于 2007 年启动，2008 年正式约请各领域专家进行评审工作。目前已甄选出 7 辑，每辑 10 本左右。前 6 辑已陆续出版。丛书为全国各高校青年学者提供了学术交流和展示的平台，受到学界的欢迎和好评，正在向品牌化方向发展。历年的销售成绩也达到了我们的预期。

（6）《全球化背景下的外国语言文学研究丛书》

这是我社与广东外语外贸大学鼎力合作推出的研究项目。丛书汇集了"语言·文学·文化"、现代技术与语言教学评估、跨文化交际与管理、翻译研究与实践等研究成果，就全球化背景下外国语言文学的使命、外语教育规划、外语学科发展路径、外语人才培养模式等理论和实践问题进行了有益的探索，目前已推出近 20 种图书。

另外，《英国文学专史系列研究丛书》、《澳大利亚文学研究丛书》以及众多单本书等一起为我社的原创学术图书积累作出了贡献。

3. 做好已有品牌的维护和推进

语言学研究方面

（1）《现代语言学丛书》

从 2008 年开始，学术部着手对这套丛书进行修订和扩充，目前已出版新书 5 种，出版修订版及重排版共 5 种，使经典老项目焕发新意。如今，老专家们陆续离世，我们的工作起到了抢救遗产的作用。

文学史研究方面

（2）《新编外国文学史丛书》

《外教社外国文学史丛书》推出后，深受国内外学术界好评。作为国家"十二五"大型重点图书项目，学术部在 2012 年着重开展对本套丛书中各文学史专著的新编、修订和再版工作，近年来推出了《南非文学史》、《匈牙利文学史》、《德国文学史》（修订增补版）、《意大利文学史》（第 3 版）、《澳大利亚文学史》（修订版）、《新西兰文学史》（修订版）等，并对整套丛书进行整合，重新推向市场。

（3）国家哲学社会科学规划项目

国家哲社规划是国家创新体系的重要组成部分，由其资助的学术类出版项目反映了国内在相关领域的先进研究成果。我社及时推出语言学、文学、翻译学、教学法等各领域的 20 多个优秀成果,为传播这些成果提供了广阔的平台。新成果每年不断涌现,作者名家汇集,如杨惠中、杨仁敬、殷企平、王初明、束定芳等。

此外,《外教社翻译研究丛书》《外教社认知语言学丛书》《当代语言学丛书》、《外国现代作家研究丛书》《外教社外国文学研究丛书》等历年来也不断有新项目推出,保证了各套丛书得到激活和推进。

多年来的主动策划和积累,使我社在文学研究、语言学研究、翻译研究、外语教育研究等方面的原创图书开发形成了科学合理的体系。

(二)引进高端优质项目以增加品牌效应,促进国际前沿学术资源本土化

1. 引进出版一系列大型百科全书

外教社一贯重视大型百科全书的引进和出版。2008 年起,社领导高瞻远瞩,进一步发挥专业出版社的优势,策划和引进出版了一系列高水平、高质量的百科全书,推动了学术经典在我国的传播,促进了我国外语学术研究的发展与繁荣,受到了学界的广泛好评和热诚期待。2008 年从 Elsevier 引进出版了迄今世界上最大的一套语言学百科全书《语言与语言学百科全书》(第 2 版,14 卷);2009 年引进出版了《牛津英国文学百科全书》(5 卷);2010 年同时引进出版了《牛津美国文学百科全书》(4 卷)、美国 Facts on File 出版社的《美国文学百科辞典》(修订版,4 卷);2011 年引进出版了 Springer 出版社的《语言与教育百科全书》(第 2 版,10 卷);2013 年底从 Elsevier 引进出版了 8 卷本《国际教育学百科全书》(第 3 版)。

学术部编辑在确保完成其他任务的同时,有条不紊地进行百科全书各个环节的工作,确保各套百科全书在当年度出版。如对于 14 卷《语言与语言学百科全书》(第 2 版),三位责任编辑每人负责 4 至 5 卷,处理并修改到位几百条政治问题,保证了此书能在国内顺利付梓出版。各套百科全书均约请相关领域权威专家撰写中文序,并设立由该领域各高校专家组成的出版专家委员会,丛书出版后又及时召开出版新闻发布会和学术研讨会,从而拓展了原书的内涵。一系列百科全书的引进出版,体现了外教社专业出版的"专业程度"和"品牌含金量",体现了外教社重视社会效益,力争实现社会效益和经济效益最佳结合的一贯原则。

2. 引进出版外语研究各领域的重要学术图书,为国内学科建设出力

(1)《国外翻译研究丛书》

本丛书是对外国译学进行借鉴性研究的主要资源,所涉及的论著时间跨度大,既

有经典,也有新论,所选书目皆为译学发展史上具有里程碑意义的名家名著。在原先推出的 29 种论著的基础上,近年来新引进及新增中文导读、修订等共 14 种,延续已出版产品的良好效应,继续为读者提供翻译教学与理论研究的"及时雨"。多年来,这套书成了翻译专业师生和研究者的必备用书。

(2)《外教社跨文化交际丛书》

本丛书由胡文仲先生、贾玉新先生任主编,既引进国外跨文化交际研究领域的权威经典力作,也出版我国学者的著述,还有中外专家合力之作,对我国跨文化交际研究的发展起到了引领作用。读者可学习和借鉴其中不同文化背景的学者的真知灼见,部分学校把其中的经典著述用作教材。

在《外教社跨文化交际丛书》基础上,我社新近又推出一批从跨文化视角探讨外语教育的权威力作,集为《外教社跨文化交际丛书·外语教育系列》。这些著述由世界知名专家撰写,分别对课堂教学理论、教学实践和教学成果评估等进行全方位论析和阐述。书中提出的很多远见卓识引领着当今世界外语教学改革的潮流。

(3)《商务英语教师学养丛书》

本丛书为"全国商务英语专业教学协作组"重点推荐的师资培训参考书,为国内首套。书目由商务英语权威专家王立非教授力荐,由我社从国外多家知名出版社原版引进,并由商务英语专家撰写中文导读。丛书的内容涵盖商务英语理论、商务语言、商务翻译、研究方法、课程设置、专用英语等,是提升商务英语教师教研能力和学生学习能力的最佳参考书。2014 年我们集专家和编辑之力,在最短时间内推出了 10 种图书,受到了学界的广泛好评。

(4)《语用学研究前沿丛书》

这是我社从 John Benjamins 出版公司引进的一套 10 本语言学原版专著,研讨的专题包括语用学与哲学、认知语言学、语法、社会学、文化学的交叉领域,展现了语用学研究的最前沿发现,受到师生和专业研究人员的好评。

(5)《西方语言哲学丛书》

丛书共 5 种,由我社联合"中西语言哲学研究会"引进并推出西方语言哲学领域的经典著作,引导中国学习者直接走向语言哲学本身,审视此潮流对语言学研究的影响,从而推动该学科的建设和发展。

此外,《外教社 21 世纪语言学新发展丛书》、《外教社原版文学入门丛书》、《外教社西方文论丛书》、《外教社学术阅读文库》等引进项目的陆续推出,均得到了相关领域专家和师生的欢迎和肯定。可以说,外教社在引进原版学术图书方面也做到了产品高端、结构均衡、体系完备。

三、成功申报成立"上海外语教育学术出版中心",学术出版如虎添翼

2014年,上海市新闻出版专项资金图书出版类资助特设了一个新的类别:重点支持某一领域在全国处于一流水准、能代表上海和国家水平的学术出版中心或专业出版中心。我们积极回应,及时申报,精心准备了大量材料,并参加项目陈述答辩。凭借我社现有的实施条件和优势、外语学术出版的深厚积累和已取得的骄人成绩、优秀的作者资源和编辑队伍,以及对今后发展目标的合理规划等,我们顺利通过了专家组的初评、复评和终评,成功入选,成立"上海外语教育学术出版中心",这为我社学术图书品牌建设、我社学术出版体系的进一步完善和发展提供了激励和保障。

四、多项措施保证学术出版体系的优质创新和品牌效应

(一)立足学科建设,力促人才培养和学术繁荣

外教社作为一家外语教育方面的专业出版机构,对我国外语教育事业的发展、学科建设和学术进步负有责任和义务,码洋固然重要,但出版具有里程碑意义的好书更加重要。秉承服务学科建设、加强人才培养、推动学术交流、促进学术繁荣的理念,我社学术出版自始至终立足于学科建设,同时,发挥专业出版社的优势,密切关注教材出版动向,配合教材发展来开发配套学术著作,以起到互相促进、互相支撑、互为补充的作用。

(二)注重选题策划和书稿质量,开发一流学术产品

学术产品的品牌含金量一直是我们关注的重点,这就需要我们从第一道程序——选题开始就慎重设计并严格把关。我们既注重选题的独特性和内容的创新性,也重视其学术价值和质量。我们关注国外知名出版社每年新推出的重大、重点学术项目,跟踪国际国内热点研究主题,争取每年引进或组织编写一至二项重大或重点项目,力争占领学术制高点,并汇聚各个外语研究领域的权威专家。同时,在引进书和原创书两方面都注重发掘各研究领域空间,填补空白,开发有增长潜力的内容板

块,以求占得先机。对于自由来稿,我们坚持不收费,以稿件质量和学术价值作为唯一录取标准,并积极提升入选项目质量。

在结构布局方面,我们重视语言学、文学、翻译学、教学法、文化研究等外语研究各领域的相对平衡,并突出重点,使学术出版结构合理、层次性强、受众面广,兼具学术普及和学术研究的功能。

近年来,我们也着重加强与国际知名专家的合作,直接约请其写稿;并注重各学科的交叉研究和边界研究,适时引进或自主开发相关学术成果。

在文字编辑阶段,我们坚持规范的三审三校,字斟句酌,力求从专业角度提出问题以及解决方案,并处理到位;同时,无论原创图书还是引进图书,都不可避免地会涉及各种各样的敏感问题,编辑们都慎重对待,一一妥善处理。编辑们严谨细致的工作态度和优良的图书质量得到众多作者与广大读者的一致好评和欢迎。

(三) 注意重点项目申请

多年来,我们关注国家出版基金项目等重点基金项目申请,积极为各类项目准备申报材料。多个项目入选国家"十二五"重点图书项目,《美国艺术与科学院院士文学理论与批评经典》译丛、《语言与教育百科全书》(第2版)均获国家出版基金资助(各40万元),至今有几十个学术项目获上海市文化发展基金会图书出版专项基金资助,以及其他各类基金资助,既扩大了图书的品牌效应,也节约了成本。

(四) 注重作者队伍建设

作者队伍的建设直接关系到我社学术产品的品质和价值。通过一系列具有社会价值和历史意义的图书的组稿,以及一系列起点高、影响大的百科全书的引进,我们集结了一大批外语界各领域的专家学者,跟他们建立了合作关系,而我们的敬业也给他们留下了良好的印象。同时,我们跟外语研究领域各学会、研究会保持密切沟通,合作共赢。我们积极参与语言学、文学、翻译学、文化研究等领域的学术会议,每年达几十次,并在各类会议上积极结识作者、物色选题、宣传推广相关产品,确立品牌形象。在选题立项方面,我们适度向各领域崭露头角的青年学者倾斜,帮助他们完善选题,多为他们提供学术交流的平台,《外教社博学文库》等项目的持续推进为我社集结了一批优秀中青年作者,有助于我社做好各学科专家作者队伍的过渡和衔接。

(五）加强编辑队伍建设

在知识日新月异、技术更新换代的新形势下，面临出版业的新挑战，我社学术部也从 2008 年刚成立时的三位成员，逐年发展至目前共七位成员。我们立足自身定位，注重对员工的培养，提高部门编辑的政治素养和责任意识，加强道德建设；同时，增强集体凝聚力，搞好团队建设；最重要的是，提高业务能力，加强学术素养，鼓励和发扬各人专长，知人善用，团队共赢。我们明确职务分工，根据各人的特长和兴趣，鼓励并有意培养，使每名员工都能成为学有所长、独当一面的优秀学术编辑，共同促进部门发展。历年来多个重大项目的成功完成，证明我们的编辑队伍是经得住考验的。

(六）制定论文集条例，规范我社论文集处理

从 2009 年起，为规范我社论文集类稿件出版，我们对论文集选题的原创性、价值评估、主编责任、稿件字数、篇幅、体例、文字质量、编辑审稿、出版周期、成本控制、经费资助等作了具体规定，经社务委员会讨论并批准，于 2010 年初形成条例试行，同时设计专用合同，有效规范我社论文集类稿件的出版，以节约人力、物力成本，提高论文集质量，并适时建立了"外国语言文学研究论文数据库"。

(七）组织学术产品销售情况调查及书目对比分析

从 2008 年至今，学术部对学术产品销售情况逐年进行调查分析，并对我社与主要同行出版社的学术出版书目进行对比分析，得出的报告和结论对本部门的选题开发、成本控制、印数调整、开本设计等都起到了参考和指导作用，力求使我社主动开发的学术产品获得社会效益与经济效益双丰收。

南京大学许钧教授在 2015 年 1 月 27 日举办的江苏高校外语院长论坛上说："……外教社与其他出版社如外研社、高教社相比，这二十多年来在学术的贡献上地位无可撼动……"感谢专家们的肯定和一直以来的支持和帮助，这是我们继续坚持和努力的动力。滴水穿石，事在人为！凭着我们不懈的追求和努力、坚定的信念和坚持，相信外教社学术图书出版的明天会更美好！

（上海外语教育出版社供稿，孙静执笔）

从一张光盘到一个数字出版群

——上海外语教育出版社数字出版发展之路

《大学英语》(修订本)系列教材配套教学光盘等

上 海 外 语 教 育 出 版 社

经典策划 119

作为专业的外语教育出版社,上海外语教育出版社(以下简称外教社)在不断出版优秀教材和各类外语图书的同时,较早认识到信息技术对语言教学与教育出版将产生深刻影响,从而顺势而行,积极探索信息技术手段和语言教学的有机结合方式,形成了具有外教社特色的数字出版发展之路,并通过数字化转型获得了持续发展的新动力。

在数字出版的探索与发展过程中,外教社始终立足专业,以精品内容为核心,以用户需求和市场反馈为导向,充分利用数字技术的新成果,在数字出版的道路上不断探索与创新:从第一张多媒体教学光盘到成规模的立体化教材研发,至新理念外语网络教学系统、外教社分级题库等教学辅助系统的推出,至互联网、移动教育产品的深度开发,逐步建立起数字化、网络化、移动化的多元数字出版格局,走上纸质出版和数字出版联动的融合发展之路。

起步:第一张多媒体教学光盘的诞生

1997 年,外教社率先意识到信息技术将为外语教育和图书出版带来变革,因而决定正式启动核心产品配套数字内容的研发,确定的第一个重大项目是《大学英语》(修订本)系列教材配套教学光盘。在当时的国内出版界,开发多媒体教学光盘并无多少先例可循。编辑们一方面从国外的教学光盘中学习吸收经验,把新的教学理念和教学设计融入光盘设计,一方面在全国范围内选择合适的合作对象。最后,华南理工大学和中国科学技术大学分别被委托制作《大学英语》(修订本)精读和听力的光盘。通过出版社编辑和技术制作人员共同创意设计、反复审读测试、不断改进提高,终于在1998年10月出版了外教社历史上自主开发的第一张多媒体教学光盘——《大学英语》(修订本)精读第一册多媒体教学与辅导光盘。

在全国推广过程中,该光盘得到广大师生的认可与好评,大家认为其内容丰富、样式新颖,对外语学习很有帮助。用户在外语学习中对音视频以及扩充的信息需求量较大,教学光盘以其大容量、图文声像多形式呈现内容的特点,很好地满足了用户对各类语言素材和信息输入的需求;同时,在学习中,为用户提供一定的参与和交互能增强其学习兴趣,提高其学习效率,教学光盘的即时交互设计弥补了图书学习无法获得反馈的不足。时至今日,很多学校的教师仍对该系列光盘赞赏不已。

加速:教材的全面立体化

第一个系列产品获得良好的市场反馈后,外教社的编辑们受到了极大鼓舞。通过市场调研与科学分析,为进一步满足教师和学生在外语教与学中的不同需求,外教社确立了为教材配备"课堂教学版"与"课外学习版"两类光盘的开发策略。"课堂教学版"光盘为教师提供体现教材特色、符合课堂教学规律、包含丰富资源与素材的电子教案;而"课外学习版"光盘为学生课外自主学习提供辅助讲解与多样化操练,使学生能够不受课堂时间的限制,有针对性地进行语言学习和各项技能的训练与提高。包含电子教案与助学光盘的立体化教材深受广大师生欢迎,促进了外教社纸质图书的推广,扩大了出版社的品牌影响力。

2002年上半年,外教社获得新闻出版总署批准的数字出版物出版权。此后,外教社针对不同阶段的英语教材——小学英语、中学英语、大学英语至研究生英语,以及日语、德语、法语等少数语种教材研发制作了丰富的外语学习和教学光盘。广大师生越来越青睐和重视教材配套的"课堂教学版"和"课外学习版"光盘。"课堂教学版"的电子教案为教师们提供了丰富的素材、科学的教学设计、多样的课堂组织形式,成为教师们备课、授课不可或缺的帮手;"课外学习版"光盘为学生开展外语自主学习和操练提供便捷有效的手段,解决了学生课后个性化学习的难题。外教社的多媒体教学光盘以其内容丰富、素材权威、形式多样、互动性强等特点赢得了各阶层师生用户的广泛好评。

从 2002 年起，外教社多媒体教学光盘的出版无论在数量还是质量上都在同行中占有相当大的优势，其复制的数量最多时占整个上海教学类光盘复制总量的 90% 以上，取得了显著的社会效益和经济效益。

开拓：网络教学辅助系统

网络时代的到来改变着人们生活和学习的方式。对出版社而言，这是新的机遇，也是巨大的挑战。外教社在稳步推进配套光盘开发的同时，密切关注网络技术的发展和外语教学理论的动态，研究教师和学生在教与学中潜在的需求。为更多地展现教学内容、提升人机互动效果、增强教师对学生学习的管理与监控，外教社的数字出版开始向网络化迈进。

2002 年，教育部启动"高等学校教学改革与教学质量工程"，大学英语教学是教改的重要组成部分。《大学英语教学要求（试行）》中明确提出："我们应当充分利用多媒体、网络技术发展带来的契机，采用新的教学模式改进原来的以教师讲授为主的单一课堂教学模式。"教育部高教司委托外教社等四家出版社开发基于计算机和网络技术的大学英语教学系统，以"使英语教学朝着个性化学习、不受时间和地点限制的学习、主动式学习方向发展"。

外教社凭借自身的专业精神和技术优势，在教学系统的结构组成、功能设置、内容呈现等方面进行了多方调研和科学论证，最后外教社"新理念大学英语网络教学系统"设计成由四大部分组成：网络课程、教辅资源、单元测试和管理平台。网络课程即外教社精品教材《大学英语》（全新版）的学习课程；教辅资源为学生提供原汁原味的补充学习资料；单元测试的设置能有效评估学生的学习情况；而管理平台则为教务管理、教学进度安排提供便利。2003 年 12 月，"新理念大学英语网络教学系统"参加教育部大学英语网络教学系统评估，得到教育部领导和专家组成员的高度赞赏。

外教社对"新理念大学英语网络教学系统"的内容不断进行充实，目前网络课程已近百种；在功能设置和用户体验上不断优化与改进；在整体构架上也作了扩展与完善，从以学生自主学习课件为主的"教学中心"扩展为"教学中心"、"备课中心"和"测试中心"，从局域网使用向互联网使用过渡，为学生自学、教师备课、测试评估提供全方位的"不受时间和地点限制"的数字资源服务。该系统后已更名为"新理念外语网络教学平台"。截至 2014 年 12 月,全国已有近 500 家高校安装使用"新理念外语网络教学平台"。

在数字出版策划研发过程中,用户需求始终是外教社的领导和编辑们关注的焦点,促使着外教社不断开发新产品以满足用户新的需求。外教社开发的"大学英语分级测试题库",很好地解决了教师出卷难的问题。分级题库系统采用"组卷策略"的概念,教师可根据测试类型和目的、受试学生水平来设定试卷的组成架构和题目级别,系统会根据确定的组卷策略自动抽取题目随机生成试卷。分级题库题型丰富、试题针对性强、生成的试卷的呈现方式人性化、使用便捷,为教学中进行各类测试提供了极大方便,受到高校教师们的欢迎。同时,为解决英语口语考试评估难、组考人力成本高等困难,外教社开发了采用"人机对话"方式模拟传统口语考试的"外教社大学英语口语考试系统",能确保高校大规模口语考试的顺利进行。2014 年,该口语考试系统荣获国家级教学成果奖二等奖、上海市教学成果奖一等奖。

多年的数字产品开发,使外教社积累了丰富的数字资源和庞大的用户群,为进一步整合资源和复合出版打下了坚实基础。

融合:复合数字出版群

随着互联网技术的发展与普及,外教社在完善局域网产品的同时,努力探索互联网领域数字出版的新可能。2007 年,"外教社有声资源网"正式上线,网站主要面向购买外教社图书的用户,免费提供图书配套音频下载服务,同时它也是听说学练一体化的学习网站。目前"外教社有声资源网"已有可下载音频 800 多个品种,有超过 86 万注册用户,日均访问量接近 1 500 人次,日均浏览量超过 12 000 次。

为发挥外语教育出版社的专业优势,2009 年,外教社开发了"四八级在线"网站,提供英语专业四八级考试专业辅导,引起了全国英语专业教师和学生的高度关注。在线测试、在线课堂、答疑解惑、应试指南、专项训练、翻译/作文大家评等栏目,为用户呈现高质量的模拟试题、权威专家的视频讲解课程,提供最新的考试资讯,并为用户创造了互相学习交流的平台。该网站成为英语专业学生学习和交流的重要园地,对扩大外教社品牌影响力有重大意义。

随着互联网产品开发的推进,网站产品逐渐增多,为改善用户的使用体验,更好地进行用户资源管理,2009 年,外教社基于统一用户管理理念,建立起外教社统一认证平台。该平台实现了用户单点登录(SSO),即一次登录后就可在外教社的不同网站之间自由切换。同时,这也便于出版社管理用户,收集用户使用情况等相关数据和信息,为出版社分析用户行为、改进网站设计提供了有力的科学依据。

"外教社有声资源网"、"四八级在线"、"新理念测试中心"、"新理念备课中心"、"外国语言文学研究论文数据库"、"外教社高等英语教学网"、"外教社基础英语教学网"等十余个网站构建成的网站群,为外教社传统图书出版提供了全方位的数字配套资源,为不同层次的外语学习者、教育者、研究者提供了丰富的学习素材、多样的教学资源和科学的研究材料。

随着无线网络覆盖的扩大和智能手机的普及,移动化产品又成了外教社数字产品开发的一个新的增长点。为给用户提供更便捷的有声资源收听方式,2013 年,外教社结合 QR 二维码技术,打造了"爱听外语"移动应用,实现了图书与在线音频资源的互动。读者通过任何二维码识别软件扫描外教社出版的图书上所印的二维码,可自动下载适合所用终端的"爱听外语"移动应用,并在应用内直接使用该图书对应音频。"爱听外语"还设置了多语种的"爱听电台"栏目,主动向读者推送各类精选的语言学习有声资源,为用户提供个性化的音频素材。2014 年推出的"爱背单词"系列移动应用,为外教社主干教材的词汇学习与测试提供了便捷有效的方式。"新牛津英汉双解大词典"移动应用收录了约 36 万个词条及释义,除了查阅功能,还增加了单词发音和云生词本、云复习计划等辅助学习功能。

"爱听外语"、"爱背单词"、"新牛津英汉双解大词典"、"口语随身练"等移动应用的开发,顺应了数字技术发展的潮流,符合用户学习习惯的改变:通过精选的内容、友好的界面、简单易懂的交互设计、科学实用的功能设置,用户能充分利用碎片化时间进行个性化学习。

作为外语类专业出版社,在数字出版的发展与规划中,外教社始终关注技术发展的动向,在发挥自身精品内容优势的基础上,结合信息技术发展,关注和引导用户使用数字产品的习惯,不断积累,不断创新,以局域网系统、互联网课程、资源网站、移动应用等一系列产品的开发与完善,构建起多层次、多类别、多形态的复合型数字出版群。

展望:"互联网＋出版"

网络和信息技术的发展深刻影响着社会的方方面面,极大地改变了人们学习、阅读、工作、消费的习惯。人们打开手机浏览邮件,通过云端存储资源,通过电子阅读器读电子书,用手机和平板电脑观看公开课,利用碎片化时间进行学习,通过移动终端进行购物……人们的生活已离不开数字产品和数字服务。为顺应新的市场发展趋势,根据时代发展的变化、出版业态的现状以及对未来数字出版发展的预见,外教社适时制定了新的数字出版与数字化转型发展战略,坚持"移动优先,互联网优先"的理念,以确保出版社的可持续发展。外教社将围绕四方面工作的数字化建设开展数字出版转型:

1. 数字管理

在未来外教社数字化建设和数字出版发展过程中,数字管理平台将是整体运营的核心基础,一方面确保出版社内部运营活动高效有序地开展,另一方面为其他三大平台提供有力支撑。

2. 数字信息传播

数字信息传播平台是外教社对外传递各类产品和服务信息的主要门户,是树立品牌形象、吸引读者用户的窗口,同时又应是进入数字资源服务平台、数字营销服务平台的主要通道之一。

3. 数字资源服务

数字资源服务平台是外教社数字出版的核心平台,既向广大读者和学校提供各类外语教学、科研等内容资源,又是向用户提供评估、互动交流、反馈信息的平台,是纸质教材产品的立体化组成和新媒体出版融合的呈现平台。未来该平台将与数字营销服务平台一起成为外教社社会效益和经济效益的生发地。

4. 数字营销服务

数字营销服务平台则是外教社各类外语产品、资源和服务全面与用户接通并最终实现社会效益和经济效益的直接通道,将与数字资源服务平台相辅相成,互相依托,实现数字资源、数字产品和数字营销的一体化成效。

上述四大方面数字化布局中,数字管理平台是基础,是构建出版社数字化管理机制的重要组成部分,同时也负责向其他三大平台输送必要的基础数据;信息平台、资源平台、营销平台则直接面向出版社各类用户,三者各司其职,又相互有机联通,形成体系,全面支撑出版社的整体出版经营活动。

数字化转型将渗透到外教社的企业管理、内容出版、客户服务、产品营销等方方面面。数字化发展将引导外教社出版主业的发展,促进外教社出版、科研、教育互动发展战略进入全新的历史阶段。

外教社将继续明确目标,加大投入,坚定不移地贯彻数字化建设的战略方针,科学规划,高效实施,发挥想象,开展创造性的工作,努力确立外语数字出版的标准,在"互联网+"时代探索出一条符合外教社特色的数字出版和转型之路,继续为我国的外语学习者、教育者、研究者提供全方位、专业化、个性化的外语数字教育服务。

(上海外语教育出版社供稿,倪淦英执笔)

走出去引进来类

经典策划119

我们的图书遍天下——中国文化走向海外的一个案例

打造中国学术出版『走出去』的桥头堡

方向、目标及策略——99读书人外国文学出版的过去与未来

99读书人童书出版布局

戈

我们的图书遍天下

——中国文化走向海外的一个案例

《文化中国》丛书

上 海 新 闻 出 版 发 展 公 司

直到上世纪 80 年代,国人在世界各地的著名连锁书店,或是在博物馆、图书馆内的专业书店,均见不到中国文化的书籍,看到的亚洲图书大都是印刷精美的日本出版物。而在今天,走进纽约大都会博物馆书店,一眼就能看到《红楼梦绘本》画册被摆放在"亚洲"专架上,《清明上河图》被陈列在店堂中央落地玻璃橱窗最显著的位置,还能看到诸如《中国玉器》、《书法艺术》、《中国民乐》和《苏州园林》等摆放在书架上。这是上海出版人十年不懈努力的成果。

杨洁篪大使欢迎上海客人

2004 年尾,华盛顿,严寒的日子。美国总统大选结果刚刚揭晓,小布什以微弱的差距战胜了对手,如愿以偿地赢得连任。

下午四五点钟,寒风萧瑟的街道上,车辆并不多。中华人民共和国驻美大使的官邸,沿街的大门打开了,翩然进去的,是来自上海出版界的几位男士。

温馨的客厅里,儒雅的杨洁篪大使站立起来,欢迎来自祖国的客人;他的身边,是阳光灿烂般微笑着的大使夫人。经过长途跋涉来到华盛顿特区的上海客人,原先的一脸疲惫,顿时被客厅里的暖意消解了。

谈话是围绕客人们带来的五本书进行的。两本散发着油墨香味的厚重的画册,一本是《王蒙和他的新疆》，另一本是《沈从文和他的湘西》，装帧高雅精致，图片引人入胜，从封面到内页，全部文字均为英语。杨大使和他的夫人，立刻为画册所吸引。客厅里，是翻动书页的悦耳的"嘶嘶"声。随后，另外三册开本小一些的书，也引起了大使夫妇的兴趣。那是三本中国文学的选本，有短篇小说，也有散文，印刷文字同样是一色英语。

"真好，印得漂亮，翻译也不错！"直率的大使夫人，以她职业英语的水平，迅速对几本书作了判断。杨大使则慢悠悠地翻看着那些书，许久，他才不慌不忙地说："好书！你们做的是好事！我接受你们的邀请，晚上，我将参加你们的新书发布会！"

杨大使话音落地，上海客人们心中的石头也随之落地，不由自主地鼓起掌来。

他们几位，来自上海出版界的一家企业，名为"上海新闻出版发展公司"，这是一家以出版中国文化的外语版图书为工作目标的公司。桌面上摊着的五本读物，是他们的首批产品。投石问路，到北美市场推广宣传。

那天晚上，在华盛顿一家五星级饭店的贵宾厅里，聚集了来自美国诸多重量级媒体的头面人物，他们应邀前来出席新书发布会。会上，杨大使热情洋溢地致辞。杨大使说："中美建交已经三十多年，我们在经济方面的交流和成果很多，文化方面的交流与成果不多。今天展现在大家面前的新书，应该是一次非常有意义的开始……"

克林顿夫妇购买《沈从文和他的湘西》

在北美地区推广上述五本书的旅行，绝对是成功的开始。美国最大的连锁书店巴诺答应做主承销商，他们在从大城市到偏僻区域的一百多家店里，摆放了这些中国内容的图书。由于外观精美，两本画册放在大型书店的架子上，挤在各国无数优秀出版物的行列里，依然是那么醒目。来自上海出版业的这几位先生，风尘仆仆地旅行时，导游曾让他们在一处小镇的书店停留片刻，原来，导游发现那家书店的橱窗里摆着他们的书。书店老板笑呵呵地接待了远方的客人。他说，克林顿夫妇的住处离这里不远，夫妇俩有时会光顾他的书店，他一定向他们推荐中国过来的新书，总统夫妇会感兴趣的。不久，果然传来消息，克林顿夫妇购买了上文提到的《沈从文和他的湘西》一书。

纽约，著名的华美协进社总部，中国的客人向一两百位中小学教师介绍了中国的文化读物。影响了这些教师，就能通过他们影响美国的青少年读者。演讲以王蒙那本书为由头，主题是中国文化与丝绸之路的关系。题目是华美协进社的主持人提议的，她认为，听众会对这个主题感兴趣。果然，一个半小时的演讲，气氛热烈，提问甚多，台上台下交流十分活跃。演讲结束，不少老师当场买了书，要演讲者签名。演讲者声明，那是王蒙的书，他签名不合适。但是，热情的美国朋友依然要求签名。他们欢迎来自中国的文化使者。有一位美丽的女士，静静地等待所有听讲者离去后，悄然来到演讲者面前，说她希望到中国新疆去教授钢琴，优雅舒缓的语调却透露出内心的坚定。访问团中恰巧有一位音乐爱好者，看见了这位女士留下的联系方式，从她的姓氏，猜测她与一位世界著名的音乐家有关联。经过一番友好交谈，果然，这位女士的长辈正是世界公认的伟大的小提琴家海菲兹。当年，文笔犀利、出语辛辣的英国大文豪萧伯纳先生曾公开写信"责备"海菲兹："请问，你能否拉错一个音，以表明你是一个人而不是一位神呢？"

在尼克松图书馆举办的大型推介与演讲，以及在旧金山美国中学、小学图书馆的小型活动，均取得了预想的效果。美国学校图书馆的老师说，学生们多次问他，哪里可以找到翻译成英文的中国的小说。现在，他可以向孩子们提供了。

让孩子留下美好想象

上世纪 80 年代，改革开放大业刚刚拉开帷幕。上海出版业的人士，有了出去见识世界的机会。

那个年代，正好是日本经济高速发展的时期，日元升值超越了翻倍的门槛，满世界均奔忙着日本的商人和消费者。你去北美或者欧洲，在饭店的电梯里碰到当地人，他们客气地向你打招呼，脱口而出的问候语往往是："你——日本人？"出版界的人到外面活动，书店总是要多跑跑的吧。除了华人社区里卖中文书的小店，无论走进著名的连锁书店，还是在博物馆内的书店、图书馆，你见不到中国文化的书籍，倒是看到许多印刷精美的日本的出版物。

事情的转机，几乎是与新世纪的降临同时出现的。在上海的一次会议上，有来自北京的领导同志提出，中国出版必须走到国际市场上去，希望上海的同志们为此多作贡献。领导的想法与上海出版业多年的愿望一拍即合。会后，上海市委、市政府、市委宣传部的领导责成上海出版界设计方案，尽快做实这件事情。

于是，三位一体的长江对外出版公司正式构建。这个公司的架构也很象征意义,就像是中国古代的三足鼎,稳定的公司架构,才能保证事业持续前行。

经多方征询,用"文化中国"作为项目的总名称。"文化中国"项目设计完整起来,指导方针也更加清晰了,那方针延续至今,始终是基本的工作理念,并且只有八个字:"大象无形,借船出海。"

所谓"大象无形"的编辑思想,其真谛在于为每个选题找准市场定位。其战术不是靠大型的出版规划进行集束轰炸,而是依赖每一本书内在的美去赢得读者。

中国的儿童文学,具备可以和全世界儿童直接对话的优良素质,其卓绝的想象力与温馨的故事情节是能够征服各民族小朋友的。原来能够走出去的不多,毛病似乎与形式的关系很大。像插图绘画的表现不够活泼、精致,像开本和设计缺少充分的童心,等等。翻译也可能是问题。尽管文字不多,但是要翻译得让他国孩子喜欢,同样不是容易的事情。海外家长们的意见很有趣也很有启发性。一位母亲留言说她的孩子读了中国的童话书,被迷住了。但是,孩子不喜欢其中的一页,那一页上的少年与手里牵着的一条狗的表情太忧郁了,问结尾是否能改得快乐些。这位母亲的留言,让编辑们认识到让孩子们快乐阅读和留下美好想象的重要性。数月后该书重版时,最后一页作了修改。

秦始皇和他的一万个士兵

有一个选题,是以陕西出土的考古文化为内容的。编辑很自然地用了"兵马俑"作为书名,觉得很大气,外国读者知道兵马俑的也多,一目了然。编辑们有一个工作习惯,确定某些选题后,会找几位长期生活在上海的海外朋友喝咖啡、聊聊,听听意见。那一次,恰恰在编辑认为没有异议的"兵马俑"的书名上,受到了一位外国朋友的善意提醒。他说:"你们中国的父母,在书店买书,很主要的想法,是为孩子买有意义的书。我们的习惯不太一样。有意义的书,是大学和图书馆提供的,一般人跑进书店,想的是买有趣的书。有趣,不是通俗,需要有很吸引他的文字提示,让他急于想看看其中特别的内容。书名正是重要的提示啊。你们的书名,要多考虑除学者之外的一般读者的兴趣。所以,我建议,你们这本书可以叫'秦始皇和他的一万个士兵'。"这位先生的见解,让编辑豁然开朗。

《文化中国》丛书的编辑们一方面四处寻找具专家水准的译者,建立起一支包括多名联合国译员和曾长期在中国生活的外交官、学者的译者队伍,同时慢慢探索出这样一条路:重要的作品,特别是专业题材,一般经过两重翻译。第一步,由母语是中文的文化人完成,他们能够准确实现意思的转译;第二步,由母语为英文的学者、编辑加工,他们未必懂中文,或者只懂很起码的中文知识,但是,他们具备专业知识,可以把原译文提升到符合国际市场英语出版物的标准。一些受到好评的出版物,就是如此磨出来的。

北美推介旅行时,曾在纽约举行过一次出版业人士座谈,那是一次内行们的交流。讨论很认真,也十分专业,对两本画册的评价之高,使上海的同行惊喜。一位资深的专家说:"《沈从文和他的湘西》一书的英文翻译,像诗一般优美!"这番话语,并非客套的赞美。一年以后,在美国最重要的全国书展中,《沈从文和他的湘西》一书获得了美国权威的专业图书大奖,说明美国出版业确实认可了中国出版界的努力。

除了翻译文字的水准,印制、装帧质量也是十分重要的一环。

前几年,与海外公司合作,《文化中国》丛书推出了大型画册《美丽的西藏》。该书的摄影图片视野宽、角度大,非常适宜表现高原的壮阔气势,多组精美而富有内涵的画面,表现了"美丽祥和的西藏"这一主题。该书出版的时候,正值中国举办奥运前夕的多事之秋,通过与海外合作方一起努力,该书尽量扩大在国际市场的销售,在海内外均取得了很积极的效果,受到各方面的好评。有一位在西藏工作二十多年的领导说,这是他所看到的关于西藏的最好的出版物。

另一个例子,是大型画册《清明上河图》。中国人知道这幅名画的不在少数,真正能理解画面内涵的则不多,更遑论西方读者了。为方便那些不熟悉中国的西方人理解该作品,立选之初即确定了两条原则:文字通俗易懂和信息量尽可能丰富。具体技术安排是:外观为国际市场熟悉的装帧设计,内芯则为中国文化特有的折页形式,拉开即是一幅完整的宏伟长卷。深入浅出的简明前言,将该画描述的场景、人物及时间、地点、历史背景等说明得十分清晰。每页下方,配以该页图像的缩略图,以红色线框标出解释文字对应的画面,在不影响读者欣赏完整长卷的同时,使其能更深入了解细部的内容。美国的一家大型报业集团对该书进行了评论:"如今,每个对中国历史有兴趣的人都可以真正欣赏中国艺术瑰宝《清明上河图》了……如果想要欣赏整卷画,这本画册是一条非常好的途径。宋朝所在的 12 世纪初期,西方正处在第二次十字军东征期间。这本画册的作者将 16 英尺长的画卷以非常独特的方式重新呈现原貌。每一个场景就像一个卷轴一样展开。读者翻开第一页,就会发现整本画册是一整幅连续不断的长画卷。画册每一页上都有明确的注释……对于那些对中国艺术和历史有浓厚兴趣的人来说,这本画册不啻一份珍宝。"后来,该评论为美国 18 家报纸和杂志所转载。

《红楼梦绘本》走进大都会博物馆

2009 年,对长江对外出版公司而言,是特别重要的年份,是他们的大考之年。

那一年,德国举办的法兰克福书展——这个被誉为出版界奥林匹克的盛会将首次邀请中国担任主宾国。有数百家中国出版社和数百名中国作家要出席盛会,代表中国出席的中国领导人,是时任国家副主席的习近平同志。

大考将是一目了然的。长江对外出版公司确实争气。那次在德国的大展,他们拿出了外语版《文化中国》丛书 180 余种读物,摊位布置得大气且充满了独特的文化魅力,非常引人注目。仅仅书籍的装帧和外表,就让专业的出版人士刮目相看。当细心人拿起他们的出版物翻阅时,惊喜之情立刻飞上眉梢。这是真正的可以与世界对接的外文版读物! 180 余种书籍,从第一页到最后一页,多为翻译地道的英语(少量为其他语种),而不是那种只有封面和目录印上外文字母的出版物。

在那次盛会上,长江对外出版公司另有一项创举使中国人难忘,也使海外人士刮目相看。他们依据自己的"借船出海"方针,借助欧洲的书刊营销商伙伴,在德国法兰克福国际机场的十几个书刊销售店,摆出了《文化中国》丛书销售之角。各国乘客从飞机上下来,路过书店,必然可以看见醒目的中文和英文字眼的宣传招贴,仔细一看,此处摆放着整书架整桌面的中国内容的英文书籍。散发着油墨香味的书籍,符合国际水准的印刷装订,封面上充满现代感的中国形象,摊开的画册中吸引目光的图片等,那气派,真是让热爱中国文化的人扬眉吐气。

《文化中国》丛书在那次法兰克福书展上的成功表现,不但赢得了国内同行和领导的赞许,更重要的是为进一步打开国际市场铺了路。

正是在那次书展上,酝酿已久的与全球最大的亚洲题材图书出版和销售企业的合作开启了成功之旅。虽然不是西方主流渠道中最大的销售商,但是最适合承担外文版《文化中国》丛书的销售。于是,走进纽约大都会博物馆书店,一眼就能看到《红楼梦绘本》画册被摆放在"亚洲"专架上,《清明上河图》被陈列在店堂中央落地玻璃橱窗最显著的位置,在书架上还能看到诸如《中国玉器》、《书法艺术》、《中国民乐》和《苏州园林》等很多《文化中国》丛书的品种。在大型连锁书店、各大博物馆书店和大学书店里,外文版《文化中国》图书与西方出版物一起陈列在书架上,迎候着读者。

也正是那次书展的成功,让长江对外出版公司决定实施更加积极的走出去计划,每年中国春节期间,在全球上百个书店举行"阅读中国"图书展销活动,销售外语版《文化中国》丛书及全国各兄弟出版社的一些图书。在"春节"这个日益被西方社会认识和认可的中国节日期间,裹挟着浓郁的中国文化元素的书籍,从上述书店进入西方的寻常百姓人家。

中国驻纽约总领馆的同志说:"你们为中外文化的交流做了件好事,我们在国外都看到了你们的努力。你们做这件事很不容易,因为中国出版社的图书很难进入西方人的书店,你们能做成这样非常难得。文化交流需要细水长流,图书是个很好的传播媒介。"一位外国读者现场反映:"我们现在与中国做生意很多,常去中国出差,你们的书里有很多生动的历史、文化乃至有关细节,让我们更多地了解了中国。"

(上海新闻出版发展公司供稿,孙颢执笔)

打造中国学术出版"走出去"的桥头堡

《钱学森文集(1938—1956海外学术文献)》、《光物理研究前沿系列》丛书、《东京审判文集》

上 海 交 通 大 学 出 版 社

经典策划
119

近年来,上海交通大学出版社在学术出版"走出去"工作上异军突起,获得了业界人士的广泛关注。2011—2014年,上海交通大学出版社版权输出共计约200种,一半以上的品种是输出到欧美的大型学术出版集团,合作出版高端英文版学术著作30余种,探索出了一条学术出版"走出去"的有效途径,致力于打造中国学术出版"走出去"的桥头堡。

一、策划背景与依据

1. 中国学术成果到了"走出去"的时候

目前,中国不断涌现出世界一流的科研成果,中国学术成果具备了"走出去"的水平。同时,中国学者的国际化背景越来越强,其英文写作能力也不断提高。从论文数量来看,2013年中国学者发表的SCI论文达23.14万篇,位居世界第二;从质量上看,中国学者的SCI论文被引用次数也快速增长,2000—2010年共被引用423万次。我国不少学者有用英文著书立说的动力,愿与全球同行分享自己的研究心得。而另一方面,国际知名学术出版商也敏锐地察觉到了这一重要变化,纷纷来中国寻求学术出版的优质内容资源。可见,中国学术成果到了"走出去"的时候,走不出去的学术难以成为世界一流的学术。

2. 政府在政策和资金上的支持

党的十八大把提升文化软实力、建设文化强国提上了重要日程,而中国的学术出版在增强我国文化软实力和国际竞争力方面发挥着更加关键的作用,在整个文化界将拥有更加重要的地位,同时受到了国家更大程度的重视。近年来,国家在政策和资金上不断加强对学术出版"走出去"的支持力度,国务院新闻办公室设立的"中国图书对外推广计划"、国家新闻出版广电总局的"经典中国国际出版工程"、国家社科基金中华学术外译项目都给予了学术出版"走出去"强有力的资金支持,鼓励优秀的学术精品走出国门。

3. 交大社自身的优势

依托百年名校上海交通大学独有而深厚的学术背景,上海交通大学出版社不断吸纳学术界最有名望的专家、学者成为自己的作者资源,近年来在"建设文理兼备、市场融通、面向国际的一流学术大社"的办社方针指导下,陆续出版了一批具有较好社会反响的学术作品,为学术出版"走出去"打下了良好的基础。

二、策划理念与架构

1. "走出去"理念:增强母体大学的国际学术话语权和影响力,成为中国学术成果走向世界的桥头堡

以往,我国的学术著作主要用中文出版,在我国大陆发行,导致很多高水平的学术著作没能在全球范围内得到广泛传播,其国际影响力与著作本身的学术价值并不相称。可以说,"走出去"是学术出版议题中的应有之义。只有走出去,才能被最广泛的学术共同体成员所阅读、参考、引用、讨论甚至质疑,从而提升中国学者和出版社在国际学术界的学术地位。

当前,加快建设世界一流大学成为我国一批重点大学的首要任务,而学术出版"走出去"是建设世界一流大学的重要抓手。大学出版社只有走向国际,搭建学术出版国际化舞台,广泛传播中国学者的优秀成果,成为学术成果走向世界的桥头堡,增强母体大学的国际学术话语权和影响力,在建设世界一流大学的进程中发挥独特的作用,才能切实提升自身在母体大学的地位。

2. 交大社"走出去"的架构和方式

上海交通大学出版社在很早的时候就确立了"平台国际化"为出版社四大发展战略之一，专门设置国际合作部，致力于专业化、同步化、系统化地做好版权贸易与国际合作工作。

学术出版"走出去"可以分为单本著作的输出、丛书和项目的输出及国际合作出版三种方式，也可以将其看作三个不同的发展阶段。丛书和项目的输出，较之单本著作的输出，可以形成规模效应，扩大版权输出的影响力和能见度。国际合作出版是指双方共同策划选题、共同组稿，出版后分别在海内外发行。国际合作出版要求中外双方在发展战略、选题方向、运作方式等方面具备很高的默契度，在合作出版过程中，要在选题上做大中国原创，注重普适性，选择当今世界学术界最关注的主题，同时注重独特性，给出中国学界对这些重大主题的郑重回应。例如在 2012 年，上海交通大学出版社与国际著名学术出版商施普林格（Springer）出版集团共同成立了转化医学出版工程中国编辑室，就国际医学热点"转化医学"领域共同策划选题，面向全球组稿，努力打造转化医学领域出版品牌。

三、交大社学术出版"走出去"具体项目与经验

1. 与国际大社名社合作，通过国际书展等重大活动使"走出去"的影响最大化

上海交通大学出版社"走出去"工作的主要合作伙伴集中在全球领先的学术和科技出版商，如施普林格、爱思唯尔（Elsevier）、德古意特（De Gruyter）、剑桥大学出版社等，这些国际大社名社学术声誉异常卓著，市场网络四通八达，有助于中国原创内容最大程度地被国际学术界所阅读和接受。

钱学森是中国科学家的杰出代表，被誉为"中国航天之父"，也是上海交通大学的著名校友。2011 年 11 月，上海交通大学出版社成功出版了《钱学森文集（1938—1956 海外学术文献）》，收集了钱学森在美国学习和工作期间发表的重要学术论文 51 篇，涉及空气动力学、喷气推进、火箭弹道、工程控制论等领域，解决了航空航天科技的一系列关键问题，对世界航空航天科技发展具有重要意义。该书被列入"十二五"国家重点图书出版规划项目，并入选 2011 年国家出版基金。

同年 12 月，上海交通大学出版社与爱思唯尔出版集团签订了版权输出协议。爱思唯尔使用集团旗下顶级学术出版子品牌 Academic Press，于 2012 年 3 月正式出

版《Collected Works of Dr. Hsue-shen Tsien：1938—1956》英文国际版。该书出版后，双方还在 2012 年伦敦书展上举办了首发式，向全球展示了我国科学家的学术风范，介绍我国科技工作的杰出成就。该活动被列为伦敦书展中国主宾国重大活动之一。

2. 注重丛书整套输出，突出项目合作方式，扩大"走出去"的规模效应，增强"走出去"的可持续性

与单本图书版权输出相比，整套丛书版权输出可以有效扩大版权输出的规模，而突出项目合作方式，则可以使"走出去"工作更具可持续性。上海交通大学出版社在"走出去"实践中，特别注重这一点。

光物理是近代物理学发展最活跃的领域之一，为了全面总结中国科学家的一系列具有国际先进水平的有关研究成果，上海交通大学出版社组织策划了《光物理研究前沿系列》丛书(全 8 种)。该丛书由著名物理学家、中国科学院院士、上海交通大学校长张杰教授担任总主编，组织了中国科学院物理所、清华大学、上海交通大学等二十余家科研单位的四十余位一线专家共同撰写。该丛书也入选了"十二五"国家重点图书出版规划项目。

2011 年 10 月，作为中国第一家访问德古意特出版社柏林总部的出版社，上海交通大学出版社社长韩建民一行与德古意特社时任科技出版副总裁亚历山大·格罗斯曼、人文出版副总裁安珂·贝克等进行了深入会谈，顺利达成《光物理研究前沿系列》丛书(全 8 种)英文版权输出协议。同时，双方还达成共识，将在合作出版中国学者的英文版学术著作、创办英文学术期刊等方面进一步加强合作。

3. 关注人文社科举世瞩目的领域，挖掘优质独创性内容资源，提高"走出去"的成功率

学术出版"走出去"虽然在科技出版领域更容易见成果，但是上海交通大学出版社也非常注重人文社科领域的选题开发，特别是引起全球关注的特定学科或专题，如关于东京审判相关研究的著作。事实上，在这块研究领域，半个多世纪以来，美国、荷兰、澳大利亚等国的当事人和学者陆续推出了回忆录、资料集和研究论著，但它们和日本学者的成果一样，不足以反映中国学界的观点。因此，在刚成立的上海交大东京审判研究中心推出《东京审判文集》中文版不久之后，上海交通大学出版社就敏锐地察觉到这本书背后的学术独创价值，并把该书推荐给了正好来访的剑桥大学出版社。

《东京审判文集》是国内第一本集中表达中国专家学者对东京审判的回忆以及学术研究观点的公开出版物，代表着中国学者的声音。最后，经过多轮对该书的学术价值的同行评审后，剑桥大学出版社将该书英文版列入了剑桥社《剑桥中国文库》（*Cambridge China Library*）的出版计划。此书还获得了 2012 年经典中国国际出版工程的翻译资助。

四、问题与建议

1. 原创英文版学术精品仍十分缺乏

我国的科研政策对英文版学术专著重视不够，这在一定程度上制约了优秀学者著书立说的动力。大多数科研机构的科研政策，在奖励制度、职称评审、科研评价等方面，对在国际学术期刊上发表论文有较大的支持力度，而撰写英文版学术专著显然需要学者花费更多的时间、精力，但尚未被纳入大部分科研机构的评价体系，客观上形成了重论文、轻著作的情况。为了应对这方面的问题，我们认为，如果国家层面难以很快地出台相关的支持政策，一些有条件的科研机构可以先行鼓励自己的科研工作者由国际知名出版社与国内出版社联合出版学术专著。

2. 优质内容资源竞争将越来越激烈

目前已经有不少海外出版社直接向中国的学者约稿，随着我国学术水平的不断提升，这种情况必将越来越普遍。越来越多的海外出版社在中国派驻自己的编辑进行组稿，威立中国的官网、施普林格北京代表处的微博都醒目地登着组稿启事，投稿流程也详尽细致，这是一个引人关注的现象。从提升中国学术成果"走出去"的水平和规模来看，这是很好的事，但是对于国内出版社来讲，这却是一个根本性的挑战。然而，国内出版社面对国际化的竞争，并不是毫无优势可言。比如地缘优势，作为大学出版社，我们与大学特别是本校的教授有着天然的亲切感，我们可以每星期都和他们喝喝茶、聊聊天，这种先天的优势，哪个海外出版社不羡慕？此外，只有认真学习国际一流出版商的先进的经营理念和运作方式，不断加强自身的核心竞争力，才能保证我们与国际同行同场竞技时不落下风。

3. 经济效益不可忽略

学术出版"走出去"不仅仅是为了扩大作者作品的影响力和传播力,从海外市场赢得应有的利益也是对自己和作者的尊重,这样的"走出去"才能持久,才符合市场规律。在与国外出版社的合作中,往往会出现国外出版社引进国内出版社的图书,给出的版税不高,甚至没有预付金,而我方引进同一合作方的图书,对方开出的价格却非常高的现象。在这种情况下,国内出版社还得联合起来,据理力争,至少应该满足贸易对等的条件。真正优秀的学术精品是经得起海内外市场的考验的,也能引得不止一家国际名社的关注。

（上海交通大学出版社供稿，李旦执笔）

方向、目标及策略

——99读书人外国文学出版的过去与未来

《短经典》丛书、《企鹅经典》丛书等

上 海 九 久 读 书 人 文 化 实 业 有 限 公 司

经典策划
119

编者按：一家民营出版单位拥有一份为西方出版人惊叹、为西方出版单位也拿不出的"丰富"到"可怕"的文学类翻译出版物目录，而这家单位迄今仅仅十一岁，刚刚够得上"少年人"，这不能不认为是上海出版界的一种"现象"。99读书人文化实业有限公司的发展，有其经营上的原因，而任何经营所围绕的核心，仍然是内容产品。黄育海先生的这篇文章，正是从内容的角度，解读了他们的发展历程。其中有三句话最有启发性。

首先是在出版方向的定位上，"专注于出版外国当代文学作品"，十三字的定位看似简单，却包含着99读书人对于文学类出版全球版图的过细分析与对于中国现代化进程中文学图书阅读潜在趣尚的准确预测。出版方向，或说定位，说白了就是个取决于眼界与胸襟的取舍问题。市场竞争愈激烈，愈需要高屋建瓴，突破跟风思维，寻找到适应自身特点的契入点,这对于后起的或无传统优势的出版单位尤其重要。找准了便能逐步形成自己的专业化的个性、品牌,找不准而遍地开花,疲于跟风,便难以为继。

"出版世界上最好的作家的最好的作品",是99读书人定位后的清晰目标,这无异是对当下普遍存在的"给钱就出书"风气的针砭。如果说这还是对传统出版理念的坚守,那么纯文学与畅销书,发达国家与发展中国家尽收眼底——当然都是选择最好的——便是坚守之中与时俱进的创新思维,这同样需要眼界与胸襟。

"丛书化、系列化",是定位与目标既定后99读书人的主要出版策略。应当说这一条本身并不新鲜,不少老社都这样做过,而且现在还在这样做。问题是在"广种薄收"重新抬头的当下,这条经受过时间检验的经验有被淡化、弱化的趋向。老的系列做完了,新的系列怎样建设,这本身有一定难度;而孔方兄的魅力,又使得有些出版单位对现有系列的维护、对新系列的开发显得乏力。系列丛书的"烂尾楼"增多是当前业界必须注意的一种现象,因为,这种动向必然导致出版单位品牌与核心竞争力的下降。99读书人的对策依然是坚持与创意。对于已开发的系列,无论是国别的,还是家数的,必先期调查并不断跟踪,以合理扩容,由此及彼,形成规模,凸显品牌;对于新系列的开发则贯彻高品位的创意原则。如果说《短经典》丛书的创意已然别具慧眼,那么今年的"桂冠"、"钻石"、"远行"三个译丛更称得上是适应读者,提升读者的匠心独运,其良好的市场业绩已作出了最佳的证明。尤其值得一提的是,以上做法使99读书人拥有了一支3000人的海外一流作者队伍,这是内容系列化派生的又一种"系列化"。相信有了这样的作者系列,一个出版单位应可立于不败之地。

育海先生以"方向、目标及策略"为他这篇案例命名,这使我想起了庄智象社长总结外教社经验时反复强调的理念、目标与策略。虽然二者有国企、民营之别,有专业方向之异,但他们都成功了,而且都难能可贵地在引进来与走出去方面积累了可贵的经验,赢得了国际同行的尊敬。这说明以上三个关键词是一个出版单位的命脉,而坚守与创新,更是维养这种命脉的关键所在。掌握这一关键,需要善于经营,更需要一种"读书人"的气质,每个出版人的个性风格可以多种多样,但"读书人"的气质却应是本质所在,所以,我也很喜欢他们这个公司名:99读书人。99又作九久,简言之,亦可解作久久吧。本书同时收录了99人有关童书系列化译介的文章,这是近数年间99人在成人图书译介外开辟的新疆域。这篇文章与文后所附有关案例都充满着生气,作者又都是年轻人,这应当是"99"公司能将"读书"久久地进行到底的征象。

写到这里,有些唏嘘之感。据说,"99"公司将为人民文学出版社控股,因此在赞赏"人民文学"的精明有识之余,不禁感叹:为什么上海"控不住"这样一家富于进取精神的民营公司?为什么类似"99"这样的为数不少的优质民营出版单位,至今还必须借鸡生蛋而不能放开手脚干事业?这些应当是"肉食者谋"的事情,而编者唯有借此按照,寄托自己的一声呼吁……

上海九久读书人文化实业有限公司(以下简称99读书人)成立于2004年9月。自成立日起,99读书人就确立了自己的出版方向,即专注于出版外国当代文学作品。之所以确立这样一个出版方向,当时的考量有二:首先,当时国内出版界对原创作品的版权争夺非常激烈,安妮宝贝的《莲花》,作家出版社花了不下500万的预付版税才拿下,韩寒的《一座城池》、易中天的《品三国》,预付版税都高达数百万。除了这些受大众追捧的畅销书作家,一线作家如余华、麦家,预付版税也是动不动就上百万。随着对原创出版资源的竞争日益激烈,出版社不得不以高额版税争夺热门书稿的现象就越来越普遍,甚至"天价版税"已经成了一种营销手段。其次,当时一些主要出版外国文学作品的出版社更多关注的是外国古典名著,对外国当代作家作品则关注不多,所以对外国当代作家作品的版权争夺也就没有那么激烈。在当时,拿到一部比较好的外国当代文学作品,也就只要两三千美元的预付金。而且,随着全球化趋势越来越明显,以及中国经济的日益发展,人们走出国门,接触外界的机会越来越多,阅读外国当代文学作品的可能性和需求就会越来越大。事实证明,这个判断是正确的。这些年来,外国当代文学作品越来越受到人们的关注和喜爱,出现了很多畅销书。比如人民文学出版社成功引进的J. K. 罗琳的《哈利·波特系列》,已经成为中国出版业进入畅销书时代的引领性作品;比如丹·布朗的《达·芬奇密码》在中国一举成功,连续两年占据文学类排行榜的榜首,不但掀起了悬疑小说的阅读风潮,更是促进了中国本土悬疑小说的创作;再比如村上春树的《挪威的森林》,也是那个时候火起来的,是否读过村上的小说,成为一种读者群体划分的标志。在开卷的畅销书排行榜上,外国当代文学作品一直占着三分之一上下的份额。

在确立了以外国当代文学作品为出版方向后,99读书人有了一个更清晰的目标,那就是"出版世界上最好的作家的最好的作品"。无论这些优秀作品来自传统的文学强国,还是其他国家,99读书人都会极力去获取这些宝贵的出版资源。从区域上看,99读书人拥有的作家已经遍布全世界,美、英、德、法、日等传统文学强国自不用说,以色列、土耳其、埃及、阿尔及利亚、肯尼亚、澳大利亚、印度、东欧、拉美等国家及地区的优秀作家亦是99读书人作者版图上的一大板块。这些优秀的文学作品,不仅仅指传统意义上的纯文学作品——当然在这一领域,99读书人也是硕果累累,早在多丽丝·莱辛、勒克莱齐奥、巴尔加斯·略萨、莫迪亚诺获得诺贝尔文学奖之前,就已经签下了这些作家的大部分作品,此外还拥有一批享有世界声誉的伟大作家,如索尔·贝娄、纳博科夫、菲利普·罗斯、乔伊斯·卡罗尔·欧茨、萨冈、塞林格、约翰·厄普代克、凯鲁亚克、德里罗、阿兰达蒂·洛伊、贡布洛维奇等——99读书人还努力争取西方畅销书作家的作品资源,因为他们拥有世界范围内最广大的读者和最大的畅销潜质。有资料显示,畅销书在出书品种中所占的比重虽然不大,在10%—30%左右,但其所产生的销售收入和利润却分别占销售收入总额和利润总额的80%左右,也就是所谓的"二八定律",即20%的畅销书品种能产生80%的效益——这是畅销书的内涵所在。如今,丹·布朗的所有作品的中文简体字版权都在99读书人手里;J.K.罗琳的第一部成人小说《偶发空缺》,以及化名创作的侦探小说系列《布谷鸟的呼唤》、《蚕》、《罪恶生涯》也花落99读书人;还有斯蒂芬·金、斯蒂格·拉森、东野圭吾、奥黛丽·尼芬格,99读书人都已经获得了他们的全部或主要作品的中文简体字版权。这些国际顶尖的畅销书作家一直以来都是99读书人的重要作者资源。

拥有了3 000位作者的99读书人,除了单个作家、单部作品的出版方式外,还形成了便于读者认知的丛书化、系列化的出版策略。因为,客观地说,中国读者对于外国作家的认知是要低于对中国原创作家的认知的。比起外国作家来,中国读者更熟悉的是莫言、王安忆、贾平凹、迟子建。所以,要让中国读者尽快熟悉和喜爱外国作家,丛书化、系列化的出版策略便成了一条理想的途径。比如,2012年99读书人策划了一套《短经典》丛书,迄今已推出了68位作家的68部短篇小说集。对于这套丛书的推出,99读书人最初的想法是:短篇作品具有更容易阅读和传播的特性,随着生活节奏的加快,人们阅读短篇作品的可能性无疑会增大。而从阅读趋势看,由于娱乐媒介的多元化发展,阅读率逐年下降,要想吸引读者的持续注意,图书的轻、薄成为必做的文章之一;而且,短篇小说并不比长篇小说差,有些短篇小说的艺术质量甚至高于长篇小说,作家对短篇创作的重视程度并不亚于对长篇作品。还有一点,就是短篇小说的预付金相对也低一些。在作了这样的分析之后,99读书人果断地以每年20个品种的速度持续推出了这套丛书。果然,《短经典》一经推出,立即引来国外版权界和国内读者的一致点赞,每种书的平均印量都在1万册左右,不少品种更是不断加印,可谓叫好又叫座。渐渐地,越来越多的国外版权代理商和重要作家向99读书人伸出了橄榄枝,主动把他们最好的作品推荐过来。这也符合了99读书人当初设定的一个期望,即通过如此广泛地获取短篇小说作品,与世界上一流的作家建立联系后,拿到他们其他作品的版权也就水到渠成了。随着《短经典》的成功,99读书人尝到了丛书化、系列化出版策略的甜头,又陆续推出了《中经典》、《散文经典》、《诗歌经典》等系列丛书,从体裁上形成了阵容。今年99读书人策划推出的《桂冠译丛》、《钻石译丛》和《远行译丛》,更是将丛书化、系列化的出版策略贯彻到底的富于创意的、高品位的新举措。《桂冠译丛》囊括了诺贝尔文学奖、英国布克奖、美国国家图书奖、普利策奖、国际IMPAC都柏林文学奖、法国龚古尔奖等几大国际文学大奖的获奖作品。而《钻石译丛》则汇集了来自尼日利亚、阿根廷、智利、肯尼亚、印度等“非文学主流”国家的众多高水平、有影响的作家的作品,这些作品风格各异,地域色彩鲜明,如钻石般从各个层面折射出世界文坛的璀璨风华。《远行译丛》收录的是当代各国旅行家与冒险家,同时又是知名文学作家或学者的游记作品,多为他们在旅行途中的所见所闻所感,以及他们对人生的思考,首批推出的四部作品《在西伯利亚森林中》、《多瑙河之旅》、《威尼斯是条鱼》、《失落的南方》,9月刚出版,10月底便加印了。而2011年开始启动的《企鹅经典》丛书则是99读书人跟英国企鹅出版集团合作的又一个丛书项目,迄今已经出版了100个品种,涵盖英、法、西、俄、德、意、阿拉伯、希伯来等多个语种。作为世界上最著名的文学丛书,99读书人沿袭了原版《企鹅经典》的一贯宗旨,在选题上精心斟酌,所有书目都是实至名归的经典作品,具有不同语种和文化区域的代表性,并采用忠实再现原著内容与品质的优质译本,每种书都附有著名学者或专家撰写的导读文章,以帮助读者更好地理解作品。对这套丛书,99读书人可以说设定了一个绝对不低的标准,真正做到了名家名译,从而将读者引入庄重而温馨的文化殿堂。

这种丛书化、系列化的连续出版方式所造成的规模化效果,使得这些丛书渐渐形成了一定的品牌效应,这无疑也吻合了“品牌战略将是新世纪出版业竞争的主要体现”的论断。

一位外国出版界的著名人士在看过99读书人的出版书目后,赞叹道:“这是一份可怕的书目,西方出版界恐怕还没有一家出版社拿得出这么丰富的书目!”的确,无论是著名的兰登书屋,还是哈珀柯林斯,或者日本、印度以及中国台湾地区的任何一家出版社,都不可能像99读书人这样汇聚了如此多优秀外国作家的一流作品。

经过十一年不懈的努力,99读书人已经取得了傲人的成绩,不仅在中国出版界的外国文学领域名列前茅,在外国版权界和出版界亦拥有举足轻重的影响力。相信有了明确的出版方向和目标,以及与时俱进、不断变化发展的出版策略,99读书人一定会取得更好的发展,为中国读者提供更多、更广泛以及更好的当代外国文学佳作。

（上海九久读书人文化实业有限公司供稿，黄育海执笔）

附

中文版《企鹅经典》丛书策划案例

在现代社会,经典作品不再是小众沙龙里的宠儿,所有富有生命力的经典都存活在大众阅读之中,是每一代人知识与教养的构成元素,是人们心灵与智慧的培养基。

处于全球化的当今之世,经典作品更有一种特殊的价值承载,那就是提供跨越不同国度、不同文化的理解之途。文学的审美归根结底在于理解和同情,是一种感同身受的体验与投入。阅读经典也许可以被认为是对文化个性和多样性的最佳体验方式,此中的乐趣莫过于感受想象与思维的异质性,也即穿越时空阅尽人世的欣悦。换成更理性的说法,正是经典作品所含纳的多样性的文化资源,展示了地球人精神视野的宽广与深邃。在大工业和产业化席卷全球的浪潮中,迪士尼式的大众消费文化越来越多地造成了单极化的拟象世界。面对铺天盖地的电子游戏一类的文化产品,人们的确需要从精神上作出反拨,加以制衡,需要一种文化救赎,从经典中读出相对永恒的价值。

不过,译本水平的参差不齐使中国图书市场充斥着不少品质与原著相差甚远的外国经典名著,不仅模糊了经典文学的本来面目,也令渴望拥有一套选书权威、书目齐全、制作精良的经典名著丛书的读者难以取舍。正是看到了这一点,作为中国国内著名的外国文学引进出版单位,99读书人把目光投向了经典文学名著的出版。

说起世界上首屈一指的经典文学名著系列,就不得不提到《企鹅经典》丛书。由艾伦·莱恩(Allen Lane)创办于1935年的企鹅出版公司,最初起步于英伦,如今已是一个庞大的跨国集团公司,尤以面向大众的经典图书著称于世。1946年以前,英国经典图书的读者群局限于研究人员,普通读者根本找不到优秀易读的版本。二战后,这种局面被企鹅出版公司推出的《企鹅经典》丛书打破。这套丛书用现代英语书写,既通俗又吸引人,裁减了冷僻生涩之词和外来成语。"高品质、平民化"可以说是企鹅出版公司在创办之初就奠定的出版方针，这看似简单的思路中被植入了一个大胆的想象，那就是可持续成长的文化期待。

《企鹅经典》丛书堪称"书界的奥斯卡"，是最负盛名的文学丛书之一，能够入选其中的都是最经典、最具特色同时也最引人入胜的精品，不仅具有思想性、艺术性，而且具有可读性和代表性。对欧美作家而言，作品被列入《企鹅经典》是一种荣耀，也是其写作被认可的重要标志之一。在英国、美国或澳大利亚，人们读名著时的首选往往就是《企鹅经典》，因为它已成为一个值得信赖的品牌。根据尼尔森图书调查公司的统计数据，近年在英国经典文学市场，企鹅出版集团所占的份额为65%。

2005年，企鹅出版集团中国公司成立，旨在在中国市场引入并树立企鹅品牌。作为企鹅出版集团的核心产品，经典文学便成为企鹅出版集团在中国的首个中文出版物项目，于是就有了两年后由企鹅出版集团与重庆出版集团合作推出的30本《企鹅经典》丛书。这套中文版《企鹅经典》丛书虽采用了"企鹅"传统的经典设计风格，但整体包装略嫌粗糙，市场反应平平。这让企鹅出版集团产生了更换合作者的想法。

因其文质兼美、品种齐全、得到全世界认可的独特性和唯一性，《企鹅经典》丛书也成为99读书人引进经典名著的首选。巧的是，当年为企鹅出版集团和重庆出版集团牵线搭桥的人此时正好在99读书人，她就是99读书人版权部高级经理——德国人白丽雅女士。在她的引荐和推介下，企鹅出版集团和99读书人开始了一轮轮的磋商。

无疑，《企鹅经典》作为英语世界经典出版领域的领袖，其品牌价值深深吸引了99读书人。而99读书人作为国内一流的外国文学引进出版单位，其卓越的业绩和良好的发展前景也让企鹅出版集团青眼相加。最终，双方在2010年签订合作协议，计划以10个品种为一辑，以每年两辑的速度推进该项目。次年4月，双方从《企鹅经典》1 300多个品种中首先挑出了10个品种，正式推出了第一辑。

这套中文简体字版《企鹅经典》以企鹅出版集团授权使用的"企鹅"商标作为丛书标识，采用了"企鹅"原版图书的编辑体例与规范，却并非简单的老书重刊，也不是"拾遗补漏"，而是希望推出"经典作品、经典译本、经典名家导读"的优秀版本，打造一套高品质的名著典藏丛书。然而，要打造出一套与目前已经占据市场份额的各种版本图书不同的高品质丛书，实属不易。各方人员在选目、设计、包装等方面无不下足了功夫。

首先，译本均选自声望卓越的翻译家的版本，并配有深刻解读作品的名家导读。

一部出色的传世之作必须要有相应等级的翻译，才能发出更加璀璨恒久的光芒。中文版《企鹅经典》丛书的亮点之一，就是优秀的译本。例如，著名翻译家黄雨石翻译的《黑暗的心》、钱春绮的《恶之花》、尤炳圻的《我是猫》、徐和瑾的《长夜行》、李文俊的《去吧，摩西》、杨武能的《魔山》、孙家孟的《绿房子》都是文质兼美的经典译本,其中的优美字句值得一读再读。而寻找这些优秀的译本往往颇费周折,比如《我是猫》的译者尤炳圻已经过世,多方打听后,辗转通过派出所、居委会,最后通过小区物业才找到其后人。

导读和注释也是中文版《企鹅经典》丛书的特色之一。每一本书都精选名家撰写的导读文字以及必要的注释,帮助读者更好地理解作品。尼日利亚著名作家钦努阿·阿契贝对《黑暗的心》独具观点的评价、纳博科夫对《变形记》详尽的分析、著名学者王晓明对《罪与罚》的深邃剖释、著名作家余华对《大师和玛格丽特》的透彻阐述等,不但是理解名著的钥匙,更是文学评论的典范美文,为读者提供了视野开阔的多维度解读。

其次,精美装帧,与内容相得益彰。《企鹅经典》丛书曾被多个国家引进,封面设计除了延续一贯的"企鹅"风格之外,也带有浓郁的地域文化特征。比如,巴西版的封面表现出热情的南美风情,韩国版的封面带有亚洲元素。中文版《企鹅经典》丛书特别邀请到国内新生代知名书籍设计师丁威静作封面设计,书系封面呈现出东方水墨气质与西洋油画技法的融合,表达出东西文化交流融汇的特质,完全区别于市面上缺乏新意、让人产生审美疲劳的名著的装帧设计。以《安娜·卡列宁娜》为例,设计师采用了较为鲜亮的湖蓝和红色,形成印象强烈的对比色,渲染情绪和气氛,同时,以中国水墨写意花卉和西方女性的肖像构成另一组对比和冲突,并在同一色块内加以融合和平衡,以体现这位 19 世纪最富魅力的女性形象的复杂性,凸显其勇敢不羁的爱情追求和叛逆精神。

在营销推广方面,充分利用企鹅出版集团的优质资源,结合 99 读书人的本土经验是主要思路。随着出版品种的规模不断扩大,除了常规的图书发布会、书评征集、微博微信推介、各种读书会、奖品开发,还邀请了国内专家学者和作家走进校园,举行"名师校园巡讲"活动,在书店举办了《企鹅经典》大联展,并计划与 NBA 合作,印制 NBA 球星最喜爱的《企鹅经典》图书的海报。

经过三年的精心打造,中文版《企鹅经典》丛书已经出版了 70 个品种,在读者中拥有了良好口碑,很多品种一再加印,在外国名著图书市场上渐渐占据了半壁江山。

（上海九久读书人文化实业有限公司供稿,邱晓群执笔）

《酒吧长谈》:诺奖得主巴尔加斯·略萨作品的引进出版

诺贝尔文学奖作家作品是中国出版界文学出版领域的金字塔,发掘、洽谈、出版那些将会摘取诺贝尔文学奖的杰出作家的作品,是出版人的一项富有挑战性的工作。2008 年,99 读书人已经拥有了全球顶级畅销书作家,如美国作家丹·布朗、英国作家阿加莎·克里斯蒂和斯蒂芬·金等的代表性作品。在纯文学领域,既拥有多丽丝·莱辛、勒克莱齐奥这样的诺贝尔文学奖得主,也拥有雷蒙德·卡佛、菲利普·罗斯等一大批风格各异的优秀小说家,在世界文学领域的布局已颇具规模。为了使这张文学拼图更加完善,99 读书人将目光投向了拉丁美洲文学,寻找这一重要文学领域内的重磅作品。于是在这一年,董事长黄育海前往西班牙拜访卡门代理商。

卡门是西班牙最著名的图书版权代理商,其工作人员同时向我们推荐了马尔克斯和略萨,供我们挑选。当时马尔克斯的作品还从未授权给中国大陆的出版社,加上马尔克斯对中国的盗版图书深恶痛绝,并不喜欢自己的作品在中国出版,于是单单一本《百年孤独》就开出了 100 万美元的天价预付金。审慎起见,我们选择了略萨的代表作《酒吧长谈》。当时略萨已经声名显赫,被誉为"结构现实主义大师"。他的作品写法奇特,淋漓尽致地刻画了专制独裁统治下波澜壮阔的社会面貌,而且故事引人入胜,有电影画面般立体而又逼真的效果。其作品被翻译成众多语言,在很多国家出版。随后,在仔细调查并阅读了英文版之后,我们挑选了略萨的 8 部作品,决定引进出版。

巴尔加斯·略萨是著名作家、世界小说大师、拉美"文学大爆炸"主将之一,被誉为"结构现实主义大师"。略萨的第一部小说就获得了 1962 年简明丛书奖和 1963 年西班牙文学批评奖。1965 年,他的第二部小说《绿房子》问世,再次获得了西班牙文学批评奖和首届罗慕洛·加列戈斯国际小说奖(1972 年马尔克斯以《百年孤独》成为第二位得主)。随后,略萨发表了小说《酒吧长谈》、《潘达雷昂上尉与劳军女郎》、《胡利娅姨妈与作家》、《世界末日之战》、《公羊的节日》、《天堂在另一个街角》和《坏女孩的恶作剧》等。略萨获奖无数:1985年获海明威文学奖,1986 年获西班牙阿里图里亚斯王子文学奖,1988 年获美洲金质奖章,1994 年获西班牙文学的最高荣誉——塞万提斯文学奖,1999 年获以色列耶路撒冷文学奖,2000 年获第 13 届梅嫩德斯·佩拉约国际奖,多次获诺贝尔文学奖提名。在 1976 年第 41届国际笔会代表大会上,略萨被推选为主席。后来,2010 年 10 月,略萨因"对权力结构作了深入的描述,并对个体人物的反抗、反叛和挫败进行了犀利的刻画"获得诺贝尔文学奖,是 1990 年以来第一位获得该奖项的拉丁美洲籍作家。

签下略萨的 8 部代表作之后,我们迅速联系了国内一流的西班牙语翻译家,包括北京大学西语系的博导赵德明教授——最早把略萨作品译成中文,介绍给中文读者的西班牙语文学研究者。我们也联系了原中央编译局副局长尹承东,他也是最早翻译略萨作品的西班牙语专家之一。当然我们也联系了孙家孟先生,他是中国第一代西班牙语翻译学者,和略萨有通信之谊。有了这些国内一流翻译家的支持和帮助,我们得以在较短的时间内出版了这些厚重而非凡的作品。这一次,我们是系统性地引进略萨的作品系列,将这位大作家完整地介绍给国内读者。当国内读者将马尔克斯奉为泰斗的时候,略萨早已是享誉世界的文豪,可以说,他的作品毫不逊色于马尔克斯。在《百年孤独》的 40 周年纪念版出版之际,马尔克斯就请略萨为之作序。只是在当时,诺贝尔文学奖的评委会尚欠他一座奖杯。我们认为,他本人足以配得上这一最高文学奖。

就在略萨的新作《坏女孩的恶作剧》的中文版在国内上市的当月,瑞典文学院宣布,将诺贝尔文学奖授予略萨,在颁奖词中称赞略萨的作品"对权力结构作了深入的描述,并对个体人物的反抗、反叛和挫败进行了犀利的刻画"。这一评价有力而又准确地描述了包括《坏女孩的恶作剧》在内的略萨的所有作品。而略萨成为诺贝尔文学奖得主也是当年中国文学界、出版界的一大盛事。对略萨来说,这一荣誉当之无愧。同时,这一光荣也印证了我们两年前的决定是明智而又准确的,略萨作为拉美文学乃至世界文学的代表,他的声誉在这一刻达到了高峰。就连马尔克斯也在病中祝贺他,在微博上跟他说:"这下我们打了个平手。"媒体竞相报道,我们已经出版的《绿房子》、《潘达雷昂上尉与劳军女郎》、《胡利娅姨妈与作家》、《坏女孩的恶作剧》受到广泛关注,99 读书人的品牌迅速得到提升,从"一家出版畅销书的公司"转变为"一家出版经典文学作品的公司",可以说是实现了一次华丽的转身。

为了将这一荣誉和影响力延续下去,我们决定邀请略萨来中国访问。2011 年 6 月,略萨终于来到了中国,在北京、上海先后发表演讲,举办公开活动。所到之处,人头攒动,镁光灯闪烁不停。在北京,略萨在中国社科院的社科会堂向来自中国不同地方的读者发表题为"一个作家的证词"的演讲。演讲当日,盛况空前,社科会堂很少会拥挤到如此程度:等着领取同声传译设备的读者从 9 点起就排起了两条长龙,可以容纳千人的会场几乎没有空着的座位,中间的过道早就架起了好几台摄像机,还有很多准备进行网络直播的媒体。在上海,略萨在上海外国语大学发表演讲,在上海戏剧学院举办作品朗读会,在西班牙领馆文化处接受采访。数百家媒体发表了略萨访问中国的报道,继前一年的诺奖报道之后,再次掀起媒体争相报道的高潮。

略萨非常喜欢中文版《酒吧长谈》的封面。该封面采用素描酒具图片,粗犷、有力,以黄色底图搭配大红色块,白色书名跳出,既富有艺术感,又与整套书的红色相呼应。以红色来统一整套书,是因为略萨作品总是在浓烈的政治背景中展开独特的叙述,也因为这些书总与革命和战争有关联。《酒吧长谈》是略萨最喜欢的一部作品,在接受中国记者采访的时候,他公开表示:"如果大火烧毁我的所有作品而只能保留一部,我选择留下《酒吧长谈》。"

能够得到作家本人的认可,我们感到非常荣幸。不过回头再看,由于购买版权的代价较高,为了控制成本,在用纸方面比较俭省,封面用纸仅采用了普通的铜版纸,工艺上也只采用了铜版纸过亮油。而且由于作品体量太大,版式上采用了最密集的排法,尽管如此,整本书还是达到了 18.5 个印张,以 70 克轻型纸印刷,书脊厚度接近 30 毫米,以平装本来说,已经达到适合装订的厚度极限。

回顾过去六年来我们引进出版略萨作品的整个过程,成果是非常明显的,也取得了显著的社会效益。由于略萨作品的出版,我们在西班牙语文学作家和代理商中赢得了赞同和信赖,在中国的文化界和和新闻界也赢得了尊重。虽然这些书并没有因为密集的媒体关注和广泛的宣传效应成为超级畅销书,却为我们在金钱以外的其他方面大大加了分。正因为如此,2012 年,我们再次签下了略萨的另外 6 部作品,几乎将这位诺奖得主、文坛巨擘的所有作品收入了囊中。这些作品在设计、印刷和装帧上都会有新的面貌。我们期待越来越多的中国文学爱好者能注意到略萨作品的迷人之处,能领略略萨作品中非同寻常的精巧结构、立体叙述,喜欢他的作品中那些充满魅力的人物。将深邃的意味用引人入胜的故事来传递,使人一旦懂得就再难释卷,这是略萨作品独步文坛之处,我们需要调动更多智慧,使之被更多中国读者欣赏和分享。

(上海九久读书人文化实业有限公司供稿,陶媛媛执笔)

《地狱》策划案例

一提到丹·布朗的名字,人们马上联想到的词汇便是国际畅销书作家。1996 年,丹·布朗出于对从事密码破译工作的秘密政府机关的兴趣,写作了自己的第一部小说《数字城堡》(1998 年正式出版)。它以美国国家安全局为背景,探究了公民隐私和国家安全之间的界限。在网络刚刚起步的年代,这场惊心动魄、高潮迭起的信息保卫战显然并未引起读者的兴趣。2000 年出版的第二部小说《天使与魔鬼》是《达·芬奇密码》的前传,内容牵涉到一个古老组织——光照派与罗马天主教会之间的冲突,其主要角色罗伯特·兰登教授首度登场。2001 的《骗局》则涵盖了多个学科和畅销小说的各种要素,涉及政府机关和总统竞选腐败问题,但在 9·11 事件激起美国人无比热忱的爱国心之后,此书显得不合时宜。之后,丹·布朗开始构思《达·芬奇密码》,并于 2003 年隆重推出。该书一跃成为黑马,一出版即登上《纽约时报》畅销书排行榜第一名,到 2006 年,全球销量已累积达 6 050万本,现在已是有史以来最畅销的小说之一。随之而来的是，前三部成绩平平的小说也跟着大卖。2004年，这四部小说同时进入《纽约时报》畅销书排行榜。2005年，丹·布朗被《时代》杂志列入年度百大最有影响力的人，《福布斯》杂志将丹·布朗评选为2005年百大名流第十二名，估计他年收入达7 600万美元，《时代》杂志估计他光凭《达·芬奇密码》就有2 500万美元的进账。

第一部被中国引进的丹·布朗的小说即是《达·芬奇密码》。2004年，上海世纪出版集团的一位编辑看中了《达·芬奇密码》，并买下了其中文简体字版权，戏剧性的是，领导层后来却认为此书没有畅销潜质，买亏了，急于脱手。无奈之下，这位编辑找到了当时在贝塔斯曼亚洲出版公司任总编辑的黄育海先生，希望他能买下《达·芬奇密码》的版权。在充分了解了《达·芬奇密码》的内容后，有几十年出版经验的黄育海先生当即以高出原报价一千美金的价格从上海世纪出版集团买下了《达·芬奇密码》的版权。果然，《达·芬奇密码》中文版出版后，在中国掀起了堪比J. K. 罗琳的"丹·布朗热"。之后，黄育海先生离开了贝塔斯曼，成立了上海九久读书人文化实业有限公司（以下简称99读书人）。丹·布朗的经纪公司对黄育海先生慧眼识中《达·芬奇密码》很是欣赏，慨然将《数字城堡》、《天使与魔鬼》、《骗局》的独家版权卖给了他的新公司。借着《达·芬奇密码》的热度，《数字城堡》、《天使与魔鬼》、《骗局》将丹·布朗的名气进一步推高。

2010年11月15日，"2010第五届中国作家富豪榜"子榜单外国作家富豪榜首次发布，该榜统计了2000年至2010年十年间外国作家在中国大陆地区的版税总收入，共有25位外国作家上榜，丹·布朗以1 800万元人民币的版税收入，荣登外国作家富豪榜第三位，引发广泛关注。

随着丹·布朗名气的直线上升，对其新书的关注和抢夺更显得白热化。2009年，沉寂五年后的丹·布朗推出了读者期盼已久的新书《失落的秘符》，首印量高达650万册，在开始发售36小时后，此书的全球销量就已破百万，第一周售出两百多万册，成为被经济危机的乌云笼罩的美国书市的最大亮点。由于在前面四本书的推广上表现卓越，尽管有别家出版社同时竞争，《失落的秘符》的中文简体字版权还是毫无悬念地落在了99读书人的手中。

2013年5月14日，在距离《失落的秘符》出版四年后，丹·布朗的第六部长篇小说《地狱》问世，首印400万册，出版后的前八周蝉联《纽约时报书评周刊》精装书最畅销排行榜榜首。同时，它的平装本以及电子书也在发行后的前八周内稳居排行榜榜首。

此时的丹·布朗对历史、艺术、密码与符号的运用已经出神入化。同他的前几个重磅炮弹一样，新作《地狱》仍然集历史、艺术、密码和符号于一体，而且更充分地发挥了其善于讲故事的特长,主人公还是哈佛大学符号学教授罗伯特·兰登,但这次的故事背景设置在意大利的腹地,主要情节则聚焦于一部文艺复兴时期的名作——但丁那部神秘的文学经典《神曲》。随着主人公罗伯特·兰登穿行于佛罗伦萨的大街小巷、一座座教堂、一条条秘密通道,小说的情节一再峰回路转,一点点地揭示出隐藏在但丁《神曲》中的诗句与象征背后的玄机。

丹·布朗对当代人类要面临的问题总有预见力。比如,《数字城堡》探讨了保护国家安全与捍卫个人隐私之间的冲突,活灵活现地预演了今天的斯诺登事件。在《地狱》中,他瞄准的是当下人类最迫在眉睫的危机:人口爆炸。人口增长给地球造成了超出可承受范围的负担与压力,但对于人口过剩造成当前局面的根源,人类却拿不出解决办法。丹·布朗的这部新书敏锐地选择了这个话题,并由此带出引发深层伦理思考的话题。此外,书中的另一议题也同样扣人心弦:人类关于基因工程研究的种种突破究竟是福是祸,从长远看会对人类未来的命运产生何种影响?归根结底,是人类要如何善用高科技发明这一双刃剑的问题。

这是迄今为止丹·布朗筹码最高的小说。对它的争夺显得比以往任何时候都更激烈,有的出版社甚至报出了比99读书人高四五倍的天价,想买下丹·布朗的全部小说。但99读书人凭借此前的积累和有创意的营销方案,再次赢得了《地狱》的中文简体字版权。

考虑到《地狱》在中国必将引起盗版商的极大兴趣,99读书人原本计划安排译者前往美国翻译,这样中文版就能与英文版同步出版,以减少被盗版的机会,但最终由于签证的问题,未能实现。此次担纲翻译工作的是有丰富翻译经验的路旦俊老师,他是铁道部首席翻译、铁道部翻译评审委员会首席评委,他的加入无疑为这部小说的翻译质量上了保险。封面设计则请台湾著名平面设计师聂永真先生负责。为了专心审稿,《地狱》的编辑特意"闭关"了一个月。

2013年12月11日,99读书人联手人民文学出版社在北京举行了《地狱》中文版首发式,著名导演英达、知名作家江南等嘉宾对丹·布朗的新作作了精彩解读,由此正式拉开了丹·布朗新书《地狱》的宣传阵势。其实,从版权买下的那一刻起,99读书人的媒体推广团队就开始运作起来,建立了丹·布朗新书的中文官方网站、微博,不间断发布新书出版信息,如图书基本信息、翻译进度、部分情节披露、新书防伪特征等。新书上市后,分阶段有针对性地通过传统媒体、网络媒体、手机平台有奖征集书评、发表连载和访谈,并举办读书会,在书店码堆,进行百度、谷歌、手机短信关键字投放等。丹·布朗在《地狱》扉页上为中国读者写了一段话,表示希望在不久的将来拜访中国。所以,接下来,邀请丹·布朗来中国举办读者见面会和签售活动将是 99 读书人全力以赴的营销工作计划之一。届时，更强一轮的"丹·布朗热"必将再次掀起销售高潮。

（上海九久读书人文化实业有限公司供稿，邱晓群执笔）

99 读书人童书出版布局

《小柏拉图》系列等

上 海 九 久 读 书 人 文 化 实 业 有 限 公 司

经典策划
119

　　从全球范围来看，包括中国在内，近十年来成人书销售市场受新媒体发展的影响逐渐走弱，而童书销售市场一直保持着高速增长。但由于各种原因，国内原创童书的发展跟不上童书市场需求的快速增长：优秀的原创作者与原创作品相对不足，市场上甚至充斥着大量低劣的童书产品。总体而言，国内原创童书远远满足不了读者的多样化需求。

　　相对而言，欧美日韩等国的童书市场已很发达，积累了大量经过市场和时间检验的优秀作品。因此，根据中国童书市场的状况，从国外选择性引进出版优秀的童书，不仅能优化国内童书品类的结构、促进国内原创童书品质的提升，还能满足读者日益增长的需求，而最重要的一点就是，这方面存在着一个很大的市场空间，这是我们当初决定进入童书出版领域的动因。

　　当然，国内童书出版竞争已经非常激烈，引进版权的竞争也很激烈，现在580多家出版社有520多家涉足童书出版。我们之所以有信心进入童书出版领域，有赖于这十多年来我们在版权引进领域逐渐建立起来的强大的资源优势。99读书人有着国内一流的版权经理团队，在2011年进入童书出版领域之前，99读书人在成人外国文学领域已经做得非常成功，在国际出版界已很有影响力。尤其是那些与我们有着良好合作关系的国际出版集团，它们往往既出版成人书又出版童书，这使得我们在竞争童书版权时相对容易些，也使得我们的童书引进出版获得了比较高效的发展。

在童书版权引进方面,99 读书人秉承和成人书版权引进相同的选择标准:关注世界各国最优秀的童书作家,精选世界各国最优秀的童书作品。这几年来,我们已陆续引进 800 多种童书,目前已经出版 500 多种,涵盖英语、法语、德语、意大利语、西班牙语、瑞典语、荷兰语、芬兰语、丹麦语、日语等十几个语种。

从年龄段看,基本覆盖了 0—14 岁年龄段。针对 0—6 岁年龄段,着力于引进优秀的低幼启蒙书、儿童绘本、少儿艺术书等种类。美国经典童书品牌《大红狗克里弗》系列畅销欧美 50 年,99 童书首次全套引进出版后,深受中国孩子们的喜爱,目前销量已超过 150 万册;从英国引进的国际安徒生奖获得者昆廷·布莱克的图画书系列,也获得业内外一致好评,一再重印;从德国引进的《创意涂鸦》系列,打破了传统的照葫芦画瓢形式的学画画方式,内容设计着眼于放飞孩子的想象力、激发孩子的创造力,深受老师、家长和孩子们的喜爱,累计销量也达 20 万册。7—14 岁年龄段的童书一直是 99 童书版权引进的重点,尤其是在少儿文学方面,广搜涵盖十几个语种的各国优秀儿童文学作品,结合中国市场需求策划有特色的书系。如《国际大奖儿童小说》系列,就是经过数年的精心筹备,从获得国际重要童书奖项的作品中优中选优,把不同语种的优秀儿童文学作品整合而成的一套定位明确、特色突出的丛书。这套丛书让中国的孩子们在大视野的阅读中经受不同的文化滋养,感受类似的成长体验,目前已出版 30 本,短短几年内已重版两次并不断加印。

从童书分类看,除注重儿童绘本和少儿文学重点板块之外,99 童书在低幼启蒙、少儿科普、少儿艺术、少儿英语、游戏益智等各大类也都有产品线布局。尤其在少儿知识类读物方面,特别用心于选择以新颖有趣的形式、适合儿童阅读的方式讲述基础知识的童书。引进出版的儿童哲学启蒙书《小柏拉图》系列,以图文并茂的故事形式,深入浅出,把深奥的哲学知识阐释得浅显易懂,是一套孩子们能够真正读懂的哲学故事书。该丛书出版后,受到专家和教师的一致好评,并于 2015 年入选新闻出版广电总局推荐给全国中小学生的 100 种优秀读物。从瑞典引进的《孩子应该知道的秘密》系列,每本书都有一个孩子们必须要面对,也必须要理解的重要生命主题,这些主题往往是父母、老师们难以启齿或难以说清的,而这套书举重若轻,用轻松幽默而又适宜孩子们的方式,引领儿童进入这些话题,如生、死、爱、毛发、大便、恐惧、暴力、儿童的权利等。在近几年的上海书展上,《孩子应该知道的秘密》一直是孩子们现场翻阅率最高的一套书。对少年儿童来说,课本式的历史知识往往枯燥无趣,但从法国引进的《日记背后的历史:我的故事》系列,以每个大历史时代的一个孩子所写的日记的形式,给小读者们讲述历史知识,该丛书获得著名学者钱理群先生的高度评价,也广受读者好评。另外,引进出版的《植物也可以这么玩:创意标本系列》,将植物知识与经典童话故事和标本制作游戏相结合,既有科学知识又有游戏,让小朋友们爱不释手。

在关注全年龄段和全品类的前提下,99童书从一开始就注重打造重点产品线、重点形象品牌和重要作者系列产品。对重点产品线,一般都会做好三年甚至五年规划,力争打造常销书、品牌书。除上述重点丛书外,《姆咪谷漫画全集》系列也是99童书近几年的重点品牌项目。虽然姆咪形象已诞生70年,在欧美早已家喻户晓,但这次是姆咪漫画第一次被引进中国。即将出版的《诺奖童书》系列,也是99童书精心筹划几年的重要项目。诺贝尔文学奖获得者的成人文学作品总是备受关注,但其实很多诺贝尔文学奖获得者也为儿童创作了作品,可是这些作品往往被忽略或受重视不够。99童书从诺贝尔文学奖获得者的童书作品中,精选适合当代儿童阅读的作品,让今天的儿童能通过阅读走近顶尖的文学大师们。2016年将会陆续推出的《大作家小童书》系列,更是99童书精心筹划四年的重要丛书,目前已筹备约50本书。每个时代都有很多文学大师会为儿童创作作品,有些文学大师虽然没有获得诺奖,但也丝毫不会影响其文学大师的地位。而这些文学大师创作的童书,往往都会由插画大师配以插画,大师级的文字配以大师级的插画,既适合孩子阅读,也适合成人收藏。在世界级童书作家和插画家的作品方面,99童书一直持续关注并重点引进,目前已引进了雅诺什、昆廷·布莱克、彼得·西斯、安妮·施密特、大卫·阿尔蒙德、布鲁诺·穆纳里、巴布鲁·林德格林、安房直子、季诺等国际著名童书作家或插画家的代表作品。

同时,在国内原创童书出版领域,99童书也已有很大突破。虽然国内优秀童书作家资源稀缺,但99童书充分利用本公司在成人文学作家资源方面的优势,创造性地开发新的选题——或把国内一流大作家的作品重新包装成适合儿童阅读的童书,或直接邀请一些大作家专门为儿童创作作品。比如,99童书邀请毕飞宇、王安忆、苏童、周国平、阎连科、迟子建、张炜等一线成人文学作家联合打造了《我们小时候》系列。这是大作家写给小读者的童年回忆,以记叙性文体为孩子们讲述自个儿小时候的经历,庄重与诙谐并具,情感与记忆交织。作家文字中所表现的积极向上的精神,对小读者是一种难能可贵的激励。小读者当可从中观照自己的童年,为其健康成长提供宝贵而独特的启迪。另外,99童书还约请了国内十多位一线成人文学作家,拟创作一套适合小学中低年级阅读的桥梁书。这套桥梁书以优选作家、优选故事、优选文字、适合儿童阅读为基准,并配以精美的插图,图文并茂,可使小读者获得高品质的文学艺术滋养。

99 童书时刻关注着国外童书的老经典和新动向,会持续不断地将国外最优秀的童书作品引进中国;99 童书也会持续发掘国内原创作品,努力推出更多优秀作家的优秀作品,让中国孩子在高品质童书的滋养中度过幸福快乐的童年。

(上海九久读书人文化实业有限公司供稿,黄育海、尚飞执笔)

附

美国经典成长教育图画书《大红狗克里弗》系列终于引进中国!

寻找经典的成长教育图画书

对 2—6 岁儿童而言,至少阅读一套成长教育图画书是非常必要的,因为通过阅读这类图画书,孩子们可以在有趣的故事中学习并养成良好的行为习惯、思维习惯和价值观等。家长在购买这类书时,往往会选择经过时间检验的经典。所以,寻找一套经典的成长教育图画书,是每家低幼图书出版商必须要做的功课。也因此,在 99 读书人决定进军低幼图书出版之初,我们就致力于寻找这样一套经典的成长教育图画书。

在对欧美各国的成长教育图画书作了一个大致梳理之后,我们选定了美国经典成长教育图画书《大红狗克里弗》系列,将其作为 99 读书人进军低幼图书出版的重点项目。经过一年多的艰苦谈判,最终我们拿到了版权。

50 年铸就经典好品质

“大红狗克里弗(Clifford)”在美国无人不知,无人不晓。无数孩子是读着“大红狗”学会读书认字、伴随着“大红狗”寓教于乐的故事健康成长的。

“艾米莉·伊丽莎白有一只大红狗——他是她们街上最大、最红的狗,他的名字叫克里弗。他究竟有多大呢? 这么说吧,当他追赶上汽车的时候,他一张嘴,就能把汽车放在嘴里,他的狗窝比艾米莉·伊丽莎白的房子还要大……”大红狗和艾米莉每天快乐地嬉戏与生活,由于大红狗天真可爱但不十分成熟,所以闹出了许多有趣的故事。

“大红狗”诞生于 1963 年,美国著名儿童作家、插画家诺尔曼·伯德维尔通过一只名叫克里弗的大狗、一个名叫艾米莉·伊丽莎白的小女孩创造了一个奇迹:首本《大红狗克里弗》故事书出版后,长期居列美国各大畅销书排行榜,获得《纽约时报》"最佳童书奖"、家长选择奖,更是美国教育协会推荐的"100 种最佳童书"之一。由于图书的巨大成功,"大红狗"的形象已衍生出图书、电影、玩具、服装等无数产品:1988 年,"大红狗"推出首款毛绒玩具。1989 年,"大红狗"推出 6 个系列家庭音像品。1991 年,"大红狗"首次亮相纽约梅西感恩节大巡游。1996 年,"大红狗"授权商品衍生全面展开。2002 年 9 月,根据《大红狗克里弗》系列故事书改编制作的电视动画剧在美国公共电视网儿童台首播并久映不衰,迄今在全球 110 多个国家和地区热播,13 次获得艾美奖提名,一次获得艾美奖,两次获得美国影视金鹰奖,并获得纽约电影节奖和人道主义奖……

至今,《大红狗克里弗》系列已被翻译成数十种语言,全球销量突破惊人的 1 亿 3 千万册,受到世界各国儿童的喜爱。

"大红狗"传递成长正能量

优秀的图画书可以用简单的画面、简单的文字表达深刻的内涵,可以把很多人生哲理通过有趣的绘画、简练的文字传达给孩子们——《大红狗克里弗》系列正是这样一套久经考验的经典图画书,对孩子们有正面而积极的影响。

尽管《大红狗克里弗》系列所讲述的都是日常生活中的常见事件,比如去旅行、去学校、去马戏团,但是当"大红狗"出现的时候,事情就变得不一样了。"克里弗总是想做一些正确的事,"伯德维尔解释说,"但是他也会犯错。孩子们喜欢的正是这一点:他不完美。他是那种会做出任何事的狗。他会撞倒东西,会闯祸犯错,但总是被原谅,因为艾米莉爱他。"

作为一套成长教育图画书,色彩丰富的图画、可爱的形象、浅显易懂的文字、妙趣横生的故事……可以说,《大红狗克里弗》系列具备孩子们喜爱的一切元素。《大红狗克里弗》系列的故事并不复杂,但借着"大红狗"这一魅力无穷的形象,向孩子们潜移默化地传递着善良、诚恳、公正、尊重、协作、自信、分享、友爱、助人等最简单又最有意义的道理和价值观,把对品德和爱心的培养作为重点,以寓教于乐的方式,陪伴孩子们健康快乐地成长。所以,我们在编辑过程中为每个故事提炼出了一个关键词,如诚实、善良、勇敢、责任、友谊、亲情等,30 个故事,30 个关键词。

选择最好的出版时机

我们在 2011 年 11 月就签下了《大红狗克里弗》系列的版权,但 2012 年一直在做前期的策划和筹备工作,并未急于将这套书推向市场。因为 2013 年是"大红狗"诞生 50 周年,这将是一个极佳的出版时机——2013 年全球很多国家都在做"大红狗"诞生 50 周年的纪念营销活动,美国甚至专门拍摄了"大红狗"动画电影。

精心的分辑包装,合理的出版节奏

我们将 30 本"大红狗"故事分成 3 辑出版,每辑 10 本,按时间节点逐步推出,配以一浪接一浪的市场推广活动。第一辑于 2013 年 5 月推出,第二辑于 2013 年 9 月推出,第三辑于 2013 年 12 月推出。对于每一辑,既以单本形式上架销售,也设计了包装精美的套装。此外,在第三辑出版的同时,设计有全套 30 本的礼盒装。从销售量来看,这类童书的套装销量非常大,单本的销量比较低。这也为我们策划出版其他系列童书提供了宝贵的经验。

让更多的孩子认识并喜欢"大红狗"

虽然"大红狗克里弗"在欧美几乎尽人皆知,但在中国,知道"大红狗"这个形象的家长和孩子并不多。所以,我们必须想方设法让更多的人认识并喜欢"大红狗克里弗"。

除了常规的新闻通稿和专题报道外,我们设计了各种各样的营销活动:在上海书城和五角场书城分别举办了"大红狗克里弗生日会",孩子们一起跳"大红狗"快乐操、玩游戏、听故事、给"大红狗克里弗"做贺卡、唱生日歌;与上海多家小学合作,举办"大红狗主题手抄报征集活动",小朋友们阅读"大红狗克里弗"的故事后,用"大红狗"形象创作了自己的故事,想象力和表现力都棒极了;在济南和青岛等地的书店举办了很多场"大红狗创意涂鸦活动";还与各大网络书店合作,做了各种形式的网络促销活动。在各种营销活动的推动下,到 2014 年初,《大红狗克里弗》系列的销量稳步上升。

（上海九久读书人文化实业有限公司供稿，尚飞执笔）

儿童文学大师名作《托芙·扬松经典漫画:姆咪谷故事全集》的策划推广

对编辑来说,偶遇自己喜欢的书是非常兴奋的,能编辑出版自己喜欢的书是非常幸福的。有时,这确实需要缘分。

一、惊喜偶遇,买下姆咪漫画故事版权

在 2011 年博洛尼亚书展期间,一天晚上,我和同事在博洛尼亚市中心的文化广场闲逛,发现到处都是姆咪的漫画展示品。这个漫画形象太可爱了！我当时就被深深吸引了,

然后马上就去书店找寻这套漫画书。当晚，我们在博洛尼亚的书店里找到了这套漫画书，非常精美。虽然读过文字版的姆咪故事，但我并不知道还有一套漫画版的姆咪故事。看了这套书的简介，我才知道，从1953年到1958年，托芙·扬松曾在《伦敦晚报》上开设姆咪漫画专栏，随后姆咪漫画被全世界40多家报刊转载。从此，姆咪漫画和姆咪故事风靡全世界。而将姆咪漫画整理成书出版，却是50多年之后的事情了——这套漫画版姆咪故事在欧洲也是近几年才出版的。我们当即决定联系引进这套书，并在原版书的版权页找到了联系方式。经过近一年的版权谈判，我们最终拿到了漫画版姆咪的中文简体字版权。

二、姆咪故事带给人值得回忆的微笑

初拿到姆咪的译稿，读了很多遍，细细品味其中的美妙。姆咪故事是幽默性的，但它不是让你哈哈大笑的那种幽默，而是带着人生的哲理，充满生活带给人的温馨。里面人物的举动让你发出的是会心的微笑，这种笑会让你记在心里，时不时回忆一番。

在故事中，扬松塑造的每个角色都个性鲜明，独具魅力。比如姆咪，面对众多穷亲戚的"入侵"，自己只好挂个吊床睡在户外，却仍然无法开口对亲戚们说"不"；当小嗅嗅醉心设计着众多一夜暴富的方案时，姆咪却告诉这位朋友，自己只想过土豆加美梦的平静生活。这岂不是当下很多人内心所追求的吗？

再比如姆咪妈妈，她宽厚包容，希望所有人都保持内心的快乐，所以她总是以一颗接纳的心，让他人过自己乐意的生活。当姆咪爸爸被新生活的教导所迷惑，离家出走到一棵树上去居住时，姆咪妈妈的劝说只是一句："亲爱的，你不再和我们一起住了吗？"随后悄悄在树上为姆咪爸爸搭了个小棚，并送去蜡烛、棉毯、三明治甚至阿司匹林药片。"我能为你做什么"永远是姆咪妈妈思考问题的角度，这样一位女性，如果在我们今天的世界，该是多么富有魅力啊！

所以，首先，一定要把这些可爱的人物介绍给读者，但不能是那种普普通通的介绍——上面一幅图，下面一段话。那么，先介绍一下姆咪谷吧，先让姆咪们住的神奇可爱的房屋立起来，这就是书前面的"姆咪谷的居民们"。我们先让姆咪谷来到读者面前，这是一个任何人都向往的海边山谷，充满童话的味道，对任何到来的人都敞开怀抱，因为里面居住着的姆咪就是如此热情好客。接着，我们精选每个形象的小图，一次又一次修改小图下面的介绍文字，但总觉得不能充分地表达人物性格的精髓。最后的结果总算差强人意，但我们坚持认为，简短的介绍文字虽然是字斟句酌而出，却远远不足以解读每个形象的丰富内涵，了解可爱的姆咪，还需要读者去阅读每一个具体的故事。

在编辑文稿的过程中，读到姆咪的那句"我只想过平静的生活，种点土豆，做几个美梦"，内心怦然而动。之后，我们把搜集的大篇文字资料发给了身边的几十个朋友，大家都说姆咪的这句话深深地打动了他们。于是，这句话成了姆咪的至理名言。后来，我们发现，这句话其实是整套姆咪漫画想要表达的精髓，是扬松想要通过她的作品告诉世人的：永远，永远，让生命归于和平与安静，还灵魂以自由和轻松。很自然地，我们接着为每个人物都加了一句反映他们特点的口头禅。

为了更加了解姆咪，我们查阅了很多资料，发现从姆咪诞生开始，就有很多故事可讲，包括扬松本人，她的家人，她的家庭生活，她的成长，都与姆咪有着奇妙的交集。于是，我们觉得有必要设立《托芙·扬松和姆咪的故事》栏目，从扬松本人讲起，再讲姆咪的诞生、姆咪可爱的特质、姆咪通过图书和影视等众多领域在世界范围内取得广泛的影响，当然，还有我们这套《托芙·扬松经典漫画：姆咪谷故事全集》的由来。

所有这些栏目都是辅助性的，是为了让读者对姆咪有所了解，而要与姆咪进行心灵的对话，还是读读扬松的漫画故事吧。整套书的文字非常简洁，对人性的解读和把握却极其准确。扬松寥寥几笔勾勒出的姆咪形象，简洁脱俗，状如直立的小河马，光滑的身体拖着一条可爱的小尾巴。简单的线条，却造就出千变万化的形象，并以极为细微的差别成就了人物丰富的内心世界。扬松的艺术才华让姆咪漫画成为儿童文学和漫画艺术相结合的典范之作，一切都令人惊叹。

另外，我们特意选定 2014 年 1 月，在扬松百年诞辰时，出版《托芙·扬松经典漫画：姆咪谷故事全集》，将姆咪漫画首次引进中国，以纪念扬松这位世界闻名的天才作家和画家。

三、姆咪的生命力

在姆咪故事中，姆咪一家人活得逍遥自在，无论面对什么事情都可以快乐地生活，努力追寻自己的梦想。托芙·扬松希望透过姆咪的故事，告诉人们一种"姆咪力量"——信赖和热爱你的家庭，并告诉人们姆咪的生活法则——热爱生命，要永远追求爱与自由，这也是幸福生活的法则。所以，姆咪故事虽然是上个世纪创作的，但它适合任何时代的读者，永不过时。

这套漫画书出版后，亚马逊网站的第一位中国读者评论道："托芙·扬松是小时候就喜欢的作家，终于可以买到中译本的合集。好的故事希望能传到下一代，让孩子有个和我一样广阔的童年。"我们希望扬松的姆咪漫画故事能够让中国读者代代相传，成为中国孩子心目中永远的经典。

四、让更多的人知道姆咪

为了让姆咪被更多人知道,我们在《中华读书报》、《出版商务周报》、《北京晨报》、《文汇读书周报》、《南方都市报》、《东方教育时报》、中国新闻出版网、新浪网等数十家传统媒体或网站上发表书讯、新书评论、编辑手记等各种形式的推介信息。

其次,在《幽默大师》、《少年日报》等杂志或报纸进行姆咪漫画连载。以后我们还计划寻找更多的连载合作方。

基于其漫画性质,除了官网微信外,我们特意在相关人群的微信交流平台上作了诸多宣传推广。另外,我们请郁雨君等儿童文学作家试读并作了推荐,并将漫画寄给儿童阅读推广人如李一慢、孙莉莉等,获得他们在微博上的推荐和肯定。

2014 年是托芙·扬松诞辰 100 周年,全球有着盛大的纪念活动,如联合国儿童基金会、BBC、优衣库等都有专项项目和定制品。我们积极通过国外授权获得托芙·扬松的资料、手稿、照片等,以及纪念展会和纪念活动的内容,将这些提供给媒体,以让中国读者们了解并喜爱这位芬兰的国宝级作家和她的"姆咪谷"。

2015 年恰巧又是姆咪诞生 75 周年,很多国家都举办了姆咪诞生 75 周年纪念活动,中外合资的姆咪动画电影也于 2014 年底上映。2014 年下半年到 2015 年上半年,我们陆续推出了更多的姆咪新书,并配以更多样、更深入的营销活动,以让更多的中国读者喜欢上姆咪这个经典形象。

(上海九久读书人文化实业有限公司供稿,尚飞执笔)

图书在版编目(CIP)数据

经典策划 119/上海市出版协会编纂. —上海:华东师范大学出版
社,2015.12
ISBN 978 - 7 - 5675 - 4371 - 3

Ⅰ.①经… Ⅱ.①上… Ⅲ.①出版工作-策划-案例-汇编-上
海市 Ⅳ.①G239.275.1

中国版本图书馆 CIP 数据核字(2016)第 001929 号

经典策划 119

编　　纂　上海市出版协会
编辑统筹　阮光页
组稿编辑　李玮慧
审读编辑　李玮慧　章　悬
责任校对　王丽平　时东明
装帧设计　卢晓红　崔　楚

出版发行　华东师范大学出版社
社　　址　上海市中山北路 3663 号　邮编 200062
网　　址　www.ecnupress.com.cn
电　　话　021 - 60821666　行政传真 021 - 62572105
客服电话　021 - 62865537　门市(邮购)电话 021 - 62869887
地　　址　上海市中山北路 3663 号华东师范大学校内先锋路口
网　　店　http://hdsdcbs.tmall.com

印 刷 者　上海盛隆印务有限公司
开　　本　787×1092　16 开
印　　张　50.75
插　　页　4
字　　数　830 千字
版　　次　2016 年 1 月第 1 版
印　　次　2016 年 1 月第 1 次
书　　号　ISBN 978 - 7 - 5675 - 4371 - 3/G·8826
定　　价　98.00 元(全二册)

出 版 人　王　焰